Buch-Updates
Registrieren Sie dieses Buch auf unserer Verlagswebsite. Sie erhalten damit Buch-Updates und weitere, exklusive Informationen zum Thema.

Und so geht's
> Einfach **www.sap-press.de** aufrufen
<<< Auf das Logo **Buch-Updates** klicken
> Unten genannten **Zugangscode** eingeben

Ihr persönlicher Zugang zu den Buch-Updates

136868041850

ABAP™ – Fortgeschrittene Techniken und Tools, Band 2

 PRESS

SAP PRESS ist eine gemeinschaftliche Initiative von SAP und Galileo Press. Ziel ist es, Anwendern qualifiziertes SAP-Wissen zur Verfügung zu stellen. SAP PRESS vereint das fachliche Know-how der SAP und die verlegerische Kompetenz von Galileo Press. Die Bücher bieten Expertenwissen zu technischen wie auch zu betriebswirtschaftlichen SAP-Themen.

Thorsten Franz, Tobias Trapp
Anwendungsentwicklung mit ABAP Objects
517 S., 2008, geb.
ISBN 978-3-8362-1063-8

Rich Heilman, Thomas Jung
ABAP – Next Generation
500 S., 2008, geb., mit CD
ISBN 978-3-8362-1098-0

Hermann Gahm
ABAP Performance Tuning
ca. 290 S., geb.
ISBN 978-3-8362-1211-3

Horst Keller, Wolf Hagen Thümmel
ABAP-Programmierrichtlinien
ca. 310 S., geb.
ISBN 978-3-8362-1286-1

Aktuelle Angaben zum gesamten SAP PRESS-Programm finden Sie unter *www.sap-press.de*.

Andreas Blumenthal, Horst Keller

ABAP™ – Fortgeschrittene Techniken und Tools, Band 2

Bonn · Boston

Liebe Leserin, lieber Leser,

vielen Dank, dass Sie sich für ein Buch von SAP PRESS entschieden haben.

Vor rund vier Jahren ist Band 1 der »Fortgeschrittenen Techniken und Tools« erschienen – in IT-Jahren also vor einer halben Ewigkeit. Rund um ABAP hat sich seitdem viel getan: So zeigt Ihnen dieser zweite Band nicht nur die Anwendung der neuesten Test- und Analysewerkzeuge in Release 7.0, sondern Sie werden auch vermeintlich Altbekanntes entdecken, aber eben aus einem aktuellen Expertenblickwinkel.

Denn beibehalten haben wir das Konzept: Alle Kapitel stammen von den jeweiligen Entwicklern bei SAP, die für die Sprache ABAP und die dazugehörigen Werkzeuge verantwortlich zeichnen. Andreas Blumenthal und Horst Keller haben als Herausgeber zudem dafür gesorgt, dass Sie in diesem Buch immer wieder Informationen finden, die sich bereits auf das zukünftige Release »ABAP 7.2« beziehen. Ich bin mir sicher, dass Sie die Kurzlebigkeit des IT-Geschäfts mit diesem knapp 600 Seiten umfassenden Schmöker nicht nur erfolgreich meistern werden, sondern auch entsprechend kurzweilig gestalten können.

Wir freuen uns stets über Lob, aber auch über kritische Anmerkungen, die uns helfen, unsere Bücher zu verbessern. Am Ende dieses Buches finden Sie daher eine Postkarte, mit der Sie uns Ihre Meinung mitteilen können. Als Dankeschön verlosen wir unter den Einsendern regelmäßig Gutscheine für SAP PRESS-Bücher.

Ihr Stefan Proksch
Lektorat SAP PRESS

Galileo Press
Rheinwerkallee 4
53227 Bonn

stefan.proksch@galileo-press.de
www.sap-press.de

Auf einen Blick

1   Effektive Zeichenkettenverarbeitung in ABAP 19

2   Reguläre Ausdrücke für die
    Zeichenkettenverarbeitung in ABAP 57

3   SAP Simple Transformations 113

4   ABAP Shared Objects: Programmierkonzept
    zur effizienten Speicherausnutzung 157

5   RFC und RFM –
    Leitfaden zu ABAP Remote Communications 199

6   bgRFC – Einführung in den Background RFC 265

7   Einsatz der ABAP-Test- und -Analysewerkzeuge
    in allen Phasen des Entwicklungsprozesses 307

8   Effizientes ABAP Debugging 373

9   Höhere Softwarequalität durch ABAP-Checkpoints 443

10 Testen mit ABAP Unit 477

11 Speicherverbrauchsanalyse mit dem
    ABAP Memory Inspector 505

12 Switch und Enhancement Framework –
    der einfache Weg zu konsolidierten Erweiterungen 535

Der Name Galileo Press geht auf den italienischen Mathematiker und Philosophen Galileo Galilei (1564–1642) zurück. Er gilt als Gründungsfigur der neuzeitlichen Wissenschaft und wurde berühmt als Verfechter des modernen, heliozentrischen Weltbilds. Legendär ist sein Ausspruch *Eppur se muove* (Und sie bewegt sich doch). Das Emblem von Galileo Press ist der Jupiter, umkreist von den vier Galileischen Monden. Galilei entdeckte die nach ihm benannten Monde 1610.

Gerne stehen wir Ihnen mit Rat und Tat zur Seite:
stefan.proksch@galileo-press.de bei Fragen und Anmerkungen zum Inhalt des Buches
service@galileo-press.de für versandkostenfreie Bestellungen und Reklamationen
thomas.losch@galileo-press.de für Rezensionsexemplare

Lektorat Stefan Proksch, Mirja Werner
Korrektorat Osseline Fenner, Troisdorf
Einbandgestaltung Silke Braun
Coverbild Getty Images/Laurent Hamels
Typografie und Layout Vera Brauner
Herstellung Steffi Ehrentraut
Satz Typographie & Computer, Krefeld
Druck und Bindung Bercker Graphischer Betrieb, Kevelaer

Bibliografische Information der Deutschen Bibliothek
Die Deutsche Bibliothek verzeichnet diese Publikation in der Deutschen Nationalbibliografie; detaillierte bibliografische Daten sind im Internet über http://dnb.ddb.de abrufbar.

ISBN 978-3-8362-1151-2

© Galileo Press, Bonn 2009
1. Auflage 2009

Das vorliegende Werk ist in all seinen Teilen urheberrechtlich geschützt. Alle Rechte vorbehalten, insbesondere das Recht der Übersetzung, des Vortrags, der Reproduktion, der Vervielfältigung auf fotomechanischen oder anderen Wegen und der Speicherung in elektronischen Medien. Ungeachtet der Sorgfalt, die auf die Erstellung von Text, Abbildungen und Programmen verwendet wurde, können weder Verlag noch Autor, Herausgeber oder Übersetzer für mögliche Fehler und deren Folgen eine juristische Verantwortung oder irgendeine Haftung übernehmen.

Die in diesem Werk wiedergegebenen Gebrauchsnamen, Handelsnamen, Warenbezeichnungen usw. können auch ohne besondere Kennzeichnung Marken sein und als solche den gesetzlichen Bestimmungen unterliegen.
Sämtliche in diesem Werk abgedruckten Bildschirmabzüge unterliegen dem Urheberrecht © der SAP AG, Dietmar-Hopp-Allee 16, D-69190 Walldorf.

SAP, das SAP-Logo, mySAP, mySAP.com, mySAP Business Suite, SAP NetWeaver, SAP R/3, SAP R/2, SAP B2B, SAPtronic, SAPscript, SAP BW, SAP CRM, SAP EarlyWatch, SAP ArchiveLink, SAP GUI, SAP Business Workflow, SAP Business Engineer, SAP Business Navigator, SAP Business Framework, SAP Business Information Warehouse, SAP interenterprise solutions, SAP APO, AcceleratedSAP, InterSAP, SAPoffice, SAPfind, SAPfile, SAPtime, SAPmail, SAP-access, SAP-EDI, R/3 Retail, Accelerated HR, Accelerated HiTech, Accelerated Consumer Products, ABAP, ABAP/4, ALE/WEB, BAPI, Business Framework, BW Explorer, Enjoy-SAP, mySAP.com e-business platform, mySAP Enterprise Portals, RIVA, SAPPHIRE, TeamSAP, Webflow und SAP PRESS sind Marken oder eingetragene Marken der SAP AG, Walldorf.

Inhalt

Vorwort 15

1 Effektive Zeichenkettenverarbeitung in ABAP 19

1.1 Datentypen zum Speichern von Zeichen und Bytes 20
    1.1.1 Datentypen fester Länge 20
    1.1.2 Datentypen variabler Länge 31
    1.1.3 Generische Datentypen 36
    1.1.4 Auswahl des geeigneten Datentyps 36
1.2 Grundlegende Operationen für die Zeichenkettenverarbeitung 38
    1.2.1 Zugriff mittels Offset und Länge 38
    1.2.2 Verkettung 40
    1.2.3 Zerlegung 41
    1.2.4 Verschiebung 42
    1.2.5 Formatierung von Zeichenketten 43
    1.2.6 Weitere Operationen 45
    1.2.7 ABAP-Klassen für die Zeichenkettenverarbeitung 45
1.3 Suchen und Ersetzen 46
    1.3.1 Anweisung FIND 47
    1.3.2 Anweisung REPLACE 51
    1.3.3 Suchen mit logischen Ausdrücken 51
1.4 Fazit 55

2 Reguläre Ausdrücke für die Zeichenkettenverarbeitung in ABAP 57

2.1 Reguläre Ausdrücke in der Textverarbeitung 57
    2.1.1 Drei Typen von Textverarbeitungsaufgaben 58
    2.1.2 Reguläre Ausdrücke als Retter in der Not 60
2.2 Einführung in die regulären Ausdrücke in ABAP 60
    2.2.1 Grundlagen 61
    2.2.2 Reguläre Ausdrücke für die Validierung 65
    2.2.3 Suchen mit regulären Ausdrücken 68
    2.2.4 Reguläre Ausdrücke in ABAP-Programmen 72
    2.2.5 Reguläre Ausdrücke außerhalb von ABAP-Programmen 79
2.3 Fortgeschrittene Eigenschaften regulärer Ausdrücke 84
    2.3.1 Arbeiten mit Untergruppen 84

Inhalt

		2.3.2	Weitere Operatoren und zukünftige Erweiterungen ...	93
		2.3.3	Häufige Muster und Probleme	96
		2.3.4	Regex-Ressourcen	101
	2.4	Technische Aspekte regulärer Ausdrücke		102
		2.4.1	Übereinstimmungen, Backtracking und Schnitte	102
		2.4.2	Performancekontrolle	107
	2.5	Fazit		112

3 SAP Simple Transformations ... 113

	3.1	XML: Esperanto der Computerkommunikation	115
		3.1.1 Sprache contra interne Darstellung	117
		3.1.2 Interna nach außen kehren?	119
	3.2	Strukturtransformationen mit XSLT	122
	3.3	Wichtige Funktionen von Simple Transformations	125
	3.4	Struktur eines ST-Programms	128
	3.5	XML-Content beschreiben	131
	3.6	Tiefe Kopien, Schleifen und Richtungsabhängigkeit	135
	3.7	Bedingungen	137
	3.8	Zuweisung und Variablen	144
	3.9	Modularisierung	147
	3.10	Vollständiges ST-Beispielprogramm	150
	3.11	Simple Transformations im ABAP-Kontext	152
	3.12	Fazit	155

4 ABAP Shared Objects: Programmierkonzept zur effizienten Speicherausnutzung ... 157

	4.1	Grundlegende Anwendungsszenarien	159
	4.2	Programmiermodell von ABAP Shared Objects	160
		4.2.1 Sperren der Gebietsinstanz	161
		4.2.2 Zugriff auf Objekte über das Wurzelobjekt	161
		4.2.3 Zugriffsmodell für ABAP Shared Objects	163
	4.3	Werkzeuge für die Verwaltung und Überwachung des Shared Memorys	164
		4.3.1 Transaktion SHMA – Gebiete für Shared Objects definieren	164
		4.3.2 Transaktion SHMM – Shared Objects Monitor überwachen	167
	4.4	Programmieren mit ABAP Shared Objects	169
		4.4.1 Gebietsinstanz erzeugen	171
		4.4.2 Auf eine vorhandene Gebietsinstanz zugreifen	173

		4.4.3	Gebietsinstanz aktualisieren	174
		4.4.4	Objekte lokaler Klasse in einer Gebietsinstanz	175
		4.4.5	Fehler behandeln	176
		4.4.6	Debugging von Gebietsinstanzen	177
	4.5	Erweiterte Programmiertechniken		179
		4.5.1	Versionierung von Gebietsinstanzen	180
		4.5.2	Automatischer Gebietsaufbau und Einschränken der Lebensdauer	185
		4.5.3	Mandantenabhängige Gebiete	189
		4.5.4	Synchronisation von Änderungen	190
		4.5.5	Festlegen von Speichergrenzen und Verdrängbarkeit	192
		4.5.6	Gleichzeitige Änderungssperren auf mehreren Gebietsinstanzen	193
		4.5.7	Weiteres zu Gebietshandles	193
	4.6	Empfohlenes Programmiermodell		194
	4.7	Fazit		196

5 RFC und RFM – Leitfaden zu ABAP Remote Communications ... 199

	5.1	Grundlagen des RFC und mögliche Varianten		200
		5.1.1	Grundlegende Terminologie	200
		5.1.2	RFC-Kommunikationsprozess	204
		5.1.3	Fünf grundlegende RFC-Varianten	207
		5.1.4	RFC und Dialoginteraktionen	228
	5.2	Remotefähige Funktionsbausteine		233
		5.2.1	RFM anlegen	233
		5.2.2	Einrichten von RFC-Destinationen	238
		5.2.3	Vordefinierte Destinationen	247
	5.3	Datenübertragung und Ausnahmebehandlung beim RFC		249
		5.3.1	Serialisierung/Deserialisierung von ABAP-Daten beim RFC	249
		5.3.2	Ausnahmebehandlung beim RFC	260
	5.4	Fazit		264

6 bgRFC – Einführung in den Background RFC ... 265

	6.1	Grundlegende Begriffe		266
		6.1.1	bgRFC-Units	266
		6.1.2	bgRFC-Destinationen	268

	6.1.3	bgRFC-Szenarien	269
	6.1.4	QoS-Level für bgRFC	273
6.2	Programmieren mit bgRFCs		282
	6.2.1	Erstellen von Inbound-Units	282
	6.2.2	Erstellen von Outbound-Units	285
	6.2.3	Aufheben einer Sperre für eine Outbound-Unit	286
	6.2.4	Erstellen einer bgRFC-Outbound-Unit vom Typ Q	286
	6.2.5	Erstellen einer bgRFC-Out-Inbound-Unit vom Typ Q	287
	6.2.6	Verbuchung und bgRFC	288
	6.2.7	bgRFC-Scheduler	289
	6.2.8	Vorteile des Out-Inbound-Szenarios	290
6.3	Konfigurieren von bgRFC-Destinationen		292
	6.3.1	Outbound-Destinationen	292
	6.3.2	Inbound-Destinationen	293
6.4	Überwachen von bgRFC-Units		295
6.5	Grundlegende Konfiguration eines bgRFC-Schedulers		300
6.6	Fazit		305

7   Einsatz der ABAP-Test- und -Analysewerkzeuge in allen Phasen des Entwicklungsprozesses ... 307

7.1	Einsatz von Prüf- und Testwerkzeugen während der Entwicklung und in der Testphase		308
	7.1.1	ABAP-Programme systematisch testen	308
	7.1.2	Werkzeuge für statische Prüfungen	312
	7.1.3	Werkzeuge für Unit- und Integrationstests	323
	7.1.4	Überprüfen der Programmausführung mit dem Coverage Analyzer	330
	7.1.5	Tipps zur Verwendung der Testwerkzeuge	334
7.2	Einsatz von Analysewerkzeugen während der Testphase und des ersten produktiven Einsatzes von ABAP-Applikationen		335
	7.2.1	Auswahl des richtigen Werkzeugs	336
	7.2.2	Post-Mortem-Analyse	338
	7.2.3	Systemprotokoll	339
	7.2.4	ABAP-Dumpanalyse	342
	7.2.5	Analyse eines beendeten Hintergrundjobs mit der ABAP-Dumpanalyse	347
	7.2.6	Analyse der Programmstrukturen mit der ABAP-Trace-Funktionalität	355
	7.2.7	Wann Sie den ABAP Debugger brauchen	369
7.3	Fazit		370

8 Effizientes ABAP Debugging ... 373

- 8.1 Starten des ABAP Debuggers ... 375
  - 8.1.1 Starten des Debuggers zu Beginn der Programmausführung ... 375
  - 8.1.2 Starten des Debuggers während einer Dialogtransaktion ... 380
  - 8.1.3 Starten des Debuggers für einen Hintergrundjob ... 383
- 8.2 Breakpoints und Watchpoints ... 392
  - 8.2.1 Breakpoints ... 392
  - 8.2.2 Watchpoints ... 397
- 8.3 Neuer ABAP Debugger ... 405
  - 8.3.1 Gründe für einen neuen Debugger ... 406
  - 8.3.2 Einstellen des Debuggers ... 407
  - 8.3.3 Zwei-Prozess-Architektur ... 408
  - 8.3.4 Benutzeroberfläche ... 410
  - 8.3.5 Debugger-Werkzeuge ... 419
  - 8.3.6 Debugging in der Praxis ... 432
- 8.4 Fazit ... 438
- 8.5 Exklusiver und nicht exklusiver Debugging-Modus ... 440

9 Höhere Softwarequalität durch ABAP-Checkpoints ... 443

- 9.1 ABAP-Checkpoints ... 444
- 9.2 Assertions ... 445
- 9.3 Aktivierbare Assertions ... 447
  - 9.3.1 Checkpoint-Gruppen ... 448
  - 9.3.2 Aktivierungseinstellungen ... 451
  - 9.3.3 Mehrere Aktivierungseinstellungen und Kontextpriorität ... 454
  - 9.3.4 Globale Aktivierung und Aktivierung für andere Benutzer ... 455
  - 9.3.5 Programmspezifische Aktivierung und Priorität von Gültigkeitsbereichen ... 456
  - 9.3.6 Aktivierungsvarianten ... 457
  - 9.3.7 Übersicht über alle Aktivierungseinstellungen anzeigen ... 459
- 9.4 Breakpoints ... 460
- 9.5 Aktivierbare Breakpoints ... 461
- 9.6 Logpoints ... 462
  - 9.6.1 Logpoints sind aktivierbar ... 462
  - 9.6.2 Speichern von Daten mithilfe des FIELDS-Zusatzes ... 464

9.6.3 Steuern der Aggregation mit dem Zusatz SUBKEY 466
9.7 Wann werden Änderungen an den Aktivierungseinstellungen wirksam? 467
9.8 Weitergehende Funktionalität der ASSERT-Anweisung 469
    9.8.1 Betriebsarten 469
    9.8.2 Anweisungszusätze für die Protokollierung 471
    9.8.3 Systemvarianten für die gruppenübergreifende Aktivierung 472
9.9 Hinweise zur Verwendung von Assertions 474
9.10 Fazit 474

10 Testen mit ABAP Unit 477

10.1 Prinzipien und Vorteile von Modultests 477
    10.1.1 Modultests vs. Abnahmetests 478
    10.1.2 Modultests sind Entwicklertests 479
10.2 Grundlagen von ABAP Unit 479
10.3 Überprüfen von Testannahmen 481
    10.3.1 Assert-Methoden 481
    10.3.2 Parameter für Assert-Methoden 483
    10.3.3 Assert-Methode fail 483
    10.3.4 Assert-Methode abort 484
    10.3.5 Spezialisierte Assert-Methoden assert_... 484
    10.3.6 Assert-Methode assert_equals 484
    10.3.7 Assert-Methoden assert_bound und assert_not_bound 487
    10.3.8 Assert-Methode assert_differs 487
    10.3.9 Assert-Methoden assert_initial und assert_not_initial 487
    10.3.10 Assert-Methode assert_subrc 487
    10.3.11 Assert-Methode assert_that 488
10.4 Ausnahmebehandlung in Testmethoden 488
10.5 Beispiel für Modultests einer globalen Klasse 489
    10.5.1 Globale Beispielklasse 489
    10.5.2 Lokale Testklasse 490
10.6 Ergebnisanzeige 492
    10.6.1 Hierarchiedarstellung 492
    10.6.2 Fehlerliste 493
    10.6.3 Detailsicht 494
10.7 Bereitstellen des Umfeldes 494
    10.7.1 Implizite Methoden 495
    10.7.2 Delegation 496

10.8	Testisolation		497
10.9	Wiederverwenden von Tests		498
10.10	Massentests mit ABAP Unit		501
10.11	Fazit		503

11 Speicherverbrauchsanalyse mit dem ABAP Memory Inspector ... 505

11.1	Grundlagen der Speicherverwaltung		506
	11.1.1	Dynamische Speicherobjekte in ABAP	508
	11.1.2	Löschen von dynamischen Speicherobjekten	511
	11.1.3	Funktionsweise des ABAP Garbage Collectors	512
	11.1.4	Berechnung des Speicherverbrauchs	514
11.2	Speicherlecks		518
	11.2.1	Häufige Ursachen für Speicherlecks oder Speicherverschwendung	518
	11.2.2	Speicherverbrauchsanalyse mit dem ABAP Memory Inspector	519
	11.2.3	Starke Zusammenhangskomponenten	522
11.3	Verwendung des ABAP Memory Inspectors		524
	11.3.1	Analyse des Speicherverbrauchs eines laufenden Programms	525
	11.3.2	Erzeugen von Speicherabzügen	528
	11.3.3	Analysieren und Vergleichen von Speicherabzügen	529
11.4	Fazit		534

12 Switch und Enhancement Framework – der einfache Weg zu konsolidierten Erweiterungen ... 535

12.1	Kurzer Überblick über SAP-Branchenlösungen		537
12.2	Entwicklung von SAP-Modifikationen und -Erweiterungen		540
12.3	Einführung in das Switch und Enhancement Framework		542
	12.3.1	Enhancement Framework	544
	12.3.2	Switch Framework	546
12.4	Switch und Enhancement Framework in der Praxis		550
12.5	Fazit		558

Herausgeber und Autoren	559
Index	565

Vorwort

Dieses Buch ist der zweite Band des Buchs *ABAP – Fortgeschrittene Techniken und Tools*, das vor vier Jahren bei SAP PRESS erschienen ist. Wie sein Vorgänger ist es eine Zusammenfassung einer Reihe von Artikeln über ABAP und das ABAP-Umfeld, die in englischer Sprache im SAP Professional Journal (*http://www.sappro.com*) erschienen sind. Der Ansatz des ersten Bandes, ABAP-spezifische Artikel des im deutschsprachigen Raum nicht so stark verbreiteten SAP Professional Journals einer erweiterten und zugleich fachlich spezieller interessierten Leserschaft in einem Buch zugänglich zu machen, stieß auf recht positive Resonanz. Deshalb wollen wir dieses Konzept mit dem vorliegenden Band fortführen und präsentieren Ihnen hier die in den Jahren 2004 bis 2007 erschienenen ABAP-spezifischen Artikel des SAP Professional Journals in deutscher Sprache und in einer aktualisierten Fassung.

Wieder handelt es sich um Artikel, die von den Mitarbeitern der SAP, die die Sprache ABAP und die dazugehörigen Werkzeuge entwickeln, selbst geschrieben wurden, und damit um Wissen aus erster Hand. Somit bleiben auch die im Vorwort des ersten Bandes gemachten Aussagen im Wesentlichen gültig. Auch das vorliegende Buch dient der Abrundung anderer SAP PRESS-Bücher, die im Bereich »NetWeaver Core AS&DM ABAP« (das ist der derzeitige Name der ABAP-Gruppe) der SAP entstanden sind. Dies gilt insbesondere für den Einführungsband *ABAP Objects – ABAP-Programmierung mit SAP NetWeaver* (SAP PRESS 2006), in dem die Themengebiete des vorliegenden Buchs entweder nur kurz, mit einem anderen Tenor oder gar nicht erwähnt werden. Im vorliegenden Buch sind diese speziellen Themengebiete als abgeschlossene Einheiten in Kapiteln zusammengefasst.

Alle Artikel dieses Buchs wurden einer eingehenden fachlichen und terminologischen Überarbeitung durch ihre Autoren und die Herausgeber unterzogen, teilweise zusammengefasst, neu geordnet oder sogar neu geschrieben. Während einige Artikel im Original den Stand der Releases 6.20/6.40 beschreiben, spiegelt die vorliegende Überarbeitung das aktuelle Release 7.0 des SAP NetWeaver Application Servers ABAP wider. Auf wesentliche Neuerungen, die für die Releases nach 7.0 entwickelt wurden und die derzeit im Rahmen eines »Feature Set Backports« nach Release 7.0, EhP2 übernommen werden, weisen wir jeweils hin.

Inhaltlich bieten wir wieder einen bunten Strauß von Themen, von dem wir hoffen, dass für jeden ABAP-Entwickler etwas dabei ist:

- Wir beginnen mit zwei Kapiteln über die Zeichenkettenverarbeitung, Stand Release 7.0. Obwohl es hierbei ab Release 7.0, EhP2 erhebliche Verbesserungen durch Zeichenkettenausdrücke und neu eingebaute Zeichenkettenfunktionen geben wird, bleiben viele der in **Kapitel 1** gemachten Aussagen gültig. Dies gilt insbesondere auch für das Verständnis vorhandener Programme, in denen die neuen Sprachkonstrukte noch nicht verwendet werden. Die grundlegende Beschreibung regulärer Ausdrücke in **Kapitel 2** ist ohnehin weitestgehend Release-unabhängig.

- Nachdem wir im ersten Band bereits XSLT und das Format asXML für die Serialisierung von ABAP-Daten nach XML eingeführt haben, beschäftigt sich **Kapitel 3** mit den Simple Transformations (ST), einer SAP-eigenen XML-basierten Programmiersprache, die rein auf Transformationen zwischen ABAP-Daten und XML zugeschnitten ist und entsprechende Performance-Vorteile liefert.

- **Kapitel 4** gibt Ihnen eine Einführung in die explizite Verwendung des Shared Memorys eines Applikationsservers mit den Mitteln von ABAP Shared Objects. Nach der Lektüre dieses Kapitels sollten Sie in der Lage sein, wenig veränderliche Daten, die von vielen Programmen gleichzeitig verwendet werden, platzsparend ein einziges Mal im Shared Memory abzulegen und anderen Programmen darauf Zugriff zu gewähren.

- Die nächsten beiden Kapitel sind der ABAP-Remote-Kommunikation und hierbei insbesondere dem Remote Function Call (RFC) gewidmet – ein äußerst wichtiges Thema, das leider häufig zu kurz kommt. Während **Kapitel 5** einen umfassenden Überblick über die RFC-Programmierung liefert, führt **Kapitel 6** in den neuen Background RFC (bgRFC) ein, der die vorhergehenden Techniken transaktionaler RFC (tRFC) und queued RFC (qRFC) ablöst.

- Mit den folgenden zwei Kapiteln halten Sie die schriftlich ausgearbeitete Form der erfolgreichsten und meistbesuchten ABAP-Workshops der SAP TechEds der vergangenen Jahre in den Händen. Das »ABAP Trouble Shooting« mit verschiedenen Test- und Analysewerkzeugen (**Kapitel 7**) und der Umgang mit dem ABAP Debugger (**Kapitel 8**) sind Themen, mit denen sich jeder ABAP-Entwickler wohl oder übel auseinandersetzen muss. Hier erhalten Sie viele wertvolle Tipps.

- **Kapitel 9** führt in die sogenannten Checkpoints ein. Checkpoints instrumentieren ABAP-Programme zu Testzwecken. Sie umfassen neben den vom Debugging bekannten Breakpoints auch Assertions und Logpoints, die allesamt von außerhalb eines Programms gesteuert werden können. Kein modernes ABAP-Programm sollte auf den Einsatz von Checkpoints verzichten.

- Mit **Kapitel 10** erhalten Sie eine prägnante Einführung in das ABAP-Testwerkzeug schlechthin, nämlich in ABAP Unit für Modultests. Nach der Lektüre dieses Kapitels sollte Sie nichts mehr davon abhalten, die gesamte Funktionalität Ihrer Programme mit solchen Tests zu überprüfen und damit ihre Stabilität zu garantieren.

- **Kapitel 11** schließt den Kreis der Testwerkzeuge mit einer Einführung in den ABAP Memory Inspector. In Zeiten von mehr und mehr dynamisch erzeugten Objekten und Datenobjekten wird es immer wichtiger, den dadurch zur Laufzeit belegten Speicher zu kontrollieren, um Speicherlecks vorzubeugen. Das Werkzeug ABAP Memory Inspector ist hierfür unerlässlich.

- Abschließend gibt **Kapitel 12** einen einführenden Überblick über das Enhancement Framework und das Switch Framework, die seit Release 7.0 zur Verfügung stehen. Mithilfe dieser Technologie können verschiedene Branchenlösungen in einem Core-System entwickelt und ausgeliefert werden. Weiterhin läutet das Enhancement Framework eine neue Ära der modifikationsfreien Änderung von SAP-Programmen ein.

Wir danken allen Autoren, die nochmals die Mühe einer Überarbeitung ihrer Artikel auf sich genommen haben, Wellesley Information Services, dass sie uns die Genehmigung für die deutschsprachige Veröffentlichung der Artikel erteilt haben, und Galileo Press für die Übersetzung der Artikel ins Deutsche. Bei Galileo Press sei insbesondere Frau Mirja Werner und Herrn Stefan Proksch vom Lektorat SAP PRESS für die gute Betreuung bei der Erstellung dieses Buchs gedankt.

Wie immer weisen wir abschließend darauf hin, dass wir, wie im Deutschen leider üblich, bei Personenbezeichnungen durchgehend die männliche Form verwenden, diese aber stellvertretend für die männliche und weibliche Form verstehen. Wenn wir also von Entwicklern und Benutzern sprechen, schließt dies selbstverständlich auch Entwicklerinnen und Benutzerinnen ein. Die Verwendung der männlichen Form folgt letztlich auch der Terminologie des SAP NetWeaver Application Servers, die ebenfalls die männliche Form verwendet, beispielsweise Benutzer, Benutzername und Benutzerkonto.

Andreas Blumenthal
Vice President, NetWeaver Core AS&DM ABAP

Horst Keller
Knowledge Architect, NetWeaver Core AS&DM ABAP

ABAP bietet umfangreiche Möglichkeiten zur Verarbeitung von Zeichen- und Bytefolgen. Das Verständnis der entsprechenden Anweisungen und die richtige Auswahl der Datentypen sind dabei der Schlüssel zur effektiven Datenverarbeitung. Dieses Kapitel führt in die grundlegende Verarbeitung von Zeichen- und Bytefolgen ein und zeigt, wie die diesbezügliche Performance von ABAP-Programmen verbessert werden kann.

Ralph Benzinger und Björn Mielenhausen

1 Effektive Zeichenkettenverarbeitung in ABAP

Viele Daten, die heutzutage von Geschäftsanwendungen verarbeitet werden, werden als Zeichenfolgen gespeichert. Typische Beispiele sind Namen, Telefonnummern oder Produktbeschreibungen. Aber auch nicht sprachliche Informationen wie Datumsangaben, Währungen oder ganze XML-Dateien werden durch Zeichenfolgen repräsentiert. Daneben werden auch *Binärdaten* wie Bilder und verschlüsselte oder komprimierte Dateien in großem Umfang von Geschäftsanwendungen verwendet. Diese Daten werden nicht durch Zeichen, sondern direkt durch Bytes dargestellt.[1] Die Ablage beider Arten von Daten, das heißt von Zeichenfolgen (auch Zeichenketten genannt) oder von Bytefolgen (auch Byteketten), im Speicher ist sehr ähnlich. Aus diesem Grund ähnelt sich auch die zugehörige Verarbeitung beider Arten von Daten sehr und wird hier gemeinsam behandelt.

Die ABAP-Laufzeitumgebung stellt einen umfangreichen Satz an Datentypen und Anweisungen speziell für diese Aufgabe bereit. Um Zeichen- oder Bytefolgen damit effektiv und vor allem effizient verarbeiten zu können, ist jedoch ein gewisses Verständnis der internen Abläufe sowie eine zielgerichtete Auswahl der geeigneten Datentypen unerlässlich.

In diesem Kapitel erhalten Sie einen umfassenden Überblick über die grundlegenden Prinzipien der Zeichen- und Bytefolgenverarbeitung in ABAP. Nach

---

1 Letztendlich sind Zeichenfolgen natürlich auch nichts anderes als Folgen von Bytes, werden aber von der ABAP-Laufzeitumgebung immer gemäß der aktuellen Codepage interpretiert.

einer kurzen Einführung in die grundlegenden Zeichen- und Bytedatentypen und ihre Eigenschaften wird erläutert, welche Auswirkungen diese Datentypen auf die Performance haben. Sie erhalten technische Informationen zu Konvertierungen und internem Speicher bei der Verarbeitung von Zeichen- und Bytefolgen. Anschließend werden die ABAP-Anweisungen zum Erstellen, Analysieren und Bearbeiten von Zeichen- und Bytefolgen behandelt.

Kapitel 2, »Reguläre Ausdrücke für die Zeichenkettenverarbeitung in ABAP«, widmet sich ausführlich den regulären Ausdrücken, einem Standardwerkzeug zum Durchsuchen und Bearbeiten von Zeichenfolgen.

Beide Kapitel sind für ABAP-Entwickler gedacht, die sich mit der Programmierung von allgemeinen Geschäftsanwendungen befassen. Grundlegende ABAP-Kenntnisse werden vorausgesetzt; die Darstellung befasst sich auch mit einfachen technischen Details, die es Ihnen ermöglichen, eine verbesserte Performance bei der Verarbeitung von Zeichen und Bytefolgen mit ABAP zu erzielen.

Da die Verarbeitung von Bytefolgen im Wesentlichen analog zur Verarbeitung von Zeichenfolgen ist, konzentrieren wir uns hier hauptsächlich auf die Zeichenkettenverarbeitung; auf Unterschiede zur Bytekettenverarbeitung wird gegebenenfalls hingewiesen.

1.1 Datentypen zum Speichern von Zeichen und Bytes

ABAP bietet zwei grundlegend unterschiedliche Möglichkeiten zum Speichern von zeichenartigen bzw. binären (oder byteartigen) Daten innerhalb von Programmen. *Felder fester Länge* speichern Zeichen- oder Bytefolgen, die eine vordefinierte Anzahl von Zeichen oder Bytes nicht überschreiten dürfen. *Felder variabler Länge* speichern hingegen Folgen mit einer beliebigen Anzahl von Zeichen bzw. Bytes. Während die allgemeinsten generischen Zeichendatentypen beliebige Zeichen speichern können, gibt es auch spezielle Datentypen, für die gewisse Einschränkungen in Bezug auf den Wertebereich gelten.

Sowohl Felder fester Länge als auch Felder variabler Länge bieten Vor- und Nachteile, die Sie bei der Wahl des Datentyps berücksichtigen sollten. Im Folgenden werden die einzelnen Typen näher dargestellt und Empfehlungen gegeben, um Ihnen die richtige Auswahl zu erleichtern.

1.1.1 Datentypen fester Länge

Datentypen fester Länge sind elementare Datentypen in ABAP zum Speichern von zeichenartigen oder binären Datenobjekten mit einer vordefinierten

Länge. Es gibt zwei Arten dieser Datentypen: *Zeichendatentypen* beschreiben Datenobjekte, die Zeichenfolgen bzw. Zeichenketten enthalten, *Binärdatentypen* beschreiben Datenobjekte, die Bytefolgen bzw. Byteketten enthalten. Die zugehörigen Datenobjekte sind entsprechend byte- oder zeichenartig.[2]

Zeichendatentypen

Felder mit Zeichendatentypen speichern beliebige Zeichen wie Buchstaben, Ziffern, Satzzeichen, Steuerungscodes und Symbole. Intern werden die Zeichen in Bytes abgelegt, deren Decodierung in tatsächliche Symbole von der Textumgebung[3] des SAP-Systems und teilweise auch dem aktuellen Benutzerstammsatz abhängt. Die wichtigste Eigenschaft der Textumgebung ist die verwendete Codepage, die einen Zeichensatz auf eine Zeichendarstellung abbildet. Die heutzutage wichtigste Zeichendarstellung ist Unicode. In Unicode-Systemen[4] kann ein Zeichen eines von über 65.000 Symbolen darstellen (lateinische, asiatische und klingonische Zeichen eingeschlossen).

In älteren Nicht-Unicode-Systemen konnte ein Zeichen standardmäßig lediglich einem von 255 unterschiedlichen Symbolen entsprechen; dies ist selbstverständlich nicht ausreichend, um alle Sprachen darzustellen. Aufgrund dieser Einschränkung wurden verschiedene Codepages eingeführt, die definieren, wie jeder der 255 verfügbaren Werte in ein Zeichensymbol übersetzt wird. Die meisten Sprachen verfügen über eine eigene Codepage, sodass durch die Auswahl einer geeigneten Codepage auf alle Symbole einer Sprache zugegriffen werden kann. Für einige Sprachen war selbst dies jedoch noch immer nicht ausreichend, da mehr als 255 Zeichen verwendet werden. Für diese Sprachen wurden spezielle Multibyte-Codepages definiert. In einer Multibyte-Codepage kann ein einzelnes Symbol intern als zwei Zeichen gespeichert werden, sodass der Wertebereich für die eine Sprache von 255 auf 65.535 erweitert wird. Wenn in einem SAP-System dann auch noch mit mehr als einer Sprache gearbeitet werden musste, führte dies zu den sogenannten *Multi-Display, Multi-Processing-Systemen* (MDMP-Systemen), in denen nicht nur eine, sondern mehrere Nicht-Unicode-System-Codepages vorhanden waren. Die entsprechenden

---

[2] In ABAP können auch Datenobjekte, die keinen Zeichendatentyp haben, deren Inhalt aber zeichenartig interpretiert werden kann, an zeichenartigen Positionen angegeben werden. Insbesondere können Strukturen mit ausschließlich flachen zeichenartigen Komponenten als eine einzige Zeichenfolge interpretiert werden.

[3] Die Textumgebung ist Teil der Laufzeitumgebung eines ABAP-Programms und setzt sich aus einer Sprache, einer Locale und einer System-Codepage zusammen.

[4] Das bedeutet, ein SAP-System, in dem Zeichen in Unicode-Zeichendarstellung codiert werden. Die System-Codepage eines Unicode-Systems ist zurzeit UTF-16.

Komplikationen sind gut vorstellbar und wurden glücklicherweise mit der Einführung von Unicode gelöst.

Beim Entwickeln von Programmen auf Systemebene wird neben darstellbaren Zeichen häufig auch mit Steuerzeichen (zum Beispiel Seitenvorschüben, Zeilenumbrüchen oder Wagenrückläufen) gearbeitet, die sich nicht direkt in Zeichenfelder einfügen lassen. Angenommen, Sie haben ein Textdokument mytext mit Zeilenumbrüchen erhalten, die Sie entfernen möchten. Die Utility-Klasse cl_abap_char_utilities bietet dafür verschiedene Konstanten, mit denen Steuerzeichen bearbeitet werden können:

```
REPLACE ALL OCCURRENCES OF
        cl_abap_char_utilities=>newline
        IN mytext WITH ''.
```

Die Verwendung von cl_abap_char_utilities bietet den zusätzlichen Vorteil, dass automatisch der richtige plattformabhängige Steuerungscode für den Zeilenumbruch ausgewählt wird. Bei sehr speziellen Anforderungen kann auch mithilfe eines Castings beim Umgang mit Feldsymbolen erzwungen werden, dass nicht darstellbare Zeichen eingeschlossen werden. Beachten Sie jedoch, dass diese Technik außer für Programme auf unterster Systemebene als suboptimale Behelfslösung betrachtet werden muss.[5]

Beginnen Sie nach diesen Hintergrundinformationen jetzt mit der einfachsten Möglichkeit, um zeichenartige Daten in Ihre ABAP-Programme einzubinden, nämlich der Verwendung von *Zeichenliteralen*. Ein Zeichenliteral für den bekannten Datentyp c ist eine Zeichenfolge, die von einfachen Anführungszeichen eingeschlossen ist ('...') und einen konstanten Zeichenwert definiert. Ein solches Zeichenliteral wird als Textfeldliteral (vergleiche String-Literal in Abschnitt 1.1.2, »Datentypen variabler Länge«) bezeichnet. Um ein einfaches Anführungszeichen in einem Textfeldliteral einzufügen, verwenden Sie zwei aufeinanderfolgende Anführungszeichen:

```
'Let''s go!'
```

Literale können im Editor nicht mehrere Zeilen umfassen, lassen sich jedoch mithilfe des Literaloperators & verknüpfen, um längere Literale zu erstellen:

---

[5] Ab den Releases 7.0, EhP2 und 7.1/7.2 erlauben die sogenannten Zeichenketten-Templates auch die direkte Angabe einiger Steuerzeichen.

```
DATA mytext TYPE c LENGTH 200.
mytext = 'Johann Gambolputty de von Ausfern' &
         'Schplendenschlittercrasscrenbonfried-' &
         'diggerdangledungleburstein'.
```

Die Gesamtlänge eines Literals ist jedoch immer auf 255 Zeichen beschränkt.

Zeichenliterale sollten keine »exotischen« Zeichen oberhalb des Codepunktes 127 enthalten, da diese möglicherweise in unerwartete Zeichen konvertiert werden, wenn sich die Locale-Einstellungen des Entwicklungssystems und die Locale-Einstellungen des Anwendungssystems, auf dem das Programm ausgeführt wird, unterscheiden.

Nach den Literalen folgen jetzt Ausführungen zur eigentlichen Deklaration von Datenobjekten für Zeichenfolgen und zum wichtigsten Datentyp, der für Zeichenfelder fester Länge vorgesehen ist, nämlich zu Textfeldern vom Typ c. Die Bezeichnung Textfeld drückt aus, dass in Feldern dieses Typs beliebige Zeichen abgelegt werden können. Für Felder vom Typ c muss die Anzahl der Zeichen statisch als Teil der Datendeklaration angegeben werden; die maximale Länge ist dabei auf 65.535 Zeichen beschränkt:

```
DATA mycfield TYPE c LENGTH 10.
```

Danach ist es natürlich nicht mehr möglich, den Speicherplatz eines einmal deklarierten Datenobjektes unter Verwendung zusätzlicher Informationen zur Laufzeit dynamisch zu erweitern. Bereits seit Release 4.6 kann diese Beschränkung aber in Fällen, in denen Datentypen mit variabler Länge (siehe Abschnitt 1.1.2, »Datentypen variabler Länge«) nicht geeignet sind, durch die dynamische Erzeugung von Datenobjekten mit CREATE DATA umgangen werden.

Wenn Sie versuchen, einen Wert in einem Feld vom Typ c zu speichern, dessen Länge den reservierten Speicherplatz überschreitet, wird der Wert abgeschnitten. Bei einigen ABAP-Anweisungen wird dies auch durch den Rückgabewert sy-subrc angezeigt.

Speichern Sie eine Zeichenfolge in einem Feld fester Länge, die kürzer ist als der für das Feld reservierte Speicherplatz, wird für die nicht verwendeten Bereiche des Feldes ein fest definierter Wert gesetzt – man sagt, der Wert wird beim Speichern in Feldern mit fester Länge *aufgefüllt*. Bei Feldern vom Typ c wird der nicht verwendete Bereich des Feldes mit Leerzeichen gefüllt. Da keine Unterscheidung zwischen absichtlich angefügten Leerzeichen und aufgefüllten Leerzeichen möglich ist, wird bei schließenden Leerzeichen immer davon ausgegangen, dass sie das Ergebnis des Auffüllvorgangs sind. Schließende Leerzeichen in Feldern fester Länge werden daher in den meisten ABAP-Anweisungen zur Zeichenkettenverarbeitung (bis auf wenige Ausnahmen) nicht berücksichtigt, das heißt nicht in den tatsächlichen Wert aufgenommen. Nach dem Ausführen der Anweisungen

```
DATA: mystr1 TYPE c LENGTH 7
             VALUE 'hello',
      mystr2 TYPE c LENGTH 7
             VALUE 'world',
      mystr3 TYPE c LENGTH 13.
CONCATENATE mystr1 mystr2 INTO mystr3.
```

enthalten die Felder `mystr1`, `mystr2` und `mystr3` beispielsweise die Werte `hello`□□, `world`□□ und `helloworld`□□□ (die Leerzeichen sind durch das Symbol □ gekennzeichnet). Da schließende Leerzeichen von ABAP ignoriert werden, werden sie auch in den weiteren Erläuterungen für Felder fester Länge vernachlässigt, sodass sich für `mystr1` lediglich auf den Wert `hello` (nicht `hello`□□) bezogen wird. Es gibt aber auch einige ABAP-Anweisungen, in denen schließende Leerzeichen an einigen Operandenpositionen von Bedeutung sind. Im Allgemeinen ist dieses abweichende Verhalten jedoch sorgfältig begründet und umfassend dokumentiert.

Schließende Leerzeichen werden auch in Textfeldliteralen ignoriert. Es gibt jedoch einen speziellen Fall, der besonderer Beachtung bedarf: Da es keine Felder mit der Länge 0 gibt, wird das leere Textfeldliteral `' '` als Literal mit einem einzelnen Leerzeichen `'□'` betrachtet. Dies bleibt aber im Allgemeinen unbemerkt, da das Literal genau ein schließendes Leerzeichen enthält, das von den meisten Anweisungen ignoriert wird. Das Gleiche gilt auch für die vordefinierte Konstante `space` vom Typ c der Länge 1 mit dem Wert `'□'`. Auch sie wird bei ihrer Verwendung meistens als leeres Feld und nicht als Leerzeichen interpretiert. Wenn Sie unbedacht vorgehen, kann das Ignorieren von schließenden Leerzeichen daher leicht zu unerwarteten Ergebnissen führen.[6] Abschnitt 1.2, »Grundlegende Operationen für die Zeichenkettenverarbeitung«, beschreibt einige Beispiele hierfür. In den meisten Fällen können Sie potenzielle Probleme durch die Verwendung von Strings umgehen, bei denen schließende Leerzeichen immer berücksichtigt werden. Ein String-Literal mit genau einem Leerzeichen (`` `□` ``) verhält sich so, wie die meisten Verwender es in der Regel auch von `space` erwarten würden. Dieses Thema wird in Abschnitt 1.1.2 behandelt.

---

[6] Hierzu eine kleine Aufgabe: Finden Sie das Ergebnis von `CONCATENATE '' space SEPARATED BY ''` heraus, und erklären Sie, wie es dazu kommt.

Kehren wir anhand des einfachen Datentyps c abschließend nochmals zur Problematik der Vor-Unicode-Zeit zurück: Ein Zeichenfeld mit einer festen Länge von 10 kann in einer Single-Byte-Codepage bis zu zehn Zeichen speichern. Auf einem Multibytesystem können in einem solchen Feld jedoch lediglich fünf Zeichen mit je zwei Bytes gespeichert werden. Wenn es dann auch noch zu Kombinationen von Einzelbyte- und Doppelbytezeichen einer Multibyte-Codepage – zum Beispiel Romaji- und Kanji-Zeichen der japanischen Codepage – kommt, kann eine beliebige Maximalzahl zwischen fünf und zehn Zeichen in einem Feld vom Typ c mit einer Länge von 10 gespeichert werden! In einem Unicode-System ist dagegen immer garantiert, dass in einem Feld der Länge 10 genau zehn Zeichen gespeichert werden können.

Binärdatentypen

Felder mit Binärdatentypen speichern Abfolgen von 8-Bit-Bytes. Solche Felder werden in der Regel zur Bereitstellung von Speicherplatz für binäre Objekte ohne besondere Strukturierung verwendet (zum Beispiel für ein JPG-Bild, das über RFC empfangen wurde, oder ein Spreadsheet, das vom Dateisystem gelesen wurde). In einigen Fällen können Felder mit Binärdatentypen jedoch auch Binärdaten mit einer gewissen Struktur enthalten, die sich für eine Bytekettenverarbeitung eignen.

Die meisten ABAP-Anweisungen für die Verarbeitung von Zeichenfolgen bieten deshalb neben dem Zeichenmodus auch einen speziellen Binärmodus, der im Allgemeinen durch den Zusatz IN BYTE MODE eingestellt wird[7] (andere Anweisungen wie MOVE ermitteln den binären Typ ihrer Operanden automatisch). Beispielsweise bieten die Anweisungen zum Verschieben, Suchen, Ersetzen und Verketten von Zeichenfolgen einen solchen Binärmodus. Die Beschreibungen dieses Kapitels zur Verarbeitung von Zeichenfeldern gelten daher größtenteils auch für binäre Felder; auf Unterschiede wird gegebenenfalls hingewiesen.

In ABAP gibt es keine echten binären Literale; stattdessen werden Binärwerte durch Zeichenwerte definiert, und die meisten ABAP-Anweisungen, die einen Binärmodus unterstützen, konvertieren Zeichenwerte in die entsprechenden Binärwerte und umgekehrt. Dabei wird ein Einzelbyte durch eine Abfolge von zwei Zeichen dargestellt, die den Hexadezimalwert des Bytes zwischen 00 und FF angeben (beachten Sie, dass die hexadezimalen Ziffern A bis F dabei in Großbuchstaben angegeben werden müssen). In der Zuweisung

---

[7] Der Zusatz IN CHARACTER MODE für die Textverarbeitung ist die Standardeinstellung. Der Zusatz kann, muss aber nicht für die Verarbeitung von Textfeldern angegeben werden.

```abap
DATA mybytes TYPE x LENGTH 2.
MOVE '4F4B' INTO mybytes.
```

wird das vier Zeichen umfassende Textfeldliteral `'4F4B'` vom Typ `c` beispielsweise von der `MOVE`-Anweisung als eine Abfolge von zwei Bytes mit den Hexadezimalwerten `4F` und `4B` interpretiert. Umgekehrt würde eine Zuweisung des zweistelligen Hexadezimalfeldes an ein vierstelliges Zeichenfeld wieder den Wert `'4F4B'` ergeben. Da ABAP ausschließlich hexadezimale Zeichendarstellungen von Binärdaten unterstützt, gilt allgemein, dass zur Darstellung eines Feldes vom Typ `x` mit einer Länge n genau $2n$ Zeichen benötigt werden. Auf einem Unicode-System erfordert dies wiederum $4n$ Bytes Speicherplatz.

Das Pendant zum Datentyp `c` für Zeichenfelder fester Länge ist der Datentyp `x` für Bytefelder fester Länge. Genau wie bei Feldern vom Typ `c` muss die Länge von Feldern vom Typ `x` bei der Deklaration angegeben werden (maximal zulässig sind 65.535 Bytes). Werte mit einer geringeren Länge als die Länge eines Feldes vom Typ `x` werden mit schließenden Nullen (00) aufgefüllt. Über

```abap
DATA mybytes TYPE x LENGTH 4.
mybytes = 'ABCD'.
```

wird der Variablen `mybytes` daher die Bytefolge `ABCD0000` zugewiesen. Bei der Verarbeitung von Binärdaten in ABAP-Anweisungen, wie zum Beispiel bei Zuweisungen und bei Vergleichen zwischen Bytefeldern, können schließende Nullen natürlich *nicht* einfach prinzipiell ignoriert werden wie die schließenden Leerzeichen von Zeichenfeldern fester Länge. Da schließende Nullen also immer signifikant sind, muss bei Zuweisungen an Bytefelder fester Länge immer darauf geachtet werden, dass nicht aus Versehen ein Auffüllen mit Nullen stattfindet.

Bei der Zuweisung eines Wertes an ein Feld vom Typ `x` wird der Wert abgeschnitten, wenn seine Länge den verfügbaren Speicherplatz übersteigt. Bei manchen Anweisungen wird auch hier der Rückgabewert `sy-subrc` gesetzt.

Da hier Zeichenliterale zum Definieren von Binärwerten verwendet werden, fragen Sie sich möglicherweise bereits, was beim Versuch geschieht, einem Feld vom Typ `x` einen ungültigen Wert zuzuweisen. Im Allgemeinen ist das Ergebnis von Operationen mit ungültigen Werten wie

```abap
DATA mybytes TYPE x LENGTH 2.
mybytes = '12XY34'.
```

so uneinheitlich, dass es hier nicht ausführlich behandelt werden kann.[8] Hier soll lediglich gesagt werden, dass bei einer einfachen Zuweisung von c nach x der Wert ab dem ersten ungültigen Byte abgeschnitten wird, sodass der Wert für mybytes bei Fertigstellung des Codes 1200 lautet. Einige weitere Beispiele zum Umgang mit ungültigen Werten finden Sie in den folgenden Abschnitten.

Datentypen für spezielle Zwecke

c und x sind die am häufigsten verwendeten Datentypen mit fester Länge. In der Zeichenkettenverarbeitung stehen aber noch drei weitere Zeichendatentypen für sehr spezifische Aufgaben zur Verfügung:

Der Zeichentyp n ist eine Spezialisierung des Typs c, der für *numerische Daten* wie Kunden- oder Rechnungsnummern konzipiert ist. Doch im Gegensatz zu Werten vom Ganzzahltyp i sollten Felder vom Typ n nicht in Berechnungen verwendet werden; sie speichern lediglich die zeichenartige Darstellung von numerischen Werten. Daher unterscheiden sich die Regeln für das Auffüllen von Werten für diesen Typ von den Regeln für Felder vom Typ c: Die Ziffern in einem Feld vom Typ n werden rechtsbündig gespeichert und mit vorangestellten Nullen aufgefüllt. Die Anweisungen

```
DATA mynum TYPE n LENGTH 5.
mynum = '123'.
```

speichern den Wert 00123 in der Variable mynum. Auch hier sind keine expliziten n-Literale vorhanden; verwenden Sie erneut die Zeichenliterale und verlassen Sie sich darauf, dass die Zuweisung die Zeichenfolge in eine numerische Darstellung konvertiert. Befinden sich in der zu kopierenden Zeichenfolge Bereiche, bei denen es sich nicht um Ziffern handelt, so werden diese einfach entfernt:

```
DATA mynum TYPE n LENGTH 5.
mynum = '12X34'.
```

Das Feld mynum enthält nun die Zeichenfolge 01234. Beachten Sie, dass sich dieses Verhalten vom Verhalten der Zuweisung an x-Felder unterscheidet – bei diesen führen ungültige Werte zum Abbruch der Konvertierung und zu einer unvollständigen Übertragung.

---

8 Die vollständigen Konvertierungstabellen für Zuweisungen inklusive der Regeln für ungültige Werte finden Sie in der ABAP-Schlüsselwortdokumentation.

1 | Effektive Zeichenkettenverarbeitung in ABAP

Die Zeichentypen d und t sind ebenfalls Spezialisierungen des Typs c und werden für Datums- und Uhrzeitangaben verwendet. Intern handelt es sich dabei um Zeichenfelder der Länge 8 (für Typ d) und 6 (für Typ t), die als JJJJMMTT und HHMMSS codierte Datums- und Uhrzeitwerte speichern. Dabei stehen die Buchstabenfolgen für das Jahr, den Monat, den Tag, die Stunde, die Minute und die Sekunde. Da diese internen Formate nicht verändert werden können, kann für Felder vom Typ d und t keine Länge deklariert werden.

Bei der Zuweisung ungültiger Formate werden Werte vom Typ d und t bei zu kurzen Werten mit schließenden Leerzeichen aufgefüllt, und ungültige Zeichen, wie zum Beispiel Nicht-Ziffern oder ungültige Zahlen, werden einfach unverändert in das Feld kopiert. Im Fall des kurzen Programmabschnitts

```
DATA mydate TYPE d.
mydate = '12X34'.
```

enthält die Variable mydate beispielsweise den Wert 12X34□□□, bei dem es sich eindeutig nicht um ein gültiges Datum handelt. Treffen Sie daher selbst alle notwendigen Vorkehrungen, um solche ungültigen Werte in Datums- und Zeitfeldern zu vermeiden.[9]

ABAP bietet verschiedene Dienste zum Verarbeiten von Feldern des Typs n, d und t, die die Standards der verschiedenen Länder gemäß ihrer Textumgebung respektieren. Die Anweisungen

```
DATA: mydate TYPE d VALUE '20060713',
      text   TYPE c LENGTH 10.
WRITE mydate TO text.
```

weisen zum Beispiel der Variablen text ein formatiertes Datum zu, in dem zunächst der Monat, anschließend der Tag und dann das Jahr getrennt durch Schrägstriche (7/08/2008) aufgeführt sind, wenn das Programm in der US-amerikanischen Textumgebung ausgeführt wird. Dasselbe Datum wird für die meisten europäischen Textumgebungen als 08.07.2008 formatiert.

Arbeiten mit Feldern fester Länge

Prinzipiell hängt das Ergebnis einer Operation in ABAP eher von der ABAP-Anweisung und weniger vom Datentyp der Operanden ab. Einfacher gesagt,

---

[9] Der Grund, dass die ABAP-Laufzeitumgebung solche ungültigen Werte nicht vermeidet, ist schlicht und einfach der, dass eine Überprüfung bei *jeder* Zuweisung zu teuer ist.

bestimmte Konventionen für einen Datentyp können für einige, müssen jedoch nicht für alle ABAP-Anweisungen gelten. Dieses Phänomen wurde bereits bei den Bemerkungen zur Bedeutung von schließenden Leerzeichen erwähnt.

Bisher erschien das Arbeiten mit Datentypen recht unkompliziert. Es wird aber etwas komplexer, wenn Sie versuchen, Werte unterschiedlicher Datentypen zu kombinieren. Dies tritt wesentlich häufiger auf, als zunächst anzunehmen wäre, da, wie bereits erwähnt, zur Erzeugung binärer und numerischer Daten häufig einfach c-Literale verwendet werden.

Da sämtliche Konvertierungen in der Anweisung MOVE (bzw. in der gleichbedeutenden Zuweisung mit =) implementiert sind und andere Anweisungen die Funktionen von MOVE für Konvertierungen verwenden, ist diese Anweisung die zentrale Referenz für Konvertierungen von Werten unterschiedlicher Typen.

Für die fünf bisher besprochenen Datentypen (c, n, x, d und t) müssen Sie sich mit 5 × (5 – 1) = 20 unterschiedlichen Konvertierungsregeln vertraut machen – in der ABAP-Schlüsselwortdokumentation erreichen die Regeln für alle zehn (ab den Releases 7.0, EhP2 und 7.1/7.2 sind es zwölf) tatsächlich eingebauten elementaren ABAP-Typen sogar die stolze Anzahl von 100. Glücklicherweise ist es selten erforderlich, manche Datentypen ineinander zu konvertieren, sodass der Satz an tatsächlich verwendeten Konvertierungsregeln überschaubar bleibt.[10]

Während für die MOVE-Anweisung die Zuordnung von ungültigen Werten durch Konvertierung so weit wie möglich verhindert wird (wobei, wie für die Typen d und t gezeigt, Ausnahmen die Regel bestätigen), führen andere ABAP-Anweisungen ihre Operation sowohl mit gültigen als auch mit ungültigen Werten durch. Die Anweisung CONCATENATE führt beispielsweise keinerlei Konvertierungen durch. Nach Ausführung der Anweisungen

```
DATA mynum TYPE n LENGTH 5.
CONCATENATE '1' 'X' '2' INTO mynum.
```

enthält das Feld mynum die Zeichenfolge 1X2□□, die nicht nur eine ungültige Nicht-Ziffer enthält, sondern zudem wie ein Feld vom Typ c (und nicht n) gefüllt wird. Im Binärmodus ist die Anweisung dagegen weniger fehleranfällig. Hier erwartet der Compiler an allen Operandenpositionen statt zeichenartiger Felder

---

10 In dem bei SAP PRESS erschienenen Buch *ABAP Objects – ABAP-Programmierung mit SAP NetWeaver* wurde die Unzahl an Konvertierungsregeln in Abschnitt 5.2.2 zu den wichtigsten Grundregeln zusammengefasst.

echte byteartige Felder. Daher ist folgendes Programm bereits syntaktisch falsch:

```
DATA mybytes TYPE x LENGTH 5.
CONCATENATE '11' 'X' '22' INTO mybytes
       IN BYTE MODE.
```

Wie gezeigt, lassen Felder vom Typ d und t das Speichern von ungültigen Zeichen zu (etwa Zeichen, bei denen es sich nicht um Ziffern handelt), was unerwartete Ergebnisse zur Folge haben kann. Zu empfehlen ist daher ausdrücklich, alle Felder vom Typ d und t als nicht transparente Elemente anzusehen und keine unkontrollierten Zuweisungen an solche Felder und keine Zeichenkettenverarbeitung mit solchen Feldern durchzuführen, sofern dies nicht explizit erforderlich ist.

Felder fester Länge umfassen zusammenhängende Blöcke aus Zeichen oder Bytes. Wenn eine Struktur ausschließlich zeichenbasierte Komponenten vom Typ c, n, d oder t enthält, kann auch die gesamte Struktur als Zeichenfeld verarbeitet werden:

```
DATA: BEGIN OF mystruc,
        prod_code TYPE c LENGTH 5,
        cust_id   TYPE n LENGTH 5,
      END OF mystruc.
mystruc = 'PROD□12345'.
```

Diese Struktur wird bei der Konvertierung wie ein einziges Datenobjekt vom Typ c behandelt, wobei bei zu kurzen Quellfeldern insbesondere auch das Auffüllen mit Leerzeichen stattfindet. Durch die Zuweisung wird dem zugeordneten Inhalt der komponentenweise Aufbau der Struktur aufgeprägt, auf die über den Strukturkomponenten-Selektor (-) zugegriffen werden kann. Hier wird auch von einem impliziten Casting gesprochen.

Es ist nachdrücklich darauf hinzuweisen, dass die Verwendung dieses Musters schlechten Stil darstellt und in Neuentwicklungen nicht verwendet werden sollte. Wenn Sie mit einer gesamten Struktur als Zeichenfeld arbeiten, können die Werte einzelner Komponenten unkontrolliert verrutschen, sobald die gesamte Zeichenfolge aus Versehen verschoben wird, zum Beispiel:

```
REPLACE 'D' IN mystruc WITH ' '.
WRITE: / mystruc-prod_code,
       / mystruc-cust_id.
```

Dieser Abschnitt hätte folgende Ausgabe zur Folge:

```
PRO□1
2345□
```

Das »Versehen« liegt hier darin begründet, dass die Operandenposition hinter WITH eine derjenigen ist, bei denen die allgemeine Regel gilt, dass schließende Leerzeichen nicht berücksichtigt werden. Deshalb wird D nicht durch ein Leerzeichen ersetzt, sondern aus der Struktur gelöscht. Dabei wird der restliche Inhalt nach links verschoben, wobei rechts mit einem Leerzeichen aufgefüllt wird.

In älteren Nicht-Unicode-Systemen konnten auf diese Weise sogar beliebige flache Strukturen bearbeitet werden. Das Verrutschen von Komponenten war jedoch Grund genug, diese unerwünschte Eigenschaft von Strukturen mit der Einführung von Unicode in Unicode-Programmen zu verbieten. Anderenfalls könnten Sie sonst plötzlich einen Teil der Binärdarstellung eines numerischen Typs (f, i oder p) in einer und den Rest in einer anderen Komponente vorfinden!

1.1.2 Datentypen variabler Länge

Für die in Abschnitt 1.1.1, »Datentypen fester Länge«, besprochenen Datentypen mit fester Länge wird jedem Feld beim Laden des Programms ein fester Speicherbereich zugewiesen, unabhängig vom tatsächlichen Wert, der in diesem Feld gespeichert wird. Diese potenzielle Verschwendung von Speicherplatz führt häufig zu ernsthaften Designproblemen, wenn eine große Anzahl von Feldern vorhanden ist und die durchschnittliche Länge der tatsächlichen Werte (das heißt ohne schließende Leerzeichen oder Nullen) im Vergleich zur größtmöglichen Länge relativ gering ist.

Angenommen zum Beispiel, Sie möchten ein Zeichenfeld mit fester Länge zum Speichern von Kundennamen deklarieren. Welche Länge sollten Sie diesem Feld zuweisen? Wenn Sie von den meisten asiatischen Namen wie *Chang*, *Lee* oder *Sato* ausgehen, würden diese eine Länge von 20 Zeichen nicht überschreiten. Doch egal, welche Länge Sie für das Feld wählen, früher oder später treffen Sie auf Kunden wie *Edson Arantes do Nascimento* (alias Pelé, der berühmte Fußballspieler) oder *Hadschi Halef Omar Ben Hadschi Abul Abbas Ibn Hadschi Dawuhd al Gossarah* (ein fiktiver Charakter aus den Romanen von Karl May). Reservieren Sie jedoch 80 Zeichen oder mehr für die Kundennamen, um auch diesen untypischen Namen Rechnung zu tragen, würden Sie eine große Menge Speicher verschwenden, da in 99 Prozent aller Fälle 20 Zeichen mehr als ausreichend sind.

Mit Release 4.6 wurden daher zwei Datentypen mit *variabler Länge* eingeführt, für die bei der Deklaration keine Länge angegeben werden muss. Stattdessen werden diese Felder abhängig von der Speicheranforderung des aktuellen Wertes vergrößert oder verkleinert.

Strings

Variablen vom Typ `string` speichern Zeichenfolgen mit einer beliebigen Länge. Solche Datenobjekte werden als Strings bezeichnet, um sie von Textfeldern des Datentyps `c` mit fester Länge zu unterscheiden. Die ABAP-Laufzeitumgebung weist automatisch zusätzlichen Speicherplatz zu, wenn der String verlängert wird, und gibt automatisch nicht verwendeten Speicherplatz frei, wenn die Zeichenfolge verkürzt wird. Diese Strategie zur Längenanpassung ist hochgradig optimiert und sorgt für ein Minimum an Speicher-Reorganisationen, indem ein intelligent berechneter Sicherheitspuffer zu allen Speicheranforderungen hinzugefügt wird.

Die maximale Länge eines Strings ist gegenwärtig auf ca. zwei Milliarden ($2^{31}-1$) Zeichen beschränkt. Dabei handelt es sich jedoch lediglich um einen theoretischen Grenzwert, da die maximale Anzahl von Bytes, die für ein einzelnes dynamisches Datenobjekt am Stück angefordert werden kann, durch den Profilparameter `ztta/max_memreq_MB` beschränkt wird. Da eine `string`-Variable anders als beispielsweise eine interne Tabelle immer am Stück abgelegt wird, beschränkt der Standardwert von 128 MB `string`-Variablen auf ca. 50 Millionen Zeichen, wenn Sie von einem Unicode-System ausgehen, das zwei Bytes pro Zeichen verwendet.

Der Datentyp `string` verfügt über eigene Literale, die in einfachen schrägen Anführungszeichen (`` ` `` ... `` ` ``) eingeschlossen werden und die im Gegensatz zu Textfeldliteralen vom Typ `c` als String-Literale bezeichnet werden. Um schräge Anführungszeichen innerhalb eines String-Literals einzufügen, werden zwei aufeinanderfolgende Anführungszeichen verwendet:

`` `the ``new` thing` ``

Das leere String-Literal `` `` `` kennzeichnet eine leere Zeichenfolge mit der Länge 0 – wie Sie aus Abschnitt 1.1.1, »Datentypen fester Länge«, wissen, unterscheidet sich dies von Feldern mit fester Länge, bei denen das leere Zeichenliteral `' '` den Wert `'□'` kennzeichnet, wobei das Leerzeichen aber an den meisten Operandenpositionen nicht berücksichtigt wird.

Da die Länge von Strings automatisch an die Werte angepasst wird, müssen diese nicht automatisch aufgefüllt werden. Bei Feldern vom Datentyp `string` und damit auch bei String-Literalen werden schließende Leerzeichen immer als beabsichtigt angesehen und nie vernachlässigt. Ein Literal `` `□` `` hat demnach immer den Wert »ein Leerzeichen«. In Fällen, in denen schließende Leerzeichen von Bedeutung sind, werden daher immer Strings und `` `...□` `` anstelle von Textfeldern fester Länge und `'...□'` verwendet.

Die unterschiedliche Behandlung schließender Leerzeichen ist zu berücksichtigen, wenn Strings mit Zeichenfeldern fester Länge verglichen werden. Der folgende Vergleich ergibt beispielsweise immer den Wahrheitswert »falsch«:[11]

```
IF 'this□□' = `this□□`.
  " never executed
ENDIF.
```

Wenn Sie nun numerische Werte in einen String kopieren, kann ein weiteres Problem auftreten. Da ABAP bei einer Konvertierung der Typen `i` und `p` in zeichenartige Felder die Zahlenwerte in kaufmännischer Notation aufbereitet, bei der das Vorzeichen hinter dem Wert platziert ist und für positive Werte ein Leerzeichen (□) anstelle des Pluszeichens (+) verwendet wird, können in `string`-Variablen leicht und eventuell unbeabsichtigt schließende Leerzeichen eingefügt werden. Im Beispielprogramm

```
DATA: myvalue  TYPE i VALUE +123,
      mystring TYPE string.
mystring = myvalue.
```

lautet der Wert von `mystring` etwa `123□` anstelle von `123`. Dies könnte zu einem überraschenden Ergebnis führen, wenn Sie `mystring` mit einem Zeichenfeld oder Literal vergleichen.

Analog zu Datentypen mit fester Länge gibt es auch für Binärdaten einen Datentyp mit variabler Länge. Variablen vom Typ `xstring` speichern Bytefolgen mit beliebiger Länge, für die dieselben Größeneinschränkungen gelten wie für zeichenartige Strings.

---

11 Der Grund ist, dass der Datentyp `c` vor dem Vergleich nach `string` konvertiert wird, wobei die Leerzeichen abgeschnitten werden. Dadurch werden Strings unterschiedlicher Länge verglichen, die nie gleich sein können.

Sharing von String-Werten

Um Strings zur Laufzeit verlängern oder verkürzen zu können, werden `string`-Variablen in einen *Wertebereich* und einen *Verwaltungsbereich* (auch *Header* genannt) unterteilt. Der Wertebereich speichert den tatsächlichen Inhalt eines Strings und kann an wechselnden Positionen im Hauptspeicher gehalten werden. Wenn die Länge des Strings die aktuelle Größe des Wertebereichs übersteigt, wird einfach mehr Speicherplatz zugewiesen und der String-Wert in den neuen Wertebereich kopiert. Ebenso wird bei Verringerung der Zeichenfolgenlänge unter einen bestimmten Schwellenwert ein kleinerer Speicherplatz zugewiesen und der größere Wertebereich freigegeben. Im Header wird der aktuelle Speicherort des Wertebereichs mitverfolgt, und zusätzliche Informationen wie die aktuelle Länge der Zeichenfolge werden gespeichert. Eine `string`-Variable kann daher als Referenz betrachtet werden, die auf die tatsächliche Zeichenfolge innerhalb des Speichers verweist (siehe Abbildung 1.1).

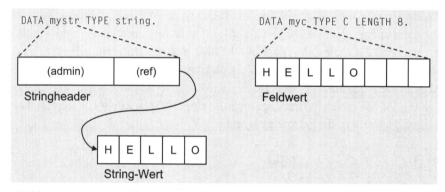

Abbildung 1.1 String-Variable im Vergleich zu einem Feld mit fester Länge

Das grundlegende Prinzip der Entkopplung von Header und Wert ermöglicht es, Strings problemlos zu verkleinern und zu vergrößern. Doch es bietet noch weitere Vorteile: Wird der Wert eines Strings von seinem Header getrennt, kann ein Wert für mehrere Header, das heißt für mehrere `string`-Variablen, wiederverwendet werden. Dieses Prinzip wird als *Sharing von Strings* bezeichnet.[12] Mehrfachverwendung kann die Performance von Zuweisungen enorm verbessern und reduziert gleichzeitig den Speicherverbrauch.

Variablen, die einen Wert gemeinsam verwenden, werden als *Synonyme* bezeichnet. Erst wenn Sie den Wert eines Synonyms ändern, wird die Mehrfachverwendung für diesen Wert aufgehoben, indem eine exklusive Kopie des Inhalts erstellt wird. Anschließend wird mit der neu erstellten Kopie

---

12 Genauso gibt es auch ein Sharing von internen Tabellen.

gearbeitet. Aufgrund dieses Verhaltens wird die Technik auch als *Copy-on-Write* oder *Lazy Copying* (verzögertes Kopieren) bezeichnet.

Doch wie erstellt ABAP solche Synonyme? Die naheliegende Möglichkeit zur mehrfachen Verwendung eines String-Wertes bietet sich bei der Zuweisung eines Wertes zwischen zwei Variablen vom Typ string:

```
DATA: mystring1 TYPE string,
      mystring2 TYPE string.
mystring1 = `hello, world`.
mystring2 = mystring1.                    " shared
CONCATENATE mystring1 '!' INTO mystring1. " unshared
```

Hier wird die Zeichenfolge nicht kopiert, sondern die Zielvariable verwendet den Wert der Quellvariablen. Derselbe Mechanismus wird bei der Werteübergabe an Prozeduren (Methoden, Funktionsbausteine und Unterprogramme) verwendet.

Mehrfachverwendung ist auch in weiteren Situationen sinnvoll, zum Beispiel beim Einlesen von Daten aus der Datenbank in string-Variablen. Um den Anteil der Mehrfachverwendung zu erhöhen, verwendet die ABAP-Laufzeitumgebung einen Cache, in dem eine beschränkte Anzahl der zuletzt verwendeten String-Werte gespeichert wird. Es kann allerdings nicht garantiert werden, dass zwei Zeichenfolgen mit demselben Wert tatsächlich mehrfach verwendet werden; Sie können jedoch sicher sein, dass häufig verwendete Zeichenfolgen nur einige wenige Male zugewiesen werden.

Zum Abschluss dieser kurzen Betrachtung von Strings soll noch auf eine kleine Besonderheit eingegangen werden, die beim Arbeiten mit Strukturen zu beachten ist. Sie wissen, dass eine Struktur in ABAP aus Komponenten besteht, die hintereinander im Speicher abgelegt sind und auf die entweder gemeinsam oder über die Komponentennamen zugegriffen werden kann. In Abschnitt 1.1.1 haben Sie gesehen, dass auf Strukturen mit rein zeichenartigen Komponenten mit fester Länge sogar wie auf ein einziges zeichenartiges Feld zugegriffen werden kann. Diese ohnehin nicht empfohlene Vorgehensweise ist bei Strukturen, die Strings enthalten, nicht mehr möglich.

Da der Wert einer string-Variablen getrennt vom Header gespeichert wird, kann eine Struktur mit einer Komponente vom Typ string natürlich nicht als ein einziges Zeichenfeld verarbeitet werden (siehe Abbildung 1.2). Strings sind mit internen Tabellen oder Objektreferenzen vergleichbar, die ebenfalls auf einen Speicherort verweisen, an dem der eigentliche Wert gespeichert ist. Eine Struktur mit einem String wird daher genau wie eine Struktur mit internen

Tabellen oder Referenzvariablen als tiefe Struktur bezeichnet. Die für tiefe Strukturen geltenden Einschränkungen müssen beim Ändern des Komponententyps einer Struktur vom Typ c in den Typ string beachtet werden.

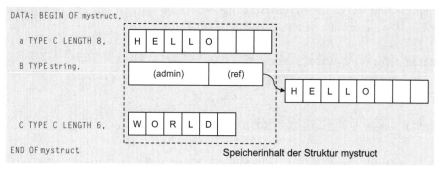

Abbildung 1.2 Tiefe Struktur mit String-Komponente

1.1.3 Generische Datentypen

ABAP bietet verschiedene *generische Datentypen*, die von den bisher vorgestellten vollständigen Datentypen abstrahieren. Da generische Datentypen selbst nicht eindeutig sind, können sie nicht zum Deklarieren von Variablen verwendet werden, sondern sind lediglich für Formalparameter von Prozeduren und für Feldsymbole zulässig. Im Folgenden werden die generischen Datentypen vorgestellt, die in der Verarbeitung von Zeichen- und Bytefolgen eine Rolle spielen.

Der generische Typ csequence umfasst die Typen c und string und sollte immer dann verwendet werden, wenn Sie ganz allgemein einen zeichenartigen Wert erwarten. Der Typ clike umfasst darüber hinaus auch die Typen d, n und t sowie flache zeichenartige Strukturen. In Nicht-Unicode-Systemen umfasst clike auch noch die byteartigen Typen x und xstring. Es ist jedoch dringend davon abzuraten, für Parameter oder Feldsymbole des Typs clike eine Byteverarbeitung durchzuführen, da dies bei der Umstellung auf Unicode zu inkorrekten Programmen führt.

Für Binärdaten steht der die Typen x und xstring umfassende generische Datentyp xsequence bereit; dies ist der geeignete Datentyp für Schnittstellenparameter, an die Binärdaten übergeben werden sollen.

1.1.4 Auswahl des geeigneten Datentyps

Variablen vom Typ string bieten zwar die größte Flexibilität für die Verarbeitung von Zeichenfolgen, verursachen aber auch internen Verwaltungsaufwand, der die Performance geringfügig beeinträchtigen kann.[13] Um effiziente Programme zu schreiben, müssen Sie Ihre Datenstrukturen daher wohlüberlegt organisieren. Leider gibt es keine narrensichere Methode für die Auswahl des richtigen Datentyps. Auch kann Ihnen die ABAP-Laufzeitumgebung diese Aufgabe nicht durch die automatische Auswahl des geeigneten Typs während der Programmausführung abnehmen. Hier sind jedoch einige Richtlinien zusammengetragen, die Sie für die Ermittlung des richtigen Typs für zeichenartige Datenobjekte zu Rate ziehen können.

- **Beachten Sie die Textlänge!**
  Ein wichtiger Hinweis für den geeigneten Datentyp ist die erwartete Länge der Zeichenfolge. Da beim Zugriff auf Strings ein Mehraufwand entsteht, der vor den Releases 7.0, EhP2 und 7.1/7.2 noch *unabhängig* von der Länge der Zeichenfolge ist, bieten Strings für sehr kurze Zeichenfolgen vor den Releases 7.0, EhP2 und 7.1/7.2 keine gute Performance. Bei längeren String-Werten und seit den Releases 7.0, EhP2 und 7.1/7.2 fällt der konstante Mehraufwand jedoch zunehmend weniger ins Gewicht. Als Faustregel gilt, dass vor den Releases 7.0, EhP2 und 7.1/7.2 Werte mit mehr als zehn bis 20 Zeichen in einer string-Variablen gespeichert werden sollten und anderenfalls ein Textfeld fester Länge die geeignete Wahl ist. Seit den Releases 7.0, EhP2 und 7.1/7.2 können Strings dagegen uneingeschränkt empfohlen werden. Textfelder fester Länge müssen nur noch dann verwendet werden, wenn die vorgegebene Länge eine semantische Rolle spielt, wie zum Beispiel für vorgegebene Layouts.

- **Nutzen Sie das Sharing!**
  Auch wenn der Zugriff auf Strings etwas rechenintensiver ist als der Zugriff auf Felder fester Länge, können Strings aufgrund des automatischen Sharings äußerst effizient kopiert werden. Diese Performanceverbesserung wird jedoch wieder eingeschränkt, wenn das Sharing aufgehoben werden muss, weil mehrfach verwendete String-Werte häufig geändert werden.

  Das Sharing von Strings kann den Speicherverbrauch insbesondere dann signifikant reduzieren, wenn lediglich einige wenige unterschiedliche Werte für eine große Anzahl von Variablen oder für die Zeilen einer internen Tabelle vorhanden sind. Wenn Sie beispielsweise von einer internen Tabelle mit Kundendaten ausgehen und viele der Kunden in New York City leben, können Sie die Speichernutzung verbessern, indem Sie die Spalte city der

---

13 Vor den Releases 7.0, EhP2 und 7.1/7.2 belegte jeder Stringheader unabhängig von der String-Länge 60 Bytes. Seit den Releases 7.0, EhP2 und 7.1/7.2 benötigt der Stringheader für String-Längen kleiner 30 nur noch zwischen ca. 10 und 40 Bytes und für längere Strings konstant ca. 50 Bytes.

internen Tabelle als Typ `string` deklarieren. Dadurch würde eine Instanz des Textes `New York City` von allen Kunden gemeinsam verwendet, die in dieser Stadt leben. Kundennummern wiederum sind für jeden Kunden eindeutig, sodass die Verwendung von Strings für die Spalte `custid` (in der Hoffnung, Werte mehrfach verwenden zu können) sinnlos wäre.

▶ **Achten Sie auf schließende Leerzeichen!**
Auch wenn sich dafür ausgesprochen wurde, vor den Releases 7.0, EhP2 und 7.1/7.2 noch kurze Werte in Feldern mit fester Länge zu speichern, wird nun ein Szenario beschrieben, in dem kurze Strings sogar vor den Releases 7.0, EhP2 und 7.1/7.2 eine bessere Performance boten als Felder mit fester Länge.

Die Ausführung der meisten Anweisungen zur Verarbeitung von Zeichenfolgen hängt direkt von der Länge des Textes ab, den sie bearbeiten. Für Strings werden diese Informationen im Header gespeichert, auf den direkt zugegriffen werden kann. Zeichenfelder fester Länge müssen jedoch von rechts nach links durchsucht werden, um die meistens zu ignorierenden schließenden Leerzeichen zu ermitteln. Bei Feldern mit initialem Wert führt dies dazu, dass das gesamte Feld durchsucht wird. Je mehr schließende Leerzeichen vorhanden sind – das heißt je kleiner der tatsächliche Wert im Verhältnis zur Länge des Feldes ist –, desto schlechter ist die Performance im Vergleich zu einem String.

1.2 Grundlegende Operationen für die Zeichenkettenverarbeitung

Nachdem alle verfügbaren zeichenartigen und byteartigen Datentypen beschrieben wurden, werden nun die eigentlichen Verarbeitungsoperationen für Zeichen- und Bytefolgen in der Sprache ABAP behandelt. Den gängigsten Operationen (Suchen und Ersetzen) ist ein eigener Abschnitt (siehe Abschnitt 1.3, »Suchen und Ersetzen«) gewidmet. Der Schwerpunkt liegt auf der Zeichenkettenverarbeitung. Für die Verarbeitung von Byteketten gilt im Wesentlichen das Gleiche, wobei aber nicht auf die für die Zeichenverarbeitung typischen Besonderheiten wie die Behandlung schließender Leerzeichen geachtet werden muss.

1.2.1 Zugriff mittels Offset und Länge

Wenn von Zeichenfolgen in ABAP gesprochen wird, bezieht sich dies häufig auf Unterfolgen oder einzelne Zeichen einer längeren Abfolge. Diese werden durch Angabe ihrer Länge und ihres Startpunktes innerhalb der Zeichenfolge spezifiziert. Letzterer wird im ABAP-Umfeld per Konvention entweder durch einen 0-basierten *Offset* oder eine 1-basierte *Position* festgelegt. Für das Literal `hello` steht das o beispielsweise an Offset 4 und Position 5.

In ABAP können Sie problemlos auf einen Teil eines Zeichenfeldes fester Länge oder eines Strings zugreifen, indem Sie die Syntax `text+off(len)` verwenden. Dieser Ausdruck kennzeichnet den Teil von `text`, der die Zeichen von Offset `off` bis einschließlich Offset `off+len-1` umfasst. Sowohl die Angabe des Offsets als auch die der Länge sind optional und entsprechen standardmäßig 0 bzw. den verbleibenden Zeichen der Zeichenfolge. Ein Sternchen (*) als Länge kennzeichnet ebenfalls die Länge der verbleibenden Zeichen der Folge. Sowohl der Offset als auch die Länge können numerische Literale, Variablen oder Konstanten, jedoch keine vollständigen arithmetischen Ausdrücke sein.[14] Die folgenden `write`-Anweisungen

```abap
DATA mytext TYPE   string
            VALUE `hello world`.
WRITE: / mytext+3(2), / mytext(5),
       / mytext+6,    / mytext+6(*).
```

führen zu dieser Ausgabe:

```
lo
hello
world
world
```

Wenn Sie versuchen, auf einen Teil außerhalb der Zeichenfolge wie durch `mytext+20` oder `mytext(20)` zuzugreifen, wirft die ABAP-Laufzeitumgebung eine Ausnahme der Klasse `cx_sy_range_out_of_bounds`. Dies ist insbesondere bei Strings eine Gefahr, da sich deren Länge im Programmverlauf in der Regel ändert. Bei einem Offset-/Längenzugriff auf Strings empfiehlt es sich, die Ausnahme immer abzufangen oder die Länge des Strings vorher zu überprüfen.

Sie können die Syntax für den Offset-/Längenzugriff auch zum Ändern einer Unterfolge einer Zeichenfolge verwenden:

---

14 Ab den Releases 7.0, EhP2 und 7.1/7.2 gibt es für reine Lesezugriffe auch eingebaute `substring`-Funktionen, die auch die Angabe von Ausdrücken oder Methodenaufrufen erlauben. Diese Funktionen sind Teil eines umfangreichen Satzes von neuen Zeichenkettenfunktionen, die auch selbst an Operandenpositionen eingesetzt werden können.

```
DATA mytext TYPE c LENGTH 20
              VALUE 'hello world'.
mytext+6(5) = 'Ralph'.
```

Ist die zugewiesene Zeichenfolge kürzer als die angegebene Unterfolge, die ersetzt werden soll, wird sie mit Leerzeichen aufgefüllt; wenn sie länger ist, wird sie abgeschnitten:

```
DATA mytext TYPE c LENGTH 12 VALUE 'hello world!'.
mytext+6(5) = 'sun'.    " mytext now equals 'hello□sun□□!'
mytext+6(2) = 'world'.  " mytext now equals 'hello□won□□!'
```

Alle Bereiche außerhalb des durch Offset und Länge angegebenen Teilfeldes bleiben unverändert.

Aus technischen Gründen kann der ändernde Offset-/Längenzugriff jedoch nur für Zeichenfelder fester Länge und nicht für Strings verwendet werden. Dies ist allerdings kein Grund zur Verzweiflung, denn die Anweisung REPLACE bietet eine geeignete und ohnehin empfehlenswertere Alternative, die auch für Strings funktioniert.

1.2.2 Verkettung

Mit der Anweisung CONCATENATE können zwei oder mehr Zeichenfolgen kombiniert werden,[15] wobei mit der Klausel SEPARATED BY ein optionales Trennzeichen bestimmt werden kann. Im Beispiel

```
DATA mystr TYPE string.
CONCATENATE 'hello' 'my' 'world'
            SEPARATED BY '□' INTO mystr.
```

erhält die Variable mystr den Wert hello□my□world. Beachten Sie, dass an der Operandenposition hinter SEPARATED BY die schließenden Leerzeichen *nicht* ignoriert werden – anderenfalls würde das Ergebnis hellomyworld lauten. Wird die Verkettung in ein Zielfeld mit fester Länge durchgeführt, dessen Speicherplatz für das gesamte Ergebnis nicht ausreichend ist, wird der Rückgabewert sy-subrc auf den Wert 4 gesetzt. Dies gilt auch bei einigen anderen ABAP-Anweisungen zur Verarbeitung von Zeichenfolgen.

Eine häufige Anwendung für Verkettungen besteht darin, kleinere Zeichenfragmente wiederholt anzufügen, um eine längere Zeichenfolge zu erstellen:

---

15 Ab den Releases 7.0, EhP2 und 7.1/7.2 gibt es hierfür auch einen Verkettungsoperator &&.

```
DATA: itab  TYPE TABLE OF string,
      mystr TYPE string.
FIELD-SYMBOLS <fs> TYPE string.
LOOP AT itab ASSIGNING <fs>.
  CONCATENATE mystr <fs> INTO mystr.
ENDLOOP.
```

Die ABAP-Laufzeitumgebung erkennt dieses Muster und führt einige spezielle Optimierungen durch, um die Menge an Neuzuweisungen zu reduzieren, die zum Speichern des immer länger werdenden Strings `mystr` erforderlich sind. Diese Optimierung wird jedoch nur durchgeführt, wenn die Zeichenfragmente am *Ende* des Strings angefügt werden. Im umgekehrten Fall

```
CONCATENATE <fs> mystr INTO mystr.
```

wird keinerlei Optimierung durchgeführt.

1.2.3 Zerlegung

Die Anweisung `SPLIT` zerlegt eine Zeichenfolge an einem Trennzeichen in einzelne Teile:

```
DATA mytext TYPE string
            VALUE `Ralph,12345,SAP`.
SPLIT mytext AT ',' INTO arg1 arg2 arg3.
```

Die Variablen `arg1`, `arg2` und `arg3` enthalten nun die Werte `Ralph`, `12345` und `SAP`. Wenn das Ergebnis der Zerlegung eine geringere Anzahl von Teilen umfasst als die Anzahl von Variablen, die gefüllt werden müssen, werden die überzähligen Variablen initialisiert. Im umgekehrten Fall erhält die letzte Variable alle die zu diesem Zeitpunkt noch nicht zerlegten restlichen Zeichen:

```
SPLIT mytext AT ',' INTO arg1 arg2.
  " arg1 now equals 'Ralph'
  " arg2 now equals '12345,SAP'
```

Diese Variante der Anweisung `SPLIT` bietet sich also an, wenn die Anzahl der Trennzeichen innerhalb der Zeichenfolge im Voraus bekannt ist. Ansonsten ist es oft sinnvoller, eine interne Tabelle anzugeben, die die einzelnen Teile dann als Zeilen aufnimmt:

```abap
DATA itab TYPE TABLE OF string.
SPLIT mytext AT ',' INTO TABLE itab.
```

1.2.4 Verschiebung

Mithilfe der Anweisung SHIFT können Sie Zeichenfolgen verschieben. Ohne weitere Angaben wird die Zeichenfolge um eine Stelle nach links verschoben, durch das Hinzufügen des Zusatzes RIGHT nach rechts. Beim Verschieben von Zeichen in Feldern fester Länge gehen Zeichen, die aus dem Feld verschoben werden, verloren, sofern Sie nicht die Option CIRCULAR hinzufügen, um die Zeichen am anderen Ende wieder einzufügen:

```abap
DATA mytext TYPE c LENGTH 12 VALUE 'hello world'.
                   " mytext now equals 'hello□world□'
SHIFT mytext RIGHT CIRCULAR BY 6 PLACES.
                   " mytext now equals 'world□hello□'
SHIFT mytext BY 5 PLACES.
                   " mytext now equals'□hello□□□□□'
```

Das Gleiche gilt für Strings, allerdings wird ein String beim nicht zirkularen Verschieben nach rechts immer länger, und es gehen keine Zeichen verloren:

```abap
DATA mytext TYPE string VALUE `hello world`.
                   " mytext now equals `hello□world`
SHIFT mytext RIGHT BY 1 PLACES.
                   " mytext now equals `□hello□world`
SHIFT mytext LEFT CIRCULAR BY 7 PLACES.
                   " mytext now equals `world□hello□`
SHIFT mytext BY 6 PLACES.
                   " mytext now equals `hello□`
```

Sie können die Anzahl der Zeichen, die verschoben werden sollen, direkt über den Zusatz BY n PLACES angeben. Darüber hinaus können Sie den Zusatz UP TO verwenden, um die Zeichenfolge nach links oder rechts bis zu einer bestimmten Zeichenfolge zu verschieben:

```abap
DATA mytext TYPE  string
            VALUE `hello world`.
SHIFT mytext UP TO 'or'.
```

Die Variable mytext enthält nun den Wert orld.

1.2.5 Formatierung von Zeichenketten

Die Anweisung `WRITE` wird nicht nur zur Ausgabe von Zeichen in der Listenverarbeitung verwendet, sondern dient bei Angabe des Zusatzes `TO` auch der formatierten Zuweisung elementarer Datenobjekte an Zeichenfolgen. Da die klassische Listenverarbeitung im Wesentlichen obsolet ist, ist die formatierte Zuweisung inzwischen sogar das Hauptanwendungsgebiet der Anweisung `WRITE`. Das Ergebnis der Formatierung hängt von *impliziten Regeln* gemäß den unterschiedlichen Locale-spezifischen Einstellungen sowie *expliziten Regeln* zur Steuerung von Aspekten wie Ausrichtungs- oder Rundungsoperationen ab.

Leider kann die Anweisung `WRITE TO` ihre formatierten Zeichenfolgen lediglich in Zeichenfelder fester Länge, nicht jedoch in Strings schreiben. Ab den Releases 7.0, EhP2 und 7.1/7.2 lösen deshalb sogenannte Zeichenketten-Templates die Anweisung `WRITE TO` weitgehend ab. Zeichenketten-Templates erlauben es ebenfalls, elementare Datenobjekte gemäß vor- oder angegebenen Formatierungsregeln in zeichenartige Daten zu verwandeln, und sind alles in allem noch viel mächtiger als die Anweisung `WRITE TO`.

In diesem Kapitel wird noch die Anweisung `WRITE TO` behandelt. Im Folgenden werden die Ergebnisse impliziter und expliziter Formatierungen einer Datumsangabe veranschaulicht. Die impliziten Regeln sind in den Formatierungseinstellungen der aktuellen Sprachumgebung festgelegt. Diese Einstellungen werden durch Festwerte im Benutzerstammsatz oder durch länderspezifische Formate definiert. Letztere können während einer Programmausführung auch über die Anweisung `SET COUNTRY` geändert werden:

```
DATA: mydate TYPE d VALUE '20060131',
      mytext TYPE c LENGTH 15.
SET COUNTRY 'US'.    " US format
WRITE mydate TO mytext.    " mytext now equals '01/31/2006'
SET COUNTRY 'JP'.    " Japanese format
WRITE mydate TO mytext.    " mytext now equals '平成18/01/31'
```

Beim japanischen Format ist der erste Teil des Jahres ein japanisches Zeichen für den aktuellen Kaiser und die beiden Ziffern sind das Jahr seiner Regentschaft.

Die verfügbaren Ländercodes für `SET COUNTRY` sind in der Datenbanktabelle `T005X` gespeichert. Dort ist jedem Ländercode zugeordnet, welche Formatierung durchgeführt werden soll.[16] Weitere dort definierte Regeln steuern die implizite Aufbereitung von Dezimaltrennzeichen, Tausendertrennzeichen oder Zeitangaben. Die impliziten Regeln können zusätzlich noch durch sogenannte

Konvertierungs-Exits ergänzt werden, die einer Domäne im ABAP Dictionary zugeordnet sind.

Die impliziten Regeln können durch explizite Formatierungsregeln ganz oder teilweise übersteuert werden. Explizite Regeln werden durch Zusätze zur Anweisung `WRITE TO` aktiviert. Der Zusatz `RIGHT-JUSTIFIED` füllt beispielsweise die formatierte Zeichenfolge mit vorangestellten Leerzeichen auf, sodass das Ergebnis zum Ende des Feldes hin ausgerichtet ist:

```
WRITE mydate TO mytext RIGHT-JUSTIFIED.
             " mytext equals '□□□□□01/31/2006'
```

Insbesondere gibt es auch explizite Formatierungsregeln für Datumsangaben. Diese sorgen aber häufig für Verwirrung. Die Zusätze `DD/MM/YYYY` und `MM/DD/YYYY` beispielsweise steuern *nicht* die Reihenfolge von Tag und Monat im Ergebnis – stattdessen geben beide Zusätze an, dass das Jahr mit vier Ziffern aufbereitet wird und Trennzeichen eingefügt werden sollen. Die Reihenfolge von Tag und Monat sowie die Auswahl der geeigneten Trennzeichen werden jedoch auch hier durch die Formatierungseinstellungen der Sprachumgebung festgelegt. Ähnliches gilt für die beiden Zusätze `DD/MM/YY` und `MM/DD/YY` sowie die beiden Zusätze `DDMMYY` und `MMDDYY`, die auch jeweils gleichbedeutend sind. Nur `YYMMDD` legt tatsächlich und unabhängig von der Sprachumgebung sein Muster fest!

```
DATA: mydate TYPE d VALUE '20060131',
      mytext TYPE c LENGTH 15.
SET COUNTRY 'US'.
WRITE mydate TO mytext YYMMDD.
                " mytext equals '060131'
```

Diese Anweisungen führen selbst dann zur Formatierung des Datums als `060131` ohne Trennzeichen, wenn das US-amerikanische Format ausgewählt ist.

Die Liste aller verfügbaren expliziten Formatierungsregeln finden Sie in der ABAP-Schlüsselwortdokumentation für die Anweisung `WRITE TO`.

---

16 Wenn dieser Programmabschnitt in Ihrem System ein anderes Ergebnis hat, überprüfen Sie die Eintragungen in der T005X. In diesem Fall enthielt die Spalte für das Datumsformat den Wert 2 für die Länderkennung US und 8 für die Länderkennung JP. Die Bedeutung der Zahlen können Sie der ABAP-Schlüsselwortdokumentation entnehmen.

1.2.6 Weitere Operationen

Dieser Abschnitt führt beispielhaft einige weitere Anweisungen auf, die spezielle Operationen mit zeichenartigen Daten durchführen. Für diese gibt es keinen Binärmodus. Die Funktionalität dieser Anweisungen wird wie die der meisten speziellen Anweisungen zur Zeichenkettenverarbeitung ab den Releases 7.0, EhP2 und 7.1/7.2 von einem neuen Satz mächtiger Zeichenkettenfunktionen umfasst.

Die Anweisung TRANSLATE konvertiert eine Zeichenfolge in Groß- oder Kleinbuchstaben:

```
DATA mytext TYPE string
            VALUE `Hello World!`.
TRANSLATE mytext TO UPPER CASE.
  " mytext now equals 'HELLO WORLD!'
```

Wie üblich hängt die Klassifizierung von Groß- und Kleinbuchstaben von der Codepage der aktuellen Textumgebung ab.

Überflüssige Leerzeichen, das heißt zwei oder mehr Leerzeichen direkt hintereinander, können mit der Anweisung REPLACE oder noch einfacher mit der Anweisung CONDENSE zusammengefasst werden:

```
DATA mytext TYPE c LENGTH 25.
mytext = 'hello□□my□world□□□□!'.
CONDENSE mytext.
```

Nach der Ausführung enthält mytext den Wert hello□my□world□!□□□□□□□□. Schließende Leerzeichen können in Feldern fester Länge im Endergebnis natürlich nicht zusammengefasst werden (bzw. sie werden zusammengefasst und dann wieder aufgefüllt). Durch das Hinzufügen von NO-GAPS werden sämtliche nicht schließenden Leerzeichen aus einem Textfeld fester Länge entfernt. Aus Strings bleiben schließende Leerzeichen entfernt, und der String passt sich der neuen Länge an.

1.2.7 ABAP-Klassen für die Zeichenkettenverarbeitung

Bestimmte Funktionalitäten zur Verarbeitung von Zeichenfolgen werden nicht in Form von integrierten Anweisungen (bzw. Funktionen ab den Releases 7.0, EhP2 und 7.1/7.2), sondern durch ABAP-Klassen bereitgestellt.

- `cl_abap_char_utilities`
  Diese Klasse bietet einige grundlegende Dienste für einzelne Zeichen an. Sie ist insbesondere für plattformunabhängige Operationen nützlich, da sie Konstanten für Steuerungszeichen wie Zeilenumbrüche, horizontale Tabulatoren und Seitenvorschübe enthält. Mit der Konstante char_size kann geprüft werden, ob es sich bei dem aktuellen System um ein Unicode-System handelt oder nicht.

- `cl_abap_string_utilities`
  Diese Klasse adressiert Probleme, die durch die unterschiedliche Semantik schließender Leerzeichen der Typen string und c verursacht werden. Mit der Methode c2str_preserving_blanks wird der Wert eines Zeichenfeldes unter Beibehaltung sämtlicher schließender Leerzeichen in eine string-Variable kopiert. Die Methode del_trailing_blanks entfernt alle schließenden Leerzeichen aus einer string-Variablen.

- `cl_abap_conv_in_ce`, `cl_abap_conv_out_ce` und `cl_abap_conv_x2x_ce`
  Diese Klassen führen Konvertierungen zwischen unterschiedlichen Codepages oder Zahlenformaten durch. Sie ersetzen die veralteten Varianten der Anweisungen TRANSLATE ... CODE PAGE und TRANSLATE ... NUMBER FORMAT.

All diese Klassen werden in ihrer Klassendokumentation im Detail beschrieben.

1.3 Suchen und Ersetzen

Das Suchen in Zeichenfolgen und das Ersetzen von Unterfolgen in einer größeren Zeichenfolge zählen zu den am häufigsten benötigten Verarbeitungsoperationen für Zeichenfolgen. Aus diesem Grund widmet sich dieser Abschnitt diesen beiden Vorgängen im Detail. In ABAP wird der Großteil dieser Funktionalität über die Anweisungen FIND und REPLACE bereitgestellt, die beide eine Vielzahl von Zusätzen bieten, um Such- und Ersetzungsvorgänge individuell anzupassen.

Die Anweisung FIND wurde zum ersten Mal mit Release 6.10/6.20 eingeführt, um die weniger leistungsfähige Anweisung SEARCH zu ersetzen. Das Schlüsselwort REPLACE gibt es zwar schon deutlich länger, aber auch hier wurde mit Release 6.10/6.20 eine der Anweisung FIND sehr nahe verwandte Variante eingeführt, die die früher verwendete Syntax ebenfalls obsolet macht. Ab SAP NetWeaver 7.0 bieten sowohl FIND als auch REPLACE native Unterstützung für reguläre Ausdrücke. Dadurch lassen sich mit diesen beiden Anweisungen zahlreiche Aufgaben schnell und zielgerichtet lösen, für die Sie früher viele ABAP-

Codezeilen hätten schreiben müssen. In diesem Kapitel beschränken sich die Ausführungen jedoch auf das Suchen und Ersetzen mit einfachen Zeichenfolgen und verweisen für reguläre Ausdrücke auf Kapitel 2, »Reguläre Ausdrücke für die Zeichenkettenverarbeitung in ABAP«.

1.3.1 Anweisung FIND

Die Anweisung FIND ist in ABAP das Standardwerkzeug für die Suche nach einer bestimmten Zeichenfolge in einem zeichenartigen Datenobjekt. Auch wenn das vollständige Syntaxdiagramm dieser Anweisung, das Sie zum Beispiel in der Kurzreferenz der ABAP-Schlüsselwortdokumentation vorfinden, zunächst sehr komplex erscheint, ist die grundlegende Verwendung unkompliziert:

```
FIND SUBSTRING mystr IN mytext
     MATCH OFFSET off MATCH LENGTH len.
```

Diese Anweisung durchsucht die Zeichenfolge mytext von links nach rechts nach dem ersten Vorkommen der Unterfolge mystr. Falls diese Unterfolge gefunden wird, wird ihr Offset in der Variablen off zurückgegeben. Ebenso wird die Länge der ermittelten Zeichenfolge in der Variablen len zurückgegeben, was im Grunde recht überflüssig ist, da diese Länge bereits im Voraus bekannt ist. Der Zusatz MATCH LENGTH entfaltet seine Bedeutung erst, wenn unter Verwendung eines regulären Ausdrucks nach einem Muster gesucht wird, dessen Länge vorher noch nicht feststeht. Beachten Sie auch, dass die Verwendung des Schlüsselwortes SUBSTRING optional ist und hier fortan nicht mehr verwendet wird, das heißt, es wird standardmäßig eine Suche nach einer Unterfolge mystr durchgeführt, die einen beliebigen zeichenartigen Datentyp haben kann.

Wenn die Zeichenfolge gefunden wurde, setzt die Anweisung FIND den Wert von sy-subrc auf 0; anderenfalls wird sy-subrc auf 4 gesetzt, und die Variablen off und len bleiben unverändert.

ABAP bietet zwei Möglichkeiten, um den Bereich für die Suche einzuschränken: den Offset-/Längenzugriff und spezielle Zusätze. Die Einschränkung mittels Offset-/Längenangabe

```
FIND mystr IN mytext+myoff(mylen).
```

ist bekannterweise prinzipiell für alle Anweisungen verfügbar (siehe Abschnitt 1.2.1, »Zugriff mittels Offset und Länge«) und schränkt die Suche auf den

Bereich von `mytext`, der mit dem Offset `off` beginnt und unmittelbar vor dem Offset `off+len` endet, ein. Diese Lösung eignet sich hervorragend für Textfelder mit fester Länge, für Strings hat sie jedoch den Nachteil, dass eine neue temporäre String-Instanz erstellt werden muss und dass es zu einer Ausnahme kommen kann, wenn der String zu kurz ist.

Eine bessere Möglichkeit zur Definition von Bereichen ist die Verwendung der entsprechenden `FIND`-Zusätze. Da bei diesem Ansatz keine temporäre Zeichenfolge erstellt werden muss, bietet sie eine gleichermaßen gute Leistung für Strings und Textfelder fester Länge:

```
FIND mystr IN SECTION OFFSET myoff
                    LENGTH mylen
              OF mytext.
```

Neben elementaren Zeichenfolgen können auch interne Tabellen mit einem geeigneten Zeilentyp zeilenweise durchsucht werden:

```
DATA myitab TYPE TABLE OF string.
FIND mystr IN TABLE myitab
     MATCH LINE lin MATCH OFFSET off MATCH LENGTH len.
```

Diese Anweisung speichert die Zeilennummer der ermittelten Unterfolge in `lin`. Beachten Sie, dass es keine direkte Möglichkeit gibt, die hintereinander verketteten Tabellenzeilen wie ein einziges Feld zu durchsuchen. Dies wäre beispielsweise für einen Prosatext nützlich, der in Blöcke mit 80 Zeichen unterteilt und in einer internen Tabelle gespeichert ist. Mit der aktuellen Implementierung von `FIND` ist es demnach nicht möglich, nach Unterfolgen zu suchen, die mehrere benachbarte Zeilen umfassen. Seit Release 7.0 kann diese Aufgabe jedoch problemlos ausgeführt werden, indem Sie die Tabelle zuvor in eine Zeichenfolge konvertieren:

```
CONCATENATE LINES OF myitab INTO mytext.
FIND mystr IN mytext.
     "search with lines wrapped around
```

Wenn Sie nach allen Positionen suchen möchten, an denen eine Zeichenfolge vorhanden ist, können Sie den ebenfalls mit Release 7.0 eingeführten Zusatz `ALL OCCURRENCES` verwenden:

```
FIND ALL OCCURRENCES OF mystr IN mytext
     MATCH COUNT cnt MATCH OFFSET off MATCH LENGTH len.
```

Zusätzlich zum Rückgabewert `sy-subrc` wird der Erfolg der Suche in `cnt` als Anzahl der Positionen zurückgegeben, an denen die gesuchte Zeichenfolge ermittelt wurde. Offensichtlich kann durch die Zusätze `MATCH OFFSET` und `MATCH LENGTH` aus Platzgründen nur die Fundstelle eines Treffers zurückgegeben werden. Werden diese Zusätze mit `ALL OCCURRENCES` verwendet, werden daher die Länge und die Position der *letzten* ermittelten Unterfolge zurückgegeben.

Um eine vollständige Liste aller Positionen zu erhalten, an denen `mystr` in `mytext` vorhanden ist, wird der Zusatz `RESULTS` verwendet, der das Suchergebnis in einer internen Tabelle vom Typ `match_result_tab` aus dem ABAP Dictionary speichert:

```
DATA restab TYPE match_result_tab.
FIND ALL OCCURRENCES OF mystr IN mytext
     RESULTS restab.
```

Der Zeilentyp von `match_result_tab` ist im ABAP Dictionary, wie in Tabelle 1.1 gezeigt, definiert.

Komponente	Inhalte
offset	Offset der ermittelten Unterfolge
length	Länge der ermittelten Unterfolge
line	Zeile der ermittelten Unterfolge
submatches	für SUBSTRING-Suchvorgänge immer leer

Tabelle 1.1 Definition des Typs match_result_tab im ABAP Dictionary

Um die ermittelten Unterfolgen zu verarbeiten, kann beispielsweise eine Schleife über die `RESULTS`-Tabelle ausgeführt und dabei jede Zeile mit einem Feldsymbol verknüpft werden:

```
FIELD-SYMBOLS <res> LIKE LINE OF restab.
LOOP AT restab ASSIGNING <res>.
   WRITE: / 'Found substring at ',
            <res>-offset.
ENDLOOP.
```

Die Anweisung `FIND` ist übrigens eine der Anweisungen, in denen schließende Leerzeichen für einige Argumentpositionen von Bedeutung sind:

1 | Effektive Zeichenkettenverarbeitung in ABAP

```
DATA: mystr  TYPE c LENGTH 80,
      mytext LIKE mystr.
FIND mystr IN mytext.
```

Die Anweisung durchsucht den gesamten Inhalt von `mytext` einschließlich schließender Leerzeichen, auch wenn `mytext` ein Feld fester Länge ist. Dies gilt jedoch nur für `mytext` – schließende Leerzeichen in `mystr` *werden* ignoriert.

Eine Suche nach Binärdaten kann unter Verwendung des Zusatzes `IN BYTE MODE` durchgeführt werden. Die meisten der aufgeführten Informationen gelten gleichermaßen für den Binärmodus, es muss jedoch beachtet werden, dass die zurückgegebenen Werte für Offset und Länge nicht in Zeichen, sondern in Byte gemessen werden:

```
DATA: mybytes TYPE xstring
              VALUE `1234567890ABCD`,
      myhex   TYPE xstring VALUE `90`.
FIND myhex IN mybytes
    MATCH OFFSET off IN BYTE MODE.
 " off now equals 4, not 8!
```

Dies kann aufgrund der Zeichendarstellung von Binärwerten – zum Beispiel im ABAP Debugger – mitunter verwirrend sein.

Während im Zeichenmodus mit `IGNORING CASE` oder `RESPECTING CASE` eingestellt werden kann, ob die Groß-/Kleinschreibung berücksichtigt wird, ist dies bei der Suche nach Binärdaten nicht sinnvoll und die Zusätze werden im Binärmodus daher nicht unterstützt.

Das Durchsuchen von langen Zeichenfolgen (oder Bytefolgen) ist ein zeitaufwendiger Vorgang, der sowohl von der Länge der Zeichenfolge als auch von der Länge der Unterfolge abhängt, nach der gesucht wird. Wenn n die Länge der Zeichenfolge ist, die durchsucht wird, und m die Länge der Unterfolge ist, nach der gesucht wird, kann ein nicht ausgereifter Suchalgorithmus bis zu $m \times n$ Zeichenvergleiche erfordern (vorausgesetzt, der ungünstigste Fall tritt ein, und die Zeichenfolge wird an der letztmöglichen Position gefunden). In typischen Szenarien ist die durchschnittliche Anzahl der erforderlichen Vergleiche jedoch nur proportional zu n.

Die `FIND`-Anweisung basiert dagegen auf einer komplexeren Suchtechnik, die als *Boyer-Moore-Algorithmus* bekannt ist (eine weitere beliebte Technik stammt von Knuth, Morris und Pratt). Dieser Algorithmus verarbeitet die Zeichenfolge, nach der gesucht wird, vorab, um redundante Vergleiche zu eliminieren.

Dadurch wird die Anzahl von erforderlichen Schritten zur Suche nach der Zeichenfolge typischerweise auf *n/m* reduziert. Detaillierte Informationen zu beiden Algorithmen finden Sie in guten Lehrbüchern der Informatik.

1.3.2 Anweisung REPLACE

Die Syntax der Anweisung REPLACE ist der Syntax der Anweisung FIND sehr ähnlich:

```
REPLACE mystr IN mytext WITH myrepl.
```

Der Zusatz WITH der REPLACE-Anweisung gibt an, wodurch die erste Fundstelle der Unterfolge mystr ersetzt werden soll, die in mytext ermittelt wird. Die Zusätze MATCH der FIND-Anweisungen finden ihre Entsprechungen in analogen REPLACEMENT-Zusätzen der REPLACE-Anweisung:

```
DATA: mytext TYPE c LENGTH 40 VALUE 'this is my text',
      off    TYPE i,
      len    TYPE i.
REPLACE 'my' IN mytext WITH 'your'
     REPLACEMENT OFFSET off
     REPLACEMENT LENGTH len.
```

Im Unterschied zu FIND beziehen sich jedoch alle Werte auf die eingefügte Zeichenfolge und *nicht* die Unterfolge, die ersetzt wird! Diese Anweisung weist der Variablen len also den Wert 4 zu.

Die REPLACE-Anweisung setzt ferner sy-subrc auf 0 oder 4, abhängig davon, ob mindestens eine Unterfolge ersetzt wurde oder nicht. Es gibt einen zusätzlichen sy-subrc-Wert 2, der anzeigt, dass eine Unterfolge ersetzt, das Ergebnis jedoch abgeschnitten wurde. Dies kann nur bei Ersetzungsvorgängen innerhalb eines Feldes mit fester Länge geschehen.

Wie bei der FIND-Anweisung sind schließende Leerzeichen in der Variablen mytext für REPLACE immer von Bedeutung, wohingegen schließende Leerzeichen in mystr und myrepl ignoriert werden, sofern die Variablen nicht vom Typ string sind.

1.3.3 Suchen mit logischen Ausdrücken

Wenn Sie nur wissen möchten, ob eine Unterfolge oder ein einzelnes Zeichen in einer Zeichenfolge vorhanden ist, bieten logische Ausdrücke eine Alternative für das einfache Durchsuchen von Zeichenfolgen. Ab den Releases 7.0,

1 | Effektive Zeichenkettenverarbeitung in ABAP

EhP2 und 7.1/7.2 gibt es neben den hier gezeigten Operatoren auch einen Satz neu eingebauter Prädikatfunktionen `contains` und `matches`, die einen Wahrheitswert zurückgeben.

Prüfen auf einzelne Zeichen

Um rasch zu prüfen, ob eine Menge bestimmter Zeichen in einer Zeichenfolge vorhanden ist, kann der *contains any*-Operator `CA` verwendet werden:

```
IF mytext CA 'aeiou'.
  " contains at least one vowel
ENDIF.
```

Zahlreiche weitere Operatoren ermöglichen komplexere Suchen nach einzelnen Zeichen (siehe Tabelle 1.2).

Ausdruck	Bedeutung
s CO t	Contains Only: Wahr, wenn s ausschließlich Zeichen aus t enthält.
s CN t	Contains Not Only: Wahr, wenn s mindestens ein Zeichen enthält, das nicht in t vorhanden ist (dies ist die Negierung von CO).
s CA t	Contains Any: Wahr, wenn s mindestens ein Zeichen aus t enthält.
s NA t	Contains Not Any: Wahr, wenn s kein Zeichen aus t enthält (dies ist die Negierung von CA).

Tabelle 1.2 Operatoren für einzelne Zeichen

Für alle Operatoren wird die Groß- und Kleinschreibung beachtet; schließende Leerzeichen werden für beide Argumente s und t beachtet.

Wenn Sie die Position innerhalb der Zeichenfolge ermitteln wollen, an der die Bedingung eines logischen Ausdrucks mit `CO` fehlgeschlagen ist, bietet die Systemvariable `sy-fdpos` die erforderlichen Informationen:

```
IF mytext CO 'bcdfghklmnpqrstvwxz'.
  WRITE / 'Obviously a German word!'.
ELSE.
  WRITE: / 'Found vowel at position',
          sy-fdpos.
ENDIF.
```

Ist die Bedingung wahr, wird `sy-fdpos` auf die Länge der Zeichenfolge gesetzt.

Für Binärdaten bietet ABAP die Operatoren `BYTE-CO`, `BYTE-CN`, `BYTE-CA` und `BYTE-NA`, deren Verhalten den Operatoren für Zeichenfolgen entspricht.

Suchen nach Unterfolgen

Der *contains string*-Operator `CS` überprüft, ob eine Unterfolge in einer Zeichenfolge vorhanden ist:

```
IF mytext CS 'solution'.
  WRITE / 'Eureka!'.
ENDIF.
```

Bei der Suche mithilfe dieses Operators wird die Groß- und Kleinschreibung nicht beachtet, und die Systemvariable `sy-fdpos` wird auf die erste Position gesetzt, an der die Unterfolge ermittelt wurde. Wenn die Suche fehlschlägt, wird `sy-fdpos` auf die Länge der Zeichenfolge gesetzt.

Für Binärdaten bietet ABAP den entsprechenden Operator `BYTE-CS`.

Abgleichen von Mustern

Mit Mustern lassen sich mehrere Zeichenfolgen durch eine einzige zeichenartige Darstellung repräsentieren. Wird eine Zeichenfolge durch ein bestimmtes Muster repräsentiert, wird davon gesprochen, dass die Zeichenfolge zu dem Muster *passt*. Es ist eine häufige Aufgabe, zu entscheiden, ob eine bestimmte Zeichenfolge zu einem gegebenen Muster passt oder nicht.

Der grundlegende Gedanke bei allen Mustern ist, dass bestimmte Platzhalter oder *Metazeichen* verwendet werden, die mehr als ein Zeichen oder mehr als eine Zeichenfolge darstellen (siehe Tabelle 1.3). In SAP-Systemen kennen Sie solche Muster zum Beispiel von Eingaben auf Selektionsbildern oder sonstigen Benutzerdialogen, um eine generische Suche durchzuführen.

Metazeichen	Bedeutung
+	Platzhalter für ein beliebiges einzelnes Zeichen
*	Platzhalter für eine beliebige Zeichenfolge
#	Fluchtsymbol; setzt die spezielle Bedeutung des nachfolgenden Metazeichens außer Kraft.

Tabelle 1.3 Operatoren für einzelne Zeichen

Solche Muster mit Metazeichen sind auch in ABAP verfügbar. Der *covers pattern*-Operator `CP` prüft, ob eine Zeichenfolge mit einem bestimmten Muster übereinstimmt, wobei Groß- und Kleinschreibung nicht beachtet wird:

```
CHECK myfilename CP '*.txt'.
```

Wenn der Wert von `myfilename` auf .txt endet, wird mit der Anweisung fortgefahren, die im Anschluss an die Anweisung `CHECK` aufgeführt ist.

Soll eine Übereinstimmung für * oder + selbst ermittelt werden, muss diesem Symbol das Fluchtsymbol (#) vorangestellt werden. Das Fluchtsymbol kann auch verwendet werden, um für einzelne Zeichen des Suchmusters die Groß- und Kleinschreibung zu beachten oder um dort schließende Leerzeichen relevant zu machen, die es sonst nämlich nicht sind.

Bei erfolgreicher Suche enthält `sy-fdpos` den Offset der ersten Fundstelle des Musters in der Zeichenfolge, wobei führende Metazeichen * des Musters nicht berücksichtigt werden; anderenfalls wird diese Variable auf die Länge der Zeichenfolge gesetzt.

Abschließend ist nochmals explizit darauf hinzuweisen, dass im Gegensatz zu allen anderen hier beschriebenen Operatoren das `C` in `CP` für »covers« und nicht für »contains« steht! Wenn eine Zeichenfolge unter Verwendung eines Musters durchsucht werden soll – beispielsweise zum Ermitteln von HTML-Tags, die von spitzen Klammern umgeben sind –, muss das Muster in zusätzliche Sternchen eingeschlossen werden:

```
IF mytext CP '*<*>*'.
  WRITE: / 'Found HTML tag at',
           sy-fdpos.
ENDIF.
```

Glücklicherweise gibt der Inhalt von `sy-fdpos` Auskunft über die tatsächliche Position der öffnenden spitzen Klammer in `mytext`.

Diese Arten von Mustern sind zwar recht nützlich, aber deutlich weniger leistungsfähig als reguläre Ausdrücke, die in Kapitel 2 behandelt werden.

1.4 Fazit

Da die Verarbeitung von Zeichen- und Bytefolgen, und davon insbesondere die erstere in Geschäftsanwendungen, von größter Bedeutung ist, sind Kenntnisse im Hinblick auf zeichenartige Datentypen und Anweisungen für die Zeichenkettenverarbeitung eine Grundvoraussetzung, um effektive und effiziente ABAP-Programme zu schreiben.

In diesem Kapitel wurden die folgenden Themen behandelt:

- in ABAP verfügbare Datentypen für Byte- und Zeichenketten und ihre besonderen Merkmale
- Auffüllungs- und Konvertierungsregeln, die für das Arbeiten mit zeichenartigen Daten erforderlich sind
- Auswahl der geeigneten Datentypen
- die wichtigsten Anweisungen für die Zeichenkettenverarbeitung

Kapitel 2 beschäftigt sich eingehend mit regulären Ausdrücken, die im vorliegenden Kapitel noch ausgeklammert wurden. Reguläre Ausdrücke können unter anderem in den in diesem Kapitel besprochenen Anweisungen FIND und REPLACE verwendet werden und steigern deren Mächtigkeit dabei um ein Vielfaches.

Reguläre Ausdrücke sind ein mächtiges und weit verbreitetes Standardwerkzeug zur effizienten Verarbeitung von zeichenartigen Daten. Dieses Kapitel bietet eine allgemeine Einführung in reguläre Ausdrücke und beschreibt deren Integration in die ABAP-Welt. Anhand zahlreicher Beispiele wird gezeigt, wie reguläre Ausdrücke die Performance von ABAP-Programmen verbessern können.

Ralph Benziger und Björn Mielenhausen

2 Reguläre Ausdrücke für die Zeichenkettenverarbeitung in ABAP

2.1 Reguläre Ausdrücke in der Textverarbeitung

Die Textverarbeitung macht einen großen Teil der Informationsverarbeitung aus, insbesondere im Umfeld typischer SAP-Geschäftsanwendungen. Hier bezieht sich Textverarbeitung nicht nur auf die Arbeit mit Text in natürlicher Sprache, sondern auch auf andere Datentypen, die in einer Textdarstellung gespeichert werden, zum Beispiel Datumsangaben, Währungen oder XML-Daten. Auf solche Informationen zuzugreifen, sie zu analysieren und zu ändern sind häufige Aufgaben in einer ABAP-Entwicklung.

Im Allgemeinen lassen sich Textverarbeitungsaufgaben in drei Kategorien gliedern:

- **Validierung**
  Stimmen Informationen im Hinblick auf syntaktische Eigenschaften mit einer Spezifikation überein?
- **Extraktion**
  Lokalisierung von Informationen in einer größeren Datenmenge, basierend auf dem Kontext, nicht auf der Position
- **Transformation**
  Konvertierung von Informationen in unterschiedliche strukturelle Darstellungen

Reguläre Ausdrücke sind ein standardisiertes und weit verbreitetes Werkzeug für die effiziente und effektive Verarbeitung von textbasierten Informationen.

Vor SAP NetWeaver 7.0 gab es in ABAP aber keine native Unterstützung für reguläre Ausdrücke, und sie konnten in ABAP-Programmen nur mithilfe von allerlei Tricks und damit nur sehr eingeschränkt verwendet werden.[1]

Vor der eingehenden Beschäftigung mit den Details zur Verwendung von regulären Ausdrücken werden die genannten Kategorien von Textverarbeitungsaufgaben, für die sich reguläre Ausdrücke ideal eignen, etwas näher betrachtet.

2.1.1 Drei Typen von Textverarbeitungsaufgaben

Anhand einiger kleiner Beispiele werden die drei Typen von Textverarbeitungsaufgaben illustriert: Informationen validieren, extrahieren und transformieren. Anschließend wird der erforderliche Aufwand untersucht, um eines dieser Beispiele mit konventionellem ABAP, das heißt ohne die Hilfe von regulären Ausdrücken zu lösen.

Informationen validieren

Angenommen, Sie schreiben einen ABAP-basierten Webservice, um Kreditkarteninformationen als Teil eines E-Commerce-Systems zu verarbeiten. Das Design der Methode sieht vor, dass die Kreditkartennummer und das Gültigkeitsdatum als Zeichenfolgen übergeben werden. Um ein sicheres Design zu gewährleisten, ist es sinnvoll, die Gültigkeit der empfangenen Daten oder zumindest deren Plausibilität zu überprüfen. In diesem Fall soll sichergestellt werden, dass die Kreditkartennummer eine 15- oder 16-stellige Zahl und das Gültigkeitsdatum eine zweistellige Zahl, gefolgt von einem Schrägstrich und einer weiteren zweistelligen Zahl, ist:

```
1234567812345678   02/06   -> akzeptieren
123456781234XXXX   03/07   -> ablehnen
1234567812345678   04.08   -> ablehnen
```

Während sich eine solche Validierung der Kreditkartennummer in ABAP problemlos mithilfe des CO-Operators (contains only) und der strlen( )-Funktion (string length) implementieren lässt, erfordert die Überprüfung des Gültigkeitsdatums etwas mehr Aufwand.

Im Allgemeinen gilt: Je flexibler die Spezifikation ist, desto schwieriger wird es, sie in eine knappe und präzise ABAP-Implementierung umzusetzen. Wenn

---

[1] Ein Beispiel ist der Aufruf von JavaScript aus ABAP heraus, nur um dort einen regulären Ausdruck auszuwerten.

die Spezifikation für das Datum beispielsweise einstellige Monatsangaben sowie vier- und zweistellige Jahresangaben zulassen würde, würden sich die Anforderungen an das ABAP-Coding drastisch erhöhen.

Informationen extrahieren

Eine weitere häufige Aufgabe ist das Extrahieren von Informationen aus einer größeren Datenmenge. Angenommen, Sie erstellen einen Webservice zur Bereitstellung von Dokumenten für Benutzer. Das Backend empfängt eine URL vom Frontend, die neben weiteren Informationen die ID des angeforderten Dokumentes enthält:

http://docserve.sap.com/serve?user=ralph&docid=NW2004&lang=EN

In diesem Beispiel wird Code zum Extrahieren des Dokumentnamens `NW2004` aus der Zeichenfolge benötigt. Weitere typische Beispiele sind die Extraktion von Pfaden und Dateierweiterungen aus Dateinamen oder von E-Mail-Adressen aus Headern von E-Mail-Nachrichten.

Informationen transformieren

Bei dieser Aufgabengruppe geht es um die Umwandlung einer strukturellen Darstellung von Informationen in eine andere. Angenommen, in Ihrer Anwendung werden Telefonnummern in einem lesbaren Format gespeichert, das Leerzeichen, Klammern und Bindestriche umfasst:

```
(800) 123-4567
+49 6227 747474
```

Um die Anwendung mit einer externen Anwendung zu verbinden, die Telefonnummern als Ziffernfolgen erfordert, müssen Sie Code schreiben, der alle Zeichen, bei denen es sich nicht um Ziffern handelt, aus den Informationen entfernt. Wenn die Anzahl der Zeichen, die keine Ziffern sind, bekannt und gering ist, kann diese Aufgabe in ABAP problemlos mithilfe einiger `REPLACE`-Anweisungen ausgeführt werden. Dieser Ansatz wird jedoch schnell mühsam und auch fehleranfällig, wenn die Anzahl der zu testenden Nicht-Ziffern sehr hoch ist.

Zu weiteren Beispielen für die Informationstransformation zählen das Ersetzen von mehreren identischen Zeichen durch ein einziges Zeichen oder das Entfernen von HTML-Tags (<...>) aus Dokumenten im HTML-Format.

2.1.2 Reguläre Ausdrücke als Retter in der Not

Obwohl die aufgeführten Beispiele oft nur sehr kleine Teilaufgaben innerhalb einer größeren Entwicklung darstellen, erfordern ihre Lösungen unverhältnismäßig viel ABAP-Code. Genau für solche Aufgaben können reguläre Ausdrücke optimal eingesetzt werden.

Um einen ersten Vorgeschmack auf die Vorteile von regulären Ausdrücken zu erhalten, wird eine der beschriebenen einfachen Aufgaben mit ihrer Hilfe gelöst. Listing 2.1 zeigt zunächst den traditionellen ABAP-Code, mit dem sämtliche Tags aus einem HTML-Dokument entfernt werden, das in der Variablen `mytext` gespeichert ist:

```abap
WHILE mytext CS '<'.
   begin = sy-fdpos.
   FIND '>' IN SECTION OFFSET begin OF mytext
                                      MATCH OFFSET end.
   len = end - begin + 1.
   REPLACE SECTION OFFSET begin LENGTH len OF mytext WITH ``.
ENDWHILE.
```

Listing 2.1 Traditioneller ABAP-Code

Wie Sie sehen, beinhaltet dieser Code eine Schleife mit zwei Suchvorgängen und eine Anweisung zum Ersetzen, um nur die einfache Aufgabe durchzuführen, alle Elemente zwischen spitzen Klammern sowie diese Klammern selbst auszuwechseln. Dass diese einfache Aufgabe einen derart umfangreichen Code erfordert, ist sicher nicht zufriedenstellend.

An dieser Stelle soll schon einmal gezeigt werden, wie dieses ABAP-Codefragment durch die Verwendung eines regulären Ausdrucks in einen einzeiligen Code umgewandelt werden kann, der, abhängig von der zu verarbeitenden Textmenge, zudem mindestens eine Größenordnung schneller ist:

```abap
REPLACE ALL OCCURRENCES OF REGEX '<[^>]*>' IN mytext WITH ``.
```

2.2 Einführung in die regulären Ausdrücke in ABAP

Nach einer kurzen Einführung in die Syntax von regulären Ausdrücken und deren Integration in die Sprache ABAP erfahren Sie in diesem Abschnitt, wie Sie reguläre Ausdrücke in Ihren eigenen ABAP-Programmen verwenden können, um die genannten Kategorien der Informationsverarbeitung effizient und effektiv auszuführen.

2.2.1 Grundlagen

Reguläre Ausdrücke, oder kurz *Regexe* (für *Regular Expressions*), sind ein Nebenprodukt der theoretischen Informatik, das in den 1950er-Jahren vom kanadischen Mathematiker Stephen Kleene eingeführt wurde (damals wurde die Informatik natürlich noch Mathematik genannt). Regexe leisteten nicht nur einen Beitrag in der Mathematik, sondern erfreuen sich auch als Teil des UNIX-Betriebssystems und dessen textorientierten Werkzeugen wie *grep*, *awk* und *sed* größter Beliebtheit.

Heute unterstützen praktisch alle modernen Programmiersprachen, einschließlich ABAP, reguläre Ausdrücke entweder nativ oder über zusätzliche Bibliotheken. Frühere Versionen von ABAP boten noch keine Unterstützung für reguläre Ausdrücke und erforderten verschiedene Umwege, um externe Regex-Funktionalität zu nutzen. Ab SAP NetWeaver 7.0 ist die native Regex-Unterstützung nun aber endlich verfügbar.

Grundlegende Ausdrücke

Ein regulärer Ausdruck ist ein *Textmuster*, das stellvertretend für eine oder mehrere *Zeichenfolgen* steht. Die Muster regulärer Ausdrücke bestehen aus normalen Zeichen (Literalzeichen) sowie einigen speziellen Zeichen, die *Operatoren*, *Sonder-* oder *Metazeichen* genannt werden:

```
. * + ? ^ $ ( ) { } [ ] \ |
```

Der *Punktoperator* ist beispielsweise ein Platzhalter, der ein beliebiges Einzelzeichen darstellt. Folglich steht das Muster cat für die Zeichenfolge cat, wohingegen das Muster c.t Zeichenfolgen darstellt, die aus drei Zeichen bestehen, mit c beginnen und auf t enden. Beachten Sie daher, dass ein Regex ohne Operatoren genau eine Zeichenfolge darstellt, nämlich sich selbst.

Ein regulärer Ausdruck repräsentiert eine Menge von Zeichenfolgen. Wenn eine Zeichenfolge eine der von einem Regex repräsentierten Zeichenfolgen ist, wird auch gesagt, dass der Regex mit der Zeichenfolge übereinstimmt oder dass der Regex auf die Zeichenfolge passt (Englisch: *matches*). Das Ermitteln von Übereinstimmungen für Zeichenfolgen ist eine der häufigsten Verwendungen von Regexen: Um zu überprüfen, ob eine Zeichenfolge zu einer Gruppe von Zeichenfolgen mit einer bestimmten Eigenschaft gehört, wird ermittelt, ob ein Regex, der diese Eigenschaft codiert, zur Zeichenfolge passt. Im Beispiel codiert der Regex c.t die Eigenschaft »eine Zeichenfolge aus drei Zeichen, die mit c beginnt und auf t endet«, sodass der Regex c.t zum Beispiel mit cut, cat und cot übereinstimmt (mit car jedoch *nicht*).

Eine weitere Möglichkeit, um mehr als eine Zeichenfolge über einen regulären Ausdruck zu repräsentieren, besteht darin, sämtliche *Alternativen* aufzulisten und diese durch einen *Pipe-* bzw. *Oder-Operator* (|) zu trennen. Der Regex ten|(twen|thir)ty passt ausschließlich zu den Zeichenfolgen ten, twenty und thirty. Dieses Beispiel zeigt zudem, dass ähnlich wie in arithmetischen Ausdrücken runde *Klammern* zur Strukturierung des Ausdrucks verwendet werden können.

Soll eine Übereinstimmung für ein Operatorzeichen ermittelt werden, kann diesem Zeichen der *Rückstrich-* bzw. *Backslash-Operator* vorangestellt werden, um es in ein Literal zu verwandeln. Dieser Vorgang wird als *Escaping* bezeichnet, und der Rückstrich ist ein Fluchtsymbol. Beispielsweise stimmt der Regex 10\.0 mit 10.0 überein. Der Regex 10.0 stimmt mit 10.0 überein, darüber hinaus jedoch auch mit 1000, 10A0 etc. Das Weglassen des Backslash-Operators vor Dezimalpunkten ist ein typischer Anfängerfehler, der häufig unbemerkt bleibt, da der fehlerhafte Regex trotzdem mit dem gewünschten Text übereinstimmt – allerdings nicht nur mit diesem!

Mengen und Klassen

Das ausdrückliche Auflisten zahlreicher Alternativen kann mühsam werden und sich vor allem auch negativ auf die Performance auswirken (siehe Abschnitt 2.4.2, »Performancekontrolle«). Glücklicherweise gibt es als *Mengen* bezeichnete reguläre Ausdrücke, um alternative Einzelzeichen kurz und klar zu definieren.

Der Mengenausdruck [abc123.!?] stimmt mit allen innerhalb der eckigen Klammern aufgelisteten Einzelzeichen überein (und nur mit diesen). Beachten Sie, dass alle Metazeichen (Backslash ausgenommen) ihre spezielle Bedeutung innerhalb von Mengen verlieren, sodass der Punkt in der gezeigten Menge nur mit einem literalen Punkt übereinstimmt, nicht jedoch mit einem beliebigen Zeichen.

Darüber hinaus ist die *Negation* einer Menge möglich, indem der Negationsoperator (^) als erstes Zeichen in einer Menge hinzugefügt wird. Eine negierte Menge stimmt mit jedem einzelnen Zeichen *außer* den in der Menge aufgelisteten Zeichen überein. Auf diese Weise stimmt der Ausdruck [^0-9a-f] zum Beispiel mit allen Einzelzeichen außer einer hexadezimalen Ziffer überein. Beachten Sie, dass das Winkelzeichen für eine Negation an erster Position stehen muss, da es anderenfalls als literales Winkelzeichen interpretiert wird.

Um einen der Mengenoperatoren oder die schließende Klammer selbst zur Menge hinzuzufügen, können Sie einfach, wie beschrieben, den Backslash-Operator als Fluchtsymbol benutzen. Der Ausdruck [\^\-\]] stimmt beispielsweise mit einem Winkelzeichen, einem Bindestrich oder einer schließenden eckigen Klammer überein.

Ein *Bereich* bietet eine noch präzisere Möglichkeit, um Mengen zu definieren. Hier müssen die Zeichen nicht einzeln aufgelistet werden, sondern der Bereichsoperator (-) wird verwendet, um den Start- und den Endpunkt eines Zeichenintervalls festzulegen. Anstelle von `[0123456789abcdef]` kann so die einfachere Schreibform `[0-9a-f]` verwendet werden, um eine einzelne hexadezimale Ziffer zu charakterisieren.

Bereiche sind zwar insbesondere in technischen Domänen sehr nützlich, aber Sie sollten dabei immer beachten, dass Bereiche von der Textumgebung abhängig sind! Beispielsweise hängen vom Bereich `[ä-ß]` abgedeckte Zeichen stark von der aktuellen Codepage ab. Daher ist es schwierig, ABAP-Code zu pflegen, der solche Bereiche verwendet. Glücklicherweise lassen sich die meisten Probleme im Zusammenhang mit Bereichen ganz einfach vermeiden, indem Sie vordefinierte Zeichenuntermengen benutzen, die als *Zeichenklassen* bezeichnet werden.

In Zeichenklassen enthaltene Zeichen sind zwar ebenfalls von der Textumgebung abhängig, jedoch bleibt die zugedachte Bedeutung jeder Klasse für alle Codepages einheitlich. Um eine Klasse zu verwenden, fügen Sie den Klassennamen oder die zugehörige Kurzform (siehe Tabelle 2.1) in eine Mengendefinition ein. Zum Beispiel:

- Die Mengendefinition `[[:alpha:][:digit:].,?!\-"']` passt zu allen Einzelzeichen, die typischerweise in Schriftstücken verwendet werden.
- Die Mengendefinition `[[:word:]@\-+.]` passt zu allen Einzelzeichen, die typischerweise in E-Mail-Adressen verwendet werden.

Klassenname	Kurzform	Zeichen	Negierte Kurzform
`[:alpha:]`		alle alphanumerischen Zeichen	
`[:digit:]`	`\d`	alle Ziffern	`\D`
`[:upper:]`	`\u`	alle Großbuchstaben	`\U`
`[:lower:]`	`\l`	alle Kleinbuchstaben	`\L`
`[:word:]`	`\w`	alle alphanumerischen Zeichen zuzüglich Unterstrich (_)	`\W`
`[:space:]`	`\s`	alle Leerzeichen, Tabulatoren, Zeilenvorschübe, Zeilenumbrüche und Seitenvorschübe	`\S`
`[:punct:]`		alle Interpunktionszeichen	

Tabelle 2.1 Einige vordefinierte Zeichenklassen

Die Kurzformen der Zeichenklassen können auch außerhalb von Mengen verwendet werden, um die Lesbarkeit der Ausdrücke zu verbessern. Die negierten Kurzformen wie \D entsprechen negierten Zeichenmengen wie [^\d] und können daher nicht innerhalb von Mengendefinitionen verwendet werden.

Wiederholungen

Bisher wurden lediglich Platzhalter eingeführt, die für Einzelzeichen stehen. Für die Definition von Platzhaltern für mehrere Zeichen steht eine Vielzahl von *Wiederholungs-* bzw. *Verkettungsoperatoren* (englisch *Quantifiers*) zur Verfügung (siehe Tabelle 2.2).[2] Ein Verkettungsoperator wiederholt den unmittelbar vorangestellten Regex und erzeugt damit Verkettungen dieses Regexes.

Verkettungsoperatoren	Bedeutung
a+	mindestens eine Wiederholung des Zeichens a
a*	keine oder mehrere Wiederholungen des Zeichens a
a{n}	exakt *n* Wiederholungen des Zeichens a
a{n,m}	mindestens *n* und maximal *m* Wiederholungen des Zeichens a
a?	ein optionales Zeichen a (das heißt keine oder eine Wiederholung des Zeichens a)

Tabelle 2.2 Regex-Verkettungsoperatoren für Wiederholungen

Wie bei Alternativen lässt sich mithilfe von Klammern der Bezug von Verkettungsoperatoren auf größere Unterausdrücke erweitern:

- abc* wiederholt c und stimmt mit ab, abc, abcc, abccc etc. überein.
- a(bc)* wiederholt bc und stimmt mit a, abc, abcbc, abcbcbc etc. überein.
- [abc]* wiederholt [abc] und stimmt mit a, b, c, aa, ab, ac, ba, bb, bc, ca, cb, cc, aaa, aab etc. sowie der leeren Zeichenfolge überein.

Wie im letzten Beispiel gezeigt, wird der quantifizierte Unterausdruck für jede Wiederholung erneut ausgewertet, das heißt, der Unterausdruck stimmt möglicherweise bei jeder Iteration mit einer anderen Zeichenfolge überein. Folglich stimmt [abc]* nicht nur mit Zeichenfolgen überein, die aus identischen

---

2 Das Arsenal an Verkettungsoperatoren ist umfangreicher als eigentlich notwendig. Beispielsweise kann (a+)? anstelle von a* oder aa* anstelle von a+ verwendet werden. Es ist sogar zusätzlich a{n,} vorhanden, was a{n}a* entspricht.

Zeichen bestehen, sondern auch mit beliebigen Kombinationen aus den Zeichen a, b und c.

Die richtige Anzahl an Wiederholungen wird für jeden Unterausdruck implizit so bestimmt, dass der gesamte Regex möglichst übereinstimmt, sofern dies überhaupt möglich ist. Das bedeutet, dass der Verkettungsoperator beim Anwenden des Regexes a*aa auf die Zeichenfolge aaaa eine Übereinstimmung von a* für die ersten beiden Zeichen a ermittelt und die verbleibenden Zeichen a den literalen Zeichen a im Regex vorbehalten bleiben.

2.2.2 Reguläre Ausdrücke für die Validierung

Nach der Einführung der grundlegenden Operatoren für reguläre Ausdrücke wenden sich die Ausführungen nun einigen Programmieraufgaben zu. Sie werden überrascht sein, wie nützlich bereits die beschriebenen einfachen Regexe eingesetzt werden können.

In diesem Abschnitt sollen Eingaben auf bestimmte Merkmale hin überprüft werden, indem diese Merkmale in einem regulären Ausdruck codiert werden. Idealerweise stimmt der Regex nur dann mit der Eingabe überein, wenn diese das hier interessante Merkmal aufweist. Die Probleme beim Schreiben eines solchen regulären Ausdrucks sind entweder *falsch positive* Ergebnisse (das heißt Eingaben, für die selbst dann eine Übereinstimmung ermittelt wird, wenn sie nicht das gewünschte Merkmal aufweisen) oder *falsch negative* Ergebnisse (das heißt Eingaben, für die selbst dann keine Übereinstimmung ermittelt wird, auch wenn sie das gewünschte Merkmal aufweisen).

Eine bestimmte Anzahl an falsch positiven oder falsch negativen Ergebnissen (jedoch selten beide) ist für zahlreiche Anwendungen sogar akzeptabel. In diesem Fall ist ein Kompromiss zwischen der Komplexität des nötigen Regexes und seiner Performance einerseits und der Anzahl an akzeptablen falschen Übereinstimmungen andererseits erforderlich. Damit die in diesem Artikel verwendeten regulären Ausdrücke lesbar bleiben, wird eine bestimmte Anzahl an falsch positiven, jedoch keine falsch negativen Ergebnisse akzeptiert.

Plausibilitätsprüfung von Kreditkartennummern

Bereits in Abschnitt 2.1.1, »Drei Typen von Textverarbeitungsaufgaben«, wurde die Überprüfung von Kreditkartennummern auf Plausibilität hin angesprochen. Doch was genau *ist* eine plausible Kreditkartennummer? Angenommen, eine Anwendung erfordert, dass keine ungültigen Zeichen in der Nummer enthalten, aber bestimmte Formatierungen der Nummer zugelassen sind.

In diesem Fall kann davon ausgegangen werden, dass eine gültige Kreditkartennummer ausschließlich Ziffern, Leerzeichen und Bindestriche enthält. Ein regulärer Ausdruck, der ausschließlich mit solchen Kreditkartennummern übereinstimmt, lässt sich problemlos als (\d|\s|-)+ schreiben.

Eine gültige Kreditkartennummer besteht demnach aus einer beliebigen Kombination von Ziffern, Leerstellen und Bindestrichen. Um die Gültigkeit eines in einer Variablen cc gespeicherten Eingabewertes zu überprüfen, muss getestet werden, ob der reguläre Ausdruck mit dem Inhalt der Variablen cc übereinstimmt. In ABAP lässt sich diese Aufgabe leicht mit der statischen Methode matches( ) der Klasse cl_abap_matcher durchführen (siehe Listing 2.2).[3]

```
IF cl_abap_matcher=>matches(
     pattern = '(\d|\s|-)+'
     text    = cc            ) = abap_false.
  "invalid credit card number
  RETURN.
ENDIF.
```

Listing 2.2 Statische Methode matches( ) der Klasse cl_abap_matcher

Abhängig von speziellen Anforderungen, soll jetzt möglicherweise die Anzahl an falsch positiven Ergebnissen reduziert werden, indem zusätzlich überprüft wird, ob die Eingabe exakt 15 oder 16 Stellen umfasst. Werden Leerstellen und Bindestriche zunächst verboten, genügt der einfache Regex \d{15,16} für die Prüfung, ob die Kartennummer die richtige Anzahl von Ziffern enthält.

Die Kombination beider Ausdrücke, um die richtige Anzahl an Ziffern zu prüfen und dabei gleichzeitig Leerstellen und Bindestriche zuzulassen, ist nicht so einfach, wie zunächst vermutet werden könnte. Ein erster trivialer Versuch (\d|\s|-){15,16} ist falsch, da Leerzeichen und Bindestriche hier ebenfalls als Stellen gezählt werden. Dadurch wird zum Beispiel fälschlicherweise eine Übereinstimmung für eine Zeichenfolge ermittelt, die zehn Ziffern und fünf Leerzeichen umfasst. Dies entspricht jedoch eindeutig nicht dem gewünschten Ergebnis. Um dieses Problem zu lösen, muss die Wirkung des Verkettungsoperators auf das Teilmuster \d beschränkt werden, während zusätzliche Leerzeichen und Bindestriche unbegrenzt zulässig sind:

(\s|-)*(\d(\s|-)*){15,16}

---

[3] Mit den Releases 7.0, EhP2 und 7.1/7.2 wurde hierfür sogar eine eingebaute Funktion matches eingeführt, die direkt einen Wahrheitswert zurückgibt (eine sogenannte Prädikatfunktion). Der logische Ausdruck vereinfacht sich bei ihrer Verwendung zu IF matches(...).

Zur Erklärung wird mit dem ursprünglichen Ausdruck \d{15,16} zum Zählen der richtigen Anzahl von Ziffern begonnen, in den die hervorgehobenen Abschnitte eingefügt werden, um zusätzliche Leerzeichen und Bindestriche zuzulassen. Jede Position der Kreditkartennummer kann nun eine beliebige Anzahl an Leerzeichen und Bindestrichen enthalten.

Validierung von Dezimalzahlen

In einem weiteren Beispiel soll gezeigt werden, wie ein Regex erstellt wird, der mit Dezimalzahlen[4] übereinstimmt. Generell besteht eine Dezimalzahl aus mehreren Ziffern, denen ein Dezimaltrennzeichen und weitere Ziffern nachgestellt sind. Es soll jedoch die Möglichkeit berücksichtigt werden, dass einige dieser Abschnitte möglicherweise nicht vorhanden sind (zum Beispiel könnten im englischen Sprachraum die Ziffern vor dem Dezimaltrennzeichen fehlen). Wird dies direkt auf einen Regex übertragen, lautet dieser:

\d*\.?\d*.

Beachten Sie, dass der Backslash-Operator als Fluchtsymbol für den Dezimalpunkt verwendet wird. Ohne diesen Operator behält der Punkt seine Bedeutung als Metazeichen bei. Wenngleich der genannte Ausdruck im Allgemeinen funktioniert, werden auch alleinstehende Dezimalpunkte (.) ermittelt, was zu einem falsch positiven Ergebnis führt. Wenn dieses fehlerhafte Ergebnis ausgeschlossen wird und auch nachgestellte Dezimalpunkte ohne Nachkommastellen (wie in 10.) nicht zugelassen werden sollen, kann der Regex folgendermaßen neu gruppiert werden: \d*(\.\d+)?

Durch das Ändern des zweiten Sternchenoperators in einen Plusoperator wird sichergestellt, dass dem Dezimalpunkt mindestens eine Ziffer folgt. Indem der Fragezeichenoperator an das Ende verschoben wird, werden für den gesamten Ausdruck optional auch Ganzzahlen zugelassen.

Um in ABAP mit großen Zahlen vom Typ p zu arbeiten, sollte möglicherweise auch eine Unterstützung für Tausendertrennzeichen (,) hinzugefügt werden. Eine nur vermeintliche Lösung wäre eine Lockerung der Zeicheneinschränkung für den ganzzahligen Abschnitt des Wertes, indem \d* durch (\d|,)* ersetzt wird. Dadurch stimmt der Ausdruck jedoch mit unsinnigen Zeichenfolgen, wie zum Beispiel 1,,,.0, überein.

---

4 Hier wird sich auf die englischsprachige Notation mit Dezimalpunkt und Komma als Tausendertrennzeichen bezogen, die in technischen Systemen häufig Anwendung findet.

Dies lässt sich vermeiden, wenn eine Eigenschaft für Trennzeichen gefunden wird, die für alle gültigen Ganzzahlen gilt. Gemäß Definition werden Trennzeichen durch exakt drei Ziffern getrennt. Diese Beschreibung kann weiter vereinfacht werden durch die Aussage, dass auf jedes Trennzeichen genau drei Ziffern folgen. Wird diese Eigenschaft in einem Regex codiert, lautet dieser:

`\d{1,3}(,\d{3})*(\.\d+)?`

Der Anfangsteil `\d{1,3}` stimmt mit bis zu drei Ziffern vor dem ersten Trennzeichen (falls vorhanden) überein, wohingegen der letzte Unterausdruck `(\.\d+)?` erneut die Nachkommastellen der Zahl abdeckt (falls vorhanden).

2.2.3 Suchen mit regulären Ausdrücken

Bisher bezogen sich die Erläuterungen auf das Übereinstimmen von regulären Ausdrücken mit Zeichenfolgen, etwa um zu prüfen, ob eine Zeichenfolge eine bestimmte Struktur aufweist. In diesem Abschnitt liegt der Schwerpunkt auf einer weiteren wichtigen Anwendungsmöglichkeit für Regexe: das Finden von Informationen durch die *Suche* nach übereinstimmenden Elementen.

Regexe werden im Allgemeinen zum Suchen verwendet, um die Position von mindestens einer Übereinstimmung für den entsprechenden Regex in einer Zeichenfolge zu ermitteln. Trotzdem wird häufig informell die Wendung »nach einem Regex suchen« verwendet, wenn tatsächlich »nach Übereinstimmungen für diesen Regex suchen« gemeint ist. Es ist daher wichtig, dass Sie den Unterschied zwischen Übereinstimmung und *Suchen* im Kopf behalten, wenn Sie den Rest dieses Kapitels lesen. Bedenken Sie zudem, dass in einigen Programmiersprachen, insbesondere Perl, der Begriff Übereinstimmung (Matching) auch für Suchvorgänge verwendet wird, was zusätzlich für Verwirrung sorgt.

Erste längste Übereinstimmungen

Was geschieht bei der Suche nach einem Regex (bzw. nach den *Übereinstimmungen* für einen Regex) in einem bestimmten Text? Zuerst werden alle möglichen Übereinstimmungen des Regexes innerhalb des Textes ermittelt. Anschließend wird in jeder Gruppe aus überlappenden Übereinstimmungen die am weitesten links beginnende Übereinstimmung als Ergebnis zurückgegeben. Ist die Übereinstimmung nicht eindeutig, so wird die längste zurückgeliefert. Als Beispiel soll mit dem Regex `a[ao]*a` in der im Folgenden gezeigten Zeichenfolge gesucht werden:

```
a[ao]*a:    ooaooaoaXoooaaooooooaoo
            aooa                    (1)
            aooaoa                  (2)
              aoa                   (3)
                   aa               (4)
                   aaoooooa         (5)
                    aoooooa         (6)
```

Die ersten beiden Übereinstimmungen (1 und 2) sind die am weitesten links beginnenden Übereinstimmungen in der ersten Gruppe überlappender Übereinstimmungen. Da die zweite Übereinstimmung die längere ist, wird diese als Ergebnis der Suche zurückgegeben. In der zweiten Gruppe handelt es sich bei den Übereinstimmungen 4 und 5 um die am weitesten links ermittelten Übereinstimmungen. Da die zweite Übereinstimmung die längere ist, wird diese als weiteres Ergebnis der Suche zurückgegeben. Nachdem die Ergebnisse auf diese Weise eindeutig bestimmt wurden, muss der Benutzer, der die Suche aufgerufen hat, ein Ergebnis auswählen (in diesem Fall 2 oder 5). Die meisten Suchschnittstellen geben entweder die erste längste Übereinstimmung von links an oder alternativ alle längsten Übereinstimmungen.[5]

Die Regel, dass die am weitesten links beginnende (das heißt erste) längste Übereinstimmung (Leftmost-longest-Regel) zurückgegeben wird, ist mit das natürlichste Verhalten für Suchvorgänge und wurde als POSIX-Standard definiert. Es gibt jedoch auch andere Ansätze für die Suche, die kurz in Abschnitt 2.4, »Technische Aspekte regulärer Ausdrücke«, erwähnt werden.

Beachten Sie, dass ABAP in Wirklichkeit eine intelligentere Suche durchführt und nicht erst intern alle Übereinstimmungen berechnet, bevor die erste längste Übereinstimmung zurückgegeben wird. Es ist jedoch hilfreich, sich dieses Grundprinzip vorzustellen, wenn Sie den Suchprozess gedanklich nachvollziehen wollen.

Da bei der Suche die längste Übereinstimmung als Ergebnis zurückgegeben wird, wird der Vorgang als *gierig* bezeichnet. Dies gilt nicht nur für den gesamten Regex, sondern auch für jeden einzelnen Unterausdruck und macht sich am meisten bei Wiederholungen bemerkbar. An dieser Stelle spielt diese Tatsache noch keine besondere Rolle, es muss jedoch auf das Problem zurückgekommen werden, wenn auf Untergruppen eingegangen wird (siehe Abschnitt 2.3.1, »Arbeiten mit Untergruppen«).

---

[5] Die ABAP-Anweisung FIND macht da keine Ausnahme.

Um lediglich zu prüfen, ob eine Übereinstimmung für einen Regex in einem bestimmten Text vorhanden ist, kann die statische Methode contains( ) der Klasse cl_abap_matcher verwendet werden (siehe Listing 2.3).[6]

```
IF cl_abap_matcher=>contains(
     pattern = '\d+'
     text    = mytext ) = abap_true.
  "match found ...
ENDIF.
```

Listing 2.3 Statische Methode contains( ) der Klasse cl_abap_matcher

In Abschnitt 2.2.4 erfahren Sie, wie Sie detaillierte Informationen zum übereinstimmenden Text erhalten, wie beispielsweise die Position oder die Länge der gefundenen Übereinstimmung.

Anker und Grenzen

Mit einer Handvoll Operatoren, die mit *Positionen* anstelle von Zeichen übereinstimmen, können Sie zusätzlich steuern, wo Übereinstimmungen in einem Text gefunden werden sollen.

Die *Anker* ^ und $ entsprechen dem Anfang bzw. dem Ende einer Zeile. Folglich geben beide Methodenaufrufe in Listing 2.4 den Wert abap_false zurück, da cat sich weder am Anfang noch am Ende der Zeichenfolge mytext befindet. Aufgrund ihres UNIX-Ursprungs reagieren Anker ebenfalls auf in die Zeichenfolge eingebettete Zeilenumbrüche. Falls dieses Verhalten nicht erwünscht ist, kann stattdessen auf die Ankervarianten \A und \z zurückgegriffen werden, die mit dem tatsächlichen Anfang bzw. Ende der gesamten Zeichenfolge übereinstimmen.[7]

```
mytext = 'the cat sat on the mat'.
rc1 = cl_abap_matcher=>contains(
        pattern = '^cat'
        text    = mytext ).
rc2 = cl_abap_matcher=>contains(
        pattern = 'cat$'
        text    = mytext ).
```

Listing 2.4 Methodenaufrufe für Anker

---

6 Auch hierfür gibt es seit den Releases 7.0, EhP2 und 7.1/7.2 eine eingebaute Prädikatfunktion contains.
7 Die Unterschiede bei der Groß- und Kleinschreibung lassen sich damit erklären, dass es noch einen weiteren Operator \Z gibt, der fast die gleiche Funktion wie \z erfüllt, jedoch alle Zeilenumbrüche am Ende des durchsuchten Textes ignoriert.

Die *Wortgrenzen* \< und \> entsprechen dem Anfang bzw. dem Ende eines Wortes:

```
\<.at:    Cathy's cat spat at Matt
.at\>:    Cathy's cat spat at Matt
\<.at\>:  Cathy's cat spat at Matt
```

Technisch gesehen stimmen Wortgrenzen mit Positionen zwischen durch \w und \W darstellbaren Zeichenfolgen überein. Demzufolge ist das Hinzufügen von Wortgrenzen bei dem oberflächlich sehr sinnvoll erscheinenden Regex \<\w+\> aufgrund der Regel der ersten längsten Übereinstimmung eigentlich redundant.

Es gibt noch einige weitere Begrenzungsoperatoren. Der Operator \b entspricht \<|\>, passt also auf Anfang und Ende eines Wortes. Der interessantere Operator \B stimmt mit den Zwischenräumen innerhalb eines Wortes, das heißt Positionen zwischen zwei aufeinanderfolgenden Zeichen \w, überein.

Kontextbasierte Suche nach Informationen

Ein typischer Anwendungsfall für Regexe ist das kontextbasierte Suchen nach Informationen. Erinnern Sie sich an das Beispiel zur Extraktion von Informationen, in dem die Dokument-ID aus einer bestimmten URL extrahiert werden sollte.

Die Position der Informationen wird durch einige *Begrenzungsmerkmale* gekennzeichnet, das heißt eindeutige Zeichen oder Schlüsselwörter, die das Vorhandensein der gewünschten Informationen eindeutig anzeigen. In diesem Beispiel wird der Wert der Dokument-ID durch das begrenzende Schlüsselwort &docid= auf der linken Seite und das nachfolgende Zeichen & auf der rechten Seite präzise angezeigt:

http://docserve.sap.com/serve?user=ralph&docid=NW2004&lang=EN

Um diese Informationen schnell zu finden, könnte eine Suche mit dem Regex &docid=\w+& durchgeführt werden, wenn angenommen wird, dass die Dokument-ID nur aus Buchstaben, Ziffern und Unterstrichen besteht. Da dies aber keine Fälle abdeckt, in denen die docid das erste oder letzte Argument in der URL ist, wäre (\?|&)docid=\w+(&|$) eine bessere Lösung.

2.2.4 Reguläre Ausdrücke in ABAP-Programmen

Nachdem Sie nun die ersten Regexe für das Abgleichen und die Suche schreiben können, wird der Schwerpunkt im Folgenden auf ABAP gelegt und beschrieben, wie Sie die Vorteile von regulären Ausdrücken in Ihrem ABAP-Code nutzen können.[8] Um diesen Erklärungen folgen zu können, ist es hilfreich, mit den allgemeinen Textverarbeitungstechniken in ABAP vertraut zu sein. Um Ihre Kenntnisse diesbezüglich aufzufrischen, können Sie in Kapitel 1, »Effektive Zeichenkettenverarbeitung in ABAP«, nachschlagen.

Suchen und Ersetzen mit FIND und REPLACE

Die wichtigsten Anweisungen für die Textverarbeitung in ABAP sind die Anweisungen FIND und REPLACE. Ab SAP NetWeaver 7.0 bieten beide Anweisungen eine native Unterstützung für reguläre Ausdrücke. Regexe lassen sich dort einfach dadurch verwenden, indem das Schlüsselwort REGEX vor dem Suchmuster eingefügt wird.[9]

Die gefundenen Teilfolgen werden durch die Zusätze MATCH LINE, MATCH OFFSET und MATCH LENGTH zurückgegeben. Um die Übereinstimmungen eines Regexes mypattern in der Zeichenfolge mytext zu finden, wird daher folgender Code verwendet:

```
DATA: length TYPE i, offset TYPE i.
FIND REGEX mypattern IN mytext
     MATCH OFFSET off MATCH LENGTH len.
IF sy-subrc = 0.
  WRITE: / 'found match of length', len,
           'at position', off.
ENDIF.
```

Beachten Sie, dass die Länge des übereinstimmenden Textes (anders als bei einer SUBSTRING-Suche, siehe Kapitel 1, »Effektive Zeichenkettenverarbeitung

---

[8] Eine vollständige Referenz zur Verwendung regulärer Ausdrücke in ABAP sowie die vollständige Erklärung der dort erlaubten REGEX-Syntax finden Sie wie gewohnt in der ABAP-Schlüsselwortdokumentation. Sie brauchen nur nach dem Stichwort »regulär« zu suchen oder aus der F1-Hilfe der entsprechenden ABAP-Anweisungen zu den regulären Ausdrücken zu navigieren.

[9] Die Anweisungen FIND und REPLACE wurden zu Release 7.0 zudem im Hinblick auf die Verarbeitung von internen Tabellen und die Harmonisierung von Zusätzen überarbeitet: In internen Tabellen mit zeichenartigem Zeilentyp kann über den Zusatz IN TABLE zeilenweise gesucht und ersetzt werden. Zur FIND-Anweisung wurde ein neuer ALL OCCURRENCES OF-Zusatz hinzugefügt, der im Wesentlichen dem gleichlautenden Zusatz der REPLACE-Anweisung entspricht.

2.2 Einführung in die regulären Ausdrücke in ABAP

in ABAP«) von der Länge des Suchmusters abweichen kann. Um die tatsächliche übereinstimmende Zeichenfolge abzurufen, kann der für ABAP typische Offset-/Längenzugriff verwendet werden:[10]

```
DATA text_matched TYPE string.
text_matched = mytext+off(len).
```

Um nach *allen* Übereinstimmungen innerhalb des Textes zu suchen, kann der Zusatz ALL OCCURRENCES OF der FIND-Anweisung verwendet werden. Dann können Sie mit dem Zusatz MATCH COUNT die Anzahl an ermittelten Übereinstimmungen abrufen. Mit den anderen Zusätzen MATCH ... werden jedoch nur Informationen zur *letzten* gefundenen Übereinstimmung zurückgegeben. Die vollständige Liste der Übereinstimmungen kann mit dem Zusatz RESULTS abgerufen werden, der eine interne Tabelle vom Dictionary-Typ match_result_tab mit dem Zeilentyp match_result füllt (siehe Tabelle 2.3), wobei »Ersetzung« sich auf die Verwendung mit REPLACE bezieht.

Komponente	Typ	Bedeutung
line	i	Zeile der gefundenen Übereinstimmung/durchgeführten Ersetzung in internen Tabellen (anderenfalls 0)
offset	i	Position der gefundenen Übereinstimmung/durchgeführten Ersetzung
length	i	Länge der gefundenen Übereinstimmung/durchgeführten Ersetzung
submatches	TABLE OF submatch_result	interne Tabelle für Untergruppen (siehe Abschnitt 2.3.1, »Arbeiten mit Untergruppen«)

Tabelle 2.3 Struktur match_result

Für jede gefundene Übereinstimmung fügt die FIND-Anweisung eine neue Zeile vom Dictionary-Typ match_result in die Tabelle ein. Um auf diese Informationen zuzugreifen, wird in der Regel eine LOOP-Anweisung verwendet (siehe Listing 2.5).

```
DATA res          TYPE match_result_tab.
FIELD-SYMBOLS <m> TYPE match_result.
FIND ALL OCCURRENCES OF REGEX mypattern IN mytext RESULTS res.
```

---

[10] Oder Sie arbeiten gleich mit Untergruppen (siehe Abschnitt 2.3.1 »Arbeiten mit Untergruppen«).

```abap
LOOP AT res ASSIGNING <m>.
  WRITE / mytext+<m>-offset(<m>-length).
ENDLOOP.
```
Listing 2.5 LOOP-Anweisung für den Zugriff auf Informationen

Der Zusatz RESULTS akzeptiert auch flache Strukturen vom Typ match_result, jedoch bleiben wie auch bei den MATCH....-Zusätzen lediglich die Informationen zur letzten Übereinstimmung erhalten. Die Verwendung von RESULTS mit Strukturen ist daher nur dafür vorgesehen, um bei der Verwendung von FIRST OCCURRENCE auf die Informationen zu Untergruppen zuzugreifen (weitere Informationen hierzu finden Sie in Abschnitt 2.3.1, »Arbeiten mit Untergruppen«).

Der aus Kapitel 1, »Effektive Zeichenkettenverarbeitung in ABAP«, bekannte Zusatz ACCEPTING|IGNORING CASE kann natürlich auch mit Regexen verwendet werden, um bei der Suche in einem Text die Groß- und Kleinschreibung zu berücksichtigen. Der Zusatz IN BYTE MODE ist bei der Angabe REGEX dagegen ausgeschlossen, da binäre Muster von regulären Ausdrücken nicht unterstützt werden.

Alle bisherigen Erklärungen zu FIND gelten gleichermaßen für die REPLACE-Anweisung. In diesem Fall heißen die entsprechenden Zusätze jedoch REPLACEMENT LINE, REPLACEMENT OFFSET, REPLACEMENT LENGTH und REPLACEMENT COUNT.

Weitere Informationen zu den Anweisungen FIND und REPLACE sowie einige Empfehlungen zur Verwendung mit Zeichenfolgen finden Sie in Kapitel 1.

Reguläre Ausdrücke und ABAP Objects

Für moderne ABAP-Programme wird eine objektorientierte Methodologie als bevorzugtes Programmiermodell empfohlen. Um Regexe in objektorientierten Programmen natürlich verwenden zu können, bietet ABAP die beiden Klassen cl_abap_regex und cl_abap_matcher an.

Die Regex-Klasse cl_abap_regex speichert den eigentlichen regulären Ausdruck in einem internen, vorkompilierten Format (weitere Informationen zur Regex-Erstellung finden Sie in Abschnitt 2.4.2, »Performancekontrolle«). Die Matcher-Klasse cl_abap_matcher verknüpft ein cl_abap_regex-Objekt mit einem Text und dient als zentrale Schnittstelle für die weitere Verarbeitung. Insbesondere bietet diese Klasse Methoden zur sequenziellen Suche, Abfrage und Ersetzung einzelner Übereinstimmungen (*Match-by-Match*).

Um einen Text zu verarbeiten, erstellen Sie zunächst ein Regex-Objekt mit der Anweisung CREATE OBJECT (siehe Listing 2.6).

```abap
DATA myregex TYPE REF TO cl_abap_regex.
CREATE OBJECT myregex
       EXPORTING
          pattern     = 'a*b'
          ignore_case = abap_true.
```
Listing 2.6 Regex-Objekt mit CREATE OBJECT erstellen

Der optionale Parameter `ignore_case` steuert, ob die Groß- und Kleinschreibung bei der Ermittlung der Übereinstimmungen berücksichtig werden soll oder nicht. Bei fehlender Angabe wird die Groß- und Kleinschreibung berücksichtigt. Es sind weitere optionale Parameter verfügbar, von denen einige im Folgenden noch beschrieben werden.

Anschließend erstellen Sie ein Matcher-Objekt, um den neuen Regex mit dem zu verarbeitenden Text zu verknüpfen (siehe Listing 2.7).

```abap
DATA: mytext    TYPE string,
      mymatcher TYPE REF TO cl_abap_matcher.
CREATE OBJECT mymatcher
       EXPORTING regex = myregex
                 text  = mytext.
```
Listing 2.7 Matcher-Objekt erstellen

Ein Regex-Objekt kann in beliebig vielen Matcher-Objekten wiederverwendet werden. Aus Gründen der Performance sollte ein mehrfach verwendeter Regex deshalb auch eher als Regex-Objekt erzeugt werden, als immer wieder in Anweisungen oder eingebauten Funktionen (ab den Releases 7.0, EhP2 und 7.1/7.2) neu kompiliert zu werden.

Alternativ bietet die Matcher-Klasse auch eine Factory-Methode für die handliche Erzeugung von Regex und Matcher in einem einzigen Schritt, die dann jedoch keine gemeinsame Nutzung von Regex-Objekten zulässt:

```abap
mymatcher = cl_abap_matcher=>create(
            pattern = 'a*b'
            text    = mytext ).
```

Das Matcher-Objekt speichert eine interne Kopie des zu verarbeitenden Textes, sodass der Inhalt einer Variablen `mytext`, die an den Konstruktor übergeben wird, nicht von nachfolgenden Ersetzungsvorgängen geändert wird. Auf das Ergebnis von Ersetzungen muss in diesem Fall über `mymatcher->text` anstelle von `mytext` zugegriffen werden. Wenn `mytext` vom Typ `string` ist, verursacht das Kopieren von `mytext` in das Objekt dabei zunächst kaum Kosten, da hier das aus Kapitel 1, »Effektive Zeichenkettenverarbeitung in ABAP«, bekannte Sharing greift. Erst ein Schreibzugriff auf diese Zeichenfolge durch einen Ersetzungsvorgang führt dazu, dass die gemeinsame Verwendung aufgehoben wird, was dann ein potenziell kostenintensiver Vorgang sein kann.

Die Matcher-Klasse bietet eine Vielfalt von Methoden zum Suchen, Abfragen und Ersetzen von Übereinstimmungen (siehe Tabelle 2.4).

Suchmethoden	Abfragemethoden	Ersetzungsmethoden
find_next( )	get_match( )	replace_found( )
match( )	get_line( )	replace_next( )
	get_offset( )	
find_all( )	get_length( )	replace_all( )
	get_submatch( )	

Tabelle 2.4 Methoden von cl_abap_matcher

Die Interaktion mit einem Matcher-Objekt basiert auf dem Konzept der *aktuellen Übereinstimmung*, das heißt der letzten während des Suchvorgangs gefundenen Übereinstimmung. Eine aktuelle Übereinstimmung wird durch die Methode find_next( ) bestimmt und von der Methode replace_found( ) zerstört. Die Abfragemethoden erfordern eine aktuelle Übereinstimmung, haben jedoch keine Auswirkung auf diese.

Anfänglich ist keine aktuelle Übereinstimmung vorhanden, daher muss zunächst find_next( ) aufgerufen werden. Sobald eine aktuelle Übereinstimmung vorhanden ist, können Sie diese mit den Abfragemethoden untersuchen, um zum Beispiel Informationen wie Offset und Länge zu erhalten. Durch das erneute Aufrufen von find_next( ) wird mit der nächsten Übereinstimmung fortgefahren (falls vorhanden). Das Ergebnis des Aufrufs find_next( ) wird als Boole'scher Wert[11] zurückgegeben. Nachdem alle Übereinstimmungen ermittelt wurden, wird die aktuelle Übereinstimmung invalidiert, und weitere Aufrufe von find_next( ) schlagen mit dem Wert abap_false fehl. Listing 2.8 zeigt, wie dieses Muster verwendet werden kann, um alle Ganzzahlen zu addieren, die in einem Text enthalten sind.

```
DATA: sum        TYPE i,
      mymatch    TYPE match_result,
      mymatcher  TYPE REF TO cl_abap_matcher.
```

---

11 Natürlich in der ABAP-typischen Ausprägung abap_bool.

```
mymatcher = cl_abap_matcher=>create(
  pattern = '\d+' text = mytext ).
WHILE mymatcher->find_next( ) = abap_true.
  mymatch = mymatcher->get_match( ).
  sum = sum + mymatcher->text+mymatch-offset(mymatch-length).
ENDWHILE.
```

Listing 2.8 Summierung aller in einem Text enthaltenen Ganzzahlen

Jedes Mal, wenn der Matcher eine aktuelle Übereinstimmung gespeichert hat, kann die Methode `replace_found( )` aufgerufen werden, um diese aktuelle Übereinstimmung durch einen neuen Text zu ersetzen. Dadurch wird die aktuelle Übereinstimmung zerstört, sodass alle darauffolgenden Aufrufe einer Abfragemethode eine Ausnahme auslösen. Durch das erneute Aufrufen von `find_next( )` wird jedoch die nächste nicht verarbeitete Übereinstimmung ermittelt und als aktuelle Übereinstimmung gesetzt.

Indem Sie abwechselnd `find_next( )` und `replace_found( )` aufrufen, können Sie die Übereinstimmungen im Text problemlos durchlaufen und für die einzelnen Übereinstimmungen Aktionen ausführen. Dadurch haben Sie die Möglichkeit, zum Beispiel sämtliche Ganzzahlen in einem Textdokument um den Wert 1 zu erhöhen, da der Ersetzungstext berechnet werden kann, *nachdem* die Übereinstimmung ermittelt wurde (siehe Listing 2.9).

```
DATA: value       TYPE i,
      value_text  TYPE string,
      mymatch     TYPE match_result,
      mymatcher   TYPE REF TO cl_abap_matcher.
mymatcher = cl_abap_matcher=>create(
  pattern = '\ d+' text = mytext ).
WHILE mymatcher->find_next( ) = abap_true.
  mymatch = mymatcher->get_match( ).
  value = mymatcher->text+mymatch-offset(mymatch-length) + 1.
  value_text = value.
  mymatcher->replace_found( value_text ).
ENDWHILE.
```

Listing 2.9 Erhöhen aller Ganzzahlen in einem Text um den Wert 1

Abbildung 2.1 zeigt die Statusänderungen eines Matcher-Objektes während eines typischen Nutzungszyklus.

Die Matcher-Klasse bietet zum Suchen und Ersetzen noch einige weitere Methoden an. Die Methode `replace_next( )` ist eine Kurzform von `find_next( )`, unmittelbar gefolgt von `replace_found( )`. Die Methode erfordert daher keine aktuelle Übereinstimmung.

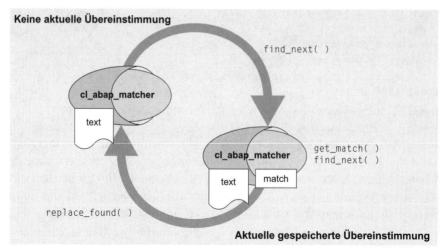

Abbildung 2.1 Typische Verwendung eines cl_abap_matcher-Objektes

Die Methoden `find_all( )` und `replace_all( )` werden für alle noch übrigen Übereinstimmungen im Text ausgeführt. Die Aufrufe beider Methoden invalidieren zudem die aktuelle Übereinstimmung. Die Methode `match( )` vergleicht den Regex mit dem übrigen Text, der noch nicht verarbeitet wurde. Zwar wird die Methode `match( )` in der Regel unmittelbar nach der Erzeugung des Matchers aufgerufen, um eine Übereinstimmung für den gesamten Text zu ermitteln, jedoch ist dies nicht zwingend erforderlich.

Statische Methoden

Die statischen Methoden `matches( )` und `contains( )` wurden bereits in der Einführung in reguläre Ausdrücke erwähnt. Beide statischen Methoden sind für die Verwendung in bedingten Anweisungen als Ersatz für Zeichenfolgenoperatoren wie `CS` und `CP` bestimmt.

Sehr häufig wird lediglich die Information benötigt, ob für einen Regex überhaupt Übereinstimmungen in einem Text vorhanden sind. Es ist jedoch auch möglich, weitere Informationen zu dieser Übereinstimmung abzurufen, wie es auch bei der älteren Vorgehensweise mit Operatoren wie `CS` durch Verwendung von `sy-fdpos` möglich war. Hierzu rufen Sie die statische Methode `get_object( )` auf, um ein Matcher-Objekt zu erhalten, das den Status der vorhergehenden Operation `matches( )` oder `contains( )` darstellt. Anschließend können Sie ganz normal die eingeführten Abfragemethoden einsetzen, um weitere Informationen zu diesem Objekt zu erhalten (siehe Listing 2.10).

```
IF cl_abap_matcher=>contains(
     pattern = mypattern
     text    = mytext    ) = abap_true.
  mymatcher =
     cl_abap_matcher=>get_object( ).
  off = mymatcher->get_offset( ).
  WRITE: / 'found match at offset', off.
ENDIF.
```

Listing 2.10 Informationen zum Objekt abfragen

Theoretisch ist es sogar möglich, die Methoden zum Suchen und Ersetzen für dieses so erhaltene Objekt aufzurufen. Diese Vorgehensweise wird allerdings als schlechter Programmierstil angesehen und deshalb nicht empfohlen.

> **Hinweis**
>
> Ab den Releases 7.0, EhP2 und 7.1/7.2 enthält ABAP einen großen Satz eingebauter Zeichenkettenfunktionen. Von diesen Funktionen nehmen wiederum viele Regexe als Parameter entgegen. Beispiele sind matches, contains, find, replace und match. Diese Funktionen können statt der Methoden der genannten Klassen verwendet werden, wenn es um einzelne kontextfreie Abgleiche geht, in denen die sonstige hier aufgeführte Funktionalität nicht benötigt wird.

2.2.5 Reguläre Ausdrücke außerhalb von ABAP-Programmen

Reguläre Ausdrücke können auch außerhalb von ABAP-Programmen getestet und verwendet werden. Ab SAP NetWeaver 7.0 bietet der neue ABAP Debugger in zahlreichen Suchdialogfenstern Unterstützung für Regexe. Die Unterstützung in weiteren Werkzeugen ist für zukünftige Releases geplant.

Im Folgenden werden das Regex Toy und der Code Inspector als zwei Beispiele vorgestellt, die nützliche Regex-Funktionalität bieten.

Regexe testen mit dem Regex Toy

SAP NetWeaver 7.0 bietet ein nützliches kleines Programm namens DEMO_REGEX_TOY, mit dem Entwickler ihre regulären Ausdrücke schnell und mühelos testen können.[12] Das interaktive Regex Toy zeigt an, ob und an welchen Positionen Übereinstimmungen für reguläre Ausdrücke in einem vom Benutzer interaktiv bereitgestellten Text gefunden werden. Nach der Eingabe eines Rege-

---

12 Falls dieses Programm in Ihrer Installation nicht vorhanden ist, müssen Sie das System auf das Support Package 7 aktualisieren. Ab den Releases 7.0, EhP2 und 7.1/7.2 gibt es auch ein kleineres Programm DEMO_REGEX, das für einfache Abgleiche ausreichend ist.

xes und eines Textes hebt das Programm die erste Übereinstimmung bzw. alle Übereinstimmungen für diesen Regex, wie in Abbildung 2.2 gezeigt, im Text hervor. Im unteren Bildschirmbildbereich werden die Untergruppen (siehe Abschnitt 2.3.1, »Arbeiten mit Untergruppen«) für die erste ermittelte Übereinstimmung angezeigt. Wenn Sie die Option REPLACE auswählen, können Sie die ermittelten Übereinstimmungen zudem durch einen beliebigen Text ersetzen.

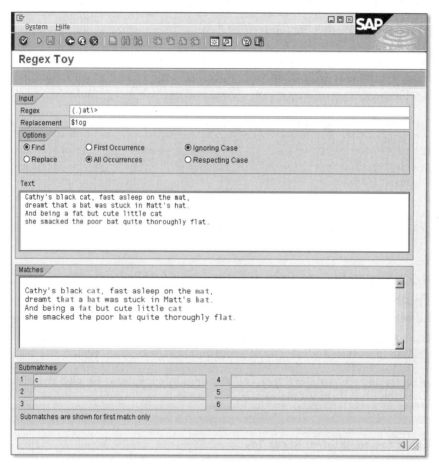

Abbildung 2.2 Regex Toy

Analyse von ABAP-Programmen mit dem Code Inspector

Vielleicht haben Sie in Ihrer Laufbahn als ABAP-Entwickler schon einmal Code geschrieben, den Sie im Nachhinein lieber nicht zur Benutzung freigegeben hätten. Oder Sie möchten die Qualität von übernommenem Code verbessern, indem Sie nach Codemustern suchen, die die Performance verschlechtern oder Sicherheitsrisiken darstellen.

Für die `LOOP AT`-Anweisung gibt es beispielsweise zwei Hauptvarianten, die die Zusätze `INTO wa` und `ASSIGNING <fs>` verwenden. Die Letztgenannte ist im Allgemeinen vorzuziehen, da der Zugriff auf die aktuelle Zeile der durchlaufenen Tabelle nicht über einen Wertetransport, sondern effizient über eine Referenz erfolgt. Die Aufrufe von Systemfunktionen über `CALL name` können dagegen zu Sicherheitsproblemen führen, wenn sie nicht ordnungsgemäß durch ABAP-Code mit entsprechenden Authentifizierungsprüfungen geschützt werden.

Angenommen, Sie möchten nun anhand dieser Informationen Ihren Code verbessern und eine einfache Codeprüfung durchführen – wie sollten Sie vorgehen, um die relevanten Anweisungen zu finden? Der einfache Suchdialog des klassischen ABAP Editors weist diverse Einschränkungen auf, die den Nutzen dieses Dialogs für die vorliegende Aufgabe erheblich reduzieren:

- Die Suche erfolgt zeilenweise, sodass bei der Suche nach dem Muster `LOOP*INTO` keine mehrzeiligen `LOOP`-Anweisungen ermittelt werden.
- Doppelpunkt-Komma-Ausdrücke ändern den syntaktischen Aufbau von Anweisungen, sodass geschachtelte `LOOP`-Anweisungen hinter einem `LOOP AT:` nicht gefunden werden.
- Kommentare und Zeichenliterale enthalten möglicherweise die Suchbegriffe, was zu falsch positiven Ergebnissen führt.
- Negative Suchvorgänge das heißt eine Suche nach Wörtern, die nicht mit einem bestimmten Suchbegriff übereinstimmen, werden nicht unterstützt. Dies ist jedoch im zweiten Beispiel erforderlich (`CALL name`), um Anweisungen wie `CALL SCREEN`, `CALL FUNCTION` oder `CALL METHOD` auszuschließen, die in der Regel keine Gefahren darstellen.[13]

Der Code Inspector ist ein mächtiges Werkzeug zur Quellcodeanalyse und genau richtig für diese Art von Aufgabe. Das Programm ist im Lieferumfang sämtlicher Releases von SAP NetWeaver enthalten und löst ältere Werkzeuge wie die ohnehin nur zur internen Verwendung vorgesehene Transaktion SAMT ab. Der Code Inspector ist von keinem der genannten Probleme betroffen: Er verarbeitet die Anweisungen in einem normalisierten Quellcode nacheinander, das heißt mit aufgelösten Doppelpunkt-Komma-Ausdrücken, und ermöglicht den Ausschluss von Kommentaren. Eine ausführliche Einführung in das Werkzeug Code Inspector ist an dieser Stelle nicht möglich (siehe hierzu Kapitel 10, »Qualitätsüberprüfung mit dem Code Inspector« in Band 1 von *ABAP – Fortgeschrittene Techniken und Tools*), doch soll trotzdem anhand eines

---

[13] Beachten Sie, dass bei der klassischen Suche nach `CALL '` zwar Systemaufrufe ermittelt werden, ohne über `CALL SCREENS` und ähnliche Elemente zu stolpern; durch Variablen oder Konstanten definierte Systemaufrufe werden allerdings möglicherweise übersehen.

vollständigen Beispiels gezeigt werden, wie Sie sich dort ab den Releases 7.0, EhP2 und 7.1/7.2 Regexe zunutze machen können.

Nachdem Sie den Code Inspector mit Transaktion SCI oder über den Menüeintrag im ABAP Editor gestartet haben, definieren Sie zunächst einen neuen Objektsatz REGEX_DEMO, der sämtliche Programme enthält, die Sie untersuchen möchten. Anschließend erstellen Sie eine neue Prüfvariante, mit der alle Objekte innerhalb dieses Objektsatzes durchsucht werden (siehe Abbildung 2.3).

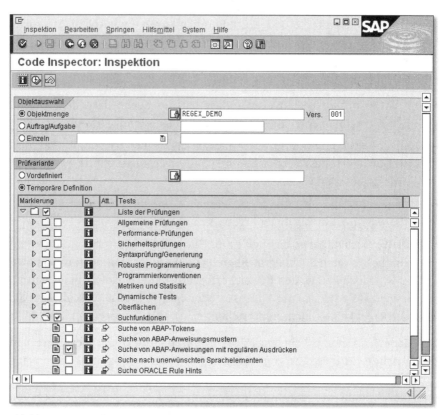

Abbildung 2.3 Erstellen einer neuen Inspektion im Code Inspector

Es stehen zahlreiche vordefinierte Analysen zur Auswahl.[14] Zum Zweck dieser einmaligen Ausführung entscheiden Sie sich jedoch für eine temporäre Definition.[15] Nachdem Sie den Teilbaum SUCHFUNKTIONEN aufgeklappt haben, klicken

---

14 Dank der umfangreichen vorhandenen Analysen ist es nur selten erforderlich, von Grund auf neue Analysen für den Code Inspector zu schreiben. Bei speziellen Anforderungen finden Sie in der Dokumentation zum Code Inspector weitere Informationen.

15 Hierfür müssen Sie im Einstiegsbild des Code Inspectors das Eingabefeld für den Namen der Inspektion leer lassen und ANLEGEN auswählen.

Sie auf den kleinen Pfeil neben dem seit den Releases 7.0, EhP2 und 7.1/7.2 vorhandenen Element SUCHE VON ABAP-ANWEISUNGEN MIT REGULÄREN AUSDRÜCKEN, um das in Abbildung 2.4 gezeigte Dialogfenster für die Regex-Suche zu öffnen.

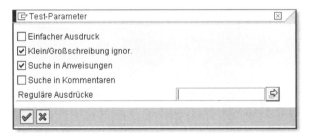

Abbildung 2.4 Dialogfenster für die Regex-Suche

Stellen Sie sicher, dass die Option SUCHE IN ANWEISUGNEN aktiviert ist, und geben Sie den folgenden Regex in das Texteingabefeld ein:

```
(\<LOOP\s+AT\>(?!.+\<ASSIGNING\>))|
(\<CALL\s+(?!FUNCTION|METHOD|SCREEN))
```

Dieses Muster sucht nach LOOP- und CALL-Anweisungen, die auf die Beschreibung der fraglichen Programmierkonstrukte passen. Um die Genauigkeit der Übereinstimmungen zu erhöhen, werden viele Wortgrenzen und Leerzeichenmengen verwendet. Der neue Operator (?!...), der hier bereits integriert wurde, wird als *negative Vorausschaubedingung* bezeichnet. Dieser Operator ermittelt eine Übereinstimmung, wenn der Text, der von dem in den Klammern angegebenen Teilausdruck repräsentiert wird, *nicht* gefunden wird. Dieser nützliche Operator wird in Abschnitt 2.3.2, »Weitere Operatoren und zukünftige Erweiterungen«, detailliert beschrieben. Das Regex-Eingabefeld kann erweitert werden, um Ausnahmen und Alternativen anzugeben. Abgesehen von einer verbesserten Lesbarkeit, wird dadurch jedoch keine neue Funktionalität zur Suche hinzugefügt, da diese Kombination von Regexen bereits durch Regexe selbst ausgedrückt werden kann.

Nachdem Sie das Dialogfenster über den Eingabeknopf ( ) geschlossen haben, kann der Inspektionslauf gestartet werden. Wenn Sie im oberen Bildschirmbildbereich auf den Knopf zum Ausführen klicken oder die Taste [F8] drücken, führt das System den Lauf durch. Nach kurzer Zeit sollten eine Meldung über die erfolgreiche Ausführung und ein neuer Knopf zur Anzeige der Ergebnisse erscheinen (siehe Abbildung 2.5).

2 | Reguläre Ausdrücke für die Zeichenkettenverarbeitung in ABAP

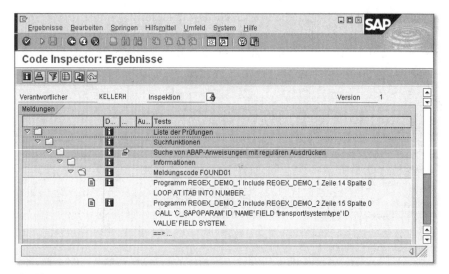

Abbildung 2.5 Ergebnisse der Inspektion

In diesem Beispiellauf hat der Code Inspector zwei Codezeilen ermittelt, die mit den Suchkriterien übereinstimmen. Durch Doppelklicken auf die Ergebniszeilen lässt sich der Quellcode anzeigen, um zu überprüfen, ob und wie sich der Code verbessern lässt.

2.3 Fortgeschrittene Eigenschaften regulärer Ausdrücke

Nach der vorangegangenen Einführung in die elementaren Eigenschaften von regulären Ausdrücken und ihre Verwendung sowohl in ABAP-Programmen als auch in Werkzeugen des SAP NetWeaver Application Servers ABAP wird nun auf einige fortgeschrittene Aspekte dieses mächtigen Konzeptes eingegangen.

2.3.1 Arbeiten mit Untergruppen

Untergruppen gehören zu den nützlichsten Aspekten von regulären Ausdrücken überhaupt. Um reguläre Ausdrücke effektiv zu nutzen, müssen Sie mit dem Konzept der Untergruppen vertraut sein.

Um die wichtigsten Eigenschaften von Untergruppen kurz vorwegzunehmen: Die bereits bekannten runden Klammern strukturieren nicht nur Ihren Regex, sondern speichern zudem eine interne Kopie der Unterfolge, die mit dem eingeklammerten regulären Ausdruck übereinstimmt, intern ab. Diese sogenannten *Untergruppen* können anschließend verwendet werden, um Teile der untersuchten Zeichenfolge

- kontextbasiert zu extrahieren oder
- wertebasiert zu transformieren.

Informationen zu den abgespeicherten Untergruppen können mit den Anweisungen FIND und REPLACE sowie mit cl_abap_matcher abgefragt werden. Darüber hinaus kann sowohl in regulären Ausdrücken als auch in Ersetzungstexten auf diese Untergruppen zugegriffen werden.

Untergruppen

Mithilfe von Klammern lassen sich reguläre Ausdrücke in *Unterausdrücken* strukturieren. Diese Unterausdrücke werden von links nach rechts nummeriert (einsetzend mit 1) und beginnen mit einer öffnenden Klammer. Auch eine Schachtelung ist möglich:

```
a+(b+)(c(e+)|d(e+))f
  <--><---------->
   1    2
        <-->  <-->
         3     4
```

Wenn Sie Übereinstimmungen für diesen Regex innerhalb des Textes aabbbdeef ermitteln, erhalten Sie als Ergebnis die folgenden Übereinstimmungen:

```
Text:                ...aabbbdeef...
Übereinstimmung:        aabbbdeef
Untergruppe 1:            bbb
Untergruppe 2:               dee
Untergruppe 3:                     (leer)
Untergruppe 4:                ee
```

Die Übereinstimmungen mit den Unterausdrücken werden als Untergruppen abgespeichert. Um auf diese Untergruppen zuzugreifen, kann der Zusatz SUBMATCHES der Anweisung FIND verwendet werden:

```
FIND REGEX 'a+(b+)(c(e+)|d(e+))f'
    IN 'aabbbdeef'
    SUBMATCHES s1 s2 s3 s4 s5.
```

Diese Anweisung speichert die Werte bbb, dee und ee in den Variablen s1, s2 und s4 und initialisiert die Variablen s3 und s5.

Der Zusatz SUBMATCHES füllt somit alle angegebenen Variablen mit der entsprechenden Zeichenfolge der Untergruppe. Falls weniger Unterausdrücke als Variablen vorhanden sind, werden die überzähligen Variablen initialisiert (wie s5 im Beispiel). Das Gleiche gilt für Variablen, für deren Unterausdrücke keine Übereinstimmungen gefunden wurden (wie s3 im Beispiel).

Um weitergehende Informationen zu erhalten, können Sie den Zusatz RESULTS verwenden, der, wie bereits in Abschnitt 2.2.4, »Reguläre Ausdrücke in ABAP-Programmen«, erwähnt, Ergebnisse der Typen match_result oder match_result_tab zurückgibt und auf deren Komponente submatches zugreift. Diese Komponente ist eine interne Tabelle vom Dictionary-Typ submatch_result_tab, deren Zeilen vom Typ submatch_result den Offset und die Länge für jede Untergruppe enthalten.

Alternativ kann auch wieder die Klasse cl_abap_matcher aus Abschnitt 2.2.4, »Reguläre Ausdrücke in ABAP-Programmen«, mit ihren Abfragemethoden eingesetzt werden, um dieselben Informationen zu erhalten (siehe Listing 2.11).

```
DATA: mymatcher TYPE REF TO cl_abap_matcher,
      str       TYPE string,
      off       TYPE i,
      len       TYPE i.
mymatcher =
    cl_abap_matcher=>create_matcher(
        pattern = 'a+(b+)(c(e+)|d(e+))f'
        text    = 'aabbbdeef' ).
mymatcher->find_next( ).
str = mymatcher->get_submatch( 1 ).
off = mymatcher->get_offset( 2 ).
len = mymatcher->get_length( 4 ).
```

Listing 2.11 Klasse cl_abap_match

Die Methode get_submatch( ) gibt ähnlich wie der Zusatz SUBMATCHES einfach die Zeichenfolge der *nten* Untergruppe zurück. Wenn Sie eine leere Untergruppe angeben, wird auch eine leere Zeichenfolge zurückgegeben. Übergeben Sie jedoch den Index einer *nicht vorhandenen* Gruppe, wird der Ausnahmefehler cx_sy_invalid_submatch ausgelöst. Der spezielle Index 0 bezieht sich auf die gesamte Übereinstimmung, sodass über get_submatch(0) der Text der gesamten Übereinstimmung abgerufen werden kann.

Die übrigen Abfragemethoden aus vorangegangener Tabelle 2.4 unterstützen ebenfalls einen optionalen index-Parameter, der die Zeile, den Offset oder die Länge der entsprechenden Untergruppe zurückgibt.

Wenngleich das Konzept der Untergruppen bisher recht unkompliziert ist, gibt es einige nennenswerte Feinheiten bei deren Verwendung innerhalb von Wiederholungen. Genau wie die wiederholten Unterausdrücke in jeder Iteration neu angewendet werden, wird auch jede potenzielle Untergruppe bei jeder Iteration neu gefüllt. Bei der Anwendung des Regexes

```
(([ab])|([cd])|([ef]))*
<------------------>
1
  <---->  <---->  <---->
   2       3       4
```

auf den Text aebe werden zum Beispiel für die Untergruppen 1 bis 4 die Übereinstimmungen e, b, (empty) bzw. e zurückgegeben, da jede Gruppe den letzten übereinstimmenden Zeichenfolgenwert beibehält.

Ein weiterer interessanter Aspekt von Untergruppen betrifft die »Gierigkeit« von regulären Ausdrücken, die auch für Unterausdrücke gilt. Während die Regel zur ersten längsten Übereinstimmung (siehe Abschnitt 2.2.3, »Suchen mit regulären Ausdrücken«) die zurückzugebende Übereinstimmung bei der Suche nach Regexen eindeutig definiert, bleibt zunächst unklar, wie Untergruppen bestimmt werden sollen. Betrachten Sie zum Beispiel folgende Anweisung:

```
FIND REGEX '([ab]+)([bc]+)' IN 'ooaabbccoo'
    SUBMATCHES s1 s2.
```

Die Regel für die erste längste Übereinstimmung legt nicht fest, ob s1 der Wert aa, aab oder aabb zugewiesen wird. Da die Gierigkeit jedoch auch für Unterausdrücke, und zwar von links nach rechts, gilt, wird der Variablen s1 der Wert aabb zugeordnet, und s2 erhält den Restwert cc. Es ist jedoch wichtig zu verstehen, dass trotz gieriger Unterausdrücke primär der gesamte Regex übereinstimmen muss. Vergleichen Sie das vorhergehende Beispiel mit dem folgenden:

```
FIND REGEX '(a+)(ab)' IN 'ooaaboo'
    SUBMATCHES s1 s2.
```

Hier erhält trotz Gierigkeit s1 nicht aa zugewiesen, da sonst der gesamte Regex nicht mehr übereinstimmen würde. Tatsächlich erfordert die einzige mögliche Übereinstimmung für den gesamten Regex, dass s1 den Wert a und s2 den Wert ab erhält.

Diese Analyse mag Ihnen zunächst recht theoretisch erscheinen. Es ist aber hilfreich, an dieses Verhalten zu denken, wenn Sie Untergruppen zum Extrahieren von Informationen verwenden, was im Folgenden vorgestellt wird.

Extrahieren von Teilinformationen mit Untergruppen

Im ersten Teil dieses Kapitels wurde gezeigt, wie Sie reguläre Ausdrücke für die kontextbasierte Suche nach Informationen verwenden (siehe Abschnitt 2.2.3, »Suchen mit regulären Ausdrücken«). Häufig sind diese Informationen jedoch zusätzlich unterstrukturiert und lediglich bestimmte Teile von ihnen interessant.

Im Folgenden wird dies wieder anhand eines Beispiels gezeigt: Angenommen, Sie schreiben eine Webanwendung, die eine URL wie die folgende mit den Anmeldeinformationen des Benutzers erhält:[16]

http://sap.com/handler?sess=1&login=ralph@geheim&lang=EN

Die Anmeldeinformationen werden über den `login`-Parameter angegeben, der Benutzername und Kennwort enthält, die durch ein @-Zeichen getrennt sind. Diese Informationen lassen sich problemlos mithilfe von FIND REGEX finden (siehe Listing 2.12).

```
DATA: login TYPE string,
      user  TYPE string,
      pass  TYPE string.
FIND REGEX '&login=\ w+@\ w+' IN url
    MATCH OFFSET off MATCH LENGTH len.
CHECK sy-subrc = 0.
login = url+off(len).
```

Listing 2.12 Anmeldeinformationen mit FIND REGEX ermitteln

Die Unterfolge `&login=ralph@geheim` mit den Anmeldeinformationen ist nun in der Variablen `login` gespeichert. Um den Benutzernamen und das Kennwort zu extrahieren, überspringen Sie zunächst den Namen des Parameters, indem Sie auf `login+7` verweisen und anschließend die restliche Zeichenfolge beim Trennzeichen abtrennen:

```
SPLIT login+7 AT '@' INTO user pass.
```

Dieser Code ist noch etwas umständlich, da Sie die Anzahl der zu überspringenden Zeichen selbst zählen müssen. Darüber hinaus müssen Sie einige der

---

16 Dieses konkrete Anwendungsbeispiel dient ausdrücklich nur zur Illustration und ist aufgrund seiner Sicherheitsmängel nicht für den Produktivbetrieb geeignet.

Eingaben zweimal durchsuchen, um an die interessanten Teile zu gelangen. Mithilfe von Untergruppen können Sie dieses Verfahren auf einen einzigen Vorgang reduzieren, der zudem weniger anfällig für Änderungen an der URL-Syntax ist:

```
FIND REGEX '&login=(\w+)@(\w+)' IN url
    SUBMATCHES user pass.
CHECK sy-subrc = 0.
```

Die erste Untergruppe des Regexes speichert den in der URL enthaltenen Benutzernamen und die zweite Untergruppe das Kennwort. Die Schlüsselwörter und Begrenzungszeichen, die zur Suche nach den Informationen eingesetzt werden, werden zwar für die tatsächliche Übereinstimmung benötigt, jedoch nicht als Teil des Ergebnisses zurückgegeben. Dies ist einer der entscheidenden Vorteile bei der Verwendung von Untergruppen.

Als weiteres, etwas kompliziertes Beispiel sollen Sie nun einen Pfadnamen wie */usr/sap/work/profile.txt* in *Verzeichnis*, *Basisname* und *Erweiterung* unterteilen:

```
FIND REGEX '(.*/)?([^.]*)(\..*)?' IN path
                       SUBMATCHES dir base ext.
```

Den ersten Teil des Pfadnamens bildet das Verzeichnis, zu dem auch der letzte Schrägstrich (/) zählt. Die Erweiterung ist der letzte Teil des Pfades und beginnt mit dem ersten Punkt (.) von links, der nicht zum Verzeichnis gehört. Der übrige Teil zwischen dem Verzeichnis und der Erweiterung ist der Basisname. Jeder dieser Teile kann leer sein.

Der erste Unterausdruck (.*/)? stimmt mit dem Teil des Pfadnamens bis zum letzten Schrägstrich überein (sofern vorhanden, anderenfalls bleibt die zugehörige Untergruppe leer). Dieses Ergebnis entspricht dem Verzeichnisteil. Anschließend wird der Text bis zum ersten Punkt ermittelt, der dem Basisnamen der Datei entspricht. Falls kein Punkt vorhanden ist, handelt es sich bei dem übrigen Abschnitt des Pfades um den Basisnamen. Auch hier gilt, dass der Basisname leer sein kann. Zuletzt wird eine Übereinstimmung für den Punkt (falls vorhanden) und den übrigen Teil des Pfades ermittelt, der für die Erweiterung des Pfades steht.

In Fällen wie in diesem Beispiel, in denen Sie Informationen eigentlich nur unterteilen anstatt suchen wollen, sollten Sie einen Abgleich statt einer Suche durchführen, um auszuschließen, dass Sie falsch positive Ergebnisse für eine passende Teilfolge erhalten. Wenn Sie für diese Aufgabe nicht direkt ein Matcher-Objekt verwenden möchten, können Sie für die FIND-Anweisung das Durchführen eines Abgleiches erzwingen, indem Sie den Regex in Zeilenanker ^ ... $ einschließen. In diesem Beispiel mit dem Pfadnamen ist dies allerdings nicht erforderlich, da der verwendete Regex so gierig ist, dass er stets entweder mit dem gesamten Text oder gar nicht übereinstimmt.

Ersetzen von Übereinstimmungen

Ein weiterer nützlicher Aspekt von Untergruppen ist, dass Sie innerhalb eines Ersetzungstextes[17] auf Untergruppen verweisen können. Sowohl die Anweisung REPLACE als auch die replace-Methoden kennen das spezielle Konstrukt $n, das die *nte* Untergruppe der aktuellen Übereinstimmung mit einem Regex bezeichnet.[18] Dies ist sehr hilfreich, um mit einer einzigen Anweisung Informationen hinzuzufügen oder vorhandene Inhalte zu transformieren.

Angenommen, Sie möchten Datumsangaben im amerikanischen Format MM/DD/YY in das europäische Datumsformat DD.MM.YY konvertieren. Mit dem richtigen Regex wird hierfür lediglich eine Zeile benötigt:

```
REPLACE ALL OCCURRENCES OF REGEX '(\d+)/(\d+)/'
        IN mytext WITH '$2.$1.'.
```

Zunächst wird nach den Datumsangaben im amerikanischen Format anhand der begrenzenden Schrägstriche gesucht, und die relevanten Teile mit den Monats- und Tagesdaten werden in Untergruppen extrahiert. Dann werden die alten Datumsangaben durch das neue Format ersetzt, bei dem die Reihenfolge von Tag und Monat umgekehrt ist und Punkte anstelle von Schrägstrichen verwendet werden.

Es ist sogar möglich, in einem Schritt Datumsangaben vom amerikanischen in das japanische Format (YY-MM-DD) und umgekehrt zu konvertieren, indem Sie von der Eigenschaft profitieren, dass Untergruppen ohne Übereinstimmung leer bleiben:

```
REPLACE ALL OCCURRENCES OF
        REGEX '(\d+)/(\d+)/(\d+)|(\d+)-(\d+)-(\d+)'
        IN mytext WITH '$2$6.$1$5.$3$4'.
```

---

17 Das ist der Text, der in der Anweisung REPLACE hinter WITH angegeben wird.
18 Für die ab den Releases 7.0, EhP2 und 7.1/7.2 verfügbaren eingebauten replace-Funktionen gilt das natürlich genauso.

Die Verarbeitung dieses Codes ist sogar etwas schneller als die Verwendung von zwei separaten `REPLACE`-Anweisungen für jeweils eine Umwandlungsrichtung.

Wie in der Einführung zu Untergruppen bereits beschrieben, steht die Untergruppe mit dem Index 0 gemäß Konvention für die gesamte Übereinstimmung. Daher können Sie auch `$0` verwenden, um die gesamte aktuelle Übereinstimmung in den Ersetzungstext aufzunehmen. Dies ist insbesondere für das Hinzufügen von Informationen zum ursprünglichen Text hilfreich. Nehmen Sie beispielsweise an, dass die Fettschrift-Tags `<b>` und `</b>` zu allen Zahlen in einem HTML-Dokument hinzugefügt werden sollen. So einfach sieht das dann aus:

```
REPLACE ALL OCCURRENCES OF REGEX '\d+'
        IN mytext WITH '<b>$0</b>'.
```

Beachten Sie, dass die `$n`-Operatoren ausschließlich in Ersetzungstext verwendet werden können. Sie sind zwar nicht Teil der Regex-Syntax, es ist aber eine enge Verknüpfung vorhanden. So führt eine ungültige Angabe für Untergruppen, wie zum Beispiel `$*`, zum Ausnahmefehler `cx_sy_invalid_regex_format`. Wenn Sie ein literales Dollarzeichen in die Ersetzungstexte einfügen müssen, können Sie einfach das für Regexe übliche Fluchtsymbol verwenden: `\$`.

Um den Abschnitt über Ersetzungen abzuschließen, sollen Sie sich nochmals an Kapitel 1 erinnern: Beachten Sie beim Arbeiten mit `REPLACE`, dass die von `REPLACE` zurückgegebenen Informationen sich anders als bei `FIND` nicht auf die gefundenen Übereinstimmungen, sondern immer auf die eingefügte Zeichenfolge beziehen:

```
mytext = '-x-x-'.
REPLACE ALL OCCURRENCES OF REGEX '\w+'
        IN mytext WITH 'ooo'
        REPLACEMENT COUNT cnt REPLACEMENT OFFSET final_off.
WRITE: / mytext, cnt, final_off.
```

Als Ergebnis wird `-ooo-ooo- 2 5` ausgegeben – das heißt, `final_off` weist bei der Fertigstellung den Wert 5 und nicht 3 auf.

Rückwärtsreferenzen

Ein weiterer recht ausgefeilter, jedoch eher selten verwendeter Operator für Untergruppen ist der *Rückwärtsreferenzoperator* (`\n`), mit dem auf die *n*te untergeordnete Übereinstimmung im Regex selbst verwiesen werden kann. Oder mit anderen Worten: Jeder Untergruppe ist ein Operator \1, \2, \3 ... zugeordnet, der hinter dem entsprechenden Unterausdruck angegeben werden kann und rückwärts auf die Untergruppe verweist. Er wirkt also im Regex als Platzhalter für die Zeichenfolge der Untergruppe. Dies mag zunächst seltsam klingen, aber nehmen Sie zum Beispiel an, dass Sie über eine einfache Datenbank mit Benutzernamen und Passwörtern verfügen, die als Zeilen aus *user:pass*-Einträgen in einer internen Tabelle userdata gespeichert sind. Dann können Sie die Anweisung

```
FIND ALL OCCURRENCES OF REGEX '^(\w+):\1$' IN TABLE userdata
    RESULTS res.
```

verwenden, um alle nachlässigen Benutzer zu ermitteln, deren Kennwort mit dem Anmeldenamen übereinstimmt.

An dieser Stelle ist es nochmals wichtig, den grundlegenden Unterschied zwischen *nicht übereinstimmenden* und *nicht vorhandenen* Untergruppen herauszustellen. Eine Rückwärtsreferenz auf eine Untergruppe ohne Übereinstimmung ist möglich und steht für eine leere Zeichenfolge, das heißt, dass sie praktisch ignoriert wird. Der Regex

```
regex:        (['"])?\w+\1
found here:   This "is" 'not' 'it'!
```

stimmt beispielsweise mit Wörtern überein, die auch in Anführungszeichen stehen können. Dabei müssen die Anführungszeichen jedoch konsistent sein. Wird der Fragezeichenoperator innerhalb des Unterausdrucks platziert, ändert sich zwar die Funktionsweise innerhalb dieses Ausdrucks geringfügig, dies hat allerdings keine Auswirkungen auf das Endergebnis der Übereinstimmung.

Das Verweisen auf nicht vorhandene Untergruppen oder auf Gruppen, die erst hinter dem Rückwärtsreferenzoperator kommen, ist allerdings nicht zulässig und löst die Ausnahme cx_sy_invalid_regex aus. Als Faustregel gilt, dass Sie stets überprüfen sollten, ob der *n*ten Rückwärtsreferenz mindestens *n* schließende Klammern nachgestellt sind.

Im Gegensatz zu den meisten anderen Regex-Implementierungen ist die Anzahl an Rückwärtsreferenzen in ABAP nicht auf \1 bis \9 begrenzt. Stattdessen ist eine beliebige Anzahl von Referenzen, wie zum Beispiel \69, zulässig. In anderen Sprachen ist dies nicht möglich, da solche Ausdrücke in der Regel als Steuerungscodes für ASCII-Zeichen interpretiert werden.

2.3.2 Weitere Operatoren und zukünftige Erweiterungen

Die Ausführungen zu den Regex-Operatoren schließen an dieser Stelle mit zwei weiteren Operatoren, die sich insbesondere in Suchvorgängen als nützlich erweisen: *Vorausschau-* und *Literaloperatoren*.

Vorausschauoperatoren

Wie Anker (siehe Abschnitt 2.2.3, »Suchen mit regulären Ausdrücken«) sind auch Vorausschauoperatoren geeignet, um zu steuern, an welchen Positionen Übereinstimmungen in einem Suchvorgang ermittelt werden sollen. Technisch gesehen stimmt der *positive Vorausschauoperator* (?=...) mit allen Positionen vor einer Zeichenfolge überein, die selbst mit dem Unterausdruck (...) übereinstimmt, der vom Vorausschauoperator eingeschlossen ist. Einfacher ausgedrückt, wenn Sie mit einem Regex wie a+(?=[bc]) suchen, finden Sie alle Abfolgen des Zeichens a, auf die mindestens ein b oder c folgt:

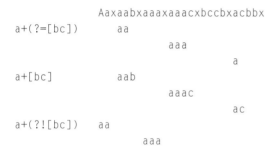

Die Verwendung des Vorausschauoperators entspricht demnach *beinahe* der Verwendung einer einfachen Übereinstimmung. Der kleine, aber feine Unterschied ist, dass der Teil innerhalb des Vorausschauoperators nicht Teil der Übereinstimmung selbst wird. Daher können Sie häufig auch ohne den positiven Vorausschauoperator auskommen, indem Sie r1(?=r2) in (r1)r2 ändern und nicht die gesamte Übereinstimmung $0, sondern die erste untergeordnete Übereinstimmung $1 benutzen.

Der *negative Vorausschauoperator* (?!...) funktioniert ähnlich wie der positive Operator, jedoch stimmt er nur mit Positionen überein, auf die *keine* Übereinstimmungen für den vom Vorausschauoperator eingeschlossenen Unterausdruck folgen. Der negative Vorausschauoperator ist wesentlich nützlicher als seine positive Entsprechung, da er nicht wie dieser einfach durch andere Operatoren ersetzt werden kann (in Abschnitt 2.3.3, »Häufige Muster und Probleme«, finden Sie unter anderem auch ein Beispiel für die Verwendung des negativen Vorausschauoperators).

Vorausschauoperatoren können für die Suche nach Schlüsselwörtern verwendet werden, auf die bestimmte andere Schlüsselwörter folgen oder nicht folgen. Nehmen Sie daher an, dass Sie nach allen `CLEAR`-Anweisungen in einem ABAP-Programm suchen möchten, die nicht den Zusatz `WITH c` verwenden:

```
FIND ALL OCCURRENCES OF REGEX '\<CLEAR\>.*(?!WITH)'
    IN TABLE mysource
    RESULTS res.
```

Zur Vereinfachung können Sie ruhig annehmen, dass das ABAP-Programm keine Doppelpunkt-Komma-Ausdrücke enthält und mit einer Anweisung pro Zeile übersichtlich strukturiert ist. Der Umgang mit den teilweise recht komplexen Gegebenheiten von tatsächlichem ABAP-Code wird im Zusammenhang mit dem Code Inspector erwähnt (siehe Abschnitt 2.2.5, »Reguläre Ausdrücke außerhalb von ABAP-Programmen«).

Leider liefert diese Anweisung nicht das gewünschte Ergebnis. Die Verwendung eines Vorausschauoperators nach einem .*-Operator ist zwar für den positiven Vorausschauoperator, nicht jedoch für die negative Vorausschau sinnvoll. Der Ausdruck lässt sich wie folgt umschreiben: »nach allen `CLEAR`-Anweisungen suchen, auf die *an irgendeiner Stelle etwas anderes folgt als* `WITH`. Dies gilt offensichtlich jedoch für alle `CLEAR`-Anweisungen, da der Vorausschauoperator stets zumindest eine Übereinstimmung für die Position vor dem schließenden Punkt ermittelt:

```
CLEAR var WITH char.
```

Hier ist aber entscheidend, dass auf `CLEAR` *nie* der Zusatz `WITH` folgen darf. Dieses Problem lässt sich ganz einfach beheben, indem das Muster neu gruppiert wird:

```
<CLEAR\>(?!.*WITH)
```

Dieses Muster ist im Allgemeinen auch für den positiven Vorausschauoperator vorzuziehen, da es die Menge an Text reduziert, für die eine Übereinstimmung ermittelt werden muss.

Einige Programmiersprachen – ABAP jedoch nicht – unterstützen zusätzliche positive (?<=...) und negative (?<!...) *Rückblickoperatoren*, die ausschließlich Übereinstimmungen für Zeichenfolgen ermitteln, denen bestimmte Zeichenfolgen vorangestellt (oder nicht vorangestellt) sind.[19] In ABAP können positive Rückblickoperatoren durch geeignete Übereinstimmungen und Untergruppen

erreicht werden, indem Sie r1(r2) statt (?<=r1)r2 schreiben und auf $1 anstelle von $0 verweisen.

Literaloperatoren

Das Fluchtsymbol (\) (siehe Abschnitt 2.2.1, »Grundlagen«) ist für den Abgleich von Zeichen unabdingbar, die in der Regex-Syntax anderenfalls als Metazeichen verwendet würden. Wenn Sie nach einem größeren Abschnitt von literalem Text suchen wollen, können Sie zusätzlich die *Literaloperatoren* \Q und \E als Fluchtoperatoren für alle potenziellen Metazeichen innerhalb des eingeschlossenen Suchmusters verwenden.

Nehmen Sie beispielsweise an, dass Sie eine Suchfunktionalität implementieren möchten, über die Benutzer eine interne Tabelle mit E-Mail-Nachrichten nach einem bestimmten Absender durchsuchen können. Während Sie dem Benutzer hier keine Unterstützung für Suchmuster bieten möchten, verwenden Sie intern einen Regex, um die Suche auf die Absenderfelder der Nachrichten einzugrenzen:

```
PARAMETERS sender TYPE c LENGTH 80.
CONCATENATE '^From:.*' sender INTO pat.
FIND ALL OCCURRENCES OF REGEX pat IN TABLE messages RESULTS res.
```

Dies funktioniert jedoch nicht wie gewünscht, wenn der Benutzer nach einem Absender sucht, dessen E-Mail-Adresse Zeichen enthält, die gleichzeitig Metazeichen der Regex-Syntax sind, wie zum Beispiel der Punkt- (.) oder der Plusoperator (+). Anstatt jedem Metazeichen in sender einen Rückstrich voranzustellen, können Sie den Inhalt von sender einfach in die Literaloperatoren \Q...\E einschließen, um die spezielle Bedeutung der potenziell in sender enthaltenen Operatoren außer Kraft zu setzen:

```
CONCATENATE '^From:.*\Q' sender '\E' INTO pat.
```

Der verbesserte Programmausschnitt ist allerdings immer noch nicht völlig fehlerfrei. Es könnte auch nach Absendern gesucht werden, die die Zeichenfolge \E... enthalten etc.

---

[19] Häufig gelten strenge Einschränkungen im Hinblick darauf, was ein zulässiges Rückblickmuster ist.

Zukünftige Erweiterungen und Kompatibilität

Reguläre Ausdrücke in ABAP folgen der Perl-Konvention, in der das spezielle Konstrukt (?...) für zukünftige Regex-Erweiterungen reserviert ist. Die derzeit schon unterstützten Vorausschauoperatoren stellen bereits solche Erweiterungen dar. Bei Verwendung eines nicht definierten reservierten Musters wie (?$huh?) wird eine Ausnahme der Klasse `cx_sy_invalid_regex` ausgelöst. Dadurch wird sichergestellt, dass bereits existierender Code durch zukünftige Erweiterungen der Regex-Syntax nicht invalidiert wird.

2.3.3 Häufige Muster und Probleme

Wenn Sie Regexe in Ihren ABAP-Programmen ernsthaft verwenden, werden Sie sehr wahrscheinlich in einige Situationen kommen, in denen sich der Regex nicht wie erwartet verhält. In diesem Abschnitt werden einige gängige Probleme aufgeführt, sodass Sie diese berücksichtigen können, wenn Sie Ihr nächstes ABAP-Programm mit Regexen schreiben. Stoßen Sie beim Schreiben von Regexen auf Schwierigkeiten, empfiehlt es sich auch immer, das in Abschnitt 2.2.5, »Reguläre Ausdrücke außerhalb von ABAP-Programmen«, vorgestellte Programm DEMO_REGEX_TOY oder dessen kleinen Bruder DEMO_REGEX zu verwenden, um dem Problem schneller auf die Spur zu kommen.

Gierige Übereinstimmungen

In Abschnitt 2.2.3, »Suchen mit regulären Ausdrücken«, wurde gezeigt, dass Übereinstimmungen gierig sind. Das bedeutet, dass stets die längstmögliche übereinstimmende Zeichenfolge ermittelt wird. Dies gilt insbesondere für einen der am häufigsten auftretenden Teile von Regexen, nämlich dem Muster »Übereinstimmung für alle Zeichen«:[20]

```
.*
```

Warum kann es hier zu Problemen kommen? Angenommen, Sie möchten in einem Prosatext nach allen Sätzen in Anführungszeichen suchen. Zunächst könnten Sie versucht sein, den Text mithilfe des Regexes ".*" zu durchsuchen. Aufgrund der gierigen Übereinstimmungen würde diese Übereinstimmung jedoch vom ersten bis zum letzten ermittelten Anführungszeichen reichen. Wenn Sie mit dem gezeigten Regex eine Übereinstimmung für die Zeichenfolge

```
The "ins" and "outs" of regexes
```

---

20 Und natürlich auch (.+).

ermitteln, erfasst die Verkettung .* so viele Zeichen wie möglich und gibt den hervorgehobenen Teil zurück – dies entspricht jedoch kaum dem gewünschten Ergebnis!

Sie müssen sich daher vor einer unkontrollierten Verwendung von .* hüten. ABAP bietet derzeit keine Möglichkeit, stattdessen *genügsame Übereinstimmungen* zu verwenden. Einige Programmiersprachen bieten zwar genügsame Verkettungsoperatoren (zum Beispiel *?), die eine Übereinstimmung für möglichst *wenige* Zeichen ermitteln, diese stehen jedoch in Konflikt mit der Regel für die erste längste Übereinstimmung. Aus diesem Grund werden diese Verkettungsoperatoren in ABAP derzeit nicht unterstützt. Glücklicherweise gibt es jedoch auch eine einfache, allgemeine Lösung für dieses Problem: Anstatt den Punktoperator zu verwenden, schließen Sie ausdrücklich jedes Begrenzungszeichen – in diesem Fall das Anführungszeichen (") – aus:

```
"[^"]*"
```

Dadurch beendet die Verkettung die Suche nach Übereinstimmungen, sobald das erste Anführungszeichen gefunden wird.

Diese grundlegende Idee kann auch für Begrenzungen mit mehreren Zeichen angewendet werden, jedoch ist das Ganze in diesem Fall etwas komplizierter. Angenommen, Sie möchten nach allen Textabschnitten in Fettschrift in einem HTML-Dokument suchen, das heißt nach Text, der von den Tags <b> und </b> eingeschlossen ist. Auch hier ist der einfache Ansatz für die Suche nach <b>.*</b> zu gierig – im folgenden Beispiel wird eine Übereinstimmung für die hervorgehobene Zeichenfolge ermittelt:

```
Too <b>bold</b> or not too <b>bold</b>, that is the question!
```

In diesem Fall funktioniert der einfache Workaround nicht mehr, da ein Ausdruck, der ausschließlich das erste Zeichen der Begrenzung enthält, wie zum Beispiel <b>[^<]*</b>, nicht alle gewünschten Übereinstimmungen in Fällen wie dem folgenden ermittelt:

```
The good, the <b>bad</b>, and the <b><i>bold-italic</i></b>
```

Der Grund hierfür ist, dass die Verkettung [^<]* am Anfang des Tags <i> vorzeitig anhält und für die Übereinstimmung ausschließlich der hervorgehobene Text ermittelt wird.

Die allgemeine Lösung für dieses Problem besteht darin, Vorausschauoperatoren zu verwenden und die Verkettung beim ersten Begrenzungszeichen anzuhalten, dem der verbleibende Teil der Begrenzung nachgestellt ist. Da Verkettungen nicht durch ihre Stoppzeichen, sondern durch ihre Zeichen für das Fortfahren definiert sind, müssen Sie die korrekten Zeichen angeben, für die weiterhin eine Übereinstimmung gilt. In diesem Fall resultiert dies in dem folgenden, etwas kryptischen Ausdruck:

```
<b>([^<]|<(?!/b>))*</b>
     |   |
     |   + alle Klammern, die nicht
     |     Teil des Begrenzers sind
     +----- alle Nicht-Klammern
```

Die Zerlegung des Regexes in seine Einzelteile sollte die Rolle der einzelnen Teilausdrücke klar machen. In bestimmten Fällen kann stattdessen auch der etwas einfachere Ausdruck

```
<b>(.(?!</b>))*.</b>
```

verwendet werden. Dieser Regex stimmt jedoch wegen des Punktoperators unmittelbar vor dem schließenden -Tag ausschließlich mit nicht leeren -Tags überein.

Unerwünschte Übereinstimmungen

Nicht selten finden reguläre Ausdrücke Übereinstimmungen an recht unerwarteten Positionen. Der Sternchenoperator ist, wie gesagt, einer der am häufigsten verwendeten Regex-Operatoren, er führt jedoch auch am häufigsten zu Problemen durch unerwünschte Übereinstimmungen. In einem einfachen Fall wird geprüft, ob eine durch einen Sternchenoperator definierte Verkettung in einem Text enthalten ist (siehe Listing 2.13).

```
IF cl_abap_matcher=>contains(
                 pattern = '\d*'
                 text    = mytext ) = abap_true.
   "found number
ENDIF.
```

Listing 2.13 Prüfung einer definierten Verkettung in einem Text

Hier ist es ziemlich offensichtlich, dass das Sternchen nicht der richtige Operator für diese Überprüfung ist, da die Verkettung auch die leere Zeichenfolge einschließt – und die leere Zeichenfolge ist überall enthalten (selbst in einer anderen leeren Zeichenfolge)! Als Faustregel gilt, dass sich der Plusoperator (+) häufig besser eignet, wenn Sie mit Wiederholungen arbeiten.

Doch selbst erfahrene Regex-Programmierer können bei weniger offensichtlichen Beispielen in diese Falle geraten. Denken Sie an das Beispiel zur Validierung von Dezimalzahlen in Abschnitt 2.2.2, »Reguläre Ausdrücke für die Validierung«. Stimmt der etwas vereinfachte Regex `\d{1,3}(,\d{3})*\.?\d*` ausschließlich mit Dezimalzahlen mit Tausendertrennzeichen überein? Die klare Antwort lautet Nein: Da sowohl Trennzeichen als auch der Dezimalpunkt keinen Treffer erzielen müssen, führt der letzte Teilausdruck `\d*` gemeinsam mit dem ersten Teilausdruck `\d{1,3}` zu einer Übereinstimmung für jede Ganzzahl, selbst wenn diese kein Tausendertrennzeichen enthält.

Auch wenn es keinen allgemeinen Workaround für dieses Problem gibt, können Sie Ihren Regex in den meisten Fällen so umstrukturieren, dass leere Übereinstimmungen vermieden werden. Wenn Ihnen das Verhalten Ihrer Regexe seltsam vorkommt, verwenden Sie, wie gesagt, am besten die bereits erwähnten Programme DEMO_REGEX oder DEMO_REGEX_TOY, um unerwünschte Übereinstimmungen durch Trial and Error auszuschließen.

Begrenzungen hinter Fluchtsymbolen oder in Literalen

Das letzte Problem, das beschrieben wird – und dem Sie bereits bei mehreren Gelegenheiten begegnet sind –, betrifft die Handhabung von Begrenzungen mit vorangestellten Fluchtsymbolen oder innerhalb von Literaloperatoren. Unter Begrenzungen werden hier eindeutige Zeichen verstanden, anhand deren gewünschte Informationen lokalisiert werden können. In einem der vorangegangenen Beispiele wurden HTML-Tags gesucht und ersetzt. Dabei wurden die Tags anhand der Begrenzungen < und > ermittelt.

Bevor dieses Beispiel erneut untersucht wird, folgt zunächst noch ein einfacheres Beispiel. In der Sprache ABAP werden Textfeldliterale in einfache Anführungszeichen eingeschlossen: '...'. Um ein einfaches Anführungszeichen in das Literal selbst einzufügen, wird das Anführungszeichen verdoppelt:

```
DATA lit TYPE c LENGTH 10
     VALUE 'Let''s go!'.
```

Andere Programmiersprachen verfügen über ähnliche Methoden für das Einfügen von Zeichenliteralbegrenzungen in Literalen. In C wird beispielsweise wie in Regexen der Rückstrich als Fluchtsymbol verwendet:

```
char c = '\'';
```

Gehen Sie nun davon aus, dass Sie einen Regex schreiben möchten, der mit ABAP-Textfeldliteralen übereinstimmt. Der einfache Ausdruck `'[^']*'` vermeidet zwar das geschilderte Problem der *gierigen Übereinstimmungen*, aber leider werden hier genau die Literale nicht gefunden, die Anführungszeichen mit vorangestelltem Fluchtsymbol enthalten. Offensichtlich muss die Sternchenverkettung im Regex so angepasst werden, dass sie bei Anführungszeichen mit vorangestelltem Fluchtsymbol (das heißt verdoppelten Anführungszeichen) fortfährt, jedoch bei einfachen Anführungszeichen anhält. Hierzu fügen Sie einfach die Fluchtsymbolfolge explizit zur Verkettung hinzu, sodass sie in diesem Fall wie folgt aussieht:

```
'([^']|'')*'
```

Im Beispiel mit den HTML-Tags ist dies etwas komplizierter, da den spitzen Klammern möglicherweise keine Fluchtsymbole, sondern Literaloperatoren vorangestellt sind, oder mit anderen Worten: Das Fluchtsymbol steht möglicherweise nicht unmittelbar vor dem betreffenden Zeichen. Als Beispiel dient der einfache Regex `<[^>]*>`, der bereits einmal verwendet wurde. Dieser Regex funktionierte in zuvor gezeigten Beispielen in diesem Artikel einwandfrei, jedoch wird er für Tags fehlschlagen, die spitze Klammern innerhalb von doppelten Anführungszeichen enthalten, beispielsweise als Teil eines Attributwertes:

```
<tag attrib="abc>def">
```

Die doppelten Anführungszeichen spielen hier somit die Rolle der Literaloperatoren, und spitze Klammern innerhalb von doppelten Anführungszeichen dürfen nicht als Tag-Begrenzungen behandelt werden. Abermals besteht die Lösung darin, den Inhalt der Verkettung so zu erweitern, dass der Abschnitt mit der Begrenzung, der ein Fluchtsymbol vorangestellt ist oder die sich innerhalb von Literaloperatoren befindet, akzeptiert wird. Im Fall von Literaloperatoren handelt es sich bei diesem Workaround jedoch nicht um ein einfaches Zeichen, sondern um einen komplexeren Ausdruck, der die ganze in Literaloperatoren gesetzte Zeichenfolge `"abc>def"` berücksichtigt. Am Beispiel des für diese Aufgabe einfachsten Regexes (`"[^"]*"`) wäre das Ergebnis:

```
<([^>]|"[^"]*")*>
```

Dieser Regex arbeitet nun wie erwartet, sofern nicht auch noch Anführungszeichen mit vorangestelltem Fluchtsymbol innerhalb der Zeichenfolge unterstützt werden müssen, wie zum Beispiel in `<tag name="ab\">\"cd">`.[21] Da weitere Erläuterungen an dieser Stelle wohl eher verwirrend als hilfreich wären, wird auf die Lösung dieses Problems hier nicht näher eingegangen.

2.3.4 Regex-Ressourcen

Nach der Beschäftigung mit den häufigsten Regex-Problemen ist in Tabelle 2.5 ein kleines Verzeichnis mit häufig verwendeten Regex-Mustern für Sie zusammengestellt. Dabei gilt die Faustregel, dass eine Aufgabe, die durch eine präzise natürlichsprachige Beschreibung dargestellt werden kann, sich in der Regel direkt in einen regulären Ausdruck übertragen lässt.

Muster	Bedeutung
`.*X`	alle Zeichen bis einschließlich zum letzten X
`[^X]*X`	alle Zeichen bis einschließlich zum ersten X
`X[^Y]*Y`	alle Zeichen von X bis zum ersten Y nach X (wobei es sich bei Y um ein oder mehrere literale Zeichen handelt)
`X([^Y]|ZY)*Y`	alle Zeichen von X bis zum ersten Y nach X, dem kein Z vorangestellt ist (wobei es sich bei Y um eine Menge oder ein literales Zeichen handelt)
`X(?=.*Y)`	X, wenn darauf an einer beliebigen Stelle ein Y folgt
`X(?!.*Y)`	X, wenn darauf an keiner Stelle ein Y folgt

Tabelle 2.5 Häufig verwendete Muster für reguläre Ausdrücke

Auch im Internet finden Sie zahlreiche Websites, die der Sammlung und Klassifizierung von regulären Ausdrücken gewidmet sind. Die gefundenen Ausdrücke sind in der Regel direkt in ABAP verwendbar. Eine allgemeingültige Aussage zur Qualität dieser Informationen lässt sich jedoch nicht treffen. Die gefundenen Ausdrücke müssen vor einer produktiven Nutzung natürlich ausgiebig getestet und, falls erforderlich, angepasst werden.

Sites wie *http://www.regexlib.com* stellen somit eine ausgezeichnete Ressource dar, um nach einem passenden Regex zu suchen, mit dem sich ein Textverarbeitungsproblem beheben lässt. Es ist aber auch klar, dass ein Regex wie der folgende kaum ungeprüft kopiert und in einer Anwendung sofort produktiv

---

21 XML- bzw. HTML-Experten werden zu Recht einwenden, dass Anführungszeichen in Attributen nicht mittels Backslash-Fluchtsymbol, sondern mit `&quot;` eingefügt werden. Es wird gebeten, dies zugunsten des Beispiels zu ignorieren.

eingesetzt würde, nur weil seine Beschreibung eine »Validierung von Datums-
und Uhrzeitangaben« und nebenbei noch andere mehr oder weniger nützliche
Aktionen verspricht.

```
^(?=\d)(?:(?:(?:31(?!.(?:0?[2469]|11))|(?:30|29)(?!.0?2)|29
(?=.0?2.(?:(?:(?:1[6-9]|[2-9]\d)?(?:0[48]|[2468][048]|[1
3579][26])|(?:(?:16|[2468][048]|[3579][26])00)))(?:\x20|
$))|(?:2[0-8]|1\d|0?[1-9]))([-./])(?:1[012]|0?[1-9])\1(?
:1[6-9]|[2-9]\d)?\d\d(?:(?=\x20\ d)\x20|$))?(((0?[1-9]|1
[012])(:[0-5]\d){0,2} (\x20[AP]M))|([01]\d|2[0-3])(:[0-5
]\d){1,2})?$
```

Auch wenn hier empfohlen wird, Regex-Ressourcen nach wertvollen Anregun-
gen zu durchsuchen, sollten Sie jeden Ausdruck also stets überprüfen und vor
allen Dingen auch verstehen. Bevor Sie nicht sämtliche Teile eines Ausdrucks
verstanden haben, *verwenden Sie ihn besser nicht!*

Der angeführte unüberschaubare und äußerst umfangreiche Regex zeigt einen
weiteren Aspekt eines undurchdachten regulären Ausdrucks: Der Schritt von
einem bescheidenen \d+/\d+/\d+ hin zu einem vollständigen Ausdruck zur
Gültigkeitsprüfung des Datums, wobei nicht nur Schaltjahre, sondern auch
Daten des julianischen Kalenders unterstützt werden, hat mehr mit dem Lösen
von Denksportaufgaben als mit echter Problemlösung zu tun. An dieser Stelle
vertreten wir sogar die Meinung, dass trotz der hervorragenden Möglichkeiten
von regulären Ausdrücken nicht jedes Problem mit ihrer Hilfe gelöst werden
muss – zumindest nicht vollständig. Mit anderen Worten: Ein paar elementare
und verständliche Regexe in ABAP-Kontrollstrukturen sind oft besser geeignet
als ein einziger umfangreicher regulärer Ausdruck, der kaum noch wartbar ist.

2.4 Technische Aspekte regulärer Ausdrücke

Nachdem Sie nun mit den meisten Regex-Operatoren vertraut sind, werden im
Folgenden einige der mehr technischen Aspekte von regulären Ausdrücken in
ABAP behandelt.

2.4.1 Übereinstimmungen, Backtracking und Schnitte

Zunächst werden Sie Übereinstimmungen, Backtrackings und Schnitte kennenlernen, anschließend die Performancekontrolle.

Standards für Übereinstimmungen

In Abschnitt 2.2.3, »Suchen mit regulären Ausdrücken«, wurde gezeigt, wie die erste längste Übereinstimmung konzeptionell ermittelt wird. Darüber hinaus wurde bereits darauf hingewiesen, dass der von der ABAP-Regex-Engine verwendete tatsächliche Übereinstimmungsalgorithmus wesentlich komplexer ist. Aus technischer Sicht verwendet ABAP einen *POSIX nicht deterministischen endlichen Automaten* (im Englischen kurz NFA) für die Suche nach Übereinstimmungen. Das Hauptmerkmal dieser Art von Automat ist, dass erst umfassend alle möglichen ersten Übereinstimmungen berechnet werden und anschließend die längste Übereinstimmung ausgewählt wird. Andere Sprachen, wie zum Beispiel Perl, verwenden sogenannte *traditionelle NFAs*, die stets die erste gierige Übereinstimmung zurückgeben, die gefunden wird (der genaue Unterschied wird im nächsten Abschnitt, »Backtracking«, erklärt).

Die genauen Implementierungsdetails der ABAP-Regex-Engine sind selbst für eine fortgeschrittene Regex-Programmierung im Allgemeinen irrelevant. Für die Programmierung effizienter Regexe, die auch in performancekritischen Anwendungen einsetzbar sind, kann ein Grundverständnis ihres Verhaltens jedoch sehr hilfreich sein.

Backtracking

Backtracking tritt in Verkettungen und Alternativen auf, wenn die Regex-Engine zu einem sogenannten Verzweigungspunkt zurückkehren muss, um zu überprüfen, ob eine der anderen Alternativen oder eine zusätzliche Iteration möglicherweise in einer längeren Übereinstimmung resultiert.

Um zu veranschaulichen, wann und wo Backtracking stattfindet, wird ein Blick auf die internen Abläufe der Regex-Engine während der Ausführung der ABAP-Anweisung geworfen:

```
FIND REGEX 'a(a+|[ab]+)b' IN 'aabb'
    MATCH OFFSET off MATCH LENGTH len.
```

Dieses einfache Beispiel enthält bereits zwei kleinere Hindernisse, für die die Engine – und der aufmerksame Leser – zunächst eine Lösung finden muss.

Sicherlich haben Sie inzwischen bemerkt, dass Regex-Muster nicht streng von links nach rechts gelesen werden. Der Verkettungsoperator * wird beispielsweise vor dem zu wiederholenden Teil verarbeitet, obwohl dieser links vom Sternchen auftaucht. Während Sie diese Informationen anhand des Musters intuitiv erkennen können, hängt die Engine von einer von oben nach unten orientierten baumähnlichen Darstellung ab, deren einzelne Knoten gegen den Uhrzeigersinn durchlaufen werden (dies wird häufig als *tiefenorientiert* bezeichnet). Der Beispielausdruck a(a+|[ab])+b resultiert in einer Baumstruktur mit acht Knoten, die den einzelnen Operationen für diesen Regex entsprechen. Abbildung 2.6 stellt diese Baumstruktur dar, wobei die Zahlen in diesem Diagramm die Reihenfolge anzeigen, in der die Knoten von der Regex-Engine durchlaufen werden.

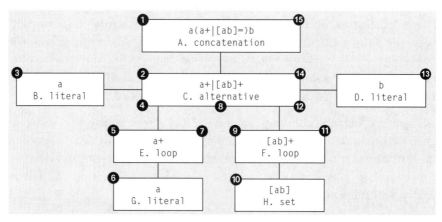

Abbildung 2.6 Beispielausdruck als Baumstruktur

Sämtliche Engine-Operationen lassen sich in zwei Klassen einteilen, die ihrer Position in der Regex-Baumstruktur entsprechen. Bei *Matching-Operationen* wird das nächste noch nicht übereinstimmende Zeichen aus dem Text mit einer Reihe von Zeichen verglichen, die der Regex erwartet. Diese Operationen beziehen sich ausschließlich auf Zeichenliterale (a) und Mengen ([...]) und befinden sich an den Endknoten aller Regex-Baumstrukturen (*literal* und *set* in der Abbildung). Matching-Operationen lassen sich äußerst effizient ausführen, da lediglich ein bestimmtes Zeichenliteral mit einem oder mehreren anderen Literalen verglichen wird. *Steueroperationen* sind dagegen textunabhängig und steuern den Fortschritt des Matching-Prozesses. Durch das Speichern des aktuellen Zustands und das Backtracking zu diesen zuvor gespeicherten Zuständen stellt die Engine sicher, dass jede potenzielle Matching-Möglichkeit für den Regex geprüft wird. Bei einer fehlgeschlagenen Matching-Operation wird stets der zuvor gespeicherte Zustand wiederhergestellt, bis keine weiteren gespeicherten Zustände mehr vorhanden sind.

Versetzen Sie sich nun in die Engine, und versuchen Sie die Übereinstimmungen für die Baumstruktur in Abbildung 2.6 im Beispieltext aabb zu ermitteln. Die komprimierte Protokolldatei (siehe Listing 2.14) des Matching-Prozesses enthält eine Liste der in jedem Schritt durchgeführten Operationen. Die hervorgehobenen Teile zeigen, wo Sie sich innerhalb des Regexes befinden und wofür eine Übereinstimmung ermittelt wird. Text in Fettschrift steht für die Textteile, für die bereits eine Übereinstimmung gefunden wurde. Die letzte Spalte enthält die Statusänderungen der Engine, wobei Verzweigungen durch den Begriff *Verzweigungspunkt* gekennzeichnet sind.

```
Schritt   Op   Regex          Text    Aktion
-----------------------------------------------------------
    1     A    a(a+|[ab]+)b   aabb
    2     B    a(a+|[ab]+)b   aabb
    3     C    a(a+|[ab]+)b   aabb    Verzweigungspunkt
    4     E    a(a+|[ab]+)b   aabb
    5     G    a(a+|[ab]+)b   aabb    Verzweigungspunkt
    6     G    a(a+|[ab]+)b   aabb    Backtracking
    5     G    a(a+|[ab]+)b   aabb    ... fortfahren
    7     D    a(a+|[ab]+)b   aabb
    8     *    a(a+|[ab]+)b   aabb    Übereinstimmung vollständig!
    3     C    a(a+|[ab]+)b   aabb    ... fortfahren
    9     F    a(a+|[ab]+)b   aabb
   10     H    a(a+|[ab]+)b   aabb    Verzweigungspunkt
   11     H    a(a+|[ab]+)b   aabb    Verzweigungspunkt
   12     H    a(a+|[ab]+)b   aabb    Verzweigungspunkt
   13     H    a(a+|[ab]+)b   aabb    Backtracking
   12     H    a(a+|[ab]+)b   aabb    ... fortfahren
   14     D    a(a+|[ab]+)b   aabb    Backtracking
   11     H    a(a+|[ab]+)b   aabb    ... fortfahren
   15     D    a(a+|[ab]+)b   aabb
   16     *    a(a+|[ab]+)b   aabb    Übereinstimmung vollständig
   10     H    a(a+|[ab]+)b   aabb    ... fortfahren
   17     D    a(a+|[ab]+)b   aabb
   18     *    a(a+|[ab]+)b   aabb    Übereinstimmung vollständig
```

Listing 2.14 Matching-Prozess für die Baumstruktur in Abbildung 2.6

Wie die fünf `Verzweigungspunkt`-Einträge im Protokoll zeigen, unternimmt die Engine insgesamt sechs verschiedene Versuche, um eine Übereinstimmung für den Regex innerhalb des Textes zu ermitteln. Die erste längste Übereinstimmung wird in Schritt 16 ermittelt, jedoch steht dies erst am Ende des Prozesses fest, wenn jeder mögliche Pfad geprüft wurde.

Um den Beispiellauf zu verkürzen, wurde der Beispieltext gezielt so gewählt, dass die erste längste Übereinstimmung bereits bei Offset 0 gefunden wird. Wenn an dieser Position keine Übereinstimmungen ermittelt worden wären, wäre die Suche fortgeführt worden, um eine Übereinstimmung für abb bei Offset 1 zu ermitteln, gefolgt von `bb` bei Offset 2, `b` bei Offset 3 und zuletzt für die leere Zeichenfolge bei Offset 4. Dieser Vorgang würde sich fortsetzen, bis eine Übereinstimmung gefunden bzw. eben nicht gefunden würde. Es gibt Optimierungen, durch die einige Offsets übersprungen werden können, wenn die Engine feststellt, dass an diesen Offsets keine Übereinstimmung beginnen kann. Diese Techniken sollen hier aber nicht näher erläutert werden.

Da das Verständnis des Backtrackings aber eine grundlegende Voraussetzung dafür ist, nicht nur funktionierende, sondern auch effiziente reguläre Ausdrücke zu schreiben, wird in Abschnitt 2.4.2, »Performancekontrolle«, noch näher darauf eingegangen.

Schnitte

Ein Operator, der wahrscheinlich nur selten und nur von sehr erfahrenen Programmierern verwendet wird, ist der Schnittoperator (?>...). Dieser führt eine Operation auf unterster Systemebene durch, indem er eine Suche vorzeitig abschneidet. Nach dem Prinzip »wer zuerst kommt, mahlt zuerst« wird das Backtracking in dem Moment ausgeschaltet, in dem für den Unterausdruck innerhalb des Schnittoperators eine Übereinstimmung gefunden wird. Dadurch wird im Grunde genommen das Perl-Verhalten imitiert. Mit der Verwendung des Schnittoperators kann also die Regel für die erste längste Übereinstimmung außer Kraft gesetzt und die Suchbaumstruktur nach Wunsch beschnitten werden (Übereinstimmungen sind hervorgehoben):

```
a+b+|[ab]+      xxaabbaaaaxx
(?>a+b+|[ab]+)  xxaabbaaaaxx
(?>a+|a)a       xxaaaaaaaaxx (keine Übereinstimmung)
```

Das erste Beispiel zeigt eine Übereinstimmung nach POSIX-Standard, die Sie nicht überraschen sollte. Das zweite Beispiel zeigt denselben Ausdruck, der jedoch in einem Schnittoperator eingeschlossen ist. Da bereits beim ersten Versuch, das heißt, bei Auswertung der ersten Alternative innerhalb des Schnittoperators eine Übereinstimmung innerhalb des Textes ermittelt wird, wird dieses Mal die zweite Alternative gar nicht erst geprüft, obwohl diese eine längere übereinstimmende Zeichenfolge ermittelt hätte. Im dritten Beispiel schlägt die Suche sogar vollständig fehl, da `a+` innerhalb des Schnittoperators gierig alle Zeichen `a` innerhalb des Textes erfasst und kein Zeichen für das Literal `a` außerhalb des Schnittoperators übrig lässt.

Beachten Sie, dass der Text auch beim Einsatz von Schnittoperatoren von links nach rechts verarbeitet wird. Ein Regex mit Schnittoperatoren kann demnach keine Übereinstimmung finden, die sich weiter rechts befindet als die erste (längste) Übereinstimmung.

2.4.2 Performancekontrolle

Bisher wurde hauptsächlich dargestellt, wie funktionierende reguläre Ausdrücke geschrieben werden. Der erfahrene Regex-Programmierer sollte jedoch darüber hinaus auch stets an die Performance denken. Dank der Mächtigkeit der Regex-Syntax sind zwar in der Regel viele verschiedene Regex-Muster zur Lösung eines konkreten Problems möglich, einige dieser Lösungen zeichnen sich jedoch besonders durch gute Performance aus. Infolgedessen schließt die Einführung in die regulären Ausdrücke in ABAP mit einigen Beobachtungen zur Performance ab, die Ihnen dabei helfen sollen, effizientere Regexe zu schreiben.

Regex-Erstellung

Bevor ein regulärer Ausdruck in ABAP verarbeitet werden kann, muss sein Textmuster in eine interne Darstellung (den in Abschnitt 2.4.1, »Übereinstimmungen, Backtracking und Schnitte«, genannten *Automaten*) kompiliert werden, die dann äußerst effizient verarbeitet wird. Während der Verarbeitung eines Regexes wird sein Automat von der Regex-Engine interpretiert, die Teil der ABAP Virtual Machine (VM) ist. Da die Kosten, die bei der Übersetzung des Musters in den Automaten entstehen, nicht zu vernachlässigen sind, sollte der Automat, wenn möglich, wiederverwendet werden.

Die Anweisungen FIND und REPLACE sind implizit mit einem kleinen Automaten-Cache verknüpft, der die Automaten der zuletzt verwendeten Muster speichert. Dadurch werden kostenintensive Neukompilierungen auf ein Minimum reduziert. Beispielsweise werden im ABAP-Code in Listing 2.15 die Automaten für die Regex-Muster pat1 und pat2 nur im ersten Schleifendurchgang kompiliert und in den folgenden Schleifeniterationen wiederverwendet, solange pat1 und pat2 unverändert bleiben:

```
LOOP AT itab ASSIGNING <fs>.
  FIND REGEX pat1 IN <fs>-component1.
  FIND REGEX pat2 IN <fs>-component2.
ENDLOOP.
```

Listing 2.15 Automaten für Regex-Muster

Die Cache-Größe ist begrenzt. Deshalb sollten in performancekritischen Anwendungen innerhalb einer häufig ausgeführten Schleife nicht zu viele verschiedene Regex-Muster verwendet werden, um die Neukompilierungen zu umgehen.

Mit der Regex-Klasse `cl_abap_regex` kompilieren und speichern Sie den internen Automaten für ein Regex-Muster explizit. Da hier kein impliziter Caching-Mechanismus implementiert ist, wird bei der Erzeugung mehrerer Instanzen von `cl_abap_regex` für ein und dasselbe Muster derselbe Automat mehrfach kompiliert und abgelegt. Dies ist natürlich nicht sinnvoll. Stattdessen verwenden Sie die Klasse `cl_abap_regex` für ein explizites Caching, das heißt, Sie erzeugen nicht mehrere Instanzen eines Musters, sondern für jedes mehrfach verwendete Muster ein Objekt, das Sie dann in einer beliebigen Anzahl von Objekten der Klasse `cl_abap_matcher` benutzen.

Optimierte Ausdrücke

Durch ein paar einfache Techniken lässt sich die Performance einzelner Regexe mit wenig Aufwand verbessern. Diese Techniken sollten daher zum Repertoire jedes Regex-Programmierers gehören.

Wie in Abschnitt 2.3.1, »Arbeiten mit Untergruppen«, gezeigt, dienen runde Klammern (...) nicht nur zur Strukturierung eines Regexes, sondern sie speichern zudem interne Kopien aller gefundenen Untergruppen. Dieser Speichervorgang führt zu einer geringen Performancebeeinträchtigung, die eigentlich unnötig ist, wenn die Klammern lediglich der Strukturierung dienen. Wenn Sie also die gespeicherten Untergruppen nicht über die Operatoren \n oder $n bzw. die dafür vorhandenen ABAP-Mittel auswerten, können Sie anstelle von Klammern mit Registrierung auch Klammern ohne Registrierung (?:...) verwenden. Diese speziellen Operatoren gruppieren zwar Unterausdrücke, speichern jedoch keine internen Untergruppen, sodass die Performance nicht beeinträchtigt wird.[22]

Arbeiten Sie mit der Klasse `cl_abap_regex`, können Sie das Speichern von Untergruppen einfach dadurch verhindern, indem Sie dem Parameter `no_submatches` den Wert `abap_true` übergeben. Dann werden alle normalen Klammern in Klammern ohne Registrierung umgewandelt, ohne dass Sie Ihren Regex umschreiben müssen. Ein Regex, der in einem solchen Fall dennoch über Rückwärtsreferenzen auf Untergruppen zugreifen will, führt bei seiner Verarbeitung zu einer Ausnahme der Klasse `cx_sy_invalid_regex`.

---

[22] Interessanterweise hat die einfache Gruppierung ohne abgespeicherte Untergruppen eine einfachere Syntax als der komplexere Fall mit abgespeicherten Untergruppen.

Der Teilausdruck zur Ermittlung aller Zeichen (.*) sollte, wie schon in Abschnitt 2.3.3, »Häufige Muster und Probleme«, erwähnt, nur wohlüberlegt verwendet werden. Dies gilt auch im Zusammenhang mit der Performance. Wenn Sie dieses Muster beispielsweise als allerersten Teil eines Regexes verwenden möchten, sollten Sie ihm zusätzlich einen Anker (^) voranstellen. Vergleichen Sie zum Beispiel die beiden folgenden Anweisungen:

```
FIND REGEX '.*a' IN mytext MATCH OFFSET off.
FIND REGEX '^.*a' IN mytext MATCH OFFSET off.
```

Enthält die Variable mytext mindestens ein Zeichen a, ist die Performance beider Anweisungen nahezu identisch. Wenn die Variable text jedoch *keine* Zeichen a enthält, benötigt die erste Anweisung für die Berechnung, dass keine Übereinstimmungen vorhanden sind, wesentlich länger. Der Grund dafür ist, dass die Regex-Engine an jeder Zeichenposition von mytext ein erneutes Matching für .* durchführt.

Das gezeigte Beispiel steht stellvertretend für eine häufige Nachlässigkeit beim Erstellen von Regexen, was daran liegen mag, dass der Blick stets primär auf eine erfolgreiche Übereinstimmung gerichtet ist. Doch unabhängig davon, wie durchdacht ein Ansatz auch ist, müssen stets weitere Überlegungen angestellt werden, um unerfreuliche Überraschungen zu vermeiden. Insbesondere Situationen, in denen der Regex keine Übereinstimmung ermittelt, können sich ungünstig auf die Performance auswirken. Wie gezeigt, können sich dann Anker, Grenzen (und auch Schnitte) als hilfreich erweisen.

Eine weitere Ursache für ineffiziente Regexe kann die Berechnung von redundanten oder nicht benötigten Informationen sein. Wenn Sie die FIND-Anweisungen nochmals eingehend betrachten, stellen Sie fest, dass die Variable offset entweder auf den Wert 0 gesetzt wird oder unverändert bleibt. Dies weist auf eine fragwürdige Verwendung des Zusatzes MATCH OFFSET hin, da keine Informationen gewonnen werden, die über den Rückgabewert sy-subrc hinausgehen. In diesem Beispiel dürfte eine Suche nach einer Unterfolge a die bessere Alternative sein. Sie ist zum einen performanter, und zum anderen hat der zurückgegebene Offset eine echte Bedeutung.

Auf ähnliche Weise sollte Text, nach dem mit der Methode contains( ) der Klasse cl_abap_matcher oder ab den Releases 7.0, EhP2 und 7.1/7.2 mit der eingebauten Funktion contains gesucht wird, stets so knapp und präzise wie möglich angegeben werden. Die folgenden Methodenaufrufe haben das gleiche Ergebnis:

```
cl_abap_matcher=>contains( pattern = 'a+' text = mytext )
cl_abap_matcher=>contains( pattern = 'a'  text = mytext )
```

Die Ausführung des zweiten Beispiels hat aber eine bessere Performance, da die Übereinstimmung für weniger Zeichen ermittelt werden muss. Genauso benötigt auch von den folgenden beiden gleichbedeutenden Aufrufen der erste möglicherweise bis zu zweimal so lange wie der zweite:

```
cl_abap_matcher=>matches(  pattern = '.*a' text = mytext )
cl_abap_matcher=>contains( pattern = 'a'   text = mytext )
```

Zwar garantiert keiner dieser Vorschläge in jeder denkbaren Situation eine drastische Erhöhung Ihrer Regex-Performance, aber selbst kleine Performancegewinne können sich schnell summieren, wenn sie in einer häufig ausgeführten Schleife gewonnen werden.

Backtracking steuern

Der wichtigste Performanceaspekt beim Abgleich von regulären Ausdrücken ist die Steuerung des Backtrackings. Wie bereits in Abschnitt 2.4.1, »Übereinstimmungen, Backtracking und Schnitte«, beschrieben, verwendet die Regex-Engine Backtracking, um alle möglichen Übereinstimmungen für einzelne Unterausdrücke zu bestimmen, um davon alle bis auf die erste längste Übereinstimmung wieder zu verwerfen. Weniger Backtracking bedeutet daher auch weniger überflüssige Arbeit.

Als Faustregel gilt, je mehr Alternativen und Verkettungen ein Regex verwendet, desto mehr Backtracking ist erforderlich und desto geringer ist die Performance des Regexes. Eine einfache Alternative a|b|c löst beispielsweise einen Prozess aus, der drei Verzweigungspunkte bei dem Versuch erstellt, eine Übereinstimmung für a, b oder c zu ermitteln. An sich ist dieser Umstand unproblematisch, da die Verwaltung von Verzweigungspunkten zu den Standardfunktionen der Regex-Engine zählt. Da das Speichern und Abrufen solcher Zustände jedoch immer eine gewisse Rechenzeit in Anspruch nimmt, ist es ratsam, eine solche Alternative durch einen gleichbedeutenden Ausdruck [abc] zu ersetzen, der direkt in eine einzige Abgleichoperation übersetzt wird. Abgleichoperationen selbst werden sehr effizient ausgeführt und verursachen kein Backtracking. Insbesondere für Mengenangaben in eckigen Klammern [...] werden Übereinstimmungen mit der gleichen Effizienz wie für einzelne Zeichenliterale ermittelt. Eine Menge mit nur einem Element [a] wird genauso schnell verarbeitet wie das Literal a. Auch bei Mengen mit vielen Elementen hat deren Anzahl nur eine kleine Auswirkung auf die für den Abgleich benötigte Zeit. Zu empfehlen ist daher, Mengen und Literale anstelle von Alternativen einzusetzen, wann immer dies möglich ist, um das Backtracking zu umgehen. Beispielsweise dauert der Abgleich des Regexes (?:a|b|c){5} mit der Zeichenfolge abcac etwa 25 Prozent länger als der Abgleich des ansonsten äquivalenten Regexes [abc]{5}. Die ABAP-Laufzeitumgebung versucht zwar einige implizite Optimierungen durchzuführen, Sie sollten sich aber nicht auf diese Automatismen verlassen.

Ein Abgleich ohne Berücksichtigung der Groß-/Kleinschreibung, der mit dem Zusatz IGNORING CASE bei den entsprechenden ABAP-Anweisungen, mit dem Parameter ignoring_case bei der Verwendung von cl_abap_regex oder mit dem Parameter case der eingebauten Funktionen ab den Releases 7.0, EhP2 und 7.1/7.2 eingestellt werden kann, trägt ebenfalls wesentlich zur Erhöhung des Backtrackings bei. Aus diesem Grund sollten Sie, wenn möglich, im Regex selbst angeben, dass die Groß- und Kleinschreibung beim Abgleich nicht berücksichtigt werden muss, indem Sie beispielsweise sowohl Groß- als auch Kleinbuchstaben in Mengen einfügen.

Schließlich kann ein unüberlegtes Schachteln von Verkettungen sowohl zu fehlerhaften Ergebnissen führen als auch die Anforderungen an das Backtracking ins Unermessliche steigen lassen. Ein solches fehlerhaftes (und leicht zu erkennendes) Beispiel ist der Regex (a+)*, der einen überflüssigen Plusoperator enthält, ansonsten jedoch dem einfacheren und besser ausführbaren Regex a* entspricht. Der Abgleich von (a+)* für eine Abfolge des Zeichens a führt zu einer Verdoppelung der nötigen Verzweigungspunkte für jedes Zeichen a, für das eine Übereinstimmung ermittelt wurde, da die innere Schleife a+ nach jedem einzelnen Zeichen beendet werden könnte oder nicht.

Wird das Backtracking so komplex, dass der interne Arbeitsspeicher der Engine überläuft, wird in ABAP eine Ausnahme der Klasse cx_sy_regex_too_complex ausgelöst. Aus internen technischen Gründen ist die Klasse cl_abap_matcher dabei belastbarer als die Anweisungen FIND und REPLACE. Sie sollten Ihre Regexe prinzipiell aber so sorgfältig schreiben, dass diese Ausnahme in normalen ABAP-Programmen jedoch niemals ausgelöst wird, sodass ein Abfangen der Ausnahme in der Regel auch nicht notwendig ist.[23]

---

23 Eine Ausnahme von dieser Regel können generierte Regexe darstellen. Das Generieren regulärer Ausdrücke ist mit den gleichen Problemen behaftet, wie sie von der normalen dynamischen Programmerstellung her bekannt sind. Deshalb empfiehlt es sich in solchen Fällen, immer alle möglichen Ausnahmen zu behandeln.

2.5 Fazit

Es erfordert einige Erfahrung, funktionierende und gleichzeitig effiziente reguläre Ausdrücke zu schreiben. Wenn Sie jedoch erst einmal mit den grundlegenden Prinzipien vertraut sind, können Sie immer ausgereiftere Regexe für Aufgaben erstellen, für die Sie früher viele Zeilen ABAP-Code geschrieben hätten.

In diesem Kapitel wurden im Wesentlichen die folgenden Themen behandelt:

- Syntax und Semantik von einfachen und von komplexen regulären Ausdrücken
- Integration regulärer Ausdrücke in ABAP
- Verwendungsmöglichkeiten von Regexen
- Funktionsweise der Regex-Engine
- Ratschläge zur Verwendung von Regexen

Mit etwas Geduld und Übung werden Sie merken, dass sich Ihre regulären Ausdrücke von funktionierend über elegant bis hin zu effizient entwickeln werden. Darum zögern Sie nicht, und schreiben Sie noch heute Ihren ersten Regex!

Dieses Kapitel bietet anhand von Beispielen eine Einführung in die SAP-eigene Programmiersprache Simple Transformations, die zum Mapping zwischen XML und ABAP-Datenstrukturen verwendet wird. Diese Technologie liegt der SAP NetWeaver Exchange Infrastructure und der Webservices-Implementierung im SAP NetWeaver Application Server ABAP zugrunde, steht aber auch für kundeneigene Entwicklungen offen.

Karsten Bohlmann

3 SAP Simple Transformations

Eine traditionelle Stärke von ABAP als Entwicklungsumgebung besteht darin, dass Konzepte, die sich für die Entwicklung von Applikationen als bedeutsam herausstellen, in die Sprache selbst integriert werden können. SAP als »Eigentümer« von ABAP hat hier Freiheiten, die es bei einer Standardprogrammiersprache nicht gibt, bei der neue Konzepte eher in Form von »Bibliotheken« eingeführt werden (müssen). Ein gutes Beispiel ist die nahtlose Integration von Open SQL in ABAP, und ein Beispiel aus neuerer Zeit ist die Unterstützung von XML. Die enge Kopplung mit der Programmiersprache ermöglicht ein höheres Abstraktionsniveau und bessere Performance.

Wenn Applikationen mit XML umgehen müssen, dann ist das richtige Abstraktionsniveau nur selten damit erreicht, dass die Anwendung selbst einen XML-Parser startet und auf dem resultierenden Document Object Model (DOM) arbeitet. Vielmehr besteht die mit Abstand häufigste Anforderung darin, die in einem XML-Dokument enthaltenen *Daten* zu extrahieren und in ABAP-Datenstrukturen zur Weiterverarbeitung zu schreiben – oder umgekehrt, ABAP-Daten aus Datenstrukturen zu holen und in ein XML-Dokument einzumischen.

Um diese Aufgabe geht es in diesem Kapitel: das *ABAP-XML-Mapping* (in der Entwickler-Community häufig auch als *Data Binding, (De-)Serialisierung* und *(Un-)Marshalling* bezeichnet). Das Empfangen und Versenden der XML-Dokumente, etwa über HTTP, wird in diesem Kapitel nicht thematisiert. Kombinieren Sie aber die hier vorgestellten Techniken mit den HTTP-Fähigkeiten des SAP NetWeaver AS ABAP (Implementierung der Interfaces IF_HTTP_CLIENT für HTTP-Clients und IF_HTTP_EXTENSION für HTTP-Server), so gelangen Sie sehr schnell zu einfachen Lösungen für einfache XML-Integrationsaufgaben – zum Beispiel, wenn eine ABAP-Anwendung auf ein externes Legacy-System zugreifen soll, das die erforderlichen Daten im XML-Format exportiert.

Das bedeutet nicht, dass Sie Webservices oder die SAP NetWeaver Exchange Infrastructure (SAP NetWeaver XI) innerhalb von SAP NetWeaver Process Integration (SAP NetWeaver PI) nicht benötigen. Ganz im Gegenteil: Ist Ihr Ziel die systematische Integration einer komplexen Systemlandschaft, sollten Sie von diesen Middleware-Technologien Gebrauch machen. Aber manchmal ist eben ein ganz einfaches Interaktionsmuster gemäß dem REST-Paradigma ausreichend. REST steht für *Representational State Transfer* und beschreibt im Wesentlichen den Architekturstil des Web: Sie fordern eine Ressource (durch einen URI identifiziert) von einem externen System an und empfangen die Ressource (in Form von XML-Daten) in Ihrer ABAP-Anwendung. Sie müssen lediglich die Daten aus dem XML-Dokument in ABAP-Variablen extrahieren. Wenn Sie ABAP-seitig eine Ressource anbieten, ist es umgekehrt.

Hierfür steht ABAP-Entwicklern dieselbe Mapping-Technologie zur Verfügung, die auch SAP NetWeaver XI und der Webservices-Implementierung von SAP zugrunde liegt. In Release 6.40 des AS ABAP wurde diese Technologie wesentlich erweitert, und in diesem Kapitel wird beschrieben, wie Sie sie direkt in Ihren ABAP-Programmen verwenden können:

▶ Zunächst werden die alternativen Ansätze zum XML-Mapping betrachtet. Dieser Teil umfasst eine kurze Beschreibung der Vor- und Nachteile der XSLT-basierten Lösung, die im SAP Web AS seit Release 6.10 implementiert ist.

▶ Dann wenden sich die Ausführungen der SAP-eigenen Mapping-Sprache *Simple Transformations* (ST) zu, die mit Release 6.40 in den ABAP-Kernel aufgenommen wurde und mit der Sie XML-Dokumente aus ABAP-Daten erstellen sowie Werte aus XML-Dokumenten in ABAP-Daten extrahieren können. Zuerst werden die wichtigsten Konzepte und Begriffe der Sprache eingeführt, und anschließend lernen Sie die verschiedenen Konstrukte im Detail kennen.

Wenn Sie mit XSLT vertraut sind, schätzen Sie vermutlich die leistungsfähigen Funktionen dieser Technologie für ABAP-XML-Transformationen; möglicherweise haben Sie sie sogar bereits in einem 6.10er- oder 6.20er-System verwendet. Unter bestimmten Umständen ist die neuere ST-Technologie jedoch die bessere Wahl: Sie bietet überlegene Performance sowie die Möglichkeit zur Behandlung von Massendaten, und Sie können Transformationen in beide Richtungen durchführen. Außerdem ist der Einarbeitungsaufwand geringer als bei XSLT, weil die Konzepte weniger komplex sind.

ST verwendet denselben »symmetrischen« Ansatz wie die XSLT-basierte Lösung, das heißt, es wird weder die XML-Seite noch die Datentypenseite bevorzugt behandelt: Weder werden ABAP-Proxys aus XML-Schemata noch XML-Schemata aus ABAP-Schnittstellen generiert. Frameworks auf höherer Ebene generieren Transformationen, zum Beispiel aus XML-Schemata (SAP XI) oder WSDL-Spezifikationen (Webservices). SAP XI 2.0 verwendet hierfür noch XSLT; SAP NetWeaver XI 3.0 und die Webservices-Implementierung von SAP verwenden bereits Simple Transformations.

3.1 XML: Esperanto der Computerkommunikation

Ein typisches XML-Fragment mit einer scheinbar offensichtlichen Bedeutung könnte so aussehen:

```
<Order-Confirmation>
  <Order-No>314159</Order-No>
  <Price currency="USD">42000.00</Price>
</Order-Confirmation>
```

So offensichtlich ist die Bedeutung aber keineswegs. Wenn Ihr System eine solche Nachricht empfängt, muss es die XML-Tags (zum Beispiel Price) richtig interpretieren. Das heißt, dass das System eine interne Darstellung der Nachricht erstellen, die mit dieser Nachricht verknüpften Aktionen ausführen und eine Antwort im richtigen Format senden muss. Keine dieser Funktionen ist in der XML-Sprache selbst integriert.

XML verfügt über keine integrierte Semantik. Es gibt praktisch kein allgemein vereinbartes Vokabular für einen bestimmten Anwendungsbereich (zum Beispiel Auftragsdaten). Im Gegenteil, es werden immer mehr XML-Schemata von Normungsorganisationen, Anbietern und Anwendungen definiert, die häufig zueinander in Konkurrenz stehen. Trotz der Nachteile dieser *Schemainflation* hat XML überragende Bedeutung gewonnen, weil diese Sprache nicht mit den Nachteilen von proprietären (binären oder textbasierten) Formaten verbunden ist. Mit XML erhalten Sie ein standardisiertes Modell aus *Strukturen* (das *XML-Infoset*) sowie eine Syntax, die zum Schreiben von Instanzen dieses Modells verwendet wird, die im Hinblick auf die Struktur selbstbeschreibend sind. Als Beispiel zeigt Abbildung 3.1 eine einfache Struktur für Auftragsdaten.

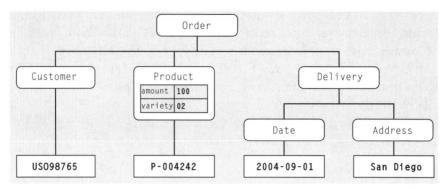

Abbildung 3.1 XML-Beispielstruktur

Product ist beispielsweise ein *Elementknoten*, der über zwei Attribute, amount und variety, mit den Zeichenwerten 100 und 02 sowie über ein untergeordnetes Element verfügt, bei dem es sich um einen *Textknoten* mit dem Zeichenwert P-004242 handelt. In praktisch allen heutigen Programmierumgebungen, einschließlich ABAP, finden Sie XML-Werkzeuge, insbesondere einen *XML-Parser*, der XML-Textdaten analysiert und in eine Laufzeitdarstellung in der entsprechenden Programmiersprache konvertiert. Die gängigste Methode für den Zugriff auf geparste XML-Daten ist über das *Document Object Model* (DOM), in dem Knoten des XML-Infosets als Objekte dargestellt werden. Die Parser- und DOM-Klassen, die ABAP-Entwicklern zur Verfügung stehen, werden als *iXML-Bibliothek* bezeichnet, deren kernelbasierte Funktionalität seit SAP-Basis-Release 4.6C vorhanden ist. Wenn Sie an Einzelheiten zur iXML-Bibliothek interessiert sind, bietet das Paket SIXML_TEST (Teil der Auslieferung des SAP NetWeaver Application Servers ABAP) weitere Informationen – die Programme T_* veranschaulichen die Verwendung dieser ABAP-Klassen. Da es in diesem Artikel jedoch um Methoden zum Umgang mit XML geht, die auf höherer Abstraktionsebene angesiedelt sind, wird die Bibliothek an dieser Stelle nicht näher beschrieben.

Obwohl die XML-basierte Kommunikation das wesentliche Thema dieses Kapitels ist, ist sie nicht der einzige Anwendungsbereich von XML. Da die Sprache standardisiert ist (einschließlich vollständiger Unicode-Unterstützung), eignet sie sich ebenfalls für plattformneutrale Repositorys. SAP Web Dynpro definiert beispielsweise einen eigenen Satz an UI-Controls als XML-Repository, aus dem sowohl ABAP- als auch Java-Klassen generiert werden. Es wird außerdem häufig als Persistenzformat für Daten verwendet, die äußerst heterogen sind oder deren Schema häufig erweitert wird (*Schemaevolution*). Da XML-Instanzen im Hinblick auf die Struktur selbstbeschreibend sind, können sie im Gegensatz zu binären Formaten auch dann noch interpretiert werden, wenn das Datenlayout in der Zwischenzeit geändert wurde (zum Beispiel, wenn Felder hinzugefügt oder entfernt oder wenn die Feldreihenfolge geändert wurde).

3.1.1 Sprache contra interne Darstellung

In Ermangelung besser geeigneter Alternativen wird in Anwendungen, die XML verarbeiten, häufig das DOM eingesetzt. Im Allgemeinen ist es jedoch nicht empfehlenswert, die Struktur der Daten durch das Kommunikationsformat bestimmen zu lassen. Die Anforderungen an die *Datenkommunikation* und die *Datenverarbeitung* sind zu unterschiedlich.

Die Tatsache, dass XML-Instanzen strukturell selbstbeschreibend sind, dient der Kommunikation zwischen Systemen, die nicht eng miteinander verknüpft sind (einer der Hauptgründe für den Erfolg von XML). Für die interne Verwendung führt dieser Aspekt jedoch zu signifikanten Leistungseinbußen. Das Typsystem einer Programmiersprache ist prinzipiell besser geeignet, um anspruchsvolle Verarbeitungsaufgaben auszuführen, als das XML-Infoset mit seiner generischen »Knoten- und Zeichenkettensicht«.

Das XML-Modell bietet keine ausreichende Unterstützung für »Container-Konzepte«, die häufig in Datenstrukturen benötigt werden, oder für nicht hierarchische Strukturen. In ABAP verfügen Sie hingegen über diverse eingebaute Datentypen, Strukturtypen, interne Tabellen (vom Typ *standard*, *sorted*, *hashed*), Objekte und Referenzen. Ein gutes anwendungsspezifisches Datenmodell verwendet diese Strukturelemente, um Operationen optimal zu unterstützen. Im Vergleich dazu sind Operationen in der XML-Objektstruktur mühsam und langsam.

Schließlich und endlich beginnt die Anwendungsentwicklung üblicherweise auch nicht mit der XML-Kommunikation. Vielmehr ist typischerweise bereits Funktionalität in der Anwendung vorhanden: Es gibt eine (ABAP)-Schnittstelle, die auf die internen (ABAP)-Abläufe der Funktionalität abgestimmt ist. Die Aufgabe besteht ganz einfach darin, die Anwendung XML-fähig zu machen. Selbst wenn Sie die XML-Schnittstelle ganz anders als die interne ABAP-Schnittstelle organisieren möchten, ist dies kein Grund, das Datenmodell der Anwendungsfunktionalität zu ändern. Dies gilt insbesondere, da XML-Schemata regelmäßig erweitert werden.

Es gibt demnach Unterschiede zwischen dem internen Datenmodell und den externen Modellen, die durch mindestens ein XML-Schema vorgegeben sind, das für die Kommunikation verwendet wird. Doch nicht nur die verfügbaren Strukturierungsmechanismen unterscheiden sich in beiden Welten (Datentypen im Vergleich zum XML-Infoset), sondern auch XML-Schemata führen selbst bei Abstrahierung dieser Unterschiede durchaus beabsichtigt in der Praxis zu einer anderen Strukturierung. Diese Unterschiede sind in Abbildung 3.2 durch die unterschiedlichen Formen des Strukturbildes in den XML-Formaten und in der ABAP-Datenstruktur dargestellt. Daher ist eine Möglichkeit der Transformation zwischen den Instanzen aus beiden Welten erforderlich. Für die Transformation von Daten nach XML wird dieser Vorgang als *Serialisierung*, für den umgekehrten Vorgang als *Deserialisierung* bezeichnet. Die Serialisierung und Deserialisierung sind die beiden *Transformationsrichtungen*.

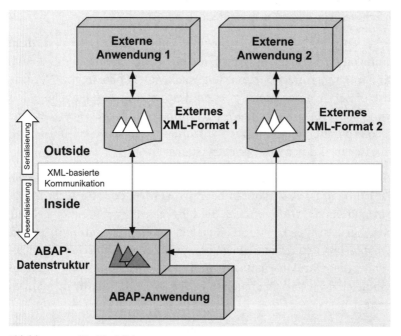

Abbildung 3.2 (De-)Serialisierung

Abbildung 3.3 zeigt den *Outside-In-Ansatz* (oder *XML-zentrischen Ansatz*) für das ABAP-XML-Mapping. Ausgangspunkt ist ein externes XML-Schema (❶). Es wird ein ABAP-Proxy mit einer Schnittstelle generiert, deren Struktur mit diesem Schema (❷) identisch ist. So ist eine generische Zuordnung zwischen Proxy-Schnittstelle und externem XML-Schema möglich. Um den Proxy mit der vorhandenen Funktionalität zu verbinden, deren Schnittstelle eine andere Struktur aufweist, muss ABAP-Adaptercode bereitgestellt werden (❸). Auf diese Weise wird die XML-Strukturierung im ABAP-Proxy gekapselt, und die Datenstrukturen der vorhandenen ABAP-Funktionalität müssen nicht geändert werden. Ein Nachteil besteht darin, dass eine gewisse Menge an Code zum Abbilden der Strukturen aufeinander generiert werden muss. Die Schemainflation auf XML-Seite führt damit zu Proxy-Inflation auf ABAP-Seite.

XML: Esperanto der Computerkommunikation | 3.1

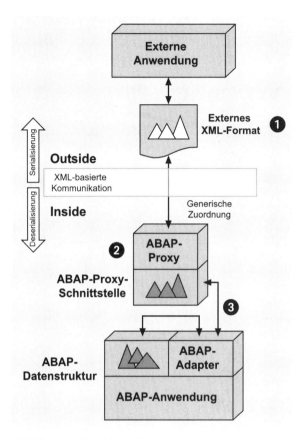

Abbildung 3.3 Outside-In-Ansatz

Im Hinblick auf Performance ist der XML-zentrische Ansatz sicherlich nicht ideal. Doch welche Alternativen gibt es? Eine alternative Methode ist, nicht auf der XML-Seite, sondern auf der ABAP-Seite zu beginnen. Diese Vorgehensweise wird im Folgenden untersucht.

3.1.2 Interna nach außen kehren?

Der *Inside-Out-Ansatz* (oder *ABAP-zentrische Ansatz*), der sich anbietet, um eine ABAP-Funktion XML-fähig zu machen, basiert auf einem einfachen Konzept (siehe Abbildung 3.4): Eine generische Transformation wird definiert, die, basierend auf einem Wert eines beliebigen ABAP-Typs (❶), eine *kanonische XML-Darstellung* (❷) dieses Wertes erzeugt. Benötigen externe Anwendungen ein anderes XML-Schema, wird ein XML-nach-XML-Mapping nachgeschaltet (❸). Dieselbe generische Abbildung wird übrigens beim Outside-In-Ansatz zwischen dem ABAP-Proxy und dem externen XML-Schema verwendet.

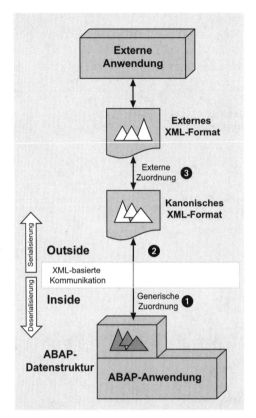

Abbildung 3.4 Inside-Out-Ansatz

Ein kanonisches XML-Format für ABAP-Werte wurde unter dem Namen *ABAP Serialization XML* (asXML) definiert und in Release 6.10 des SAP Web Application Servers implementiert. Wie dieses Format funktioniert, lässt sich leicht durch ein wenig Experimentieren herausfinden:

1. Füllen Sie in einem ABAP-Programm eine oder mehrere Variablen $v_1 \ldots v_n$ der Typen, für die Sie sich interessieren, mit Beispieldaten.
2. Deklarieren Sie eine Variable X, um das XML-Ergebnis zu empfangen. X kann den Typ string, xstring oder einen beliebigen anderen Typ aufweisen, wie er für iXML-Ausgabe-Streams unterstützt wird.
3. Wählen Sie symbolische Wurzelnamen $r_1 \ldots r_n$ für die Werte, die in XML verwendet werden sollen.
4. Fügen Sie die folgende ABAP-Anweisung ein:

```
CALL TRANSFORMATION id
   SOURCE     r1 = v1 ... rn = vn
   RESULT XML x.
```

5. Nach der Ausführung dieser Anweisung enthält X ein XML-Dokument mit folgendem Format:

```
<asx:abap xmlns:asx="http://www.sap.com/abapxml"
    version="1.0">
  <asx:values>
    <R₁>   ...   </R₁>
    <Rₙ>   ...   </Rₙ>
  </asx:values>
</asx:abap>
```

Die asXML-Darstellung des Wertes in v_i ist in Element R_i enthalten. Dieser Vorgang lässt sich auch umgekehrt durchführen. Die folgende Anweisung transformiert das asXML-Dokument in Werte in den ABAP-Variablen w_i:

```
CALL TRANSFORMATION id
  SOURCE XML x
  RESULT    r₁ = w₁ ... rₙ = wₙ.
```

Um diese Schritte zu veranschaulichen, wird von Folgendem ausgegangen: Wenn v_i ein »Bestellwert« mit der Struktur und dem Inhalt ist, der auf der linken Seite in Abbildung 3.5 gezeigt wird, wird er in das XML-Fragment auf der rechten Seite serialisiert.

Dictionary-Typ STRUCT_ORDER

Komponente	Typ	Kommentar
CUST_ID	C(8)	US098765
PROD_ID	C(8)	P-004242
PROD_AMOUNT	I	100
PROD_VAR	N(2)	02
DELIV_DATE	D	20040901
DELIV_ADDR	S	San Diego

Dictionary-Typ STRUCT_ORDER im asXML-Format

```
<Ri>
  <CUST_ID>US098765</CUST_ID>
  <PROD_ID>P-004242</PROD_ID>
  <PROD_AMOUNT>100</PROD_AMOUNT>
  <PROD_VAR>02</PROD_VAR>
  <DELIV_DATE>2004-09-01</DELIV_DATE>
  <DELIV_ADDR>San Diego</DELIV_ADDR>
</Ri>
```

Abbildung 3.5 ABAP-Struktur im kanonischen asXML-Format

Diese Vorgehensweise ist unkompliziert, es besteht jedoch das Problem, dass das asXML-Fragment nicht mit dem externen »Bestellschema« übereinstimmt, von dem in diesem Abschnitt ausgegangen wird. Wenn die Aufgabe also darin besteht, eine Kommunikation über dieses Schema zu implementieren (zum Beispiel, um eine Verbindung mit einem weit verbreiteten Standard herzustellen), ist die kanonische XML-Darstellung keine Lösung.

Stattdessen hilft der symmetrische Ansatz weiter, wie er in der ABAP-Anweisung CALL TRANSFORMATION implementiert ist. Die im vorhergehenden Beispiel verwendete Transformation id ist nämlich einfach nur der Name der *Identitätstransformation*, über die eine ABAP-Datenstruktur in eine XML-Struktur (oder umgekehrt) konvertiert wird, ohne die Struktur selbst zu verändern. Sie können aber auch eine beliebige andere Transformation anstelle der Identitätstransformation verwenden, wodurch sich die Struktur vollständig ändern lässt.

Der ABAP-Kernel verfügt über eine Mapping-Engine (siehe Abbildung 3.6), mit der Sie Ihre gewünschten ABAP-XML-Mappings durchführen können. Der Mechanismus zum Angeben der Mappings bzw. Transformationen wurde bereits in SAP Web AS 6.10 eingeführt und ist eine vom W3C standardisierte Programmiersprache: *Extensible Stylesheet Language Transformations* (XSLT).

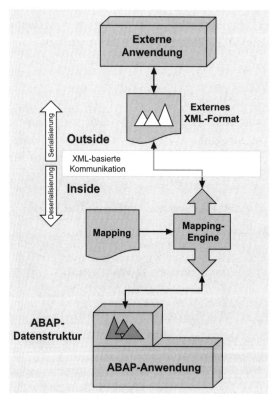

Abbildung 3.6 Symmetrischer Ansatz

3.2 Strukturtransformationen mit XSLT

XSLT ist eigentlich eine reine XML-Transformationssprache, im AS ABAP wurde ihr Anwendungsbereich jedoch erweitert: Sie können XSLT-Programme schreiben, um ABAP-Daten in XML zu konvertieren und umgekehrt. Für diesen Vorgang gilt eine einfache Regel: Behandeln Sie die ABAP-Werte (auf Quell- oder Ergebnisseite) im XSLT-Programm so, *als ob* diese in ihrer kanonischen XML-

Darstellung (asXML) vorlägen. In diesem Beispiel würde das Programm für die
Konvertierung von ABAP in XML in etwa folgenden Abschnitt enthalten:

```
<Customer>
  <xsl:value-of select="CUST_ID"/>
</Customer>
```

Das XSLT-Programm für die Konvertierung von XML in ABAP würde hingegen
wie folgt aussehen:

```
<CUST_ID>
  <xsl:value-of select="Customer"/>
</CUST_ID>
```

CUST_ID ist der Name des asXML-Elements, das den Wert des Feldes CUST_ID enthält: Während der Serialisierung wird dieses Element aus der asXML-Struktur *selektiert*, um den Wert des Feldes zu extrahieren; während der Deserialisierung wird es in der asXML-Struktur *konstruiert*, um den Wert des Feldes festzulegen.

Neben der W3C-Spezifikation (*www.w3.org/TR/xslt*) gibt es sowohl online als auch offline umfangreiche Dokumentationen zu XSLT. Daher geht dieses Kapitel nicht im Detail auf dieses Thema ein. XSLT ist eine funktionsfähige Sprache mit leistungsstarken Konstrukten, die komplexe strukturelle Transformationen zulassen. Die Syntax selbst wird in XML geschrieben, sodass sie sich problemlos mit literalen Fragmenten des XML-Ergebnisses kombinieren lässt.

Auf dem SAP NetWeaver Application Server ABAP sind XSLT-Programme gewöhnliche Repository-Objekte und damit vollständig in die ABAP Workbench integriert. Sie können, wie gesagt, aus ABAP über CALL TRANSFORMATION aufgerufen werden. Über SAP-Extensions (das heißt SAP-spezifische Erweiterungen, die über den Standard hinausgehen) können XSLT-Programme zudem auch ABAP-Methoden aufrufen. Neben Transformationen von ABAP nach XML und XML nach ABAP sind selbstverständlich auch »klassische« Transformationen von XML nach XML oder XML nach HTML möglich. Die XSLT-Implementierung im Kernel ist für die serverseitige Ausführung optimiert. Sie verwendet denselben Bytecode-Kompilierungsansatz wie ABAP und auch die sonstige ABAP-Infrastruktur (zum Beispiel Programmpuffer) für eine effiziente, skalierbare Ausführung.

Obwohl der XSLT-Ansatz sehr gut funktioniert und die einzige Option ist, wenn die Transformationsanforderungen eine gewisse Komplexität erreichen, ist ein großer Teil der praxisrelevanten ABAP-XML-Mappings so einfach, dass hierfür eine noch besser geeignete Lösung wünschenswert ist.

Die erste Schwäche der XSLT-basierten Lösung ist XSLT selbst. In den einfachsten Fällen ist die gesamte Transformation nicht mehr als das Umbenennen der kanonischen asXML-Namen in externe XML-Namen (wobei normalerweise die ABAP-typische Großschreibung durch Gemischtschreibung ersetzt wird) oder umgekehrt. Wenn Sie mit XSLT vertraut sind, ist eine solche Operation sehr einfach, aber wenn nicht, wollen Sie sich vermutlich nicht nur für einen solchen Zweck XSLT-Kenntnisse aneignen. Leider bietet Ihnen die ABAP Workbench hierfür auch keine (grafische) Toolunterstützung, die zum Beispiel ein Mapping ohne Kenntnis von XSLT erlauben würde, sondern lediglich die Bearbeitung von reinem Programmtext.

Ein weiterer Nachteil ist, dass Sie zwei separate Programme schreiben müssen, um eine Transformation in beide Richtungen durchzuführen (ABAP nach XML und XML nach ABAP). Bei der einfachen Umbenennung werden identische Strukturen verwendet, es werden lediglich die internen und die externen XML-Namen ausgetauscht. Eigentlich wäre daher wünschenswert, dass eine solche *umkehrbare* Transformation in einer einzigen Spezifikation ausgedrückt werden könnte.

Doch der wichtigste Nachteil des XSLT-Ansatzes betrifft das Verarbeitungsmodell der Sprache. Wenn ein XSLT-Programm ausgeführt wird, werden die resultierenden Strukturknoten in einer streng linearen Form erzeugt, das heißt in der Reihenfolge der Textdarstellung (der sogenannten *Dokumentreihenfolge*). Auf die *Quellstrukturknoten* kann dann mithilfe der Untersprache *XPath* in einer beliebigen Reihenfolge zugegriffen werden. Mit dieser leistungsfähigen Query-Sprache können Sie nicht nur in der Dokumentreihenfolge auf die Knoten zugreifen, sondern darüber hinaus in der Quellstruktur navigieren. XPath trägt erheblich zur Leistungsfähigkeit von XSLT bei. Allerdings erfordert diese Sprache, dass die gesamte Quellstruktur im Speicher aufgebaut wird, zum Beispiel in Form eines DOM (wie es auch in der SAP-Implementierung geschieht).

Auf der Ergebnisseite ist die DOM-Konstruktion nicht erforderlich,[1] die Quellseite wird jedoch immer als DOM (als asXML-DOM, wenn die Quelle ABAP ist) konstruiert, und dies wird kritisch, wenn es um die Behandlung von *Massen-*

---

1 Da das Ergebnis in der Dokumentreihenfolge konstruiert wird, kann ein XML-Ergebnis in eine Textdarstellung geschrieben werden. Aber selbst wenn das Ergebnis ABAP-Daten sind, wird die asXML-Struktur nicht wirklich erstellt, sondern von der XSLT-Engine des Kernels direkt in die Zielvariablen verschoben.

daten geht. Durch die Vielzahl von Knotenobjekten verbraucht ein DOM typischerweise zehnmal so viel Arbeitsspeicher wie die XML-Textdarstellung, die durch das Markup bereits selbst ein Vielfaches der eigentlichen Daten darstellt. Versuchen Sie also, ein paar Megabyte Daten auf einmal zu transformieren, werden Sie wahrscheinlich an die Speichergrenzen Ihres Servers stoßen. Und selbst wenn ausreichend Arbeitsspeicher für diesen Vorgang vorhanden ist, ist die Allokation und Deallokation einer solch großen Menge von kleinen Objekten äußerst zeitaufwendig.

Zusammenfassend lässt sich sagen, dass die Verbesserung des Durchsatzes um mindestens eine Größenordnung und das Eliminieren der Obergrenze für die Datengröße die beiden Hauptziele waren, als es um eine Neuentwicklung in der Familie der XML-Werkzeuge ging, nämlich einer dedizierten, hochleistungsfähigen Engine für das ABAP-XML-Mapping. Die wichtigsten SAP-Technologien, die diese Entwicklung vorantrieben, waren SAP NetWeaver XI 3.0 (das in Release 2.0 noch auf der XSLT-Lösung basiert) und die ABAP-Webservices.

3.3 Wichtige Funktionen von Simple Transformations

Der Mapping-Mechanismus *SAP Simple Transformations* (ST) verwendet ebenfalls einen symmetrischen Ansatz, bei dem keine ABAP-Typen aus XML-Schemata oder umgekehrt generiert werden müssen. Eine Alternative wäre es gewesen, Mappings über *Annotationen* in XML-Schemata anzugeben. Dadurch wäre die Lösung jedoch an XML-Schemata gebunden (die nicht immer verfügbar sind) und weniger flexibel als der stattdessen gewählte Ansatz, eine kleine dedizierte Programmiersprache für ABAP-XML-Mappings einzuführen.

Aus Sicht eines ABAP-Entwicklers wurde der Begriff »XSLT-Programm« in »Transformation« verallgemeinert (entweder XSLT oder Simple Transformations). Dies gilt für die ABAP Workbench, in der beim Anlegen einer Transformation im *Transformation Editor* nun der Name *und* der Typ der Transformation angegeben werden müssen, sowie für die ABAP-Integration, die weiterhin ausschließlich über die Anweisung CALL TRANSFORMATION realisiert wird, wie es bereits für XSLT-Programme der Fall war. Die ABAP-Laufzeitumgebung erkennt den Typ der Transformation automatisch. Ein XSLT-Programm in einem vorhandenen ABAP-XML-Mapping kann durch ein ST-Programm des gleichen Namens ersetzt werden, ohne dass die Aufrufpunkte in ABAP geändert werden müssen.

Einer der wichtigsten Vorteile von ST besteht darin, dass sogar *zwei* XSLT-Programme (eins für die Transformation von ABAP nach XML und eins für die Transformation von XML nach ABAP) durch ein einziges ST-Programm ersetzt werden können. Jedes ST-Programm kann auf zwei Arten interpretiert werden: Wenn es mit »Quelle ABAP, Ziel XML« aufgerufen wird, führt es eine Serialisierung durch, bei Aufruf mit »Quelle XML, Ziel ABAP« eine Deserialisierung. Dies ist möglich, weil (fast) jede ST-Anweisung eine zweifache Semantik aufweist. Es gibt zum Beispiel eine Anweisung, die den Wert eines elementaren ABAP-Feldes nach XML serialisiert. Bei der Deserialisierung verarbeitet dieselbe Anweisung einen XML-Wert und schreibt diesen in das ABAP-Feld. Auf diese Weise lassen sich sogar *umkehrbare* bzw. *symmetrische Transformationen* schreiben: Werden diese zunächst in die eine und dann in die andere Richtung ausgeführt, so erhalten Sie wieder die Ausgangswerte bzw. das Ausgangs-XML-Dokument.[2]

Dies führt direkt zu den grundlegenden Unterschieden beim Zugriff auf Strukturen, die zwischen XSLT und ST bestehen: Ein ST-Pogramm greift immer in streng linearer Form auf eine XML-Quelle zu; die Quelle wird als eine Token-Abfolge verarbeitet. Der Direktzugriff auf die Quellstruktur (über XPath), der als grundlegendes Performanceproblem erkannt wurde, wird zugunsten eines »gedächtnislosen« *XML-Stream-Readers* aufgegeben, der das XML-Dokument in eine Token-Abfolge parst, ohne dabei eine Hilfsstruktur im Speicher zu erstellen. Diese Tatsache führt dazu, dass die Klasse von Transformationen, die mit ST ausgedrückt werden kann, im Vergleich zu XSLT eingeschränkt ist. Ganz allgemein gesehen kann eine Transformation dann in ST ausgedrückt werden, wenn sie aus den folgenden Aktionen aufgebaut ist:

- beliebige Anzahl von Zugriffen auf die einzelnen Knoten in der ABAP-Datenstruktur
- maximal einmaliges Zugreifen auf die einzelnen Knoten in der XML-Struktur, in Dokumentreihenfolge (mit »Lookahead 1«)

Trotzdem umfasst diese Klasse die meisten Abbildungen, die in der Praxis Anwendung finden. Die folgenden grundlegenden Operationen werden abgedeckt und sind beliebig kombinierbar:

- Umbenennungen (zwischen kanonischen ABAP-Namen und XML-Element-/Attributnamen)
- Abbildung von Werten (zwischen ABAP- und XML-Werten)

---

[2] Beachten Sie, dass ein ST-Programm nicht per se zu symmetrischen Transformationen führt, sondern entsprechend programmiert werden muss.

- Projektionen (Weglassen von Unterstrukturen)
- Permutationen (Änderungen der Reihenfolge von Unterstrukturen)
- Definition von Konstanten (zum Beispiel konstante Werte, Einfügen von zusätzlichen Strukturebenen)
- Vorgabe von Standardwerten (für ursprüngliche oder spezielle Werte)
- bedingte Serialisierung bzw. Deserialisierung (Tests für Werte von Knoten/ Tests auf Vorhandensein von Unterstrukturen)

Tabelle 3.1 fasst die Unterschiede zwischen XSLT und ST im Hinblick auf den Strukturzugriff zusammen.

Serialisierung	XSLT	Simple Transformations
ABAP-Quelle (Strukturnavigation)	Direktzugriff (XPath für kanonisches DOM)	Direktzugriff
XML-Ergebnis (Strukturerstellung)	linear	linear
Deserialisierung	XSLT	Simple Transformations
XML-Quelle (Strukturnavigation)	Direktzugriff (XPath)	linear (XML-Stream-Reader)
ABAP-Ergebnis (Strukturerstellung)	linear (modulo der Komponentenreihenfolge)	Direktzugriff

Tabelle 3.1 Strukturzugriffe in XSLT und Simple Transformations im Vergleich

ST als dedizierte Sprache für die Abbildung von ABAP-Daten nach XML und umgekehrt nimmt nicht den Umweg über das kanonische XML-Format asXML (mit einer kleinen Ausnahme[3]), um auf die Knoten in einer Datenstruktur zuzugreifen. Folglich werden in ST weder Umwandlungen von XML nach XML noch von ABAP nach HTML unterstützt. Es ist jedoch möglich, ABAP-Daten nach XHTML (die XML-basierte Variante von HTML) zu konvertieren. Von den möglichen ABAP-Typen werden in ST bisher keine Objekt- und Datenreferenzen und damit keine Instanzen von Klassen oder anonyme Datenobjekte unterstützt: ABAP-Daten sind somit auf die elementaren Typen, Strukturen (einschließlich tiefe Strukturen) und internen Tabellen beschränkt.

Syntaktisch verwendet ST denselben Ansatz wie XSLT: eine XML-Syntax, in der *Anweisungen*, die durch einen bestimmten XML-Namensraum identifiziert wer-

---

[3] Zur Abbildung elementarer ABAP-Datentypen auf XML-Schema-Datentypen und umgekehrt verwenden auch Simple Transformations das Mapping von asXML.

den, mit *literalen XML-Fragmenten* kombiniert und vermischt werden. Als dritter Bestandteil werden *Referenzausdrücke* verwendet, um die XML-Daten und die ABAP-Datenstruktur zueinander in Bezug zu setzen.

Es folgt nun eine Einführung in die Verwendung der ST-Sprache, in der Sie deren wichtigste Konstrukte kennenlernen.

3.4 Struktur eines ST-Programms

Listing 3.1 zeigt ein kleines ST-Programm, das die Bestellstruktur aus Abbildung 3.5 serialisiert.

```
 1 <tt:transform
 2   xmlns:tt="http://www.sap.com/transformation-templates">
 3 <tt:root name="ORDER"/>
 4 <tt:template>
 5   <Order tt:ref="ORDER">
 6     <Customer><tt:value ref="CUST_ID"/></Customer>
 7     <Product>
 8       <tt:attribute name="amount" value-ref="PROD_AMOUNT"/>
 9       <tt:attribute name="variety" value-ref="PROD_VAR"/>
10       <tt:value ref="PROD_ID"/>
11     </Product>
12     <Delivery>
13       <Date tt:value-ref="DELIV_DATE"/>
14       <Address tt:value-ref=".ORDER.DELIV_ADDR"/>
15     </Delivery>
16   </Order>
17 </tt:template>
18 </tt:transform>
```

Listing 3.1 Einfache Simple Transformation

Das Element auf oberster Ebene `tt:transform` gibt an, dass es sich um ein ST-Programm handelt. Bei der Bearbeitung einer Simple Transformation in der ABAP Workbench werden Sie sehen, dass die erste Zeile eines ST-Programms eigentlich `<?sap.transform simple?>` lautet. Diese Zeile wird automatisch durch den Transformation Editor eingefügt, damit ST-Quellen problemlos erkannt werden, und kann ansonsten ignoriert werden. Die Deklaration des XML-Namensraums `xmlns:tt="..."` muss genau mit dem in Zeile 2 gezeigten Namensraum-URI angegeben werden. Das Namensraumpräfix `tt` ist, wie in XML üblich, nicht relevant (das heißt, Sie können `tt` durch `foo` ersetzen, wenn Ihnen danach ist). In diesem Kapitel wird wie in der ABAP-Dokumentation davon ausgegangen, dass der vorgegebene Standardwert tt als Namensraumpräfix an den ST-Namensraum gebunden ist.

Um auf eine ABAP-Datenstruktur zuzugreifen, muss ein ST-Programm mindestens ein *Wurzelelement* deklarieren. Verwenden Sie dazu eine Anweisung tt:root auf oberster Programmebene (das heißt auf oberster Ebene innerhalb des Elements tt:transform). Eine Wurzeldeklaration in einem ST-Programm kann mit einem Formalparameter in einer ABAP-Prozedur (Methode oder Funktionsbaustein) verglichen werden. Der Begriff »Wurzel« weist darauf hin, dass die ABAP-Datenstruktur[4] aus ST-Sicht immer als Struktur aus Datenknoten gesehen wird, die den Knoten einer XML-Struktur entsprechen. Eine ST-Wurzel unterscheidet sich von einem Prozedurparameter dadurch, dass ihre Rolle (Eingabe oder Ausgabe) von der Richtung der Transformation abhängt. Die Verarbeitung von ABAP-Datenstrukturen basiert vollständig auf Namen. Wenn Sie auf einen Komponentennamen referieren, der nicht vorhanden ist, ein nicht elementares Feld als elementares Feld oder ein Feld, bei dem es sich nicht um eine interne Tabelle handelt, als solche behandeln, oder einen ähnlichen Fehler begehen, kommt es zu einer Ausnahme.

Das zentrale Element einer Transformation ist das mit tt:template definierte *Template* (zu Modularisierungszwecken kann ein Programm über mehrere Templates verfügen, doch dazu später mehr). Die Klasse der Konstrukte, die in einem Template enthalten sein kann, wird als *Template-Content* bezeichnet und umfasst literale XML-Elemente und ST-Anweisungen. Anweisungen, die auf ABAP-Werte zugreifen, verwenden Attribute (üblicherweise mit dem Namen ref), die Referenzausdrücke enthalten. Einige Anweisungen sind elementar (sie bestehen aus einem einzigen XML-Element), andere verfügen über einen Rumpf (untergeordnete Elemente) und wieder andere tauchen in literalen XML-Elementen als tt:-Attribute auf. Letztere sind immer Kurzformen von Anweisungen, die auch als eigene Elemente erscheinen können. Eine Anweisung kann den *Kontextknoten* für ihren Rumpf festlegen, der als Grundlage für die Auswertung von Referenzausdrücken dient. Dies ist vergleichbar mit dem Kontextknoten für die Auswertung von XPath-Ausdrücken in XSLT.

In Listing 3.1 legt Zeile 5 beispielsweise den Kontextknoten auf den Wurzelknoten ORDER für den Template-Content in den Zeilen 6–15 fest. Dies ist eigentlich eine Kurzform einer tt:ref-Anweisung, die hier als Attribut eines Literalelements Order aufgeführt ist – die Zeilen 5–16 zeigen die äquivalente Langform als Abfolge von Anweisungen, die als Elemente angegeben sind:

---

[4] Weshalb hier auch unabhängig vom tatsächlichen Typ des ABAP-Datenobjektes (elementar, strukturiert, tabellenartig) immer von ABAP-Datenstruktur gesprochen wird.

```
<tt:ref name="ORDER">
  <Order>
    ...
  </Order>
</tt:ref>
```

Verglichen mit der Langform drückt die Kurzform knapp und eindeutig aus, dass das Order-Element dem ABAP-Knoten ORDER entspricht. Durch diese Setzung des Kontextknotens kann sich die tt:value-Anweisung in Zeile 6 direkt auf die Komponente CUST_ID des ORDER-Wertes beziehen. Wenn dieser Wert zum Beispiel US098765 lautet, wird Zeile 6 bei einer Serialisierung als <Customer>US098765</Customer> in den XML-Ausgangsstrom geschrieben.

Das ref-Attribut kann in tt:value und ähnlichen Anweisungen auch weggelassen werden. In diesem Fall wird die Operation implizit für den Kontextknoten durchgeführt. Alternativ kann die spezielle Syntax $ref für einen expliziten Verweis auf den Kontextknoten verwendet werden. Dies kann erforderlich sein, wenn die implizite Methode nicht möglich ist. Folglich lauten zwei äquivalente Formulierungen von Zeile 6 wie folgt:

```
<Customer tt:ref="CUST_ID">
  <tt:value/>
</Customer>
```

und

```
<Customer tt:ref="CUST_ID">
  <tt:value ref="$ref"/>
</Customer>
```

Es gibt auch eine Kurzform für die in Zeile 6 gezeigte Kombination aus Literalelement und elementarem Wert:

```
<Customer tt:value-ref="CUST_ID"/>
```

Ein Beispiel hierfür finden Sie auch in Zeile 13 in Listing 3.1.

Der Direktzugriff auf geschachtelte Komponenten wird durch einen Punkt ausgedrückt. Der Punkt dient zudem dazu, aus dem aktuellen Kontext zu »springen« und auf einen Wurzelknoten zuzugreifen (dieser würde anderenfalls durch den Kontextknoten »verschattet«). Dies ist in Zeile 14 gezeigt: .ORDER.DELIV_ADDR referenziert Komponente DELIV_ADDR von Wurzel ORDER. Beachten Sie, dass ORDER.DELIV_ADDR fehlschlagen würde, da dieses Element relativ zum Kontextknoten interpretiert würde (äquivalent zum absoluten Pfad .ORDER.ORDER.DELIV_ADDR, der nicht vorhanden ist).

Mit den bisherigen Erläuterungen sollte Ihnen der Effekt, den dieses ST-Programm bei einer Serialisierung hat, klar geworden sein. Betrachten Sie es nun erneut und überlegen Sie, wie es sich in umgekehrter Richtung verhält, das heißt, wie funktioniert es für eine Transformation von XML nach ABAP? Es konsumiert aus dem XML-Eingangsstrom ein Start-Tag Order, dann ein Start-Tag Customer und einen Zeichenkettenwert. Anschließend schreibt es den Wert in die CUST_ID-Komponente der ABAP-Struktur, konsumiert das End-Tag Customer etc. Dies ist demnach bereits ein Beispiel für eine umkehrbare bzw. symmetrische Transformation.

Nachdem Sie sich damit vertraut machen konnten, wie ST-Programme strukturiert sind, erfahren Sie in den folgenden Abschnitten, wie Sie diese Techniken in ST-Programmen anwenden:

- Beschreibung des XML-Contents
- tiefe Kopien, Schleifen und Richtungsabhängigkeit
- Bedingungen
- Zuweisungen und Variablen
- Modularisierung

3.5 XML-Content beschreiben

Die meisten grundlegenden Konstrukte zum Produzieren und Konsumieren von XML-Content haben Sie bereits gesehen:

- Literale XML-Elemente werden dort hingeschrieben, wo sie auftreten (einschließlich literaler Attribute). Das Element `<Order version="1.0">` wird beispielsweise in literaler Form serialisiert und bei der Deserialisierung in literaler Form erwartet. Wenn bei der Deserialisierung ein erwartetes Element oder Attribut fehlt oder der Attributwert abweicht, wird eine Ausnahme ausgelöst. Die Reihenfolge der Attribute ist dagegen irrelevant.
- Ebenso werden Textliterale, wie angegeben, gelesen und geschrieben. Gehen Sie bei Textliteralen aber mit Bedacht vor, wenn Sie Leerräume (Leerzeichen, Zeilenumbrüche und Tabs) verwenden:

```
<Version>
  1.0
</Version>
```

Dieser Abschnitt eines ST-Programms ist zwar hübsch eingerückt, das Ergebnis ist jedoch wahrscheinlich nicht das Gewünschte: Der Abschnitt enthält den Text ⮐ 1.0 ⮐ (wobei ⮐ einen Zeilenumbruch darstellt). Um solche Probleme zu vermeiden, können Sie die `tt:text`-Anweisung verwenden:

```
<Version>
  <tt:text>1.0</tt:text>
</Version>
```

Diese Vorgehensweise funktioniert, da Text, der ausschließlich aus Leerräumen besteht (wie hinter `<Version>`) immer ignoriert wird, sofern er nicht innerhalb von `tt:text` steht. Müssen Sie also tatsächlich ein Textliteral angeben, das nur aus Leerräumen besteht, schließen Sie es in `tt:text` ein.

Die `tt:value`-Anweisung schreibt beim Deserialisieren den aktuellen Wert des XML-Eingangsstroms in einen ABAP-Knoten mit elementarem Typ bzw. liest beim Serialisieren den Wert dieses Knotens und verwandelt ihn in einen textuellen XML-Wert. Das Textformat hängt dabei vom ABAP-Typ ab. Es gelten dieselben Formatregeln wie für asXML, dem kanonischen XML-Format, das auch mit XSLT verwendet wird. Tabelle 3.2 zeigt ein paar interessante Beispiele für XML-Darstellungen von ABAP-Werten. Eine vollständige Übersicht finden Sie in der ABAP-Schlüsselwortdokumentation.

ABAP-Typ	ABAP-Wert	XML-Darstellung
d (Datum)	20040901	2004-09-01
t (Zeit)	125900	12:59:00
x, xstring (binär)	456789AB	RweJqw== (base64-encoded)

Tabelle 3.2 XML-Darstellung von ABAP-Werten

Wie bereits erwähnt, gibt es für die vollständige Form der Anweisung

`<e> <tt:value ref="ref"/> </e>`

auch eine Kurzform, die beispielsweise immer dann eingesetzt werden kann, wenn es außer `tt:value` keine weiteren Unterelemente in `<e>` ... `</e>` gibt:

`<e tt:value-ref="ref"/>`

Die Anweisung `tt:attribute` kann innerhalb eines Literalelements vor den untergeordneten Elementen des Elements verwendet werden, um ein Attribut zu beschreiben, bei dem es sich nicht um ein Literal handelt. Der Attributname wird im Attribut `name` der Anweisung angegeben; der Attributwert resultiert aus der Auswertung der Unterelemente der Anweisung. Auch hier gibt es für die vollständige Anweisung

```
<tt:attribute name="e">
  <tt:value ref="ref"/>
</tt:attribute>
```

eine Kurzform:

```
<tt:attribute name="e" value-ref="ref"/>
```

Bei der Deserialisierung wird die Operation *Prüfen, ob das aktuelle XML-Token ein bestimmtes Element/Attribut/Textliteral ist; wenn ja, dieses Token verwenden und fortfahren* als *Matching* bezeichnet. Der wesentliche Unterschied im Vergleich zur Serialisierung ist der, dass bei diesem Vorgang Matching-Fehler auftreten können. Ein Matching-Fehler tritt auf, wenn die XML-Quelldaten nicht das Format aufweisen, das im ST-Programm erwartet wird. Die Transformation wird in diesem Fall mit einer Ausnahme beendet. Einige ST-Konstrukte zur Steuerung des Kontrollflusses verwenden allerdings auch ein »versuchsweises« Matching.

Es gibt Situationen, in denen einige oder alle der möglichen Werte eines ABAP-Knotens gesondert behandelt werden sollen. Beispielsweise können einem Feld vom Typ c der Länge 1 (dem ABAP-Ersatz für boolean) die XML-Zeichenketten true und false anstelle der standardmäßigen Ergebnisse X und " " (Leerzeichen) zugeordnet werden. Zu diesem Zweck verfügt tt:value über ein optionales Attribut map, um eine *Mapping-Liste* anzugeben. Eine Mapping-Liste ist eine kommaseparierte Abfolge von Mapping-Regeln, die jeweils eines der in Tabelle 3.3 aufgeführten Formate aufweisen; dabei stehen *x* und *xi* für in Anführungszeichen eingeschlossene XML-Zeichenketten, und *ai* steht für ABAP-Werte.

Format	Regel
val(a_1, a_2, ...) > xml(x)	ABAP-zu-XML-Mapping ($a_i \rightarrow x$)
xml(x_1, x_2, ...) > val(a)	XML-zu-ABAP-Mapping ($x_i \rightarrow a$)
val(a) = xml(x) xml(x) = val(a)	bidirektionales Mapping ($a \leftrightarrow x$)

Tabelle 3.3 Mapping-Liste mit Regeln

Die folgende Auflistung zeigt die Syntax für ABAP-Werte. Die ABAP-Werte werden in Abhängigkeit vom ABAP-Datentyp als Funktion des Typs angegeben. In zwei Fällen kann der Wert auch direkt angegeben werden.

- C('abc') oder 'abc'
- D('20041231')
- F(-1.234)

- I(123) oder 123
- N('1234')
- P(1.23)
- T('235900')
- X('A0B1')

In ST wird nicht zwischen Strings und Textfeldern mit fester Länge unterschieden, sodass die ABAP-Typen `string` und `xstring` wie `c` und `x` behandelt werden. Wertetypen müssen exakt mit den Typen der ABAP-Knoten übereinstimmen, mit denen sie verwendet werden. Eine Mapping-Regel, die einen Ganzzahlwert verwendet, funktioniert beispielsweise nicht mit einem ABAP-Knoten vom Typ `float`.

Das Boole'sche Beispiel kann mithilfe einer Mapping-Liste wie folgt angegeben werden:

```
<tt:value ref="FLAG"
  map="val('X')=xml('true'),
       val(' ')=xml('false')"/>
```

Werte, die nicht von einer Mapping-Regel abgedeckt sind, werden unverändert übertragen. Mapping-Listen lassen sich auch in den Kurzformen anderer Anweisungen einschließen:

```
<flag tt:value-ref="FLAG"
      tt:map="..."/>
<tt:attribute name="flag"
              value-ref="FLAG" map="..."/> .
```

Die Verwendung von nicht bidirektionalen Mappings kann dazu führen, dass eine Transformation nicht mehr umkehrbar ist. Das folgende Beispiel würde die XML-Werte Y und N in y und n »normalisieren«:

```
<tt:value ref="FLAG"
  map="val('X') > xml('y'),
       xml('Y','y') > val('X'),
       val(' ') > xml('n'),
       xml('N','n') > val(' ')"/>
```

Eine weitere mögliche Ursache für den Verlust der Umkehrbarkeit ist die Verkettung von Werten. Der folgende Abschnitt lässt sich problemlos serialisieren, bei der Deserialisierung wird der XML-Text (MAIN ST.123) allerdings vollständig für STREET verwendet, sodass keine Werte für NUMBER übrig bleiben:

```
<tt:value ref="STREET"/>
<tt:value ref="NUMBER"/>
```

Die Umkehrbarkeit lässt sich jedoch erzielen, indem Sie ein Textliteral (das dann in der ersten Zeichenkette nicht enthalten sein darf) als Trennzeichen einfügen:

```
<tt:value ref="STREET"/>#<tt:value ref="NUMBER"/>
```

Bei der Deserialisierung sucht das Programm nach dem ersten Zeichen # und verwendet lediglich die Teilzeichenkette vor diesem Text als erstes `tt:value`-Element. Die Teilzeichenkette nach diesem Zeichen wird für das zweite `tt:value`-Element verwendet.

3.6 Tiefe Kopien, Schleifen und Richtungsabhängigkeit

Manchmal benötigen Sie auf keiner XML-Seite spezielle XML-Namen oder spezielle Strukturen, sondern möchten lediglich Ihre ABAP-Daten in XML darstellen. In diesem Fall bietet sich die Anweisung `tt:copy` an, mit der einfach die kanonische asXML-Darstellung eines ABAP-Knotens übertragen wird. Abgesehen vom Mapping elementarer ABAP-Typen auf XML-Schema-Datentypen, ist dies der einzige Bereich in Simple Transformations, in dem asXML eine Rolle spielt. Innerhalb des Programms in Listing 3.1 würden Sie den Template-Rumpf einfach durch Folgendes ersetzen:

```
<Order> <tt:copy ref="ORDER"/> </Order>
```

Diese Änderung resultiert in einem `Order`-Element mit untergeordneten `CUST_ID`-Elementen etc., wie bereits in Abbildung 3.5 gezeigt. Beachten Sie, dass `tt:copy` kein Element für die Wurzel der kopierten Struktur einfügt (in diesem Fall die `ORDER`-Struktur).

Wenn die Wurzel `ORDER` durch eine Wurzel `ORDERS` ersetzt wird, die an eine interne Tabelle mit dem Zeilentyp `STRUCT_ORDER` gebunden ist, dann überträgt `<tt:copy ref="ORDERS"/>` eine Abfolge von Elementen mit dem Namen `STRUCT_ORDER`, die jeweils die asXML-Darstellung einer Tabellenzeile enthalten. Wenn der Datentyp von `STRUCT_ORDER` nicht im ABAP Dictionary definiert ist, wird der Elementname `item` verwendet.

Für die programmgesteuerte (De-)Serialisierung einer internen Tabelle wird eine weitere ST-Anweisung benötigt, nämlich tt:loop. Das Template würde wie in Listing 3.2 geändert.

```
<tt:loop ref="ORDERS"/>
  <Order>
    <Customer tt:value-ref="CUST_ID"/>
    ...
  </Order>
</tt:loop>
```

Listing 3.2 Loop

Die tt:loop-Anweisung benötigt einen ABAP-Knoten (der entweder explizit im ref-Attribut oder implizit im Kontextknoten angegeben wird), bei dem es sich um eine interne Tabelle handelt. Im Rumpf der Anweisung werden die Zeilen der internen Tabelle sukzessiv an den Kontextknoten angebunden, sodass Anweisungen im Rumpf direkt die Komponenten der Tabellenzeile referenzieren können. In ST-Programmen ist es nicht möglich, mit einer der ABAP-Anweisung READ TABLE entsprechenden ST-Anweisung auf ausgewählte Tabellenzeilen zuzugreifen. Mit anderen Worten, ST-Programme behandeln Tabellen immer als Ganzes (»alle Zeilen oder keine«).

Die ABAP-nach-XML-Semantik von tt:loop bedarf keiner besonderen Erklärung. Die XML-nach-ABAP-Semantik kann als »versuchsweises« Matching umschrieben werden: In diesem Beispiel beginnt die Iteration mit dem Versuch, eine Übereinstimmung für ein Order-Element zu ermitteln. Bei einer Übereinstimmung wird auf der ABAP-Seite eine neue Tabellenzeile erzeugt. Anschließend wird wie üblich der Inhalt des Elements ausgewertet, wobei es zu einer Ausnahme kommt, wenn keine Übereinstimmung für Customer ermittelt wird. Die Schleife wird beendet, wenn die Suche nach einer Übereinstimmung für Order am Anfang einer Iteration fehlschlägt. Mit dieser Semantik können Tabellen auf umkehrbare Weise transformiert werden.

Obwohl die ST-Sprache entwickelt wurde, um das Schreiben von symmetrischen Transformationen so weit wie möglich zu unterstützen, gibt es natürlich auch Situationen, in denen Sie eine Richtung speziell behandeln wollen. Dies trifft beispielsweise zu, wenn Sie ein Attribut nach XML übergeben wollen, dieses Attribut bei der Deserialisierung jedoch irrelevant ist:

```
<tt:serialize>
  <tt:attribute name="version">1.0</tt:attribute>
</tt:serialize>
```

Analog verwenden Sie tt:deserialize, um Abschnitte einzuschließen, die nur während der Deserialisierung ausgewertet werden sollen. Wenn die XML-Quelle Abschnitte enthält, die einfach ignoriert werden sollen, setzen Sie tt:skip ein. Diese Anweisung überspringt sämtliche Inhalte bis zum Ende des aktuellen Elements oder Elemente, die einen bestimmten Namen aufweisen und mit einer bestimmten Anzahl auftreten. Um beispielsweise ein Version-Element zu überspringen, schreiben Sie:

```
<tt:skip name="Version" count="1"/>
```

3.7 Bedingungen

Zu den bekanntesten Konstrukten der meisten Programmiersprachen zählen einfache (if ... then) und komplexe (switch ... case) *Bedingungen*. Für das Ziel, in ST geschriebene Transformationen möglichst mit umkehrbarer Semantik gestalten zu können, sind Bedingungen eine Herausforderung. Der normale Ansatz für Bedingungen ist asymmetrisch und damit nicht ausreichend: Bei einer Verwendung von if ... then könnte für Transformationen von ABAP nach XML eventuell etwas geschrieben werden wie if (x = 1) then <A> und if <A> then x := 1 für die Richtung XML nach ABAP. Doch was wirklich benötigt wird, ist eine *Äquivalenz* (Auswirkung in beide Richtungen): if and only if (x = 1) then <A>.

Deshalb unterstützen die bedingten Konstrukte in ST das Formulieren von Äquivalenzen. Die ABAP-nach-XML-Semantik einer solchen Bedingung ist ein Test der Werte von ABAP-Knoten, während die XML-nach-ABAP-Semantik ein Test des aktuellen XML-Tokens ist.

Für die Beschreibung von Bedingungen wird im Folgenden ein komplexeres Beispiel verwendet: Für zusätzliche Kundeninformationen wird der in Abbildung 3.7 gezeigte Strukturtyp STRUCT_CUST aus dem ABAP Dictionary verwendet.

Ein Kunde verfügt über einen Namen vom Typ STRUCT_NAME, der sich aus einem Vornamen, einem zweiten Vornamen und einem Nachnamen sowie einer Adresse vom Typ STRUCT_ADDR zusammensetzt. Da nicht jeder Kunde über einen zweiten Vornamen verfügt, soll diese Struktur bedingt (de-)serialisiert werden:

```
<tt:cond check="not-initial(NAME.N_MID)"/>
  <Middle tt:value-ref="NAME.N_MID"/>
</tt:cond>
```

Dictionary-Typ STRUCT_CUST		
Komponente	Unterkomponente	Typ
ID		N(4)
NAME		STRUCT_NAME
	N_FIRST	S
	N_LAST	S
	N_MID	S
ADDR		STRUCT_ADDR
	CITY	S
	ZIP_CODE	N(5)
	STATE	C(2)
	STREET	S
	STREET_NO	I

Abbildung 3.7 Kundenstruktur im ABAP Dictionary

Bei der Transformation von ABAP nach XML stellt dieser Codeabschnitt sicher, dass NAME.N_MID nicht initial ist. Nur dann wird der Rumpf der Anweisung ausgewertet, und es wird ein Element Middle mit diesem Wert erzeugt. Während der Transformation von XML nach ABAP testet dieser Abschnitt, ob das aktuelle Token ein Middle-Element ist. Nur dann wird der Rumpf ausgewertet, das Element wird konsumiert, und sein Textinhalt wird an NAME.N_MID gebunden. Danach wird noch sichergestellt, dass der Deserialisierungswert nicht initial ist, anderenfalls wird ein Fehler ausgegeben.[5] Wenn die check-Klausel weggelassen wird, wird das Middle-Element unbedingt serialisiert, das Fehlen dieser Klausel wird während der Deserialisierung jedoch toleriert und resultiert nicht in einem Matching-Fehler.

Gehen Sie nun davon aus, dass Sie eine komplexere Unterscheidung treffen möchten: Wenn N_MID nicht initial ist, soll ein Given-Element mit den untergeordneten Elementen First und Middle erstellt werden, anderenfalls lediglich ein Element First. Dies ist ein Beispiel für eine komplexe Bedingung – einen *Switch* (siehe Listing 3.3).

```
<tt:switch>
  <tt:cond data="initial(N_MID)">
```

---

[5] Die letztgenannte Konsistenzprüfung auf dem XML-Inhalt kann deaktiviert werden, indem Sie das Attribut s-check anstelle von check verwenden, um die Überprüfung auf die Serialisierung einzuschränken. Ebenso kann eine Prüfung auf die Deserialisierung beschränkt werden, indem Sie d-check einsetzen.

```
    <First tt:value-ref="N_FIRST"/>
  </tt:cond>
  <tt:cond>
    <Given>
      <First  tt:value-ref="N_FIRST"/>
      <Middle tt:value-ref="N_MID"/>
    </Given>
  </tt:cond>
</tt:switch>
```
Listing 3.3 Switch

Innerhalb des Elements tt:switch stellt jede Bedingung tt:cond einen Fall (*Case*) dar. Die Semantik dieser Anweisung bei der Transformation von ABAP nach XML dürfte damit ziemlich klar sein. Der zweite Fall weist keine Datenbedingung auf und ist damit die Standardserialisierung, die ausgewählt wird, wenn die Bedingung des ersten Falls nicht zutrifft. Bei der XML-nach-ABAP-Auswertung wird das aktuelle Element untersucht. Abhängig davon, ob es sich um First oder Given handelt, wird der entsprechende Fall gewählt. Wird der erste Fall ausgewählt, wird N_MID darüber hinaus auf initial gesetzt. Dies ist der Effekt des data-Attributes: Im Gegensatz zu check werden die Bedingungen in data während der Deserialisierung zugesichert (*Assertion*). Eine solche Zuordnungssemantik funktioniert natürlich nur für Gleichheitsbedingungen, nicht jedoch für Größenvergleiche wie X>10, wie sie in check zulässig sind. Wenn Sie zum Beispiel eine spezielle Behandlung für den Namen »Fritz« wünschen, können Sie den folgenden Fall hinzufügen:

```
<tt:cond data="N_FIRST='Fritz', initial(N_MID)">
  <Fritz/>
</tt:cond>
```

Bei der Deserialisierung des Elements Fritz würde N_FIRST auf den Wert Fritz gesetzt.

Insgesamt kann ein tt:cond-Element immer über drei Attribute verfügen: data, check und using. Das zuletzt genannte Attribut unterstützt die dynamische Behandlung von Typen. Es enthält eine kommaseparierte Liste mit *Vorbedingungen* für ABAP-Knoten, mit deren Hilfe verhindert werden kann, dass beim Zugriff auf Knoten Fehler auftreten, wenn der Typ nicht den Erwartungen entspricht:

```
<tt:cond using="exist(STREET), type-I(STREET_NO)"
        data="initial(STREET), STREET_NO = 0">
```

Die Vorbedingung ist erfüllt, wenn der aktuelle Knoten eine STREET-Komponente und eine STREET_NO-Komponente vom ABAP-Typ i aufweist. Ist die Vorbedingung nicht erfüllt, wird die Bedingung nicht weiter ausgewertet. Dies gilt für beide Transformationsrichtungen. Wenn die Vorbedingung bei Transformationen von XML nach ABAP nicht erfüllt ist, führt dies zudem dazu, dass der Rumpf (sofern er ein Element ist, für das eine Übereinstimmung gefunden wurde) im XML-Eingangsstrom übersprungen wird. Diese Semantik ist dadurch begründet, dass das XML-Element wahrscheinlich in einer Situation erzeugt wurde, in der die Vorbedingung wahr war. Wenn sie also aktuell falsch ist, scheint es am sinnvollsten, das Element zu überspringen, anstatt den Vorgang mit einem Matching-Fehler zu beenden.

Wichtiger als das using-Attribut ist das bereits eingeführte data-Attribut, das eine kommaseparierte Liste mit *Zusicherungen* bzw. *Assertions* enthält. Eine Assertion weist das Format initial(ref) oder ref = wert auf, wobei wert mit der in der oben gezeigten Syntax anzugeben ist. Der ABAP-Knoten ref kann in der Regel wie im ref-Attribut von tt:value etc. angegeben werden. Nur wenn er »unübliche« Zeichen enthält, muss er als Zeichenkette in ref('...') eingeschlossen werden. Der Grund dafür ist, dass der ST-Parser bei Namenszeichen weniger tolerant ist als der ABAP-Compiler[6]. Beispiel:

```
ref('/hell/of%a*strange*name')
```

Schließlich enthält das Attribut check die eigentliche *Bedingung*, die sich aus folgenden Elementen zusammensetzen kann:

- **Vergleich**
  op1 op op2

  Für den Operator op kann =, !=, <, >, <= oder >= angegeben werden. Beachten Sie dabei, dass für das Zeichen < in XML ein »Escaping« mithilfe des Fluchtsymbols < erforderlich ist.

  Mindestens einer der Operanden op1 und op2 muss ein ABAP-Knoten und maximal einer der Operanden op1 und op2 darf ein Wert sein.

- **Und-Verknüpfung**
  exp and exp

- **Oder-Verknüpfung**
  exp or exp

---

[6] Wenn Sie ausschließlich in Klassen und mit Unicode-Programmen arbeiten, lässt aber auch der ABAP-Compiler kaum noch »unübliche« Zeichen zu.

- **Negation**
  `not(exp)`

Die folgende Bedingung prüft, ob eine Postleitzahl `ZIP_CODE` einen Wert zwischen 10000 und 19999 hat:

```
<tt:cond check="ZIP_CODE >= N('10000') and
                ZIP_CODE &lt; N('20000')">
```

In der ABAP-nach-XML-Semantik (Serialisierung) wird der Rumpf eines `tt:cond`-Elements ausgewertet, wenn alle drei Attribute wahr oder nicht angegeben sind. Die XML-nach-ABAP-Semantik (Deserialisierung) basiert auf dem Konzept eines *Musters*. Die gängigste Form eines Musters ist ein einziges literales XML-Element (mit beliebigem Rumpf). Folglich ist `<A>...</A>` ein Muster, `<A>...</A><B>...</B>` jedoch nicht. Andere Musterformen sind: eine einzelne `tt:attribute`-Anweisung (mit Rumpf), nicht leere Textliterale, das explizite Muster `<tt:empty/>` (leerer Rumpf) sowie der Aufruf eines anderen Templates, dessen Rumpf ein Muster ist. Wenn der Rumpf einer Bedingung kein Muster ist, würde er unbedingt ausgeführt, und es muss mindestens ein Attribut `using`, `data` oder `check` angegeben werden.

Ist der Rumpf von `tt:cond` ein Element, wird überprüft, ob es mit dem aktuellen XML-Token übereinstimmt. Wird keine Übereinstimmung ermittelt, wird `tt:cond` übersprungen. Wenn das Token übereinstimmt und die Vorbedingung in `using` wahr ist, werden folgende Aktionen ausgeführt:

- Alle Assertions in `data` werden durchgeführt.
- Der Rumpf von `tt:cond` wird ausgewertet.
- Die Bedingung in `check` wird verifiziert. Darüber hinaus wird verifiziert, dass die Assertions bei der Auswertung des Rumpfes nicht überschrieben wurden.

Dieser Vorgang ist recht komplex, doch auf diese Weise unterstützen ST-Bedingungen die Formulierung von Äquivalenzen (umkehrbare Transformationen).

Ein Beispiel für eine durch einen Switch realisierte komplexe Bedingung haben Sie bereits gesehen. Ein Switch ist eine Sammlung aus *Fällen*, wobei jeder Fall wieder durch eine grundlegende Bedingung definiert wird. Ein Switch kann maximal einen *Standardfall* pro Richtung aufweisen. Der Standardfall für die Serialisierung (Standardserialisierung) ist ein Fall ohne Datenbedingung. Der Standardfall für die Deserialisierung (Standarddeserialisierung) ist ein Fall, dessen Rumpf kein Muster ist. Um unerwartete XML-Eingaben abzudecken, könnte dem gezeigten Switch eine Standarddeserialisierung hinzugefügt werden:

```
<tt:cond data="N_MID = '?', N_FIRST = '?'"/>
```

Neben Switches wird eine zweite Form von komplexer Bedingung benötigen, wenn in der XML-Quelle mehrere Elemente erwartet werden, deren Reihenfolge jedoch nicht bekannt ist. Dies ist eine typische Situation in XML-Schemata, die die »Ungeordnetheit« von Komponenten in einer Datenstruktur widerspiegeln sollen. Für dieses Beispiel wird davon ausgegangen, dass die Elemente City, ZIP und State in einer beliebigen Reihenfolge empfangen werden und State möglicherweise fehlt. Die hierfür notwendige komplexe Bedingung wird über die Anweisung tt:group realisiert und kann wie in Listing 3.4 gezeigt ausgedrückt werden.

```
<tt:group>
  <tt:cond>
    <City tt:value-ref="CITY"/>
  </tt:cond>
  <tt:cond check="STATE != 'XX'">
    <State tt:value-ref="STATE"/>
  </tt:cond>
  <tt:cond>
    <ZIP tt:value-ref="ZIP_CODE"/>
  </tt:cond>
</tt:group>
```

Listing 3.4 Group

Bei der Serialisierung werden einfach alle Fälle in der gegebenen Reihenfolge ausgewertet – vorausgesetzt, die Datenbedingung check ist wahr oder nicht angegeben. Bei der Deserialisierung wird jeder Fall *ohne* eine Datenbedingung *exakt einmal* und jeder Fall *mit* einer Datenbedingung (die CHECK-Bedingung für STATE in diesem Beispiel) *maximal einmal* erwartet. Der Grund für diese Semantik ist auch hier, dass eine Transformation von XML nach ABAP für XML-Instanzen funktionieren soll, die durch dasselbe Programm im ABAP-nach-XML-Modus erzeugt wurden. Sie können ein Element jedoch auch explizit als optional festlegen, indem Sie das Attribut frq (für frequency) verwenden:

```
<tt:cond frq="?">
  <State tt:value-ref="STATE"/>
</tt:cond>
```

In diesem Fall ist State bei der Transformation von XML nach ABAP optional, obwohl es im ABAP-nach-XML-Modus immer vorhanden ist. Andere mögliche Werte für frq sind 1 (genau einmal) und * (beliebige Anzahl). Der Wert * kann beispielsweise für einen »Standardfall«[7] verwendet werden, der eine unerwartete Eingabe abfängt:

```
<tt:d-cond frq="*">
  <Other tt:lax="on">
    <tt:skip/>
  </Other>
</tt:d-cond>
```

In diesem Beispiel wurden zwei weitere ST-Anweisungen eingesetzt: ein richtungsabhängiger Fall tt:d-cond und ein laxes Matching tt:lax. Das Attribut tt:lax legt fest, ob der Elementname eines Literalelements bei der Deserialisierung abweichen darf. Die Semantik von tt:lax="on" kann wie folgt umschrieben werden: Eine Übereinstimmung für ein *beliebiges* XML-Element unabhängig von dessen Namen ermitteln (diesen Namen jedoch für die Serialisierung verwenden). Weitere mögliche Werte für tt:lax sind off, deep-off und deep-on. In Kombination mit tt:skip akzeptiert der Fall ein beliebiges Element im XML-Eingangsstrom und ignoriert es einschließlich seines Rumpfes bei der Deserialisierung.

Die Verwendung von tt:d-cond anstelle von tt:cond zeigt, dass es sich um einen Fall handelt, der ausschließlich bei der Deserialisierung ausgewertet wird. Das Element tt:d-cond wird bei der Serialisierung übersprungen, sodass bei der ABAP-nach-XML-Transformation kein Other-Element erzeugt wird. Der analoge Fall für Serialisierungen ist tt:s-cond. Als ST-Programmierer können Sie tt:d-cond und tt:s-cond so verwenden, dass für komplexe Bedingungen eine minimale Redundanz entsteht. Überlegen Sie zunächst, welche Fälle für jede Richtung benötigt werden, kombinieren Sie dann so viele wie möglich in symmetrischen tt:cond-Fällen, und fügen Sie schließlich die übrigen richtungsabhängigen Fälle hinzu. Auf diese Weise ist es bei kleineren Unterschieden im (De-)Serialisierungsverhalten komplexer Bedingungen nicht nötig, tt:serialize bzw. tt:deserialize zu verwenden, um die Bedingung vollständig zu duplizieren.

---

[7] Dieser Fall enthält ein Muster, sodass es sich im technischen Sinne nicht um einen Standard handelt, wie er für tt:switch definiert ist. Um diesem Fall eine niedrigere Priorität zuzuweisen als allen anderen Fällen, müssen Sie ihn am Ende der Gruppe einfügen, denn die Fälle werden in der Reihenfolge getestet, in der sie auftreten.

3.8 Zuweisung und Variablen

Möglicherweise ist Ihnen aufgefallen, dass das Beispiel zu `tt:group` aus Abschnitt 3.7, »Bedingungen«, nicht ganz vollständig war: Es wurde angegeben, dass das Element `State` bei der Serialisierung ausgelassen wird, wenn `STATE = 'XX'` ist. Für eine symmetrische Transformation sollte `STATE` bei der Deserialisierung demnach auf `XX` gesetzt werden, wenn das Element `State` fehlt. Da die XML-Quelle nicht über einen expliziten Auslöser hierfür verfügt, kann dies nur *vor* dem Element `tt:group` ausgeführt werden. Die Gruppe soll überschrieben werden, wenn ein `State`-Element im XML-Eingangsstrom erscheint. Im Folgenden sehen Sie zwei äquivalente Formulierungen der Zuordnung:

```
<tt:cond data="STATE='XX'"/>
<tt:assign to-ref="STATE" val="'XX'"/>
```

In einfachen Fällen kann `tt:cond`, wie hier gezeigt, verwendet werden, um eine unbedingte Zuweisung vorzunehmen. Eine ST-Anweisung mit weitergehender Semantik ist `tt:assign`. Da die Regel befolgt wird, dass ein ST-Programm nie in die Quelldaten einer Transformation schreiben kann, haben beide Zeilen während der Serialisierung keine Auswirkungen. Umgekehrt können auch keine Daten aus dem Ergebnis gelesen werden. Um einen ABAP-Knoten während einer Deserialisierung zu initialisieren, kann die Anweisung `<tt:clear ref="A"/>` verwendet werden.

Es gibt jedoch auch Situationen, in denen Sie bestimmte Informationen zwischenspeichern und zu einem späteren Zeitpunkt wieder abrufen möchten. Beispielsweise kann ein einzelnes XML-Attribut über einen Wert verfügen, der in allen Zeilen einer internen Tabelle repliziert werden soll. Da das Attribut nicht mehr sichtbar ist, wenn der lineare XML-Prozessor die Elemente bearbeitet, die in die Tabellenzeilen deserialisiert werden, brauchen Sie eine Möglichkeit, um den Wert zu speichern.

Als Lösung für dieses Problem können *Variablen* verwendet werden. Variablen in ST sind mit Variablen in prozeduralen Sprachen vergleichbar. Im Gegensatz zu ABAP-Knoten kann in jeder Situation in Variablen geschrieben oder aus ihnen gelesen werden. Mithilfe einer Variablen kann die Aufgabe zum Replizieren von Attributen bei einer Deserialisierung wie in Listing 3.5 gelöst werden.

```
<OrdersByCustomer>
  <tt:attribute name="customerID">
    <tt:read var="ID" type="C"/>
```

```
  </tt:attribute>
  <tt:loop ref="ORDERS">
    <tt:assign to-ref="CUST_ID" var="ID"/>
    <Item> ... </Item>
  </tt:loop>
</OrdersByCustomer>
```

Listing 3.5 Replizieren von Attributen bei einer Deserialisierung

Die `tt:read`-Anweisung speichert den aktuellen Wert des XML-Eingangsstroms in einer Variable namens `var`. Der erwartete Typ wird in `type` angegeben. Während einer Serialisierung wird die Anweisung ignoriert. Der zugewiesene Wert steht ab diesem Zeitpunkt in der Variablen zur Verfügung und lässt sich beispielsweise über `tt:assign` später in einen ABAP-Knoten übertragen, auch wenn die XML-Verarbeitung schon längst über das Attribut hinaus fortgeschritten ist.

Das Gegenstück zu `tt:read` ist `tt:write`. Bei der Transformation von ABAP nach XML wird der Wert einer Variablen in den XML-Ausgangsstrom geschrieben, und bei der Deserialisierung wird die Anweisung ignoriert. Abbildung 3.8 zeigt die Pfade, die ein Wert durch ABAP-Knoten, XML und ST-Variablen durchlaufen kann, wenn die wertebezogenen ST-Anweisungen benutzt werden. Die Anweisung `tt:assign` drückt aus, welche Werte in den Attributen welchen Elementen zugeordnet werden. Beispielsweise ordnet `<tt:assign to-var="V" ref="A"/>` bei einer Serialisierung den Wert des ABAP-Knotens `A` der Variable `V` zu.

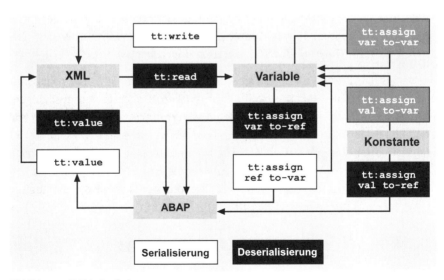

Abbildung 3.8 Wertepfade

Wie `tt:value` können auch `tt:read` und `tt:write` ein Attribut `map` mit Mapping-Regeln für spezielle Werte aufweisen. Wie Wurzeln müssen Variablen auf Programmebene deklariert werden, wobei ein Startwert angegeben werden kann:

```
<tt:variable name="ID" val="'?'"/>
```

Neben normalen Variablen gibt es auch noch sogenannte Parameter. Bei einem Parameter handelt es sich um eine spezielle Variable, die verwendet wird, um einen Wert von einem Aufrufer an ein Template zu übergeben. Es gibt drei Arten von Parametern: `in`, `out` und `in/out`. Im vorangegangenen Beispiel könnten Sie die Serialisierung dadurch abdecken, indem Sie die Kunden-ID als `in`-Parameter an die Transformation übergeben und über `tt:write` nach XML schreiben. Dies würde auch bei der Deserialisierung zu keinen Problemen führen:

```
<tt:parameter name="ID" kind="in" val="'?'"/>
...
  <tt:attribute name="customerID">
    <tt:write var="ID"/>
```

Wenn Sie `kind="in/out"` wählen, können Sie bei der Deserialisierung zusätzlich auf den Wert zugreifen, der in den Parameter gelesen wurde. In der Anweisung CALL TRANSFORMATION werden Parameter als Abfolge $f_1 = a_1 \ldots f_n = a_n$ hinter dem PARAMETERS-Zusatz übergeben, wobei f_i der Name eines Formalparameters ist, der mit `tt:parameters` im ST-Programm deklariert wird, und a_i der Aktualparameter. In diesem Beispiel kann daher der Parameterwert mit PARAMETERS ID = my_id vom ABAP- an das ST-Programm übergeben werden.

Anders als ABAP-Knoten können sich Variablen unabhängig von der Transformationsrichtung auf den Kontrollfluss auswirken. Daher ist ein zusätzliches bedingtes Konstrukt erforderlich, dessen Auswertung *immer* auf dem Wert von Variablen basiert (Sie erinnern sich, dass die Auswertung von `tt:cond` bei der Transformation von XML nach ABAP auf dem aktuellen XML-Token basiert). Die zu diesem Zweck verwendete ST-Anweisung ist `tt:cond-var`. Dieses Element kann entweder einzeln oder als Element der komplexen Bedingung `tt:switch-var` auftreten (siehe Listing 3.6).

```
<tt:switch-var/>
  <tt:cond-var check="ID='?'">
    <tt:text>illegal customer ID</tt:text>
  </tt:cond-var>
```

```
<tt:cond-var>
  ...
</tt:cond-var>
</tt:switch-var>
```
Listing 3.6 Bedingung tt:switch-var

Das Attribut `check` enthält eine Bedingung in derselben Syntax wie für `tt:cond`, kann jedoch lediglich auf Variablen, aber nicht auf ABAP-Knoten zugreifen. Umgekehrt können Variablen aber durchaus in den Attributen `data` und `check` der Bedingung `tt:cond` verwendet werden. Hierzu müssen die Variablennamen lediglich in `var(...)` eingeschlossen werden, wie zum Beispiel in `<tt:cond data="var(V1)=1" check="var(V2)>A">`.

3.9 Modularisierung

Zum Abschluss dieses Kapitels wenden sich die Ausführungen einem Thema zu, das in jeder Sprache eine Rolle spielt, sobald Programme eine gewisse Komplexität erreichen: Sprachelemente für die Modularisierung.

Stellen Sie sich vor, dass Sie einen komplexen Datentyp aus dem ABAP Dictionary transformieren möchten, in dem Bezug auf zwei weitere, ebenfalls komplexe, Dictionary-Typen genommen wird.[8] Natürlich wollen Sie den Code für die Transformation eines Dictionary-Typs nur ein einziges Mal schreiben und ihn dann wiederverwenden, wenn der Typ in einem anderen Typ vorkommt. Auch wenn Ihnen selbst das nichts ausmachen würde, sollten Sie es nicht tun. Denn auf diese Weise würden Sie genau wie bei ABAP-Programmen die Ladegröße des Transformationsprogramms unnötig erhöhen, was die Leistung des Applikationsservers immer negativ beeinflusst. Das Problem lässt sich lösen, indem Sie für den Code zur Transformation eines mehrfach verwendeten Typs ein separates Template anlegen und dieses aus anderen Templates aufrufen.

Werden in einer Transformation mehrere Templates eingesetzt, ist genau eines das Haupt-Template. Dies ist üblicherweise das Template ohne ein `name`-Attribut. Wenn alle Templates über einen Namen verfügen, bestimmt ein `template`-Attribut des `tt:transform`-Elements den Namen des Haupt-Templates. Bei den anderen Templates handelt es sich um Unter-Templates. Die Wurzeln, Parameter und Variablen, die auf Transformationsebene deklariert werden, beziehen

---

8 Die gängigen Beispiele sind Strukturen oder Tabellentypen als Komponenten bzw. Zeilen von Strukturen oder Tabellentypen.

sich alle auf das Haupt-Template. Sie stellen den Kontext des Haupt-Templates dar und sind für Unter-Templates nicht sichtbar.

Ein Unter-Template kann explizit einen eigenen Kontext deklarieren, indem die Anweisungen `tt:root`, `tt:parameter` und `tt:variable` in einem `tt:context`-Element aufgeführt werden, das das erste Unterelement des Templates sein muss. Wird ein eigener Kontext deklariert, ist der Kontextknoten für den Template-Rumpf, wie vom Haupt-Template her gewohnt, zunächst nicht definiert. Wenn kein expliziter eigener Kontext deklariert wird, umfasst der Kontext des Unter-Templates eine einzige nicht benannte Wurzel, bei der es sich um den impliziten Kontextknoten für den Template-Rumpf handelt. In beiden Fällen werden die Template-Wurzeln beim Template-Aufruf mit der Anweisung `tt:apply` an Daten des Aufrufers gebunden. Unter-Templates können nur mit dieser expliziten Anweisung `tt:apply` aufgerufen werden. Eine implizite Template-Auswahl durch Pattern-Matching wie in XSLT ist in ST nicht verfügbar.

Wenn Sie den Code für die Behandlung der NAME-Komponente des STRUCT_CUST-Typs aus Abbildung 3.7 in einem Template T_NAME ohne einen über `tt:context` definierten eigenen Kontext auslagern, kann er wie folgt aufgerufen werden:

```
<tt:apply name="T_NAME" ref="NAME"/>
```

Wird ein expliziter Kontext verwendet wird, nehmen Sie die Unteranweisungen `tt:with-root` von `tt:apply`, um die Wurzeln des Unter-Templates an tatsächliche ABAP-Knoten zu binden:

```
<tt:apply name="T_NAME">
  <tt:with-root name="N_LAST"  ref="NAME.N_LAST"/>
  <tt:with-root name="N_MID"   ref="NAME.N_MID"/>
  <tt:with-root name="N_FIRST" ref="NAME.N_FIRST"/>
</tt:apply>
...
<tt:template name="T_NAME">
  <tt:context>
    <tt:root name="N_LAST"/>
    <tt:root name="N_MID"/>
    <tt:root name="N_FIRST"/>
  </tt:context>
  ...
</tt:template>
```

Auf ähnliche Weise werden Parameter des Unter-Templates, die dort mit `tt:parameter` in `tt:context` deklariert sind, mit Unteranweisungen `tt:with-parameter` von `tt:apply` an Daten angebunden. Somit können ABAP-Knoten als Aktualparameter übergeben werden. Dabei gelten jedoch dieselben Einschränkungen wie für `tt:assign` (siehe Abbildung 3.8): Es kann nicht in ABAP-Quellknoten geschrieben und nicht aus ABAP-Ergebnisknoten gelesen werden. Schließlich ist eine Parameterbindung lediglich eine andere Form von Zuordnung.

Finden Sie ein Template so nützlich, dass Sie es nicht nur als Unter-Template einer Transformation, sondern in mehreren Transformationen wiederverwenden möchten, können Sie es in einem separaten ST-Programm platzieren und dieses Programm entweder aufrufen oder einbinden (Include-Technik). Beide Möglichkeiten haben Vor- und Nachteile: Der Aufruf verursacht eine gewisse Erhöhung der Programmlaufzeit, das Einbinden erhöht die Programmladegröße (mehrfaches Laden des gleichen Bytecodes).[9]

Wenn Sie das Template für `STRUCT_CUST` in einem separaten Programm `ST_STRUCT_CUST` platzieren, in dem es als Haupt-Template für eine Wurzel `NAME` dient, können Sie es anschließend entweder wie folgt mit `tt:call` aufrufen:

```
<tt:call transformation="ST_STRUCT_CUST">
  <tt:with-root name="NAME"
    ref="NAME"/>
</tt:call>
```

Oder Sie können es mit `tt:include` einbinden und wie ein normales Unter-Template mit `tt:apply` aufrufen:

```
<tt:include name="ST_STRUCT_CUST"/>
...
<tt:apply name="T_NAME"/>
```

Die Anweisung `tt:include` ist auf Transformationsebene einzufügen. Das rekursive Einbinden von Transformationen ist nicht zulässig, rekursive Aufrufe sind jedoch möglich. Beim Einbinden oder Aufrufen von Transformationen wird statisch überprüft, ob die zugehörigen ST-Programme im Repository aktiv sind. Da keine Massenaktivierung für Transformationen möglich ist, müssen Sie Programme in einer vorläufigen, zyklusfreien Version aktivieren, bevor Sie eventuelle zyklische Abhängigkeiten einführen können.

---

9 In ABAP wird unter anderem aus diesem Grund von der Mehrfachverwendung eines Include-Programms in verschiedenen Programmen abgeraten.

3.10 Vollständiges ST-Beispielprogramm

Listing 3.7 zeigt ein vollständiges ST-Programm für die Transformation einer internen Tabelle vom Typ STRUCT_CUST (siehe Abbildung 3.7). Referenzen auf ABAP-Werte sind hervorgehoben.

```
 1  <tt:transform
 2    xmlns:tt="http://www.sap.com/transformation-templates"
 3    xmlns:c="http://www.standards.org/customers" >
 4
 5  <tt:root name="CUSTOMER_TABLE"/>
 6
 7  <tt:template>
 8    <c:Customers version="2.0" tt:ref="CUSTOMER_TABLE">
 9      <tt:loop>
10        <Customer>
11          <tt:attribute name="id" value-ref="ID"/>
12          <tt:apply name="T_NAME" ref="NAME"/>
13          <tt:assign to-ref="ADDR.STATE" val="'XX'"/>
14          <Address tt:ref="ADDR">
15            <tt:group>
16              <tt:cond>
17                <City tt:value-ref="CITY"/>
18              </tt:cond>
19              <tt:cond>
20                <Street>
21                  <tt:value ref="STREET_NO"/>
22                  <tt:text>, </tt:text>
23                  <tt:value ref="STREET"/>
24                </Street>
25              </tt:cond>
26              <tt:cond check="STATE != 'XX'">
27                <State tt:value-ref="STATE"/>
28              </tt:cond>
29              <tt:cond>
30                <ZIP tt:value-ref="ZIP_CODE"/>
31              </tt:cond>
32            </tt:group>
33          </Address>
34        </Customer>
35      </tt:loop>
36    </c:Customers>
37  </tt:template>
38
39  <tt:template name="T_NAME">
```

```
40   <Name>
41     <Last tt:value-ref="N_LAST"/>
42     <tt:switch>
43       <tt:cond data="initial(N_MID)">
44         <First tt:value-ref="N_FIRST"/>
45       </tt:cond>
46       <tt:cond>
47         <Given>
48           <First    tt:value-ref="N_FIRST"/>
49           <Middle tt:value-ref="N_MID"/>
50         </Given>
51       </tt:cond>
52     </tt:switch>
53   </Name>
54 </tt:template>
55 </tt:transform>
```

Listing 3.7 ST-Programm für die Transformation einer Kundenliste

Das Programm behandelt die in Abschnitt 3.7, »Bedingungen«, erwähnten möglichen Unregelmäßigkeiten in der XML-Quelle, wie zum Beispiel Given im Vergleich zu First, eine beliebige Reihenfolge der untergeordneten Address-Elemente etc. Es verwendet eine Schleife (Zeile 9), ein Template (Zeile 12), eine Gruppenbedingung (Zeile 15) und einen Switch (Zeile 42) als Programmiertechniken.

Die folgende XML-Datei könnte beispielsweise als XML-Eingabe für das ST-Programm aus Listing 3.7 verwendet werden; Datenwerte sind hervorgehoben.

```
<c:Customers version="2.0"
 xmlns:c="http://www.standards.org/customers">
 <Customer id="4711">
  <Name>
   <Last>Smith</Last>
   <Given> <First>John</First> <Middle>James</Middle> </Given>
  </Name>
  <Address>
   <Street>123, Main St.</Street> <City>Exemellville</City>
   <ZIP>52062</ZIP>
  </Address>
 </Customer>
 <Customer id="1969">
  <Name> <Last>Jones</Last> <First>William</First> </Name>
  <Address>
   <ZIP>86899</ZIP> <State>CA</State>
   <City>Datatown</City> <Street>42, Side St.</Street>
```

```
</Address>
</Customer>
<c:Customers>
```

Ist CUSTOMERS der Name des ST-Programms im Repository und wird das XML-Dokument in eine Variable XSTR eines ABAP-Programms geladen, ist über die folgende ABAP-Anweisung eine Transformation in eine interne Tabelle CUST_TAB möglich:

```
CALL TRANSFORMATION CUSTOMERS
  SOURCE XML XSTR
  RESULT CUSTOMER_TABLE = CUST_TAB.
```

Nach der Deserialisierung enthält die interne Tabelle die in Tabelle 3.4 gezeigten Daten.

ID	N_LAST	N_FIRST	N_MID	CITY	ZIP_CODE	ST	STREET	NO
4711	Smith	John	James	Exemellville	52062	XX	Main St.	123
1969	Jones	William		Datatown	86889		CA Side St.	42

Tabelle 3.4 Resultierende interne Tabelle

Für eine Rücktransformation (Serialisierung) nach XML verwenden Sie folgende Anweisung:

```
CALL TRANSFORMATION CUSTOMERS
  SOURCE CUSTOMER_TABLE = CUST_TAB
  RESULT XML XSTR.
```

Als Ergebnis erhalten Sie im Wesentlichen dasselbe Dokument wie zuvor, die Reihenfolge der untergeordneten Elemente von Address ist jedoch wie folgt normalisiert: City – Street – [State] – ZIP.

3.11 Simple Transformations im ABAP-Kontext

Wie bereits in der Einführung in die ST-Konzepte erwähnt, verwendet die ST-Implementierung anstelle des ressourcenintensiven iXML-Parsers einen dedizierten XML-Stream-Reader. Dieser Reader ist für die gängigste Zeichencodierung in der XML-Kommunikation spezialisiert, nämlich UTF-8. Wenn Ihr XML-Dokument dagegen in einem xstring-Element vorliegt und über ein ST-Programm an `CALL TRANSFORMATION` übergeben wurde, wird implizit eine Instanz des Readers für `xstring` erstellt.

Gehen Sie nun aber einmal davon aus, dass das XML-Dokument aus *Header- und Rumpfteilen* besteht und Sie eine Transformation ausschließlich auf den Rumpf anwenden möchten. In diesem Fall können Sie aus dem `xstring`-Element explizit einen XML-Reader als ABAP-Proxy-Objekt der Klasse `CL_SXML_STRING_READER` erstellen, die Header-Token in ABAP verwenden und anschließend das Reader-Objekt an `CALL TRANSFORMATION` übergeben:

```
DATA r TYPE REF TO cl_sxml_string_reader.
r = cl_sxml_string_reader=>create( xml_xstring ).
* ... consume header ...
r->next_node( ).
IF r->type = if_sxml_node=>co_nt_element_open AND
   r->name = 'Body'.
  CALL TRANSFORMATION ...
    SOURCE XML r
    RESULT ... .
```

Die zentrale Methode von `CL_SXML_STRING_READER` ist `next_node`. Sie liest das nächste Token im XML-Eingangsstrom und platziert die Token-Informationen abhängig vom Token-Typ, der im Attribut `type` zurückgegeben wird, in den Reader-Attributen `name`, `value` etc. Nach Abschluss der Transformation können Sie weiterhin Token in ABAP lesen.

Im Gegensatz zum iXML-Parser versteht der XML-Stream-Reader keine Document Type Declarations (DTD, Informationen innerhalb von `<!DOCTYPE ... >`). Können Sie nicht ausschließen, dass ein XML-Dokument über DTD-Informationen verfügt, führt womöglich kein Weg daran vorbei, dieses Dokument mit dem iXML-Parser zu analysieren. Wenn Sie jedoch über ein Dokument im asXML-Format verfügen, für das Sie mit Sicherheit *wissen*, dass es harmlos ist, und Sie die überlegene Leistung des XML-Stream-Readers für eine Identitätstransformation nach ABAP nutzen möchten, können Sie eine `CL_SXL_STRING_READER`-Instanz erstellen (wie im vorhergehenden Beispiel gezeigt) und diese an die `id`-Transformation übergeben. Die Identität wird auf diese Weise ohne DOM-Konstruktion ausgeführt.

Stößt der XML-Reader auf nicht zulässige Daten in der XML-Quelle, gibt er ein »Fehler-Token« zurück. Tritt diese Situation während einer Transformation ein, wird eine Ausnahme ausgelöst. Aufgrund ST-spezifischer Fehlersituationen können weitere Ausnahmen auftreten.

Mit dem Hinzukommen von ST-Programmen zu den vorher alleinigen XSLT-Programmen und ihrer Zusammenfassung unter dem Begriff »Transformation« wurde entsprechend auch die Ausnahmehierarchie für CALL TRANSFORMATION generalisiert. Es gibt jetzt eine allgemeine Oberklasse CX_TRANSFORMATION_ERROR mit den Unterklassen CX_XSLT_EXCEPTION für XSLT-Ausnahmen und CX_ST_ERROR für ST-Ausnahmen. Die wichtigsten Unterklassen von CX_ST_ERROR sind:

- CX_ST_REF_ACCESS
  Es wurde versucht, auf einen ABAP-Knoten zuzugreifen, der nicht vorhanden ist oder auf den auf diese nicht Weise zugegriffen werden kann.

- CX_ST_MATCH
  Die XML-Quelle entspricht nicht den erwarteten Daten des Programms. Unterklassen, wie zum Beispiel CX_ST_MATCH_ELEMNT, verfeinern diese Ausnahme.

- CX_ST_SWITCH_NO_CASE
  Die Quelle weist einen Zustand auf, der von keinem Fall in einem tt:switch-Element abgedeckt ist (es gibt keinen Standardfall).

- CX_ST_GROUP_MISSING_CASE
  In der XML-Quelle fehlt ein erforderlicher Fall für ein tt:group-Element.

Wird CX_ST_ERROR unter Erzeugung eines Ausnahmeobjektes abgefangen, liefern die Attribute des Objektes Einzelheiten zur Fehlersituation, wie zum Beispiel den Namen eines nicht vorhandenen ABAP-Knotens, den Namen des fehlenden XML-Elements oder eine Beschreibung des fehlenden tt:group-Falls. Darüber hinaus werden die Attribute XML_OFFSET und XML_PATH von CX_ST_ERROR während der Deserialisierung immer gefüllt. Diese beiden Attribute beschreiben die aktuelle Reader-Position in der XML-Quelle: XML_OFFSET enthält das Byte-Offset; XML_PATH enthält den aktuellen Pfad mit dem Format $e1(p1) ... en(pn)$. Dabei ist e_i der Name des *Level-i-Elements* und p_i der untergeordnete Index. Die aktuelle Position im ST-Programm kann über einen Aufruf der Methode GET_ST_SOURCE_POSITION abgerufen werden.

Selbstverständlich können Sie auch das Ergebnis untersuchen (ein XML-Teildokument oder eine teilweise gefüllte Datenstruktur), um zu prüfen, an welcher Stelle die Transformation angehalten wurde. Ab den Releases 7.0, EhP2 und 7.1/7.2 gibt es auch einen ST-Debugger.

3.12 Fazit

Sie haben in diesem Kapitel einige mögliche Gründe für die Verwendung von Simple Transformations oder anderen XML-Werkzeugen direkt aus ABAP kennengelernt. Dazu zählt beispielsweise das Behandeln eines Ad-hoc-XML-Formats, für das es einfach zu viel des Guten wäre, einen komplexen Verarbeitungsmechanismus wie in SAP NetWeaver XI anzuwerfen. Ein kleines XSLT- oder ST-Programm, um einige ABAP-Daten in ein XML-Dokument zu integrieren (oder aus XML zu extrahieren), lässt sich schnell schreiben. Wenn Sie keine der beiden Sprachen kennen, ist ST die schneller zu erlernende Alternative.

Verfügen Sie über fundierte XSLT-Kenntnisse, so bevorzugen Sie wahrscheinlich die leistungsfähigen Konstrukte, die diese W3C-Sprache bietet. Allerdings sprechen auch in diesem Fall einige Faktoren dafür, zu ST zu wechseln: Erstens können Sie mit ST ein einziges umkehrbares Programm schreiben, wenn eine Transformation in beide Richtungen durchgeführt werden muss (ABAP nach XML und XML nach ABAP). Doch noch wichtiger ist die Performance: Ein ST-Programm ist typischerweise mindestens zehnmal so schnell wie sein XSLT-Gegenstück. Wenn die Transformation Teil eines zeitkritischen Pfades ist, kann dies der Unterschied zwischen einer reibungslos funktionierenden Lösung und einem Programm sein, das Ihr System lahmlegt. Darüber hinaus kann der XSLT-Ansatz aufgrund der DOM-Konstruktion nur mit einer begrenzten Datenmenge pro Transformation arbeiten. Für die ST-Sprache mit ihrem streng linearen XML-Verarbeitungsmodell gilt diese Einschränkung nicht, sodass diese sich auch für die Verarbeitung von Massendaten eignet.

Im Vergleich zu XSLT ist ST im Hinblick auf die Ausdrucksmöglichkeiten beschränkt. Trotzdem deckt sie die meisten Mappings ab, die in der Praxis typischerweise erforderlich sind. Im Gegensatz zu anderen Ansätzen, insbesondere JAXB, handelt es sich tatsächlich um eine (Special-Purpose-)Programmiersprache, die mit Konstrukten wie Schleifen, Bedingungen und Aufrufen deutlich flexibler ist als ein einfacher Konfigurationsmechanismus. Lässt sich eine Transformation so konzipieren, dass sie streng linear für das XML-Dokument durchgeführt werden kann, dann kann sie mit einiger Wahrscheinlichkeit in ST ausgedrückt werden. Eine typische Aufgabe, die *nicht* in diese Klasse fällt, ist die Gruppierung von Knoten nach bestimmten Kriterien, wie zum Beispiel erst alle Elemente A, dann alle Elemente B verarbeiten. Wie der XSLT-basierte Ansatz ist auch ST symmetrisch: Es müssen keine XML-Schemata oder ABAP-Klassen generiert werden – die Strukturen auf beiden Seiten können beibehalten werden.

In diesem Kapitel wurden fast alle ST-Anweisungen in kleinen Beispielen erläutert. Die vollständige Referenz zu ST finden Sie im SAP Knowledge Warehouse. Wenn Sie in der ABAP-Schlüsselwortdokumentation das Stichwort »Simple Transformation« eingeben, finden Sie auch schnell den Verweis zu dieser Dokumentation.

> *Wenn Sie sich schon immer einmal einen Datenpuffer gewünscht haben, auf den Sie über Programm- und Transaktionsgrenzen hinweg zugreifen können, der sowohl einfach zu bedienen als auch schnell und effizient ist und der es auch noch erlaubt, komplexe Datenstrukturen und Objektgeflechte abzulegen – mit Shared Objects bekommen Sie all das und noch viel mehr.*
>
> *Kai Baumgarten und Rolf Hammer*

4   ABAP Shared Objects: Programmierkonzept zur effizienten Speicherausnutzung

Mit dem Programmierkonzept *ABAP Shared Objects* stellt die ABAP-Laufzeitumgebung eine API zur Verfügung, die es ermöglicht, Daten im sogenannten *Shared Memory* eines Applikationsservers abzulegen. Das Shared Memory ist ein *applikationsserverlokaler* Speicherbereich, der von verschiedenen Anwendungsprogrammen gemeinsam genutzt werden kann. Damit lassen sich zum Beispiel Datenpuffer realisieren, die einen kopierfreien Zugriff auf Daten über Transaktionsgrenzen hinweg erlauben. So können die Kosten für immer wiederkehrende Kopieroperationen von der Datenbank oder anderen Speichermedien in den lokalen Speicher der internen Modi eingespart werden. Insbesondere können auch komplexe Datenstrukturen (zum Beispiel Objektgeflechte) in derartigen Datenpuffern abgelegt werden. Durch diese neue Pufferungsfunktionalität kann sowohl der Speicherverbrauch reduziert als auch das Laufzeitverhalten einzelner interner Modi deutlich verbessert werden. ABAP Shared Objects steht seit Release 6.40 (SAP NetWeaver 2004) zur Verfügung.

Das folgende Beispiel veranschaulicht die Vorteile, die Ihnen ABAP Shared Objects bietet: Die Daten, die eine Transaktion aus der Datenbank liest, werden üblicherweise im Speicher des internen Modus (Rollbereich) des aktuellen Benutzers gespeichert. Die Transaktion verwendet diese Daten anschließend zum Erstellen eines komplexen Objektmusters, das ebenfalls im Speicher des internen Modus gehalten wird. Das Objektmuster soll während der gesamten Ausführung der Transaktion zur Verfügung stehen und wird während dieses Zeitraums nicht mehr geändert. Angenommen, zehn Benutzer führen gleichzeitig dieselbe Transaktion aus, wobei jeder Benutzer dieselben Daten aus der

Datenbank liest und ein identisches Objektmuster innerhalb des Speichers seines eigenen internen Modus erstellt. Dies bedeutet aus Sicht des Applikationsservers, dass dieselben Operationen zum Aufbau des Objektmusters zehnmal durchgeführt und dieselben Daten zehnmal repliziert werden müssen.

Würde das ursprüngliche Muster dagegen in einem speziellen Bereich gespeichert, auf den alle Benutzer zugreifen können, ohne dass die Daten in separate Rollbereiche kopiert werden müssen, müsste das Objektmuster nur einmal erstellt und gespeichert werden. Dies würde zu wertvollen Einsparungen im Hinblick auf Speicher- und Verarbeitungszeitressourcen führen. Genau einen solchen Speicherbereich stellt das Shared Memory eines Applikationsservers dar.

Für die explizite Verwendung des Shared Memorys im Kontext von Business-Programmiersprachen ist eine nahtlose Integration in die Programmiersprache erforderlich. Außerdem bestehen hohe Anforderungen an Zugriffssteuerung und Datenintegrität. ABAP Shared Objects bietet eine einfache, robuste und sichere Möglichkeit, um das Shared Memory in Geschäftsanwendungen programmatisch nutzen zu können.

Abbildung 4.1 zeigt, wie sich die Anforderungen an den Datenspeicher durch die Verwendung von ABAP Shared Objects reduzieren. Neben der Eliminierung von redundanter Datenhaltung bietet ABAP Shared Objects den weiteren Vorteil, dass Daten direkt in das Shared Memory geschrieben und aus diesem gelesen werden können, ohne sie zuvor in den Speicher des internen Modus kopieren zu müssen. Dies spart zusätzliche Speicherressourcen und optimiert das Laufzeitverhalten.

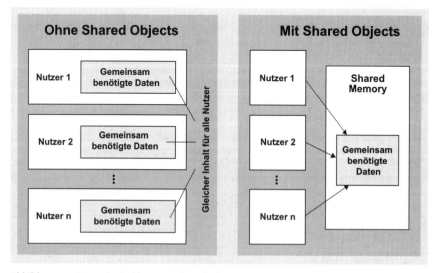

Abbildung 4.1 Vorteile durch ABAP Shared Objects

Das Programmiermodell von ABAP Shared Objects ist mit einer Dateischnittstelle vergleichbar: Eine Datei kann zu jedem Zeitpunkt nur von einem Benutzer geändert werden, nach dem Schreiben der Datei kann sie jedoch von einer beliebigen Anzahl von Benutzern gleichzeitig gelesen werden.

Anhand von einfachen Beispielen wird in diesem Kapitel die grundlegende Funktionalität von ABAP Shared Objects erläutert. Es beginnt mit einer kurzen Beschreibung einiger typischer Anwendungsszenarien und beschreibt dann das Programmiermodell von ABAP Shared Objects im Detail. Anschließend behandelt es kurz einige erweiterte Programmiertechniken und gibt einen Überblick über die empfohlene Verwendungsweise.

Dieses Kapitel setzt umfangreiche Kenntnisse in ABAP Objects voraus. Eine fundierte Einführung in diese Sprache bietet das Buch *ABAP Objects* von Horst Keller und Sascha Krüger (SAP PRESS 2006). Die in jedem SAP-System vorhandene ABAP-Schlüsselwortdokumentation (Transaktion ABAPHELP) liefert detaillierte Referenzinformationen zu jeder Anweisung und zahlreiche ausführbare Programmierbeispiele, die ab den Releases 7.0, EhP2 und 7.1/7.2 direkt in die Anzeige der Dokumentation integriert sind.

4.1 Grundlegende Anwendungsszenarien

Ein wichtiges Ziel beim Design von ABAP Shared Objects war die Bereitstellung eines benutzerfreundlichen Programmiermodells. Aus diesem Grund wurde die wesentliche Funktionalität auf die folgenden beiden Verwendungsszenarien beschränkt:

- **Shared Buffer**
  Ein *Shared Buffer* enthält Daten mit relativ hohen Speicheranforderungen, die selten geändert werden – beispielsweise einmal pro Tag oder Woche. Die Daten werden durch einen einzigen Benutzer bereitgestellt. Alle anderen Benutzer greifen nur lesend auf die Daten zu und gehen im Allgemeinen davon aus, dass die Daten jederzeit im Shared Buffer vorliegen. Ein typisches Beispiel für die Verwendung eines Shared Buffers könnte das Speichern eines Katalogs oder einer Preisliste sein.[1]

---

[1] Auch die ABAP-Entwicklungsumgebung speichert seit den Releases 7.0, EhP2 und 7.1/7.2 einige von allen Benutzern gemeinsam verwendete Daten in einem solchen Shared Buffer. Der erste Benutzer legt von ihm selbst unbemerkt die Daten dort ab, wo sie dann für alle Benutzer zur Verfügung stehen.

▶ **Exclusive Buffer**
Ein *Exclusive Buffer* enthält benutzerspezifische Daten, die über Transaktionsgrenzen hinweg beibehalten werden sollen. Die Daten werden entweder von ein und demselben Benutzer bereitgestellt und gelesen oder von einem Benutzer bereitgestellt und von einem anderen Benutzer gelesen. Ein typisches Beispiel für einen Exclusive Buffer ist ein Warenkorb, in dem ein Benutzer (Käufer) Elemente platziert, die zu einem späteren Zeitpunkt von einem anderen Benutzer (Verkäufer) gelesen werden.

Da schreibende und lesende Zugriffe auf einen Puffer nicht gleichzeitig erfolgen können, muss der Zugriff auf den Puffer über ein geeignetes Sperrkonzept geregelt werden. Zur Unterstützung von Shared oder Exclusive Buffern ist ein grob granulares Sperrkonzept ausreichend. Mit ABAP Shared Objects wird somit kein allgemeines Programmiermodell für Zugriffe auf das Shared Memory bereitgestellt. Das hier beschriebene Programmiermodell von ABAP Shared Objects unterstützt keine gleichzeitigen Schreib- und Lesezugriffe und ist für Anwendungen mit Daten, die häufig – etwa im Millisekundentakt – geändert werden, nicht vorgesehen.

4.2 Programmiermodell von ABAP Shared Objects

Jeder Applikationsserver des SAP NetWeaver AS ABAP verwendet eine bestimmte Menge seines Speichers als Shared Memory. Das *Shared Objects Memory* ist ein Teil des Shared Memorys und verfügt über eine feste Größe, die über den SAP-Profilparameter `abap/shared_objects_size_MB` festgelegt werden kann. Das Shared Objects Memory ist in weitere Organisationseinheiten unterteilt, die als *Gebiete* bezeichnet werden. Ein Gebiet verfügt über einen eindeutigen Namen und gliedert sich nochmals in *Gebietsinstanzen*. Jede Gebietsinstanz verfügt über einen eindeutigen Namen innerhalb des Gebietes und kann eine beliebige Anzahl von Objekten – die eigentlichen Shared Objects – umfassen. Abbildung 4.2 zeigt den Aufbau des ABAP Shared Memorys.

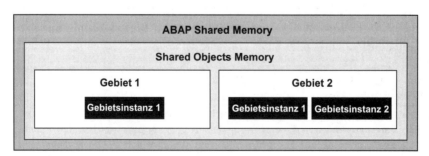

Abbildung 4.2 Aufbau des Shared Memorys

> **Hinweis**
>
> Auf 32-Bit-Systemen steht nur ein eingeschränkter Adressbereich zur Verfügung. Da im Shared Memory eines Applikationsservers eines SAP NetWeaver AS ABAP auch andere Komponenten wie die Program Execution Area (PXA) und der Datenbankpuffer vorhanden sind sowie die ABAP-Anweisungen IMPORT/EXPORT ... FROM/TO ... SHARED MEMORY/BUFFER ihre Daten dort ablegen, kann der für Shared Objects verfügbare Anteil an Shared Memory sehr beschränkt sein. Da es auf 64-Bit-Systemen keine effektiven Beschränkungen des Adressbereichs gibt, werden solche Systeme empfohlen, wenn ABAP Shared Objects in großem Umfang eingesetzt werden soll.

In den nächsten Abschnitten wird gezeigt, wie die einzelnen Elemente von Shared Objects im Shared Memory interagieren.

4.2.1 Sperren der Gebietsinstanz

Bevor auf ein Objekt innerhalb einer Gebietsinstanz zugegriffen werden kann, muss die gesamte Gebietsinstanz gesperrt werden – es ist nicht möglich, ein einzelnes Objekt zu sperren. Die Implementierung von ABAP Shared Objects unterscheidet hierfür zwischen *Lese- und Änderungssperren*. Änderungssperren werden zusätzlich in *Schreib- und Aktualisierungssperren* unterteilt. Das Sperrkonzept von ABAP Shared Objects ermöglicht eine beliebige Anzahl von gleichzeitigen Lesesperren für eine Gebietsinstanz, wobei jedoch von einem internen Modus aus maximal eine Lesesperre pro Gebietsinstanz gesetzt werden kann. Mehrere gleichzeitige Änderungssperren pro Gebietsinstanz sind prinzipiell nicht möglich. Eine Sperranforderung wird entweder erfüllt oder sofort mit einer Ausnahme abgelehnt. Änderungssperren müssen explizit aufgehoben werden, wohingegen Lesesperren beim Beenden des internen Modus, in dem die Sperre angefordert wurde, automatisch aufgehoben werden. Zur Sicherheit sollten jedoch auch Lesesperren explizit aufgehoben werden.

4.2.2 Zugriff auf Objekte über das Wurzelobjekt

Jede Gebietsinstanz enthält ein spezielles *Wurzelobjekt*. Wenn eine Gebietsinstanz mit Objekten gefüllt wird, müssen all diese Objekte zumindest indirekt über das Wurzelobjekt erreichbar gemacht werden,[2] bevor die Änderungssperre für die Instanz wieder aufgehoben wird. Beim Aufheben der Änderungssperre wird eine Garbage Collection durchgeführt, bei der alle Objekte, die nicht vom Wurzelobjekt aus erreichbar sind, gelöscht werden. Auf solche Objekte ist demzufolge anschließend kein Lesezugriff mehr möglich. Das Set-

---

[2] Das heißt, das Wurzelobjekt muss Referenzen enthalten, die alle anderen Objekte direkt oder indirekt am Leben erhalten.

zen einer Lesesperre für eine Gebietsinstanz ist gleichbedeutend mit einer Erweiterung des Speichers des internen Modus. Durch diese Erweiterung werden alle Objekte innerhalb der Gebietsinstanz für den internen Modus sichtbar. Dabei ist das Wurzelobjekt der einzige Einstiegspunkt für alle Objekte in der Gebietsinstanz. Somit kann der Zugriff auf alle Objekte in einer solchen Instanz nur über das Wurzelobjekt erfolgen.

Der Versuch, Objekte in einer nur zum Lesen geöffneten Gebietsinstanz zu ändern, führt zu einer Ausnahme. Es ist möglich, Referenzen auf Objekte in einer (für *Lese- oder Änderungsvorgänge*) gesperrten Gebietsinstanz innerhalb des aktuellen internen Modusspeichers zu speichern. Diese Referenzen sind jedoch nur so lange gültig, bis die Sperre wieder aufgehoben wird. Wenn eine Referenz auf ein Objekt in einer Gebietsinstanz nach bereits aufgehobener Sperre dereferenziert wird, das heißt, es wird versucht, im ABAP-Programm auf dieses Objekt zuzugreifen, führt dies ebenfalls zu einer Ausnahme.

Nach dem Setzen einer Änderungssperre für eine Gebietsinstanz können Daten in das Shared Objects Memory geschrieben werden, so wie dies auch in den Speicher des internen Modus möglich ist. Bevor die Änderungssperre für eine Gebietsinstanz aufgehoben wird, muss die Gebietsinstanz *in sich abgeschlossen* sein. Das heißt, dass in der Gebietsinstanz keine Referenzen auf den Speicher des internen Modus oder auf den Speicher anderer Gebietsinstanzen (externe Referenzen) vorhanden sein dürfen, wenn die Änderungssperre weggenommen wird.

Abbildung 4.3 zeigt eine Gebietsinstanz und Referenzen auf Objekte innerhalb dieser Instanz. Referenz ref_1 wird angelegt, wenn die Gebietsinstanz zum Lesen geöffnet wird (siehe Abschnitt 4.4.2, »Auf eine vorhandene Gebietsinstanz zugreifen«). Genauer gesagt wird ref_1 während der Ausführung der Gebietsklassenmethode ATTACH_FOR_READ( ) erzeugt. Im weiteren Verlauf dieses Kapitels werden häufig Begriffe wie *zum Schreiben öffnen, zum Aktualisieren öffnen* etc. verwendet, die alle gleichbedeutend zur Ausführung von ähnlich benannten Methoden sind. Das Wurzelobjekt, das im Beispiel über ref_1 adressierbar ist, ist der ausgezeichnete Einstiegspunkt, über den die Inhalte der Gebietsinstanz adressiert werden können. Auf jedes (Daten-)Objekt innerhalb der Gebietsinstanz (obj_X, obj_Y, obj_Z) kann über ref_1 zugegriffen werden. Für diese Zugriffe muss das Wurzelobjekt entsprechende Attribute enthalten.[3] Im Beispiel enthält es Referenzen auf obj_X und obj_Y. Mithilfe der ABAP-Anweisung GET REFERENCE kann beispielsweise eine weitere Referenz auf ein Datenobjekt,

---

3 Im einfachsten Fall ist das Wurzelobjekt das einzige Objekt einer Gebietsinstanz und enthält die benötigten Daten direkt als Attribute.

das über ref_1 adressiert wird, gezogen werden, oder das Wurzelobjekt enthält Methoden, die eine solche Referenz zurückgeben. Diese Referenz (zum Beispiel ref_2) wird dann im lokalen Speicher des internen Modus angelegt und ist gültig, solange die Lesesperre aktiv ist. Nach dem *Aufheben* der Sperre für die Gebietsinstanz kann ref_2 nicht mehr zur Adressierung von obj_X verwendet werden. Sollte es dennoch versucht werden, wird der Laufzeitfehler SYSTEM_SHM_AREA_DETACHED ausgelöst.

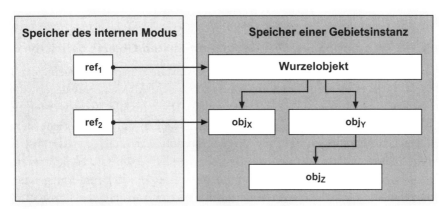

Abbildung 4.3 Zugriff auf Objekte innerhalb einer Gebietsinstanz

4.2.3 Zugriffsmodell für ABAP Shared Objects

Das Zugriffsmodell für ABAP Shared Objects entspricht in verschiedener Hinsicht dem Modell für den Zugriff auf einzelne Dateien in einem Dateisystem. Zunächst muss die erforderliche Verbindung (für den Lese- oder Änderungszugriff) zur Datei bzw. Gebietsinstanz hergestellt werden. Beim Zugriff auf Dateien des Applikationsservers erfolgt dies beispielsweise über die ABAP-Anweisung OPEN DATASET. Im Fall von Gebietsinstanzen wird hierfür eine explizite Sperre mithilfe einer geeigneten Attach-Methode gesetzt. Der Umgang mit einer geöffneten Datei bzw. mit einer angehängten Gebietsinstanz ist dann sehr ähnlich: Abhängig vom Typ der Sperre, können die Daten in einer geöffneten Datei bzw. der Gebietsinstanz anschließend gelesen und/oder geändert werden. Während eine Verbindung für Änderungen (Schreiben oder Aktualisieren) aktiv ist, kann die Datei bzw. Gebietsinstanz nicht durch einen anderen Prozess geändert werden. Abschließend sollte die Verbindung zur Datei bzw. Gebietsinstanz immer explizit geschlossen werden.

Nachdem nun die prinzipielle Funktionsweise des Modells erklärt wurde, werden im Folgenden die Werkzeuge vorgestellt, die zur Pflege und Analyse von Shared-Objects-Gebieten verfügbar sind.

4.3 Werkzeuge für die Verwaltung und Überwachung des Shared Memorys

Bevor auf die tatsächliche Programmierung mit Shared Objects eingegangen wird, führen die nächsten Abschnitte noch kurz die Werkzeuge ein, die mit ABAP Shared Objects bereitgestellt werden, nämlich die Transaktion *Shared Objects Administration* (SHMA) und die Transaktion *Shared Objects Monitor* (SHMM).

4.3.1 Transaktion SHMA – Gebiete für Shared Objects definieren

Ein Gebiet ist eine Vorlage für eine Gebietsinstanzversion. Die Gebiete für Shared Objects werden durch generierte globale ABAP-Klassen realisiert, die von der Klasse CL_SHM_AREA abgeleitet werden. Diese ABAP-Klassen werden als *Gebietsklassen* bezeichnet. Der Name einer Gebietsklasse entspricht dem Namen des zugehörigen Gebietes. Die Transaktion Shared Objects Administration (SHMA) wird verwendet, um Gebiete für Shared Objects zu definieren, anzupassen oder zu löschen. Abbildung 4.4 zeigt den Einstieg zum Anlegen des Gebietes ZCL_SHM_MY_AREA (und gleichzeitig der entsprechenden Klasse ZCL_SHM_MY_AREA).

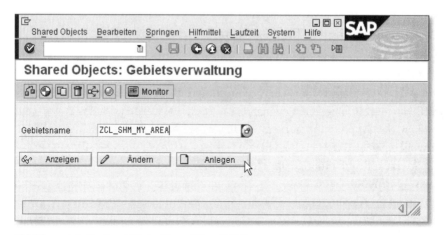

Abbildung 4.4 Einstiegsbild der Transaktion SHMA

Durch Klicken auf ANLEGEN im Einstiegsbild der Transaktion SHMA wird das in Abbildung 4.5 gezeigte Bildschirmbild geöffnet, in dem die Attribute für das Gebiet und damit für all seine Gebietsinstanzen festgelegt werden (siehe Abschnitt 4.5, »Erweiterte Programmiertechniken«). Neben der Gebietsbeschreibung muss auch eine *Gebietswurzelklasse* für das Gebiet angegeben werden. Diese globale Klasse definiert den Typ des Wurzelobjektes für alle Instanzen des Gebietes.

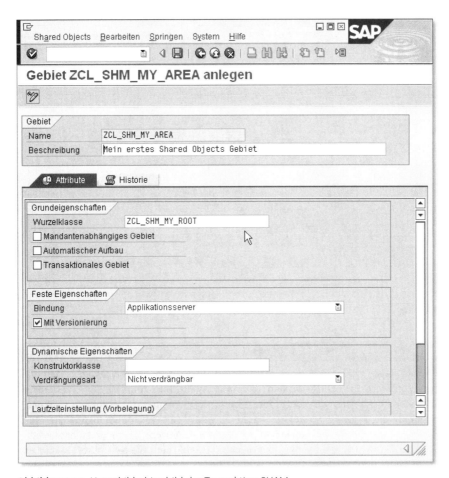

Abbildung 4.5 Hauptbildschirmbild der Transaktion SHMA

Falls die Gebietswurzelklasse noch nicht existiert, kann durch einen Doppelklick auf den Wurzelklassennamen direkt in den Class Builder (Transaktion SE24) verzweigt und die Gebietswurzelklasse dort angelegt werden. Für alle ABAP-Klassen, die innerhalb einer Shared-Objects-Gebietsinstanz verwendet werden, muss das Flag SHARED MEMORY FÄHIG im Class Builder aktiviert werden (siehe Abbildung 4.6). Dieses Flag zeigt an, dass die Klasse im Shared Objects Memory angelegt werden kann, was insbesondere im Hinblick auf die Speicherung der statischen Klassenattribute von Bedeutung ist.

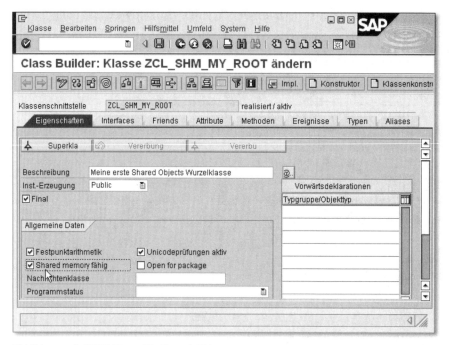

Abbildung 4.6 ABAP-Klasse für Shared Objects

> **Hinweis**
>
> Obwohl keine größeren Einschränkungen für Objekte im Shared Objects Memory gelten, muss berücksichtigt werden, wie statische Attribute für diese Objekte behandelt werden: Alle statischen Attribute einer Shared-Memory-fähigen Klasse werden nicht (wie die Instanzattribute) im Shared Objects Memory, sondern im Speicher des aktuellen internen Modus gehalten. Der Zugriff auf statische Variablen einer Shared-Memory-fähigen Klasse kann daher zu unterschiedlichen Werten führen, wenn er über unterschiedliche interne Modi erfolgt.

Nach dem Erstellen und Aktivieren der Wurzelklasse kann der Class Builder mittels ZURÜCK verlassen und die Generierung der Shared Memory-Gebietsklasse durch Klicken auf SICHERN abgeschlossen werden.

4.3.2 Transaktion SHMM – Shared Objects Monitor überwachen

Die Transaktion Shared Objects Monitor (SHMM) kann verwendet werden, um Informationen über die im Shared Objects Memory angelegten Gebietsinstanzen zu erhalten. Das erste SHMM-Fenster (siehe Abbildung 4.7) gibt eine Übersicht über alle Gebiete, die sich gegenwärtig im Shared Objects Memory befinden. Abbildung 4.7 zeigt, dass gerade zwei verschiedene Gebiete (ZCL_SHM_MY_AREA und CL_ICF_SHM_AREA) im Shared Objects Memory liegen, wobei es zwei Instanzen des Gebietes ZCL_SHM_MY_AREA und nur eine Instanz des Gebietes CL_ICF_SHM_AREA gibt. Der Eintrag 1 in der Spalte VERSIONEN IM AUFBAU (Zahnrad) für das Gebiet ZCL_SHM_MY_AREA zeigt an, dass für eine der beiden Gebietsinstanzen eine Schreibsperre gesetzt ist. Der Monitor zeigt darüber hinaus Informationen zur Größe des Speichers, der von den einzelnen Gebieten belegt wird.

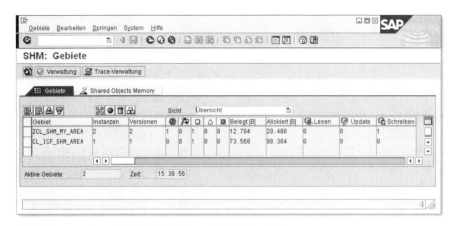

Abbildung 4.7 Shared Objects Monitor – Gebietsübersicht

Nach einem Doppelklick auf einen Gebietsnamen werden Informationen zu den Instanzen dieses Gebietes angezeigt. Im Beispiel von Abbildung 4.7 ergibt sich nach einem Doppelklick auf ZCL_SHM_MY_AREA die in Abbildung 4.8 dargestellte Übersicht über alle Instanzen dieses Gebietes. In diesem Fall existieren für das Gebiet ZCL_SHM_MY_AREA die Instanzen FRANKFURT und BERLIN. Dabei kann festgestellt werden, dass die Gebietsinstanz FRANKFURT gerade für einen Schreibzugriff gesperrt ist.

Auf der Registerkarte SPERREN werden alle aktiven Sperren für das Gebiet ZCL_SHM_MY_AREA sowie zusätzliche Informationen zu diesen Sperren angezeigt (siehe Abbildung 4.9).

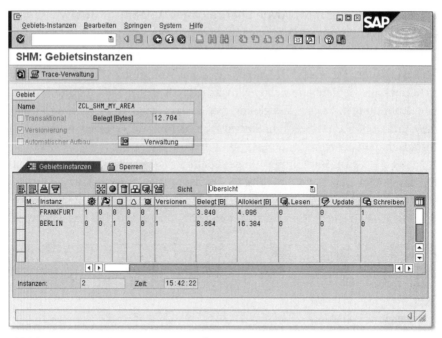

Abbildung 4.8 Shared Objects Monitor – Übersicht über Gebietsinstanzen

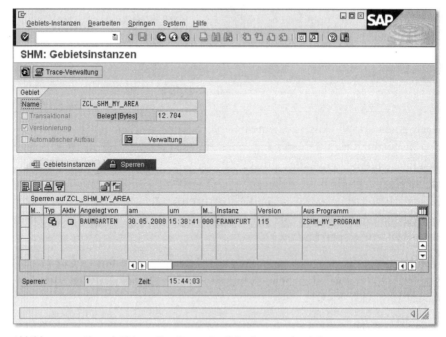

Abbildung 4.9 Shared Objects Monitor – sämtliche Sperren für Gebietsinstanzen

Auf dem ersten Bildschirmbild der Transaktion SHMM (siehe Abbildung 4.7) kann die Registerkarte SHARED OBJECTS MEMORY ausgewählt werden. Dort werden Informationen über den benutzten, angeforderten und freien Speicher des Shared Objects Memorys angezeigt (siehe Abbildung 4.10).

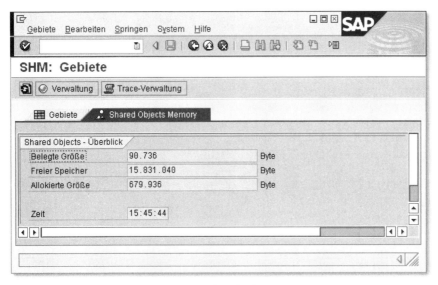

Abbildung 4.10 Shared Objects Monitor – Shared Objects Memory

Der Shared Objects Monitor kann von Administratoren auch dazu verwendet werden, Sperren und/oder Gebietsinstanzen zu entfernen.

Im Folgenden wird die Programmierung mit Shared Objects in ABAP-Programmen vorgestellt.

4.4 Programmieren mit ABAP Shared Objects

In den nächsten Abschnitten wird anhand einiger einfacher Beispiele, die sich alle auf das kurze Programm in Listing 4.1 beziehen, untersucht, wie ABAP Shared Objects in ABAP-Programmen benutzt werden können.

```
1 DATA:
2   hdl  TYPE REF TO zcl_shm_my_area,
3   root TYPE REF TO zcl_shm_my_root,
4   str  TYPE string,
5   ref  TYPE REF TO zcl_shm_my_root.
   * Setzen der Schreibsperre
6 hdl = zcl_shm_my_area=>attach_for_write(
```

```
              inst_name = 'BERLIN' ).
      * Anlegen des Wurzelobjektes
 7 CREATE OBJECT root AREA HANDLE hdl.
 8 hdl->set_root( root ).
 9 APPEND `SONNENBLUME` TO root->itab.
      * Aufheben der Schreibsperre
10 hdl->detach_commit( ).
      * Setzen der Lesesperre
11 hdl = zcl_shm_my_area=>attach_for_read(
              inst_name = 'BERLIN' ).
12 ref = hdl->root.
      * Ausgabe des Inhalts der Gebietsinstanz BERLIN
13 WHILE ref IS NOT INITIAL.
14   WRITE: 'Ebene: ', sy-index.
15   LOOP AT ref->itab INTO str.
16     WRITE: / str.
17   ENDLOOP.
18   SKIP.
19   ref = ref->oref.
20 ENDWHILE.
      * Aufheben der Lesesperre
21 hdl->detach( ).
      * Setzen der Aktualisierungssperre
22 hdl = zcl_shm_my_area=>attach_for_update(
              inst_name = 'BERLIN' ).
23 root = hdl->root.
24 APPEND `SCHLÜSSELBLUME` TO root->itab.
      * Erzeugen eines zusätzlichen Objektes in der Gebietsinstanz
25 CREATE OBJECT root->oref AREA HANDLE hdl.
26 APPEND `BUTTERBLUME` TO root->oref->itab.
      * Aufheben der Aktualisierungssperre
27 hdl->detach_commit( ).
```

Listing 4.1 Beispiel zur Programmierung mit Shared Objects

Dabei werden die folgenden Themen behandelt:

- Erzeugen einer Gebietsinstanz
- Zugreifen auf eine vorhandene Gebietsinstanz
- Aktualisieren einer Gebietsinstanz
- Verwenden von lokalen Klassen zum Speichern von Daten in einer Gebietsinstanz
- Behandeln von Fehlern bei der Arbeit mit Gebietsinstanzen
- Debugging von Gebietsinstanzen

4.4.1 Gebietsinstanz erzeugen

Das Erzeugen einer Gebietsinstanz umfasst drei Schritte, die, wie bereits erwähnt, den Schritten zum Schreiben von Daten in eine Datei ähneln:

1. Öffnen der Gebietsinstanz zum Schreiben
2. Schreiben der Daten in die Gebietsinstanz
3. Schließen der Verbindung zur Gebietsinstanz

Zu Beginn muss eine Schreibsperre für die Gebietsinstanz gesetzt werden. Dies erfolgt unter Verwendung der Methode ATTACH_FOR_WRITE( ) der beim Anlegen des Gebietes in der Transaktion SHMA (siehe Abschnitt 4.3.1, »Transaktion SHMA – Gebiete für Shared Objects definieren«) generierten Gebietsklasse:

```
1 DATA:
2   hdl  TYPE REF TO zcl_shm_my_area.
  ...
6 hdl = zcl_shm_my_area=>attach_for_write(
        inst_name = 'BERLIN' ).
```

Der optionale Eingabeparameter inst_name nimmt den Namen der Gebietsinstanz entgegen. Wird er nicht übergeben, wird ein Standardname für die Gebietsinstanz verwendet. Nach dem Setzen der Schreibsperre ist die Gebietsinstanz exklusiv gesperrt. Das in hdl zurückgegebene Gebietshandle wird zum Adressieren der Gebietsinstanz verwendet.[4]

Im zweiten Schritt müssen die Daten innerhalb der Gebietsinstanz erzeugt werden. Ein wichtiger Teil dieses Schrittes ist die Erzeugung des Wurzelobjektes. Zum Erzeugen jedes Objektes innerhalb einer Gebietsinstanz muss die ABAP-Anweisung CREATE OBJECT mit dem neuen Zusatz AREA HANDLE verwendet werden, gefolgt von einer Referenzvariablen hdl, die auf ein gültiges Gebietshandle zeigt:

```
1 DATA:
3   root TYPE REF TO zcl_shm_my_root.
  ...
7 CREATE OBJECT root AREA HANDLE hdl.
```

Nach dem Erzeugen des Wurzelobjektes muss es mit der gesperrten Gebietsinstanz verknüpft werden. Dies geschieht durch den Aufruf der Instanzmethode SET_ROOT( ) des Gebietshandles, auf das hdl verweist:

```
8 hdl->set_root( root ).
```

---

[4] Das Gebietshandle (jedoch nicht die Gebietsinstanz) ist ein Objekt der Gebietsklasse.

Jetzt können noch weitere Daten zur Gebietsinstanz hinzugefügt werden. Abbildung 4.11 zeigt die Attribute der Klasse ZCL_SHM_MY_ROOT im Class Builder.

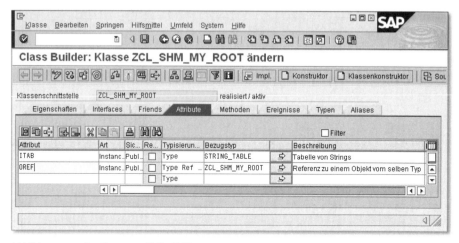

Abbildung 4.11 Attribute von ZCL_SHM_MY_ROOT

Zum Einfügen von Zeilen in eine Tabelle von Strings, wie sie hier durch das Attribut itab dargestellt wird, kann ganz normal die reguläre ABAP-Anweisung APPEND verwendet werden:

9 APPEND `SONNENBLUME` TO root->itab.

Der String wird aber an eine interne Tabelle angehängt, die in einer Gebietsinstanz abgelegt ist.

Der dritte und letzte Schritt beim Erzeugen einer Gebietsinstanz ist das Aufheben der Schreibsperre. Dazu muss die Instanzmethode DETACH_COMMIT( ) des Gebietshandles aufgerufen werden:

10 hdl->**detach_commit**( ).

Damit wird die Gebietsinstanz BERLIN des Gebietes ZCL_SHM_MY_AREA für den Zugriff durch andere interne Modi freigegeben. Der Inhalt der Gebietsinstanz kann nun auch im Shared Objects Monitor angezeigt werden.

> **Tipp**
>
> Es empfiehlt sich, die Anweisungen CREATE OBJECT oder CREATE DATA innerhalb eines Programmkontextes entweder nur mit oder nur ohne den Zusatz AREA HANDLE zu verwenden. Dies ist die einfachste Möglichkeit, um externe Referenzen auf Shared Objects zum Zeitpunkt der Ausführung von DETACH_COMMIT( ) zu vermeiden.

4.4.2 Auf eine vorhandene Gebietsinstanz zugreifen

Um die in einer vorhandenen Gebietsinstanz gespeicherten Daten zu lesen, muss unter Verwendung der Methode ATTACH_FOR_READ( ) eine Lesesperre auf die Gebietsinstanz gesetzt werden. Dieser Vorgang ist mit dem Öffnen einer Datei für den Lesezugriff vergleichbar:

```
11 hdl = zcl_shm_my_area=>attach_for_read(
          inst_name = 'BERLIN' ).
```

Danach kann mit regulären ABAP-Anweisungen auf die Attribute des Wurzelobjektes sowie alle anderen Objekte innerhalb der zum Lesen gesperrten Gebietsinstanz zugegriffen werden:

```
 1 DATA:
 4   str  TYPE string,
 5   ref  TYPE REF TO zcl_shm_my_root.
...
12 ref = hdl->root.
...
13 WHILE ref IS NOT INITIAL.
14   WRITE: 'Ebene: ', sy-index.
15   LOOP AT ref->itab INTO str.
16     WRITE: / str.
17   ENDLOOP.
18   SKIP.
19   ref = ref->oref.
20 ENDWHILE.
```

Da das Attribut itab des Wurzelobjektes mit einer einzigen Zeile gefüllt wurde, wird diese Zeile auf Ebene 1 ausgegeben. Das Attribut oref des Wurzelobjektes wurde beim Anlegen der Gebietsinstanz nicht gefüllt. Aus diesem Grund wird die WHILE-Schleife beendet und keine weitere Zeile ausgegeben.

Nachdem alle erforderlichen Daten aus der Gebietsinstanz gelesen wurden, kann und sollte die Lesesperre mithilfe der Instanzmethode DETACH( ) des Gebietshandles aufgehoben werden. Dieser Vorgang ist mit dem Schließen einer geöffneten Datei vergleichbar:

```
21 hdl->detach( ).
```

Wird die Lesesperre nicht explizit aufgehoben, wird sie implizit beim Beenden des internen Modus automatisch aufgehoben.

> **Hinweis**
>
> Ein Gebietshandle, das unter Verwendung von ATTACH_FOR_READ( ) als *Lesehandle*[5] erzeugt wurde, kann nicht zum Erzeugen eines neuen Objektes in der Gebietsinstanz bzw. zur Durchführung von Änderungen der Gebietsinstanzinhalte verwendet werden. Die Inhalte einer zum Lesen geöffneten Gebietsinstanz sind schreibgeschützt. Der Versuch, eine schreibgeschützte Gebietsinstanz zu ändern, führt zu einer Ausnahme:
> DATA:
>   hdl TYPE REF TO zcl_shm_my_area.
> hdl = zcl_shm_my_area=>**attach_for_read**(
>   inst_name = 'BERLIN').
> **APPEND** `SCHLÜSSELBLUME` **TO** root->itab.
> Bei Ausführung der Anweisung APPEND kommt es zum Laufzeitfehler SYSTEM_SHM_AREA_DETACHED. Weitere Informationen zur Behandlung von Fehlern werden in Abschnitt 4.4.5, »Fehler behandeln«, gegeben.

4.4.3 Gebietsinstanz aktualisieren

Manchmal ist es notwendig, die in einer Gebietsinstanz gespeicherten Daten zu ändern. Das Setzen einer Aktualisierungssperre auf eine vorhandene Gebietsinstanz geschieht durch den Aufruf der Methode ATTACH_FOR_UPDATE( ) der Gebietsklasse:

```
22 hdl = zcl_shm_my_area=>attach_for_update(
        inst_name = 'BERLIN' ).
```

Danach kann über das Wurzelobjekt auf die Daten lesend und ändernd zugegriffen werden:

```
23 root = hdl->root.
24 APPEND `PRIMROSE` TO root->itab.
```

Um ein weiteres Objekt in der zum Ändern gesperrten Gebietsinstanz zu erzeugen, muss wieder der Zusatz AREA HANDLE verwendet werden:

```
25 CREATE OBJECT root->oref AREA HANDLE hdl.
```

Ohne diesen Zusatz würde das Objekt im lokalen Speicher des internen Modus angelegt werden, was dann zu einer Referenz von einer Gebietsinstanz auf den

---

[5] Gleichermaßen wird ein unter Verwendung von ATTACH_FOR_UPDATE( ) erzeugtes Gebietshandle als *Aktualisierungshandle* bezeichnet etc.

internen Modus führen würde. Eine solche *externe Referenz* ist so lange zulässig, wie die Schreibsperre für die Gebietsinstanz aktiv ist. Sie muss jedoch gelöscht werden, bevor die Schreibsperre aufgehoben wird. Nach dem Setzen einer Sperre für die Gebietsinstanz kann unter Verwendung des Instanzattributes root der Gebietsklasse ändernd auf das Wurzelobjekt zugegriffen werden:

```
26 APPEND `BUTTERBLUME` TO root->oref->itab.
```

Schließlich muss nach der Aktualisierung der Gebietsinstanz die Aktualisierungssperre genau wie eine Schreibsperre aufgehoben werden:

```
27 hdl->detach_commit( ).
```

Nach der Ausführung des Programms aus Listing 4.1 enthält die Tabelle root->itab zwei Zeilen (SONNENBLUME und SCHLÜSSELBLUME), und root->oref verweist auf ein neues Objekt, dessen itab-Attribut den Wert BUTTERBLUME enthält.

> **Hinweis**
>
> Es ist nicht erforderlich, immer nur ein und dasselbe Wurzelobjekt zu verwenden, während eine Schreib- oder Aktualisierungssperre aktiv ist. Das Wurzelobjekt einer Gebietsinstanz kann durch den Aufruf der Methode SET_ROOT( ) beliebig oft umgesetzt werden. In einem solchen Fall wird das alte Wurzelobjekt beim nächsten Lauf des Garbage Collectors entfernt, wenn es keine weiteren Referenzen darauf gibt.

Bisher wurden nur globale Klassen zur Ablage von Daten in einer Shared-Objects-Gebietsinstanz verwendet. Mit Ausnahme des Wurzelobjektes können dazu jedoch auch lokale Klassen genutzt werden.

4.4.4 Objekte lokaler Klasse in einer Gebietsinstanz

Shared Objects können auch Instanzen lokaler Klassen sein. Um eine lokale Klasse als Shared-Memory-fähig zu kennzeichnen, muss bei der Definition der Klasse der Zusatz SHARED MEMORY ENABLED verwendet werden:

```
CLASS lcl_my_shm_data_class DEFINITION SHARED MEMORY ENABLED.
  PUBLIC SECTION.
    ...
ENDCLASS.
```

Der Zustand SHARED MEMORY ENABLED wird nicht vererbt. Das heißt, wenn eine Klasse B von der Shared-Memory-fähigen Klasse A erbt, dann muss das Flag

SHARED MEMORY ENABLED auch für die Klasse B gesetzt werden, wenn diese Klasse Shared-Memory-fähig sein soll. Erbt eine Klasse B jedoch von einer Klasse A, die *nicht* Shared-Memory-fähig ist, dann kann auch die Klasse B nicht als Shared-Memory-fähig markiert werden. Das heißt, dass eine Klasse nur dann Shared-Memory-fähig sein kann, wenn all ihre Oberklassen ebenfalls Shared-Memory-fähig sind.

Bisher wurde die Behandlung von möglichen Fehlersituationen nicht berücksichtigt. Der folgende Abschnitt beschäftigt sich mit der Fehlerbehandlung.

4.4.5 Fehler behandeln

Normalerweise ist in einem Programm nicht statisch erkennbar, ob eine Gebietsinstanz für den Lesezugriff verfügbar oder zum Ändern durch einen anderen Prozess gesperrt ist. Daher können alle drei Attach-Methoden (ATTACH_FOR_READ, ATTACH_FOR_WRITE und ATTACH_FOR_UPDATE) Ausnahmen der Kategorie CX_STATIC_CHECK auslösen, die im Programm behandelt werden müssen. Die Oberklasse für alle Attach-Ausnahmen lautet CX_SHM_ATTACH_ERROR. Diese Klasse erbt direkt von CX_SHM_ERROR, und diese ist direkte Unterklasse von CX_STATIC_CHECK. Die Unterklassen von CX_SHM_ATTACH_ERROR stehen für spezifische Fehlertypen. Das Beispiel in Listing 4.2 zeigt einige Ausnahmen, die bei ATTACH_FOR_READ( ) auftreten können.

```
METHOD read_attach.
  " Diese Methode liefert ein gültiges Lesehandle
  " hdl TYPE REF TO zcl_shm_my_area
  " oder löst im Fehlerfall einen Laufzeitfehler aus
  TRY.
    hdl = zcl_shm_my_area=>attach_for_read( ).
    CATCH cx_shm_read_lock_active.
      " Im aktuellen internen Modus gibt es bereits eine Lesesperre
      " für die Standardinstanz des Gebietes ZCL_SHM_MY_AREA.
      " Dies ist ein Programmierfehler, der nie auftreten sollte.
      MESSAGE 'Das Programm enthält einen Programmierfehler.'
              TYPE 'X'.
    CATCH cx_shm_no_active_version.
      " Die Standardinstanz des Shared-Objects-Gebietes ist
      " ZCL_SHM_MY_AREA nicht verfügbar. Sie kann sich aber
      " bereits im Aufbau befinden.
      MESSAGE 'Es ist keine aktive Gebietsinstanz verfügbar.'
              TYPE 'X'.
    CATCH cx_shm_exclusive_lock_active.
      " Die Standardinstanz des Shared-Objects-Gebietes wird
```

```
      " gerade aktualisiert (Aufbau einer neuen Version)⁶
      MESSAGE 'Die Gebietsinstanz wird gerade geändert.'
              TYPE 'X'.
    CATCH cx_shm_inconsistent.
      MESSAGE 'In der Gebietsinstanz verwendete Datentypen ' &
              'haben sich geändert.' TYPE 'X'.
    CATCH cx_shm_parameter_error.
      " Dieser Fehler kann hier nicht auftreten, da keine
      " Parameter an ATTACH_FOR_READ( ) übergeben wurden.
      MESSAGE 'Das Programm enthält einen Fehler.' TYPE 'X'.
  ENDTRY.
ENDMETHOD.
```

Listing 4.2 Ausnahmen bei ATTACH_FOR_READ( )

Die Methode `DETACH_COMMIT( )` kann ebenfalls verschiedene Ausnahmen auslösen. Diese Ausnahmen informieren über Fehler, die während der Erzeugung einer Gebietsinstanz aufgetreten sind; beispielsweise darüber, dass das Wurzelobjekt nicht gesetzt ist oder dass es noch Referenzen gibt, die vom Gebiet nach außen zeigen. Nach einer Ausnahme bei `DETACH_COMMIT( )` wird die Änderungssperre in eine Lesesperre umgewandelt. Es ist demnach möglich, zur Fehleranalyse lesend auf die Daten in der Gebietsinstanz zuzugreifen. Änderungen an Objekten innerhalb der Gebietsinstanz sind dann jedoch nicht mehr möglich. Um die Sperre vollständig aufzuheben, muss die Instanzmethode `DETACH_ROLLBACK( )` auf dem Gebietshandle aufgerufen oder der interne Modus geschlossen werden. Wenn die Methode `DETACH_ROLLBACK( )` auf einem noch gültigen Änderungshandle aufgerufen wird, werden alle Änderungen rückgängig gemacht, und die Änderungssperre wird freigegeben.

4.4.6 Debugging von Gebietsinstanzen

Solange eine Gebietsinstanz an einen Workprozess gebunden ist, kann mithilfe des ABAP Debuggers auf dieselbe Weise auf ihre Daten zugegriffen werden wie auf Daten im Speicher des internen Modus. Wenn Sie die Werte der Referenzen `root` und `hdl` in der Variablenanzeige des ABAP Debuggers in Abbildung 4.12 vergleichen, sehen Sie, dass die Werteanzeige für die Wurzelvariable `root` mit {O:1.4 und der `hdl`-Wert mit {O:5 beginnt. Diese Codierung hat folgende Bedeutung: Das O zeigt an, dass es sich um eine Objektreferenz handelt. Folgt danach nur ein Wert, so handelt es sich um die Kennung eines Objektes im Speicher des internen Modus (`hdl` liegt also im Speicher des internen Modus).

---

6 Diese Ausnahme kann nur bei Gebieten ohne Versionierung (siehe Abschnitt 4.5.1, »Versionierung von Gebietsinstanzen«) auftreten.

Folgt dagegen ein durch einen Punkt getrenntes Paar von Kennungen, dann gibt der erste Wert die Kennung des Datenobjektes und der zweite die Kennung der Gebietsinstanz an (root liegt also in der Gebietsinstanz mit der Kennung 4).

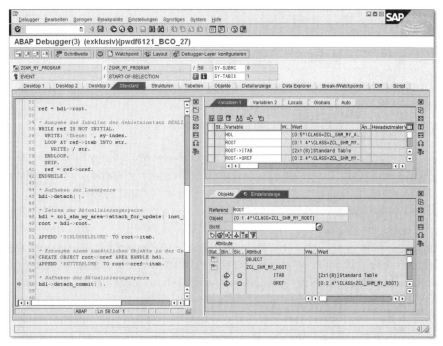

Abbildung 4.12 Gesperrte Gebietsinstanz im ABAP Debugger

Nach dem Aufheben einer Sperre zeigt die Variablenanzeige in Abbildung 4.13, dass alle Variablen in der Gebietsinstanz mit einem gelben Blitzsymbol ( ) gekennzeichnet werden. Dieses Symbol zeigt an, dass nicht mehr auf die Inhalte zugegriffen werden kann.

So weit zu den grundlegenden Merkmalen von ABAP Shared Objects. Im Folgenden werden einige der erweiterten Funktionen vorgestellt.

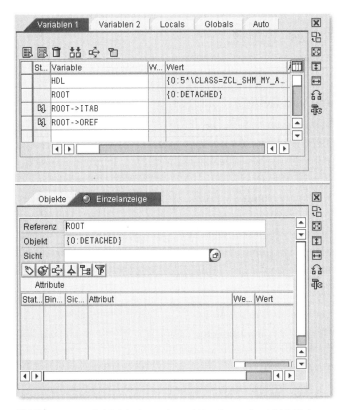

Abbildung 4.13 Gebietsinstanz ohne aktive Sperre im ABAP Debugger

4.5 Erweiterte Programmiertechniken

Die nächsten Abschnitte enthalten einen Überblick über die folgenden, erweiterten Programmiertechniken für ABAP Shared Objects:

- Versionierung von Gebietsinstanzen
- Definition von Gebieten mit *automatischem Aufbau* und Einschränkung der Lebensdauer von Gebietsinstanzen
- Erzeugung von *mandantenabhängigen Gebietsinstanzen* zum Speichern mandantenabhängiger Daten
- Synchronisation von Änderungen zwischen der Datenbank und Gebietsinstanz bei *transaktionalen Gebieten* sowie Abgleich zwischen Gebietsinstanzen auf verschiedenen Applikationsservern
- Festlegung von Speichergrenzen und Kennzeichnung von Gebieten (und Gebietsinstanzversionen) als *verdrängbar*

- Setzen von Änderungssperren auf mehreren Gebietsinstanzen unter Verwendung der *Multi-Attach-Klassenmethode*
- Weiteres zu Gebietshandles

4.5.1 Versionierung von Gebietsinstanzen

Angenommen, eine bereits vorhandene Gebietsinstanz muss aktualisiert werden. Da Änderungssperren exklusiv sind, erhalten keine weiteren Benutzer Lesezugriff auf die Inhalte der Gebietsinstanz, während der Benutzer mit Änderungszugriff seine Sperre hält. In Hochverfügbarkeitsszenarien ist es aber in der Regel notwendig, Lesezugriffe durchführen zu können, während ein Benutzer mit Änderungszugriff die Inhalte einer Gebietsinstanz aktualisiert. Um diesen gleichzeitigen Zugriff zu ermöglichen, bietet ABAP Shared Objects das Konzept der *Versionierung*. Die Verwendung der Versionierung für die Gebietsinstanzen eines Gebietes kann mithilfe der Transaktion SHMA eingestellt werden.

Von einem Gebiet ohne Versionierung kann es maximal eine Gebietsinstanzversion geben, wohingegen es eine beliebige Anzahl von Gebietsinstanzversionen von einem Gebiet mit Versionierung geben kann. Über Transaktion SHMA kann die Anzahl von Versionen aber auch eingeschränkt werden, indem ein oberer Grenzwert eingegeben wird.

Um die Versionierung besser zu verstehen, wird zunächst auf die Status eingegangen, die eine Gebietsinstanzversion während ihres Lebenszyklus einnehmen kann:

- **Im Aufbau**
  Die Gebietsinstanzversion ist exklusiv durch einen Benutzer mit Änderungszugriff gesperrt.

- **Aktiv**
  Die Gebietsinstanzversion ist die zuletzt mithilfe von DETACH_COMMIT( ) erzeugte (das heißt die aktuellste) Gebietsinstanzversion. Alle neuen Lesesperren werden ausschließlich auf die aktive Version gesetzt.

- **Veraltet**
  Die Gebietsinstanzversion ist durch mindestens einen Benutzer mit Lesezugriff gesperrt. Es kann aber keine neue Lesesperre auf diese Version gesetzt werden.

- **Abgelaufen**
  Die Gebietsinstanzversion ist nicht mehr gesperrt, und es ist auch nicht mehr möglich, eine neue Lesesperre auf diese Version zu setzen. Abgelaufene Gebietsinstanzversionen werden durch den Garbage Collector entfernt.

Die Konzepte von Gebietsinstanzversionen und Sperren sind untrennbar miteinander verbunden. Bevor die Auswirkungen von Sperren bei aktivierter Versionierung beschrieben werden, wird nochmals die Verwaltung von Sperren bei *nicht* aktivierter Versionierung näher betrachtet.

Sperren ohne Versionierung

Abbildung 4.14 zeigt die vier Status einer Gebietsinstanzversion, die zu einer Gebietsinstanz ohne Versionierung gehören. Die Möglichkeit, dass eine Gebietsinstanz ohne Versionierung eine Version aufweisen kann, mag zuerst etwas überraschend sein. Der Unterschied zwischen Gebietsinstanzen ohne Versionierung und Gebietsinstanzen mit Versionierung besteht einfach darin, dass Erstere maximal eine und Letztere eine beliebige Anzahl von Versionen enthalten können.[7] Die Methode INVALIDATE_INSTANCE( ) der generierten Gebietsklasse invalidiert eine gesamte Gebietsinstanz. Nach dem Aufruf der Methode kann keine neue Lesesperre für diese Gebietsinstanz mehr gesetzt werden. Dies hat keine Auswirkungen auf Benutzer, die gegenwärtig Lesezugriff auf die Gebietsinstanz haben.

Eine Gebietsinstanzversion weist den Status »im Aufbau« auf, wenn sie im Zugriff eines Benutzers mit Schreibsperre ist (Abbildung 4.14, ❶). Nachdem der Benutzer seine Änderungen durchgeführt hat (Abbildung 4.14, ❷), können sich weitere Benutzer mit Lesezugriff an die Inhalte der »aktiven« Gebietsinstanzversion anbinden und auf diese zugreifen (Abbildung 4.14, ❸). Selbst wenn die Gebietsinstanz invalidiert wurde (Abbildung 4.14, ❹), können bereits angebundene Leser ihre Arbeit fortsetzen, die Inhalte der Gebietsinstanzversion weisen jedoch nun den Status »veraltet« auf, sodass sich keine neuen Benutzer mehr an diese Gebietsinstanzversion anbinden können. Wenn der letzte Benutzer mit Lesezugriff seine Lesesperre aufhebt (Abbildung 4.14, ❺), gilt die Gebietsinstanzversion als »abgelaufen« und wird durch den nächsten Lauf des Garbage Collectors entfernt.

Wird für eine Gebietsinstanz *ohne* Versionierung eine Schreibsperre gesetzt, wird eine zuvor aktive Version dieser Gebietsinstanz automatisch entfernt, und solange die Schreibsperre gesetzt ist, kann keine Lesesperre für diese Gebietsinstanz gesetzt werden (exklusive Schreibsperre). Wird die Schreibsperre über DETACH_ROLLBACK( ) aufgehoben, gibt es keine Gebietsinstanzversion mehr und die Gebietsinstanz wird gelöscht.

---

[7] Eine Gebietsinstanz ist immer die Menge aller Gebietsinstanzversionen des gleichen Namens.

4 | ABAP Shared Objects: Programmierkonzept zur effizienten Speicherausnutzung

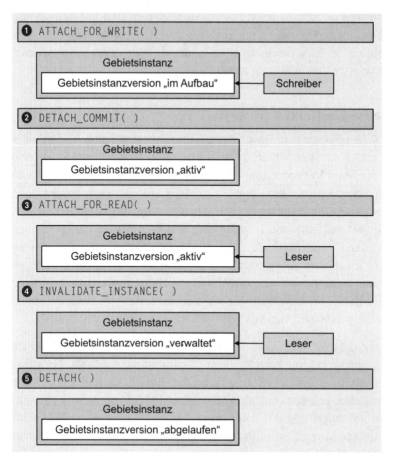

Abbildung 4.14 Status einer Gebietsinstanzversion ohne Versionierung

> **Hinweis**
>
> Verwendet ein Service ABAP Shared Objects, kann es erforderlich sein, dass vor dem Aufruf von DETACH_COMMIT( ) bzw. DETACH_ROLLBACK( ) noch Aufräumarbeiten durchgeführt werden sollen. In diesem Fall kann ein Ereignisbehandler für die Ereignisse SHM_DETACH_COMMIT_EVENT und SHM_DETACH_ROLLBACK_EVENT der generierten Gebietsklasse definiert werden. Die Ereignisse werden ausgelöst, bevor die Änderungssperre durch die Detach-Methode aufgehoben wird.

Sperren mit Versionierung

Eine Gebietsinstanz *mit* Versionierung kann eine beliebige Anzahl von Versionen aufweisen, wobei die maximale Anzahl für ein Gebiet in der Transaktion SHMA eingeschränkt werden kann. Aber auch eine Gebietsinstanz mit Versionierung kann maximal eine Version mit dem Status »im Aufbau« und maximal eine Version mit dem Status »aktiv« aufweisen. Abbildung 4.15 zeigt die Status der unterschiedlichen Versionen einer Gebietsinstanz mit Versionierung.

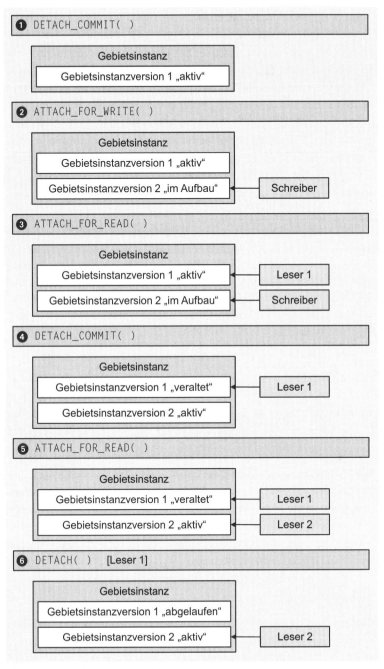

Abbildung 4.15 Status einer Gebietsinstanzversion mit Versionierung

Ausgehend von einer bereits aktiven Gebietsinstanzversion 1 (Abbildung 4.15, ❶), erzeugt ein Benutzer mit Schreibzugriff eine neue Gebietsinstanzversion 2 (Abbildung 4.15, ❷). Während der Benutzer mit Schreibzugriff an der neuen Version arbeitet, kann sich ein Benutzer mit Lesezugriff lediglich an die aktive Gebietsinstanzversion 1 anbinden (Abbildung 4.15, ❸). Nachdem der Benutzer mit Schreibzugriff seine Änderungen an der Gebietsinstanzversion 2 fertiggestellt hat (Abbildung 4.15, ❹), weist Gebietsinstanzversion 1 den Status »veraltet« auf, und Gebietsinstanzversion 2 wird die neue aktive Version. Bereits angebundene Benutzer mit Lesezugriff können weiterhin mit der veralteten Gebietsinstanzversion 1 arbeiten, neue Benutzer mit Lesezugriff werden jedoch an die aktive Gebietsinstanzversion 2 gebunden (Abbildung 4.15, ❺). Hebt der letzte Benutzer mit Lesezugriff seine Sperre für Gebietsinstanzversion 1 auf (Abbildung 4.15, ❻), läuft diese Version ab und wird durch den nächsten Lauf des Garbage Collectors entfernt.

> **Hinweis**
>
> Wenn eine maximale Anzahl von Versionen festgelegt ist und dieser Wert erreicht wird, bleiben Versionen mit dem Status »veraltet« weiterhin erhalten, da noch mindestens ein Benutzer mit Lesezugriff auf sie zugreift. Selbst wenn kein Benutzer mit Lesezugriff an die gegenwärtig aktive Version angebunden ist, wird diese nicht automatisch invalidiert, um eine neue Version erzeugen zu können. Soll dennoch die gegenwärtig aktive Version ersetzt werden, muss diese explizit über einen Aufruf der Methode `INVALIDATE_INSTANCE( )` invalidiert werden.

Der Vorteil von Gebietsinstanzen mit Versionierung ist die hohe Wahrscheinlichkeit, dass zu einem beliebigen Zeitpunkt eine aktive Version verfügbar ist und damit erfolgreich eine neue Lesesperre gesetzt werden kann. Wird eine Änderungssperre über `DETACH_ROLLBACK( )` entfernt, bleibt die letzte aktive Version für zukünftige Benutzer mit Lesezugriff erhalten.

Lesesperren, die über einen längeren Zeitraum auf einer Gebietsinstanz mit Versionierung aufrechterhalten werden, können jedoch ein Problem darstellen. Wenn beispielsweise eine Version für durchschnittlich fünf Stunden gesperrt und stündlich eine neue Version erzeugt wird, werden dafür mindestens sechs Versionen benötigt (siehe Abbildung 4.16). Dies führt zu einem hohen Verbrauch an Shared Objects Memory. Es wird daher dringend empfohlen, Lesesperren, die über längere Zeiträume gehalten werden, bei Verwendung der Versionierung zu vermeiden.

Es gibt einen weiteren entscheidenden Unterschied zwischen Gebieten mit Versionierung und Gebieten ohne Versionierung: Wenn eine Aktualisierungssperre für eine Gebietsinstanz mit Versionierung gesetzt wird, muss die gesamte aktive Version zunächst in eine neue Version kopiert werden, die dann geändert werden kann.

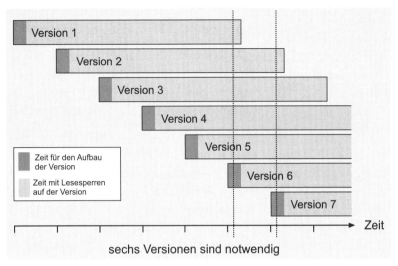

Abbildung 4.16 Versionierung und lange Sperrzeiten

Dieser Kopiervorgang kann einige Zeit in Anspruch nehmen. Ohne den Kopiervorgang könnte die aktive Version nicht für weitere Lesezugriffe freigehalten werden. Wird dagegen eine Aktualisierungssperre für eine Gebietsinstanz ohne Versionierung gesetzt, wird lediglich die aktive Version zur Bearbeitung geöffnet.

> **Hinweis**
>
> Neben der Methode INVALIDATE_INSTANCE( ) bietet die generierte Gebietsklasse auch die Methode INVALIDATE_AREA( ) zum Invalidieren aller Instanzen eines Gebietes. Des Weiteren sind zwei Methoden – FREE_INSTANCE( ) und FREE_AREA( ) – verfügbar, über die eine Gebietsinstanz bzw. alle Instanzen eines Gebietes freigegeben werden können. Im Gegensatz zu den Methoden zur Invalidierung führen die Methoden zum Freigeben zusätzlich dazu, dass angebundene Benutzer mit Lesezugriff abgehängt werden.

4.5.2 Automatischer Gebietsaufbau und Einschränken der Lebensdauer

Angenommen, ein Benutzer versucht, auf die Daten in einer Gebietsinstanz zuzugreifen, die noch nicht erzeugt wurde. Es wäre sicher sinnvoll, wenn in diesem Moment die Erzeugung der Gebietsinstanz automatisch gestartet werden könnte. Hierzu kann für ein Gebiet der *automatische Aufbau* eingeschaltet werden. Bei dem Versuch auf eine noch nicht verfügbare Instanz eines Gebietes mit automatischem Aufbau lesend zuzugreifen, wird eine Ausnahme ausgelöst, die anzeigt, dass die Erzeugung einer Gebietsinstanz angestoßen wurde.

Diese Ausnahme kann abgefangen und der Lesezugriff in bestimmten Zeitabständen so lange wiederholt werden, bis die Gebietsinstanz verfügbar ist.

Um für ein Gebiet den automatischen Aufbau einzuschalten, muss eine zusätzliche Klasse als sogenannter *Gebietskonstruktor* angelegt werden, die das Interface IF_SHM_BUILD_INSTANCE implementiert. Dieses Interface enthält eine einzige statische Methode BUILD( ), in welcher der Gebietskonstruktor implementiert werden muss.

Wie in Abbildung 4.17 gezeigt, kann in der Transaktion SHMA das Ankreuzfeld AUTOMATISCHER AUFBAU ausgewählt werden, um die automatische Erzeugung einer Gebietsinstanz zu aktivieren. Ferner ist die Angabe des Gebietskonstruktors, das heißt einer Klasse, die das Interface IF_SHM_BUILD_INSTANCE( ) implementiert, im Feld KONSTRUKTORKLASSE notwendig. Darüber hinaus muss im Feld GEBIETSAUFBAU ein Modus für den AUTOSTART spezifiziert werden. Es kann zwischen verschiedenen Modi gewählt werden. Um den automatischen Aufbau bei der ersten Leseanfrage zu veranlassen, wird beispielsweise AUTOSTART BEI LESEANFRAGE gewählt.

Abbildung 4.17 Definieren eines Gebietes mit automatischem Aufbau

Der Quellcode zum Erzeugen der Gebietsinstanz (siehe zum Beispiel Listing 4.1) wird für ein Gebiet mit automatischem Aufbau in die Methode BUILD( ) der Konstruktorklasse verschoben. Im Allgemeinen sollte dies dann auch die einzige Stelle sein, an der die Methode ATTACH_FOR_WRITE( ) des Gebietes aufgerufen wird. Bei Fehlern sollte die Methode BUILD( ) die Ausnahme CX_SHM_BUILD_FAILED auslösen. Der Quellcode in Listing 4.3 zeigt eine solche Implementierung.

```
CLASS zcl_shm_my_constructor IMPLEMENTATION.
  METHOD if_shm_build_instance~build.
    DATA:
      hdl    TYPE REF TO zcl_shm_my_area,
      root   TYPE REF TO zcl_shm_my_root,
      except TYPE REF TO cx_root.
    TRY.
        hdl = zcl_shm_my_area=>attach_for_write(
              inst_name = inst_name ).
      CATCH cx_shm_error INTO except.
        RAISE EXCEPTION TYPE cx_shm_build_failed
                    EXPORTING previous = except.
    ENDTRY.
    CREATE OBJECT root AREA HANDLE hdl.
    hdl->set_root( root ).
    ..."Schreiben von Daten in die Gebietsinstanz
    TRY.
        hdl->detach_commit( ).
      CATCH cx_shm_error INTO except.
        RAISE EXCEPTION TYPE cx_shm_build_failed
                    EXPORTING previous = except.
    ENDTRY.
  ENDMETHOD.
ENDCLASS.
```

Listing 4.3 Implementierung eines Gebietskonstruktors

Ein automatisch gestarteter Gebietskonstruktor wird in einem separaten Modus ausgeführt, um Nebeneffekte auf den aktuellen internen Modus auszuschließen. Der Gebietskonstruktor kann jedoch auch explizit über die Methode BUILD( ) der generierten Gebietsklasse aufgerufen werden. In diesem Fall wird der Gebietskonstruktor wie alle anderen Methoden dieser Klasse im aktuellen internen Modus ausgeführt.

Zusätzlich zur Möglichkeit, eine Gebietsinstanz automatisch bei der ersten Leseanforderung zu erzeugen, kann die Gebietsinstanz auch nach ihrer Invalidierung neu erzeugt werden. Dazu muss im Feld GEBIETSAUFBAU der Transaktion SHMA der Eintrag AUTOSTART BEI LESEANFRAGE UND JEDER INVALIDIERUNG angegeben werden.

Standardmäßig lebt eine aktive Gebietsinstanzversion so lange, wie der SAP-Applikationsserver aktiv ist, auf dem sie erzeugt wurde. Gebietsinstanzen, auf die kein Zugriff mehr erforderlich ist, sollten invalidiert werden. Anderenfalls wird wertvolles Shared Objects Memory durch nutzlose Daten blockiert. Die Lebensdauer von Gebietsinstanzversionen kann über verschiedene Methoden eingeschränkt werden, die im Folgenden kurz vorgestellt werden.

Eine Gebietsinstanz kann entweder explizit durch den Aufruf der Methode INVALIDATE_INSTANCE( ) oder implizit nach Ablauf ihrer *Lebensdauer* invalidiert werden. Die Lebensdauer kann wie folgt eingestellt werden:

- **Verfallszeit**
  Durch die Angabe einer *Verfallszeit* kann der Gültigkeitszeitraum der Gebietsinstanzinhalte eingeschränkt werden. Technisch gesehen ist dies der Zeitraum zwischen dem letzten Aufruf von DETACH_COMMIT( ) und der automatischen Invalidierung der Gebietsinstanz.

- **Leerlaufzeit**
  Eine *Leerlaufzeit* gibt eine Zeitspanne an, nach deren Ablauf eine Gebietsinstanz, auf die nicht lesend zugegriffen wurde, invalidiert wird. Dabei ist zu beachten, dass es eine zeitliche Differenz zwischen dem Zeitpunkt, zu dem die Invalidierung einer Gebietsinstanz ausgelöst wird, und der Fertigstellung des Gebietskonstruktors gibt. In diesem Zeitraum ist keine aktive Gebietsinstanzversion verfügbar.

- **Aktualisierungszeit**
  Als weitere Möglichkeit, die Lebensdauer einer Gebietsinstanz einzuschränken, kann eine *Aktualisierungszeit* festgelegt werden. Im Gegensatz zur Verfalls- und Leerlaufzeit wird bei dieser Methode der Gebietskonstruktor gestartet, wenn eine bestimmte Zeitspanne seit der letzten Aktualisierung abgelaufen ist. Die aktive Gebietsinstanzversion wird jedoch beibehalten, bis der Gebietskonstruktor abgeschlossen wurde. Dabei ist zu beachten, dass eine Aktualisierungszeit nur dann angegeben werden sollte, wenn die Versionierung für das Gebiet aktiviert ist. Ohne Versionierung kann es keine zwei Versionen – eine im Status »aktiv« und eine im Status »in Aufbau« – geben (siehe Abschnitt 4.5.1, »Versionierung von Gebietsinstanzen«).

Abbildung 4.18 zeigt, wie die unterschiedlichen Einschränkungen für die Lebensdauer im gleichnamigen Feld der Transaktion SHMA angegeben werden:

- Verfallszeit als BIS VERFALL
- Aktualisierungszeit als BIS NEUAUFBAU
- Leerlaufzeit als OHNE LESEZUGRIFF

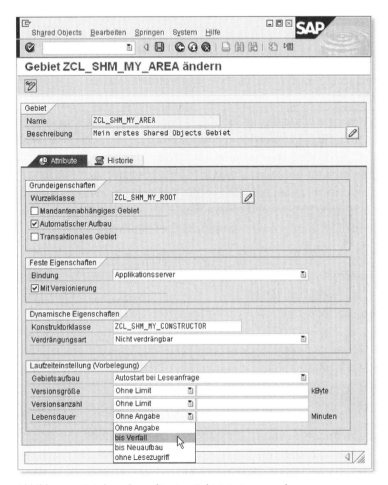

Abbildung 4.18 Lebensdauer für eine Gebietsinstanz angeben

4.5.3 Mandantenabhängige Gebiete

In einer Gebietsinstanz können auch mandantenabhängige Daten gespeichert werden. Zur Erstellung eines mandantenabhängigen Gebietes muss das entsprechende Ankreuzfeld in der Transaktion SHMA gesetzt werden. In diesem Fall werden zwei Gebietsinstanzen nur dann als gleich betrachtet, wenn sie zu demselben Gebiet gehören, denselben Namen und denselben Mandanten aufweisen. Bei mandantenabhängigen Gebieten erhalten bestimmte Methoden der generierten Gebietsklasse den optionalen Parameter CLIENT. Wenn diesem Parameter kein Wert übergeben wird, wird standardmäßig der aktuelle Mandant, der bei der Anmeldung an das System benutzt wurde, verwendet. Einige dieser Methoden können auch allgemeingültig für alle Mandanten aufgerufen werden. Die schon erwähnte Methode INVALIDATE_INSTANCE( ) kann beispielsweise verwendet werden, um sämtliche Versionen einer spezifischen Gebietsinstanz für alle Mandanten zu invalidieren. Zu diesem Zweck wird einfach die Konstante CL_SHM_AREA=>ALL_CLIENTS an den Mandantenparameter übergeben.

4.5.4 Synchronisation von Änderungen

Da eine Gebietsinstanz häufig Daten enthält, die in der Datenbank gespiegelt werden, ist es eine gängige Anforderung, die Daten zwischen der Datenbank und der Gebietsinstanz zu synchronisieren. Dabei muss sichergestellt werden, dass Änderungen in der Datenbank und in der Gebietsinstanz gleichzeitig durchgeführt werden. Insbesondere müssen die Änderungen in der Gebietsinstanz bis zum nächsten Datenbank-Commit verzögert werden, da die entsprechenden Datenbankänderungen bis dahin nicht festgeschrieben sind.

Wird für ein Gebiet in der Transaktion SHMA das Ankreuzfeld TRANSAKTIONALES GEBIET ausgewählt, dann werden die folgenden Operationen bis zum nächsten Datenbank-Commit verzögert:

- DETACH_COMMIT( )
- INVALIDATE_AREA( )
- INVALIDATE_INSTANCE( )
- FREE_AREA( )
- FREE_INSTANCE( )

Die Ausführungsreihenfolge dieser Operationen zum Zeitpunkt des Datenbank-Commits entspricht der Ausführungsreihenfolge im ABAP-Programm. Der Zustand einer neuen transaktionalen Gebietsinstanzversion nach dem Aufruf von DETACH_COMMIT( ) wird durch einen weiteren Status »wartend auf COMMIT« umschrieben.

Abbildung 4.19 zeigt, wie Änderungen an einer Gebietsinstanzversion eines transaktionalen Gebietes erst beim nächsten Datenbank-Commit wirksam werden. Während Version 1 aktiv ist, wird die Erzeugung von Version 2 durch den Aufruf von DETACH_COMMIT( ) abgeschlossen (Abbildung 4.19, ❶). Neue Benutzer mit Lesezugriff werden an die aktive Version 1 geleitet (Abbildung 4.19, ❷), und für Version 2 wird der Status »wartend auf COMMIT« beibehalten. Nach der Abarbeitung eines Datenbank-Commits (Abbildung 4.19, ❸) weist Version 1 den Status »veraltet« auf, und Version 2 wird die neue aktive Version.

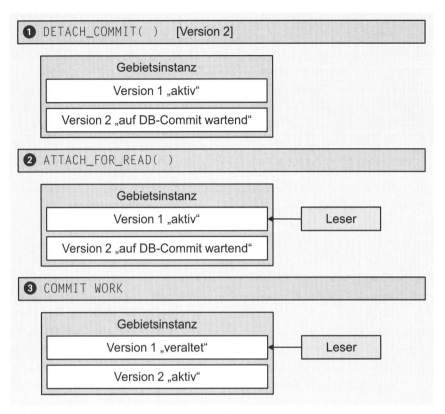

Abbildung 4.19 Status einer transaktionalen Gebietsinstanz

Es ist nicht möglich, zusätzliche Änderungen an einer Gebietsinstanzversion mit dem Status »auf DB-COMMIT wartend« vorzunehmen. Wenn das ABAP-Programm einen Datenbank-Rollback durchführt, um alle Datenbankänderungen rückgängig zu machen, ändert sich der Status aller Gebietsinstanzversionen mit dem Status »auf DB-COMMIT wartend« in »abgelaufen«, und die Operationen zum Freigeben oder Invalidieren eines Gebietes oder einer Gebietsinstanz werden nicht ausgeführt.

Um sicherzustellen, dass die Änderungen an der Datenbank auch in der Gebietsinstanz durchgeführt werden, ist es verboten, explizite oder implizite Datenbank-Commits in einem internen Modus auszuführen, der eine Änderungssperre für eine transaktionale Gebietsinstanz gesetzt hat. Einige ABAP-Anweisungen wie CALL DIALOG, CALL TRANSACTION und SUBMIT sind in diesem Kontext daher nicht zulässig. Wenn Datenbankänderungen innerhalb der Verbuchung vorgenommen werden, sollten die Änderungen an einer transaktionalen Gebietsinstanz ebenfalls im Rahmen der Verbuchung durchgeführt werden.

In der Regel verwendet ein ABAP-basiertes SAP-System mehr als einen Applikationsserver. Da sich Änderungen in der Datenbank auf allen Servern widerspiegeln, sich Änderungen innerhalb einer Gebietsinstanz jedoch nur auf den lokalen Server beziehen, müssen die Änderungen an einer transaktionalen Gebietsinstanz an alle anderen Server propagiert werden. Die Implementierung von ABAP Shared Objects verwendet ein sogenanntes *Pull-Modell*, um die Daten in den Gebietsinstanzen auf allen Servern zu synchronisieren. Das heißt, dass lediglich Invalidierungsinformationen an andere Server gesendet werden, nicht die geänderten Daten selbst (Letzteres wäre bei einem *Push-Modell* der Fall).

Zum Senden der Invalidierungsinformationen haben bei transaktionalen Gebieten die Methoden INVALIDATE_AREA( ), INVALIDATE_INSTANCE( ), FREE_AREA( ) und FREE_INSTANCE( ) der generierten Gebietsklasse einen optionalen Parameter AFFECT_SERVER.[8] Wird diesem Parameter der Wert der Konstanten CL_SHM_AREA=>AFFECT_ALL_SERVERS oder CL_SHM_AREA=>AFFECT_ALL_SERVERS_BUT_LOCAL mitgegeben, so wird ein Synchronisierungseintrag in die Datenbank geschrieben, der die Ausführung der entsprechenden Methode auch auf allen anderen Applikationsservern veranlasst. Durch Aufruf der Methode zur Invalidierung bzw. zur Freigabe einer Gebietsinstanz oder eines Gebietes zum selben Zeitpunkt, zu dem auch die Datenbankänderungen gemacht werden, kann sichergestellt werden, dass alle Gebietsinstanzen auf anderen Servern, die die alten Daten enthalten, praktisch gleichzeitig mit den Datenbankänderungen invalidiert bzw. freigegeben werden. Dadurch ist es sehr unwahrscheinlich, dass auf einem beteiligten Applikationsserver veraltete Daten aus einer Gebietsinstanz gelesen werden. Die Invalidierung einer Gebietsinstanz hat jedoch den Nachteil, dass vor dem nächsten Lesezugriff eine neue Gebietsinstanz erzeugt werden muss. Wenn jedoch ein Gebietskonstruktor angegeben und die Laufzeiteinstellung AUTOSTART BEI LESEANFRAGE UND JEDER INVALIDIERUNG aktiviert wurde, wird die Gebietsinstanz unmittelbar nach der Invalidierung unter Verwendung der aktuellen Daten aus der Datenbank neu erzeugt.

4.5.5 Festlegen von Speichergrenzen und Verdrängbarkeit

Die Gesamtgröße des Shared Objects Memorys wird durch einen Profilparameter festgelegt, und alle Anwendungen benutzen diesen Speicher, um Daten in Gebietsinstanzen zu speichern. Um zu verhindern, dass ein Gebiet das gesamte Shared Memory belegt, sodass keine andere Anwendung mehr Daten im

---

8 Der Parameter AFFECT_SERVER steht erst ab den Releases 7.0, EhP2 und 7.1/7.2 zur Verfügung. Bis dahin dienten die seitdem obsoleten Methoden PROPAGATE_INSTANCE( ) und PROPAGATE_AREA( ) zur Ausführung einer Invalidierung auf allen Applikationsservern.

Shared Objects Memory ablegen kann, kann über die Transaktion SHMA die maximale Größe einer Gebietsinstanzversion im Feld VERSIONSGRÖSSE festgelegt werden.

Gebiete können im Feld VERDRÄNGUNGSART der Transaktion SHMA auch als »verdrängbar« gekennzeichnet werden. Eine Gebietsinstanzversion eines als »verdrängbar« gekennzeichneten Gebietes wird automatisch invalidiert, wenn die maximale Kapazität des Shared Objects Memorys erreicht wird und sie nicht durch einen Lese- oder Änderungszugriff gesperrt ist.

4.5.6 Gleichzeitige Änderungssperren auf mehreren Gebietsinstanzen

Um Deadlocks beim Setzen von mehreren parallelen Änderungssperren zu verhindern, darf innerhalb eines internen Modus keine zweite Änderungssperre über die Methoden ATTACH_FOR_WRITE( ) bzw. ATTACH_FOR_UPDATE( ) gesetzt werden. Sind gleichzeitig mehrere Änderungssperren für verschiedene Gebietsinstanzen in einem internen Modus erforderlich, muss die Methode MULTI_ATTACH( ) der Klasse CL_SHM_AREA verwendet werden. Diese Methode ist so implementiert, dass Deadlocks vermieden werden. Parallele Lesesperren können ebenfalls mithilfe der Methode MULTI_ATTACH( ) gesetzt werden. Sperren, die über MULTI_ATTACH( ) gesetzt werden, können unter Verwendung der normalen Detach-Methoden in einer beliebigen Reihenfolge freigegeben werden.

4.5.7 Weiteres zu Gebietshandles

Angenommen, ein Service legt neue Objekte an. Diese können, sofern der Service Shared Objects verwendet, innerhalb einer Gebietsinstanz oder im Speicher des internen Modus erzeugt werden. Um unnötige Codekomplexität zu vermeiden, wäre es sinnvoll, wenn der Speicher des internen Modus wie ein Gebiet des Shared Memorys behandelt, das heißt ebenfalls über ein Gebietshandle adressiert werden könnte. Zu diesem Zweck wird durch den Aufruf von CL_IMODE_AREA=>GET_IMODE_HANDLE( ) in jedem internen Modus ein spezielles Gebietshandle bereitgestellt.

Darüber hinaus kann auch ein Gebietshandle für eine Gebietsinstanz über ein vorhandenes Shared Object besorgt werden. Soll ein neues Objekt beispielsweise in derselben Gebietsinstanz angelegt werden wie ein bereits vorhandenes Objekt, kann zur Ermittlung des korrekten Gebietshandles die Methode GET_HANDLE_BY_OREF( ) der Klasse CL_ABAP_MEMORY_AREA verwendet werden. Es ist zu beachten, dass das zurückgegebene Gebietshandle nur zum Erzeugen des neuen Objektes, nicht aber zum Aufheben einer Gebietssperre verwendet werden kann. Dadurch wird sichergestellt, dass ausschließlich der Anforderer einer Sperre, das heißt der Aufrufer einer Attach-Methode die Sperre aufheben kann.

4.6 Empfohlenes Programmiermodell

Die Implementierung von ABAP Shared Objects enthält praktisch zwar keinerlei Einschränkungen im Hinblick darauf, wo Sperren gesetzt und aufgehoben werden dürfen, zu empfehlen ist aber folgendes Programmiermodell: Um ABAP-Programme zu erstellen, die lesbar, verwaltbar und sicher sind, sollten immer Loader- und Broker-Klassen zum Kapseln des Zugriffs auf eine Gebietsinstanz eingesetzt werden (siehe Abbildung 4.20).

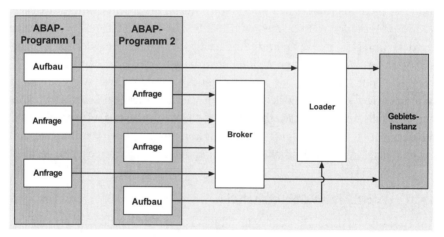

Abbildung 4.20 Empfohlenes Programmiermodell

Eine Loader-Klasse kann verwendet werden, um die Gebietsinstanz zu erzeugen oder zu aktualisieren. Ein solcher Loader sollte in einem eigenen Modus ausgeführt werden, um Konflikte mit dem aktuellen Modus zu verhindern. Wird die Funktion zum automatischen Gebietsaufbau verwendet, kann die Klasse, die als Gebietskonstruktor definiert ist, auch gut als Loader-Klasse verwendet werden.

Die Broker-Klasse bietet alle erforderlichen Methoden, um die Daten in einer Gebietsinstanz zu lesen. Ein guter Broker führt die erforderlichen Berechtigungsüberprüfungen durch und gibt lediglich die angeforderten Daten zurück. Die Broker-Klasse sollte nie eine Referenz auf das Wurzelobjekt zurückgeben, da der Aufrufer sonst auf alle Daten innerhalb der Gebietsinstanz zugreifen kann, ohne dass weitere Berechtigungsüberprüfungen durchgeführt werden.

Eine Broker-Klasse sollte die einzige Stelle sein, an der Lesesperren gesetzt und aufgehoben werden. Der Zugriff auf das Lesehandle sollte nur innerhalb der Broker-Klasse möglich sein.

> **Tipp**
>
> Ist die Broker-Klasse so implementiert, dass Lesesperren zum Abrufen von Daten nur kurzzeitig gehalten werden, kann es geschehen, dass der Broker auf unterschiedliche Gebietsinstanzversionen zugreift. Letzteres gilt insbesondere, wenn die Gebietsinstanz häufig geändert wird. Wenn ein ABAP-Programm während der gesamten Ausführung konsistente Daten benötigt, muss die Broker-Klasse für die gesamte Programmlaufzeit eine Lesesperre setzen, ohne die Bindung zur Gebietsinstanzversion aufzulösen.

Copy-on-Detach-Semantik für interne Tabellen und Strings

Eine Zuweisung von internen Tabellen und Strings wird in ABAP mit *Copy-on-Write-Semantik* durchgeführt, das heißt, das eigentliche Kopieren der Dateninhalte wird so lange verzögert, bis eine der beiden beteiligten Tabellen bzw. Strings tatsächlich geändert wird. Folgen nach der Zuweisung ausschließlich lesende Zugriffe, dann werden die Kopierkosten also komplett eingespart, was sich positiv auf das Laufzeitverhalten von Programmen auswirkt. Da die beiden beteiligten Datenobjekte auf einen gemeinsamen Speicherbereich verweisen, wird in diesem Zusammenhang auch von *Tabellen- bzw. String-Sharing* gesprochen.

Im Zusammenhang mit ABAP Shared Objects wurde die Semantik des Tabellen- und String-Sharings auf eine *Copy-on-Detach-Semantik* verallgemeinert. Solange eine Gebietsinstanz mit dem internen Modus einer Anwendung verbunden ist – der Zeitraum zwischen Setzen und Lösen der Sperre –, greift das übliche Sharing für interne Tabellen und Strings. Gleiches gilt, falls mehrere Instanzen unterschiedlicher Gebiete gleichzeitig geöffnet sind und interne Tabellen oder Strings aus verschiedenen Gebietsinstanzen einander zugewiesen werden. Da nach einem Lösen der Sperre nicht mehr auf die gemeinsamen Dateninhalte zugegriffen werden kann, kopiert die ABAP-Laufzeitumgebung zu diesem Zeitpunkt den Inhalt der bis dahin gemeinsam genutzten Quelldatenobjekte (Copy-on-Detach).

Dabei ist darauf zu achten, dass interne Tabellen und Strings, die einander über Gebietsinstanzgrenzen hinweg zugewiesen, aber nur temporär, zum Beispiel während des Aufbaus der Gebietsinstanz, benötigt wurden, vor dem Aufruf der Detach-Methode explizit mit der Anweisung FREE wieder gelöscht werden sollten. Anderenfalls werden ihre Inhalte unnötigerweise kopiert, was zu vermeidbarem Speicherverbrauch und erhöhtem Laufzeitbedarf führt.

4.7 Fazit

In diesem Kapitel wurde gezeigt, dass das Programmierkonzept ABAP Shared Objects eine leistungsfähige und robuste API bietet, um Anwendungsdaten innerhalb des Shared Memorys eines Applikationsservers zu speichern. Darüber hinaus können die Daten dort direkt manipuliert und ohne Kopierkosten gelesen werden. ABAP Shared Objects eignet sich insbesondere, wenn die in einer Gebietsinstanz gespeicherten Daten selten geändert werden oder wenn aggregierte Datenstrukturen, deren Aufbau zeitaufwendig ist, im Shared Memory gehalten werden sollen. Durch die Verwendung von ABAP Shared Objects kann sowohl der Gesamtspeicherbedarf Ihrer Anwendungsprogramme reduziert als auch das Laufzeitverhalten verbessert werden.

Daten, die mithilfe von ABAP Shared Objects gespeichert werden, unterscheiden sich von Daten, die über die ABAP-Anweisungen EXPORT TO SHARED MEMORY und IMPORT FROM SHARED MEMORY verarbeitet werden, dadurch, dass sie nicht über EXPORT aus dem internen Modus in das Shared Memory oder über IMPORT aus dem Shared Memory in den internen Modus kopiert werden müssen. Mit ABAP Shared Objects können Daten direkt im Shared Memory des Applikationsservers erzeugt werden, und auch der direkte Zugriff auf diese Daten ist möglich. Damit entfällt der Mehraufwand durch das Kopieren der Daten in das und aus dem Shared Memory. Ein weiterer Vorteil ist die Reduzierung des Speicherverbrauchs auf dem Applikationsserver, da keine Daten in die internen Modi der einzelnen Benutzer kopiert werden müssen.

Darüber hinaus können mit IMPORT und EXPORT keine echten Objekte oder gar Objektgeflechte im Shared Memory gespeichert werden. Die Unterstützung solcher Objektgeflechte war dagegen ein grundlegendes Designziel für die Implementierung von ABAP Shared Objects.

Mit ABAP Shared Objects hebt SAP die strenge Trennung unterschiedlicher interner Modi teilweise auf. Es kann nun problemlos ein einziger Datensatz für mehrere interne Modi bereitgestellt werden, ohne dass dazu Kopiervorgänge erforderlich sind.

ABAP Shared Objects bietet somit eine Reihe wichtiger Vorteile. Aber auch potenzielle Nachteile müssen bei der Verwendung berücksichtigt werden, die hauptsächlich in zusätzlicher Komplexität begründet liegen:

- Der Zugriff auf Gebietsinstanzen sollte in Broker- oder Loader-Klassen gekapselt werden, in denen alle erforderlichen Berechtigungsüberprüfungen durchgeführt werden.

- Wenn ABAP Shared Objects in einem Shared-Buffer-Szenario verwendet wird, sollten nicht mehr benötigte Gebietsinstanzen explizit gelöscht werden, um nicht unnötig Ressourcen des Shared Memorys zu vergeuden.
- ABAP Shared Objects sollte nicht verwendet werden, wenn die Daten in einer Gebietsinstanz häufig geändert werden.
- Beim Aufbau von Gebietsinstanzen für Shared Objects ist darauf zu achten, dass nach dem Aufheben der Schreib- bzw. Änderungssperre keine Referenzen mehr von der Gebietsinstanz auf den Speicher des internen Modus gehalten werden dürfen.

Die zusätzliche Komplexität ist einfach der Preis, den Sie für einen expliziten Umgang mit dem Shared Memory zahlen müssen. Der implizite Umgang, wie ihn zum Beispiel der SAP-Puffer für Datenbanktabellen bietet, ist einfacher in der Bedienung, aber eben auch viel weniger mächtig.

Trotz neuer Kommunikationsprotokolle wie HTTP, HTTPS und SOAP ist Remote Function Call (RFC) auch weiterhin das bevorzugte Protokoll, um SAP-Systeme über Funktionsaufrufe miteinander zu verbinden. Dieser Artikel gibt Entwicklern und Administratoren einen profunden Überblick über alle Spielarten des RFC sowie über die Vorgehensweisen, um robuste Remote-enabled Function Modules (RFM) anzulegen.

Masoud Aghadavoodi Jolfaei und Eduard Neuwirt

5 RFC und RFM – Leitfaden zu ABAP Remote Communications

Seit der Erfindung durch Gerd Rodé und Rainer Brendle im Jahr 1993 hat sich Remote Function Call (RFC) zu einem zuverlässigen, weithin unterstützten Protokoll entwickelt, das in fast alle größeren Enterprise-Systeme eingebettet ist. Die Stärken von RFC sind in erster Linie seine Einfachheit und Benutzerfreundlichkeit. Für viele andere Technologien aus dieser Zeit, wie zum Beispiel DCE-RPC, COM oder CORBA, werden häufig dicke Bücher benötigt, um ihre Konfigurations- und Programmiermöglichkeiten zu beschreiben. RFC hingegen ist ein Protokoll, mit dem sich die Benutzer intuitiv und schnell vertraut machen können.

Innerhalb von SAP-Landschaften bildet RFC darüber hinaus die Basis für praktisch alle wichtigen Integrationstechniken, die auf Kommunikation zwischen Systemen beruhen, wie zum Beispiel *Application Link Enabling (ALE)*, *Intermediate Documents (IDocs)*, *ArchiveLink* sowie Verbindungen zu aktuelleren Techniken wie SAP NetWeaver Portal und SAP NetWeaver Master Data Management (MDM). Als Entwickler haben Sie RFC wahrscheinlich schon zum Aufrufen von Funktionsbausteinen in anderen SAP-Systemen verwendet oder eine oder mehrere der eigenständigen RFC-Bibliotheken von SAP[1] benutzt, um sich von einem Java-, C-, C++- oder .NET-System aus mit einem SAP-System zu verbinden.

Darüber hinaus bietet Ihr SAP-System[2] ein transaktionales RFC-Modell – das heißt ein Modell, in dem Sie mehrere RFC-Aufrufe angeben können, die als

---

1 RFC-Bibliotheken sind im SAP Service Marketplace (*http://service.sap.com/swdc/*) verfügbar.
2 Unter SAP-System wird hier ein auf dem SAP NetWeaver Application Server ABAP (kurz: AS ABAP) beruhendes System verstanden.

Gruppe gemeinsam erfolgreich ausgeführt bzw. gemeinsam fehlschlagen sollen. Außerdem können Sie eine ausgewogene Verteilung der Systemlast erreichen, indem Sie das System mehrere RFCs gleichzeitig ausführen lassen. Das aufrufende Programm wird erst dann fortgesetzt, wenn alle aufgabenspezifischen Ergebnisse verfügbar sind.

Dieses Kapitel beginnt mit der Erläuterung einiger wichtiger Begriffe und Konzepte im Zusammenhang mit RFCs. Dies umfasst die Bausteine der Interaktion zwischen einer Client- und einer Serversitzung sowie eine Beschreibung der fünf verfügbaren RFC-Varianten. Sie erfahren, wann, weshalb und wie Sie jede einzelne Variante verwenden. Anschließend wird erläutert, wie remotefähige Funktionsbausteine (*Remote-enabled Function Modules, RFM*) entworfen und entwickelt werden. Außerdem erfahren Sie, wie Benutzerberechtigungsprüfungen durchgeführt und RFC-Destinationen gepflegt werden. Zu den erweiterten Themen dieses Kapitels zählen die Serialisierung und Deserialisierung von ABAP-Typen sowie die Behandlung von RFC-Ausnahmen und -Meldungen in Ihren Programmen. Anhand von Best Practices wird für jedes dieser Themen gezeigt, wie die häufigsten Anforderungen an RFC-Anwendungen effizient erfüllt werden können, beispielsweise die effektive Verwendung von RFC-Berechtigungsobjekten, oder wie Sie Fehler aufgrund von Zeichenkonvertierungen vermeiden.

5.1 Grundlagen des RFC und mögliche Varianten

Zunächst erhalten Sie einen kurzen Überblick über die Grundlagen des RFC und die möglichen fünf RFC-Varianten, die auf einem AS ABAP ab Release 4.0B verfügbar sind. Darüber hinaus lernen Sie, wie Sie diese Varianten in Ihren ABAP-Programmen verwenden. Dieses Wissen ist insbesondere für Entwickler und Administratoren von SAP-Programmen wichtig. Falls Sie mit einer oder mehreren dieser Varianten bereits vertraut sind, überspringen Sie die entsprechenden Abschnitte einfach, und fahren Sie mit den Informationen zu den Ihnen unbekannten Varianten fort. Die meisten Abschnitte sind in sich geschlossen.

5.1.1 Grundlegende Terminologie

Vor der Beschäftigung mit den Einzelheiten der RFC-Varianten werden im Folgenden einige Begriffe und Konzepte erläutert, die innerhalb dieses Kapitels verwendet werden.

Grundlagen des RFC und mögliche Varianten | 5.1

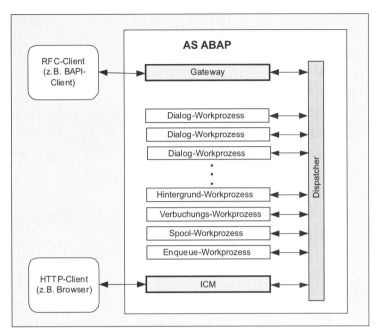

Abbildung 5.1 Workprozesse eines AS ABAP

Folgende Begriffe und Konzepte sind von Belang:

- **SAP NetWeaver Application Server ABAP (AS ABAP)**
  Jeder AS ABAP umfasst ein *Gateway*, einen *Internet Communication Manager* (ICM), einen *Dispatcher* sowie verschiedene *Workprozesse* (siehe Abbildung 5.1). Das Gateway und der ICM sind Schnittstellen für die Kommunikation mit anderen Applikationsservern innerhalb desselben AS ABAP bzw. mit anderen SAP- oder Fremdsystemen. Der Gateway-Prozess ist für die physische RFC-Kommunikation mit Remote-Systemen verantwortlich. Der ICM-Prozess verarbeitet die Kommunikation mit Remote-Systemen über Standardprotokolle (zum Beispiel HTTP, HTTPS und SMTP). Der Dispatcher ist die Verbindung zwischen Workprozessen, Gateway, ICM und auch den SAP GUI-Frontends der Benutzer. Bei älteren Systemen, wie zum Beispiel SAP R/3 4.6C, ist die ICM-Komponente noch nicht vorhanden. Da die Gateway- und Dispatcher-Komponenten im Wesentlichen jedoch gleich geblieben sind, gelten die Informationen in diesem Artikel auch dann, wenn Sie noch nicht den SAP NetWeaver Application Server verwenden.

- **Workprozesse**
  Jeder AS ABAP umfasst verschiedene *Workprozesse*, die parallel ausgeführt werden. Diese Workprozesse werden für die eigentliche Verarbeitung der System- oder Benutzeranforderungen (zum Beispiel Dialoganforderungen,

Sperren/Aufheben von Sperrungen von Datenbanktabellen etc.) eingesetzt. Ein System verwendet fünf Arten von Workprozessen:

- *Hintergrund-Workprozesse* zur Verarbeitung von Hintergrundjobs (zum Beispiel Reports oder Programme mit langer Ausführungszeit oder hohem Ressourcenverbrauch)
- *Dialog-Workprozesse* für die Dialog- und RFC-Kommunikation (Diese Workprozesse werden im Folgenden erläutert.)
- *Enqueue-Workprozesse*, um Datenbankeinträge zu sperren bzw. die Sperrung für Einträge aufzuheben
- *Spool-Workprozesse* für Spool- und Druckaufgaben
- *Verbuchungs-Workprozesse* zur Verarbeitung von Funktionsbausteinen in der Verbuchung (SAP LUW-Konzept)

Alle Workprozesse enthalten die gleichen Komponenten (das heißt Task Handler, Dynpro und ABAP-Prozessoren). Der Workprozess-Typ bestimmt die Aufgaben, für die der Prozess im Applikationsserver verantwortlich ist.

▶ **Dialog-Workprozesse**
Dialog-Workprozesse führen die Dialogschritte von ABAP-Programmen aus und werden zudem zum Verarbeiten von RFC-Sitzungen verwendet. Der Dispatcher verteilt Dialog- und RFC-Verarbeitungsanforderungen auf die verfügbaren Dialog-Workprozesse des Applikationsservers. Möglicherweise fragen Sie sich, weshalb Dialog-Workprozesse RFC-Anforderungen verarbeiten. SAP hat sich für diese Architektur entschieden, da Dialog-Workprozesse die einzigartige Funktion bieten, eine Aufgabe »zurückzustellen«, wenn diese auf eine bestimmte Aktion wartet (zum Beispiel auf eine Antwort des Remote-Systems, für das der Aufruf durchgeführt wird). Dank dieses Designs kann der AS ABAP eine größere Anzahl von RFC-Anforderungen mit einer eingeschränkten Anzahl von Prozessoren ausführen. Der zweite Grund ist, dass Dialog-Workprozesse über eine Timeout-Funktion verfügen, mit deren Hilfe die Belegung von Workprozessen für RFC-Aufgaben mit langer Ausführungszeit vermieden wird. Standardmäßig ist dieser Timeout-Wert auf fünf Minuten gesetzt (er kann über den Profilparameter `rdisp/max_wprun_time` angepasst werden).

▶ **Benutzersitzung**
Eine *Benutzersitzung* wird verwendet, um nach der Anmeldung sämtliche Daten eines Benutzers zu laden und zu speichern. Eine Benutzersitzung kann entweder von einem Benutzer eröffnet werden, der sich explizit über das SAP GUI anmeldet (eine SAP GUI-Sitzung), oder von einem anderen SAP-System über einen RFC (eine RFC-Sitzung). Das Benutzerkonto für die RFC-Anmeldung im Zielsystem wird als *RFC-Benutzer* bezeichnet.

▶ **Roll-Out, Roll-In**
Beim Verarbeiten eines Programms durch einen Dialogprozess kommt es häufig vor, dass das System auf ein Ereignis warten muss, bevor es fortfahren kann – zum Beispiel wird dem Benutzer am Ende eines Dialogschritts ein Bildschirmbild angezeigt, und es wird auf eine Eingabe gewartet, wenn das Programm einen synchronen RFC durchführt, bei dem das System auf die Ergebnisse warten muss, oder wenn der Programmcode eine WAIT-Anweisung enthält. Um die Ressourcenausnutzung zu optimieren, wurde der AS ABAP so entworfen, dass ein Programm aus dem Speicher »ausgelagert« (Roll-Out) werden kann, um den Workprozess für eine andere Aufgabe freizustellen. Kann das Programm fortgesetzt werden – zum Beispiel, wenn die Ergebnisse eines synchronen RFC-Aufrufs empfangen werden –, wird das Programm wieder geladen (Roll-In) und die Verarbeitung fortgesetzt. Auf diese Weise lässt sich die Nutzung der verfügbaren Workprozesse effektiv optimieren.

▶ **Logisches System**
Der Begriff *logisches System* ist von der ALE-Technologie abgeleitet und dient zur eindeutigen Identifizierung einer Anwendung in einem Szenario, in dem mehrere Anwendungen ihre Daten in einer einzigen Datenbank speichern. In der SAP-Welt entspricht ein logisches System einem Mandanten in einem System. Der Mandant 000 stellt in einem SAP-System beispielsweise ein anderes logisches System dar als Mandant 800 innerhalb desselben SAP-Systems.

▶ **Logical Unit of Work (LUW)**
Die *Logical Unit of Work* ist der Zeitraum zwischen zwei konsistenten Zuständen in der Datenbank oder zwischen den nicht unterteilbaren Abfolgen von Datenbankoperationen, die mit einem Datenbank-Commit abgeschlossen werden. In der Datenbankterminologie wird dieser Zeitraum üblicherweise als »Transaktion« bezeichnet (aufgrund der anderen Bedeutung dieses Begriffs im SAP-Kontext hat sich SAP für den alternativen Ausdruck entschieden). Das Datenbanksystem führt eine LUW entweder vollständig oder überhaupt nicht aus. Wenn innerhalb einer LUW ein Fehler ermittelt wird, können alle Datenbankänderungen seit Beginn der LUW mithilfe eines Rollbacks rückgängig gemacht werden.[3]

▶ **RFC-Client, RFC-Server**
Ein *RFC-Client* fordert die Ausführung einer Remote-Funktion durch einen *RFC-Server* an.

---

[3] Genauer gesagt handelt es sich um eine Datenbank-LUW. Darüber hinaus gibt es auch den Begriff SAP LUW. Eine SAP LUW bündelt mehrere Datenbankänderungen in einer Datenbank-LUW.

▶ **Remotefähiger Funktionsbaustein (Remote-enabled Function Module, RFM)**
Ein Funktionsbaustein, der über RFC ausgeführt werden kann. Die Entscheidung, ob ein SAP-Funktionsbaustein remotefähig ist, wird für jeden Baustein individuell getroffen und im Function Builder über den Auswahlknopf REMOTE FÄHIGER BAUSTEIN in den Eigenschaften des Funktionsbausteins festgelegt.

Nachdem Sie mit diesen grundlegenden Begriffen vertraut sind, können Sie sich nun der Arbeit mit RFC im SAP NetWeaver AS widmen.

Beispiel

Ein Beispiel für eine RFC-Client/Server-Beziehung, die so vielleicht gar nicht erwartet würde, ist die Beziehung zwischen SAP GUI und Applikationsserver. Insbesondere kann nämlich auch das SAP GUI, das üblicherweise nur als Client betrachtet wird, als RFC-Server agieren. Der Grund dafür ist, dass es UI-Controls enthalten kann, die sich über RFC steuern lassen. Der AS ABAP lädt beispielsweise ein Control des SAP Control Frameworks (CFW), indem er eine RFC-Funktion innerhalb des SAP GUI aufruft, die in der Programmiersprache der vorliegenden GUI-Variante codiert ist. Das SAP GUI sendet somit nicht nur Anforderungen an den Applikationsserver, sondern empfängt gleichermaßen Anforderungen des Applikationsservers.

5.1.2 RFC-Kommunikationsprozess

Die Hauptaufgabe der RFC-Schnittstelle besteht darin, den Aufruf von Funktionsbausteinen in einem Remote-System zu vereinfachen. Dabei kann es sich um ein SAP-System oder um ein externes System handeln, das mit einer der von SAP bereitgestellten RFC-Bibliotheken, dem Java Connector oder dem .NET Connector, verknüpft ist. Glücklicherweise werden alle systemspezifischen Einzelheiten (zum Beispiel spezifische Mapping-Anforderungen von Parameterwerten) von der RFC-Schnittstelle gehandhabt. Der ABAP-Code, den der AS ABAP zum Aufrufen der externen Funktion benötigt, ist in allen Fällen identisch.

Um effektiv mit RFC arbeiten zu können, müssen Sie zunächst verstehen, wie RFC-Aufrufe kommuniziert und ausgeführt werden. Abbildung 5.2 zeigt die Phasen von Anforderung, die jeder RFC-Aufruf durchläuft. Auf der linken Seite der Abbildung ist das RFC-Client-System (in diesem Beispiel ein AS ABAP) dargestellt. Der auf der rechten Seite gezeigte RFC-Server (hier ebenfalls ein AS ABAP) enthält die Funktion, die aufgerufen werden soll.

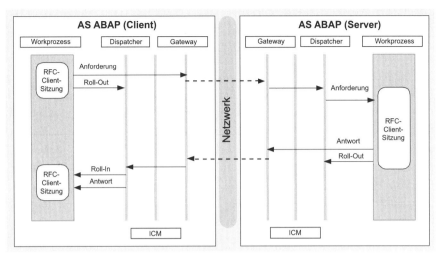

Abbildung 5.2 Kommunikationszyklus für RFC-Prozesse

Der Kommunikationszyklus beginnt mit einem Workprozess, das heißt in der Regel mit einem Dialog- oder Hintergrund-Workprozess, der durch eine Anwendung auf dem Client gestartet wird, der eine RFC-Anforderung erzeugt. Die RFC-Anforderung wird vom Workprozess für eine Übertragung über das Netzwerk serialisiert und an das Zielsystem übergeben.

Die RFC-Anforderung kann folgende Informationen enthalten:

- **Verbindungsparameter**
  Diese Werte umfassen den Hostnamen und die Portnummer des Zielservers. Dabei handelt es sich um technische Einstellungen, die bei einem Aufruf als sogenannte RFC-Destination angegeben werden müssen. Dabei wird zwischen zwei Destinationstypen unterschieden: den RFC-Destinationen, bei denen die erforderlichen Daten in einem Werkzeug zur Konfiguration von RFC-Verbindungen (Transaktion SM59) eingegeben und unter einer Kennung in einer Datenbanktabelle (RFCDES) gespeichert werden, und den sogenannten *dynamischen* Destinationen, bei denen die Werte direkt in der Form <Hostname>_<System-ID>_<Systemnummer> (wie zum Beispiel *binmain_BIN_53*) angegeben werden.[4]

- **Anmeldeinformationen**
  Diese Informationen umfassen die benötigten Benutzerdaten (zum Beispiel Sprache, Mandant, Benutzername etc.).

---

[4] Dabei sind »Hostname« der Rechnername des Applikationsservers, »System-ID« der Name eines AS ABAP und »Systemnummer« die Systemnummer, wie sie zum Beispiel über Transaktion SM51 angezeigt werden.

- **RFC-Schnittstellendaten**
  Diese Daten umfassen den Namen des Funktionsbausteins sowie gegebenenfalls die beim Aufruf angegebenen Aktualparameter.

Das lokale Gateway (auf dem RFC-Client) öffnet eine TCP/IP-Verbindung zum Ziel-Gateway (auf dem RFC-Server) und übermittelt die Anforderung. Das Ziel-Gateway weist dem Ziel-Dispatcher eine Aufgabe zu, die einen verfügbaren Dialog-Workprozess des Zielsystems zur Verarbeitung der Anforderung ermittelt. Dieser Workprozess deserialisiert die Anforderung,[5] führt sie aus und gibt das Ergebnis in umgekehrter Reihenfolge zurück (das heißt über Dispatcher, Gateway, Netzwerk, Gateway etc.). Wie Abbildung 5.2 zeigt, wird die Performance auf Client- und Serversystemen nach Bedarf durch das Roll-In und Roll-Out von Sitzungsdaten optimiert (zum Beispiel während der Client auf die Antwort wartet oder nachdem der Server die Antwort ausgibt). Dabei werden sowohl Speicherkapazität als auch Workprozesse für andere Aufgaben freigegeben, wenn diese gerade nicht für die RFC-Verarbeitung benötigt werden.

Für eine maximale Performance und Sicherheit übergibt die RFC-Schnittstelle die Verbindungsparameter und Anmeldeinformationen für eine Destination nur mit der ersten Anforderung.

Nun wird näher untersucht, welche Aktionen innerhalb des Workprozesses auf dem RFC-Server ausgeführt werden (siehe Abbildung 5.3). Der RFC-Server führt seine Aktionen in folgender Reihenfolge aus:

1. **Überprüfen, ob der Funktionsbaustein verfügbar und remotefähig ist**
   Ein Funktionsbaustein kann nur dann remote ausgeführt werden, wenn er im Function Builder als remotefähig gekennzeichnet ist.

2. **Erzeugen einer RFC-Sitzung**
   Handelt es sich um die erste RFC-Anforderung, wird eine RFC-Sitzung mit den übergebenen Anmeldeinformationen erstellt. Dieser Schritt wird also erst ausgeführt, *nachdem* die Verfügbarkeit des Funktionsbausteins überprüft wurde.

3. **Prüfen der RFC-Berechtigungen**
   Abhängig davon, welchen Wert der Profilparameter auth/rfc_authority_check des Applikationsservers aufweist, überprüft die RFC-Schnittstelle, ob die Benutzer zur Ausführung des gewählten Funktionsbausteins berechtigt sind. Eine detaillierte Beschreibung des Profilparameters auth/rfc_

---

5 Dabei konvertiert das Zielsystem die Anforderung aus dem eingehenden binären Strom in eine Speicherstruktur zur Darstellung des eingehenden RFC, sodass das Zielprogramm Parameter und andere RFC-Metadaten aus der Anforderung lesen kann.

`authority_check` finden Sie in der zugehörigen Pflegetransaktion RZ11. Die RFC-Berechtigungsüberprüfung ist standardmäßig aktiviert.

4. **Aufrufen des Funktionsbausteins**
   Wurden die vorhergehenden Schritte erfolgreich ausgeführt, wird der remotefähige Funktionsbaustein ausgeführt. Anderenfalls wird eine entsprechende Ausnahme erzeugt und an das aufrufende Programm übergeben.

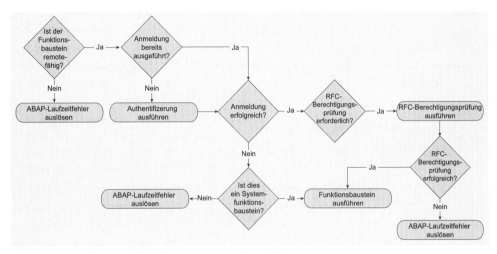

Abbildung 5.3 Ablauf des RFC-Workprozesses auf dem Zielsystem

Berechtigungen für RFCs werden auf Ebene der Funktionsgruppe und nicht auf Ebene der Funktionsbausteine verwaltet. Wenn Sie einem Benutzer eine RFC-Berechtigung für eine Funktionsgruppe (Berechtigungsobjekt S_RFC) zuweisen, kann dieser Benutzer alle remotefähigen Funktionsbausteine innerhalb dieser Gruppe ausführen. In der speziellen Funktionsgruppe SRFC gibt es ein paar systemnahe Funktionsbausteine, wie zum Beispiel RFC_PING und RFC_SYSTEM_INFO, die auch dann ausgeführt werden, wenn die Anforderung über unzureichende oder ungültige Anmeldeinformationen verfügt.

Nachdem Sie nun über ein solides Grundverständnis des RFC-Workprozesses verfügen, widmen sich die Ausführungen im Folgenden den fünf RFC-Varianten, die auf jedem aktuellen SAP NetWeaver AS ABAP zur Verfügung stehen.

5.1.3 Fünf grundlegende RFC-Varianten

Sie haben die Wahl zwischen fünf grundlegenden RFC-Varianten, die sich jeweils für spezifische Szenarien eignen:

- synchroner RFC (sRFC)
- asynchroner RFC (aRFC)
- transaktionaler RFC (tRFC)
- queued RFC (qRFC)
- paralleler RFC (pRFC)

In den folgenden Szenarien wird die jeweilige Rolle der einzelnen RFC-Varianten erläutert, und die ABAP-Anweisungen für diese Typen sowie die Situationen, für die sie sich hervorragend eignen, werden beschrieben. Im Anschluss finden Sie eine Übersichtsmatrix, die Sie in Ihrer täglichen Arbeit als Schnellreferenz verwenden können. Begonnen wird mit dem gängigsten Typ, dem synchronen RFC.

Synchroner RFC (sRFC)

Der *synchrone RFC (sRFC)* ist der am häufigsten verwendete RFC. Wählen Sie diesen Typ, wenn Sie die Ergebnisse eines Funktionsbausteins unmittelbar nach der Ausführung benötigen. Bei einem sRFC müssen beide Systeme (das heißt RFC-Client und RFC-Server) zum Zeitpunkt des Aufrufs verfügbar sein. Wie Abbildung 5.4 zeigt, wird für den sRFC ein remotefähiger Funktionsbaustein über die Anweisung CALL FUNCTION mit dem Zusatz DESTINATION aufgerufen, der das Zielsystem für den Aufruf kennzeichnet. Die DESTINATION-Klausel ist in allen RFC-Varianten verfügbar, für aRFC, tRFC und qRFC ist sie jedoch optional. Wird sie nicht angegeben, wird DESTINATION intern auf NONE gesetzt. Die Destination NONE bedeutet eine RFC-Verarbeitung auf dem lokalen System, wobei der Aufruf über die RFC-Schnittstelle erfolgt und eine RFC-Sitzung geöffnet wird (siehe Abschnitt 5.2.3, »Vordefinierte Destinationen«). Wird beim sRFC dagegen ein leerer Name als Destination angegeben, wird der Funktionsbaustein wie ein normaler Funktionsbaustein lokal aufgerufen, wobei keine RFC-Sitzung erzeugt wird.

Der sRFC wird umgehend an das Zielsystem übergeben, und das aufrufende Programm wird angehalten, bis die Antwort des RFM empfangen wird. Die Verarbeitung wird wie beim normalen Aufruf eines Funktionsbausteins bei der nächsten Zeile nach der Anweisung CALL FUNCTION fortgesetzt. Die Ergebnisse der Funktion können innerhalb des aufrufenden Programms verwendet werden. Darüber hinaus können auftretende Fehler direkt nach der Anweisung CALL FUNCTION behandelt werden.

5.1 Grundlagen des RFC und mögliche Varianten

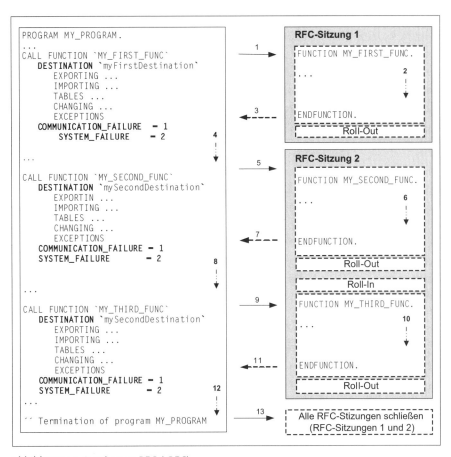

Abbildung 5.4 Synchroner RFC (sRFC)

Jeder Remote-Aufruf eines Funktionsbausteins, der über die sRFC-Schnittstelle erfolgt, definiert einen eigenen Kontext im Zielsystem. Die Funktionsgruppe des Funktionsbausteins wird beim ersten Aufruf in einen internen Modus dieses Kontextes geladen und beibehalten. Bei wiederholten Aufrufen von Funktionsbausteinen, die zu derselben Destination und derselben Funktionsgruppe gehören, wird gemeinsam auf die globalen Daten dieser Funktionsgruppe zugegriffen. Ein solcher Kontext wird beibehalten, bis die Verbindung explizit geschlossen oder bis das aufrufende Programm beendet wird.[6] Um eine Verbindung explizit zu schließen, können Sie den Funktionsbaustein RFC_CONNECTION_CLOSE oder eine der API-Funktionen RfcAbort oder RfcClose der RFC-Bibliothek verwenden.

---

[6] Beim Beenden eines RFC-Client-Programms werden automatisch alle aktiven sRFC-Verbindungen für das Programm und die verknüpften RFC-Sitzungen geschlossen.

Um die Performance zu verbessern, kann das System den Kontext des aufrufenden Programms herausrollen, während es auf die Antwort des RFM wartet. Sobald das Gateway des aufrufenden Systems die Antwort empfängt, wird der Programmkontext wieder hereingerollt. Für eine maximale Performance wird die Verbindung zu allen Zielsystemen während der gesamten Laufzeit eines aufrufenden ABAP-Programms beibehalten. Dabei wird für jede eindeutige Destination eine RFC-Sitzung erstellt (siehe `myFirstDestination` und `mySecondDestination` in Abbildung 5.4).

In einigen Situationen ist es aber eventuell nicht sinnvoll, die RFC-Verbindung und die damit verknüpfte RFC-Sitzung während der gesamten Programmlaufzeit aufrechtzuerhalten. Selbst wenn ein RFC als zustandsloser Aufruf[7] auf einem anderen Server oder in einer separaten Sitzung ausgeführt wird, hat er dennoch Auswirkungen auf den Ablauf des Aufrufers, da der Aufruf eine recht große Menge an Ressourcen auf dem Applikationsserver verbraucht. In diesem Fall können Sie die RFC-Verbindung und die verknüpfte Sitzung mithilfe des Funktionsbausteins `RFC_CONNECTION_CLOSE` schließen.

Asynchroner RFC (aRFC)

Beim *asynchronen RFC (aRFC)* werden die Funktionsbausteine zwar auch umgehend aufgerufen, der aufrufende Workprozess wartet aber nicht auf die Ergebnisse, sondern gibt die Steuerung umgehend an das aufrufende Programm zurück, sodass dieses mit der Verarbeitung nach der `CALL FUNCTION`-Anweisung fortfahren kann. Damit können Sie die Performance einer ABAP-Anwendung verbessern, indem Sie zum Beispiel einen oder mehrere Funktionsbausteine parallel zur aktuellen Sitzung aufrufen und die Ergebnisse später auswerten (siehe Abschnitt »pRFC« in diesem Kapitel). Ein aRFC kann auf zwei verschiedene Arten ausgeführt werden. Die Art der Ausführung hängt davon ab, ob Rückgabewerte aus dem Funktionsbaustein benötigt werden und ob eine Verbindung mit dem Remote-System für nachfolgende Aufrufe beibehalten werden soll. Letzteres kann aus Performancegründen sinnvoll sein.

Begonnen wird mit der Entscheidung, ob die Rückgabewerte des Funktionsbausteins verarbeitet werden sollen oder nicht. Die einfachste Möglichkeit ist ein Aufruf ohne Verarbeitung der Rückgabewerte. Diese Art des Aufrufes wird als *asynchroner RFC ohne Antwort* bezeichnet (siehe Abbildung 5.5). Die Rück-

---

[7] Ein *zustandsloser Aufruf* ist ein Aufruf, bei dem nachfolgende Aufrufe nicht vom Ergebnis eines vorherigen Aufrufs oder von dem Benutzer abhängen, der den Aufruf durchführt. Ein Beispiel für einen zustandslosen Aufruf ist eine Katalogsuche.

gabewerte werden nicht entgegengenommen und stehen dem aufrufenden Programm nicht zur Verfügung, was in vielen Situationen sinnvoll sein kann.[8]

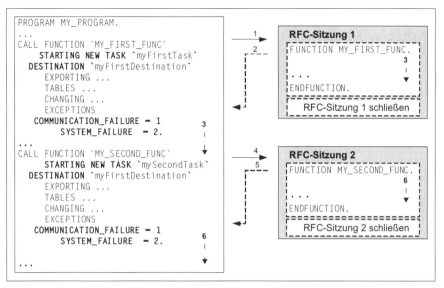

Abbildung 5.5 ABAP-Anweisungen für aRFC ohne Antwort

Um diese Art von aRFC zu verwenden, müssen Sie lediglich eine Klausel STARTING NEW TASK taskname zu CALL FUNCTION hinzufügen, wobei taskname ein eindeutiger Name Ihrer Wahl sein kann, dessen Bedeutung in Kürze erläutert wird. Wie Abbildung 5.5 zeigt, baut das System umgehend eine RFC-Verbindung auf und beginnt mit der Ausführung des RFM in einer eigenen RFC-Sitzung. Nach der Verarbeitung des RFM wird die RFC-Sitzung automatisch geschlossen.[9] Die RFC-Verbindung wird sogar bereits dann geschlossen, wenn die Verfügbarkeit des RFM und die Anmeldeprozedur erfolgreich überprüft wurden. Wenn nach dem Schließen der Verbindung ein Fehler auftritt, zum Beispiel, wenn die auf dem S_RFC-Berechtigungsobjekt basierende RFC-Berechtigungsüberprüfung fehlschlägt oder wenn Ausnahmen während der Ausführung des RFM ausgelöst werden, wird das aufrufende Programm nicht informiert. Sind diese Fehlerinformationen für den RFC-Client wichtig, muss der im Folgenden beschriebene aRFC mit Antwort verwendet werden.

---

[8] Im einfachsten Fall hat der aufgerufene RFM gar keine Rückgabewerte, sondern führt nur eine funktionale Aufgabe aus.
[9] Dieser Vorgang ist unter Performancegesichtspunkten nicht optimal, wenn Sie mehrere aRFC-Aufrufe an dieselbe Destination senden.

Wollen Sie die Rückgabewerte oder Fehlermeldungen des aufgerufenen Funktionsbausteins auswerten, müssen Sie einen *asynchronen RFC mit Antwort* ausführen. Die Ausführung des Aufrufs erfolgt wie beim Aufruf ohne Antwort, das heißt, das aufrufende Programm muss nicht warten, bis die Aufrufe abgeschlossen sind. Im Gegensatz zum Aufruf ohne Antwort geben Sie hier jedoch mit der Klausel CALLING callback_meth ON END OF TASK zusätzlich den Namen einer Methode an (siehe Abbildung 5.6).[10] Diese Methode wird vom System aufgerufen, wenn die Rückgabewerte verfügbar sind und das ABAP-Programm einen sogenannten Synchronisierungspunkt erreicht hat. In Abbildung 5.6 ist ein solcher Punkt durch die Anweisung WAIT UNTIL... realisiert. Die Methode ist damit eine sogenannte Callback-Routine, die eine Anweisung RECEIVE RESULTS FROM FUNCTION func enthalten kann (und sollte), um die Rückgabewerte und Fehlerinformationen der aufgerufenen Funktion abzurufen. Eine als Callback-Routine geeignete Methode muss öffentlich sein und darf genau einen nicht optionalen Eingabeparameter haben, der dann mit dem beim Aufruf angegebenen taskname versorgt wird. Für die Erfüllung der Bedingung in der Anweisung WAIT UNTIL muss in der Callback-Routine gesorgt werden.

Beachten Sie in diesem Zusammenhang, dass Sie bei einer parallelen Ausführung eines RFM über einen aRFC mit Antwort nur dann einen zeitlichen Gewinn gegenüber dem sRFC erzielen, wenn das aufrufende Programm während der Ausführung des aRFC bzw. bis zum Aufruf der Callback-Routine auch selbst eine Verarbeitung durchführt und nicht einfach auf das Ergebnis wartet.

Abbildung 5.7 zeigt den Ablauf einer RFC-Sitzung bei einem aRFC mit Antwort nochmals im Detail. Der RFC-Client stellt die Verbindung her und übermittelt die RFC-Daten an das Gateway des RFC-Servers, ohne auf eine Bestätigung zu warten. Die Namen der Aufgaben taskname und die Namen der Destinationen kennzeichnen beim aRFC gemeinsam die RFC-Verbindungen, die den einzelnen aRFCs zugeordnet sind. Wie Sie gleich genauer sehen werden, kann eine solche Verbindung offengehalten und bei Verwendung gleicher Angaben wiederverwendet werden. Im Beispiel aus Abbildung 5.7 lauten die Namen der Aufgaben myFirstTask und mySecondTask, die Destination ist myFirstDestination. Das aufrufende Programm setzt die Verarbeitung hinter der Anweisung CALL FUNCTION fort, bis die Anweisung WAIT erreicht ist. Dann werden die Callback-Routinen in der Reihenfolge aufgerufen, in der die Antworten von der RFC-Schnittstelle empfangen werden. Sobald eine Callback-Routine abgeschlossen ist, werden die zugehörige RFC-Sitzung und RFC-Verbindung geschlossen.

---

10 Darüber hinaus können mit PERFORMING callback_subr ON END OF TASK auch noch Unterprogramme angegeben werden. Diese können aber nur statisch angegeben werden, während die Angabe von Methoden auch dynamisch erfolgen kann.

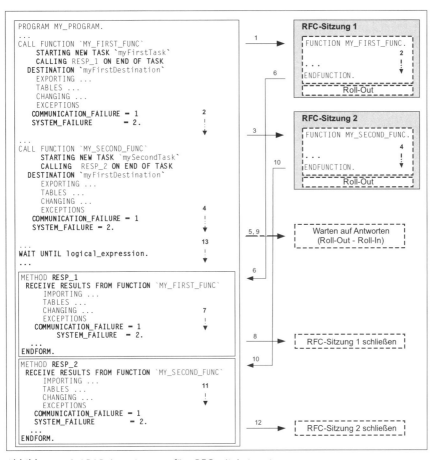

Abbildung 5.6 ABAP-Anweisungen für aRFC mit Antwort

Mit dem Zusatz KEEPING TASK der Anweisung RECEIVE haben Sie in einer Callback-Routine auch die Möglichkeit festzulegen, dass das System die RFC-Sitzung auf dem RFC-Server nicht schließt, sondern beibehält. Dies führt zu einer verbesserten Performance, wenn in kurzen zeitlichen Abständen mehrere Funktionen für dieselbe Destination ausgeführt werden. Das Beispiel in Abbildung 5.7 wurde im Vergleich zu Abbildung 5.6 diesbezüglich wie folgt erweitert:

▶ Auf der linken Seite von Abbildung 5.7 weist der Zusatz KEEPING TASK der Anweisung RECEIVE RESULTS für den ersten Funktionsaufruf die RFC-Schnittstelle an, die Verbindung nach dem ersten Aufruf beizubehalten.

▶ Da der zweite Funktionsaufruf unter Verwendung desselben Aufgabennamens und derselben Destination wie beim ersten Aufruf erfolgt, wird er über die gleiche RFC-Verbindung und in der gleichen RFC-Sitzung wie der erste ausgeführt.

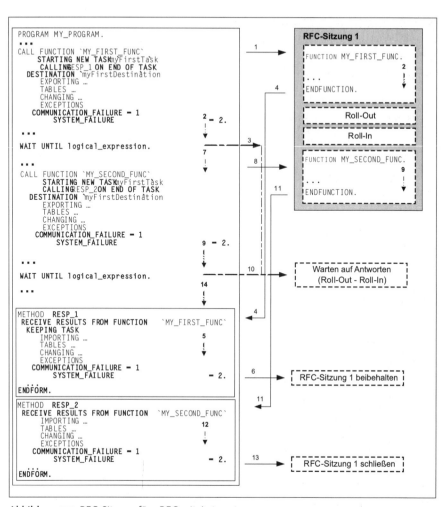

Abbildung 5.7 RFC-Sitzung für aRFC mit Antwort

Solange die verknüpfte RFC-Verbindung zu einer Aufgabe noch geöffnet ist, können Sie den Aufgabennamen nicht innerhalb des aufrufenden Programms wiederverwenden.

Beim aRFC ist nicht vorhersagbar, in welcher Reihenfolge die Antworten empfangen werden. Damit ist auch die Reihenfolge nicht bekannt, in welcher die Callback-Routinen ausgeführt werden. Sie können demnach nicht davon ausgehen, dass eine bestimmte Callback-Routine vor einer anderen ausgeführt wird. Aus diesem Grund ist besondere Vorsicht angesagt, wenn Callback-Routinen auf globale Daten zugreifen. Wenn Sie die Abfolge steuern wollen, müssen Sie programmatische Vorkehrungen treffen, indem Sie beispielsweise die beim Aufruf vergebenen Namen auswerten. Soll sogar gesteuert werden, in welcher Reihenfolge die aufgerufenen RFMs ausgeführt werden, ist ein qRFC zu verwenden (siehe Abschnitt »qRFC« in diesem Kapitel). Letzteres ist aber nur möglich, wenn keine Rückgabewerte benötigt werden und die umgehende Verarbeitung des RFM in einem parallelen Prozess nicht erforderlich ist.

Wie erwähnt, werden Callback-Routinen an Synchronisationspunkten aufgerufen. Allgemein treten solche Punkte bei allen Unterbrechungen eines Workprozesses auf. Solche Unterbrechungen kommen zwar auch implizit vor, wie zum Beispiel am Ende eines Dialogschritts in der klassischen Dynpro-Verarbeitung oder beim Aufruf eines sRFC, Sie sollten sich aber ausschließlich auf die hierfür explizit vorgesehene Anweisung WAIT UNTIL ... verlassen (siehe Abbildung 5.6). Wird ein aufrufendes Programm beendet, bevor alle ausstehenden Antworten der aRFCs empfangen wurden, kann dies zu ABAP-Laufzeitfehlern auf dem RFC-Server führen. Darüber hinaus sind ABAP-Anweisungen, die eine Unterbrechung des Workprozesses zur Folge haben können, nicht innerhalb einer Callback-Routine zulässig. Wenn nötig, müssen solche Anweisungen im aufrufenden Programm hinter der Anweisung WAIT ausgeführt werden.

Die bisher behandelten sRFC und aRFC sind die beiden RFC-Basistypen. Die anderen RFC-Varianten (tRFC, qRFC und pRFC) verwenden sRFC und aRFC als Grundlage und erweitern sie durch zusätzliche Funktionalität, wie zum Beispiel die Definition von Ausführungsreihenfolgen über Queues, transaktionale Gruppierungen und parallele Verarbeitung. Im Folgenden wird nun der Ablauf eines transaktionalen RFC untersucht.

Transaktionaler RFC (tRFC)[11]

Mithilfe eines *transaktionalen RFC (tRFC)* können Sie einen oder mehrere Funktionsbausteine innerhalb einer SAP LUW registrieren, um sicherzustellen, dass jeder dieser Funktionsbausteine innerhalb der aktuellen SAP LUW genau einmal – oder überhaupt nicht – ausgeführt wird. Im Gegensatz zu aRFC und sRFC werden die zu einer SAP LUW gehörenden Funktionsbausteine beim tRFC pro Destination nacheinander und in der Reihenfolge ihrer Registrierung ausgeführt. Wenn für einen Funktionsbaustein eine Ausnahme ausgelöst wird, werden die übrigen Bausteine auf der Destination nicht ausgeführt. Ein tRFC ist insbesondere in Szenarien wichtig, in denen Sie Geschäftsdokumente (zum Beispiel Rechnungen, Lieferinformationen, Aufträge etc.) in ein anderes Sys-

---

[11] Der tRFC wird hier für alle Leser behandelt, die noch keinen Zugriff auf den neuen bgRFC (siehe Kapitel 6, »bgRFC – Einführung in den Background RFC«) haben, oder die vorhandene Programme warten müssen, die noch mit tRFC arbeiten. Für Neuentwicklungen wird die Verwendung des bgRFC empfohlen, der ab Release 7.0 SP14 zur Verfügung steht.

tem übertragen wollen, das zum Zeitpunkt des Aufrufs möglicherweise noch gar nicht verfügbar ist. In diesem Fall versucht das System des aufrufenden Programms, den tRFC zu einem späteren Zeitpunkt auszuführen. Anders als bei aRFC und sRFC müssen Sie Kommunikationsfehler nicht selbst behandeln und keine eigenen Mechanismen erstellen, um die Aufrufe zu einem späteren Zeitpunkt erneut auszuführen. Die zugehörige tRFC-Infrastruktur bietet stattdessen eine Überwachungstransaktion (Transaktionscode SM58) zum Nachverfolgen von Fehlern, die entweder bei der Übertragung des Aufrufs (Kommunikationsfehler) oder bei der Ausführung der registrierten Funktionsbausteine im Zielsystem aufgetreten sind.

Der tRFC stellt im Wesentlichen sicher, dass Aufrufe auf einem System (Destination) genau einmal oder überhaupt nicht ausgeführt werden. Diese Anforderung ist als *Exactly Once-Ausführung (EO)* bekannt. Die Vorgaben einiger Geschäftsszenarien sind jedoch sogar noch strenger und erfordern eine *Exactly Once In Order-Ausführung (EOIO)*, bei der die Ausführungsreihenfolge auch über verschiedene Destinationen hinweg explizit gesteuert werden kann. Diese Funktionalität bieten eine als qRFC bezeichnete Erweiterung des tRFC (siehe Abschnitt »tRFC« in diesem Kapitel) und vor allem auch die Nachfolgetechnologie des tRFC, der bgRFC (siehe Kapitel 6, »bgRFC – Einführung in den Background RFC«).

Abbildung 5.8 zeigt die Syntax für die Registrierung eines Funktionsbausteins über tRFC. Hierfür wird einfach der Zusatz IN BACKGROUND TASK zur Anweisung CALL FUNCTION hinzugefügt.

Bei der Ausführung einer Anweisung CALL FUNCTION mit dem Zusatz IN BACKGROUND TASK zeichnet die RFC-Schnittstelle den Aufruf in einer verdeckten internen Tabelle auf und gibt die Steuerung umgehend an das aufrufende Programm zurück. Die Daten der internen Tabellen werden danach in Systemtabellen auf der Datenbank abgelegt. Das Verhalten des aufrufenden Programms ist mit einem aRFC vergleichbar. Wie bei einem aRFC wird die Verarbeitung sofort hinter der Anweisung CALL FUNCTION fortgesetzt, und diese gibt immer den Wert 0 für sy-subrc zurück. Allerdings wird der aufgerufene RFM beim tRFC *nicht* sofort ausgeführt, sondern nur zur Ausführung vorgemerkt. Dies ist vergleichbar mit der Verbuchung mit dem Zusatz IN UPDATE TASK. Intern verknüpft das System beim tRFC jede Registrierung für jede Destination mit einer eindeutigen Transaktionskennung (Transaktions-ID oder noch kürzer TID). Im Beispiel von Abbildung 5.8 sind dies die Transaktions-IDs 4711 und 4712.

Der eigentlich interessante Schritt erfolgt, wenn im aufrufenden Programm die Anweisung COMMIT WORK ausgeführt wird.

Grundlagen des RFC und mögliche Varianten | **5.1**

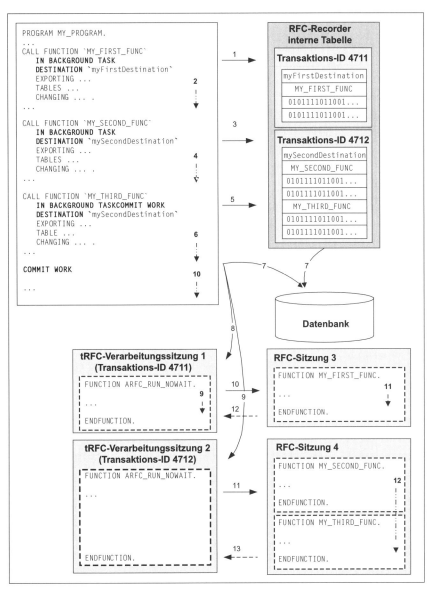

Abbildung 5.8 Registrierung und Aufruf von Funktionsbausteinen beim tRFC

Die aufgezeichneten Aufrufe werden asynchron[12] ausgeführt, wobei für jede Transaktions-ID eine eigene tRFC-Sitzung geöffnet wird (in diesem Beispiel Sit-

---

12 tRFC-Verarbeitungssitzungen werden in der Regel immer asynchron ausgeführt. Die einzige Ausnahme ist der seltene Fall, dass das System für einen in einem Dialog-Workprozess ausgeführten RFC-Client nicht die zusätzlichen Ressourcen für die asynchrone RFC-Sitzung bereitstellen kann. In diesem Fall wird die tRFC-Sitzung synchron ausgeführt.

zung 1, Sitzung 2 etc.). Wenn anstelle einer Anweisung COMMIT WORK eine Anweisung ROLLBACK WORK ausgeführt wird, werden alle Registrierungen ausstehender tRFC-Aufrufe gelöscht, und keiner der Aufrufe wird ausgeführt.

Zusammenfassend lässt sich sagen, dass ein tRFC (bzw. sein Nachfolger bgRFC, siehe Kapitel 6, »bgRFC – Einführung in den Background RFC«) eine ausgezeichnete Wahl ist, wenn die Ausführung von Funktionsbausteinen in einem Remote-System sichergestellt werden muss und der Verlauf dieser Aufrufe überwacht werden sollte (insbesondere auf Fehlerverhalten hin). Sie sollten sich immer für einen tRFC (bzw. bgRFC) entscheiden, wenn die EO-Ausführung des tRFC in einer SAP LUW sichergestellt werden muss, auch wenn zum Zeitpunkt der Registrierung kein Zugriff auf eine RFC-Destination möglich ist, oder wenn die Kommunikation instabil ist und eine automatische erneute Ausführung erforderlich sein kann. Sie müssen übrigens auch nicht alle RFCs innerhalb Ihres Programms auf die gleiche Art durchführen. Sie können einen Baustein über tRFC, den nächsten über sRFC oder aRFC und den darauffolgenden erneut über tRFC aufrufen.

Bevor Sie einen tRFC wählen, sollten Sie aber auch die folgenden wichtigen Aspekte zur Kenntnis nehmen:

▸ Nachdem *alle* RFMs ausgeführt wurden, ohne dass eine Ausnahme ausgelöst wurde, wird auf jedem Remote-System eine Anweisung COMMIT WORK durchgeführt. Der Grund hierfür ist, dass alle Funktionen als eine einzige Einheit entweder erfolgreich ausgeführt werden oder fehlschlagen. Löst einer der Funktionsaufrufe eine Ausnahme aus, werden die restlichen registrierten Aufrufe ignoriert, und für alle vorhergehenden Aufrufe wird ein Datenbank-Rollback durchgeführt.

▸ Fehler, die von aufgerufenen Funktionen in Parametern zurückgegeben werden, wie zum Beispiel in den BAPI-Strukturen RETURN, die möglicherweise ein E in der Komponente RETURN-TYPE zurückgeben, werden von der RFC-Schnittstelle natürlich *nicht* als Fehler betrachtet. Lediglich echte Fehler – das heißt Nachrichten vom Typ E (Fehlermeldungen), A (Abbruchmeldungen) und X (Exit-Meldungen), die über die Anweisung MESSAGE ausgegeben werden – werden als solche erkannt.[13] Wenn das transaktionale Verhalten von Bedeutung ist, müssen Sie daher genau beachten, wie ein remotefähiger Funktionsbaustein Fehler zurückgibt.

---

13 Ab Release 7.1, EhP1 unterstützt die RFC-Schnittstelle endlich auch echte klassenbasierte Ausnahmen, die ab dann natürlich das Mittel der Wahl darstellen.

- Damit der automatisierte Rollback-Mechanismus funktioniert, dürfen die aufgerufenen Funktionsbausteine intern *keinen* eigenen Datenbank-Commit ausführen. Sie können dies überprüfen, indem Sie den Code des Funktionsbausteins und aller dort aufgerufenen Prozeduren nach allen Anweisungen durchsuchen, die einen Datenbank-Commit auslösen, wie zum Beispiel SUBMIT, CALL TRANSACTION, Ausführung von sRFC oder aRFC etc. Jeder implizite oder explizite Datenbank-Commit verhindert, dass die vorhergehenden Änderungen zurückgerollt werden können.

- Da die Anweisung CALL FUNCTION immer erfolgreich ausgeführt wird (sy-subrc ist, wie bereits erwähnt, immer null), haben Sie im aufrufenden Programm keine direkte Möglichkeit, die Fehler zu behandeln. Fehlgeschlagene tRFC-Ausführungen werden dagegen im tRFC-Administrationsmonitor (Transaktion SM58) aufgelistet. Bei Bedarf können sie in diesem Werkzeug erneut ausgeführt werden. Wenn Sie fehlgeschlagene asynchrone Aufrufe programmatisch abfangen müssen, verwenden Sie aber besser einen aRFC mit Antwort.

- Die einzelnen tRFC-Sitzungen repräsentieren LUWs, die nicht sequenziell, sondern so weit wie möglich parallel ausgeführt werden. Dies kann zu Problemen führen, wenn die Funktionsausführungen in einer LUW von den Aufrufen in einer anderen LUW abhängen. Dieses Problem lässt sich lösen, indem Sie anstelle eines tRFC einen qRFC verwenden. Bei einem qRFC können Sie die Reihenfolge angeben, nach der die verschiedenen LUWs ausgeführt werden dürfen.

  Eine weitere Möglichkeit besteht darin, die Reihenfolge der beim tRFC verwendeten RFC-Destinationen über die Transaktion SMQS zu registrieren.[14] Dieser Ansatz funktioniert aber nicht immer. Wenn beispielsweise einer der tRFCs fehlschlägt, weil zum Beispiel das Zielsystem nicht verfügbar ist, werden die übrigen LUWs dennoch ausgeführt. Die Ausführungen der LUWs hängen nicht wirklich voneinander ab, sondern es werden so viele wie möglich ausgeführt.

- Es ist wichtig zu berücksichtigen, dass nur Funktionen in derselben Destination eine LUW bilden. Führen Sie drei tRFCs aus, von denen sich zwei in derselben Destination befinden, würden diese beiden Aufrufe eine LUW darstellen, der dritte Aufruf würde in einer eigenen LUW platziert. Dies bedeutet, dass Sie tRFC-Aufrufe nicht systemübergreifend gruppieren können, was eine bedeutende Geschäftsanforderung sein kann (in der IT-Welt als *Zwei-Phasen-Commit* bezeichnet).

---

14 Dabei wird nur eine Teilfunktionalität des qRFC, der qOUT-Scheduler, verwendet.

Queued RFC (qRFC)

Wie Sie gesehen haben, ist der transaktionale RFC (tRFC) vor Release 7.0 SP14 das Mittel der Wahl, um eine transaktionale Ausführung von RFMs in einzelnen LUWs sicherzustellen. Dabei lässt sich die Ausführungsreihenfolge der einzelnen LUWs jedoch nicht sicher festlegen. Wie gesagt, bestehen manchmal auch solche Anforderungen, und in diesen Fällen müssen Sie vor Release 7.0 SP14 einen qRFC verwenden. Ab Release 7.0 SP14 wird auch der qRFC durch den neuen bgRFC abgelöst (siehe Kapitel 6).

Betrachten Sie als Beispiel die folgenden Aktionen, die nacheinander ausgeführt werden sollen: eine Bestellung erstellen, ändern und löschen. Da für jede Aktion ein Datenbank-Commit durchgeführt werden muss, bevor die nächste Aktion ausgeführt werden kann, und die Aktionen in einer bestimmten Reihenfolge ausgeführt werden müssen, wäre ein tRFC hier nicht die richtige Wahl. Bei einem tRFC wird jede Aktion in der Regel in einer eigenen Sitzung ausgeführt, und die Ausführungsreihenfolge der Sitzungen ist nicht steuerbar.

Der *queued RFC (qRFC)*, eine Erweiterung des tRFC, löst dieses Problem, indem er es erlaubt, die Ausführungsreihenfolge der tRFC-Sitzungen festzulegen. Abbildung 5.9 zeigt, wie sich der Aufruf eines qRFC vom Aufruf eines tRFC unterscheidet: Sie müssen lediglich den Funktionsbaustein TRFC_SET_QUEUE_NAME vor der regulären tRFC-Registrierung CALL FUNCTION aufrufen. Der Aufruf von Funktion TRFC_SET_QUEUE_NAME legt fest, dass der nächste RFC-Aufruf in einer Queue platziert werden soll, deren Namen er entgegennimmt.

Abbildung 5.9 zeigt auch die weitere Funktionsweise eines qRFC. Wie bei einem tRFC werden die Aufrufe registriert und in der Datenbank gespeichert. Die eigentliche Ausführung wird erst durch die Anweisung COMMIT WORK im aufrufenden Programm gestartet. Im Gegensatz zu einem tRFC steuert jedoch ein zusätzlicher Scheduler-Prozess die Einplanung und Ausführung der LUWs.

Dieser sogenannte *qRFC-Scheduler* hat zwei Aufgaben:

▶ Er stellt die Ausführungsreihenfolge der qRFC-Sitzungen in einer Queue sicher.

▶ Er unterbricht die Ausführung von nachfolgenden LUWs einer Queue, wenn beim Ausführen einer LUW ein Fehler auftritt, und setzt die Queue-Verarbeitung erst fort, nachdem die fehlerhafte LUW entfernt oder die Fehlersituation behoben ist.

Zusammenfassend kann also gesagt werden, dass Sie einen qRFC vor Release 7.0 SP14 immer dann verwenden sollten, wenn die EOIO-Ausführung von LUWs sichergestellt werden muss (zum Beispiel, wenn der Zugriff auf ein Zielsystem nicht mehr möglich ist oder die Kommunikation unterbrochen wird).

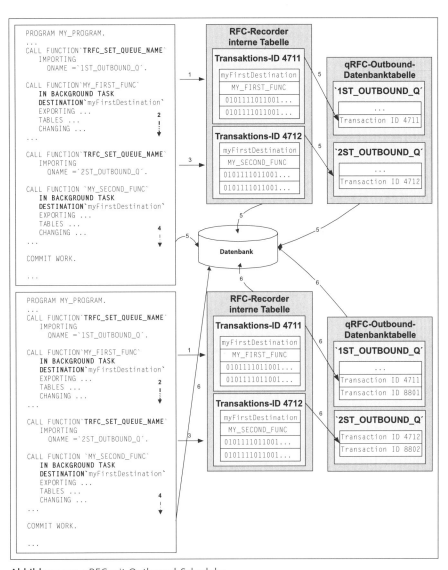

Abbildung 5.9 qRFC mit Outbound-Scheduler

Aus technischer Sicht gibt es zwei Arten von qRFC-Schedulern: einen *Outbound-Scheduler* und einen *Inbound-Scheduler*. Der Outbound-Scheduler steuert die Ausführung der LUWs auf einem externen RFC-Server, beispielsweise bei der Anmeldung an einem anderen Mandanten oder an ein anderes System. Der Inbound-Scheduler steuert die Ausführung der LUWs für dasselbe System, denselben Benutzer und denselben Mandanten, beispielsweise bei Verwendung der Destination NONE. Abbildung 5.9 zeigte bereits die Verwendung des Outbound-Schedulers. Abbildung 5.10 zeigt eine Verwendung des Inbound-

Schedulers. Um Queues für den Outbound-Scheduler zu konfigurieren, verwenden Sie Transaktion SMQS. Für die Konfiguration des Inbound-Schedulers verwenden Sie Transaktion SMQR.

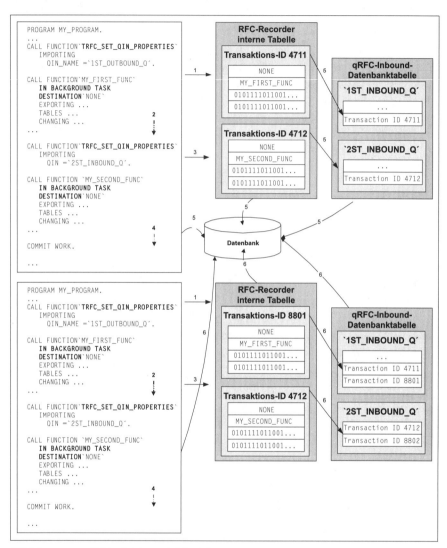

Abbildung 5.10 qRFC mit Inbound-Scheduler

Paralleler RFC (pRFC)

Der *parallele RFC (pRFC)* ist eine Erweiterung des aRFC zur Steuerung der Parallelisierung. Da seine Verwendung zur Verbesserung der Performance beitragen kann, ist sein Einsatz immer dann sinnvoll, wenn eine große Anzahl von aRFCs parallel auszuführen ist. Beispielsweise verwenden das Material Resource Planning und weitere Controllinganwendungen der SAP Business Suite diese RFC-Variante, um die Ausführung von Geschäftsszenarien zu beschleunigen.

Der pRFC wurde eingeführt, um folgende Problematik zu umgehen: Der aRFC benötigt prinzipiell mehr Ressourcen (Speicher, Verarbeitungszeit etc.) als ein sRFC. Deshalb kann ein groß angelegter Einsatz von aRFC für die Parallelisierung in ungünstigen Fällen sogar zu einer Überlastung des RFC-Clients anstatt zum gewünschten Performancegewinn führen. Der Grund hierfür ist, dass die Laufzeitumgebung neben der Fortsetzung des aufrufenden Programms die abgesetzten aRFCs verwalten muss (Aufrufe absetzen, Ergebnisse empfangen etc.), wobei möglicherweise mehrere RFC-Sitzungen zur parallelen Ausführung im Dispatcher vorgemerkt werden müssen.[15] Darüber hinaus kann es natürlich auch auf den beteiligten RFC-Servern zu Engpässen im Hinblick auf Speicher oder andere Ressourcen kommen, die er benötigt, um diese aRFCs umgehend nach ihrem Empfang auszuführen. Schließlich und endlich kann auch der Zugriff paralleler Prozesse auf dieselben Systemressourcen die Performance negativ beeinflussen. Wenn beispielsweise zwei parallele Prozesse gleichzeitig versuchen, einen Eintrag in einer Datenbanktabelle zu ändern, muss ein Prozess warten, bis der andere Prozess die Sperre für diesen Eintrag aufhebt. Bei einem gewöhnlichen aRFC werden all diese Aspekte ignoriert, indem der RFC-Client seine Aufrufe einfach fortsetzt, ohne die Auswirkungen der Überlastung auf andere Prozesse oder Benutzer im System zu berücksichtigen.

Der pRFC minimiert diese negativen Effekte auf die Performance wie folgt:

- Beim pRFC geben Sie anstelle einer einzigen RFC-Destination eine *Gruppe* von Applikationsservern an, auf denen die aRFCs ausgeführt werden können. Die RFC-Schnittstelle verfügt über einen integrierten Verteilungsmechanismus, der die RFC-Aufrufe dann, basierend auf den verfügbaren Ressourcen, auf die Applikationsserver der angegebenen Gruppe verteilt.
- Wenn keiner der Server in der Gruppe über ausreichend Ressourcen verfügt, um die Anforderung zu verarbeiten, wird eine vordefinierte Ausnahme ausgelöst, auf die der Aufrufer reagieren kann.

Abbildung 5.11 zeigt den Aufruf eines pRFC. Die Anweisung `CALL FUNCTION` unterscheidet sich vom Aufruf eines aRFC durch die folgenden beiden Elemente: Statt des einfachen Zusatzes `DESTINATION` wird der Zusatz `DESTINATION`

---

[15] Bei den Varianten tRFC oder qRFC können die Auswirkungen aufgrund der zusätzlichen Queuing- und Scheduling-Aufgaben und weiterem Verwaltungsaufwand noch gravierender sein.

IN GROUP group verwendet. Außerdem kann dann die vordefinierte klassische Ausnahme RESOURCE_FAILURE durch Angabe in der Ausnahmeliste behandelt werden. Der Operand group in der DESTINATION-Klausel identifiziert eine Gruppe aus Applikationsservern, die das System, basierend auf ihrer Verfügbarkeit, zur Verarbeitung der parallelen aRFCs verwenden soll. Die RFC-Servergruppen, die in group angegeben werden können, werden in Transaktion RZ12 gepflegt (auch erreichbar über ZUSÄTZE • RFC-GRUPPEN in Transaktion SM59). Standardmäßig kann auch die Gruppe der Applikationsserver des aktuellen AS ABAP angegeben werden. Die RFC-Schnittstelle löst die RFC-Ausnahme RESOURCE_FAILURE aus, wenn zum Zeitpunkt eines Aufrufs auf keinem Applikationsserver der Gruppe ausreichend Ressourcen verfügbar sind, um den RFM auszuführen. Eine Gruppe kann nur die Applikationsserver eines einzigen AS ABAP umfassen, und die parallele Ausführung erfolgt immer im selben Mandanten. Da der pRFC ansonsten eine einfache Erweiterung von aRFC ist, können auch die gleichen sonstigen Zusätze wie beim aRFC angegeben werden. Insbesondere ändert sich nichts an der Möglichkeit zur Angabe einer Callback-Routine.

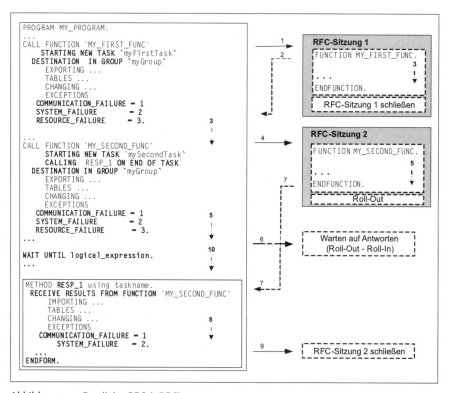

Abbildung 5.11 Paralleler RFC (pRFC)

Auf die Frage, wie die Ausnahme RESOURCE_FAILURE am besten behandelt werden kann, gibt es keine eindeutige Antwort. Möglichkeiten zur Behandlung sind:

- Die beste Möglichkeit besteht darin, dem RFC-Server einfach genug Zeit zur Freigabe von Systemressourcen zu geben. Hierfür kann das aufrufende Programm über die Variante WAIT UP TO sec SECONDS der WAIT-Anweisung angehalten werden, um beispielsweise die Ausführung bereits gestarteter RFMs abzuwarten. Weitere Informationen hierzu finden Sie in SAP-Hinweis 597583.
- Wenn Sie die aRFCs lokal ausführen, besteht eine weitere Möglichkeit darin, die Funktionsbausteine im Ausnahmefall nicht parallel, sondern nochmals synchron aufzurufen. Da dabei keine Parallelisierung stattfindet, sollte dadurch eine Überlastung des Systems verhindert werden.

Trotz oder gerade wegen der vielen soeben geschilderten möglichen Einschränkungen bei der Parallelverarbeitung ist ein pRFC immer die richtige Wahl, wenn Sie eine große Anzahl von RFC-Aufrufen asynchron verarbeiten müssen (zum Beispiel beim Laden von Daten). Der integrierte Verteilungsmechanismus ist in der Regel immer die bessere Wahl als ein selbst programmiertes Framework zur Parallelisierung. Darüber hinaus bietet nur der pRFC die Möglichkeit, Ressourcenengpässe im aufrufenden Programm zu behandeln. Auch wenn die Rückfalloptionen in der Regel mit einem Performanceverlust einhergehen, sorgen sie dennoch für die funktionale Korrektheit des Programms.[16]

Auswahl der richtigen RFC-Variante

Zum Abschluss der Übersicht über die fünf klassischen RFC-Varianten stellt Tabelle 5.1 deren wichtigste Eigenschaften nochmals zusammen, um Ihnen die Auswahl zu erleichtern. Beachten Sie aber nochmals, dass das zu tRFC und qRFC Gesagte hauptsächlich für die Verwendung von AS ABAP (bzw. Web AS ABAP bzw. SAP-Basis) vor Release 7.0 SP14 gilt. Ab diesem Release sollten Sie statt tRFC und qRFC den in Kapitel 6 beschriebenen bgRFC verwenden.

---

16 Es ist ein typisches Phänomen der Ausnahmebehandlung für performanceverbessernde Maßnahmen, dass im Ausnahmefall auf inperformantere, aber dafür robustere Lösungen zurückgegriffen wird. Ein anderes Beispiel für ein solches Vorgehen ist das Anlegen eines Objektes im Speicher des internen Modus anstatt im Shared Objects Memory, wenn Letzteres erschöpft ist (siehe Kapitel 4, »ABAP Shared Objects: Programmierkonzept zur effizienten Speicherausnutzung«).

	sRFC	aRFC	tRFC	qRFC	pRFC
Verarbeitungsart	synchron	asynchron	asynchron und EO	asynchron und EOIO	asynchron und parallel
Ausführungszeitpunkt	sofort	sofort	entkoppelt	entkoppelt	sofort
Ausgabeparameter	unterstützt	unterstützt	nicht unterstützt	nicht unterstützt	unterstützt
Benutzerwechsel	unterstützt	unterstützt	unterstützt	unterstützt	nicht unterstützt
Dialoginteraktion	unterstützt	unterstützt	nicht unterstützt	nicht unterstützt	nicht empfohlen
Überwachung	nicht verfügbar	nicht verfügbar	verfügbar	verfügbar	nicht verfügbar

Tabelle 5.1 Eigenschaften der fünf RFC-Varianten
(EO = Exactly Once, EOIO = Exactly Once in Order)

Diese wichtigen Merkmale umfassen:

▶ **Verarbeitungsart**
Die Verarbeitungsart ist das prägende Merkmal der fünf RFC-Varianten. Die einfachste und für die meisten Remote-Kommunikationsszenarien ausreichende Variante ist der sRFC. Sowohl Aufruf als auch Fehlerbehandlung (inklusive Debugging) bereiten keine Schwierigkeiten, und die Ergebnisse stehen dem Aufrufer direkt zur Verfügung. Der sRFC ist und bleibt damit auch die am häufigsten verwendete RFC-Variante. Die anderen Varianten können damit als Varianten für spezielle Aufgaben angesehen werden, die in Situationen, in denen die Ergebnisse nicht direkt benötigt werden oder die Performance eine große Rolle spielt, möglicherweise besser geeignet sind.[17] aRFC und pRFC sind geeignet, wenn eine asynchrone oder parallele Verarbeitung erreicht werden soll, bei der die Datenkonsistenz keine große Rolle spielt. tRFC und qRFC sind die richtige Wahl, wenn die EO- oder EOIO-Ausführung von RFMs erforderlich ist und die Einschränkungen dieser beiden nicht kritisch sind.

▶ **Ausführungszeitpunkt**
Bei sRFC, aRFC und pRFC erfolgt die Ausführung umgehend nach der Anweisung CALL FUNCTION. tRFC und qRFC werden dagegen durch die

---

[17] Beachten Sie, dass die RFC-Schnittstelle dabei häufig für Zwecke verwendet wird, die mit der ursprünglichen Hauptmotivation, nämlich der Remote-Kommunikation zwischen unterschiedlichen Systemen, gar nicht mehr so viel zu tun hat.

Anweisung `COMMIT WORK` gestartet und sind damit von der aufrufenden Anweisung entkoppelt.

▶ **Ausgabeparameter**
Beim sRFC unterscheidet sich die Übernahme der Ausgabeparameter eines RFM kaum von normalen Funktionsbausteinaufrufen. aRFC und pRFC unterstützen die Übernahme der Ausgabeparameter durch einen Callback-Mechanismus, bei dem nach der Verarbeitung eines RFM dessen Ausgabeparameter beim nächsten Wechsel des Workprozesses in einer Callback-Routine (Methode oder auch noch Unterprogramm) abgeholt werden kann. Dabei liegt die zeitliche Reihenfolge der Ausführung mehrerer Callback-Routinen aber nicht fest, sodass sie nicht voneinander abhängen dürfen. Bei tRFC oder qRFC können die Ausgabeparameter eines RFM nicht übernommen werden.

▶ **Benutzerwechsel**
Mit Ausnahme des pRFC können Sie bei jeder Variante eine explizite Benutzerkennung oder Mandantennummer für die Anmeldung am Remote-System angeben. Diese Angabe erfolgt beim Aufruf über die Destination.

▶ **Dialoginteraktion**
Bei sRFC und aRFC sind *Dialoginteraktionen*, das heißt die Verwendung von Anweisungen wie `CALL SCREEN` oder Aufrufe von Programmen mit GUI-Elementen innerhalb der RFMs möglich. Ein einzelner aRFC ist beispielsweise das Mittel der Wahl, um programmgesteuert einen weiteren Hauptmodus mit einem eigenen SAP GUI-Fenster auf demselben Applikationsserver zu öffnen. Bei tRFC und qRFC ist dies nicht möglich. Ein pRFC verhält sich diesbezüglich zwar wie ein aRFC, der Aufruf von Dialoginteraktionen in parallelisierten Abläufen ist aber nicht zu empfehlen. Mehr zu RFC und Dialoginteraktion finden Sie in Abschnitt 5.1.4, »RFC und Dialoginteraktionen«.

▶ **Überwachung**
Monitorprogramme sind nur für tRFC und qRFC verfügbar. tRFC-Überwachung und -Debugging erfolgen über Transaktion SM58. Transaktion SMQ1 bietet einen Monitor für die Queues des qRFC-Outbound-Schedulers, Transaktion SMQ2 bietet einen entsprechenden Monitor für den qRFC-Inbound-Scheduler. Für sRFC-, aRFC- und pRFC-Verbindungen sind keine Monitorprogramme verfügbar, wenn einmal von der elementaren Transaktion SMGW abgesehen wird, die die aktuellen RFC-Verbindungen eines Applikationsservers darstellt.

5.1.4 RFC und Dialoginteraktionen

Vor der Erstellung von RFMs schließt dieser Abschnitt über das Zusammenspiel von remote ausgeführten Funktionen und Fenstern des SAP GUI die grundlegenden Betrachtungen zum RFC ab.

Die meisten Funktionsbausteine – und dies gilt insbesondere für remotefähige Bausteine – machen in der Regel keinen Gebrauch von grafischen Benutzerschnittstellen (GUI). Solche Bausteine führen lediglich ihre Funktion in der Applikationsschicht aus, greifen eventuell auf die Persistenzschicht zu und/oder geben ein Ergebnis zurück.

Es gibt jedoch auch Funktionsbausteine, die eine Benutzerinteraktion anfordern. In der ABAP-Welt geschieht dies durch den direkten Aufruf eines klassischen Dynpros oder Selektionsbildes über CALL [SELECTION-]SCREEN[18] oder über den Aufruf eines anderen Programms, das über SAP GUI-Elemente verfügt, wobei die entsprechenden Benutzerinteraktionen beim Aufruf nicht durch geeignete Parameterübergaben vollständig unterdrückt werden. Im Rahmen eines ansonsten rein funktionalen Aufrufs kann dies beispielsweise der Fall sein, um zusätzliche Benutzereingaben abzufragen, die zum Abschluss einer Aufgabe erforderlich sind (zum Beispiel die Eingabe einer Bestellnummer). Das andere Extrem sind natürlich Funktionsbausteine, die nur dazu dienen die Präsentationsschicht von der Applikationsschicht zu entkoppeln. Solche Funktionsbausteine machen in der Regel nichts anderes, als ein Fenster des SAP GUI darzustellen und die Benutzereingaben an den Aufrufer zurückzugeben. Auf Web Dynpro ABAP muss hier übrigens nicht eingegangen werden: Die HTML-Seiten eines Web Dynpro ABAP sind über den Internet Communication Manager (ICM) eines AS ABAP mit dessen Applikationsschicht verknüpft. Dies ist vollständig orthogonal zur RFC-Schnittstelle, und die entsprechende HTTP-Kommunikation verläuft für diese dunkel.

Dialoginteraktionen in den RFC-Varianten

Wie verhalten sich nun remote aufgerufene RFMs, die mit SAP GUI-Fenstern arbeiten? Die gute Nachricht ist, dass die ABAP-Laufzeitumgebung eines als RFC-Client arbeitenden AS ABAP diese Fenster bei sRFC- und aRFC-Aufrufen anzeigen kann. Mit anderen Worten, wenn bei der Ausführung eines synchron

---

18 Das Dynpro ist dann als Komponente der Funktionsgruppe definiert. Dies ist heutzutage sogar die empfohlene Vorgehensweise, wenn noch mit klassischen Dynpros gearbeitet wird. Die Verwendung von Modul-Pools wird dagegen nicht mehr empfohlen (siehe Abschnitt 9.1.15 in *ABAP Objects – ABAP-Programmierung mit SAP NetWeaver*, SAP PRESS 2006).

oder asynchron aufgerufenen RFM Benutzereingaben erforderlich sind, werden diese ganz normal vom SAP GUI an den Applikationsserver des Clients gesendet und dort an die zugeordneten ABAP-Daten übergeben, ohne dass der RFM mit einem Fehler abbricht.

Bei tRFC- und qRFC-Aufrufen eines RFM, der versucht, ein SAP GUI-Fenster zu öffnen, wird dieser prinzipiell mit einem Laufzeitfehler abgebrochen. Solche Aufrufe können von einem RFC-Client nur dunkel prozessiert werden. Zum einen handelt es sich um die Ausführung abgeschlossener LUWs, in denen prinzipiell keine Benutzerinteraktion stattfinden dürfen, zum anderen gibt es auch keine Möglichkeiten, Benutzereingaben an den RFC-Client zurückzugeben.

Bei pRFC-Aufrufen eines RFM ist die Anzeige von SAP GUI-Fenstern zwar technisch möglich, sollte aber nur mit Bedacht verwendet werden. Für jedes SAP GUI-Fenster wird nämlich ein Hauptmodus benötigt, und deren Anzahl ist pro Sitzung auf maximal 16 (bzw. auf sechs vor Release 7.0) begrenzt.[19] Beim Versuch, mehr als die mögliche Anzahl von Hauptmodi gleichzeitig zu öffnen, bricht der RFM mit einem Laufzeitfehler ab. Die Anzahl der noch verbleibenden Hauptmodi müsste vom Aufrufer vor dem pRFC-Aufruf programmatisch festgestellt werden. Diese Vorgehensweise ist bei einem einzelnen aRFC, der auf dem lokalen System ausgeführt wird, zwar durch den Aufruf von Funktionsbaustein `TH_USER_INFO` problemlos möglich, für die Parallelverarbeitung mit pRFC auf externen Servern aber eher ungeeignet.

Dialoginteraktionen bei sRFC und aRFC

Die RFC-Varianten sRFC und aRFC sind die einzigen, bei denen der Aufruf von SAP GUI-Fenstern während der RFM-Ausführung möglich und sinnvoll ist. Doch auch für diese Varianten müssen noch einige Besonderheiten beachtet werden.

Die klassische Listenverarbeitung ist innerhalb eines remote ausgeführten Funktionsbausteins deaktiviert. Die Anweisungen der klassischen Listenausgabe, von denen `WRITE` die bekannteste ist, werden ignoriert. Wenn im RFM aber weitere Programme aufgerufen werden, in denen eine klassische Liste ausgegeben wird, wird diese auch dargestellt.

Zudem ist zu beachten, dass die RFC-Sitzung prinzipiell auch in der Lage sein muss, ein SAP GUI-Fenster aufzurufen. Wie zwar bereits in Abschnitt 5.1.1, »Grundlegende Terminologie«, gezeigt, ist der für die RFC-Verarbeitung

---

19 Die für ein System tatsächlich mögliche Anzahl wird durch den Systemparameter `rdisp/max_alt_modes` bestimmt, dessen Standardwert 6 ist.

zuständige Workprozess ein Dialog-Workprozess, die Darstellbarkeit von SAP GUI-Fenstern hängt aber auch am verwendeten Benutzer. Nur ein für einen Dialogbenutzer im Vordergrund ausgeführtes Programm ist in der Lage, mit dem SAP GUI zu kommunizieren. Falls die RFC-Sitzung über andere Anmeldedaten geöffnet wird, wird ein RFM, der darin versucht, ein Dynpro aufzurufen, mit dem ABAP-Laufzeitfehler DYNPRO_SEND_IN_BACKGROUND abgebrochen.

Ist der Aufruf eines Dynpros erfolgreich, hängt das zur Anzeige verwendete SAP GUI-Fenster von der RFC-Variante ab:

- Bei einem sRFC wird das aktuelle SAP GUI-Fenster des Aufrufers verwendet. Das aktuelle Bildschirmbild wird fast wie bei einer normalen Dynpro-Folge vorübergehend durch das Bildschirmbild der remote aufgerufenen Funktion ersetzt.[20] Die Eingabe von Befehlen in der Form /ntcode in das Befehlsfeld der Systemfunktionsleiste beendet die Remote-Sitzung, und das aufrufende Programm führt seine Verarbeitung nach dem RFC fort. Dies kann nur vermieden werden, indem der RFM ausschließlich Dynpros mit GUI-Status für Dialogfenster aufruft, die keine Systemfunktionsleiste haben.

- Bei einem aRFC werden die Bildschirmbilder der remote ausgeführten Anwendung in einem neuen SAP GUI-Fenster angezeigt. Die Eingabe von Befehlen in der Form /ntcode in das Befehlsfeld der Systemfunktionsleiste führt zur Ausführung der durch tcode angegebenen Transaktion in der RFC-Sitzung und in diesem Fenster.

Die Eingabe von Befehlen in der Form /otcode in das Befehlsfeld der Systemfunktionsleiste öffnet in beiden Fällen auf dem RFC-Server einen weiteren Hauptmodus mit einem weiteren SAP GUI-Fenster, in dem die durch tcode angegebene Transaktion ausgeführt wird.

Aufgrund des Problems mit der Eingabe von /ntcode in das Befehlsfeld der Systemfunktionsleiste ist ein aRFC das Mittel der Wahl, um Programme mit Dialoginteraktion remote auszuführen. Listing 5.1 zeigt ein Beispiel für einen solchen Aufruf.

```
CALL FUNCTION 'TH_USER_INFO'
  IMPORTING
    act_sessions = actual_sess
    max_sessions = maximal_sess.
IF maximal_sess > actual_sess.
```

---

20 Wenn der RFC-Client alle nötigen Anmeldedaten übergibt, sodass kein Anmeldebild gezeigt wird, und wenn der Benutzer nicht auf die Systemkennung in der Statusleiste achtet, ist kaum erkennbar, dass die Anwendung remote ausgeführt wird.

```
  CALL FUNCTION 'CALL_EXTERNAL_PROGRAMS'
    STARTING NEW TASK 'EXTERNALS'
    EXPORTING
      program_type        = prog_type
      program_name        = prog_name
    EXCEPTIONS
      system_failure      = 1
      communication_failure = 2
      OTHERS              = 4.
  IF sy-subrc NE 0.
    MESSAGE 'Failed to open external session' TYPE 'I'
            DISPLAY LIKE 'E'.
  ENDIF.
ELSE.
  MESSAGE 'Maximum number of sessions reached' TYPE 'I'
          DISPLAY LIKE 'E'.
ENDIF.
```

Listing 5.1 aRFC zum Öffnen eines weiteren Hauptmodus

Dem fiktiven RFM CALL_EXTERNAL_PROGRAMS werden nach der Überprüfung der verfügbaren Hauptmodi bei einem aRFC ohne Angabe der Destination der Name und die Art eines Programms übergeben, das er dann über SUBMIT AND RETURN oder CALL TRANSACTION auf demselben System, aber in einem anderen Hauptmodus ausführt. Wenn das aufgerufene Programm ein Dynpro verwendet, wird es in einem neuen Fenster angezeigt.

Diese scheinbar einfache Vorgehensweise ist nicht unproblematisch bezüglich der Sicherheit: Ruft ein RFM auf einem RFC-Server ein normales SAP GUI-Fenster auf, kann ein Benutzer dort alle möglichen Befehle in das Befehlsfeld der Symbolleiste eintragen, wie zum Beispiel /otcode zum Aufruf einer Transaktion. Die zugehörigen Berechtigungen werden dann nicht unbedingt für den tatsächlichen Benutzer überprüft. Ist die RFC-Anmeldung über einen speziellen RFC-Benutzer erfolgt, werden dessen Berechtigungen überprüft, die recht umfangreich sein können. Der tatsächliche Benutzer könnte also theoretisch auf alle Daten und Transaktionen zugreifen, die für den RFC-Benutzer verfügbar sind.

Wenn tatsächlich RFMs mit Dialoginteraktionen auf anderen Systemen aufgerufen werden müssen, sollte dafür gesorgt werden, dass nur Dialogfenster, das heißt SAP GUI-Fenster ohne Systemfunktionsleiste angezeigt werden. Darüber hinaus sollte in diesem Fall die Anmeldung an dem RFC-Server nur über RFC-Benutzer erfolgen, deren Berechtigungen genau auf die jeweiligen Anforderungen abgestimmt sind (siehe Abschnitt 5.2.3, »Vordefinierte Destinationen«).

Am sichersten ist es, wenn Sie so weit wie möglich auf Dialoginteraktionen auf RFC-Servern verzichten, das heißt, dass Sie die erforderlichen Dialoge so weit wie möglich auf dem RFC-Client führen und die Daten beim Aufruf an die RFMs übergeben.

Wird der aRFC wie im Coding-Beispiel nur verwendet, um einen weiteren Hauptmodus des lokalen Systems (DESTINATION NONE) zu öffnen, stellt sich das Problem mit dem RFC-Benutzer nicht, da die RFC-Sitzung unter dem aktuellen Benutzer läuft. Dabei bietet es sich an, wie im Beispiel gezeigt, einen einzigen RFM als Dispatcher zu verwenden, der die notwendigen Berechtigungsprüfungen enthält. Zum einen sollte überprüft werden, ob der RFC-Aufruf tatsächlich aus dem eigenen System stammt, um zu verhindern, dass ein externer RFC-Client auf den remotefähigen Baustein zugreift. Zum anderen sollten die Berechtigungen des Benutzers für die angeforderten Aktionen so weit wie möglich überprüft werden. Listing 5.2 zeigt eine ansatzweise Implementierung für einen solchen RFM.

```
FUNCTION call_external_programs.
  DATA same_system LIKE sy-batch.
  CALL FUNCTION 'RFC_WITHIN_SAME_SYSTEM'
    IMPORTING
      caller_in_same_system = same_system
    EXCEPTIONS
      OTHERS                = 4.
  IF sy-subrc = 0 AND same_system = 'N'.
    RAISE EXCEPTION not_in_same_system.
  ENDIF.
  IF program_type = 'TRAN'.
    CALL FUNCTION 'AUTHORITY_CHECK_TCODE'
      EXPORTING
        tcode  = program_name
      EXCEPTIONS
        ok     = 0
        not_ok = 1
        OTHERS = 2.
    IF sy-subrc <> 0.
      RAISE EXCEPTION no_authority.
    ENDIF.
    CALL TRANSACTION program_name.
  ELSEIF program_type = 'PROG'.
    SUBMIT (program_name) VIA SELECTION-SCREEN AND RETURN.
  ENDIF.
ENDFUNCTION.
```

Listing 5.2 RFM für die Programmausführung in einem weiteren Modus

5.2 Remotefähige Funktionsbausteine

Bisher wurden grundlegende RFC-Terminologie und -Konzepte vorgestellt, die fünf verfügbaren RFC-Varianten beschrieben und der RFC-Kommunikationsprozess schrittweise erläutert. Ziel war es, Ihnen eine solide Grundlage für das Verständnis von RFC zu bieten, sodass Sie ABAP-Anwendungen mit höherer Performance und verbesserter Stabilität erstellen können.

Im Folgenden wird Ihnen vermittelt, wie Sie remotefähige Funktionsbausteine (Remote-enabled Function Modules, RFM) entwerfen und entwickeln, mit denen Sie alle Erwartungen im Hinblick auf Performance, Sicherheit und Robustheit erfüllen. Sie erfahren, wie Sie RFC-Destinationen erstellen, die sich für eine effektive Netzwerkkommunikation eignen und gleichzeitig eine falsche Verwendung verhindern, wobei einige der erweiterten Optionen beschrieben werden, die Sie selbst als erfahrener Entwickler möglicherweise noch nicht kennen. Darüber hinaus wird gezeigt, wie RFC-Aufrufe für die Übermittlung zwischen Systemen serialisiert/deserialisiert werden. Sie erfahren, welche Schritte bei der Ausführung eines RFM durchgeführt werden und wie Sie Fehler und Meldungen behandeln, die von der RFC-Schnittstelle zurückgegeben werden. Die im Folgenden geschilderten Sachverhalte gelten für alle fünf RFC-Varianten.

5.2.1 RFM anlegen

Neben den recht einfachen Schritten, die benötigt werden, um Funktionsbausteine bzw. RFMs anzulegen, die remote über RFC aufgerufen werden können, sollten Sie auch einige Hinweise zur Performance und zur Sicherheit beachten. Die Darstellung beginnt mit den technischen Einstellungen und geht dann auf die weiteren Aspekte ein.

Technische Einstellungen

Führen Sie die folgenden Schritte aus, um einen remotefähigen Funktionsbaustein anzulegen:

1. Öffnen Sie den Function Builder im Object Navigator (SE80) oder direkt über Transaktionscode SE37.
2. Legen Sie einen neuen Funktionsbaustein an, oder editieren Sie einen existierenden Baustein.
3. Wählen Sie für alle IMPORTING-, EXPORTING- oder CHANGING-Parameter die WERTÜBERGABE aus. Ein Funktionsbaustein kann nur dann zu einem RFM gemacht werden, wenn für die Übergabeart aller Parameter bis auf TABLES-

Parameter die Wertübergabe eingestellt ist. Für Letztere ist dagegen immer die Referenzübergabe vorgegeben.

4. Typisieren Sie die Schnittstellenparameter mit Typen aus dem ABAP Dictionary oder mit eingebauten ABAP-Typen, die keine Referenztypen sind. Die Übergabe von Objekt- oder Datenreferenzen wird vom RFC nicht unterstützt.

5. Deklarieren Sie die Ausnahmen des Funktionsbausteins, die von einem Aufrufer behandelbar sein sollen. Vor Release 7.2 sind nur klassische, ab Release 7.2 sind auch klassenbasierte Ausnahmen möglich (siehe Abschnitt 5.3.2, »Ausnahmebehandlung beim RFC«).

6. Aktivieren Sie die Remote-Fähigkeit, indem Sie auf der Registerkarte EIGENSCHAFTEN die Option REMOTE FÄHIGER BAUSTEIN für den Funktionsbaustein wählen, wie Abbildung 5.12 für den RFM RFC_SYSTEM_INFO zeigt. Ab den Releases 7.0, EhP2 und 7.1/7.2 können Sie an dieser Stelle auch ankreuzen, dass das neue RFC-Protokoll basXML für den Funktionsbaustein unterstützt werden soll (empfohlene Einstellung).

7. Implementieren Sie die Logik des Funktionsbausteins.

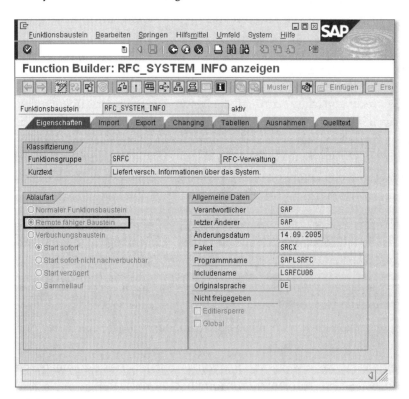

Abbildung 5.12 Remote-Fähigkeit für Funktionsbaustein aktivieren

Hinweise zur Performance

Beim Anlegen von RFMs sollten Sie zusätzlich zu den angegebenen, fest vorgeschriebenen technischen Einstellungen auch einige Richtlinien beachten, um Performanceprobleme zu vermeiden. Um diese Richtlinien zu verstehen, geht es zuerst kurz um das Format, in dem Daten von und zu remote aufgerufenen Funktionen übertragen werden, das heißt um das RFC-Protokoll (siehe Abschnitt 5.3.1, »Serialisierung/Deserialisierung von ABAP-Daten beim RFC«).

Vor den Releases 7.0, EhP2 und 7.1/7.2 hängt das Übertragungsformat mit einer Ausnahme ausschließlich vom Datentyp eines Parameters ab, wobei prinzipiell zwischen flachen und tiefen Typen unterschieden werden muss. Da Referenztypen für RFMs nicht erlaubt sind, handelt es sich bei den tiefen Typen um Strings und interne Tabellen sowie um Strukturen, die solche Komponenten enthalten. Die Daten tiefer Typen werden bei allen Übergabearten außer bei TABLES-Parametern in einem speziellen XML-Format namens xRFC übergeben. Für flache Parameter und für TABLES-Parameter wird dagegen ein binäres Protokoll verwendet. Die beim xRFC notwendige Serialisierung/Deserialisierung und die Übertragung dieses Formats sind wesentlich weniger performant als das binäre RFC-Protokoll.

Ab den Releases 7.0, EhP2 und 7.1/7.2 kann für einen RFM – und zwar sowohl für seine flachen als auch für seine tiefen Parametertypen – ein neues basXML-Format eingestellt werden. basXML ist eine binäre Darstellung des von Transformationen her bekannten asXML-Formats (ABAP Serialization XML, siehe zum Beispiel Kapitel 3, »SAP Simple Transformations«). Das neue basXML-Format ist performanter als xRFC und wird aus Gründen der Einheitlichkeit für Neuentwicklungen in allen Systemen empfohlen, in denen es zur Verfügung steht. Damit das neue Format verwendet wird, muss es in der Destination als ÜBERTRAGUNGSPROTOKOLL angegeben sein (siehe Abschnitt 5.2.2, »Einrichten von RFC-Destinationen«), und der aufgerufene RFM muss basXML unterstützen.

Beide XML-Formate (xRFC und basXML) sind namensorientiert, während das binäre RFC-Protokoll positionsorientiert arbeitet. Der Konvertierungsaufwand ist für beide XML-Formate damit prinzipiell höher als beim binären Format. Bezogen auf die Übertragung einer Struktur, können Sie sich den Unterschied in etwa dadurch klar machen, indem Sie sich vorstellen, dass das System einmal einen MOVE-CORREPONDING und einmal nur einen normalen MOVE ausführen muss. Bei der namensorientierten Übertragung muss das System jede Komponente nach dem Namen ermitteln anstatt einfach nur nach der Position. Das neue basXML-Format ist zwar performanter als xRFC, erreicht aber vorerst nicht die Performanz des binären Formats.

Daraus leiten sich die folgenden Merkregeln ab:

- **Übergabe tiefer Parameter**
  Solange kein basXML verwendet wird, ist das für tiefe Parameter verwendete xRFC immer langsamer als das binäre Format, sodass tiefe Datentypen für IMPORTING-, EXPORTING- und CHANGING-Parameter eher zu vermeiden sind. Darüber hinaus können tiefe Parameter eventuell unkontrolliert große Datenmengen übertragen, sodass die Warnung auch für basXML gilt.

- **Übergabe interner Tabellen**
  Für interne Tabellen gilt prinzipiell das Gleiche wie für alle tiefen Parameter mit der Ausnahme, dass sie, falls der Zeilentyp flach ist, als TABLES-Parameter übergeben werden können. Zum einen unterstützen TABLES-Parameter das binäre Format, zum anderen werden für einen TABLES-Parameter nur die geänderten Zeilen zurücktransportiert und nicht die gesamte Tabelle. Vor der Einführung von basXML waren die im sonstigen ABAP als obsolet erklärten TABLES-Parameter damit das Mittel der Wahl zur Übergabe interner Tabellen mit flachem Zeilentyp. Seit der Einführung von basXML werden TABLES-Parameter dagegen nur noch für sehr performancekritische Anwendungen empfohlen.

Hinweise zur Sicherheit

Das Bereitstellen von RFMs stellt immer ein gewisses Sicherheitsrisiko dar, da sie einem externen System den Zugriff auf den AS ABAP erlauben. Deshalb sind beim Erstellen von RFMs folgende Sicherheitshinweise zu beachten:

- **Verwenden Sie geeignete Funktionsgruppen**
  In Abschnitt 5.1.2, »RFC-Kommunikationsprozess«, wurde bereits darauf hingewiesen, dass auf dem RFC-Server aus Sicherheitsgründen das Berechtigungsobjekt S_RFC überprüft wird, bevor eine RFC-Anforderung ausgeführt wird.[21] Dadurch soll sichergestellt werden, dass der Benutzer, unter dem die Sitzung ausgeführt wird, zur Ausführung des angeforderten Funktionsbausteins berechtigt ist. Bis zu Release 7.0 wird diese Prüfung aber nur bezüglich der Funktionsgruppe und nicht bezüglich einzelner Funktionsbausteine durchgeführt. Mit anderen Worten, der Remote-Zugriff wird für eine gesamte Gruppe zugelassen oder abgelehnt: Benutzer können entweder alle RFMs in einer Gruppe oder keinen Baustein der Gruppe aufrufen. Es ist deshalb wichtig, dass Sie Ihre RFMs genau in den Funktionsgruppen anlegen, die den erforderlichen Sicherheitskriterien genügen.

---

21 Die Steuerung erfolgt über den Profilparameter auth/rfc_authority_check.

- **Führen Sie im RFM alle nötigen Berechtigungsprüfungen durch**
  Sorgen Sie im Coding eines RFM prinzipiell vor dem Zugriff auf Objekte oder vor der Ausführung bestimmter Aktionen für die geeigneten Berechtigungsprüfungen. Hierzu können die Anweisung `AUTHORITY-CHECK` oder geeignete Prozeduren verwendet werden. In Abschnitt 5.1.4, »RFC und Dialoginteraktionen«, haben Sie bereits ein Beispiel gesehen.

Hinweise zur Robustheit

Da ein remote aufgerufener Funktionsbaustein nicht im internen Modus des Aufrufers, sondern in seinem eigenen isolierten Kontext auf dem RFC-Server ausgeführt wird, gelten einige weitere Einschränkungen im Vergleich zu direkt ausgeführten Funktionsbausteinen:

- **Kein Ersetzen des internen Modus**
  Wenn der aktuelle interne Modus während der Ausführung eines remote aufgerufenen Funktionsbausteins abgebaut und durch einen neuen internen Modus ersetzt wird, geht der RFC-Kontext verloren. Die Sitzung, in der der Funktionsbausteincode ausgeführt wird, wird beendet und die Kommunikation zwischen dem Client und Server unterbrochen, was sich auf der Seite des Aufrufers über die Ausnahme `SYSTEM_FAILURE` bemerkbar macht. Dies schließt alle Anweisungen aus, die den internen Modus ersetzen, nämlich `LEAVE TO TRANSACTION` und `SUBMIT` ohne `RETURN`. Wie bereits in Abschnitt 5.1.4 erwähnt, führt auch die Eingabe von Befehlen der Form `/ntcode` in das Befehlsfeld der Systemfunktionsleiste während der Ausführung eines remote aufgerufenen Bausteins zu dieser Ausnahme.

- **Vermeidung von Strings**
  Wegen der variablen Länge von Strings kann die RFC-Schnittstelle nicht die Menge von zu empfangenden Daten vorhersehen und reserviert eventuell nicht genügend Speicher. Deshalb sind für die Parameter von RFMs die Datentypen fester Länge vorzuziehen.

- **Verwendung stabiler Strukturen**
  Unter den Hinweisen zur Performance wurde erwähnt, dass für flache Parameter und für `TABLES`-Parameter ein binäres RFC-Protokoll verwendet wird, das bei der Übergabe von Strukturen nicht namens-, sondern positionsorientiert arbeitet. Wie immer gehen die Performancevorteile solcher Ansätze auf Kosten der Robustheit.

  In diesem Fall ist es so, dass Sie bei der Verwendung des binären Protokolls für die Übergabe flacher Strukturen darauf achten müssen, nur stabile Strukturen zur Typisierung der Parameter des RFM zu verwenden, die nicht mehr geändert werden. Die nachträgliche Änderung von Strukturen, die in RFMs als Parameter mit binärem Protokoll verwendet werden, kann zu Fehlern führen, die sich häufig nur schwer ermitteln lassen. Dies umfasst das Hinzufügen und Entfernen sowie das Ändern der Größe oder des Typs von Komponenten. Fehler können dadurch auftreten, dass der Aufruf eines solchen Funktionsbausteins möglicherweise auf einer veralteten Version der Schnittstelle basiert und dass die RFC-Schnittstelle solche Inkompatibilitäten aufgrund der Positionsorientierung eventuell nicht erkennen kann. Genauer gesagt wird nur der Aufbau der obersten Komponentenebene überprüft, nicht aber der Aufbau von Unterstrukturen. Wenn eine Struktur inkompatibel geändert wird, übergibt die RFC-Schnittstelle für hinzugekommene Komponenten auf oberster Ebene den Initialwert und ignoriert weggefallene Komponenten, solange sie nicht angefordert werden. In geschachtelten Strukturen können Änderungen der Unterstrukturen aber schnell für inkonsistente Daten oder Laufzeitfehler sorgen.

Stellen Sie daher sicher – und das gilt insbesondere auch für die Implementierung von Support Packages oder Upgrades –, dass Strukturen, die als Parameter von RFMs mit binärem Protokoll verwendet werden, möglichst nicht verändert werden.[22] Zumindest sollte die Funktionalität von RFMs nach Änderungen durch umfangreiche Regressionstests überprüft werden. Kommt es nicht auf die ultimative Laufzeitperformance an, ist die Verwendung des seit den Releases 7.0, EhP2 und 7.1/7.2 zur Verfügung stehenden basXML-Protokolls aber sicher die beste Wahl zur Umgehung dieses Problems.

5.2.2 Einrichten von RFC-Destinationen

Wenn ein System als RFC-Client agieren will, um ein anderes System als RFC-Server zu verwenden, muss es die Verbindungsdaten zu diesem System kennen. Für diesen Zweck gibt es *Destinationen*. Destinationen sind außerhalb eines Programms definierte symbolische Namen zur Benennung eines Zielsystems und dessen Verbindungsdaten. Beim Zielsystem kann es sich um einen anderen AS ABAP, ein Fremdsystem oder auch einen anderen Mandanten auf demselben AS ABAP handeln, auf dem der RFC ausgeführt wird. Der Typ einer Destination gibt an, worum es sich handelt. Beispielsweise bedeutet der wohl am häufigsten verwendete Typ »3« eine *ABAP-Verbindung* zu einem anderen AS ABAP. In diesem Abschnitt wird hauptsächlich auf diesen Typen eingegangen.

In Abschnitt 5.1.3, »Fünf grundlegende RFC-Varianten«, wurde bereits die Verwendung solcher Destinationen im Zusatz DESTINATION für die fünf RFC-Vari-

---

22 Am harmlosesten ist noch das Hinzufügen von Komponenten am Ende.

anten gezeigt. Einer der wesentlichen Vorteile von Destinationsnamen im Vergleich zur direkten Angabe von Systemnamen oder IP-Adressen ist die bessere Wartbarkeit. Sie müssen Ihren Programmcode nicht ändern, wenn Sie das Zielsystem für den Aufruf ändern möchten oder wenn sich die IP-Adresse des Systems ändert.

Destinationen werden über die Transaktion SM59 erstellt und gepflegt. Wie Sie in Abbildung 5.13 sehen, umfasst das Bildschirmbild zum Erstellen einer neuen Destination die folgenden Registerkarten:

- TECHNISCHE EINSTELLUNGEN
  für die Eingabe der wesentlichen Daten zur physischen Verbindung mit dem Zielsystem
- ANMELDUNG & SICHERHEIT
  zur Eingabe der erforderlichen Anmeldeinformationen für das Zielsystem
- SPEZIELLE OPTIONEN
  zur Angabe von Parametern, die für Fehleranalyse und die Übergabe von zeichenartigen Daten über Codepages benötigt werden

Im Folgenden werden die nötigen Einstellungen auf den Registerkarten vorgestellt.

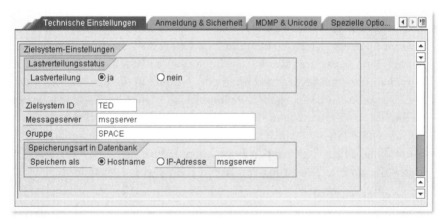

Abbildung 5.13 ABAP-Verbindung mit Lastverteilung

Technische Einstellungen

Auf der Registerkarte TECHNISCHE EINSTELLUNGEN finden Sie die Optionen und Einstellungen, die Sie zum Definieren der physischen Verbindung mit dem Zielsystem benötigen. Die erste Einstellung auf dieser Registerkarte ist die Option LASTVERTEILUNG. Wie Sie in Abbildung 5.13 sehen, haben Sie zwei

Möglichkeiten (JA oder NEIN): Wenn Sie JA wählen, richten Sie eine Verbindung *mit Lastverteilung* ein, wenn Sie NEIN wählen, erstellen Sie eine *direkte* Verbindung.

Bei einer Verbindung mit Lastverteilung geben Sie nur das Zielsystem an. Wenn ein AS ABAP auf mehrere Applikationsserver verteilt ist, wählt das System selbst den Applikationsserver aus, auf dem der RFC ausgeführt wird. Bei einer direkten Verbindung geben Sie den Applikationsserver explizit an. Dabei muss der Host (tatsächlicher Rechner) spezifiziert werden, auf dem der Applikationsserver läuft. Wie bereits in Abschnitt 5.1.2, »RFC-Kommunikationsprozess«, erwähnt, kann eine direkte Verbindung beim Aufruf auch als dynamische Destination angegeben werden, die alle Informationen umfasst, die in der Transaktion SM59 unter einer Kennung abgespeichert werden.

Abbildung 5.13 zeigt die Angaben bei einer Verbindung mit Lastverteilung. Sie geben das Zielsystem (in diesem Beispiel der Name eines AS ABAP »TED«) und dessen Message-Server (hier als »msgserver« gezeigt) ein. Sie müssen zudem eine Anmeldegruppe angeben, über die festgelegt wird, wie die Lastverteilung für Anforderungen von Clients auf die verfügbaren Applikationsserver erfolgt. Die Verwendung von Anmeldegruppen dient dazu, die Performance und Verfügbarkeit eines RFC-Servers zu steuern und zu verbessern. In der RFC-Infrastruktur können dafür zwei Arten von Gruppen gepflegt werden:

- **Logon-Gruppen**
  Gruppen dieser Art werden über die Transaktion SMLG gepflegt. Sie können immer dann verwendet werden, wenn Sie sich nicht auf einen bestimmten Applikationsserver festlegen können oder wollen. In diesem Beispiel wurde die Gruppe »SPACE« angegeben. Bei der Angabe von »SPACE« wird eine vordefinierte namenlose Logon-Gruppe verwendet, die alle verfügbaren Applikationsserver eines AS ABAP umfasst. Für echte Anwendungsszenarien wird empfohlen, dedizierte Gruppen zu definieren, um eine bessere Performance durch die gezielte Zuweisung von Applikationsservern zu steuern.

- **RFC-Servergruppen**
  Gruppen dieser Art werden über die Transaktion RZ12 gepflegt. Wählen Sie diese Art von Gruppe für parallele RFCs (pRFC, Zusatz IN GROUP beim Aufruf, siehe Abschnitt 5.1.3, »Fünf grundlegende RFC-Varianten«) aus. Für die anderen RFC-Varianten kann keine Destination mit diesem Gruppentyp verwendet werden.

Die auf Logon-Gruppen basierende Lastverteilung eignet sich gut für RFC-Aufrufe mit geringem Umfang und zufälliger Verteilung, jedoch nicht für die Verarbeitung einer großen Anzahl von RFC-Aufrufen. Ein Grund dafür ist, dass der

Message-Server die Lastverteilungsinformationen für die mit der Anmeldegruppe verknüpften Server periodisch aktualisiert. Die Zeitabstände werden über den Profilparameter `rdisp/autoabaptime` festgelegt, wobei der Standardwert 300 Sekunden ist. Daher wird die Last bei umfangreicher paralleler Verarbeitung nicht ordentlich verteilt. Für Anwendungen mit solchen Anforderungen sollten daher keine Destinationen mit Logon-Gruppen, sondern, wenn möglich, ein echter pRFC mit RFC-Servergruppen verwendet werden.

Seit Release 6.10 kann die Verteilungsstrategie für Logon-Gruppen verbessert werden, indem in der Transaktion SMLG die Option EXTERNER RFC ZUGELASSEN für die zugehörigen Applikationsserver gewählt wird (siehe Abbildung 5.14).

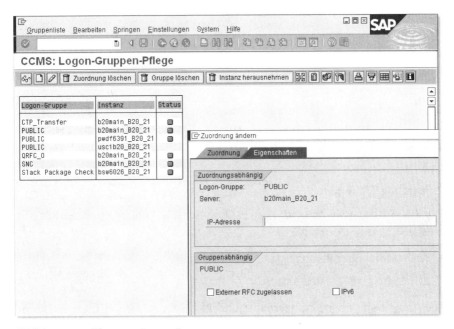

Abbildung 5.14 Pflege von Logon-Gruppen

Abbildung 5.15 zeigt die Angaben bei einer direkten Verbindung (Auswahl von NEIN für LASTVERTEILUNG). Dabei geben Sie direkt den Applikationsserver (Zielmaschine, hier »myhost«) und eine Systemnummer (hier »01«) an. Bei der RFC-Kommunikation gibt diese Nummer den Port für den Gateway-Prozess des Zielservers an.

Abschließend können Sie entscheiden, ob die Verbindung unter dem Hostnamen oder unter der zugehörigen IP-Adresse in der Datenbanktabelle RFCDES abgelegt wird.

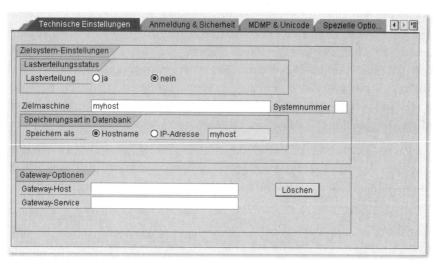

Abbildung 5.15 Direkte ABAP-Verbindung

Auf der nächsten Registerkarte wird festgelegt, wie sich ein RFC-Client, der die aktuelle Destination verwendet, über die RFC-Verbindung am Zielsystem anmelden soll.

Anmeldung/Sicherheit

Die RFC-Schnittstelle unterstützt zwei Optionen zur Anmeldung eines RFC-Clients an einem RFC-Server:

- Anmeldung über Benutzername und Passwort
- Anmeldung als Trusted System

Die Anmeldung über Benutzername und Passwort ist die geläufigste Option. Sie verwenden diese Option, wenn ein RFC-Client mit einem anderen Mandanten desselben AS ABAP oder als ein bestimmter Benutzer mit einem anderen AS ABAP kommunizieren soll, für den er eine Berechtigung hat. Über diese Option ist aber auch eine Anmeldung an dem aktuellen AS ABAP über einen anderen Benutzernamen möglich.

Die Anmeldung über die Option TRUSTED SYSTEM verfolgt einen anderen Ansatz. Es werden keine Passwörter übertragen. Stattdessen muss ein RFC-Client über die Transaktion SMT1 im RFC-Server, dem Trusting System, als Trusted System registriert sein. Im Trusted System können Sie über den Transaktionscode SMT2 feststellen, welche Systeme als Trusting System fungieren. Da keine Passwörter über das Netzwerk ausgetauscht werden, ist diese Option sicherer als die über Benutzername und Passwort und für die folgenden Szenarien die geeignete Wahl:

- **SSO-Umgebung (Single Sign-on)**
  In einem SSO-Szenario sollten sich auch die Anmeldungen von RFC-Clients am RFC-Server entsprechend verhalten, das heißt, die Vergabe von Benutzungsrechten sollte zentral geregelt werden. Die Option Trusted System unterstützt Single Sign-on über Systemgrenzen hinweg.

- **Definition von Benutzergruppen**
  Im Trusting System können über das Berechtigungsobjekt S_RFCACL Benutzergruppen des Trusted Systems definiert werden, auf die die Verwendung einer Trusted-Trusting-Destination eingeschränkt wird.

Eine umfassende Anleitung zur Konfiguration und Verwendung von vertrauenswürdigen (Trusted-Trusting-)RFC-Beziehungen geht über den Rahmen dieses Buches hinaus. An dieser Stelle soll auf die zugehörige Online-Dokumentation hingewiesen werden. Im Folgenden wird aber etwas näher auf die Anmeldung über Benutzername und Passwort eingegangen.

Ist die Sicherheitsoption Trusted System *nicht* ausgewählt, findet eine Anmeldung über Benutzername und Passwort statt (siehe Abbildung 5.16). Die Eingabefelder für Sprache, Mandant, Benutzer und Passwort sind für beide Anmeldemethoden optional. Wenn für die Felder für Sprache, Mandant oder Benutzer keine Werte vorgegeben werden, verwendet die RFC-Schnittstelle implizit geeignete Werte des RFC-Clients, die dort aus den zugehörigen Systemfeldern sy-langu und sy-uname entnommen werden.

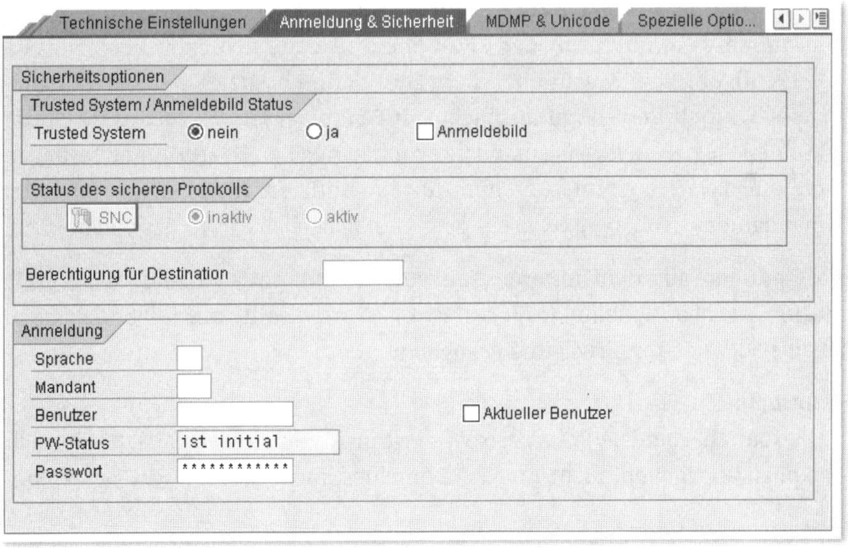

Abbildung 5.16 RFC-Anmeldung über Benutzername und Passwort

Die Optionen aus dem oberen Teil von Abbildung 5.16 haben folgende Bedeutung:

- **Anmeldebild**
  Wählen Sie diese Option aus, erfolgt die Anmeldung des RFC-Clients an dem RFC-Server im Dialog über das Anmeldebildschirmbild. Dort kann der aktuelle Benutzer des RFC-Clients die vordefinierten Werte überschreiben. Wenn die Option ANMELDEBILD nicht ausgewählt ist, die Anmeldung über die vordefinierten Werte aber fehlschlägt, beispielsweise weil nicht alle oder ungültige Werte angegeben sind, wird der Anmeldebildschirm ebenfalls angezeigt, damit der aktuelle Benutzer des RFC-Clients die Werte temporär korrigieren kann. Voraussetzung für die Anzeige des Anmeldebildschirmbilds ist, dass sich der RFC-Client in der Dialogverarbeitung befindet.

- **SNC**
  Aktivieren Sie die Option SNC (Secure Network Communications), erhöhen Sie die Sicherheit der RFC-Kommunikation zum Beispiel durch Verschlüsselung der übertragenen Daten und durch sichere gegenseitige Authentisierung der Kommunikationspartner. Die Nutzung von SNC setzt ein externes Sicherheitsprodukt voraus und muss unter anderem über den Profilparameter snc/enable eingestellt werden. Für weitere Informationen zu SNC wird hier wieder auf die Online-Dokumentation verwiesen.

- **Berechtigung für Destination**
  Diese Option bietet eine weitere Möglichkeit, die RFC-Destination vor einer nicht ordnungsgemäßen Verwendung zu schützen. Bei Angabe eines Wertes in diesem Feld überprüft der RFC-Client, ob der aufrufende Benutzer eine Berechtigung zum Aufruf über diese Destination besitzt. Diese Berechtigung muss dann für Berechtigungsobjekt S_ICF gepflegt sein.[23] Über diese Option können Sie beispielsweise mandantenabhängige Benutzergruppen festlegen, die auf das Zielsystem zugreifen dürfen. Anderenfalls sind Destinationen mandantenunabhängig, was ein gewisses Sicherheitsrisiko darstellen kann.

Die Optionen aus dem unteren Teil von Abbildung 5.16 sind, wie bereits erwähnt, zwar optional, eine Vorgabe von Werten sollte aus folgenden Gründen aber dennoch in Erwägung gezogen werden:

- **Sprache**
  Die hier angegebene Sprache bzw. der Inhalt von sy-langu ist, wenn nicht explizit angegeben, nicht nur die Anmeldesprache für den RFC-Server und

---

[23] Konkret muss eine Berechtigung für die Berechtigungsfelder ICF_FIELD mit dem Wert »DEST« und ICF_VALUE mit dem Wert, der im Eingabefeld BERECHTIGUNG FÜR DESTINATION eingetragen ist, vorhanden sein.

legt damit fest, in welcher Textumgebung zeichenartige Daten dort standardmäßig bearbeitet werden, sondern wirkt sich auch darauf aus, in welcher Codepage zeichenartige Daten übertragen werden (siehe Abschnitt 5.3.1, »Serialisierung/Deserialisierung von ABAP-Daten beim RFC«).

- **Aktueller Benutzer**
  Wenn Sie diese Option auswählen, kann in das Eingabefeld BENUTZER kein Wert eingegeben werden, und für die Anmeldung wird immer der Name des aktuellen Benutzers des RFC-Clients aus dem Systemfeld `sy-uname` verwendet. Ein eventuell auf dem Anmeldebild angegebener Benutzername wird ignoriert.

- **Passwort**
  Geben Sie bei einer Anmeldung über Benutzername und Passwort kein Passwort an, wird bei der Anmeldung das Anmeldebild mit allen sonstigen vordefinierten Werten angezeigt, sodass der Benutzer bestenfalls lediglich das Passwort eingeben muss. Die Passworteingabe ist obligatorisch, wenn über die Destination das System, die Benutzerkennung oder der Mandant gewechselt wird. Wenn die Felder für Benutzer, Mandant und Passwort leer sind und das Zielsystem derselbe AS ABAP ist, erfolgt die Anmeldung implizit über die Anmeldedaten des aktuellen Benutzers des RFC-Clients. Bei einer Anmeldung über die Option TRUSTED SYSTEM ist kein Passwort erforderlich, und das Eingabefeld ist ausgeblendet.

- **Passwort unverschlüsselt**
  Wenn Sie diese Option auswählen, wird das Passwort unverschlüsselt an den Server gesendet. Diese Option ist nur noch relevant, wenn Sie eine Destination für ein SAP R/2-System erstellen möchten. Ansonsten sollten Passwörter natürlich ausschließlich verschlüsselt gesendet werden.

Für die Einstellungen auf den bisher besprochenen Registerkarten TECHNISCHE EINSTELLUNGEN und ANMELDUNG & SICHERHEIT können zwei Verbindungstests ausgeführt werden, die über HILFSMITTEL • TEST ausgewählt werden können. Der erste Test, der VERBINDUNGSTEST, kann auch über eine Drucktaste ausgewählt werden und überprüft lediglich die Verbindung zum Zielsystem. Der andere Test, der BERECHTIGUNGSTEST, überprüft zusätzlich die Anmeldeeinstellungen.

Weitere Optionen

Auf den übrigen Registerkarten können Sie einige weitere Einstellungen für die ABAP-Verbindung Ihrer Destination vornehmen, von denen hier die wichtigsten vorgestellt werden.[24] Vor Release 7.0 gab es nur die Registerkarte SPEZIELLE OPTIONEN. Ab Release 7.0 finden Sie die Einstellmöglichkeiten für die Zeichendarstellung auf einer eigenen Registerkarte MDMP, UNICODE.

Die wichtigsten Optionen auf der Registerkarte SPEZIELLE OPTIONEN sind:

- **Trace**
  Wenn Sie diese Option auswählen, wird die RFC-Kommunikation mit dieser Destination in einer Datei protokolliert. Diese Datei kann mithilfe der Funktion RFC • TRACE ANZEIGEN der Transaktion SM59 oder mithilfe des Programms RSRFCTRC im aufrufenden und im empfangenden System angezeigt werden. Traces stellen die Verarbeitung auf Client- und auf Serverseite dar und können zur Problembehandlung herangezogen werden. Über die Trace-Funktion können Sie zwar die Vorgänge in einer gesamten RFC-Landschaft nachverfolgen, sie wirkt sich aber auch negativ auf die Performance aus. Deshalb sollte sie deaktiviert werden, wenn sie nicht benötigt wird. Ein RFC-Server kann die Aktivierung des RFC-Trace ablehnen, wenn dort die Profilparameter gw/accept_remote_trace_level und rdisp/accept_remote_trace_level entsprechend gesetzt sind.

- **Übertragungsprotokoll**
  Mit dieser Option wählen Sie ab den Releases 7.0, EhP2 und 7.1/7.2 aus, ob das neue RFC-Protokoll basXML verwendet werden soll oder nicht. Wenn basXML angegeben ist, wird das Protokoll für alle RFMs verwendet, die entsprechend gekennzeichnet sind. Ansonsten kommt je nach Parameterart das klassische binäre Protokoll oder xRFC zum Einsatz. Darüber hinaus kann hier festgelegt werden, ob mit dem klassischen tRFC/qRFC oder mit dem neuen bgRFC gearbeitet wird (siehe Kapitel 6). Für den klassischen tRFC/qRFC wird basXML nicht unterstützt.

Die folgenden Optionen stehen nur in Unicode-Systemen zur Verfügung und können in Nicht-Unicode-Systemen nicht verändert werden. Sie regeln die Konvertierung der in Unicode dargestellten zeichenartigen Daten des Clients in die auf Nicht-Unicode-Codepages beruhende Zeichendarstellung des Zielsystems:

- **Kommunikationsart mit dem Zielsystem**
  Unter dieser Option (vor Release 7.0 war dies die Option ZEICHENBREITE IM ZIELSYSTEM) müssen Sie angeben, ob das Zielsystem ein Nicht-Unicode- oder ein Unicode-System ist. Die Funktion UNICODE-TEST der Transaktion SM59

---

[24] Die übrigen Einstellungen sind sehr speziell. Beispielsweise wird über die Auswahl von LANGSAME RFC-VERBINDUNG dafür gesorgt, dass alle internen Tabellen vor der Übergabe komprimiert werden. Ohne diese Einstellung geschieht dies nur für Tabellen größer als 8 Kilobytes.

bietet hierfür eine Entscheidungshilfe, indem sie die Zeichenbreite im Zielsystem ermittelt (seit Release 7.0). Wenn Sie ein Unicode-System angeben, das Zielsystem jedoch ein Nicht-Unicode-System ist, führt dies beim RFC zu einer Ausnahme auf dem Server. Geben Sie ein Nicht-Unicode-System an, haben Sie die zusätzliche Möglichkeit, MDMP-Einstellungen vorzunehmen. Ein Multi-Display, Multi-Processing-System (MDMP-System) ist ein Nicht-Unicode-System, in dem es mehrere Nicht-Unicode-System-Codepages gibt, wobei die für einen internen Modus aktive System-Codepage, die sogenannte Umgebungs-Codepage,[25] von der aktuellen Textumgebung und damit in der Regel von der Anmeldesprache abhängt, weshalb sie auch Anmelde-Codepage genannt wird. Bei der Einstellung INAKTIV erfolgt die Konvertierung zwischen Unicode-Zeichen des Clients und der Ziel-Codepage gemäß impliziten Vorgaben wie der Textsprache einer Struktur im ABAP Dictionary. Wenn die Voreinstellungen nicht ausreichen, kann es zu Inkonsistenzen kommen. Bei der Einstellung AKTIV muss die Zuordnung von Sprachen zu Codepages über die Funktion DETAIL selbst vorgenommen werden. In Abschnitt 5.3.1, »Serialisierung/Deserialisierung von ABAP-Daten beim RFC«, wird noch genauer auf diese Option eingegangen.

- **Zeichenkonvertierung**
  Diese Option regelt das Verhalten im Fall von Konvertierungsfehlern. Konvertierungsfehler treten auf, wenn ein Unicode-Zeichen kein Pendant in der zugeordneten Nicht-Unicode-Codepage hat. Sie können festlegen, ob ein nicht konvertierbares Zeichen durch ein festlegbares FEHLERZEICHEN ersetzt oder ob die Ausnahme RFC_CONVERSION_FIELD ausgelöst werden soll.[26]

5.2.3 Vordefinierte Destinationen

Außer den selbst definierten Destinationen finden Sie in der Transaktion SM59 eines AS ABAP von Anfang an auch einen Satz vordefinierter Destinationen für die Kommunikation mit häufig verwendeten Zielsystemen. Dabei handelt es sich entweder um sogenannte interne Verbindungen vom Typ I oder um

---

[25] Eine System-Codepage ist eine zur Verwendung auf einem Applikationsserver freigegebene Codepage. In Unicode-Systemen ist die System-Codepage immer UTF-16 mit plattformabhängiger Bytereihenfolge. In Nicht-Unicode-Systemen sind die System-Codepages in der Datenbanktabelle TCPDB definiert. In Nicht-Unicode-Single-Codepage-Systemen gibt es nur eine System-Codepage. In MDMP-Systemen gibt es mehrere System-Codepages. Die Codepage der Textumgebung eines internen Modus ist immer eine System-Codepage. Die System-Codepage der aktuellen Textumgebung ist die Umgebungs-Codepage eines internen Modus.

[26] Bei der Kommunikation zwischen zwei Nicht-Unicode-Systemen werden nicht konvertierbare Zeichen nicht ersetzt und die entsprechenden Konvertierungsfehler ignoriert.

ABAP-Verbindungen vom Typ 3. Letztere spielen hauptsächlich für transaktionale und queued RFC-Szenarien (tRFC und qRFC) eine Rolle. Im Folgenden werden die vordefinierten internen Verbindungen betrachtet.

Die vordefinierten Destinationen sollten nie verändert werden. Wenn es wichtige Gründe für eine Änderung gibt, sollte dies nur in Absprache mit den Systemverantwortlichen oder dem SAP-Support geschehen.

Interne Verbindungen

Bei den vordefinierten internen Verbindungen handelt es sich um NONE, BACK und alle aktiven Applikationsserver des aktuellen AS ABAP.

- **NONE**
  Diese Destination ist sozusagen eine *Loopback-Destination*. Ihre Verwendung bewirkt, dass der Funktionsbaustein auf demselben Applikationsserver wie das aufrufende Programm gestartet wird, allerdings über die RFC-Schnittstelle und in einem eigenen Kontext. Sie ist bei allen RFC-Varianten möglich. Eine Verwendung ist insbesondere in asynchronen RFC-Szenarien (aRFC) nützlich, bei denen eine parallele Verarbeitung auf dem gleichen Applikationsserver erfolgen soll. Die Destination NONE wird daher auch automatisch verwendet, wenn beim aRFC mit dem Zusatz STARTING NEW TASK keine explizite Destination angegeben ist (siehe Beispiel in Abschnitt 5.1.4, »RFC und Dialoginteraktionen«). Die Einstellungen dieser Destination, wie zum Beispiel die bezüglich der Konvertierung zeichenartiger Daten, sind auf den aktuellen AS ABAP abgestimmt.

- **BACK**
  Diese Destination fungiert als *Callback-Destination* für einen remotefähigen Funktionsbaustein. Sie kann nur in einem über sRFC remote aufgerufenen Funktionsbaustein verwendet werden und verweist zurück auf den Aufrufer. Sie können damit also RFMs des aufrufenden Systems aufrufen, um eventuell benötigte Informationen abzufragen. Dabei wird die bestehende RFC-Verbindung verwendet. Bei den anderen RFC-Varianten kann diese Destination nicht verwendet werden. Sie sollten von dieser Destination aber eher selten Gebrauch machen, da sie die Verwendbarkeit eines RFM auf den sRFC einschränkt.

- **Destinationen mit Applikationsservernamen**
  Wird ein Applikationsserver auf einem AS ABAP installiert, wird dieser nicht nur für den Message-Server registriert (aufgelistet in Transaktion SM51), sondern automatisch auch als vordefinierte interne Destination angelegt. Diese Destinationen ermöglichen die RFC-Kommunikation zwischen den Applika-

tionsservern innerhalb eines Systems. Die Namenskonvention *<Hostname>_ <System-ID>_<Systemnummer>* für eine solche Destination entspricht der Kennung in Transaktion SM51. Sie kennen sie auch schon von der dynamischen Destinationsangabe (siehe Abschnitt 5.1.2, »RFC-Kommunikationsprozess«). Sie dürfen keine eigenen Destinationen anlegen, die dieser Namenskonvention folgen.

An dieser Stelle soll nochmals darauf hingewiesen werden, dass die Angabe einer initialen Destinationskennung beim Aufruf, was ohnehin nur beim sRFC möglich ist, nicht gleichbedeutend mit der Angabe der vordefinierten Destination NONE ist. Bei Angabe einer initialen Destination wird kein RFC, sondern ein normaler lokaler Aufruf des angegebenen RFM ausgeführt, wobei die Funktionsgruppe in den internen Modus des aufrufenden Programms geladen wird.

5.3 Datenübertragung und Ausnahmebehandlung beim RFC

Beim Aufruf von remotefähigen Funktionsbausteinen über die RFC-Schnittstelle sind naturgemäß einige Besonderheiten im Vergleich zum normalen Funktionsbausteinaufruf zu beachten, auf die im Folgenden eingegangen wird.

5.3.1 Serialisierung/Deserialisierung von ABAP-Daten beim RFC

Um einen remotefähigen Funktionsbaustein auszuführen, muss die RFC-Schnittstelle die Schnittstellenparameter vom Client an den Server übermitteln und umgekehrt. Der dazu notwendige Prozess des Codierens von ABAP-Daten in das Format des verwendeten RFC-Protokolls wird als *Serialisierung* bezeichnet. Umgekehrt ist eine *Deserialisierung* eine Decodierung eines solchen Datenstroms in die ABAP-Daten eines ABAP-basierten Zielsystems. Dies ist völlig analog zur Umwandlung von ABAP-Daten in das XML-Format und umgekehrt (siehe Kapitel 3, »SAP Simple Transformations«). Bei RFC gibt es drei verschiedene Formate zu beachten:

- **binäres RFC-Protokoll**
  Dieses klassische Protokoll wird implizit für flache Parameter und für TABLES-Parameter verwendet, wenn basXML (binary asXML) nicht eingeschaltet ist.

- **xRFC**
  Dieses Protokoll wird implizit für tiefe Parameter (Strings und interne Tabellen) außer für TABLES-Parameter verwendet, wenn basXML nicht eingeschaltet ist.

▶ **basXML**
Dieses Protokoll steht seit den Releases 7.0, EhP2 und 7.1/7.2 zur Verfügung. Es kann beim Anlegen einer Destination und beim Anlegen eines RFM explizit eingeschaltet werden. Wenn beide Voraussetzungen erfüllt sind, wird es für alle Parameter verwendet.

Bei xRFC und basXML bedeuten die Begriffe Serialisierung/Deserialisierung also wie auch beim RFC eine Konvertierung von ABAP-Daten nach XML und umgekehrt. Beim klassischen binären Format werden sie für die Konvertierung zwischen ABAP-Daten und einem binären Datenstrom verwendet.

Die RFC-Serialisierung/-Deserialisierung sollte zwar ein Prozess der RFC-Schnittstelle sein, um den Sie sich nicht kümmern müssen, es kann aber nicht schaden, sich etwas mit den grundlegenden Prinzipien auseinanderzusetzen. Dieses Wissen kann hilfreich sein, wenn RFCs wider Erwarten nicht ordnungsgemäß funktionieren oder nur sehr langsam ausgeführt werden (zur Performance siehe Abschnitt 5.2.1, »RFM anlegen«). Im Folgenden werden daher einige für das Verständnis der RFC-Serialisierung/-Deserialisierung wichtige Aspekte untersucht.

Bytereihenfolge

Die Bytereihenfolge ist nur für das klassische binäre RFC-Protokoll relevant. Die plattformabhängige Bytereihenfolge gibt an, in welcher Reihenfolge eine Zahl der Datentypen i, decfloat16, decfloat34 und f oder ein Zeichen in einem Unicode-System im Speicher abgelegt wird. Unterschieden werden Big und Little Endian:[27]

▶ **Big Endian**
Bei der Bytereihenfolge Big Endian (wörtlich »Großes Ende zuerst«) steht das höchstwertige Byte an der ersten Speicherstelle.

▶ **Little Endian**
Bei der Bytereihenfolge Little Endian (wörtlich »Kleines Ende zuerst«) steht das niedrigstwertige Byte an der ersten Speicherstelle.

Wenn ein RFC zwischen Systemen mit unterschiedlicher Bytereihenfolge ausgeführt wird, müssen die Binärdarstellungen von Daten mit den aufgeführten Datentypen bei Serialisierung in und Deserialisierung aus dem binären Daten-

---

27 Die Begriffe *Big Endian* und *Little Endian* haben ihren Ursprung in der Meinungsverschiedenheit zwischen den Einwohnern von Liliput und Blefuscu zum Verspeisen von gekochten Eiern in Jonathan Swifts *Gullivers Reisen* (1726). In diesem berühmten Werk führte die Meinungsverschiedenheit zu einem blutigen Krieg.

strom des binären RFC-Protokolls entsprechend konvertiert werden. Diese Konvertierung erfolgt automatisch und immer auf der Empfängerseite.

Zeichendarstellungen und Codepages

Im Abschnitt »Weitere Optionen« in Kapitel 5.2.2 wurde nur kurz auf die Optionen KOMMUNIKATIONSART MIT DEM ZIELSYSTEM und ZEICHENKONVERTIERUNG eingegangen, die in Unicode-Systemen zur Verfügung stehen. Diese Optionen sind jedoch von großer Bedeutung, da falsche Einstellungen dazu führen können, dass ein RFC entweder gar nicht ausgeführt werden kann oder fehlerhafte Daten übertragen werden. Im ersten Fall tritt eine Ausnahme auf. Im zweiten, dem gefährlicheren Fall, wird das Fehlverhalten oft erst durch beschädigte Daten bemerkt. Oft treten solche Fehler auch überraschend auf, beispielsweise nachdem Zielsysteme aktualisiert wurden.

In diesem Abschnitt werden diese Optionen deshalb etwas genauer beschrieben, sodass Sie die richtigen Einstellungen wählen und bei der Behandlung solcher Kommunikationsprobleme die richtigen Entscheidungen treffen können. Begonnen wird mit der Definition der Begriffe Zeichendarstellung, Codepage und System-Codepage im Umfeld des AS ABAP:

- **Zeichendarstellung**
  Eine *Zeichendarstellung* ist eine binäre Verschlüsselung von Zeichen. Die Zuordnung eines Zeichensatzes, das heißt einer definierten Menge von Zeichen zu einer Zeichendarstellung erfolgt über Codepages. Es gibt Single-Byte-Zeichendarstellungen, bei denen jedes Zeichen in maximal einem Byte verschlüsselt wird, Double-Byte-Zeichendarstellungen für ostasiatische Zeichen, die in zwei Bytes abgelegt werden, sowie Unicode-Zeichendarstellungen, die alle Zeichen dieser Welt umfassen, wobei ein Zeichen je nach der verwendeten UTF-Darstellung durch 1 bis 4 Bytes verschlüsselt wird.

- **Codepage**
  Eine *Codepage* ist eine Abbildung eines Zeichensatzes auf Bit-Folgen. Zum Beispiel repräsentiert Latin1 (ISO-8859-1) eine auf 256 Zeichen beschränkte (Nicht-Unicode-)Codepage, die alle Zeichen des westeuropäischen Sprachraums auf eine Single-Byte-Zeichendarstellung abbildet.[28] SJIS und BIG5 sind Nicht-Unicode-Double-Byte-Zeichendarstellungen für japanische und traditionelle chinesische Schriften. Für Unicode-Zeichendarstellungen gibt

---

28 Alle ISO-8859-Codepages umfassen die 128 Zeichen von Standard-ASCII und erweitern sie um spezielle Zeichen. Beispielsweise enthält ISO-8859-5 statt westeuropäischer Zeichen die Zeichen kyrillischer Schriften.

es die Darstellungen UTF-8, UTF-16 und UTF-32, die den gleichen Zeichensatz unterschiedlich darstellen.

▶ **Umgebungs-Codepage**
Die während einer ABAP-Programmausführung verwendete Zeichendarstellung wird durch die *Umgebungs-Codepage* des AS ABAP bestimmt.

Welche System-Codepages auf einem AS ABAP aktiv sein können, wird in der Regel während der Systeminstallation definiert und sollte danach nicht mehr geändert werden. Dabei werden die Systemarten Unicode- und Nicht-Unicode-Systeme sowie Single-Codepage und MDMP-Systeme unterschieden, von denen die folgenden drei Kombinationen verwirklichbar sind:

▶ **Unicode-System**
Ein *Unicode-System* ist ein Single-Codepage-System mit einer einzigen System-Codepage UTF-16, in der jedes Zeichen durch zwei Bytes dargestellt wird.[29] Die Umgebungs-Codepage ist damit auch immer UTF-16. Ab SAP Web AS 6.20 können und sollten SAP-Systeme als Unicode-System eingerichtet werden.

▶ **Nicht-Unicode-System**
Ein *Nicht-Unicode-System* ist ein Single-Codepage-System mit genau einer Nicht-Unicode-System-Codepage. Die Umgebungs-Codepage ist damit auch immer diese Codepage. Vor SAP Web AS 6.20 waren fast alle SAP-Systeme solche Nicht-Unicode-Systeme.

▶ **MDMP-System**
Ein *MDMP-System* (Multi-Display, Multi-Processing-System) ist ein spezielles Nicht-Unicode-System, in dem es mehrere Nicht-Unicode-System-Codepages gibt. Welche dieser System-Codepages als Umgebungs-Codepage aktiv ist, hängt von der Textumgebung ab. Die Textumgebung wird bei der Anmeldung an das System bestimmt und kann für die Dauer einer Programmausführung über die Anweisung SET LOCALE übersteuert werden kann.

Die möglichen System-Codepages eines Nicht-Unicode-Systems sind in der Datenbanktabelle TCPDB definiert (siehe Diagnoseprogramm RSCPINST). Dort werden reale Codepages durch SAP-interne Codepage-Nummern dargestellt, die wiederum in der Datenbanktabelle TCP00 definiert sind. Beispielsweise bedeutet eine System-Codepage der Nummer 1100 die Verwendung von ISO 8859-1, während Nummer 8000 der Codepage SJIS für Japanisch entspricht. Für UTF-16 gibt es sogar zwei SAP-interne Nummern: 4102 und 4103. Dies

---

[29] Sonderregeln gelten für die speziellen Zeichen des sogenannten Surrogatbereichs, die durch Surrogatpaare, das heißt zweimal zwei Bytes dargestellt werden.

liegt daran, dass bei der Codierung von Zeichen in zwei Bytes die erwähnte Bytereihenfolge eine Rolle spielt. 4102 steht für die Bytereihenfolge Big Endian und 4103 stehen für Little Endian. In einem Nicht-Unicode-Single-Codepage-System kann die Tabelle TCPDB genau einen Eintrag, in einem MDMP-System kann sie mehrere Einträge für Nicht-Unicode-Codepages enthalten.

Kommunizieren zwei AS ABAP gleicher Systemarten miteinander, wird von einer *homogenen Kommunikation* gesprochen. Wenn zwei AS ABAP unterschiedlicher Systemarten kommunizieren, wird von *nicht homogener Kommunikation* bzw. *heterogener Kommunikation* gesprochen. Eine RFC-Kommunikation zwischen zwei Unicode-Systemen oder zwischen zwei Nicht-Unicode-Systemen (inklusive MDMP-Systemen) ist homogen. Eine RFC-Kommunikation zwischen einem Unicode- und einem Nicht-Unicode-System (Single-Codepage- oder MDMP-System) ist demnach immer heterogen. Beachten Sie aber auch, dass selbst bei einer homogenen Kommunikation zwischen gleichen Systemarten unterschiedliche Codepages in Client und Server verwendet werden können, wie zum Beispiel bei der Kommunikation zwischen zwei Nicht-Unicode-Systemen mit unterschiedlicher Umgebungs-Codepage oder bei der Kommunikation zwischen zwei Unicode-Systemen unterschiedlicher Bytereihenfolgen.

Es ist klar, dass eine heterogene Kommunikation oder auch eine Kommunikation zwischen unterschiedlichen Codepages immer mit einer gewissen Schwierigkeit verbunden ist, da der gleiche Code in unterschiedlichen Codepages unterschiedliche Zeichen darstellen kann. Es muss daher sichergestellt werden, dass beide Systeme die übergebenen Zeichen ordnungsgemäß interpretieren. Dies geschieht dadurch, dass eines der beteiligten Systeme die Daten von einer Codepage in eine andere Codepage konvertieren muss. Was bedeutet das für Sie als RFC-Anwender?

1. Bei der Definition einer RFC-Destination muss in einem Unicode-System korrekt angegeben werden, ob das Zielsystem ein Unicode-System, ein Nicht-Unicode-System oder ein MDMP-System ist. Die RFC-Schnittstelle verfügt zwar über einen ausgereiften impliziten Mechanismus, der die für die Datenübertragung verwendete Codepage festlegt, der aber nicht die für das Zielsystem benötigte Kommunikationsart feststellen kann.

2. Obwohl die zur Datenübertragung verwendete Codepage automatisch festgelegt wird, sollten Sie sich mit dem entsprechenden Verfahren und den zugehörigen Regeln vertraut machen, um eventuelle RFC-Probleme behandeln zu können (zum Beispiel zum Interpretieren der Protokolle).

Diese beiden Aspekte werden in den beiden folgenden Abschnitten »Angabe der Kommunikationsart« und »Verwendete Codepage« behandelt.

Angabe der Kommunikationsart

Bei der Definition einer Destination in einem Nicht-Unicode-System muss die Kommunikationsart (das heißt die Systemart des Zielsystems) nicht angegeben werden. Die in einem Byte codierten Zeichen werden übermittelt und auf dem Zielsystem automatisch in dessen Umgebungs-Codepage konvertiert.

Bei der Definition einer Destination für ein Unicode-System muss die Kommunikationsart auf der Registerkarte MDMP, UNICODE angegeben werden.

- Ist das Zielsystem ebenfalls ein Unicode-System (homogene Kommunikation), muss die Kommunikationsart UNICODE verwendet werden. Die in zwei Bytes codierten Zeichen werden im sogenannten Unicode-RFC-Protokoll übermittelt. Die gesamte Kommunikation zwischen den beiden Systemen erfolgt für die Dauer der Verbindung über dieses Protokoll. Nach dem Empfang von Daten muss gegebenenfalls nur eine unterschiedliche Bytereihenfolge behandelt werden, was automatisch geschieht.

- Ist das Zielsystem kein Unicode-System (heterogene Kommunikation), muss die Kommunikationsart NON-UNICODE verwendet werden. Dabei wird die UTF-16-Darstellung der Unicode-Zeichen in die Single-Byte-Darstellung der Ziel-Codepage verwandelt, wobei es natürlich zu Datenverlusten kommen kann. Dies erfolgt bereits vor dem Senden der Daten im Unicode-System. Wenn das Unicode-System Daten vom Zielsystem übernimmt, werden diese nach dem Empfang auf dem Unicode-System nach UTF-16 konvertiert. Bei der Kommunikation zwischen Unicode-Systemen und Nicht-Unicode-Systemen werden also immer nur in einem Byte codierte Zeichen übertragen.[30]

Wird bei der Definition einer Destination in einem Unicode-System vergessen, die Kommunikationsart auf der Registerkarte MDMP, UNICODE zu setzen, wird die Standardeinstellung NON-UNICODE, MDMP INAKTIV verwendet. Was geschieht aber, wenn die Kommunikationsart in einem Unicode-System falsch gesetzt ist?

- **Falsche Kommunikationsart Unicode**
  Wenn als Kommunikationsart Unicode eingestellt ist, das tatsächliche Zielsystem aber ein Nicht-Unicode-System ist, kommt es auf dem Server zum

---

30 Dass bei der Kommunikation zwischen Unicode- und Nicht-Unicode-Systemen die Konvertierung immer auf dem Unicode-System stattfindet und dass auch nur dort beim Anlegen einer Destination die entsprechenden Angaben gemacht werden können, liegt einfach daran, dass Unicode-Systeme erst ab Release 6.20 eingeführt wurden. Ein (älteres) Nicht-Unicode-System kennt keinen Unicode und kann die Daten nicht konvertieren. In der RFC-Kommunikation verhält sich ein Nicht-Unicode-System immer so, als würde es mit einem anderen Nicht-Unicode-System kommunizieren.

Laufzeitfehler RFC_INVALID_PROTOCOL_VERSION, da die Daten in einem Format übertragen werden (dem Unicode-RFC-Protokoll), das vom Server nicht behandelt werden kann. Im Fall eines transaktionalen RFC (tRFC) führt dies zum Abbruch der zugehörigen LUW (Logical Unit of Work). Solche LUWs tauchen wie üblich in der Liste der fehlgeschlagenen LUWs in der Transaktion SM58 auf, das Problem lässt sich aber natürlich nicht durch einen einfachen Neustart der LUWs beheben. Erst muss die Kommunikationsart der RFC-Destination angepasst werden, dann muss der gesamte tRFC neu gestartet, und die fehlgeschlagenen LUWs müssen gelöscht werden.

- **Falsche Kommunikationsart Non-Unicode**
  Wenn als Kommunikationsart Non-Unicode eingestellt ist, das tatsächliche Zielsystem aber ein Unicode-System ist, akzeptiert der Unicode-Server dennoch die empfangenen Daten. Er konvertiert die zuvor vom Client in das Nicht-Unicode-Format verwandelten Daten zurück in sein Unicode-Format. In diesem Fall kommt es zwar zu keiner Ausnahme, aber es kann natürlich zu einer Beschädigung der übertragenen zeichenartigen Daten kommen, da die Konvertierung in das zur Übertragung verwendete Nicht-Unicode-Format in der Regel mit einem Datenverlust einhergeht, wobei nicht darstellbare Zeichen durch ein Ersatzzeichen ersetzt werden. Deshalb muss auch in diesem Fall immer die richtige Kommunikationsart gesetzt werden, um die unnötigen Konvertierungen in und aus dem Nicht-Unicode-Format zu vermeiden.

Verwendete Codepage

Während die Kommunikationsart zwischen einem RFC-Client und einem RFC-Server, das heißt, ob das Unicode-RFC-Protokoll verwendet wird oder nicht, explizit bei der Definition einer RFC-Destination festgelegt ist, wird das zweite Kriterium für eine erfolgreiche RFC-Kommunikation, die Auswahl der richtigen Codepage, von der RFC-Schnittstelle selbst durchgeführt. Diese Auswahl erfolgt in Abhängigkeit von den aktuellen Umgebungs-Codepages der beteiligten Systeme, die sich, wie bereits erläutert, wie folgt nach der Systemart richten:

- Ein Unicode-System hat immer eine Umgebungs-Codepage UTF-16 mit der SAP-internen Nummer 4102 oder 4103, je nach Bytereihenfolge der Plattform.

- Ein Single-Codepage-Nicht-Unicode-System hat immer genau eine Umgebungs-Codepage mit einer SAP-internen Nummer wie 1100 oder 8000.

- Bei einem MDMP-System hängt die Umgebungs-Codepage von der sprachabhängigen Textumgebung ab. Auf dem Client wird diese von der Anmeldesprache des Benutzers (oder über eine Anweisung `SET LOCALE`) bestimmt. Auf dem Server bestimmt die Anmeldesprache, die für die RFC-Sitzung auf dem Zielsystem verwendet wird, dessen Textumgebung und damit die Umgebungs-Codepage.

Die Behandlung dieser Codepages bei der RFC-Kommunikation ist wie folgt:

- Bei der homogenen Kommunikation werden zeichenartige Daten in der Umgebungs-Codepage des Senders übertragen und auf Empfängerseite, falls notwendig, in dessen Umgebungs-Codepage konvertiert. Dies gilt sowohl für die Kommunikation zwischen Unicode- als auch zwischen Nicht-Unicode-Systemen.

- Bei der heterogenen Kommunikation werden zeichenartige Daten in einer Nicht-Unicode-Codepage (Kommunikations-Codepage) übertragen, die auf Empfängerseite, falls notwendig, in dessen Umgebungs-Codepage konvertiert wird. Wenn das Unicode-System Daten sendet, werden diese vor dem Senden in die Kommunikations-Codepage konvertiert. Mit anderen Worten, das Unicode-System verhält sich gegenüber seinem Kommunikationspartner wie ein Nicht-Unicode-System. Ist das Unicode-System der Client, wird die erste Übertragung in einer Kommunikations-Codepage vorgenommen, die sich von der aktuellen Textumgebung des Unicode-Systems herleitet.[31] Wenn der Server die Daten in seine Umgebungs-Codepage konvertieren muss, wird diese ab dann als Kommunikations-Codepage für alle weiteren Datenübertragungen der aktuellen Verbindung verwendet, um die entsprechenden Konvertierungskosten einzusparen.

Beachten Sie, dass Sender und Empfänger hier nicht gleichbedeutend für Client und Server stehen, sondern tatsächlich die Rolle beschreiben, ob Daten während einer RFC-Kommunikation gesendet oder empfangen werden. Beachten Sie auch, dass die Anmeldesprache, die in einer RFC-Destination definiert ist, von keinerlei Relevanz für die Auswahl der Codepage auf der Client-Seite ist. Im Folgenden soll das bisher Gesagte an ein paar Beispielen besser verständlich gemacht werden.

Die oberen beiden Reihen von Abbildung 5.17 zeigen jeweils eine homogene Kommunikation. Zeichenartige Daten werden auf der Empfängerseite in die dortige Umgebungs-Codepage konvertiert. Die unterste Reihe zeigt eine heterogene Kommunikation. Das Unicode-System beginnt mit der Kommunikations-Codepage 8000, die zu seiner aktuellen Textumgebung passt (Anmeldesprache Japanisch). Das Nicht-Unicode-System konvertiert diese in seine

---

[31] Das heißt in der Codepage, die das System hätte, wenn es kein Unicode-System wäre.

Umgebungs-Codepage 8100 und sendet Daten in dieser Codepage zurück, die auf dem Unicode-System wieder nach Unicode (4103) konvertiert werden. Wenn das Unicode-System über die gleiche Verbindung weitere Daten senden müsste, würde es gleich die Kommunikations-Codepage 8100 verwenden.

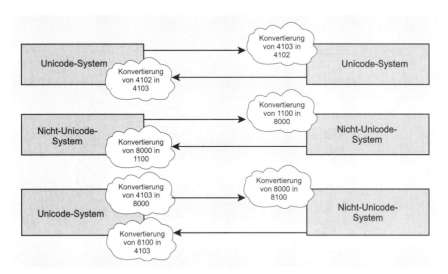

Abbildung 5.17 Codepages bei der RFC-Kommunikation

Abbildung 5.18 zeigt eine heterogene Kommunikation im Detail. Ein Benutzer meldet sich über das SAP GUI mit der Anmeldesprache Englisch an einem Unicode-System an. Die Umgebungs-Codepage ist 4103 (UTF-16-Little-Endian), beispielsweise weil eine Intel-basierte Plattform verwendet wird. Auf dem Unicode-System ist eine Destination für das rechts gezeigte Nicht-Unicode-System definiert, in der die Anmeldesprache Japanisch angegeben ist. Wenn auf dem Unicode-System ein RFC mit dieser Destination ausgeführt wird, wird auf dem Nicht-Unicode-System eine RFC-Sitzung mit der Textumgebung für Japanisch mit der Umgebungs-Codepage 8000 geöffnet. Die erste Datenübertragung vom Client zum Server erfolgt mit der Kommunikations-Codepage 1100, die aus der Anmeldesprache (Textumgebung) Englisch abgeleitet wird. Zeichenartige Daten werden vor dem Senden von Codepage 4103 in Codepage 1100 konvertiert. Der Server konvertiert die empfangenen Daten von der Kommunikations-Codepage 1100 in seine Umgebungs-Codepage 8000 und sendet seine Daten in dieser Codepage. Der Client konvertiert die Daten von Codepage 8000 in seine Umgebungs-Codepage 4103 und ändert seine Kommunikations-Codepage von 1100 auf 8000. Bei einem erneuten RFC über diese Verbindung konvertiert das Unicode-System seine zeichenartigen Daten von Codepage 4103 direkt nach Codepage 8000, sodass auf dem Server keine Konvertierung mehr notwendig ist.

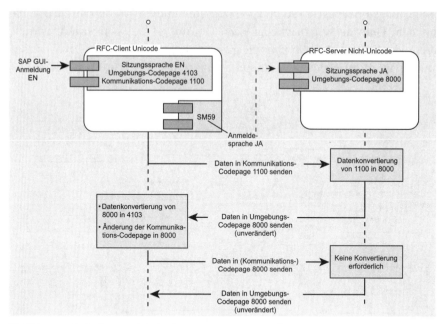

Abbildung 5.18 Codepages bei der heterogenen Kommunikation

Besonderheiten bei MDMP-Systemen

MDMP-Systeme sind spezielle Nicht-Unicode-Systeme, bei denen die Umgebungs-Codepage nicht bei jeder Anmeldung gleich ist, sondern von der Anmeldesprache abhängen kann. Seit der Einführung von Unicode auf dem AS ABAP sind MDMP-Systeme zwar nicht mehr notwendig, solche Systeme sind aber immer noch vorhanden und können über RFC erreicht werden.

Die Abhängigkeit der Umgebungs-Codepage von der Anmeldesprache stellt natürlich eine gewisse Schwierigkeit bezüglich der Ablage von zeichenartigen Daten in diesen Systemen und für Datentransporte in und aus solchen Systemen dar. Beispielsweise sind zeichenartige Daten, die von einem unter der Anmeldesprache Englisch arbeitenden Benutzer gespeichert werden, nach einer anderen Codepage codiert, als Daten, die ein unter der Anmeldesprache Japanisch arbeitender Benutzer speichert. Wenn nun solche Daten aus einem MDMP-System transportiert werden, ist erst einmal nicht klar, unter welcher Codepage sie ursprünglich abgespeichert wurden.

Um dieses Problem zu umgehen, wurde mit der Einführung von Unicode für im ABAP Dictionary definierte Strukturen bzw. Datenbanktabellen die sogenannte *Textsprache* eingeführt. In einer Struktur bzw. Datenbanktabelle kann genau eine Komponente vom eingebauten Dictionary-Typ LANG als Textsprache markiert sein. Sie finden diese Kennzeichnung durch Auswahl der Komponente im Werkzeug ABAP Dictionary.

Die RFC-Schnittstelle wertet die Textsprache unter folgenden Voraussetzungen bei einer Datenübergabe bzw. einer Datenübernahme aus:[32]

- Es handelt sich um eine heterogene Kommunikation zwischen einem Unicode- und einem Nicht-Unicode-System.
- Es werden TABLES-Parameter übergeben bzw. übernommen, die mit einer solchen Struktur typisiert sind.
- Die Datenübergabe geschieht über das klassische binäre RFC-Protokoll (ohne dass basXML eingeschaltet ist).

Unter diesen Umständen werden die zeichenartigen Komponenten der mit TABLES übergebenen Tabelle auf dem Unicode-System nicht gemäß der gerade aktuellen Kommunikations-Codepage (in der Regel Umgebungs-Codepage des MDMP-Systems), sondern gemäß der Codepage behandelt, die der Textumgebung der Textsprache zugeordnet ist. Wenn bei der Ablage von zeichenartigen Daten in einer internen Tabelle also dafür gesorgt wird, dass gleichzeitig die Sprache der aktuellen Textumgebung in der Komponente, die als Textsprache gekennzeichnet ist, abgelegt wird, kann die RFC-Schnittstelle sie in der Codepage interpretieren, unter der sie abgelegt wurden. Bei der Datenübergabe über basXML oder über xRFC wird die Textsprache nicht berücksichtigt.

Abbildung 5.19 zeigt oben die Übergabe einer internen Tabelle mit Textsprache, auch MDMP-Tabelle genannt, und unten die Übergabe einer internen Tabelle ohne Textsprache von einem Unicode- an ein MDMP-System. Die Tabelle mit Textsprache enthält Zeilen mit englischem und japanischem Text, die in der Textsprachenspalte durch das zugehörige einstellige Sprachkürzel gekennzeichnet sind. Die untere Tabelle enthält Texte ohne Textsprachenspalte.

Die interne Tabelle mit Textsprache wird zeilenweise vom UTF-16-Format (Codepage 4103) in eine Codepage konvertiert, die über den Wert der Textsprachenspalte festgelegt ist. Die Kommunikations-Codepage wird für alle Zeilen, für die eine Textsprache angegeben ist, nicht verwendet. Die untere Tabelle wird nach den Regeln des Abschnittes »Verwendete Codepage« in diesem Kapitel vom UTF-16-Format (Codepage 4103) in die Kommunikations-Codepage (hier 1200) konvertiert.

---

[32] Eine weitere Stelle, an der die Textsprache ausgewertet wird, ist die Verwendung der Anweisung IMPORT in Unicode-Systemen für Daten-Cluster, die in MDMP-Systemen gespeichert wurden.

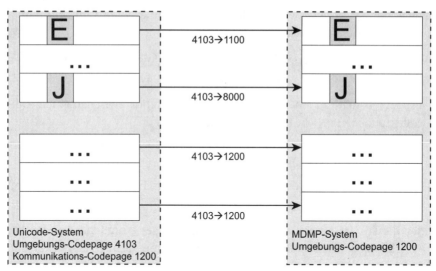

Abbildung 5.19 Auswertung der Textsprache beim RFC

5.3.2 Ausnahmebehandlung beim RFC

Ein remotefähiger Funktionsbaustein kann wie ein normaler Funktionsbaustein Ausnahmen in seiner Schnittstelle deklarieren. Vor Release 7.2 sind nur klassische Ausnahmen, ab Release 7.2 sind auch klassenbasierte Ausnahmen möglich. Wenn während eines RFC eine in der Schnittstelle definierte Ausnahme auftritt, wird diese von der RFC-Schnittstelle an den Aufrufer propagiert, sodass dieser sie mit den üblichen Mitteln behandeln kann, das heißt durch Angabe des Zusatzes EXCEPTIONS für klassische und Verwendung einer TRY-Kontrollstruktur für klassenbasierte Ausnahmen. Ab Release 7.2 steuert die Angabe des Zusatzes EXCEPTION, ob die RFC-Schnittstelle dem Client eine klassische oder eine klassenbasierte Ausnahme übergibt.

Während der Ausführung eines remote aufgerufenen Funktionsbausteins können neben den in der Schnittstelle des RFM definierten und von der Schnittstelle weiterreichbaren Ausnahmen natürlich auch noch weitere Ausnahmen auftreten. Diese werden von der RFC-Schnittstelle in unterschiedliche Kategorien unterteilt und als solche an den Aufrufer propagiert:[33]

- **Kommunikationsfehler**
  Diese Art von Ausnahme tritt in der Regel unabhängig von der im RFM codierten Logik während der RFC-Kommunikation auf. Beispiele sind Unter-

---

[33] Hier wird nur die Propagierung über vordefinierte klassische Ausnahmen behandelt. Ab Release 7.2 kann die RFC-Schnittstelle auch klassenbasierte Ausnahmen auslösen, die auf entsprechend vordefinierten Ausnahmeklassen beruhen.

brechungen der RFC-Verbindung oder Probleme bei der Zeichensatzkonvertierung. Die RFC-Schnittstelle propagiert eine solche Ausnahme in Form der vordefinierten (klassischen) Ausnahme COMMUNICATION_FAILURE, die vom RFC-Client entsprechend behandelt werden muss.

▶ **Systemfehler**
Diese Art von Ausnahme geht zum einen auf das Auftreten von Laufzeitfehlern während der Ausführung eines remotefähigen Funktionsbausteins zurück. Es handelt sich dann entweder um eine nicht abfangbare Ausnahme, die beim Ausführen ungültigen ABAP-Codings auftritt, oder um eine Ausnahme, die explizit durch RAISE oder MESSAGE RAISING ausgelöst, aber nicht behandelt wird. Zum anderen lösen auch mit MESSAGE (ohne RAISING) gesendete Nachrichten vom Typ E (Fehlermeldung), A (Abbruchmeldung) oder X (Exit-Meldung) Systemfehler aus. Beim Auftreten der Ausnahme wird der Kontrollfluss des RFM umgehend unterbrochen, und die RFC-Schnittstelle sendet die Ausnahme an den RFC-Client, wo sie in Form der vordefinierten (klassischen) Ausnahme SYSTEM_FAILURE auftritt, die vom RFC-Client entsprechend behandelt werden muss.

Es wird vor Release 7.2 dringend empfohlen, bei jeder RFC-Variante, die Ausnahmen behandeln kann (siehe Abschnitt 5.1.3, »Fünf grundlegende RFC-Varianten«), alle möglichen klassischen Ausnahmen, insbesondere die beiden vordefinierten, durch ihre Angabe hinter EXCEPTIONS zu behandeln und eventuell auch in einem Anwendungsprotokoll (Application Log) aufzuzeichnen. Wenn EXCEPTIONS – eventuell aus Nachlässigkeit – nicht angegeben ist, kommt es vor Release 7.2 im Ausnahmefall immer zum Laufzeitfehler CALL_FUNCTION_REMOTE_ERROR, sodass in der Regel keine Inkonsistenzen entstehen. Ab Release 7.2 löst die RFC-Schnittstelle in einem solchen Fall aber eine klassenbasierte Ausnahme aus, die in einem bereits vorhandenen Programm eventuell aus Versehen in einer umliegenden allgemeinen TRY-Kontrollstruktur abgefangen wird anstatt zu dem Laufzeitfehler zu führen, sodass die RFC-Ausnahme womöglich unentdeckt bleibt.

Beim Auftreten einer der beiden vordefinierten Ausnahmen COMMUNICATION_FAILURE oder SYSTEM_FAILURE wird die aktuelle RFC-Verbindung geschlossen und die RFC-Sitzung auf dem Server gelöscht. Dies ist unabhängig davon, ob die Ausnahmen vom Client behandelt werden oder nicht. Wenn eine in der Schnittstelle des RFM definierte Ausnahme behandelt wird, bleiben RFC-Verbindung und RFC-Sitzung dagegen bestehen.

Bei der Behandlung der beiden vordefinierten Ausnahmen SYSTEM_FAILURE bzw. COMMUNICATION_FAILURE mit EXCEPTIONS kann ein weiterer Zusatz

MESSAGE angegeben werden, der die erste Zeile des zugehörigen Kurzdumps bzw. den Kurztext der auslösenden Nachricht in ein Textfeld übernimmt.

Im Allgemeinen kann bei einer Ausnahme COMMUNICATION_FAILURE aber nicht unmittelbar ermittelt werden, wo der Kommunikationsfehler aufgetreten ist. Die Ursache kann sich irgendwo zwischen den Workprozessen von Client und Server (inklusive Gateway-Prozesse) befinden. Hinweise darauf finden Sie möglicherweise in der Trace-Datei des Workprozesses, des RFC oder des Gateways des betroffenen Servers.

Die Ursache einer Ausnahme SYSTEM_FAILURE auf dem RFC-Server lässt sich dagegen ähnlich einfach ermitteln wie ein Laufzeitfehler während der lokalen Ausführung eines Funktionsbausteins. Seit Release 7.0 verhalten sich TABLES-Parameter bei einer solchen Ausnahme auch wie bei der lokalen Ausführung des Funktionsbausteins, wo sie per Referenz übergeben werden, das heißt, die bis zum Auftreten der Ausnahme in einem solchen Parameter enthaltenen Daten werden an den Client übermittelt. Vor Release 7.0 wurden im Ausnahmefall keine Daten übermittelt.

Nachrichten beim RFC

Nachrichten, das heißt mit der Anweisung MESSAGE gesendete Texte bedürfen im Zusammenhang mit dem RFC einer besonderen Aufmerksamkeit. Von ihrer ursprünglichen Bedeutung her sind Nachrichten hauptsächlich für die Behandlung von Fehleingaben während der Dialogverarbeitung mit dem SAP GUI vorgesehen. Vor der Einführung der klassenbasierten Ausnahmen dienten Nachrichten aber auch zum Übergeben von Ausnahmetexten zu klassischen Ausnahmen von Funktionsbausteinen über die Anweisung MESSAGE mit dem Zusatz RAISING.[34] Bei Behandlung einer solcherart ausgelösten Ausnahme kann auf die Systemfelder sy-msgid, sy-msgno, sy-msgty und sy-msgv1 bis sy-msgv4 zugegriffen werden, die alle Informationen zur Nachricht enthalten.

Da während der RFC-Ausführung in der Regel davon ausgegangen werden kann, dass keine Dialogverarbeitung stattfindet (abgesehen von den in Abschnitt 5.1.4, »RFC und Dialoginteraktionen«, geschilderten Fällen, in denen eine normale Nachrichtenbehandlung stattfindet), wurden für die Behandlung von Nachrichten, die während eines remote ausgeführten RFM auftreten, spezielle Regeln eingeführt, die die Möglichkeiten der RFC-Ausnahmebehandlung entsprechend erweitern:

---

34 Beim lokalen Funktionsbausteinaufruf können über eine spezielle vordefinierte Ausnahme ERROR_MESSAGE sogar Nachrichten behandelt werden, die ohne RAISING gesendet wurden.

- **Nachrichten der Typen E, A und X**
  Diese Nachrichtentypen führen zum Abbruch des RFM und zur Ausnahme SYSTEM_FAILURE (bzw. der entsprechenden Ausnahmeklasse ab Release 7.2) auf der Client-Seite. Die RFC-Schnittstelle propagiert die erwähnten Fehler an den RFC-Client. Bei Behandlung der Ausnahme SYSTEM_FAILURE können die Systemfelder ausgewertet werden. Bei Verwendung des Zusatzes MESSAGE besteht direkter Zugriff auf den Kurztext der Nachricht.

- **Nachrichten der Typen I, S und W**
  Informationsnachrichten, Statusmeldungen und Warnungen werden während der RFC-Verarbeitung schlicht und einfach ignoriert.

Fehlerprotokolle beim RFC

Zum Auffinden von Fehlerursachen beim RFC können die Trace-Dateien des Workprozesses, des RFC oder des Gateways des betroffenen Servers hilfreich sein. Dies sind die Dateien *dev_w<Workprozessnummer>*, *dev_rfc<Workprozessnummer>* oder *dev_rd*, auf die Sie über Transaktion ST11 zugreifen können. Das Schreiben der Traces wird über den Profilparameter rfc/dump_connection_info gesteuert. Eine weitere Quelle sind die bei einem Laufzeitfehler geschriebenen Fehlerprotokolle, die sogenannten Kurzdumps. Diese Protokolle werden unter anderem wie folgt versorgt:

- **Laufzeitfehler und Nachrichten vom Typ X**
  Beim Auftreten eines Laufzeitfehlers oder einer Nachricht vom Typ X werden bekannterweise eine detaillierte Beschreibung der Fehlersituation sowie die beteiligten Programme in einem Kurzdump gespeichert. Diese Kurzdumps stehen natürlich auch beim RFC auf dem betroffenen System zur Verfügung und können über die Transaktion ST22 ausgewertet werden. Wenn ein ABAP-Laufzeitfehler während der Ausführung eines remotefähigen Funktionsbausteins ausgelöst wird, wird der Fehler im Abschnitt zu Benutzer und Transaktion angezeigt (siehe Abbildung 5.20).

- **Nachrichten vom Typ A**
  Beim Abbruch eines remote aufgerufenen RFM über eine Abbruchmeldung können Sie im Syslog des Clients, das über Transaktion SM21 angezeigt werden kann, eine kurze Beschreibung der Fehlersituation sehen.

- **Nachrichten vom Typ E**
  Beim Abbruch eines remote aufgerufenen RFM über eine Fehlermeldung finden Sie eventuell weitere Informationen in den Trace-Dateien für den Workprozess oder für den RFC (*dev_w<Workprozessnummer>* oder *dev_rfc<Workprozessnummer>*), auf die Sie über Transaktion ST11 Zugriff haben.

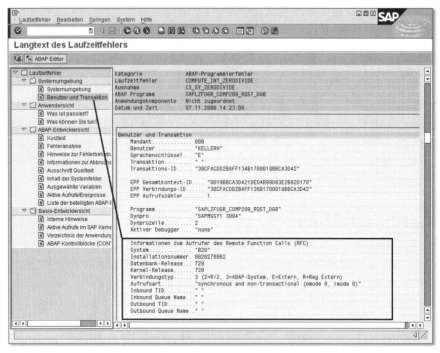

Abbildung 5.20 Abschnitt zu RFCs in den ABAP-Laufzeitfehlern

5.4 Fazit

In diesem Kapitel wurden alle Konzepte eingeführt, die Sie benötigen, um RFCs effektiv in Ihrer Systemumgebung einzusetzen. Hoffentlich konnten Sie davon überzeugt werden, dass es sich hier um eine sehr umfassende und leistungsfähige Funktionalität handelt, die relativ leicht handhabbar ist. Wenn Sie RFCs bisher nur in geringem Umgang eingesetzt haben, können Sie sich nun auch an die erweiterten RFC-Varianten heranwagen, um ABAP-Anwendungen mit einer höheren Performance und verbesserten Robustheit zu erstellen.

Das folgende Kapitel 6 beschäftigt sich mit dem sogenannten *Background RFC (bgRFC)*, der die bisherigen transaktionalen und queued RFCs ab seiner Verfügbarkeit in Release 7.0 SP14 ablöst.

Dieses Kapitel bietet ABAP-Entwicklern eine fundierte Einführung in den neuen Background RFC. Zunächst lernen Sie grundlegende Begriffe kennen, anschließend werden bgRFC-Szenarien und Quality-of-Service-Level untersucht, bevor sich das Kapitel ausführlich dem Programmieren mit bgRFC widmet. Sie erfahren außerdem, wie Sie bgRFC-Destinationen einrichten, bgRFC-Units überwachen und den bgRFC-Scheduler konfigurieren.
Wolfgang Baur, Omar-Alexander Al-Hujaj und Wolfgang Röder

6 bgRFC – Einführung in den Background RFC

Die meisten ABAP-Entwickler haben Remote Function Calls (RFC) schon auf die eine oder andere Weise verwendet, um Interoperabilität und Prozesskommunikation zwischen SAP- und Nicht-SAP-Systemen zu ermöglichen. In Szenarien mit großem Datendurchsatz werden meist die folgenden RFC-Varianten verwendet: *asynchrone RFCs (aRFC)* für parallele Funktionsaufrufe, *transaktionale RFCs (tRFC)*, um sicherzustellen, dass Sequenzen von Funktionsaufrufen als transaktionale Einheiten ausgeführt werden, sowie *queued RFCs (qRFC)*, die für eine Ausführung der einzelnen Einheiten in einer bestimmten Reihenfolge sorgen. Für eine grundlegende Einführung in die RFC-Technologie schauen Sie in Kapitel 5, »RFC und RFM – Leitfaden zu ABAP Remote Communications«, nach.

Allerdings unterliegen aRFCs, qRFCs und tRFCs bestimmten Einschränkungen. aRFCs werden nicht mit absoluter Sicherheit ausgeführt, während qRFCs und tRFCs das »transaktionale« Modell verwenden, in dem ein Satz von RFCs entweder erfolgreich als Einheit ausgeführt wird oder fehlschlägt. So ist zwar die Ausführung aller Aufrufe sichergestellt, die Skalierbarkeit dieser Implementierung ist jedoch eingeschränkt. Um diese Lücken zu schließen, hat SAP mit SAP NetWeaver 7.0, SP14 den sogenannten *Background RFC (bgRFC)* eingeführt, eine neue RFC-Variante, die die Laufzeitperformance durch die effiziente, äußerst skalierbare und transaktionale Verarbeitung einer großen Anzahl von sequenziellen Funktionsaufrufen verbessert.

Dieses Kapitel bietet eine Einführung in bgRFC für ABAP-Entwickler und umfasst grundlegende Beispiele für zugehörige SAP NetWeaver-Integrationsszenarien. Abschnitt 6.1, »Grundlegende Begriffe«, enthält eine kurze Einführung in die bgRFC-Terminologie, die unter anderem *Units*, *Destinationen*, *Szenarien* (*Outbound*, *Inbound* und *Out-Inbound*) sowie *Quality-of-Service-Level* (*QoS-Level*) umfasst. Anschließend (Abschnitt 6.2, »Programmieren mit bgRFCs«) erfahren Sie, wie Sie mit dem bgRFC-Framework programmieren. Hierbei wird dargestellt, wie Sie Inbound-, Outbound- und Out-Inbound-Units erzeugen oder Outbound-Units sperren bzw. die Sperren dieser Units aufheben. Darüber hinaus lernen Sie, wie Abhängigkeiten zwischen der klassischen Verbuchung und dem bgRFC behandelt und bgRFC-Units verarbeitet werden. Abschließend wird erläutert, wie Sie bgRFC-Units überwachen und den bgRFC-Scheduler konfigurieren.

Auch wenn Erfahrungen mit qRFC, tRFC und aRFC keine zwingende Voraussetzung für das Verständnis dieses Kapitels oder die Verwendung von bgRFC sind, helfen Ihnen diese Kenntnisse sicher, um die Vorzüge von bgRFC zu verstehen. Auch Kenntnisse im Bereich verteiltes Computing sind für das Verständnis der Terminologie nützlich. Hierfür sei nochmals auf Kapitel 5, »RFC und RFM – Leitfaden zu ABAP Remote Communications«, verwiesen.

6.1 Grundlegende Begriffe

Um das bgRFC-Framework effektiv einsetzen zu können, müssen Sie einige wichtige grundlegende Begriffe kennen und verstehen: bgRFC-Units, -Destinationen und -Szenarien sowie QoS-Level (Quality of Service). Im Folgenden werden diese im Detail beschrieben.

6.1.1 bgRFC-Units

bgRFC unterstützt zwei Typen von Units: *Typ T (transaktional)* und *Typ Q (queued)*. Beide Units basieren auf einem transaktionalen Modell, in dem mehrere RFC-Aufrufe als eine geschlossene Gruppe erfolgreich ausgeführt werden oder fehlschlagen. Units vom Typ Q unterscheiden sich von Units vom Typ T durch zusätzliche Funktionen. Im Abschnitt zu den QoS-Levels, die von bgRFC unterstützt werden, wird erneut auf beide Typen von Units zurückzukommen sein (siehe Abschnitt 6.1.4, »QoS-Level für bgRFC«). Zunächst wird jedoch die Definition einer *Transaktion* im Zusammenhang mit bgRFC-Units betrachtet.

Im Internet findet sich die folgende Definition für eine Transaktion (Übersetzung eines Zitats aus *http://www.serviceoriented.org/acid_transactions.html*):

> »Wenn Datenbankprogrammierer von einer Transaktion sprechen, beziehen sie sich in der Regel auf eine ACID-Transaktion. Diese Transaktionen (Logical Units of Work oder LUWs) wurden für Operationen mit kurzer Dauer (meist weniger als ein paar Sekunden) konzipiert. Sie identifizieren eine Logical Unit of Work, die entweder vollständig oder überhaupt nicht durchgeführt wird. Das heißt, es wird entweder ein COMMIT WORK oder ein ROLLBACK WORK für die Operationen ausgeführt. Dadurch kann ein konsistenter Status für die Daten erhalten bleiben.«

ACID ist ein Akronym, das sich aus den Anfangsbuchstaben der folgenden Begriffe zusammensetzt:

- **Atomic**
  Die Transaktion kann nicht unterteilt werden und muss vollständig (oder überhaupt nicht) ausgeführt werden.

- **Consistency**
  Sie können jederzeit einen konsistenten Status der Daten erwarten; es werden entweder alle oder keine Datenänderungen in der Unit verarbeitet.

- **Isolation**
  Transaktionen sind voneinander isoliert; durch die Serialisierung von Transaktionen wird sichergestellt, dass kein Konflikt zwischen mehreren Transaktionsinstanzen auftritt.

- **Durable**
  Nach dem Commit einer Transaktion bleiben Updates auch dann erhalten, wenn das System ausfällt.

Diese Definition bezieht sich auf Datenbanktransaktionen, kann aber (abgesehen von einigen kleineren Änderungen) auch für bgRFC-Units verwendet werden:

> »Wenn ABAP-Programmierer von einer bgRFC-Unit sprechen, beziehen sie sich auf eine ACID-Transaktion. Sie identifizieren eine Logical Unit of Work, die entweder vollständig oder überhaupt nicht ausgeführt wird. Das heißt, es wird entweder ein COMMIT WORK oder ein ROLLBACK WORK für die Operationen ausgeführt. Dadurch kann ein konsistenter Status für die Daten erhalten bleiben.«

In einem transaktionalen System möchten Sie Arbeitspakete entweder vollständig oder überhaupt nicht speichern. So sollen die Einzelposten eines Auftrags beispielsweise nicht erfolgreich gespeichert werden, wenn die Kopfzeile mit dem Gesamtwert des Auftrags fehlschlägt. Ein vollständiges Arbeitspaket wird üblicherweise als *Logical Unit of Work* bezeichnet. Die Verwendung des Begriffs *Unit* in diesem Kapitel bezieht sich dabei auf eine solche Logical Unit of Work.

Wie bei qRFCs und tRFCs handelt es sich bei einer bgRFC-Unit um einen Container für mehrere Funktionsaufrufe. Die Neuheit bei bgRFCs ist jedoch die Möglichkeit, eine beliebige Anzahl von Units gleichzeitig erstellen und einzeln behandeln zu können. Dies bietet im Vergleich zum früheren tRFC- und qRFC-Konzept einen entscheidenden Vorteil, da bei diesen beiden RFC-Varianten die Funktionsaufrufe entweder alle eine gemeinsame Unit bilden oder nur einzelne Funktionsaufrufe in separaten (parallelen) Units behandelt werden können (CALL FUNCTION ... AS SEPARATE UNIT). Die neue Funktion ist äußerst nützlich, wenn für Ihren Geschäftsvorgang mehrere unabhängige Units für aufeinanderfolgende Geschäftsschritte erstellt werden müssen (zum Beispiel für Accounting- oder Bestandssysteme). Dank bgRFC können Sie für all diese Schritte in einer einzigen Transaktion jeweils einen Commit oder einen Rollback durchführen. So können Sie die Konsistenz des Geschäftssystems sicherstellen.

Mit der neuen RFC-Variante können Sie Funktionsaufrufe nun problemlos in unabhängige Units gruppieren Doch was geschieht, wenn ein Funktionsaufruf in einer Unit fehlschlägt? Eine bgRFC-Unit zeichnet sich durch Atomarität aus (ACID); es werden entweder alle Funktionsaufrufe in der Unit verarbeitet oder keiner der enthaltenen Funktionsaufrufe. Jede bgRFC-Unit ist isoliert. Dies bedeutet, dass alle bgRFC-Units unabhängig voneinander ausgeführt werden. Am Ende der Ausführung der einzelnen bgRFC-Units steht ein impliziter COMMIT WORK, wodurch die Datenänderungen in der Datenbank persistent werden.

6.1.2 bgRFC-Destinationen

Eine weitere wichtige Information fehlt noch, um das volle Potenzial von bgRFC aufzuzeigen: Ähnlich wie tRFC und qRFC werden Funktionsbausteine auch im Fall von bgRFC remote aufgerufen. Für RFCs wird das Konstrukt einer *Destination* verwendet, um das System festzulegen, auf dem der Funktionsbaustein ausgeführt werden soll. Wie bei tRFC und qRFC legt die Destination auch bei bgRFC fest, wo die Unit ausgeführt wird. bgRFC-Destinationen werden in Abhängigkeit davon behandelt, ob es sich um Outbound- oder Inbound-Destinationen handelt.

Die Architektur eines SAP NetWeaver Application Servers ABAP ist dreistufig mit unterschiedlichen Arten von Workprozessen. Alle Applikationsserver mit Dialog-Workprozessen können als Destination für RFCs eingesetzt werden, wobei es keine Rolle spielt, ob der Server Teil desselben Systems oder eines anderen Systems ist.

Das bgRFC-Framework wurde in erster Linie konzipiert, um Interoperabilität zwischen Systemen zu unterstützen, kann jedoch auch für umfangreiche asynchrone Ausführungen oder Massenausführungen mit Lastausgleich verwendet werden. In einer Destination für bgRFC sollte eine Servergruppe gepflegt werden (Transaktion RZ12, siehe Kapitel 5, »RFC und RFM – Leitfaden zu ABAP Remote Communications«), es ist aber auch möglich, einen einzelnen Server anzugeben.

Betrachten Sie den Lastausgleichsaspekt etwas genauer. bgRFC-Units werden immer in Dialog-Workprozessen ausgeführt. Da Dialog-Workprozesse vorrangig zum Behandeln der Workprozesse realer Benutzer eingesetzt werden, stellt sich die Frage, was geschieht, wenn Dialogbenutzer dieselben Dialog-Workprozesse gemeinsam mit einer großen Anzahl von bgRFC-Units verwenden müssen. Wie wirkt sich diese Situation auf die Reaktionszeiten für die Benutzer aus? Welche Mechanismen verhindern, dass einige Server überlastet werden, während andere im Leerlauf sind? Um eine Einschränkung der Dialogbenutzer durch die Scheduler gering zu halten, verhalten sich die bgRFC-Scheduler defensiv und überprüfen ständig die verfügbaren Ressourcen sowohl des sendenden wie auch des empfangenden Systems. Dies sorgt für eine ausgewogene gemeinsame Verwendung von Systemressourcen, sodass keine Lastausgleichsprobleme auftreten.

6.1.3 bgRFC-Szenarien

Sie können einen beliebigen Applikationsserver mit mindestens einem Dialog-Workprozess als Destination für bgRFC-Units verwenden. bgRFC unterstützt drei Typen von bgRFC-Szenarien – Outbound, Inbound und Out-Inbound –, die in den folgenden Abschnitten beschrieben werden. Diese Szenarien unterscheiden sich im Wesentlichen dadurch, welches System die Ausführung von Units steuert – das heißt auf welchem System der bgRFC-Scheduler ausgeführt wird, der für die Verteilung aller bgRFC-Units verantwortlich ist (Einzelheiten finden Sie in den Abschnitten »bgRFC-Outbound«, »bgRFC-Inbound« und »bgRFC-Out-Inbound« in diesem Kapitel). bgRFC-Szenarien sind eng mit den bgRFC-Destinationen verknüpft. Jedes Mal, wenn Sie ein Destinationsobjekt anfordern, verwenden Sie spezielle Factory-Methoden für jedes der drei bgRFC-Szenarien. Eine Factory-Methode ist ein objektorientiertes Designmuster, bei dem Objekte erstellt werden, ohne die genaue Klasse des Objektes anzugeben, das erstellt wird. Die wichtigsten bgRFC-API-Aufrufe werden Ihnen im Laufe dieses Kapitels noch vorgestellt, zunächst werden jedoch die drei Szenarien untersucht.

bgRFC-Outbound

Allgemein erstellt eine Anwendung mittels bgRFC Informationen, die mit einer anderen Anwendung synchronisiert werden müssen. Möglicherweise ist die definierte Destination (Servergruppe/Remote-System) nicht verfügbar, daher werden die Aufzeichnung der Daten und die Ausführung entkoppelt. Die aufgezeichneten Funktionsbausteine und die übergebenen Parameter werden in der Datenbank gespeichert, der asynchron laufende Scheduler liest die Daten, um sie dann wiederum asynchron auszuführen. Die Ausführung der Units ist damit vollständig von der Transaktion getrennt, die diese Units erstellt hat. Outbound-Szenarien sind Szenarien aus RFCs zwischen verschiedenen Installationen, zum Beispiel zwischen SAP ERP- und SAP SCM-Systemen (Supply Chain Management). Daher müssen hier die Daten mit mindestens einem Remote-System synchronisiert werden. Im Outbound-Szenario ist der bgRFC-Scheduler des Sendersystems für die Ausführung der Units im Zielsystem verantwortlich. Er überwacht die Verfügbarkeit des entfernten Systems und verwaltet den Status der Units. Ist das entfernte System nicht verfügbar, verschiebt der Scheduler die Ausführung von Units auf diesem System auf einen späteren Zeitpunkt. Ist eine Unit im Remote-System erfolgreich ausgeführt worden, löscht der bgRFC-Scheduler diese Unit in der lokalen Datenbank. Für das Outbound-Szenario bietet das bgRFC-Framework die QoS-Level »Quality of Service Exactly Once« (QoS EO) und »Quality of Service Exactly Once In Order« (QoS EOIO) an. In Abschnitt 6.1.4, »QoS-Level für bgRFC«, wird näher auf QoS-Level für den bgRFC eingegangen.

Der Begriff *Quality of Service (QoS)* bezieht sich im Zusammenhang mit Netzwerkverkehr auf Steuermechanismen, die unterschiedliche Prioritäten für verschiedene Benutzer oder Datenflüsse bieten oder in Übereinstimmung mit Anforderungen des Anwendungsprogramms einen bestimmten Performance-Level für einen Datenfluss sicherstellen können. QoS kann als »Maßstab für die Zufriedenheit des Systembenutzers« (Übersetzung eines Zitats aus http://en.wikipedia.org/wiki/Qos) definiert werden. In einigen Fällen wird er auch als Maßstab für die Qualität mit alternativen Definitionen verwendet, und nicht im Bezug auf die Steuermechanismen. Im Hinblick auf Computernetzwerkdienste kann ein guter QoS-Level zum Beispiel für fortschrittliche QoS-Mechanismen oder eine hohe Wahrscheinlichkeit stehen, dass das Netzwerk die Anforderungen an die Performance erfüllt. Im Zusammenhang mit bgRFC wird QoS verwendet, um den Service-Level für die Verteilung von bgRFC-Units zu definieren.

Die folgenden QoS-Typen sind verfügbar (der Begriff »Nachrichten« kann hier als Synonym für bgRFC-Units betrachtet werden):

Grundlegende Begriffe | 6.1

- **Quality of Service Best Effort (QoS BE)**
  Bei einem Systemausfall werden QoS-BE-Nachrichten möglicherweise nicht übermittelt. Es gibt keine Garantie für die richtige Nachrichtenreihenfolge.

- **Quality of Service Exactly Once (QoS EO)**
  QoS-EO-Nachrichten werden garantiert übermittelt. Es gibt keine Garantie für die richtige Nachrichtenreihenfolge.

- **Quality of Service Exactly Once In Order (QoS EOIO)**
  QoS-EOIO-Nachrichten werden garantiert und in der richtigen Reihenfolge übermittelt. Die Informationen werden in zeitlicher Reihenfolge veröffentlicht, und die Einhaltung dieser Reihenfolge ist garantiert (das heißt, dass ältere Nachrichten auf Empfängerseite vor neuen Nachrichten eintreffen).

Abbildung 6.1 zeigt die globale Klasse CL_BGRFC_DESTINATION_OUTBOUND, die eine Factory-Methoden bietet, um eine Referenz zu einem Objekt mit der Schnittstelle IF_BGRFC_DESTINATION_OUTBOUND abzurufen.

CL_BGRFC_DESTINATION_OUTBOUND
+CREATE(in DEST_NAME : BGRFC_DEST_NAME_OUTBOUND) : IF_BGRFC_DESTINATION_OUTBOUND

Abbildung 6.1 Factory-Methoden für Outbound-Destinationen

In Abbildung 6.2 werden die Factory-Methoden des Interface IF_BGRFC_DESTINATION_OUTBOUND vorgestellt, mit deren Hilfe Sie Instanzen von bgRFC-Unit-Objekten erstellen können. Diese Unit-Objekte werden näher beschrieben, wenn die unterstützten QoS-Level erläutert werden (siehe Abschnitt 6.1.4, »QoS-Level für bgRFC«). Wie Sie sehen, besteht eine hierarchische Beziehung zwischen bgRFC-Destinationen und bgRFC-Units. Darüber hinaus sind bgRFC-Destinationen eng mit bgRFC-Szenarien verknüpft.

«interface» IF_BGRFC_DESTINATION_OUTBOUND
+CREATE_TRFC_UNIT() : IF_TRFC_UNIT_OUTBOUND
+CREATE_QRFC_UNIT() : IF_QRFC_UNIT_OUTBOUND
+CREATE_QRFC_UNIT_OUTINBOUND() : IF_QRFC_UNIT_OUTINBOUND

Abbildung 6.2 Factory-Methoden zum Erstellen von Instanzen von Unit-Objekten für die Outbound-Szenarien

bgRFC-Inbound

Im Gegensatz zum Outbound-Szenario stimmt das Zielsystem in einem Inbound-Szenario mit dem Sendersystem überein. Im weitesten Sinne ist dieses Szenario mit einer Verbuchungs-Task vergleichbar. Das bgRFC-Inbound-Szenario bietet dem Entwickler aber sehr viel mehr Möglichkeiten.

Im Inbound-Szenario werden sowohl die Unit-Verwaltungsdaten auf der Datenbank als auch die Ausführung vom Inbound-Scheduler gesteuert. Anders als im Outbound-Szenario wird nicht die Verfügbarkeit des entfernten Systems, sondern der definierten Servergruppe überwacht. Ist keiner der definierten Server verfügbar, stellt der Inbound-Scheduler die Ausführung der Units zurück. Auch im Inbound-Szenario werden die Verwaltungsdaten erst nach korrekter Verarbeitung gelöscht.

Durch die Definition von Servergruppen kann die Abarbeitung der Units optimal gesteuert werden. So können für verschiedene Anwendungsfälle spezialisierte Inbound-Destinationen erstellt werden. Beispielsweise lassen sich Destinationen für die Massenausführung mit vielen Servern definieren, die Units parallel ausführen, oder auch auf für spezielle Zwecke oder Services vorgesehene Server (zum Beispiel Steuerberechnung) beschränken. Darüber hinaus können Sie Units verschiedener Typen voneinander trennen, indem Sie unterschiedliche bgRFC-Destinationen für eine bessere Performance oder einen höheren Durchsatz nutzen. Stellen Sie sich die Verwendung von Puffern, Kontext-Switches etc. vor. Sie können zum Beispiel jede bgRFC-Destination als logische Anwendung verwenden, um Finanz- oder HR-Transaktionen von anderen Transaktionen zu trennen.

Ein weiterer Unterschied zum Outbound-Szenario ist, dass die Verarbeitung der Units immer unter dem User stattfindet, der die Units erzeugt hat. Dadurch muss der Unit erzeugende User alle Berechtigungen besitzen, die zur Ausführung der in der Unit registrierten Funktionsbausteine notwendig sind. Das kann für bestimmte Anwendungsszenarien ein Nachteil sein, da nicht alle Berechtigungen, die bei der Ausführung benötigt werden, allen potenziellen Business-Usern erteilt werden können (oder sollen). Im Allgemeinen ist es jedoch ein Vorteil, da keine Ressourcen für eine Identitätsumschaltung der Benutzer gebraucht werden.

Wie beim Outbound-Szenario bietet auch das Inbound-Szenario mindestens den Service-Level QoS EO. Dies könnte dafür sprechen, bgRFC anstelle eines aRFC zu verwenden, da aRFC lediglich den Level Quality of Service Best Effort (QoS BE) bietet – das heißt, Sie verfügen dort nicht über *Reliable Messaging*. Reliable Messaging ist ein Protokoll, über das Nachrichten zuverlässig zwischen Systemanwendungen übermittelt werden können. Dies bedeutet, dass die Zustellung der Nachrichten durch ein Handshaking-Protokoll zwischen Sender- und Zielsystemen garantiert ist.

Über die Factory-Methode der Klasse CL_BGRFC_DESTINATION_INBOUND in Abbildung 6.3 wird eine Instanz eines Destinationsobjektes mit der Schnittstelle IF_BGRFC_DESTINATION_INBOUND erstellt.

CL_BGRFC_DESTINATION_INBOUND
+CREATE(in DEST_NAME : BGRFC_DEST_NAME_INBOUND) : IF_BGRFC_DESTINATION_INBOUND

Abbildung 6.3 Factory-Methoden zum Erstellen von Instanzen von Unit-Objekten für die Outbound-Szenarien

Wie im Outbound-Szenario bietet bgRFC im Inbound-Szenario Factory-Methoden, um Instanzen von Unit-Klassen zu erstellen (siehe Abbildung 6.4).

«interface» IF_BGRFC_DESTINATION_INBOUND
+CREATE_TRFC_UNIT() : IF_TRFC_UNIT_INBOUND +CREATE_QRFC_UNIT() : IF_QRFC_UNIT_INBOUND

Abbildung 6.4 Factory-Methoden zum Erstellen von Instanzen von Unit-Objekten für die Inbound-Szenarien

bgRFC-Out-Inbound

Das Out-Inbound-Szenario ist eine Kombination aus dem Outbound- und dem Inbound-Szenario. Der bgRFC-Outbound-Scheduler im Sendersystem liest ausführbare Units aus seinem Arbeitsvorrat und überträgt diese in den Arbeitsvorrat des Inbound-Schedulers des Empfangssystems, ohne sie auszuführen. Nach erfolgreicher Übermittlung werden Units im Sendersystem gelöscht. Der Inbound-Scheduler des bgRFC im Zielsystem führt diese Units wie alle anderen Units des Inbound-Szenarios aus. Dieses Szenario sorgt hauptsächlich dafür, dass das Zielsystem seine Auslastung selbst steuern kann. Ein weiterer Vorteil des Out-Inbound-Szenarios ist, dass die Anzahl der Verbindungen zwischen Sende- und Empfangssystem im Allgemeinen kleiner bleibt als beim reinen Outbound-Szenario. Die RFC-Verbindung zwischen Sende- und Empfangssystem muss nur während der Übertragung des Arbeitsvorrats und nicht auch während der Verarbeitung der Units gehalten werden. Aus Programmierersicht ist das Out-Inbound-Szenario mit dem Outbound-Szenario vergleichbar (siehe Abbildung 6.2). Daher bietet bgRFC keine separaten Factory-Methoden für die Erstellung von Destinationsinstanzen, sondern eine Factory-Klasse, mit deren Hilfe Instanzen von Unit-Klassen für das Out-Inbound-Szenario erstellt werden können.

6.1.4 QoS-Level für bgRFC

Der Begriff Quality of Service (QoS) (siehe Abschnitt 6.1.3, »bgRFC-Szenarien«) wird häufig im Zusammenhang mit Interoperabilität und Netzwerkdiensten (einschließlich Internet und Webservices) verwendet, um die Level der bereitgestellten Services zu definieren. Bei bgRFC muss zwischen den QoS-Levels *Exactly Once (QoS EO)* und *Exactly Once In Order (QoS EOIO)* unterschieden werden. Hier wird auch der von bgRFC nicht unterstützte QoS BE erläutert, den Sie zur Unterscheidung von den anderen QoS-Levels kennen sollten.

QoS BE bedeutet, dass der Service-Provider nicht garantiert, dass die Nachricht übertragen wird, da der Service lediglich mit minimalem (bestmöglichem) Aufwand ausgeführt wird. Das heißt, dass die Nachricht einmalig, mehrfach oder überhaupt nicht an den Empfänger übermittelt werden kann. Der Service eines aRFC ist mit dem Level QoS BE vergleichbar (ausgenommen ist in diesem Fall die Mehrfachübermittlung), und dies ist für Ihre Geschäftsvorgänge möglicherweise nicht ausreichend. (Wenn Reliable Messaging in Ihrem Fall nicht benötigt wird, sollten Sie selbstverständlich die Verwendung von aRFC anstelle von bgRFC in Betracht ziehen, um den zusätzlichen Aufwand von Reliable Messaging zu vermeiden.)

Für Reliable Messaging sind QoS EO und QoS EOIO erforderlich. Im Folgenden wird Ihnen erläutert, wie bgRFC diese beiden Service-Level mithilfe der bgRFC-Units vom Typ T (transaktional) und Q (queued) unterstützt.

bgRFC-QoS-EO

bgRFC-Units vom Typ T (transaktional) bieten QoS EO. Bei QoS EO wird garantiert, dass die Nachricht einmal (*Exactly Once*) übermittelt wird. Für einen bgRFC bedeutet dies, dass die Unit im Zielsystem genau einmal ausgeführt wird. Im Sendesystem ist die bgRFC-Unit persistiert und geht dabei auch bei einer fehlerhaften Ausführung oder einem Übertragungsfehler nicht verloren. Sämtliche bgRFC-Units vom Typ QoS EO sind voneinander unabhängig. Sie können alle gleichzeitig in einer beliebigen Reihenfolge ausgeführt werden – zu diesem Zweck werden bgRFC-QoS-EO-Szenarien eingesetzt.

QoS EO wird sowohl für bgRFC-Inbound- (siehe Abbildung 6.5) als auch -Outbound-Szenarien (siehe Abbildung 6.6) unterstützt. Die API für die QoS-EO-Units kann über den Begriff »tRFC« im Namen von Klassen, Schnittstellen und Methoden identifiziert werden.

«interface»
IF_TRFC_UNIT_INBOUND
+CREATE_UNIT_BY_PATTERN() : IF_TRFC_UNIT_INBOUND

Abbildung 6.5 Schnittstelle einer bgRFC-Unit für das Inbound-Szenario

Abbildung 6.6 Schnittstelle einer bgRFC-Unit für das Outbound-Szenario

bgRFC-QoS-EOIO

bgRFC-Units vom Typ Q (queued) bieten QoS EOIO. Wie Units vom Typ T werden sie genau einmal ausgeführt, garantieren aber zusätzlich eine bestimmte Ausführungsreihenfolge.

In diesem Abschnitt über bgRFC-Units vom Typ Q lernen Sie das volle Potenzial des bgRFC-Konzeptes kennen. Um Ihnen dabei zu helfen, geeignete Szenarien für die Verwendung von bgRFC mit QoS EOIO zu identifizieren, wird mit einigen Beispielen begonnen, in denen Lösungen ohne bgRFC gewählt wurden, und die Nachteile dieser Ansätze untersucht:

▶ **Beispiel 1**

Sie verfügen über eine CRM-Anwendung, mit der Sie Aufträge und Fakturabelege anlegen. Ihr Geschäftsprozess erfordert, dass beide Dokumente an ein Backend-System weitergeleitet werden. Das Backend-System wiederum erfordert, dass die Aufträge vor dem dazugehörigen Fakturabeleg importiert werden. Die einfachste Möglichkeit, um diese Anforderung zu erfüllen, ist die Serialisierung der Nachrichten in einer einzigen Queue, da so die Verwendung eines *FIFO-Modus (First In, First Out)* möglich ist (siehe Abbildung 6.7). Für kleine Lösungen ist dies eine geeignete Vorgehensweise, doch was geschieht in einem umfangreichen System? Mit einer einzigen Queue kann es leicht zu Engpässen kommen, da keine Skalierbarkeit durch Parallelisierung möglich ist. In diesem Fall kann die Verarbeitungsleistung nicht erhöht werden (zum Beispiel durch das Hinzufügen von Applikationsservern), um eine große Anzahl von Geschäftsvorgängen verarbeiten zu können.

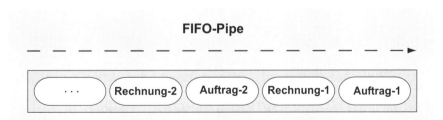

Abbildung 6.7 Beispiel 1 mit einer einzigen Pipe

▶ **Beispiel 2**
Gehen Sie das Problem von einer anderen Seite an. Angenommen, Sie erhöhen die Anzahl an Queues auf zehn und hoffen dabei, dass die Geschwindigkeit durch diese Änderung zehnmal höher sein wird. Doch leider tritt dieses Ergebnis nicht ein, denn es gibt ein großes Problem: Wie werden die Nachrichten an die Queues verteilt? Das *Round-Robin-Verfahren* ist ungeeignet, da Sie die Abhängigkeiten zwischen den Aufträgen und den Fakturabelegen berücksichtigen müssen. Außerdem müssen Sie sicherstellen, dass der entsprechende Fakturabeleg derselben Queue zugewiesen wird wie der Verkaufsbeleg. Eine einfache Heuristik könnte helfen (zum Beispiel, indem Sie eine Abfolge für das Dispatching verwenden, die auf der letzten Ziffer der Verkaufsbelegnummer basiert), doch solche einfachen Lösungen sind in realen Geschäftsszenarien meist nicht ausreichend. Der Grund dafür ist, dass die Anzahl von verknüpften Dokumenten sehr hoch sein kann und die Heuristik damit schnell zu komplex wird.

▶ **Beispiel 3**
Wenn sich eine Anzahl von zehn Queues als nicht verwaltbar herausstellt, sollten Sie es vielleicht mit zwei Queues versuchen, eine für Aufträge und eine für Fakturabelege (siehe Abbildung 6.8). Dabei hat die Queue für Aufträge eine höhere Priorität. Sobald sich mindestens eine Nachricht in der Auftrags-Queue befindet, unterbricht der Scheduler die Bearbeitung der Fakturabeleg-Queue. Dies könnte funktionieren. Müssen Sie jedoch sehr viele Aufträge abarbeiten, müssten Sie Ihrem Kunden gegenüber rechtfertigen, weshalb er in Ihrem Büro stehen und auf seinen Fakturabeleg warten muss. Außerdem stellt sich die Frage, was geschehen würde, wenn die erste Nachricht in einer Queue fehlschlägt. Für eine bessere Skalierbarkeit könnten Sie die Anzahl von Queues wieder erhöhen, da tägliche Geschäftsabläufe aber nicht so einfach sind wie dieses Beispiel, ist das keine realistische Lösung.

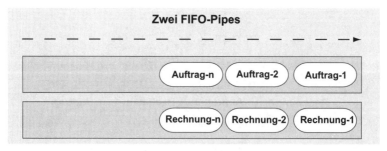

Abbildung 6.8 Beispiel 3 mit zwei Pipes

Sie könnten noch eine Weile experimentieren und versuchen, intelligente Queuing-Schemata zu entwickeln, mit denen sich Engpässe vermeiden lassen, doch bgRFC bietet eine einfachere Lösung. Um den bgRFC-Ansatz zu verstehen, bietet es sich an, eine *topologische Sortierung* zu betrachten. Vielleicht sind Sie mit diesem Begriff nicht vertraut, als Entwickler von asynchronen Geschäftsvorgängen mit großem Umfang kennen Sie das Problem jedoch mit Sicherheit.

Hier ein Beispiel: Gehen Sie von der Schnittstelle zwischen einem CRM- und einem SCM-System aus. In Abbildung 6.9 sehen Sie die sechs Nachrichten N1 bis N6. All diese Nachrichten sollen gleichzeitig ausgeführt werden, es liegen jedoch zwei Abhängigkeiten vor: Nachricht N5 ist mit N1 verknüpft (als P1 gekennzeichnet), und N6 ist mit N3 verknüpft (als P2 gekennzeichnet). In Abbildung 6.10 sehen Sie die entsprechenden Threads zum Ergebnis der topologischen Sortierung mit allen Nachrichten, die parallel oder sequenziell verarbeitet werden können.

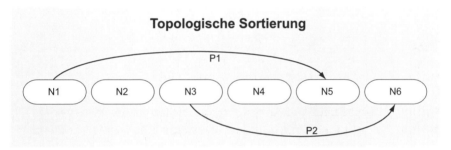

Abbildung 6.9 Grundlegende topologische Sortierung

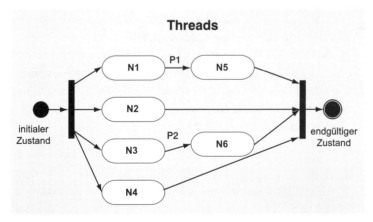

Abbildung 6.10 Resultierende Threads mit den Nachrichten aus Abbildung 6.9

Sie benötigen eine Engine, die die Abhängigkeiten zwischen Nachrichten automatisch erkennt und so viele Nachrichten wie möglich parallel, aber in der richtigen Reihenfolge ausführt. Sie müssen also die QoS-EOIO-Anforderung erfüllen. Nachricht N5 kann nur ausgeführt werden, wenn Nachricht N1 bereits ausgeführt wurde. Gleiches gilt für die Nachrichten N6 und N3. bgRFC bietet die Lösung, um diese Anforderung zu erfüllen.

Hier wird von einem etwas komplexeren Beispiel für ein allgemeines SCM-Szenario ausgegangen, um zu erläutern, wie bgRFC die QoS-EOIO-Anforderung erfüllt (siehe Abbildung 6.11). Beachten Sie, dass Sie nun eine etwas andere Terminologie als im vorhergehenden Beispiel verwenden müssen, da Sie bei bgRFC nicht mit »Nachrichten«, sondern mit »bgRFC-Units« arbeiten.

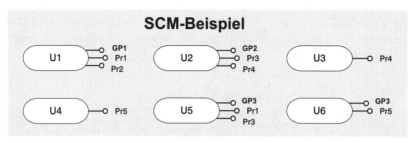

Abbildung 6.11 bgRFC-Units und verwendete Geschäftsobjekte

Für dieses Beispiel wird eine Anwendung mit mehreren Benutzern verwendet, die bgRFC-Units für eine SCM-Destination erstellt. Eine Unit ist ein Container für mehrere Funktionsbausteinaufrufe, und jeder dieser Funktionsaufrufe entspricht einer Manipulation von Geschäftsobjekten. Die Unit U1 manipuliert zum Beispiel Geschäftspartner GP1 und die beiden Produkte Pr1 und Pr2. Die drei folgenden Units U2 bis U4 manipulieren andere Geschäftsobjekte. Das heißt, dass zwischen der Unit U1 und den darauffolgenden Units keine Abhängigkeiten bestehen. Die Unit U5 verwendet die Geschäftsobjekte GP3, Pr1 und Pr3. Da sowohl Unit U1 als auch Unit U5 das Produkt Pr1 manipulieren, müssen diese beiden Units serialisiert werden. Ohne Serialisierung könnte der Geschäftsprozess fehlschlagen und die Konsistenz der Datenbank wäre gefährdet. Es bestehen auch Abhängigkeiten zwischen den anderen Units.

Abbildung 6.12 zeigt die Abhängigkeiten zwischen den Units sowie die Gründe für diese Abhängigkeiten in einer topologischen Sortierung. Der Geschäftsprozess (das heißt die Abfolge der nötigen Einzelschritte) lässt sich als Ergebnis der topologischen Sortierung ablesen, wobei die einzelnen Schritte die Units sind.

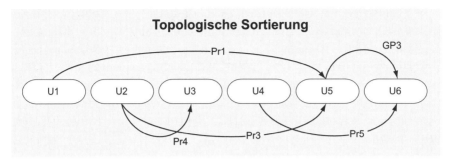

Abbildung 6.12 SCM-Beispiel für eine topologische Sortierung

Um die Anforderungen dieses Szenarios zu erfüllen, benötigen Sie auch hier eine Engine, die sämtliche Abhängigkeiten zwischen allen Units erkennt und so viele Units gleichzeitig ausführt wie möglich. Da ein SCM-Szenario üblicherweise sehr umfangreich ist (das Beispiel stellt lediglich einen kleinen Ausschnitt dar), ist es nützlich, auch in diesem Beispiel einige vordefinierte Queues zu verwenden. In einem realen Szenario würden Sie über Tausende von Units verfügen, die parallel verarbeitet werden können, sofern Sie die richtige Engine einsetzen, um Abhängigkeiten zu erkennen. Diese Engine muss sehr schnell und effektiv sein; anderenfalls kann in Szenarien mit großem Umfang (zum Beispiel SCM) die Engine selbst zu Einschränkungen führen. Wenn Sie davon ausgehen, dass eine Unit nur einer Queue zugewiesen werden kann, führt dies dazu, dass in diesem Beispiel nur eine Queue eingesetzt wird, da zwischen allen Units indirekte Abhängigkeiten bestehen. Diese indirekten Abhängigkeiten werden in Abbildung 6.13 durch die schwarzen vertikalen Balken dargestellt.

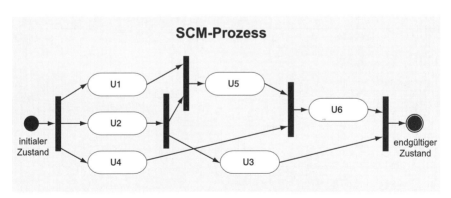

Abbildung 6.13 SCM-Beispiel für einen Geschäftsprozess unter Verwendung der Standardnotation

Was gebraucht wird, ist eine Lösung, um Units mehreren Queues zuzuweisen. Da eine bgRFC-Unit jedoch durch Atomarität gekennzeichnet ist, können diese bgRFC-Units nicht unterteilt werden. Die Lösung für dieses Problem ist, Units *virtuellen Queues* zuzuweisen, die nach Name und Destination identifiziert werden. Der Grund für die Identifizierung nach Destination ist, dass keine Abhängigkeiten zwischen bgRFC-Units für unterschiedliche Destinationen vorhanden sein dürfen. Wie Sie bereits wissen, ist eine Destination ein Zeiger auf ein Zielsystem für bgRFC-Units. Soll eine Unit zu einer weiteren virtuellen Queue gehören, muss diese nur bei der Erzeugung der Unit dieser zugeordnet werden. Weitere Aktionen sind nicht notwendig.

Die größte Herausforderung für den Entwickler stellt dabei die Aufgabe dar, Regeln für die Namen von virtuellen Queues zu definieren. Sämtliche Anwendungen oder Transaktionen, die eine Serialisierung von bgRFC erfordern, verwenden nämlich dieselben bgRFC-Destinationen und Queue-Namen. Die Erkennung von Abhängigkeiten erfolgt automatisch durch die bgRFC-API. Die bgRFC-Laufzeit analysiert die Namen der virtuellen Queues der einzelnen Units und fügt die Units automatisch in den bgRFC-Prozess für eine Destination ein (zum Beispiel U1, U2, U3), wie in Abbildung 6.13 gezeigt.

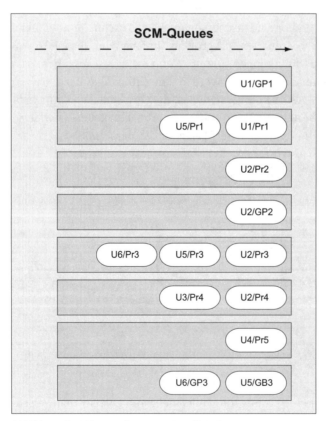

Abbildung 6.14 Verwendung von virtuellen Queues

Abbildung 6.14 zeigt, wie die Units an die virtuellen Queues verteilt werden. Dabei werden die Geschäftspartner- und Produktschlüssel als Name der virtuellen Queue verwendet (zum Beispiel U1/BP1, U5/Pr1, U1/Pr1 etc.).

Abbildung 6.15 und Abbildung 6.16 zeigen die Schnittstellen für die Units in virtuellen Queues für das Inbound- und das Outbound-Szenario. Abbildung 6.17 zeigt die Schnittstelle für die Zuordnung einer Unit zu einer Queue.

«interface»
IF_QRFC_UNIT_INBOUND
+CREATE_UNIT_BY_PATTERN() : IF_QRFC_UNIT_INBOUND +ADD_QUEUE_NAME_INBOUND(in QUEUE_NAME : QRFC_QUEUE_NAME, in IGNORE_DUPLICATES : bool = false) +ADD_QUEUE_NAMES_INBOUND(in QUEUE_NAMES : QRFC_QUEUE_NAME_TAB, in IGNORE_DUPLICATES : bool = false) +GET_QUEUE_NAMES() : QRFC_QUEUE_NAME_TAB

Abbildung 6.15 Schnittstelle von Units in virtuellen Queues für das Inbound-Szenario

«interface»
IF_QRFC_UNIT_OUTBOUND
+CREATE_UNIT_BY_PATTERN() : IF_QRFC_UNIT_OUTBOUND +ADD_QUEUE_NAME_OUTBOUND(in QUEUE_NAME : QRFC_QUEUE_NAME, in IGNORE_DUPLICATES : bool = false) +ADD_QUEUE_NAMES_OUTBOUND(in QUEUE_NAMES : QRFC_QUEUE_NAME_TAB, in IGNORE_DUPLICATES : bool = false) +GET_QUEUE_NAMES() : QRFC_QUEUE_NAME_TAB

Abbildung 6.16 Schnittstelle von Units in virtuellen Queues für das Outbound-Szenario

«interface»
IF_QRFC_UNIT_OUTINBOUND
+CREATE_UNIT_BY_PATTERN() : IF_QRFC_UNIT_OUTINBOUND +ADD_QUEUE_NAME_OUTBOUND(in QUEUE_NAME : QRFC_QUEUE_NAME, in IGNORE_DUPLICATES : bool = false) +ADD_QUEUE_NAMES_OUTBOUND(in QUEUE_NAMES : QRFC_QUEUE_NAME_TAB, in IGNORE_DUPLICATES : bool = false) +ADD_QUEUE_NAME_INBOUND(in QUEUE_NAME : QRFC_QUEUE_NAME, in IGNORE_DUPLICATES : bool = false) +ADD_QUEUE_NAMES_INBOUND(in QUEUE_NAMES : QRFC_QUEUE_NAME_TAB, in IGNORE_DUPLICATES : bool = false) +GET_QUEUE_NAMES_OUTBOUND() : QRFC_QUEUE_NAME_TAB +GET_QUEUE_NAMES_INBOUND() : QRFC_QUEUE_NAME_TAB +LOCK_AT_INBOUND()

Abbildung 6.17 Schnittstelle von Units in virtuellen Queues für das Out-Inbound-Szenario

Klassen, Schnittstellen und Methoden der APIs von Units mit QoS EOIO sind anhand des Begriffs »qRFC« in ihrem Namen erkennbar. Der AS ABAP stellt eine einzige Schnittstelle für jedes bgRFC-Szenario bereit. Unter Verwendung dieser Schnittstelle können Sie Queue-Namen zu bgRFC-Units hinzufügen. Da die Referenz zur Instanz einer Unit-Klasse über die Factory-Methode einer Destinationsklasse erzeugt wird, wird die Queue automatisch der richtigen Destination zugewiesen.

In den vorangegangenen Beispielen wurden die Probleme beschrieben, die Sie mithilfe des bgRFC lösen können. In einer realen Umgebung könnte ein umfangreiches Geschäftsszenario wie SAP SCM problemlos zu Millionen von Units mit Hunderten von Queue-Namen pro Unit und einer Vielzahl von Überlappungen zwischen virtuellen Queues führen. Dies wiederum hätte ein außerordentlich großes Geschäftsprozessdiagramm zur Folge, das so viele gleichzeitige Threads wie möglich benötigt, um einen maximalen Durchsatz für die Ausführung von Units mit Reliable Messaging zu erzielen. bgRFC ist eine skalierbare Lösung, die all diese Anforderungen erfüllt. Im Folgenden wird Ihnen gezeigt, wie Sie bgRFC in selbst entwickelten Lösungen einsetzen.

6.2 Programmieren mit bgRFCs

Sicher möchten Sie nun wissen, wie Sie bgRFCs zum Programmieren von Anwendungen verwenden. Sie werden sehen, dass die API ein klares objektorientiertes Design aufweist und leicht programmiert werden kann. Diese API wurde entwickelt, um die unterschiedlichen Szenarien zu unterstützen, die bereits beschrieben wurden.

6.2.1 Erstellen von Inbound-Units

Das erste Szenario beschreibt QoS EO – dies entspricht einem bgRFC des Typs T. Es wird eine unabhängige Unit generiert, die parallel zu anderen Units ausgeführt werden kann.

Das in Listing 6.1 dargestellte Beispiel zeigt, wie eine bgRFC-Unit vom Typ T generiert wird, die zwei Funktionsbausteine umfasst. Als Erstes müssen Sie eine Objektreferenz für eine Destination erstellen. Zuvor müssen Sie die Transaktion SBGRFCCONF verwenden, um die Inbound-Destination anzulegen. Ein Destinationshandle kann nur erstellt werden, wenn die Inbound-Destination in dieser Konfigurationstransaktion gepflegt ist – anderenfalls löst das System eine Ausnahme vom Typ CX_BGRFC_INVALID_DESTINATION aus. In Abschnitt 6.3.2, »Inbound-Destinationen«, wird näher beschrieben, wie Sie Inbound-Destinationen pflegen und welche Bedeutung diese Destinationen haben.

```
DATA:
  l_lock_id TYPE bgrfc_lock_id,
  l_dest    TYPE REF TO if_bgrfc_destination_inbound,
  l_unit    TYPE REF TO if_trfc_unit_inbound.
* Create the destination object references
l_dest = cl_bgrfc_destination_inbound=>create( 'TEST_BGRFC' ).
* Create new bgRFC inbound unit type T object reference
l_unit = l_dest->create_trfc_unit( ).
* Register first function module
CALL FUNCTION 'RFC_FUNCTION_1' IN BACKGROUND UNIT l_unit.
```

```
* Register second function module
CALL FUNCTION 'RFC_FUNCTION_2' IN BACKGROUND UNIT l_unit.
* Lock unit
l_lock_id = l_unit->lock( ).
* Save the call
COMMIT WORK.
```

Listing 6.1 Erstellen einer Inbound-Unit vom Typ T

Im zweiten Schritt erzeugen Sie eine Objektreferenz für eine spezifische Unit. Mit dieser Objektreferenz kann eine beliebige Anzahl von Funktionsbausteinen aufgerufen werden. Alle Funktionsbausteine, die mit derselben Unit-Referenz aufgerufen werden, befinden sich innerhalb derselben transaktionalen Klammer (LUW). Gemeinsam bilden alle Funktionsbausteine die bgRFC-Unit. Sie können innerhalb des Anwendungsprogramms beliebig viele Destinationsobjekte und Unit-Referenzen gleichzeitig erstellen. Wenn Sie Funktionsbausteine aus Prozeduren (Methoden, Funktionsbausteine oder auch noch Unterprogramme) aufrufen möchten, müssen Sie die Unit-Objektreferenz in diese übernehmen. Möchten Sie leistungsfähige Anwendungen für große Datenvolumen erstellen, müssen Sie die entsprechenden Pakete erstellen. Eine große Anzahl von bgRFC-Units mit kurzer Ausführungszeit erhöht den Overhead der bgRFC-Laufzeitumgebung und führt damit wahrscheinlich zu einer beeinträchtigten Performance.

Doch welche Bedeutung hat die Anweisung l_unit->lock( )? Wenn eine Unit mit Verzögerung ausgeführt werden soll, kann der Programmierer hierfür eine Sperre innerhalb des Anwendungsprogramms erstellen. In diesem Fall behandelt der bgRFC-Scheduler die Unit erst, wenn die Sperre aufgehoben wird. Für diese Eigenschaft gibt es zwei Einsatzbereiche. Eine mögliche Verwendung ist: Sie schreiben ein Testprogramm und möchten die Unit überprüfen, bevor der Scheduler sie ausführt. In diesem Fall können Sie die Sperrung der Unit über den Monitor (SBGRFCMON) aufheben. Nachdem Sie die Sperrung aufgehoben haben, führt der Scheduler die Unit so bald wie möglich aus. Es ist weder erforderlich noch möglich, den Start des Schedulers explizit auszulösen – dieser Schritt erfolgt automatisch. Die zweite Verwendungsmöglichkeit besteht darin, die umgehende Ausführung einer Unit zu verhindern, weil die Programmlogik dies erfordert. In diesem Fall ermöglicht es die API, die Unit-Sperre innerhalb des Anwendungsprogramms aufzuheben. Dazu müssen Sie die Sperr-ID lock_id (im Beispiel l_lock_id) speichern, um die Sperre der Unit zu einem späteren Zeitpunkt aufzuheben. Zum Aufheben einer Sperre bietet die API die Schnittstellenmethode if_bgrfc_lock~release( ). Diese Verwendungsmöglichkeit ist sinnvoll, wenn in anderen Bereichen des Anwendungsprogramms Abhängigkeiten vorhanden sind, die zu einem späteren Zeitpunkt untersucht werden. Listing 6.2 zeigt, wie Sie die Sperre einer transaktionalen Inbound-Unit aufheben. Die Schnittstelle ist in vier unterschiedlichen Klassen implementiert, die die beiden möglichen Szenarien (Inbound und Outbound) sowie den Servicetyp (transaktional und queued) des bgRFC umfassen.

```
DATA
  l_lock_id TYPE bgrfc_lock_id.
* Release the lock of a transactional inbound unit.
cl_trfc_lock_inbound=>if_bgrfc_lock~release(
  lock_id = l_lock_id ).
COMMIT WORK.
```

Listing 6.2 Aufheben der Sperre für eine Unit vom Typ T in einem Inbound-Szenario

Im zweiten Beispielprogramm, das in Listing 6.3 dargestellt ist, wird eine bgRFC-Unit vom Typ Q in der Inbound-Queue erstellt. Dieses Coding unterscheidet sich nur geringfügig vom vorhergehenden Beispiel. Der Hauptunterschied ist, dass Sie für den queued bgRFC einen Queue-Namen benötigen und eine andere Factory-Methode verwenden müssen, um das Unit-Objekt zu erstellen. Um eine Unit vom Typ Q in der Inbound-Queue zu programmieren, gehen Sie, wie bereits für Typ T beschrieben, vor. Zunächst erstellen Sie eine Objektreferenz für ein Destinationsobjekt und anschließend eine Unit-Referenz. Um der Unit einen Queue-Namen zuzuweisen, verwenden Sie die Methode `add_queue_name_inbound`. Es spielt keine Rolle, ob Sie den Queue-Namen vor oder nach dem Aufruf des Funktionsbausteins zuweisen. Um die Daten in der Datenbanktabelle zu speichern, müssen Sie einen COMMIT WORK ausführen. Zu diesem Zeitpunkt muss die Zuweisung der Queue-Namen zu der Unit bereits abgeschlossen sein. Wenn Sie keinen COMMIT WORK aufrufen, werden die im lokalen Speicher gehaltenen Daten der Units nicht auf der Datenbank gespeichert. Nach dem COMMIT WORK kann der bgRFC-Scheduler die Units aus der Datenbank abrufen und lokal ausführen.

```
DATA:
  l_lock_id TYPE bgrfc_lock_id.
  l_dest    TYPE REF TO if_bgrfc_destination_inbound.
  l_unit    TYPE REF TO if_qrfc_unit_inbound.
* Create the destination object references
l_dest = cl_bgrfc_destination_inbound=>create( 'TEST_BGRFC' ).
*   Create new queued bgRFC inbound unit type Q object reference
l_unit = l_dest->create_qrfc_unit( ).
* Assign the unit to a queue
l_unit->add_queue_name_inbound( 'BASIS_BGRFC_IN_Q1' ).
* Register first function module
CALL FUNCTION 'RFC_FUNCTION_1' IN BACKGROUND UNIT l_unit.
```

```abap
* Register second function module
CALL FUNCTION 'RFC_FUNCTION_2' IN BACKGROUND UNIT l_unit.
* Lock unit
l_lock_id = l_unit->lock( ).
* Save the call
COMMIT WORK.
```

Listing 6.3 Erstellen einer Inbound-Unit vom Typ Q

> **Hinweis**
>
> Alle Unit-Referenzen, die innerhalb des Programms erzeugt werden, werden nach dem Commit invalidiert. Daher kann ein Unit-Handle nach einem COMMIT WORK nicht mehr verwendet werden.

6.2.2 Erstellen von Outbound-Units

In Listing 6.4 wird eine bgRFC-Unit vom Typ T im Outbound-Szenario erstellt. Die Struktur des Aufrufs entspricht der Struktur in Listing 6.1 – lediglich die Schnittstellennamen ändern sich. So können Sie ein Programm problemlos von einem Inbound- in einen Outbound-bgRFC ändern, indem Sie im Schnittstellennamen lediglich das Wort »inbound« durch »outbound« ersetzen. Das Inbound- und das Outbound-Szenario werden allerdings zu ganz verschiedenen Verwendungszwecken eingesetzt. Auch der Begriff *Destination* hat für das Outbound-Szenario eine andere Bedeutung als für das Inbound-Szenario. Eine Outbound-bgRFC-Destination muss über Transaktion SM59 gepflegt werden. Weitere Einzelheiten zur Anpassung der Destination finden Sie in Abschnitt 6.3, »Konfigurieren von bgRFC-Destinationen«.

```abap
DATA:
  l_lock_id   TYPE bgrfc_lock_id.
  l_dest      TYPE REF TO if_bgrfc_destination_outbound,
  l_unit      TYPE REF TO if_trfc_unit_outbound.
* Create the destination object references
l_dest = cl_bgrfc_destination_outbound=>create( 'TEST_BGRFC' ).
* Create new bgRFC outbound unit type T object reference
l_unit = l_dest->create_trfc_unit( ).
* Register first function module
CALL FUNCTION 'RFC_FUNCTION_1' IN BACKGROUND UNIT l_unit.
* Register second function module
CALL FUNCTION 'RFC_FUNCTION_2' IN BACKGROUND UNIT l_unit.
* Lock unit
l_lock_id = l_unit->lock( ).
COMMIT WORK.
```

Listing 6.4 Erstellen einer Outbound-Unit vom Typ T

6.2.3 Aufheben einer Sperre für eine Outbound-Unit

Sie können eine Sperre innerhalb des Monitors oder mithilfe eines separaten Programms aufheben. Um die Sperre über ein Programm aufzuheben, müssen Sie die Sperr-ID `lock_id` bei der Erstellung speichern. Listing 6.5 zeigt, wie Sie diesen Schritt ausführen.

```
DATA
  l_lock_id TYPE bgrfc_lock_id.
* Release the lock of an outbound unit.
cl_qrfc_lock_outbound=>if_bgrfc_lock~release(
  lock_id = l_lock_id ).
COMMIT WORK.
```

Listing 6.5 Aufheben einer Outbound-Sperre

6.2.4 Erstellen einer bgRFC-Outbound-Unit vom Typ Q

Im Beispielprogramm, das in Listing 6.6 dargestellt ist, wird eine bgRFC-Unit vom Typ Q in der Outbound-Queue erstellt. Das Coding unterscheidet sich nur geringfügig vom Coding für die bgRFC-Outbound-Unit vom Typ T (siehe Listing 6.4). Wie bei der Inbound-Queue in Listing 6.3 werden Queue-Namen benötigt. Darüber hinaus wird eine andere Factory-Methode verwendet, um das Unit-Objekt zu erstellen. Um eine Unit vom Typ Q in der Outbound-Queue zu programmieren, gehen Sie, wie beschrieben, vor. Als Erstes erstellen Sie eine Objektreferenz für ein Destinationsobjekt und anschließend eine Unit-Referenz. Um der Unit einen Queue-Namen zuzuweisen, verwenden Sie die Methode `add_queue_name_outbound`. Dieser Name kann vor oder nach dem Aufruf der Funktionsbausteine aufgerufen werden. Wenn Sie diesen Schritt ausgeführt haben, verfügen Sie über ein vollständiges bgRFC-Unit-Objekt, in dem Sie eine beliebige Anzahl von Funktionsaufrufen zusammenfassen können. Nach dem Aufruf von COMMIT WORK kann der bgRFC-Scheduler die Units aus der Datenbank abrufen und ausführen.

```
DATA:
  l_lock_id TYPE bgrfc_lock_id.
  l_dest    TYPE REF TO if_bgrfc_destination_outbound,
  l_unit    TYPE REF TO if_qrfc_unit_outbound.
* Create the destination object references
l_dest = cl_bgrfc_destination_outbound=>create( 'TEST_BGRFC' ).
*   Create new bgRFC outbound unit type Q object reference
l_unit = l_dest->create_qrfc_unit( ).
* Assign the unit to a queue
l_unit->add_queue_name_outbound( 'BASIS_BGRFC_OUT_Q1' ).
```

```
* Register first function module
CALL FUNCTION 'RFC_FUNCTION_1' IN BACKGROUND UNIT l_unit.
* Register second function module
CALL FUNCTION 'RFC_FUNCTION_2' IN BACKGROUND UNIT l_unit.
* Lock unit
l_lock_id = l_unit->lock( ).
* Save the call
COMMIT WORK.
```

Listing 6.6 Erstellen einer Outbound-Unit vom Typ Q

6.2.5 Erstellen einer bgRFC-Out-Inbound-Unit vom Typ Q

Listing 6.7 zeigt ein Beispiel für das Out-Inbound-Szenario. Wie Sie dort sehen, wird eine separate Schnittstelle für die Erstellung von Out-Inbound-Units bereitgestellt, um diese Units von den Outbound- und Inbound-Szenarien abzugrenzen. Der Hauptvorteil des Out-Inbound-Szenarios ist, wie bereits erwähnt, die Trennung von Kommunikation und Ausführung eines bgRFC.

```
DATA:
  l_lock_id_in   TYPE bgrfc_lock_id.
  l_lock_id_out  TYPE bgrfc_lock_id.
  l_dest         TYPE REF TO if_bgrfc_destination_outbound,
  l_unit         TYPE REF TO if_qrfc_unit_outinbound.
* Create the destination object references
l_dest = cl_bgrfc_destination_outbound=>create( 'TEST_BGRFC' ).
* Create new queued bgRFC OutInbound unit type Q object reference
l_unit = l_dest->create_qrfc_unit_outinbound( ).
* Assign the unit to a queue
* Outbound
l_unit->add_queue_name_outbound( 'BASIS_BGRFC_OUTIN_Q1' ).
* Inbound
l_unit->add_queue_name_inbound( 'BASIS_BGRFC_OUTIN_Q1' ).
* Register first function module
CALL FUNCTION 'RFC_FUNCTION_1' IN BACKGROUND UNIT l_unit.
* Register second function module
CALL FUNCTION 'RFC_FUNCTION_2' IN BACKGROUND UNIT l_unit.
* Lock unit
* Outbound
l_lock_id_out = l_unit->lock( ).
* Inbound
l_lock_id_in = l_unit->lock_at_inbound( ).
* Save the call
COMMIT WORK.
```

Listing 6.7 Erstellen einer queued Out-Inbound-Unit

Wie im vorhergehenden Beispiel wird begonnen, indem eine Referenz zu einem Destinationsobjekt erstellt wird. Das Destinationsobjekt bietet die entsprechende Factory-Methode, die die Referenz in einer Referenzvariablen vom Typ des Unit-Interface bereitstellt. Im Out-Inbound-Szenario müssen Sie zwei Queue-Namen angeben, einen für die Outbound-Queue und einen für die Inbound-Queue. Die Queue-Namen müssen sich aber nicht unterscheiden, Sie können denselben Queue-Namen für die Outbound- wie für die Inbound-Queue verwenden. So können Sie die Units leichter nachverfolgen, wenn diese von der Outbound-Queue in die Inbound-Queue verschoben werden. Daraufhin werden in der Unit zwei Funktionsbausteine für die Ausführung registriert. Im Gegensatz zum Outbound- und Inbound-Szenario können Sie die Unit bei Bedarf auf beiden Seiten sperren. Um die Unit auf der Outbound-Seite zu sperren, verwenden Sie die Methode lock( ), zum Sperren der Unit auf der Inbound-Seite die Methode lock_at_inbound( ).

Über die Anweisung COMMIT WORK werden alle Units in der Datenbank gespeichert.

6.2.6 Verbuchung und bgRFC

Wenn bgRFC und die klassische Verbuchung (CALL FUNCTION IN UPDATE TASK) innerhalb derselben mit COMMIT WORK abgeschlossen SAP LUW verwendet werden, entstehen Abhängigkeiten zwischen den bgRFC-Units und den Verbuchungsbausteinen. In Listing 6.8 wird der Funktionsbaustein UPDATE_FUNCTION_1 mit IN UPDATE TASK aufgerufen. Die bgRFC-Funktionsbausteine werden erst dann automatisch ausgeführt, wenn der Verbuchungsbaustein ausgeführt ist. Die bgRFC-Units sind gesperrt, bis die Verbuchung abgeschlossen ist.

```
* Create bgRFCs
...
* Call update task
CALL FUNCTION 'UPDATE_FUNCTION_1' IN UPDATE TASK.
COMMIT WORK.
```

Listing 6.8 Aufruf eines Funktionsbausteins in einer Verbuchungs-Task

Die Sperre des bgRFC wird nur dann aufgehoben, wenn die Verbuchung ordnungsgemäß ausgeführt ist. Während die Funktionsbausteine der Verbuchung verarbeitet werden, ist die bgRFC-Unit mit dem Status »Wartet auf Verbuchung« gesperrt. Dieses Verhalten ist für alle bgRFCs (transaktional inbound, transaktional outbound, queued inbound und queued outbound) identisch.

6.2.7 bgRFC-Scheduler

Nun zu der Frage, *wie* bgRFC-Units verarbeitet werden. Nachdem sie über einen COMMIT WORK in die Datenbank geschrieben wurden, werden sie von einem Scheduler verarbeitet. Es gibt zwei Scheduler-Typen: einen für Inbound-Units und einen für Outbound-Units. Sie können für jeden Typ eine oder mehrere Scheduler-Instanzen konfigurieren, die auf einem spezifischen Applikationsserver ausgeführt werden. Die Scheduler sind für verschiedene Aufgaben zuständig: Verteilung der Last bei Kommunikation mit Servergruppen, Ressourcenmanagement und Synchronisation zwischen verschiedenen Scheduler-Instanzen, um eine doppelte Ausführung zu verhindern.

Ein zyklisch ablaufendes Systemprogramm, dessen Wiederholfrequenz über den Profilparameter rdisp/autoabaptime gesteuert wird und das hier deshalb als AUTOABAP bezeichnet wird, liest die Konfigurationstabellen, überprüft die tatsächliche Anzahl an laufenden Schedulern (Instanzen) und startet diese neu bzw. beendet diese. Wenn keine Units verarbeitet werden müssen, wechselt der Outbound-Scheduler für einen konfigurierbaren Zeitraum in einen Ruhemodus und wird vom Taskhandler herausgerollt. Werden neue Units in die Queues geschrieben, wird der Scheduler durch ein Ereignis erneut aktiviert. Darüber hinaus überprüft der Scheduler die Datenbanktabellen aktiv auf ausführbare Units, wenn der Leerlaufzeitraum abgelaufen ist. Auf diese Weise lässt sich dem möglichen Verlust eines Ereignisses entgegenwirken.

Bevor die Einzelheiten der Unit-Verarbeitung besprochen werden, sollte erwähnt werden, welche Aufgaben der Scheduler *nicht* durchführt. Scheduler sind für die schnelle Ausführung von Units optimiert. Daher überprüft der Scheduler zur Ausführungszeit nicht, ob Abhängigkeiten zwischen Units vorhanden sind. Die Abhängigkeiten werden bereits bei der Erstellung von Units ermittelt, wenn die Anweisung COMMIT WORK verarbeitet wird. So wird insbesondere für stark abhängige Queues eine lineare Skalierbarkeit der Ausführung sichergestellt. Nach der Ausführung einer Unit werden die nachfolgenden Units aktualisiert. Units ohne Vorgänger und Sperren werden zur umgehenden Ausführung in eine spezielle, zentrale Datenbanktabelle kopiert. Alle aktiven Scheduler rufen ihr Arbeitspaket an Units aus dieser Tabelle ab.

Als ersten Schritt stellt der Scheduler für jede Unit des Arbeitspaketes sicher, dass die Destination der Unit verfügbar ist. Wenn diese Voraussetzung erfüllt ist, prüft der Scheduler, ob das lokale und das remote Gateway des Zielsystems über ausreichend Ressourcen für die Übermittlung der Unit verfügen.

Außerdem muss der Scheduler sicherstellen, dass sowohl das lokale als auch das Zielsystem über genügend Ressourcen verfügen, um die Units auszuführen.

Das heißt, auf jedem System muss ein freier Dialog-Workprozess vorhanden sein. Um die Laufzeit zu optimieren und die Netzwerklast zu reduzieren, ruft der Scheduler solche Informationen zum Zielsystem aber nicht bei jeder Unit-Ausführung erneut ab. Stattdessen werden jedes Mal, wenn eine Unit verarbeitet wird, die Ressourceninformationen des Destinationssystems an das Sendersystem zurückgesendet. Diese Daten werden auf dem Zielsystem mit einem Zeitstempel zwischengespeichert. Alle Scheduler-Instanzen, die mit demselben Destinationssystem arbeiten, verwenden diese gespeicherten Daten, um zu entscheiden, ob die Unit gestartet werden kann oder nicht. Das aktive Abrufen von Ressourceninformationen ist nur notwendig, wenn keine aktuellen zwischengespeicherten Daten verfügbar sind.

Sind ausreichend Ressourcen verfügbar, um eine Unit zu senden und auszuführen, sendet der Scheduler die Unit an das Zielsystem und führt sie asynchron aus. Dabei kann jeder Scheduler mehrere unabhängige Units parallel starten. Danach wartet der Scheduler auf die Antworten des Zielsystems, um sicherzustellen, dass die Units vollständig und erfolgreich ausgeführt wurden. Wenn keine ausreichenden Ressourcen vorhanden sind, wird die Unit für einen gewissen Zeitraum gesperrt, und der Scheduler versucht, die Unit später auszuführen.

Selbstverständlich muss der Scheduler auch die Units prüfen, für die während eines längeren Zeitraums keine Antwort empfangen wurde. Hier muss überprüft werden, ob die Units noch ausgeführt werden oder ob ihre Ausführung abgebrochen wurde. Dies kann zum Beispiel der Fall sein, wenn es dem Zielsystem beim Auftreten eines Fehlers nicht mehr möglich war, dem Aufrufer eine Fehlermeldung zu schicken. Diese Fehler müssen von den Fällen abgegrenzt werden, in denen das Netzwerk möglicherweise nur vorübergehend getrennt war und die Antwort daher verloren gegangen ist. Dies gilt sowohl für Outbound- als auch für Inbound-Scheduler.

Vielleicht ist Ihnen der Gedanke gekommen, so viele Scheduler wie möglich zu konfigurieren, um den Gesamtdurchsatz zu maximieren. Doch leider ist das nicht ganz so einfach, wie es klingt. Je mehr Scheduler Sie konfigurieren, desto höher ist der Koordinationsaufwand. Darüber hinaus schränkt die E/A-Kapazität des Datenbankservers die maximale Anzahl parallel ausführbarer Units ein.

6.2.8 Vorteile des Out-Inbound-Szenarios

Im Folgenden wird ein gängiges Beispiel für eine ABAP-Kommunikation untersucht, um die Vorteile des Out-Inbound-Szenarios aufzuzeigen. Es wird davon ausgegangen, dass ein ABAP-System[1] RFCs an unterschiedliche ABAP-Systeme sendet und ebenso Aufrufe von diesen Systemen empfängt. Weder der Zeitpunkt noch die Ausführungszeit einer Ausführung können zugesichert werden. Wenn beispielsweise ein bgRFC für ein ABAP-System A ausgelöst wird und in einem zweiten ABAP-System B ausgeführt werden soll, andere ABAP-Systeme jedoch eine große Anzahl von RFCs an das ABAP-System B senden, werden möglicherweise nicht alle RFCs umgehend auf dem Zielsystem ausgeführt. In diesem Fall werden alle eingehenden RFCs, die nicht umgehend ausgeführt werden können, in einer Queue im Dispatcher des ABAP-Systems B platziert, bis ein Workprozess frei wird. Auf dem Sendersystem werden die Workprozesse gesperrt, bis der Dispatcher freie Workprozesse für die Task erhält. Sie können sich vorstellen, dass die Workprozesse auf dem Sendersystem für einen langen Zeitraum für alle folgenden RFCs gesperrt werden, wenn für ABAP-System B viele Anwendungen mit langen Laufzeiten ausgeführt werden. Da solche ausgelösten transaktionalen bgRFCs in der Dispatcher-Queue »festhängen« und auf einen freien Workprozess warten, könnte dies sowohl zu einem Überlauf der Dispatcher-Queue führen als auch dazu, dass eine äußerst große Menge Speicher auf dem Serversystem allokiert wird.

Da das Zielsystem die eingehenden RFCs nicht steuern kann, sollte die Zeit zum Verarbeiten der eingehenden RFCs reduziert werden. Dieses Ziel lässt sich mithilfe des Out-Inbound-Szenarios erreichen. In diesem Fall sendet der Scheduler auf dem Sendersystem die Daten an das Zielsystem. Die Daten werden jedoch nicht umgehend auf diesem System ausgeführt, sondern in der Datenbanktabelle gespeichert. Auf diese Weise lässt sich die Kommunikationszeit minimieren.

Der Workprozess auf dem Sendersystem bleibt so lange belegt, wie das Zielsystem benötigt, um die Anwendungsdaten in der Datenbank zu speichern. Der Inbound-Scheduler des Zielsystems ermittelt, ob sein lokales System über die erforderlichen Ressourcen (Speicher, Workprozesse etc.) verfügt, um die Anwendungsdaten zu verarbeiten. Diese Ressourcenüberprüfung kann für den Inbound-Scheduler problemlos durchgeführt werden, da diese Prüfung lediglich für die lokale Instanz erfolgt. Der Scheduler beginnt nur dann mit der Verarbeitung der bgRFC-Units, wenn ausreichend Ressourcen verfügbar sind. Das Ergebnis ist eine stabile Systemlast. Zusätzlich bleiben die Dialog-Workprozesse des Sendersystems nicht während der gesamten Unit-Laufzeit belegt. Insbesondere, wenn mit schwächeren Serversystemen Daten ausgetauscht werden, kann dies zu einer Entlastung des Senders beitragen.

Sie wissen nun, wie Sie bgRFC in Ihren Programmen verwenden. In Abschnitt 6.3, »Konfigurieren von bgRFC-Destinationen«, werden die bgRFC-Destinationen untersucht, die für diese Funktionalität nötig sind.

---

1 Ein auf dem AS ABAP basierendes System.

6.3 Konfigurieren von bgRFC-Destinationen

Im Folgenden erfahren Sie, wie sich Outbound- und Inbound-Destinationen unterscheiden und wie diese Destinationen konfiguriert werden.

6.3.1 Outbound-Destinationen

bgRFC-Units, die an eine Outbound-Destination gesendet wurden, werden normalerweise auf einem Remote-System ausgeführt, das heißt auf einem System, das nicht mit dem aufrufenden logischen System identisch ist. Es ist aber ebenfalls möglich, lediglich über einen anderen Mandanten oder einen anderen Benutzer auf das aktuelle System zuzugreifen.

Um eine Outbound-Destination zu konfigurieren, verwenden Sie Transaktion SM59. Es gibt dort zahlreiche Einstellmöglichkeiten, für die hier auf Kapitel 5 verwiesen wird. Die wichtigste Aufgabe im Zusammenhang mit dem bgRFC-Framework besteht jedoch darin, den bgRFC für eine Destination zu aktivieren.

An dieser Stelle muss etwas weiter ausgeholt werden. Das bgRFC-Framework ist eine Neuimplementierung eines vorhandenen Frameworks (klassischer tRFC und qRFC). Das bgRFC-Framework und das tRFC/qRFC-Framework stehen mit ihren Schedulern ab Release 7.0, SP14 parallel zur Verfügung, wobei sich die APIs dieser beiden Implementierungen vollständig unterscheiden. Um bei einer Umstellung von klassischem tRFC/qRFC auf bgRFC eine Serialisierung zwischen den Schedulern zu erreichen, muss ein Administrator für jede Destination in der Transaktion SM59 angeben, ob diese mit dem Legacy-Framework (tRFC/qRFC) oder mit der bgRFC-Implementierung eingesetzt wird.

Diese Unterscheidung treffen Sie, indem Sie auf der Registerkarte SPEZIELLE OPTIONEN ab den Releases 7.0, EhP2 und 7.1/7.2 das entsprechende ÜBERTRAGUNGSPROTOKOLL auswählen (siehe Abbildung 6.18). Vor den Releases 7.0, EhP2 und 7.1/7.2 konnte hier nur die QRFC VERSION als KLASSISCHE QRFC-VERSION oder BGRFC eingestellt werden. Ab den Releases 7.0, EhP2 und 7.1/7.2 ist diese Angabe mit der Auswahl des RFC-Protokolls (basXML oder klassisches Protokoll, siehe Kapitel 5, »RFC und RFM – Leitfaden zu ABAP Remote Communications«) verknüpft. Wenn BASXML gewählt wird, ist automatisch bgRFC eingestellt. Beim klassischen RFC-Protokoll kann zwischen bgRFC und tRFC/qRFC ausgewählt werden. basXML kann nicht in Kombination mit dem klassischen tRFC/qRFC ausgewählt werden.

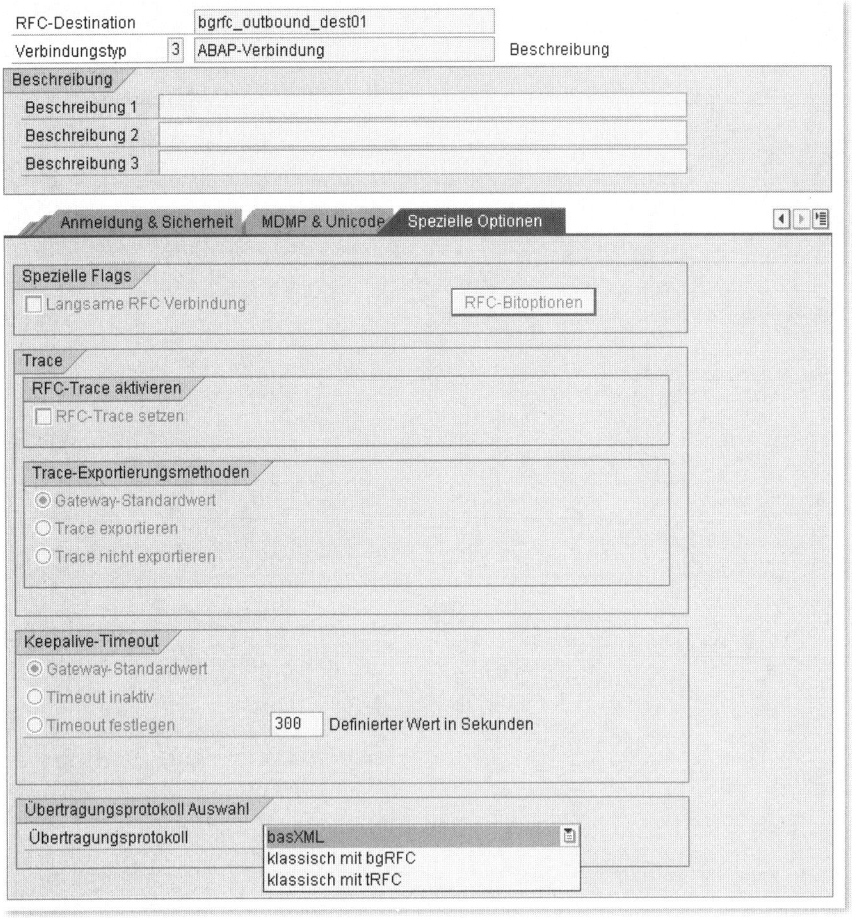

Abbildung 6.18 Definieren einer RFC-Destination (Transaktion SM59)

6.3.2 Inbound-Destinationen

Inbound-Destinationen unterscheiden sich stark von Outbound-Destinationen. Inbound-Units werden immer im aufrufenden System ausgeführt, Mandant, Benutzer oder Sprache können nicht geändert werden, und die Pflege erfolgt nicht über Transaktion SM59. Weshalb wird in diesem Zusammenhang also überhaupt von einer Destination gesprochen? Vor der Beschäftigung mit dieser Frage geht es zunächst um den praktischen Aspekt: Inbound-Destinationen werden über Transaktion SBGRFCCONF gepflegt. Im Gegensatz zu Transaktion SM59 müssen hier lediglich zwei Dinge definiert werden: der Name der Inbound-Destination und die Servergruppe, wobei die Angabe der Servergruppe optional ist. Wird keine Servergruppe angegeben, können alle im logischen System verfügbaren Server zur Abarbeitung einer Unit verwendet werden. Servergruppen, die angegeben werden können, werden über Transaktion RZ12 gepflegt (siehe Abbildung 6.19).

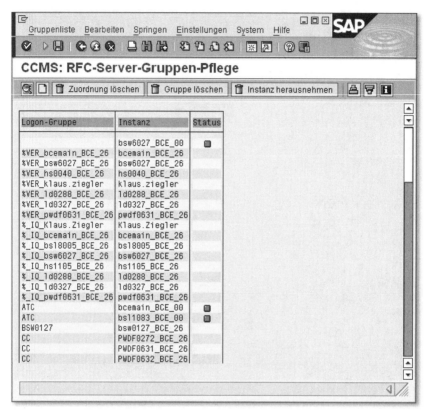

Abbildung 6.19 Pflegen von Servergruppen (Transaktion RZ12)

Diese Servergruppen werden dort als *RFC-Servergruppen* bezeichnet und unterscheiden sich von den Anmeldegruppen, die Sie über Transaktion SMLG pflegen (siehe Kapitel 5). Die Lastausgleichsinformationen einer RFC-Servergruppe werden deutlich schneller aktualisiert als die Lastausgleichsinformationen der Anmeldegruppen und eignen sich daher wesentlich besser für den RFC-Lastausgleich. Im Hinblick auf die Pflege sind RFC-Servergruppen mit den Anmeldegruppen vergleichbar. Jede Gruppe umfasst mindestens einen Applikationsserver des Systems. Wenn eine Unit an eine Inbound-Destination gesendet wird, die zu einer RFC-Servergruppe gehört, wird diese Unit an den Server der Gruppe gesendet, dessen Last gegenwärtig am geringsten ist.

Zusätzlich können Queue-Präfixe zu einer Inbound-Destination registriert werden, wenn bgRFC-Inbound-Units vom Typ Q erstellt werden müssen. Hier gibt es einen interessanten Aspekt: Im Gegensatz zur Outbound-Destination sind

Inbound-Destinationen und Queue-Namen nicht unabhängig voneinander. Daher ist es nicht möglich, denselben Queue-Namen für zwei Destinationen zu verwenden. Jeder Queue-Name entspricht genau einer Inbound-Destination. So wird jedes Queue-Präfix in der Pflegetransaktion einer Destination zugewiesen. Einer Destination können jedoch mehrere Queue-Präfixe zugewiesen werden.

Zusammenfassend lässt sich sagen, dass eine Outbound-Destination ein reales Remote-System ist, während eine Inbound-Destination lediglich den Namen für eine Gruppe von Queues darstellt. Weshalb wird für so unterschiedliche Konzepte eine identische Terminologie verwendet?

Destinationen werden eingesetzt, um Queues zu gruppieren. Und genau dies trifft sowohl für Outbound- als auch für Inbound-Destinationen zu. Jede Anwendung kann einen eigenen Satz an Destinationen pflegen und dadurch eigene Queues ermitteln. Außerdem kann jede Anwendung ihre eigenen Ressourcen zu einer Destination definieren. Der dritte Grund ist die Symmetrie. Wenngleich Inbound-Destinationen weniger Funktionen bieten als Outbound-Destinationen, werden beide verwendet, um Instanzen für Units zu erstellen. Die APIs zum Inbound-Szenario unterscheiden sich dadurch nur wenig von den APIs für das Outbound-Szenario. Das erleichtert zum einen das Verständnis des jeweils anderen Szenarios, wenn Sie eines bereits eingesetzt haben. Auf der anderen Seite ist auch die Umstellung von einem Szenario auf das andere relativ leicht, da die Aufrufe nur wenig abgeändert werden müssen.

6.4 Überwachen von bgRFC-Units

Da die Verarbeitung von Units asynchron erfolgt, muss überwacht werden können, ob Queues stehen geblieben sind, eine bestimmte Unit verarbeitet wurde, welche Funktionsbausteine registriert wurden und in welchen Queues sich eine Unit befindet. Zu Debugging-Zwecken muss eventuell eine Queue angehalten werden, es muss ein Debugging für eine Unit durchgeführt oder eine vergessene Sperre aufgehoben werden. All diese Aufgaben können über den bgRFC-Monitor ausgeführt werden.

Dieser Monitor wird mit dem Transaktionscode SBGRFCMON aufgerufen. Je nachdem, für welche Unit-Typen oder welche Szenarien Sie sich interessieren, gibt es unterschiedliche Möglichkeiten, die Anzahl der angezeigten Units zu beschränken.

Im ersten Selektionsbild (siehe Abbildung 6.20) können Sie das Szenario (INBOUND und OUTBOUND) und den Unit-Typ (TRANSAKTIONAL und QUEUED) auswählen und Einschränkungen für die Destinations- und Queue-Namen angeben. Über eine weitere Option können Sie gesperrte oder fehlerhafte Queues anzeigen. Außerdem können bei Units des Typs T weitere Auswahlkriterien in Form von Benutzer, Erzeugungszeitstempel, Programmname oder Transaktionscode angegeben werden.

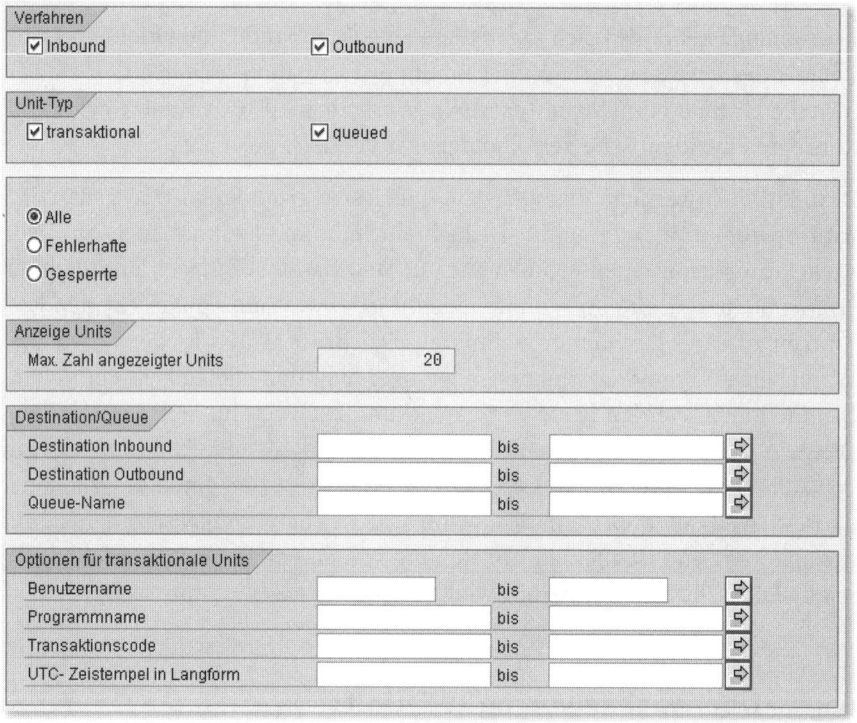

Abbildung 6.20 Selektionsbild der bgRFC-Monitor-Transaktion SBGRFCMON

> **Hinweis**
>
> Alle fehlerhaften Units sind gesperrt, aber nicht alle gesperrten Units sind fehlerhaft. Nach der Selektion erscheint der Monitor, etwa wie in Abbildung 6.21 gezeigt.

In der linken Spalte des in Abbildung 6.21 gezeigten Bildes sehen Sie eine hierarchische Darstellung des bgRFC, deren oberste Ebene die Szenarien zeigt, die zweite die Destinationen und die dritte den Unit-Typ. Bei den Units des Typs T (TRANSAKTIONAL) gibt es keine weitere Hierarchieebene, unterhalb des Knotens für Units des Typs Q (QUEUED) werden Knoten für die Queues angezeigt. Unterhalb einer Queue werden weitere Details angezeigt: Neben einem Text zum Status der Queue sehen Sie auch die Anzahl an Units, die verarbeitet werden können (und noch nicht erfolgreich verarbeitet wurden).

Sowohl für Destinationen als auch für Queues wird rechts der aktuelle Status durch ein Ampelsymbol (grün, gelb oder rot) angezeigt:

- Bei einer Destination bedeutet ein grünes Symbol, dass der Scheduler Units dieser Destination normal verarbeiten kann. Eine Sperre wird durch ein gelbes Symbol angezeigt und schließt Units zu dieser Destination von der Verarbeitung durch die Scheduler aus. Der mit Rot angezeigte Status bedeutet, dass es zu anhaltenden Problemen des Schedulers bei der Kommunikation mit der jeweiligen Destination gekommen ist. Eine solche Destination ist vorübergehend von der Verarbeitung durch den Scheduler ausgeschlossen.

- Ähnlich, aber nicht identisch, ist es bei der Statusanzeige für Queues. Ein grün angezeigter Status zeigt, dass keine weiteren Abhängigkeiten für die vorderste Unit dieser Queue mehr bestehen und der Scheduler diese verarbeiten kann. Der Status in Gelb wird für Queues benutzt, deren Abhängigkeiten noch nicht aufgelöst sind. Entweder existiert eine Sperre, die die vorderste Unit sperrt, oder sie ist durch eine Unit in einer anderen Queue blockiert. Ein durch das rote Ampelsymbol gezeigter fehlerhafter Status weist darauf hin, dass bei der Verarbeitung der vordersten Unit ein Fehler aufgetreten ist. Diese Unit bzw. Queue bleibt dadurch bis zur Behebung der Fehlerursache und den manuellen Neustart der Unit gesperrt.

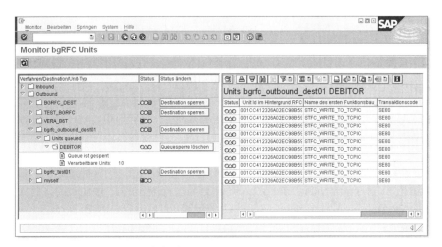

Abbildung 6.21 Bildschirmbild des bgRFC-Monitors SBGRFCMON

Wenn Sie auf einen Queue-Namen doppelklicken, wird auf der rechten Seite ein List Viewer mit den ersten Units gefüllt, die für die Queue registriert sind. Das sind die Units, die der Scheduler als Nächstes ausführen kann.

Für jede Unit werden verschiedene Informationen angezeigt. Sie können die Anzeige dieser Informationen an Ihre Bedürfnisse anpassen. In diesem Beispiel sehen Sie, dass die Unit gesperrt ist, außerdem die Unit-ID, die Erstellungszeit der Unit sowie den Transaktionscode des Erstellungsprogramms (SE80).

Wählen Sie einen Eintrag aus, wird eine Detailsicht für die jeweiligen Unit-Informationen angezeigt (siehe Abbildung 6.22). Diese Detailsicht umfasst neben dem Statustext (eine Beschreibung zum Status der Unit) weitere Informationen, wie zum Beispiel den Namen des ersten Funktionsbausteins (STFC_WRITE_TO_TCPIC), den Namen der Queue (DEBITOR) sowie weitere Angaben.

Spalte	Inhalt
Unit Id im Hintergrund RFC	001CC412326A02EC98B5968625CD88E
Name des ersten Funktionsbausteins	STFC_WRITE_TO_TCPIC
Name einer qRFC-Queue	DEBITOR
Transaktionscode	SE80
Erzeugungsdatum	30.10.2008
Anzahl Vorgänger	1
Erzeugungszeitpunkt	11:44:57
Manuelle Sperre	X
Erzeugungszeitstempel	20.081.030.104.457,1562320
Benutzername	AL-HUJAJ
TCode/Programm	RSBGRFC_T000
Applikationsserver	bsl1083
Id einer Sperre im Hintergrund RFC	001CC412326A02EC98B5968626E088B
Sperrgrund	Unitsperre
Sprachenschlüssel	DE
Statustext	Unit gesperrt
Anzahl aufger. Funktionsbausteine	1
Anzahl Sperren	1

Abbildung 6.22 Detailinformationen für eine Unit (Auszug)

Beachten Sie auch die beiden Drucktasten in Abbildung 6.21: DESTINATION SPERREN und QUEUESPERRE LÖSCHEN. Über die erste Funktion können Sie die Destination sperren, sodass der Scheduler keine weiteren Units für diese Destination verarbeiten kann. Diese Sperre betrifft alle Units, die an diese Destination gesendet werden, unabhängig davon, ob es sich um Units vom Typ T oder Typ Q handelt. Units, die bereits für die Ausführung durch den Scheduler vorbereitet sind, sind jedoch nicht betroffen.

Über die zweite Funktion können Sie die Queue entsperren. Bei einer Queue-Sperre handelt es sich in der Regel um eine Sperre für eine Unit. Sobald eine gesperrte Unit die erste Position einer Queue erreicht, wird aus der Unit-Sperre eine Queue-Sperre. Daher wird im zugehörigen Fenster DETAILS als Sperrgrund »Unit gesperrt« angezeigt, obwohl diese Sperre in der Struktur als Queue-

Sperre gekennzeichnet ist. Es gibt jedoch auch Queue-Sperren, die über den Monitor gesetzt werden können. Diese Sperren führen ebenfalls dazu, dass Units gesperrt werden, in der Monitoranzeige wird als Sperrgrund jedoch »Queuesperre an Queueanfang« oder »Queuesperre an aktueller Position« angezeigt.

Der Hauptunterschied zwischen Sperren für Queues und Sperren für Units ist der Zeitpunkt, zu dem sie gesetzt werden können. Unit-Sperren (die über eine Methode des Interface IF_BGRFC_UNIT angefordert werden) können nur vor einem COMMIT WORK gesetzt werden. Daher können Sie keine Unit-Sperren mehr setzen, sobald die Unit im Monitor angezeigt wird. Queue-Sperren hingegen können über den Monitor gesetzt werden. Normalerweise kann der Benutzer des Monitors dabei nicht genau steuern, welche Unit gesperrt wird, da die Scheduler gleichzeitig Units im Hintergrund ausführen. Daher kann es vorkommen, dass der Benutzer glaubt, eine Unit über eine Queue-Sperre sperren zu können, obwohl sie bereits ausgeführt wurde.

Wenn Sie in die bgRFC-Verarbeitung des Schedulers eingreifen – zum Beispiel, wenn Sie die Verarbeitung anhalten, indem Sie eine Sperre setzen, oder die Verarbeitung starten, indem Sie eine Sperre entfernen –, sollten Sie mit größter Vorsicht vorgehen. Dieses Eingreifen kann zu einem unerwarteten Verhalten der Anwendung und damit zu Problemen oder Fragen führen. Deshalb kann die Berechtigung für dieses Eingreifen zum einen sehr genau über das Berechtigungsobjekt S_BGRFC gesteuert werden, und zum anderen werden alle Aktionen, die die Verarbeitung beeinflussen, in das Anwendungsprotokoll (Application Log) für das Objekt BGRFC geschrieben. In dem in Abbildung 6.23 gezeigten Beispiel sehen Sie in der Anzeige des Protokolls über Transaktion SLG1 die Meldung, dass Queues im Monitor gelöscht wurden.

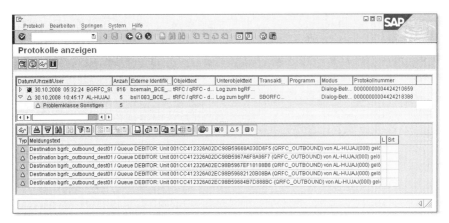

Abbildung 6.23 Anwendungsprotokoll für Objekt BGRFC

6.5 Grundlegende Konfiguration eines bgRFC-Schedulers

Um bgRFC-Scheduler verwenden zu können, müssen Sie zunächst einige Konfigurationen vornehmen. Mit der Standardkonfiguration werden keine Scheduler ausgeführt und damit keine bgRFC-Units verarbeitet. Wenn Units, die Sie mit Coding wie in diesen Beispielen erstellt haben, nicht verarbeitet werden, wurde in der Regel das System noch nicht angepasst, um einen bgRFC-Scheduler zu aktivieren.

Der wichtigste Aspekt, mit dem Sie sich bei der Scheduler-Konfiguration beschäftigen müssen, ist der Scheduler-Benutzer. Dieser Benutzer und sein Kennwort sind mit einer RFC-Destination verknüpft. Die Konfigurationstransaktion des bgRFC – SBGRFCCONF – kann einen solchen Benutzer mit den richtigen Berechtigungen und eine zugehörige RFC-Destination anlegen. Dazu ist nur ein Benutzername, ein Destinationsname und eventuell die Angabe eines Passwortes notwendig. Letzteres kann auch vom System generiert werden.

Diese Funktionalität ist aber erst ab den Releases 7.0, EhP2 und 7.1/7.2 verfügbar. In den davor liegenden Releases müssen die notwendigen Schritte noch selbst vorgenommen werden, die daher im Folgenden beschrieben werden.

Zuerst müssen Sie den Scheduler-Benutzer in der Transaktion SU01 anlegen (siehe Abbildung 6.24). Aus Sicherheitsgründen sollten Sie dabei einen Servicebenutzer erstellen (der Benutzername kann nicht zur Anmeldung über das Anmeldebild verwendet werden).

Da der Scheduler intern bestimmte RFCs auslöst, für die Berechtigungen überprüft werden, benötigt der Scheduler-Benutzer die zugehörigen Berechtigungen. Es handelt sich um zwei Funktionsbausteine, RFC_PING aus der Funktionsgruppe SYST und BGRFC_CHECK_SCHEDULERS aus der Funktionsgruppe BGRFC_SUPERVISOR. Der erste Funktionsbaustein wird während der Verarbeitung aufgerufen und überprüft, ob eine Destination verfügbar ist. Der zweite Baustein wird während der erneuten Prüfung aufgerufen, um festzustellen, ob die konfigurierte Anzahl an Schedulern noch aktiv ist. Die Scheduler-Benutzerkonfiguration muss hierfür das Berechtigungsobjekt S_RFC (Berechtigungsüberprüfung für den RFC-Zugriff) mit der Aktivität »Ausführen« und den Namen des zu schützenden RFC-Objektes enthalten. Dies sind die gerade erwähnten Funktionsgruppen BGRFC_SUPERVISOR und SYST. Abbildung 6.25 zeigt die Berechtigungen, die in der Transaktion PFCG (Profilgenerator der Rollenpflege) mindestens erforderlich sind. SAP liefert das hier gezeigte Berechtigungsprofil SAP_BC_BGRFC_SUPERVISOR standardmäßig mit aus.

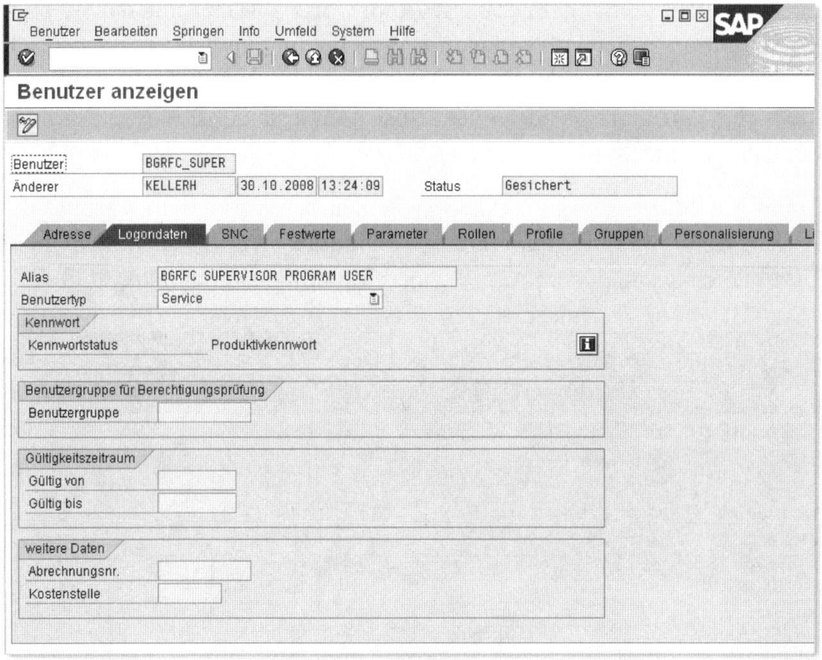

Grundlegende Konfiguration eines bgRFC-Schedulers | **6.5**

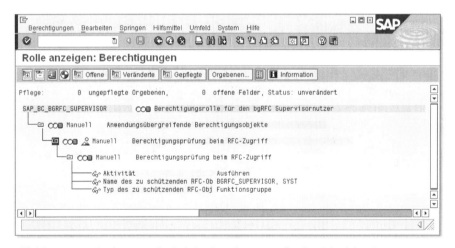

Abbildung 6.24 Transaktion SU01 für einen Scheduler-Benutzer

Abbildung 6.25 Mindestens erforderliche Berechtigungen für den Scheduler-Benutzer

Nachdem Sie den Scheduler-Benutzer konfiguriert und ihm die erforderlichen Berechtigungen zugewiesen haben, können Sie Transaktion SM59 aufrufen, um die Destination zu erstellen. Diese Destination wird nicht für eine Remote-Verbindung verwendet, sondern für die lokale Verarbeitung durch einen eindeutigen Benutzer (einschließlich seines Kennwortes). Daher müssen Sie über die Konfiguration sicherstellen, dass die Verarbeitung tatsächlich auf demselben Applikationsserver erfolgt. Dazu haben Sie zwei Möglichkeiten: Legen Sie eine logische Verbindung[2] oder eine selbst definierte ABAP-Verbindung für das aktuelle System an.

In dem in Abbildung 6.26 gezeigten Beispiel wurde eine logische Verbindung mit Angabe der vordefinierten internen Verbindung »NONE« (siehe Kapitel 5, »RFC und RFM – Leitfaden zu ABAP Remote Communications«) gewählt.

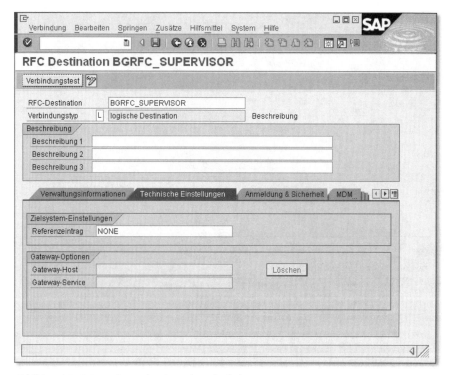

Abbildung 6.26 Logische Verbindung für Scheduler-Benutzer

Eine weitere Option besteht darin, die Destination als ABAP-Verbindung (Typ 3, siehe Kapitel 5) ohne Lastausgleich, Zielhost, Gateway-Host und Gateway-Service einzurichten, wie das Beispiel in Abbildung 6.27 zeigt.

---

[2] Eine logische Verbindung hat den Verbindungstyp L und verweist auf eine bereits existierende Destination. Es wird also keine Zielmaschine, sondern ein Referenzeintrag angegeben.

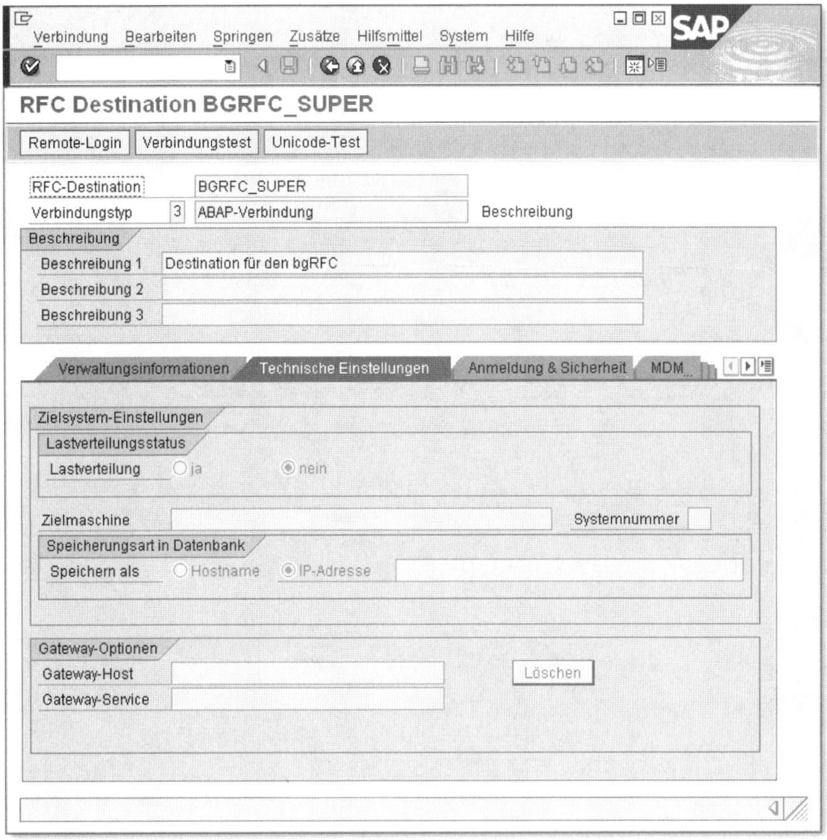

Abbildung 6.27 ABAP-Verbindung für Scheduler-Benutzer

Bei beiden Optionen muss unter ANMELDUNG & SICHERHEIT natürlich der Scheduler-Benutzer mit seinem Passwort und der Anmeldesprache angegeben werden. Dadurch wird sichergestellt, dass der Scheduler unter dem angegebenen Benutzer auf dem aktuellen Applikationsserver ausgeführt wird. Abbildung 6.28 zeigt die erforderlichen Anmelde- und Sicherheitseinstellungen.

Nachdem Sie Benutzer und Destination eingerichtet haben, können Sie mit der Konfigurationstransaktion SBGRFCCONF fortfahren, die die Destination in die Konfigurationstabellen schreibt. Dadurch wird eine solche Destination zu einer *Supervisor-Destination*. Der Name kommt daher, dass die Scheduler durch einen »Supervisor« gestartet werden, der während der Ausführung des AUTO-ABAP aufgerufen wird. Die Transaktion SBGRFCCONF überprüft eine Destination nicht nur, bevor sie diese in die entsprechenden Datenbanktabellen schreibt, sondern sperrt sie von da an auch für Änderungen über die Destinationspflege SM59.

6 | bgRFC – Einführung in den Background RFC

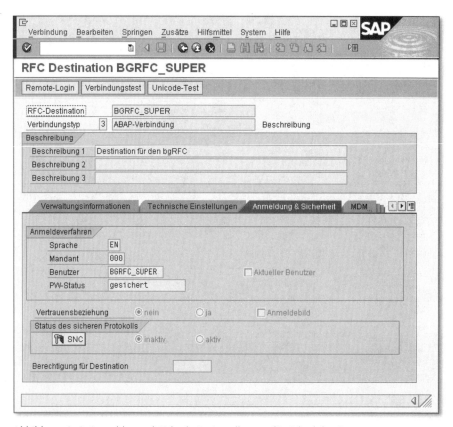

Abbildung 6.28 Anmelde- und Sicherheitseinstellungen für Scheduler-Benutzer

Wenn sich die Destination ganz einfach ändern ließe (zum Beispiel, indem sie gelöscht oder das Kennwort geändert würde), würde kein Scheduler mehr ausgeführt, und innerhalb des Systems würde eine Vielzahl von Laufzeitfehlern auftreten.

Die bisherigen Ausführungen zur grundlegenden Konfiguration genügen, um die bgRFC-Verarbeitung zu ermöglichen. Über die Standardkonfiguration des ausgelieferten Systems ist normalerweise sichergestellt, dass nach der Ausführung des AUTOABAP auf jedem Applikationsserver ein Inbound-Scheduler und ein Outbound-Scheduler gestartet werden.

Die einzige Voraussetzung hierfür ist eine ausreichende Anzahl von Dialog-Workprozessen. Um auf einem Applikationsserver Scheduler ausführen zu können, werden mindestens zwei freie Dialog-Workprozesse sowie ein Workprozess pro Scheduler benötigt. Wenn Sie daher einen Inbound- und einen Outbound-Scheduler ausführen möchten, sind mindestens sechs Dialog-Workprozesse auf dem jeweiligen Applikationsserver erforderlich. Mit der Transaktion SBGRFCCONF können weitere Konfigurationen vorgenommen werden, um den maximalen Durchsatz zu erreichen. Die Beschreibung einer solchen erweiterten Konfiguration würde den hier gegebenen Rahmen jedoch sprengen.

6.6 Fazit

In diesem Kapitel wurde das neue bgRFC-Framework vorgestellt, mit dem Sie zahlreiche asynchrone Geschäftsvorgänge verarbeiten können. Es wurden die wichtigsten Konzepte im Zusammenhang mit bgRFC erläutert: Destinationen, Queues, Units und Abhängigkeiten. Darüber hinaus haben Sie die Klassen und Schnittstellen dieses Frameworks kennengelernt und einige einfache Programmierbeispiele für alle Arten von bgRFC-Units gesehen. Ferner wurden die wesentliche Funktionsweise des bgRFC-Schedulers sowie die grundlegende Überwachung und Konfiguration beschrieben. Mithilfe der hier zum bgRFC-Framework vermittelten Kenntnisse können Sie die bgRFC-Scheduler in Ihrem SAP NetWeaver AS ABAP aktivieren und mit dem Coding für Ihre ersten eigenen bgRFC-Programme beginnen. Sie können bgRFC parallel zum klassischen qRFC verwenden, das heißt, Anwendungen, die auf dem klassischen qRFC aufsetzen, können weiter genutzt werden. Aber hoffentlich konnten Sie überzeugt werden, dass der bgRFC das vorteilhaftere Framework für transparente Geschäftsanwendungen ist, da es sich leicht administrieren lässt und zudem hoch skalierbar ist.

Dieses Kapitel bietet Ihnen eine Übersicht über die Werkzeuge, die für das Testen und die Analyse von ABAP-Programmen verfügbar sind. Sie lernen die verschiedenen Werkzeuge kennen und erfahren, wie Sie sie effektiv einsetzen.

Boris Gebhardt und Erik Sodtke

7 Einsatz der ABAP-Test- und -Analysewerkzeuge in allen Phasen des Entwicklungsprozesses

ABAP ist eine leistungsfähige Programmiersprache, mit der Sie komplexe Anwendungen erstellen können. Doch selbst äußerst sorgfältig und qualitätsorientiert geschriebene und getestete Programme können in der produktiven Verwendung mit einem Laufzeitfehler abbrechen, unerwartete Nachrichten generieren, falsche Ergebnisse zurückgeben oder Performanceprobleme verursachen. Es gibt kein einzelnes Analysewerkzeug, das für *jedes* dieser Probleme perfekt passen würde: Während der ABAP Debugger ausgezeichnet geeignet ist, um eine interne Tabelle in einem ABAP-Programm zur Laufzeit zu untersuchen, ist er nicht das passende Tool, um ein Performanceproblem zu analysieren. Wenn Sie aber das falsche Werkzeug verwenden, arbeiten Sie meist ineffektiv und brauchen mehr Zeit, um die Problemursache zu ermitteln, als eigentlich nötig wäre. In vielen Fällen können Sie das Problem mit dem falschen Werkzeug auch überhaupt nicht lösen. Daher bietet SAP im standardmäßigen Lieferumfang des SAP NetWeaver Application Servers ABAP (AS ABAP) eine umfassende Sammlung von spezialisierten Werkzeugen, mit denen Sie einerseits statische Codeprüfungen und -tests durchführen und andererseits eine Post-Mortem-Analyse von Laufzeitfehlern, verschiedene Laufzeit-Traces und Debugging-Aufgaben durchführen können. Die Testabdeckung durch automatische oder manuelle statische Tests kann gemessen werden.

Ein umfassender Überblick über die Werkzeuge, ihre gemeinsame Verwendung sowie die spezifischen Situationen, für die sich jedes einzelne Tool eignet, ist nicht ganz leicht zu finden. Diese »Beschwerde« ist immer wieder in Schulungen und TechEd-Workshops zu hören. Dieses Kapitel bietet deshalb eine zweiteilige Übersicht über die Werkzeuge, die für die Problembehandlung in

ABAP-Programmen verfügbar sind. Der erste Teil konzentriert sich auf Prüf- und Testwerkzeuge – das heißt auf Tools, mit denen Sie statische Codeprüfungen, Modultests und Integrationstests durchführen können –, die hauptsächlich während der Programmentwicklung und in der Testphase verwendet werden. Thema des zweiten Teils sind Werkzeuge, mit denen Sie Probleme während der Laufzeit von Programmen analysieren können. Diese Werkzeuge werden auch eingesetzt, um Programme zu optimieren, die bereits produktiv eingesetzt werden.

7.1 Einsatz von Prüf- und Testwerkzeugen während der Entwicklung und in der Testphase

Die folgenden Abschnitte beschäftigen sich mit Werkzeugen für statische Prüfungen sowie Unit- und Integrationstests. Doch zunächst wird die allgemeine Herangehensweise an das Testen von ABAP-Code betrachtet.

7.1.1 ABAP-Programme systematisch testen

Angenommen, Sie haben bereits alle Syntaxfehler aus Ihrem Programm entfernt und können es daher zumindest aktivieren und ausführen. Allerdings sind Sie nicht sicher, dass das Programm keine Laufzeitfehler verursacht und ob es immer die gewünschten Ergebnisse liefert. Welche Schritte führen Sie also als Nächstes aus? Welche Werkzeuge sind für weiteren Quelltextprüfungen und Laufzeittests verfügbar, um das Laufzeitverhalten des Programms zu validieren? Betrachten Sie zunächst die Komponenten einer umfassenden und erfolgreichen Teststrategie:

1. Führen Sie eine *erweiterte Programmprüfung* (Transaktion SLIN) durch, und analysieren Sie die Fehler, Warnungen und Meldungen, die ermittelt werden. In diesem Schritt werden potenzielle Ursachen für Laufzeitfehler und andere, möglicherweise schwerwiegende Probleme in Ihrem Code ermittelt.
2. Verwenden Sie den *Code Inspector* (Transaktion SCI), um komplexere statische Prüfungen sowie regelmäßige Massentests für große Objektmengen (Programme, Includes und Data-Dictionary-Objekte) auszuführen.
3. Führen Sie *ABAP-Modultests* durch, um sicherzustellen, dass alle Modularisierungseinheiten (Methoden, Funktionsbausteine und Unterprogramme) Ihres Programms tatsächlich die gewünschten Aktionen ausführen – insbesondere im Anschluss an Codeänderungen (Regressionstests). In diesem Schritt wird sichergestellt, dass die elementaren Teile Ihres Programms zur Laufzeit ordnungsgemäß funktionieren. ABAP Unit ist das Framework zum

Durchführen von Modultests für ABAP-Programme (siehe Kapitel 10, »Testen mit ABAP Unit«).

4. Führen Sie Integrationstests mit dem *extended Computer Aided Test Tool (eCATT)*, *Transaktion SECATT*, durch, um zu verifizieren, dass die Modularisierungseinheiten und Anwendungskomponenten in einem komplexen Anwendungsszenario ordnungsgemäß zusammen funktionieren.
5. Verwenden Sie den *Coverage Analyzer* (Transaktion SCOV), um sicherzustellen, dass alle wichtigen Abschnitte Ihres Programms ausgeführt und getestet wurden, bevor Sie das Programm zur Verwendung im Produktivsystem freigeben. Über diesen Schritt reduzieren Sie das Risiko von unentdeckten Fehlern in Codeabschnitten, die nicht getestet wurden.

Diese Werkzeuge lassen sich anhand von einigen grundlegenden operativen Merkmalen klassifizieren:

- Überprüft das Werkzeug die Quelltextebene (statische Prüfung), oder führt es das zu testende Programm tatsächlich aus (Laufzeitprüfung)? Diese Unterscheidung ist wichtig, da Sie immer statische Prüfungen mit Laufzeitprüfungen kombinieren sollten, um Ihren Code umfassend zu testen.
- Wie komplex ist das Prüfwerkzeug? Dieser Aspekt gibt Auskunft über die Möglichkeit, Massentests und eine Vielzahl von Subtests in einem einzigen Lauf durchzuführen. Er beeinflusst, wie viel Zeit zum Einrichten und Ausführen eines Testlaufs benötigt wird.

Tabelle 7.1 gibt einen Überblick über die Merkmale der vorhandenen Werkzeuge.

Prüfwerkzeug	Testtyp	Testebene	Komplexität	Transaktionscode	Verfügbarkeit
erweiterte Programmprüfung	statisch	Einzelobjekte	gering	SLIN	alle Releases von SAP R/3, SAP Web AS und SAP NetWeaver AS
Code Inspector	statisch	Objektmengen	mittel/hoch	SCI	SAP Web AS 6.10 und höher
ABAP Unit	Laufzeit	Programmeinheiten	mittel	–[1]	SAP Web AS 6.40 und höher

Tabelle 7.1 Testwerkzeuge für ABAP-Programme

---

[1] ABAP-Modultests werden direkt aus dem ABAP Editor heraus ausgeführt.

Prüf-werkzeug	Testtyp	Testebene	Komplexität	Transakti-onscode	Verfügbarkeit
eCATT	Laufzeit	Anwendung	hoch	SECATT	SAP Web AS 6.20 und höher
Coverage Analyzer	Laufzeit	Programme und Programm-einheiten	mittel	SCOV	SAP Web AS 6.10 und höher

Tabelle 7.1 Testwerkzeuge für ABAP-Programme (Forts.)

Die Kombination von statischen Tests und Laufzeitprüfungen ist hervorragend geeignet, um die Zuverlässigkeit Ihres Codes sicherzustellen. Dank umfangreicher statischer Prüfungen können Sie mögliche Ursachen für Laufzeitfehler ermitteln, oder Code, der nicht portierbar oder erreichbar ist, identifizieren. Darüber hinaus finden Sie auch eher stilistische Fehler, die die Lesbarkeit und Übersichtlichkeit eines Programms verschlechtern, zum Beispiel Variablen, die deklariert, aber nicht verwendet werden. Zudem erhalten Sie Tipps, wie Sie die Performance Ihres Codes verbessern, indem Sie zum Beispiel geschachtelte Schleifen oder ungeschickte SELECT-Anweisungen optimieren. Mithilfe von Laufzeitprüfungen wiederum können Sie einzelne Modularisierungseinheiten (Methoden, Funktionsbausteine und Unterprogramme) oder vollständige Programme unter definierten Testbedingungen ausführen. Sie können Eingabedaten bereitstellen und die Reaktion des getesteten Codes auf reproduzierbare Weise überprüfen.

Die Komplexität eines Prüfwerkzeugs bestimmt auch die Testperformance. Für komplexe Prüfungen sind längere Ausführungszeiten und mehr Ressourcen im Hinblick auf CPU-Zeit und Speicherallokation erforderlich. Zudem dauert es länger, diese Tests einzurichten. Dies gilt insbesondere, wenn Sie eine Vielzahl von Programmen in einem einzigen Testlauf oder ein komplexes Geschäftsszenario testen möchten. In der Regel müssen Sie auch mehr Zeit investieren, um Testfälle und -szenarien zu entwickeln. Darüber hinaus sollte die Ausführung dieser Tests in einem dedizierten Testsystem in Betracht gezogen werden. Typischerweise organisieren und überwachen Qualitätsmanager diese Aspekte der Teststrategie. Entwickler sollten ihre Programme nach jeder Änderung dagegen möglichst noch im Entwicklungssystem prüfen.[2]

---

[2] Ab den Releases 7.0, EhP2 und 7.1/7.2 gibt es mit dem in den Object Navigator der ABAP Workbench integrierten ABAP Test Cockpit (ATC) ein neues Framework, das den entwicklungsnahen Umgang mit den notwendigen Tests erheblich erleichtern wird.

Für jedes Anforderungsprofil kann immer eine geeignete Kombination aus statischen Tests und Laufzeitprüfungen gefunden werden.

- Entwickler verwenden ABAP Unit, die erweiterte Programmprüfung und auch den Code Inspector (dieser umfasst die Prüfungen der erweiterten Programmprüfung als Teilmenge), um ihren eigenen Code zu prüfen.
- Qualitätsmanager verwenden meist den Code Inspector und eCATT, um die Programme vieler Entwickler in regelmäßigen Massentests durchzuführen und um Geschäftsszenarien zu testen.

Auch der Coverage Analyzer spielt in einer umfassenden Teststrategie eine wichtige Rolle. Mit ihm können Sie eventuell vorhandene Lücken in Ihrem Testplan ermitteln. Sowohl Entwickler als auch Qualitätsmanager profitieren von diesem Werkzeug:

- Entwickler können anhand von Abdeckungsdaten prüfen, ob alle Modularisierungseinheiten eines Programms in einem bestimmten Modultest ausgeführt wurden. Ist dies nicht der Fall, ist möglicherweise ein zusätzlicher Modultest erforderlich, oder ein vorhandener Test wurde nicht ausgeführt. Ab den Releases 7.0, EhP2 und 7.1/7.2 ist die Anzeige der Test-Coverage direkt in den neuen ABAP Unit Browser des Object Navigators der ABAP Workbench integriert, sodass ein direkter Aufruf der Transaktion SCOV für Entwickler kaum noch nötig sein wird.
- Qualitätsmanager können mithilfe von Abdeckungsdaten validieren, dass die Testfälle und -beschreibungen (für manuelle Tester) vollständig sind. Sie können demnach prüfen, ob alle wichtigen Teile der getesteten Programme während des automatisierten oder manuellen Testens ausgeführt wurden. Anderenfalls müssen die Testpläne überarbeitet werden, um die vollständige Abdeckung der Programme zu gewährleisten.

Abbildung 7.1 zeigt, wie sich diese Werkzeuge den drei wichtigen Phasen des Software-Lebenszyklus (Entwicklung, Test und Produktion) zuordnen lassen.

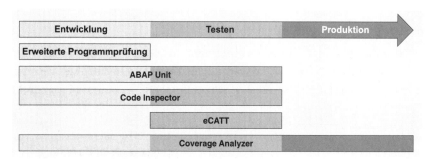

Abbildung 7.1 ABAP-Prüfwerkzeuge im Software-Lebenszyklus

Im Folgenden werden die einzelnen Tools und ihre Verwendung näher betrachtet. Zunächst werden die Werkzeuge für statische Prüfungen (die erweiterte Programmprüfung und der Code Inspector) untersucht. Anschließend werden die verfügbaren Werkzeuge für Modultests (ABAP Unit) und Integrationstests (eCATT) erläutert. Abschließend wird das Tool zur Abdeckungsanalyse untersucht: der Coverage Analyzer.

7.1.2 Werkzeuge für statische Prüfungen

Selbstverständlich besteht die beste Methode für die Fehlerbeseitigung darin, Fehler zu vermeiden. Entfernen Sie mithilfe von statischen Codeprüfungen während der Entwicklung so viele potenzielle Ursachen für Fehler zur Programmlaufzeit wie möglich. Neben der standardmäßigen Syntaxprüfung bietet die ABAP-Entwicklungsumgebung weitere statische Prüfungen an, um beispielsweise die Performance zu bewerten und die Konsistenz von Funktionsaufrufparametern zu verifizieren, die technisch noch ausgereifter sind als die bloße Prüfung auf die syntaktische Richtigkeit hin. Allerdings sind diese komplexen Prüfungen oft zu ressourcenintensiv, um in die standardmäßige Syntaxprüfung integriert zu werden. SAP stellt daher die folgenden separaten Werkzeuge bereit, um Sie bei solchen Prüfungen zu unterstützen:

- erweiterte Programmprüfung (Transaktion SLIN)
- Code Inspector (Transaktion SCI)[3]

Sie können diese Werkzeuge als eigenständige Transaktionen aufrufen, um ein spezifisches Programm oder (mit dem Code Inspector) eine komplexe Objektmenge zu prüfen. Da sie zudem in die ABAP Workbench integriert sind, können sie direkt für das Programm ausgeführt werden, das Sie gegenwärtig bearbeiten.

Im folgenden Abschnitt erfahren Sie, wie Sie die erweiterte Programmprüfung und den Code Inspector in Ihrer Teststrategie einsetzen können.

Erweiterte Programmprüfung

Wenn Sie sichergestellt haben, dass ein Programm keine Syntaxfehler aufweist (und im Idealfall auch keine Syntaxwarnungen, die zur Laufzeit Fehler verursachen könnten), sollten Sie als nächsten Schritt immer die erweiterte Programm-

---

[3] Der Code Inspector wurde mit Web AS 6.10 eingeführt. Detaillierte Informationen zur Verwendung finden Sie in Kapitel 10, »Qualitätsüberprüfung mit dem Code Inspector« des ersten Bands von *ABAP – Fortgeschrittene Techniken und Tools* (SAP PRESS 2005).

prüfung durchführen – zumindest dann, wenn Sie größere Änderungen vorgenommen haben. Die erweiterte Programmprüfung umfasst eine Vielzahl von statischen Codeprüfungen, über die die konsistente Verwendung von Unterprogramm- und Funktionsschnittstellen sowie der ordnungsgemäße Aufruf von externen Programmen oder die richtige Verwendung von Variablen etc. sichergestellt werden.

Die erweiterte Programmprüfung kann jederzeit für ein eigenständig kompilierbares ABAP-Programm durchgeführt werden. Include-Programme als abhängige Quellcodeeinheiten lassen sich nicht einzeln testen. Rufen Sie Transaktion SLIN auf, geben Sie den Programmnamen ein, und wählen Sie die Prüfungen, die ausgeführt werden sollen (siehe Abbildung 7.2). Um eine detaillierte Beschreibung der verschiedenen Prüfungen anzuzeigen, markieren Sie den Namen der Prüfung, und drücken Sie [F1]. Sie können die erweiterte Programmprüfung auch aus der ABAP Workbench heraus aufrufen, wenn Sie ein Programm im ABAP Editor, Function Builder oder Class Builder bearbeiten.

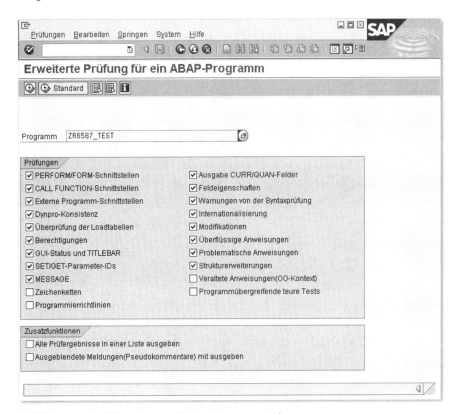

Abbildung 7.2 Ausführen der erweiterten Programmprüfung

Das Ergebnis einer erweiterten Programmprüfung (siehe Abbildung 7.3) ist eine Übersicht über Fehler, Warnungen und Meldungen für jede Prüfkategorie. Wählen Sie eine Zeile aus, um eine detaillierte Liste der ermittelten Probleme anzuzeigen (einschließlich Quelltextpositionen). Aus dieser Anzeige können Sie direkt zur Quelltextanzeige im ABAP Editor navigieren und den Code korrigieren. Führen Sie die erweiterte Programmprüfung erneut durch, nachdem Sie den Code korrigiert haben, um Ihre Änderungen zu testen. Wiederholen Sie den Vorgang, bis sämtliche Fehler entfernt sind.

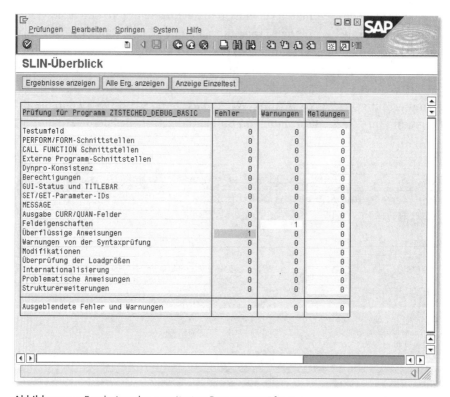

Abbildung 7.3 Ergebnisse der erweiterten Programmprüfung

Untersuchen und entfernen Sie immer alle Fehler und Warnungen, die während der erweiterten Programmprüfung ermittelt werden, da diese potenziell zu Laufzeitfehlern führen (zum Beispiel ein nicht übereinstimmender Typ beim Aufruf eines Funktionsbausteins).

Andererseits müssen nicht *alle* Fehler, Warnungen oder Meldungen, die von SLIN gemeldet werden, in Ihrem speziellen Szenario ein schwerwiegendes Problem darstellen. Wenn Sie zum Beispiel eine Applikation nur für den deutschsprachigen Raum erstellen, dann können eventuell Internationalisierungsmeldungen ignoriert werden. Um dem Rechnung zu tragen, erlaubt die erweiterte Programmprüfung, bestimmte Anweisungen ganz einfach von einer Prüfung auszuschließen, indem Sie einen speziellen Pseudokommentar zur entsprechenden Programmzeile hinzufügen. Um beispielsweise eine Programmzeile von der ASCII/EBCDIC-Portabilitätsprüfung auszuschließen, fügen Sie den Pseudokommentar "#EC PORTABLE hinzu. Falls eine Meldung ausblendbar ist, dann wird dies direkt im Meldungstext erwähnt.

Ein Beispiel wäre:

Zeile enthält eine BREAK-POINT-Anweisung.

(Die Meldung ist ausblendbar durch: "#EC NOBREAK).

Verwenden Sie Pseudokommentare nur wohlüberlegt. Sie sollten keinesfalls eingefügt werden, nur um Meldungen zu unterdrücken. Ein zu freizügiger Einsatz birgt das Risiko, dass tatsächlich problematische Quelltextstellen übersehen und nicht korrigiert werden. Es ist daher auch sinnvoll, die erweiterte Programmprüfung regelmäßig mit der Option AUSGEBLENDETE MELDUNGEN (PSEUDOKOMMENTARE) MITAUSFÜHREN für Ihre Programme auszuführen (zum Beispiel vor dem Veröffentlichen einer neuen Hauptversion des Programms), um die Verwendung von Pseudokommentaren zu kontrollieren.

Code Inspector

Die erweiterte Programmprüfung ist nützlich, um Code auf Programmbasis zu prüfen, aber die Prüfung vieler Programme mit diesem Werkzeug ist sehr aufwendig. Sie müssten die erweiterte Programmprüfung für jedes einzelne Programm separat ausführen, und es steht auch keine aggregierte Anzeige der Prüfergebnisse für mehrere Programme zur Verfügung. Angenommen, Sie möchten ein vollständiges Paket (ab Web AS 6.10 werden Entwicklungsklassen als Pakete bezeichnet) mit all Ihren eigenen Programmen prüfen. Vielleicht möchten Sie diese Prüfung regelmäßig wiederholen, um die Qualität Ihres Codes über einen längeren Zeitraum zu kontrollieren. Und angenommen, Sie möchten zusätzliche statische Prüfungen (zum Beispiel weitere Performance- und Sicherheitsprüfungen sowie Suchfunktionen) durchführen, die nicht Teil der erweiterten Programmprüfung sind. Ab Web AS 6.10 steht hierfür der Code Inspector (Transaktion SCI) als Framework bereit – Sie können mit diesem Werkzeug komplexe Test-Suites für Objektmengen Ihrer Wahl definieren und ausführen.

Um die Funktionsweise des Code Inspectors zu verstehen, müssen Sie die folgenden Begriffe kennen:

- **Objektmenge**
  Eine *Objektmenge* definiert die Programme, Includes und Data-Dictionary-Objekte, die geprüft werden.
- **Prüfvariante**
  Eine *Prüfvariante* definiert die verschiedenen Prüfungen, die für eine bestimmte Objektmenge durchgeführt werden.
- **Inspektion**
  Eine *Inspektion* kombiniert eine Objektmenge und eine Prüfvariante.

Der Code Inspector bietet einen Rahmen, mit dem Sie Objektmengen und Prüfvarianten definieren und Inspektionen ausführen können. Die Möglichkeit zur Kombination von Objektmengen oder Prüfvarianten in unterschiedlichen Inspektionen macht den Code Inspector zu einem ausgesprochen flexiblen Werkzeug für Massentests. Objektmengen oder Prüfvarianten müssen nicht separat für jede Inspektion definiert werden, sondern Sie können die vorhandenen Objektmengen und Prüfvarianten problemlos wiederverwenden und dadurch viel Zeit sparen. Da der Code Inspector Inspektionsergebnisse zudem automatisch in der Datenbank des AS ABAP speichert, können Sie aufeinanderfolgende Testläufe problemlos vergleichen, um sicherzustellen, dass alle Ursachen für Fehler oder Warnungen aus Ihren Programmen entfernt wurden.

Der Code Inspector kann über die folgenden beiden Arten aufgerufen werden:

- innerhalb des ABAP Editors, um eine Standardmenge an Prüfungen für das aktuelle Objekt durchzuführen
- über Transaktion SCI, um eine komplexere Menge an Prüfungen zu definieren

Wenn Sie ein ABAP-Programm (auch Include-Programme), einen Funktionsbaustein oder eine Klasse im ABAP Editor bearbeiten, können Sie den Code Inspector für das aktuelle Entwicklungsobjekt über den Menüpfad PROGRAMM • PRÜFEN • CODE INSPECTOR aufrufen. In diesem Fall führt der Code Inspector eine Standardmenge an Prüfungen aus (gemäß Definition in einer globalen Prüfvariante mit dem Namen »DEFAULT«), und die Ergebnisse werden umgehend angezeigt. Die Standardprüfvariante enthält die meisten Prüfungen der erweiterten Programmprüfung sowie einige weitere Sicherheits- und Performanceprüfungen. Diese Standardprüfung für ein Einzelprogramm ist im Grunde eine leistungsfähigere Version der erweiterten Programmprüfung: Sie kann auf Programmbasis aufgerufen werden, bietet aber die genannten zusätzlichen Prüfungen.

Der Code Inspector wurde in erster Linie für Massentests entwickelt. Um einen Massentest zu starten, müssen Sie den Code Inspector direkt über den Transaktionscode SCI aufrufen. Im Einstiegsbild (siehe Abbildung 7.4) können Sie die drei wesentlichen Komponenten des Code Inspectors verwalten: *Prüfvarianten*, *Objektmengen* und *Inspektionen*.

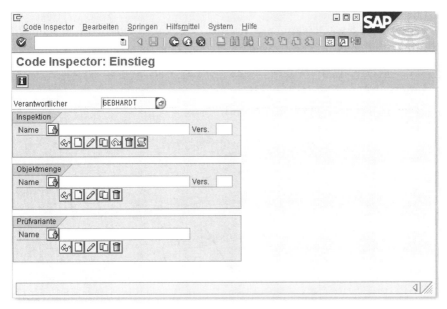

Abbildung 7.4 Einstiegsbild des Code Inspectors

Angenommen, Sie möchten den Code Inspector verwenden, um alle Sicherheits- und Performanceprüfungen für alle Programme im Paket Z_MY_PACKAGE durchzuführen. Führen Sie die folgenden Schritte aus:

1. Definieren Sie eine Objektmenge für das Paket Z_MY_PACKAGE.
2. Definieren Sie eine Prüfvariante mit den Sicherheits- und Performanceprüfungen.
3. Erstellen Sie eine Inspektion, die die in Schritt 1 definierte Objektmenge und die in Schritt 2 definierte Prüfvariante verbindet.
4. Führen Sie diese neue Inspektion aus.

Im Folgenden werden diese Schritte im Detail betrachtet.

Schritt 1: Definieren einer Objektmenge

Die vier (sich gegenseitig ausschließenden) Methoden zum Definieren einer Objektmenge entsprechen den Registerkarten im Bildschirmbild für Objektmengen des Code Inspectors (siehe Abbildung 7.5). Sie haben folgende Möglichkeiten:

- Geben Sie die Objekte der Menge, basierend auf verschiedenen Kriterien der Registerkarte OBJEKTMENGE SELEKTIEREN, explizit an.
- Erstellen Sie eine Objektmenge aus einer oder zwei vorhandenen Objektmengen auf der Registerkarte OBJEKTMENGE BEARBEITEN.
- Erstellen Sie eine Objektmenge aus den Ergebnissen eines vorhergehenden Inspektionslaufs auf der Registerkarte OBJEKTMENGE AUS ERGEBNIS.
- Erstellen Sie eine Objektmenge aus einem Transportauftrag auf der Registerkarte OBJEKTMENGE AUS AUFTRAG.

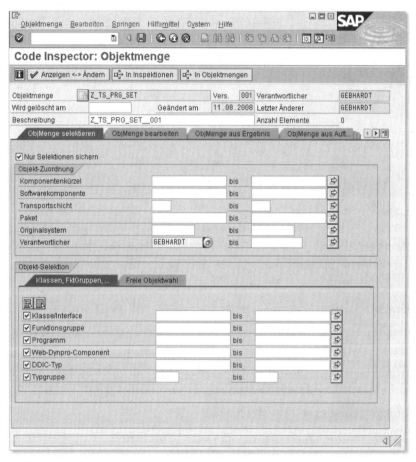

Abbildung 7.5 Definieren einer Objektmenge im Code Inspector

Wenn Sie die Objektmenge auf der Registerkarte OBJEKTMENGE SELEKTIEREN definieren, können Sie festlegen, dass nur die Selektionskriterien (nicht die spezifischen Objekte) gespeichert werden. In diesem Fall wird die tatsächliche Menge der Objekte erst kurz vor dem Beginn des Laufs einer Inspektion ermittelt, die diese Objektmenge verwendet. Dies hat den Vorteil, dass die Objektmenge stets aktualisiert ist und auch Objekte enthält, die zu einem späteren Zeitpunkt hinzugefügt wurden (beispielsweise Objekte, die zu einem Paket hinzugefügt wurden, nachdem die Objektmenge gespeichert wurde).

Schritt 2: Definieren einer Prüfvariante
In der Anzeige des Code Inspectors für Prüfvarianten (siehe Abbildung 7.6) werden alle verfügbaren Prüfungen in einer übersichtlichen Struktur angezeigt. Für einige Prüfungen werden zusätzliche Parameter benötigt – beispielsweise erfordert die Suchfunktion SUCHE VON ABAP-ANWEISUNGSMUSTERN die Angabe eines Musters, nach dem gesucht werden soll. Für diese Prüfungen wird in der Spalte ATTRIBUTE ein Pfeilsymbol angezeigt. Wenn Sie auf dieses Symbol klicken, wird ein Popup-Fenster zur Eingabe der Zusatzparameter geöffnet. Eine Prüfvariante kann erst gespeichert werden, wenn alle erforderlichen Parameter eingegeben wurden. Zeigt der Pfeil einen grauen Schatten, ist die Parameterspezifikation unvollständig; ein grüner Pfeil zeigt an, dass alle erforderlichen Parameter angegeben wurden.

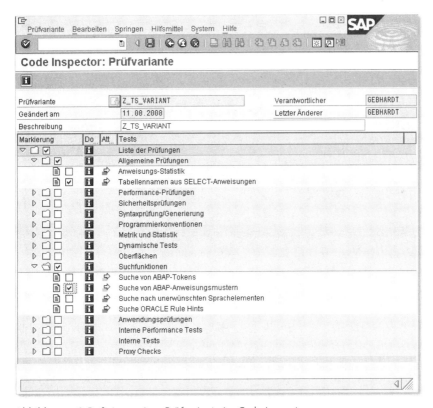

Abbildung 7.6 Definieren einer Prüfvariante im Code Inspector

Abbildung 7.6 zeigt ein Beispiel für eine Prüfvariante mit zwei ausgewählten Prüfungen, die zwei unterschiedliche Suchfunktionen ausführen. Die erste Prüfung ist vollständig definiert, wie der grüne Schatten unterhalb des Pfeilsymbols anzeigt. Es werden alle Tabellennamen aufgelistet, die in SELECT-Anweisungen statisch verwendet werden. Die zweite Prüfung ist unvollständig, und es müssen einige Parameter angegeben werden, bevor die Variante gespeichert werden kann. In diesem Fall müssen Sie das ABAP-Anweisungsmuster (zum Beispiel SELECT SINGLE *) angeben, nach dem gesucht werden soll.

Schritt 3: Anlegen und Ausführen einer Inspektion
Eine Inspektion umfasst eine Objektmenge und eine zuvor definierte Prüfvariante. Anstelle einer vorhandenen Objektmenge können Sie auch ein Einzelobjekt (zum Beispiel ein Programm) oder die Objektliste eines Transportauftrags angeben, wie in Abbildung 7.7 gezeigt.

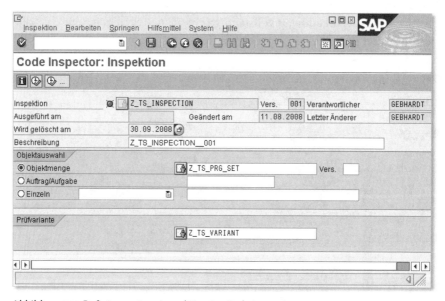

Abbildung 7.7 Definieren einer Inspektion im Code Inspector

Schritt 4: Starten einer Inspektion
Nachdem Sie eine Inspektion angelegt haben, können Sie sie entweder online oder im Hintergrund ausführen. Sie können eine Inspektion sogar für eine Gruppe von Applikationsservern gleichzeitig ausführen. Technisch gesehen handelt es sich um eine Ausführung über pRFC. In diesem Fall müssen Sie (oder Ihr Systemadministrator) deshalb zunächst über ZUSÄTZE • RFC-GRUPPEN in Transaktion SM59 (RFC-Destinationspflege, siehe Kapitel 5, »RFC und RFM – Leitfaden zu ABAP Remote Communications«) oder direkt über Transaktion

RZ12 eine entsprechende Servergruppe erstellen. Diese Vorgehensweise ist besonders empfehlenswert, wenn die Objektmenge eine Vielzahl von Programmen und/oder die Prüfvariante eine Vielzahl von unterschiedlichen Prüfungen enthält, denn die Ausführung dieser Inspektionen auf einem einzelnen Server könnte einen langen Zeitraum in Anspruch nehmen. Unabhängig davon, wie Sie die Inspektion ausführen, können Sie die Ergebnisse nach dem Lauf jederzeit anzeigen, da sie automatisch mit der Inspektion in der Datenbank gespeichert werden.

Wie bei der erweiterten Programmprüfung werden auch die Ergebnisse des Code Inspectors in drei Kategorien organisiert: Fehler, Warnungen und einfache Meldungen. Auch hier können Sie direkt zum betroffenen Quelltext navigieren, um ihn zu korrigieren oder um auch hier spezielle Pseudokommentare einzufügen, um Prüfmeldungen auszublenden.

Abbildung 7.8 zeigt die Ergebnisse eines Inspektionslaufs für die in Abbildung 7.7 definierte Inspektion. Da die Prüfvariante ausschließlich Suchfunktionen enthält, werden in den Kategorien FEHLER oder WARNUNGEN keine Einträge angezeigt. Dieses Beispiel zeigt also, wie Sie den Code Inspector nicht nur zum Ermitteln von Programmierfehlern oder von Problemen verursachendem Code, sondern zudem als leistungsfähige Suchmaschine für Ihren ABAP-Code einsetzen können.

Inspektionen, Objektmengen und Varianten können *global* oder *lokal* sein. Globale Definitionen können von sämtlichen Benutzern eines Systems verwendet werden, lokale Definitionen werden nur einem bestimmten Benutzer angezeigt. So können Benutzer des Code Inspectors auch eigene Standardprüfvarianten anlegen, die die globale Standardvariante außer Kraft setzen. Sie können zwischen globalen und lokalen Definitionen wechseln, indem Sie auf die Schaltfläche links neben den Eingabefeldern ( ) im Einstiegsbild des Code Inspectors klicken (siehe Abbildung 7.4).

Angenommen, Sie benötigen nicht das volle Leistungsspektrum des Code Inspectors, sondern möchten lediglich eine schnelle Inspektion für eine kleine Anzahl von Objekten ausführen, ohne die beschriebenen Schritte auszuführen. Zu diesem Zweck bietet der Code Inspector »anonyme« Inspektionen. Legen Sie eine Inspektion mit einem leeren Namen an, um ein Bildschirmbild zu öffnen, in dem Sie die Objektmenge und die Prüfvariante explizit definieren können. Beachten Sie, dass Sie anonyme Inspektionen nur online ausführen können und die Inspektionsergebnisse nicht in der Datenbank gespeichert werden.

7 | Einsatz der ABAP-Test- und -Analysewerkzeuge in allen Phasen des Entwicklungsprozesses

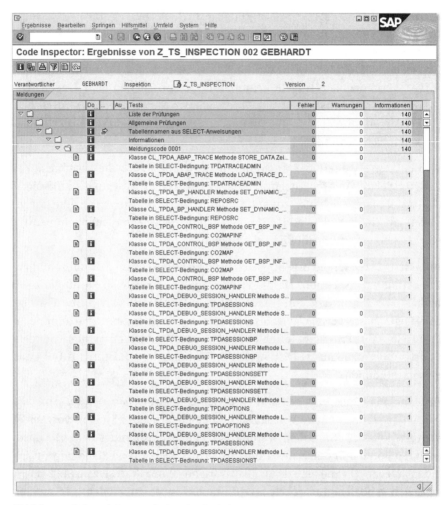

Abbildung 7.8 Inspektionsergebnisse im Code Inspector

Wie Sie sehen, eignet sich der Code Inspector sowohl für Massentests als auch für den schnellen Test eines Einzelprogramms. Aufgrund dieser Flexibilität ist der Code Inspector vor den Releases 7.0, EhP2 und 7.1/7.2 das wichtigste Werkzeug, um statische Prüfungen von ABAP-Programmen durchzuführen. Ab diesen Releases wird das neue ABAP Test Cockpit (ATC) eingeführt, das zumindest aus Entwicklersicht das öfter verwendete Werkzeug werden dürfte.

Im Folgenden werden die verfügbaren Werkzeuge für Unit- und Integrationstests untersucht.

7.1.3 Werkzeuge für Unit- und Integrationstests

Selbst die raffiniertesten statischen Prüfungen können nicht verifizieren, ob ein Programm sich zur Laufzeit in allen Fällen korrekt verhält. Die offensichtliche Methode, um das Programmverhalten zu verifizieren, ist die Ausführung jeder Modularisierungseinheit (Methode, Funktionsbaustein oder Unterprogramm) mit einer definierten Menge an Eingabedaten und der Vergleich der Ausgabedaten mit den erwarteten Ergebnissen. Wenn Sie diese Aufgabe jedoch manuell für eine Vielzahl von Programmobjekten ausführen, ist das zeitaufwendig, ineffizient und fehleranfällig. Seit SAP NetWeaver Application Server 6.40 steht das Werkzeug ABAP Unit zur Verfügung – ein Framework, mit dem Sie automatisierte Modultests schreiben und ausführen können.

Bedenken Sie, dass automatisierte Modultests *immer* durch Integrationstests ergänzt werden sollten. Nur so können Sie sicherstellen, dass all Ihre Routinen, Funktionen, Methoden und Dynpros ordnungsgemäß gemeinsam funktionieren, wenn sie in einem Anwendungsprogramm aufgerufen werden. Der Umfang eines Integrationstests kann recht groß sein – von einem einzigen Bildschirmbild bis zu einem komplexen Geschäftsszenario mit mehreren Anwendungen (und sogar verteilten Anwendungen). Mit dem Werkzeug extended Computer Aided Test Tool (eCATT), das mit Web AS 6.20 eingeführt wurde, wurden die automatisierten Integrationstestfunktionen des wohlbekannten Vorgängers CATT deutlich erweitert.

Im Folgenden werden die Testfunktionen von ABAP Unit und eCATT im Detail erläutert.

Modultests mit ABAP Unit

Das Konzept von Modultests dürfte Java-Programmierern bereits bekannt sein: Das gängigste Java-Werkzeug für Modultests ist JUnit. Die Funktionsweise von ABAP Unit ist mit diesem Tool vergleichbar, allerdings gibt es einige grundlegende Unterschiede.

Beim Modultesten geht es im Wesentlichen darum, eine einzelne Modularisierungseinheit eines Programms mit sorgfältig definierten Testbedingungen (insbesondere im Hinblick auf die Eingabedaten) auszuführen und die Ausgabe zu untersuchen. In diesem Kontext sind Units eines ABAP-Programms einfach seine Prozeduren, das heißt die Methoden, Funktionsbausteine und Unterprogramme. Der Zweck von Werkzeugen für Modultests ist es, den Entwickler bei der Bereitstellung eines reproduzierbaren Testkontextes (zum Beispiel der Eingabeparameter für die Modularisierungseinheiten) zu unterstützen, die Modularisierungseinheiten auszuführen und anschließend die Ausgabedaten zu verifizieren. Abschließend werden die Testergebnisse durch das ABAP Unit-Werkzeug erfasst und angezeigt.

ABAP-Modultests sind im Kontext des zu testenden Programms als lokale Testklassen implementiert. Dies bedeutet nicht, dass Sie nur Klassen- oder Instanzmethoden testen können. Sie können Testklassen in beliebigen Programmen wie Class-Pools, Funktionsgruppen oder auch ausführbaren Programmen anlegen.[4] Wenn Sie beispielsweise eine Testklasse in einer Funktionsgruppe anlegen (das zugehörige Include-Programm hat die Endung T99), können Sie die zu testenden Funktionsbausteine aus den Testmethoden der Testklasse heraus aufrufen.

Führen Sie folgende Schritte aus, um einen ABAP-Modultest für eine beliebige Modularisierungseinheit eines Programms zu erstellen:

1. Definieren Sie eine lokale Klasse mit dem Zusatz FOR TESTING. Eine solche Klasse heißt Testklasse.

2. Definieren Sie mindestens eine private Methode in dieser Klasse ohne Parameter und mit dem Zusatz FOR TESTING. Eine solche Methode heißt Testmethode.

3. Implementieren Sie Ihren Testcode innerhalb der Testmethode(n) aus Schritt 2, und verifizieren Sie den erwarteten Status über die speziellen Methoden der ausgelieferten Hilfsklasse cl_aunit_assert. Die globale Klasse cl_aunit_assert enthält verschiedene statische Methoden, die Sie in Testmethoden verwenden können, um die erwarteten Testergebnisse zu verifizieren. Die Methode assert_equals überprüft zum Beispiel, ob zwei Datenobjekte gleich sind; über die Methode assert_initial verifizieren Sie, dass ein Datenobjekt seinen Initialwert aufweist.

Bevor die Ausführung von Modultests zur Sprache kommt, soll das Konzept an einem einfachen Beispiel veranschaulicht werden: Stellen Sie sich vor, dass Sie ein leeres »elektronisches« Portemonnaie mit einem bestimmten Geldbetrag füllen möchten. Angenommen, Sie verfügen über eine Klasse zcl_wallet, die den Code zur Verwaltung dieses Portemonnaies implementiert. Die Klasse enthält eine Methode, mit der eine leere Instanz des Portemonnaies erstellt wird, und eine Methode, die das Portemonnaie mit Geld füllt. Um den Programmcode des Portemonnaies zu verifizieren – das heißt, um zunächst sicherzustellen, dass die ursprüngliche Instanz des Portemonnaies tatsächlich leer ist, und um anschließend zu verifizieren, dass es exakt die Menge Geld enthält, mit der es gefüllt wurde –, schreiben Sie eine ABAP Unit-Testklasse. Listing 7.1 zeigt

---

[4] Class-Pools und Funktionsgruppen werden auch als Rahmenprogramme, das heißt als organisatorische Rahmen für Untereinheiten bezeichnet, die in der Regel in Include-Programmen organisiert sind. In einem Rahmenprogramm können die ABAP-Modultests für die enthaltenen Einheiten programmiert werden.

Einsatz von Prüf- und Testwerkzeugen während der Entwicklung und in der Testphase | **7.1**

eine lokale ABAP Unit-Testklasse `lcl_wallet_test`, die über den Class Builder (Transaktion SE24) innerhalb der Klasse `zcl_wallet` angelegt werden kann.

```abap
CLASS lcl_wallet_test DEFINITION FOR TESTING.
  PRIVATE SECTION.
    METHODS test FOR TESTING.
ENDCLASS.
CLASS lcl_wallet_test IMPLEMENTATION.
  METHOD test.
    DATA: l_wallet TYPE REF TO zcl_wallet.
    CREATE OBJECT l_wallet.
    cl_aunit_assert=>assert_equals(
      act = l_wallet->liquidity
      exp = 0
      msg = 'New wallet assumed empty' ).
    l_wallet->put_in( dollars = '125' ).
    cl_aunit_assert=>assert_equals(
      act = l_wallet->liquidity
      exp = '125'
      msg = 'As many dollars as put in before' ).
  ENDMETHOD.
ENDCLASS.
```

Listing 7.1 ABAP Unit-Testklasse zum Testen eines elektronischen Portemonnaies

Die Testklasse enthält eine einzige Testmethode `test`, die zunächst die Wallet-Klasse instanziert und anschließend über einen Aufruf der Methode `cl_aunit_assert=>assert_equals` verifiziert, dass die ursprüngliche Wallet-Instanz leer ist. Dann füllt die Testmethode einen bestimmten Betrag (125 US$ in diesem Beispiel) in das Portemonnaie, indem sie die Instanzmethode `l_wallet->put_in` der Wallet-Klasse aufruft. Durch einen erneuten Aufruf der Methode `cl_aunit_assert=>assert_equals` überprüft die Testmethode schließlich, dass das Portemonnaie mit 125 US$ gefüllt wurde – exakt dem Betrag, der zuvor übergeben wurde.

Der Vorteil der Assert-Methoden der Klasse `cl_aunit_assert` ist, dass ABAP Unit beim Fehlschlagen der Assertion (das heißt, wenn die zu prüfende Bedingung nicht erfüllt ist) automatisch eine Fehlermeldung zum Testprotokoll hinzufügt. Ist der Test abgeschlossen, können Sie das Testprotokoll anzeigen und Assertions überprüfen, die fehlgeschlagen sind. Wenn das Testprotokoll in diesem Beispiel eine Fehlermeldung für den ersten Aufruf von `cl_aunit_assert=>assert_equals` enthalten würde, wäre das ursprüngliche Wallet-Objekt beispielsweise nicht leer. Diese Bedingung würde anzeigen, dass Ihre Klasse `class zcl_wallet` einen Initialisierungsfehler aufweist, den Sie korrigieren müssen.

Neben einer Testmethode (oder mehreren Testmethoden) kann eine Testklasse optional auch weitere spezielle private Methoden mit vordefinierten Namen enthalten: setup und teardown sowie class-setup und class-teardown. Diese Methoden werden eingesetzt, um (Daten-)Objekte vor der Testausführung in einem sogenannten Test-Fixture anzulegen und danach wieder zu löschen. Dabei handelt es sich um die Menge an (Daten-)Objekten, die von einer oder von mehreren Testmethoden eines Modultests verwendet werden. ABAP Unit ruft die Methode setup vor jeder einzelnen Testmethode der gleichen Testklasse auf; die Methode teardown wird nach dem Aufruf jeder einzelnen Testmethode aufgerufen. Die Methoden class-setup und class-teardown werden vor bzw. nach allen Testmethoden der gleichen Testklasse aufgerufen. Das Anlegen der Methoden ist zwar optional, aber Sie werden feststellen, dass Sie sie in vielen Testsituationen benötigen werden. Mit Ausnahme von ganz einfachen Testfällen ist es daher sinnvoll, diese Methoden zu implementieren, um ein konsistentes Test-Fixture für Ihre Unit-Testklasse bereitzustellen.

Innerhalb der ABAP Workbench können Sie alle Modultests eines einzelnen Programms über die Funktion MODULTEST, die Sie in der Menüleiste oder in passenden Kontextmenüs finden, ausführen. Außerdem können Sie auch den Code Inspector nutzen, um die Modultests aller Programme Ihrer Objektmenge auszuführen. Schließlich wird mit den Releases 7.0, EhP2 und 7.1/7.2 auch noch ein ABAP Unit Browser in den Object Navigator eingeführt, der es erlaubt, eine strukturierte Übersicht über vorhandene Modultests anzuzeigen, mehrere Testläufe auf einmal zu starten und Modultests in Favoriten zu organisieren. Für Letztere kann die Test-Coverage mit dem Coverage Analyzer gemessen und angezeigt werden.

Die Anzahl von lokalen Testklassen oder Testmethoden eines Programms ist nicht eingeschränkt. Sie können eine beliebige Anzahl dieser Methoden und Klassen in einer Kompilationseinheit implementieren. Für Class-Pools und Funktionsgruppen gibt die ABAP Workbench die passenden Include-Programme vor. In anderen Programmen legen Sie am besten auch Include-Programme für Ihre Testklassen an. Beim Ausführen eines Tests verarbeitet ABAP Unit alle Testklassen nacheinander mit den folgenden Aktionen:

1. Zunächst erstellt das Werkzeug eine Instanz der Testklasse und ruft (falls vorhanden) die Methode class-setup auf.
2. Anschließend werden alle Testmethoden ausgeführt (gegebenenfalls werden jeweils auch die Methoden setup und teardown für jede Testmethode ausgeführt).
3. Schließlich wird die Methode class-teardown aufgerufen.

4. Nachdem alle Tests durchgeführt wurden, zeigt ABAP Unit die Prüfergebnisse automatisch an.

Abbildung 7.9 zeigt die Ergebnisse eines ABAP-Modultests für die Beispielklasse `zcl_wallet`. Offensichtlich ist die Bedingung, dass das Portemonnaie ursprünglich leer ist, nicht erfüllt. Als Entwickler würden Sie nun prüfen, weshalb dieser Initialisierungsfehler aufgetreten ist, den Fehler korrigieren und den Modultest erneut ausführen, um sicherzustellen, dass die Korrektur erfolgreich war und keine neuen Fehler verursacht hat.

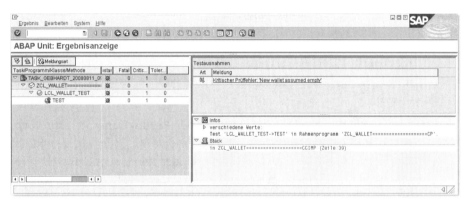

Abbildung 7.9 Ergebnisse eines ABAP Unit-Testlaufs

Die Entscheidung von SAP, hauptsächlich lokale Klassen[5] für Modultest-Implementierungen zu verwenden, bietet verschiedene Vorteile:

- Der Testcode wird immer mit dem produktiven Code synchron gehalten, da die lokale Testklasse Teil des Programms ist und mit diesem transportiert wird. Es gibt daher keine Versions- oder Transportprobleme.
- Die Testklasse verfügt als lokale Klasse über eine interne Sicht des Programms. Wäre die Testklasse als globale Klasse implementiert, könnten Methoden einer lokalen Klasse im getesteten Programm nicht statisch aufgerufen werden. Folglich könnten Sie keine Modultests für diese lokalen Klassen durchführen.

Andererseits soll der Testcode selbstverständlich nicht die Größe der kompilierten Programme in Systemen erhöhen, in denen normalerweise keine Modultests ausgeführt werden (insbesondere in Produktivsystemen). Dadurch würde Speicherplatz im Programmpuffer verschwendet. Aus diesem Grund

---

[5] Seit Release 7.0 können für die Wiederverwendung aufwendiger Testvorbereitungen auch globale Testklassen angelegt werden. Globale Testklassen sollten aber immer abstrakt sein und können nur in lokalen Testklassen verwendet werden. Alle Instanzmethoden einer globalen Testklasse sind automatisch Testmethoden.

legt ein Profilparameter fest, ob die Unit-Testklassen beim Generieren von ABAP-Programmen übersprungen werden. Der Name dieses Profilparameters lautet `abap/test_generation`. Wird der Parameter nicht angegeben, ist der Standardwert in Kundensystemen `off`, sodass der Testcode bei der Generierung ignoriert wird. Sie können ihn explizit auf `on` oder `off` setzen. Der Wert `on` beschleunigt die Testausführung, da alle kompilierten Programme den Bytecode der Testklassen bereits enthalten, wird aber nur für Entwicklungs- oder Testsysteme empfohlen. Wenn Sie einen Modultest ausführen, stellt ABAP Unit sicher, dass das getestete Programm, unabhängig vom Wert des Profilparameters, mit dem Testcode generiert wird.

Modultesten ist in der Community für *Extreme Programming* (XP-Community) ein Trendbegriff.[6] Doch auch wenn Sie kein »XP-Anhänger« sind, können Sie von einigen XP-Richtlinien profitieren, wenn Sie Ihre Programme mit ABAP Unit testen:

- **Schreiben Sie Ihre Modultests, bevor Sie den Produktionscode schreiben.**
  Der Testcode sollte überprüfen, ob der produktive Code wie gewünscht funktioniert. Wenn Sie Ihre Tests erst nach der Implementierung des Produktionscodes schreiben, riskieren Sie, dass die Testklasse lediglich eine Funktionalität verifiziert, von der Sie bereits wissen, dass sie funktioniert.

- **Führen Sie Ihre Modultests nach jeder Codeänderung durch, und geben Sie Code erst frei, wenn diese keine Fehler mehr liefern.**
  Diese Regel gilt insbesondere, wenn nach dem Ändern von Code ein Fehler als Seiteneffekt der Änderung auftritt, Ihre Änderung also einen Fehler in einer Modularisierungseinheit verursacht hat, die vor der Änderung ordnungsgemäß funktioniert hat. Das Aufdecken solcher Seiteneffekte ist eine Stärke von Modultests, setzt aber voraus, dass auch für alle Modularisierungseinheiten Tests geschrieben wurden.

Eine ausführlichere Beschreibung von Modultests finden Sie in Kapitel 10, »Testen mit ABAP Unit«.

Integrationstests mit eCATT

Die Tests, die bisher besprochen wurden, wurden auf Quelltext- und Modulebene (Unit) durchgeführt. Diese Tests sind die Eckpfeiler einer durchdachten Teststrategie, dennoch müssen früher oder später die gesamte Anwendung

---

[6] Das Standardwerk zu Extreme Programming ist *Extreme Programming Explained* von Kent Beck. Zudem ist eine Vielzahl von Websites diesem Programmieransatz gewidmet, zum Beispiel *http://www.extremeprogramming.org* und *http://www.xprogramming.com*.

oder sogar vollständige Geschäftsprozesse getestet werden. Im Gegensatz zu Modultests, über die die ordnungsgemäße Funktionsweise von einzelnen Codeabschnitten sichergestellt wird, geht es in diesem Abschnitt nun um Integrationstests.

Üblicherweise stellen Integrationstests den letzten Schritt einer Teststrategie dar und werden auf einem dedizierten Testsystem durchgeführt. Da über einen Integrationstest überprüft werden soll, ob die Komponenten einer Softwareanwendung fehlerfrei miteinander interagieren, kann dieser Prozess selbstverständlich erst begonnen werden, nachdem die bisher beschriebenen Tests ohne Fehler abgeschlossen wurden. Es ist nicht sinnvoll, Integrationstests durchzuführen, wenn Sie bereits wissen, dass die verschiedenen Komponenten (die einzelnen Prozeduren, Dynpros etc.) nicht wie gewünscht funktionieren.

Integrationstests werden häufig in Form von manuellen Tests durchgeführt, für die keine Umgebung zum Ausführen von automatisierten Tests eingerichtet werden muss. Beim manuellen Testen ist es jedoch schwierig, einen reproduzierbaren Test für ein komplexes Geschäftsszenario oder auch nur eine Einzelanwendung zu erstellen – dadurch steigt selbstverständlich auch der Zeit- und Kostenaufwand. Durch automatisierte Tests lässt sich auch hier der Testprozess beschleunigen, es werden weniger Mitarbeiter benötigt, und zudem sind diese Tests zuverlässiger.

Seit SAP R/3 3.0 steht für automatisierte Integrationstests das Werkzeug Computer Aided Test Tool (CATT) zur Verfügung. Aufgrund der steigenden Komplexität von Benutzeroberflächen und der immer größeren Bedeutung von verteilten Anwendungen wurde jedoch ein Werkzeug für erweiterte Integrationstests notwendig, das die Vorteile von CATT nutzt und gleichzeitig neue Funktionen unterstützt. Ab Web AS 6.20 wird daher extended CATT (eCATT) mit dem AS ABAP ausgeliefert. Dieses Werkzeug bietet eine zentralisierte Infrastruktur zum Ausführen von Integrationstests, die auch verteilte Systemlandschaften unterstützt. Von einem Web AS 6.20 aus können Sie Remote-Tests für sämtliche SAP-Systeme in Ihrer Landschaft durchführen, die auf Basis-Release 4.6C oder höher installiert sind.

Zur Veranschaulichung der Vorteile, die eCATT bietet, finden Sie im Folgenden eine kurze Übersicht über die Funktionen dieses Werkzeugs:

▶ eine zentralisierte Infrastruktur für Testverwaltung und Testdatenspeicherung
▶ eine leistungsfähige Scripting-Engine und einen Editor zum Schreiben von Testskripts
▶ Unterstützung für SAP GUI-Controls, was den Umfang der testbaren SAP-Transaktionen gegenüber CATT stark erweitert

- die Möglichkeit zur Wiederverwendung von Testdaten (Daten werden in unabhängigen Containern in der Datenbank des zentralen eCATT-Systems gespeichert)
- Integration von zertifizierten Testwerkzeugen von Fremdanbietern, wodurch auch Nicht-SAP-Anwendungen getestet werden können
- Einrichtung eines zentralen Testservers für Anwendungen auf SAP-Remote-Systemen zum Testen verteilter Anwendungen
- Möglichkeit der automatischen Migration von vorhandenen CATT-Prozeduren in eCATT-Skripte[7]

Obwohl die automatisierten Integrationstests mit eCATT signifikante Vorteile im Vergleich zum manuellen Testen bieten, ist das Einrichten und Verwalten eines umfassenden eCATT-Testablaufs eine recht arbeitsintensive Aufgabe. Sie müssen die eCATT-Infrastruktur pflegen,[8] eCATT-Testfälle schreiben etc. Darüber hinaus müssen Sie den Testablauf an das reale Geschäftsszenario und die Benutzer in Ihrem Produktivsystem anpassen. Ein noch so gutes Integrationstestwerkzeug, das nicht zum Testen realistischer Szenarien verwendet wird, büßt einen Großteil seines Nutzens ein. Selbstverständlich gilt dies auch für das manuelle Testen. In beiden Fällen müssen Sie sicherstellen, dass Ihre Testfälle vollständig und realistisch sind. Für die Überprüfung der Vollständigkeit benötigen Sie den Coverage Analyzer.

7.1.4 Überprüfen der Programmausführung mit dem Coverage Analyzer

Selbst die ausgereiftesten Werkzeuge für Unit- und Integrationstests führen zu unbefriedigenden Ergebnissen, wenn Ihre Testpläne unvollständig sind, das heißt wenn nicht alle Teile Ihrer Software während des Tests ausgeführt werden. Doch wie können Sie sicherstellen, dass alle Bereiche getestet werden und Ihre Tester oder automatisierten Testwerkzeuge gut arbeiten? Ab Release 6.10 enthält der AS ABAP hierfür den Coverage Analyzer (Transaktion SCOV). Dieses Werkzeug dient der Überwachung der systemweiten Ausführung von ABAP-Programmen. Im Wesentlichen zählt der Coverage Analyzer, wie oft ein Programm und seine Modularisierungseinheiten (Verarbeitungsblöcke) und seine einzelnen Anweisungen (ab den Releases 7.0, EhP2 und 7.1/7.2) in einem bestimmten Zeitraum ausgeführt wurden. Zudem wird die Anzahl von Laufzeitfehlern erfasst, die pro Verarbeitungsblock aufgetreten sind.

---

7 Sie können CATT und eCATT jedoch auch nebeneinander ausführen.
8 Eine Übersicht über die erforderlichen Schritte zum Einrichten der eCATT-Umgebung finden Sie in SAP-Hinweis 519858 (SAP-Systeme für Verwendung von eCATT einrichten).

Indem Sie Testgruppen definieren (Benutzergruppen, für die die Abdeckungsdaten individuell berechnet werden) und die Abdeckungsdaten am Anfang einer neuen Testphase zurücksetzen, können Sie die Abdeckung durch automatisierte Testläufe und durch manuelle Tester kontrollieren. Ohne präzise Abdeckungsdaten ist es schwierig zu ermitteln, ob ein Testplan vollständig ist oder die Tester ihre Aufgaben wie gewünscht ausführen.

Doch die Abdeckungsdaten, die über den Coverage Analyzer erfasst werden, lassen sich für mehr nutzen als lediglich innerhalb isolierter Testumgebungen. Anhand dieser Daten können Sie auch ungenutzten Code ermitteln, der eventuell gelöscht werden kann, oder Code, der sehr häufig ausgeführt wird und damit möglicherweise ein guter Ansatzpunkt für Performanceoptimierungen ist. Darüber hinaus zeigt der Coverage Analyzer auch ungünstig zusammengesetzte Programme auf. Wenn beispielsweise eine Methode oder ein Funktionsbaustein einer Klasse bzw. einer Funktionsgruppe sehr häufig aufgerufen wird, die übrigen Methoden bzw. Funktionsbausteine aber so gut wie überhaupt nicht, sollte über eine Aufteilung des Programms in verschiedene Kompilationseinheiten nachgedacht werden. Sie profitieren somit sowohl auf Test- als auch auf Produktivsystemen von den Leistungen des Coverage Analyzers.

Der Coverage Analyzer kann entweder über das Easy-Access-Menü oder über Transaktion SCOV gestartet werden. Wie Sie in Abbildung 7.10 sehen, befindet sich die Hauptmenüstruktur im linken Bildschirmbildbereich. Im rechten Bildschirmbildbereich sehen Sie eine Statusanzeige für das ausgewählte Menüelement. Das Hauptmenü gliedert sich in zwei Abschnitte: die Bereiche ADMINISTRATION und ANZEIGE. Begonnen wird mit dem Bereich ADMINISTRATION.

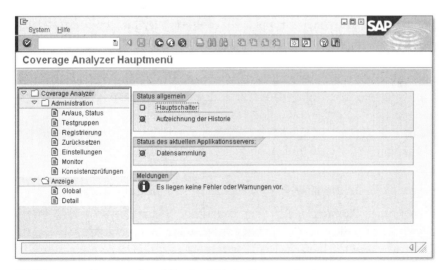

Abbildung 7.10 Hauptmenü und Einstiegsbild des Coverage Analyzers

Zunächst müssen Sie sicherstellen, dass der Coverage Analyzer ordnungsgemäß konfiguriert und der Hauptschalter aktiviert ist (dies wird in der Statusanzeige für ADMINISTRATION durch ein grünes Statussymbol neben dem Text HAUPTSCHALTER angezeigt). Bevor Daten zu Aufrufhäufigkeiten oder Laufzeitfehlern erfasst werden, kompiliert der Coverage Analyzer alle Programme, um eine Datenbank aus Verarbeitungsblöcken zu erstellen. Dieser Vorgang wird ausgelöst, indem Sie den Hauptschalter für das Statusmenüelement AN/AUS (nach Auswahl des ersten Unterknotens von ADMINISTRATION des Hauptmenüs) aktivieren. Diese Kompilierung ist der einzige ressourcenintensive Schritt, der aber pro System nur einmal durchgeführt werden muss und dann erfolgen kann, wenn das System gerade keiner hohen Last ausgesetzt ist.

Sie können den Coverage Analyzer problemlos in einem Produktivsystem verwenden, da sich das Erfassen der Abdeckungsdaten nur geringfügig auf die Performance auswirkt. Performancebeeinträchtigungen können vernachlässigt werden, da die Datenerfassung wie folgt in mehrere Abschnitte unterteilt ist: Die Daten zur Aufrufhäufigkeit werden zunächst im lokalen Speicher eines Workprozesses gespeichert, dann in das Shared Memory übertragen und schließlich über einen periodischen Hintergrundjob zusammengeführt, der die Abdeckungsdaten aus dem Shared Memory liest und in der SAP-Datenbank speichert. Dieser Hintergrundjob kann durch den Unterknoten EINSTELLUNGEN des Knotens ADMINISTRATION konfiguriert werden.

Um die Arbeit mehrerer Tester zu bewerten, können Sie im Unterknoten TESTGRUPPEN des Knotens ADMINISTRATION Testgruppen definieren und diesen Gruppen einzelne Tester oder auch Endbenutzer zuweisen. Der Coverage Analyzer kann Abdeckungsdaten für diese Gruppen anzeigen, sodass Sie die Aktivitäten der verschiedenen Gruppen von Testern oder Endbenutzern vergleichen können. Angenommen, Sie sind unsicher, ob Ihre eCATT-Tests das Anwendungsszenario exakt widerspiegeln, das Ihre Endbenutzer im Produktivsystem ausführen. Über eine Testgruppenzuordnung im Coverage Analyzer könnten Sie die Abdeckungsdaten für Endbenutzer aus dem Produktivsystem mit den Abdeckungsdaten für eine Testgruppe vergleichen, in der die eCATT-Testaktivität von der übrigen Systemaktivität getrennt ist. Durch diesen Vergleich können Sie herausfinden, ob die eCATT-Testläufe auf Ihrem Testsystem die Anwendungen und Modularisierungseinheiten widerspiegeln, die im Produktivsystem am häufigsten verwendet werden.

Darüber hinaus können Sie über den Unterknoten ZURÜCKSETZEN des Knotens ADMINISTRATION die Abdeckungsdaten insgesamt oder für eine spezifische Programmauswahl zurücksetzen. Der Coverage Analyzer setzt die Abdeckungsdaten automatisch zurück, sobald ein Programm geändert wird (entweder direkt oder durch einen Transport). Nachdem ein Programm geändert wurde, kann es aus Sicht des Coverage Analyzers nämlich nicht mehr als *getestet* betrachtet werden, sodass der Ausführungszähler für ein geändertes Programm zurückgesetzt werden muss. Der Coverage Analyzer zählt sowohl die kumulative Anzahl der Ausführungen seit dem Start der Coverage-Aufzeichnung als auch die aktuelle Anzahl der Ausführungen seit dem letzten Zurücksetzen.

Schließlich können Sie über den Unterknoten EINSTELLUNGEN des Knotens ADMINISTRATION festlegen, wann ein Programm oder eine Modularisierungseinheit als *getestet* eingestuft werden soll (zum Beispiel, wenn es mindestens einmal ohne Laufzeitfehler ausgeführt und ein bestimmter Prozentsatz des Codings ausgeführt wurde). Der Coverage Analyzer verwendet diese Einstellungen, um den Teststatus von Programmen und Modularisierungseinheiten in Form von Ampelikonen darzustellen.

Der Bereich ANZEIGE des Coverage Analyzers bietet Optionen, um die erfassten Abdeckungsdaten zu überprüfen. Es gibt zwei Möglichkeiten:

▶ Die Anzeigeart GLOBAL zeigt eine über Pakete/Autoren aggregierte tabellarische wie auch grafische Darstellung der Ausführungszähler für einen bestimmten Zeitraum (sowohl kumulierte Daten als auch die Daten seit dem letzten Zurücksetzen). Die Daten werden für jede Testgruppe einzeln angezeigt. Die Globalanzeige umfasst keine Abdeckungsinformationen für einzelne Modularisierungseinheiten, sondern bietet einen allgemeinen Überblick über die Testabdeckung für das gesamte System. Sie können die Anzeige auf bestimmte Pakete oder Transportschichten einschränken, zum Beispiel Pakete im Kundennamensraum.

▶ Die Anzeigeart DETAIL (siehe Abbildung 7.11) zeigt die Abdeckungsdaten für einzelne Programme und ihre Modularisierungseinheiten. Verwenden Sie diese Anzeige für Abdeckungsdetailanalysen und um nicht getesteten (ungenutzten) Code zu ermitteln, oder zur Suche nach Code, der häufig ausgeführt wird.

Ab den Releases 7.0, EhP2 und 7.1/7.2 kann von der in Abbildung 7.11 gezeigten Detailanzeige weiter zur Anzeige der Coverage einzelner Anweisungen navigiert werden. Der ausgewählte Code wird dann im ABAP Editor angezeigt, wobei ausgeführte und nicht ausgeführte Anweisungen in unterschiedlichen Farben unterlegt sind. Die Auswertung einzelner Teilausdrücke eines zusammengesetzten logischen Ausdrucks wird dabei einzeln vermessen.

7 | Einsatz der ABAP-Test- und -Analysewerkzeuge in allen Phasen des Entwicklungsprozesses

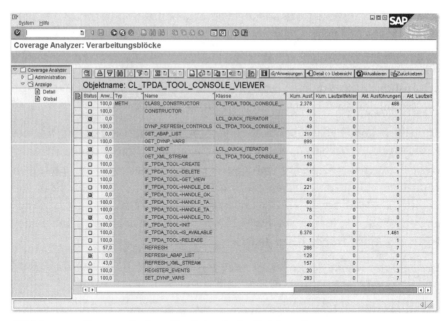

Abbildung 7.11 Coverage Analyzer-Ergebnisse in der Detailanzeige

7.1.5 Tipps zur Verwendung der Testwerkzeuge

Zum Abschluss dieses Abschnitts noch einige Tipps zu den besprochenen Test- und Prüfwerkzeugen:

- Wenn Sie mit dem ABAP Editor arbeiten, können Sie den Code Inspector problemlos anstelle der erweiterten Programmprüfung verwenden, um einzelne Programme zu testen. Ändern Sie einfach Ihre persönliche Standardprüfvariante (die lokale Prüfvariante mit dem Namen DEFAULT) gemäß Ihren Anforderungen. Möglicherweise möchten Sie zum Beispiel nur Prüfungen durchführen, die auch Teil der erweiterten Programmprüfung sind, oder zusätzliche Prüfungen angeben.

- Eine Objektmenge im Code Inspector kann weniger Objekte enthalten als erwartet – der Grund dafür ist, dass SAP-Objekte in einem Kundensystem nicht ausgewählt werden können.

- Überlegen Sie vor der Verwendung des Coverage Analyzers, wann die anfängliche Kompilierung aller Programme durch die Aktivierung des Hauptschalters durchgeführt werden soll. Bedenken Sie, dass diese Initialisierung aus Performancegründen zu einem Zeitpunkt erfolgen sollte, an dem die Systemlast gering ist.

▶ Weitere Informationen zu den hier beschriebenen Werkzeugen finden Sie auch im SAP Developer Network unter *http://sdn.sap.com* (suchen Sie beispielsweise nach *Code Inspector*, *eCATT* oder einfach *ABAP Troubleshooting*).

Nachdem Sie nun über umfassende Informationen zu den Test- und Prüfwerkzeugen für ABAP-Programme verfügen und wissen, wie diese sich ergänzen und für welche Situationen sie sich jeweils am besten eignen, können Sie eine effektive und effiziente ABAP-Teststrategie entwickeln. Im zweiten Teil dieses Kapitels werden die standardmäßigen SAP-Analysewerkzeuge, mit denen Sie Programme nach dem Go-Live im Produktivsystem optimieren können, untersucht.

7.2 Einsatz von Analysewerkzeugen während der Testphase und des ersten produktiven Einsatzes von ABAP-Applikationen

Im ersten Teil dieses Kapitels wurden Werkzeuge und Techniken untersucht, die Sie bei der Entwicklung und beim Testen einsetzen können. Doch in der Praxis werden Sie auch bei noch so sorgfältigen Tests früher oder später Beschwerden über schlechte Performance, unerwartetes Verhalten oder sogar Laufzeitfehler in Ihren produktiven Programmen erhalten. Es ist klar, dass Produktivprogramme schnellstmöglich korrigiert werden müssen, um eine Beeinträchtigung von kritischen Geschäftsprozessen zu verhindern. SAP stellt hierfür Standardwerkzeuge für Protokollierung, Analyse, Tracing und Debugging bereit, mit denen Sie Probleme in den Produktivprogrammen ermitteln und analysieren können.

Wenn Sie aber nicht über die nötigen Kenntnisse zur richtigen Verwendung dieser Werkzeuge verfügen, kann die Fehlersuche sehr zeitaufwendig sein. Beispielsweise ist der ABAP Debugger in der richtigen Situation ein sehr nützliches Werkzeug, kann jedoch in der falschen Situation dazu führen, dass eine Analyse, die normalerweise nur wenige Minuten dauern sollte, mehrere Tage oder sogar Wochen in Anspruch nimmt.

Es wird erläutert, für welche Fälle Sie welches Werkzeug einsetzen sollten, um Probleme während der Laufzeit Ihrer Programme zu ermitteln. So müssen Sie nicht jedes Mal auf den ABAP Debugger zurückgreifen. Zwar ist dieses Wissen insbesondere für ABAP-Entwickler wertvoll, doch auch Systemadministratoren profitieren von den hier beschriebenen Funktionen, indem sie beispielsweise lernen, wie sie feststellen können, welches Programm für den Abbruch eines Jobs verantwortlich ist. Darüber hinaus finden Sie in den folgenden Abschnitten einige Tricks, die es Ihnen ermöglichen, die volle Leistung der SAP-Tools zur Problembehandlung in ABAP-Programmen besser zu nutzen.

7.2.1 Auswahl des richtigen Werkzeugs

Suchen Sie nach Fehlern in einer Produktivanwendung, kommt es auf Effizienz und Geschwindigkeit an. Die Verwendung des richtigen Werkzeugs ist absolute Grundvoraussetzung für eine effiziente Problembehandlung. Gehen Sie von dem im Folgenden beschriebenen Szenario aus, in dem Sie den Unterschied in einem Programmablauf zwischen zwei Systemen ermitteln müssen.

Angenommen, Ihre Anwendung wird sowohl in einem Qualitätssicherungssystem als auch in einem Produktivsystem ausgeführt. Während die Anwendung im Qualitätssicherungssystem problemlos ausgeführt wird, führt sie im Produktivsystem zu einem Fehler, obwohl beide Programme auf den ersten Blick identisch erscheinen.

Ihre Aufgabe ist es nun, den Unterschied im Programmablauf in den beiden Systemen zu finden, der für den Fehler im Produktivsystem verantwortlich ist. Ihr erster Gedanke ist, den ABAP Debugger einzusetzen, um alle ausgeführten Anweisungen zu prüfen. Daher führen Sie die Anwendung auf beiden Systemen im Debug-Modus aus und durchlaufen die Anwendung parallel. Wenn Sie Pech haben, kann dies bei einer komplexen Anwendung Stunden oder sogar Tage dauern, bis Sie auf den ersten Unterschied stoßen.

Der ABAP Debugger ist hier zum Glück nicht Ihre einzige Option. Und in Fällen wie in diesem Szenario ist er auch nicht die beste Wahl. Es gibt eine bessere Vorgehensweise, um das Problem zu lösen. Sie können die ABAP-Laufzeitanalyse (Transaktion SE30) als ABAP-Trace-Werkzeug verwenden, um den vollständigen Programmablauf der Anwendung (alle aufgerufenen Funktionsbausteine, Methoden, aber auch Befehle wie `MESSAGE` oder `SELECT` etc.) zu ermitteln. Führen Sie einfach den Trace auf beiden Systemen aus, sichern Sie jeden Trace in einer Datei, und verwenden Sie ein Standard-DIFF-Werkzeug, um die beiden Trace-Dateien zu vergleichen. Im Gegensatz zum Debugger erhalten Sie bei diesem Ansatz innerhalb von wenigen Minuten (anstelle von möglicherweise Tagen oder sogar Wochen) eine Liste mit Unterschieden. (Diese Trace-Funktionalität wird in Abschnitt 7.2.6, »Analyse der Programmstrukturen mit der ABAP-Trace-Funktionalität«, im Detail beschrieben.)

Dieses Szenario ist nur ein Beispiel dafür, dass der Debugger nicht immer das ideale Werkzeug ist, um mit der Problembehandlung in einer Produktivanwendung zu beginnen. Damit Sie eine Vorstellung von den Möglichkeiten bekommen, zeigt Tabelle 7.2 einige der wichtigsten Werkzeuge sowie die Fehlersituationen, in denen diese verwendet werden sollten.

Problemtyp	Geeignetes Werkzeug
Einstiegspunkt für die Analyse eines abgestürzten Programms oder Hintergrundjobs	Systemprotokoll (SM21)
Laufzeitfehler	ABAP-Dumpanalyse (ST22)
unerwartetes Programmverhalten (zum Beispiel die Anzeige einer unerwarteten Nachricht), das eine Analyse des Programmablaufs erfordert	ABAP-Laufzeitanalyse (SE30)
Ermitteln einer bestimmten Anweisung, Funktion, Methode etc.	ABAP-Laufzeitanalyse (SE30)
Performanceproblem	ABAP-Laufzeitanalyse (SE30) oder SQL Trace (ST05)
Problem bei Batch-Input oder Dynpro-Verarbeitung (einschließlich F1- und F4-Hilfe)	Dynpro-Trace (ST20)[9]
detaillierte Fehleranalyse auf Quelltextebene, um den Wert von Datenobjekten zu ermitteln und den Programmablauf auf Anweisungsebene zu analysieren	ABAP Debugger

Tabelle 7.2 Werkzeuge für die Problembehandlung in ABAP-Produktivprogrammen

In einigen Situationen ist ein Werkzeug allein nicht ausreichend, und Sie müssen mehrere Werkzeuge einsetzen, um das Problem zu beheben. Doch wie finden Sie die optimale Kombination für eine konkrete Situation? Es werden die folgenden Szenarien beschrieben, um typische Situationen zu veranschaulichen, in denen das jeweilige Problem ohne den ABAP Debugger behoben werden kann:

- Verwendung des Systemprotokolls und der ABAP-Dumpanalyse, um zu ermitteln, aus welchen Gründen ein Hintergrundjob abgebrochen wurde
- Verwendung der ABAP-Laufzeitanalyse als ABAP-Trace-Werkzeug, um zu ermitteln, an welcher Stelle innerhalb des Quelltextes eine bestimmte Nachricht erzeugt wird. Hier konzentrieren wir uns auf die Trace-Funktion der ABAP-Laufzeitanalyse.

Der Schwerpunkt liegt hier demnach auf der Herangehensweise an die Problembehandlung und konzentriert sich darauf, wann die verschiedenen Werkzeuge verwendet werden sollten. Eine detaillierte Beschreibung der Verwen-

---

9 Weitere Informationen zum Dynpro-Trace-Werkzeug finden Sie in SAP-Hinweis 365940.

dung dieser Werkzeuge finden Sie in der entsprechenden Online-Hilfe. Eine ausführliche Beschreibung zum Arbeiten mit dem ABAP Debugger folgt in Kapitel 8, »Effizientes ABAP Debugging«.

7.2.2 Post-Mortem-Analyse

Die Reise durch die Welt der Problembehandlung beginnt mit einem Szenario, in dem Sie die Ursache eines beendeten Hintergrundjobs analysieren müssen:

Angenommen, ein Hintergrundjob, den Sie täglich ausführen, wurde gestern unerwartet beendet. Als erfahrener Systemadministrator oder ABAP-Entwickler überprüfen Sie zunächst das Protokoll für diesen Job, indem Sie in Transaktion SM37 im Bild JOBÜBERSICHT die Funktion JOB-LOG für den abgebrochenen Job auswählen. Daraufhin werden Informationen wie in Abbildung 7.12 angezeigt.

Datum	Uhrzeit	Nachrichtentext	N-Klasse	N-Nummer	N-Typ
11.08.2008	13:58:28	Job wurde gestartet	00	516	S
11.08.2008	13:58:28	Step 001 gestartet (Programm ZTSTECHED02_SUBMIT_JOB, Variante , Benutzername GEBHARDT)	00	550	S
11.08.2008	13:58:31	Error	00	208	A
11.08.2008	13:58:31	Job wurde abgebrochen	00	518	A

Abbildung 7.12 Job-Log eines abgebrochenen Jobs

Anhand des Job-Logs erfahren Sie, dass das ABAP-Programm ZTSTECHED02_SUBMIT_JOB um 13:58:28 Uhr gestartet und kurze Zeit später die Abbruchmeldung 208(00) ausgegeben wurde.[10] Zwar ist eindeutig, dass diese Abbruchmeldung den Job abgebrochen hat, der im Job-Log angezeigte Nachrichtentext lautet jedoch lediglich »Error« und ist damit wenig hilfreich, um die Fehlerursache zu ermitteln.

Doch womit beginnen Sie die Analyse dieses abgebrochenen Jobs? Sie könnten den ABAP Debugger verwenden. Wenn Sie das Programm jedoch direkt im Dialogmodus ausführen, zum Beispiel über Transaktion SA38 (ABAP: Programmausführung) oder direkt aus dem ABAP Editor heraus (zum Beispiel Transaktion SE80 oder SE38), stellen Sie schnell fest, dass der Fehler nicht auftritt. Das Programm bricht nur ab, wenn es im Hintergrund ausgeführt wird. Daher ist der Debugger in dieser Situation nicht hilfreich.

---

[10] Die letzten drei Spalten im Job-Log geben Auskunft über die Nachricht: die Nachrichtenklasse (hier 00), die Nachrichtennummer (hier 208) und den Nachrichtentyp (hier A für Abbruchmeldung). Sie können die Nachrichten in Transaktion SE91 (Nachrichtenpflege) anzeigen, was im gezeigten Fall aber nur zu einer Nachricht führt, die nichts außer einem Platzhalter & in ihrem Kurztext enthält.

Darüber hinaus ist die Verwendung des Debuggers nur sinnvoll, wenn Sie bereits eine recht konkrete Vorstellung von der Problemursache haben. Sie müssen zumindest wissen, in welchem Programmteil oder Programm die Fehlerursache auftritt, bevor Sie den Debugger einsetzen können, um das Problem weiter zu analysieren. In diesem Szenario wissen Sie jedoch lediglich, dass ein Fehler aufgetreten ist.

Zunächst benötigen Sie daher ein Werkzeug, das einen allgemeinen Überblick über die Fehlersituation liefert. Sie müssen die Ursache dieser Fehlermeldung ermitteln und insbesondere, an welcher Stelle der Fehler aufgetreten ist. Anschließend können Sie für eine detaillierte Analyse ein spezialisiertes Werkzeug wie ABAP-Trace oder den Debugger einsetzen, um das Problem auf Quelltextebene zu untersuchen. Beginnen Sie die Analyse daher mit dem Systemprotokoll (Transaktion SM21), in dem Sie einen groben chronologischen Überblick über die Fehlersituation finden.

7.2.3 Systemprotokoll

Das *Systemprotokoll* ist eine spezielle Datei auf einem Rechner, auf dem ein Applikationsserver eines AS ABAP instanziert ist. Alle Fehler oder Warnungen, die in einem Applikationsserver generiert werden, werden automatisch in eine solche Datei geschrieben. Das Systemprotokoll sammelt alle Arten von technischen Meldungen, wie zum Beispiel Fehlermeldungen aus einem ABAP-Programm, Laufzeitfehler oder sogar Systemabstürze auf Ebene des Kernels eines AS ABAP oder auf Betriebssystemebene. Für jeden Eintrag enthält das Systemprotokoll einen Zeitstempel, die Workprozess-Nummer, den Workprozess-Typ sowie Informationen zum Benutzer oder zur Transaktion. Weitere Informationen zur Protokollstruktur und Anpassungsoptionen finden Sie in der zugehörigen Online-Dokumentation.

Sie können die Systemprotokolldateien verwenden, um Fehler, die innerhalb eines bestimmten Zeitrahmens aufgetreten sind, besser zu verstehen. Um auf das Systemprotokoll zuzugreifen, geben Sie den Transaktionscode SM21 ein, oder wählen Sie in SAP Easy Access WERKZEUGE • ADMINISTRATION • MONITOR • SYSTEMLOG. Dort können Sie auf das Systemprotokoll des aktuellen Rechners, aber auch auf die Protokolle anderer Instanzen des AS ABAP zugreifen.

Im Folgenden erfahren Sie, wie Sie das Systemprotokoll verwenden können, um das Abbrechen des Hintergrundjobs in diesem Beispiel besser zu verstehen.

Zunächst wird über Transaktion SM37 (Jobübersicht) das Job-Log auf dem Server überprüft, auf dem der Job abgebrochen wurde, um die Start- und Endzeiten des Jobs zu ermitteln. Anhand dieses Logs ist zu sehen, dass die Abbruchmeldung, die den Job abgebrochen hat, um 13:58:31 Uhr protokolliert wurde (siehe Abbildung 7.12).

Als Nächstes wird das Systemprotokoll auf diesem Server angezeigt, um die Ausgabe auf die Joblaufzeit zu beschränken (siehe Abbildung 7.13, die relevanten Systemprotokolleinträge sind markiert). Die Analyse des Systemprotokolls zeigt einen Eintrag »Transaktionsabbruch 00 208 (Error)«, bei dem es sich um dasselbe Ereignis handelt, das im Job-Log aufgezeichnet wurde (und zur selben Zeit aufgetreten ist). Anhand dieses Eintrags ist zu erfahren, dass die Abbruchmeldung im Hintergrund-Workprozess »017« ausgelöst wurde. Doch noch viel interessanter ist die Tatsache, dass es sich eigentlich nur um einen Folgefehler handelt. Vor diesem Eintrag hat derselbe Benutzer (»GEBHARDT«) den Laufzeitfehler »TABLE_INVALID_INDEX« im Dialog-Workprozess »001« empfangen.

Zeit	Typ	Nr	Mdt	Benutzer	TCode	Prio.	Geb	N	Text
08:00:24	DIA	003	000	SAPSYS			EE	A	BETRIEBSARTEN: Umschaltung in Betriebsart DAY ausgelöst.
13:58:30	DIA	001	000	GEBHARDT			AB	0	Laufzeitfehler "TABLE_INVALID_INDEX" aufgetreten.
13:58:30	DIA	001	000	GEBHARDT			AB	1	> Kurzdump "080811 135830 1d0357_M OD_08 " erstellt.
13:58:30	DIA	001	000	GEBHARDT			D0	1	Transaktions-Abbruch SY 002 (Fehler in ABAP-Anweisung beim Bearbeiten einer internen Tabell)
13:58:30	BTC	017	000	GEBHARDT			D0	1	Transaktions-Abbruch 00 208 (Error)

Abbildung 7.13 Ausgabe des Systemprotokolls für die angegebene Laufzeit

Die Uhrzeiten der beiden Systemprotokolleinträge liegen innerhalb der Start- und Stopp-Zeiten (*Abend*) des Hintergrundjobs: 13:58:28 und 13:58:31 (siehe Abbildung 7.12). Daraus ist zu schließen, dass der Hintergrundjob einen Dialogprozess (Nummer 0) durch den Aufruf eines RFC-Bausteins gestartet hat. Dieser Dialogprozess ist mit dem Laufzeitfehler TABLE_INVALID_INDEX abgestürzt. Als direkte Konsequenz wurde im Hintergrundprozess zum selben Zeitpunkt die Abbruchmeldung ausgelöst.

Da nun bekannt ist, dass der Laufzeitfehler TABLE_INVALID_INDEX zum Beenden des Hintergrundjobs geführt hat, muss dieser Fehler im nächsten Schritt mithilfe der ABAP-Dumpanalyse (Transaktion ST22) untersucht werden. Bevor dies beschrieben wird, gibt es noch einige wichtige Hinweise zum Umgang mit dem Systemprotokoll:

- Das Systemprotokoll ist eine lokale Datei, die auf jedem Rechner, auf dem ein Applikationsserver instanziert ist, vorhanden ist. Vergewissern Sie sich, dass Sie das Systemprotokoll auf dem Server analysieren, auf dem der Fehler aufgetreten ist, da Sie nur so die relevanten Fehlerprotokolleinträge finden. Insbesondere bei Hintergrundjobs, RFCs oder Problemen bei der asynchronen Verbuchung ist es nicht immer eindeutig, auf welchem Server der Fehler aufgetreten ist. Um sicherzustellen, dass Sie die Informationen über den Fehler erhalten, können Sie entweder ein zentrales Systemprotokoll, das alle einzelnen Systemprotokolle zusammenfasst, oder die serverspezifischen

Protokolle verwenden. Auf beide Protokolle kann über die Transaktion SM21 zugegriffen werden, indem Sie den Menüpfad SYSLOG • AUSWÄHLEN und dann entweder ZENTRALER SYSLOG oder ALLE ENTF. SYSLOGS wählen. Im zentralen Systemprotokoll ist zusätzlich die Instanz aufgeführt, von der der Eintrag stammt.

- Das Systemprotokoll zeigt eine chronologische Liste mit Fehlern und Warnungen für jeden Applikationsserver. Einträge lassen sich problemlos mit dem Fehler in Verbindung bringen, den Sie analysieren möchten, da sie entweder sämtliche Zeitstempel innerhalb eines bestimmten Zeitrahmens oder alle Einträge für ein Benutzerkonto zeigen. Bei der Analyse der Einträge lässt sich rasch ausmachen, welcher Fehler zuerst aufgetreten ist. So können Sie diesen Fehler von den Folgefehlern trennen, die nicht relevant sind (zum Beispiel nachfolgende Fehler, die während der Fehlerbehandlung aufgetreten sind).

- Um in der umfangreichen Liste mit Systemprotokolleinträgen nicht den Überblick zu verlieren, können Sie die Anzahl an Einträgen einschränken, die bei der Protokollanalyse angezeigt werden. Beispielsweise können Sie lediglich die Protokolleinträge innerhalb des Zeitraums auswählen, in dem der Fehler aufgetreten ist. Bedenken Sie jedoch, dass es möglicherweise nicht sinnvoll ist, die Einträge auf Protokolleinträge zu beschränken, die mit Ihrem Benutzerkonto verknüpft sind, da ein RFC zum Beispiel unter einem anderen Benutzerkonto ausgeführt werden könnte (siehe Kapitel 5, »RFC und RFM – Leitfaden zu ABAP Remote Communications«).

- Das Systemprotokoll ist eine zirkuläre Datei. Wenn die maximale Dateigröße erreicht ist, setzt das System die Schreibvorgänge am Dateianfang fort und überschreibt den ersten Abschnitt. Daher sollten Sie, nachdem ein Fehler aufgetreten ist, das Systemprotokoll so schnell wie möglich analysieren. Der Systemadministrator legt die maximale Dateigröße für das Systemprotokoll über den Profilparameter `rslg/max_diskspace/local` fest. Weitere Informationen finden Sie in den SAP-Hinweisen 548624 und 4063.

Tabelle 7.3 zeigt abschließend die Bedeutung der einzelnen Spalten des Systemprotokolls im Überblick.

Spalte	Bedeutung
TIME	Zeitstempel des Protokolleintrags
TY.	Typ des Workprozesses, für den die Protokolleinträge geschrieben wurden: BTC (Batch), DIA (Dialog) etc.

Tabelle 7.3 Spalten des Systemprotokolls

Spalte	Bedeutung
Nr.	Kennung des Workprozesses, für den die Protokolleinträge geschrieben wurden: Verwenden Sie Transaktion SM50 (Prozessübersicht), um den Workprozess anzuzeigen.
Mdt	Mandantenkennung, unter der die Transaktion ausgeführt wurde
TCode	der aktuell ausgeführte Transaktionscode
Geb und N	die Systemprotokoll-Nachrichtennummer
Text	Langtext der Systemprotokollnachricht

Tabelle 7.3 Spalten des Systemprotokolls (Forts.)

7.2.4 ABAP-Dumpanalyse

Da Sie anhand des Systemprotokolls herausgefunden haben, dass der Laufzeitfehler `TABLE_INVALID_INDEX` die Ursache für den beendeten Job war, müssen Sie nun ermitteln, welche Faktoren diesen Laufzeitfehler ausgelöst haben. Für diese Aufgabe verwenden Sie die *ABAP-Dumpanalyse* (Transaktion ST22).

Einer der vielen Vorteile von ABAP sind die detaillierten Informationen, die nach einem Laufzeitfehler[11] in die Datenbank geschrieben werden: der sogenannte *Kurzdump*. Sie können diese Informationen über die ABAP-Dumpanalyse anzeigen, um die Einzelheiten zu einem Fehler, zur ausgeführten Transaktion und zur Fehlerumgebung zu untersuchen.

Ein Kurzdump bietet erfahrungsgemäß bereits genügend Informationen, um den Fehler in einem ABAP-Programm zu ermitteln. Manchmal steht Ihnen sogar nur der Kurzdump zur Verfügung, um ein Problem zu untersuchen. Dies trifft zum Beispiel zu, wenn der Fehler nur schwer reproduziert werden kann oder lediglich nach einigen Stunden in einem Hintergrundjob auftritt. Daher müssen Sie genau wissen, welche Informationen ein Kurzdump bietet und wie Sie diese verwenden, um das Problem zu analysieren.

Tritt ein Laufzeitfehler in einem Dialogprozess auf, zeigt das System sofort ein Bildschirmbild mit dem Kurzdump in Listenform an. Da dieser Dump auch in

---

[11] Ein Laufzeitfehler entsteht prinzipiell durch nicht behandelte Ausnahmen während der Programmausführung und führt zu einem Programmabbruch mit anschließendem Datenbank-Rollback. Jedes Auftreten einer unbehandelbaren Ausnahme führt somit zwangsläufig zu einem Laufzeitfehler. Bei behandelbaren Ausnahmen kann der Laufzeitfehler dagegen durch Behandlung der Ausnahme verhindert werden und tritt nur auf, wenn dies unterlassen wird. Der Kurzdump enthält dann den Namen der Ausnahmeklasse, die abgefangen werden könnte.

der Datenbank gespeichert wird, können Sie ihn jederzeit über die ABAP-Dumpanalyse (Transaktion ST22) untersuchen.[12] Bedenken Sie jedoch, dass Systemadministratoren üblicherweise einen periodischen Hintergrundjob einplanen, der das Programm RSSNAPDL ausführt. Dieser Hintergrundjob löscht alle Kurzdumps, die älter sind als eine Woche. Weitere Informationen zum Löschen und zur Reorganisation der Kurzdump-Datenbanktabelle finden Sie in SAP-Hinweis 11838. Wenn Sie einen Dump zur späteren Analyse speichern möchten, müssen Sie ihn über die ABAP-Dumpanalyse sperren, um den automatischen Löschvorgang zu verhindern. Wählen Sie die Funktion AUFBEWAHREN/FREIGABE, um den Dump zu sperren (siehe Abbildung 7.14). Der Dump wird in der Datenbank gespeichert, bis Sie die Sperrung über dieselbe Funktion aufheben.

Abbildung 7.14 Sperren und Entsperren von Kurzdumps

Wird Ihr Programmablauf mit einem Kurzdump abgebrochen, können Sie problemlos von der Dumpliste zum ABAP Debugger wechseln. Wählen Sie einfach die Funktion DEBUGGER der Dumpanzeige. Um diese Option nutzen zu können, benötigen Sie natürlich auch Debug-Berechtigungen. Einzelheiten finden Sie in SAP-Hinweis 65968. Nachdem Sie in den Debugger gewechselt sind, können Sie seinen vollen Funktionsumfang nutzen, um den Inhalt von Datenobjekten wie internen Tabellen zu prüfen oder den Zustand lokaler Variablen in verschiedenen Abschnitten des Aufruf-Stacks festzustellen. Bedenken Sie, dass diese Möglichkeit nicht mehr besteht, wenn Sie die direkte Dumpanzeige verlassen. Sie können nicht aus einem Kurzdump, den Sie in der Transaktion ST22 betrachten, in den Debugger springen. In der Transaktion ST22 ist lediglich der in der Datenbank gespeicherte Kurzdump verfügbar, nicht der Zustand der ABAP-Laufzeitumgebung zum Zeitpunkt des Programmabbruchs.

Nachdem Sie wissen, wie Sie den Kurzdump nutzen können, um Fehlerursachen zu ermitteln, wird im nächsten Schritt der Laufzeitfehler `TABLE_INVALID_`

---

[12] Die Anzeige eines Kurzdumps ist bewusst so robust und performant wie möglich gestaltet worden und verzichtet daher auf alle unnötigen Schnörkel.

INDEX analysiert, der als Ursache für den Abbruch des Hintergrundjobs ermittelt wurde. Doch zunächst wird gezeigt, wie Sie so viele Informationen wie möglich aus der ABAP-Dumpanalyse abrufen und innerhalb eines Dumps navigieren können.

Globale Sicht auf die Dumps: Ermitteln des Dumpkontextes

Wenn ein Fehler häufig auftritt und die Ursache nicht bekannt ist, lohnt es sich besonders, einige allgemeine Merkmale der Fehlersituation zu betrachten. Sie können auch hierzu die ABAP-Dumpanalyse verwenden, die Sie außer über den Transaktionscode ST22 auch in SAP Easy Access über den Pfad WERKZEUGE • ADMINISTRATION • MONITOR • DUMP-ANALYSE öffnen können. Mithilfe dieses Werkzeugs finden Sie Antworten auf die folgenden Fragen:

- **Wann wurde der Dump erstmalig generiert?**
  Möglicherweise stellen Sie fest, dass unmittelbar vor dem Dump für Ihr Programm ein Systemfehler (zum Beispiel SYSTEM_CORE_DUMPED) aufgetreten ist. In diesem Fall sind die Dumps, die für Ihr Programm erzeugt wurden, lediglich Folgefehler und nicht die Ursache des Fehlers.

- **Betrifft der Fehler einen Benutzer oder ein Programm, oder sind mehrere Benutzer oder Programme betroffen?**
  Betrifft das Problem nur einen einzigen Benutzer, sind die individuellen Benutzereinstellungen möglicherweise dafür verantwortlich. So könnten für diesen Benutzer beispielsweise SPA/GPA-Parameter im SAP Memory gesetzt sein, die das Programmverhalten beeinflussen. Sie können sich diese Parameter auf der Registerkarte PARAMETER in Transaktion SU01 (Benutzerpflege) ansehen. Wenn Sie den Fehler nicht mit anderen Benutzerkonten reproduzieren können, müssen Sie gegebenenfalls dieses Benutzerkonto zum Reproduzieren und Analysieren verwenden. Betrifft der Fehler nur ein Programm, können Sie anhand des Programms RSDEPEND ermitteln, welcher Teil des Programms kürzlich geändert wurde (siehe Abschnitt »Inkonsistenzen feststellen« in diesem Kapitel).

- **Tritt der Laufzeitfehler nur auf einem Server auf, obwohl die Anwendung auf allen Servern ausgeführt wird?**
  Dies könnte auf Pufferprobleme auf dem Server hinweisen, sodass die Puffer durch den Neustart des Servers gegebenenfalls aktualisiert werden sollten.

Wählen Sie in der ABAP-Dumpanalyse den Menüpfad SPRINGEN • ÜBERBLICK, um eine Übersicht über die gesamte Systemsituation und die vorhandenen Kurzdumps anzuzeigen, die in einem bestimmten Zeitraum generiert wurden. Abbildung 7.15 zeigt ein Beispiel für die resultierende Anzeige.

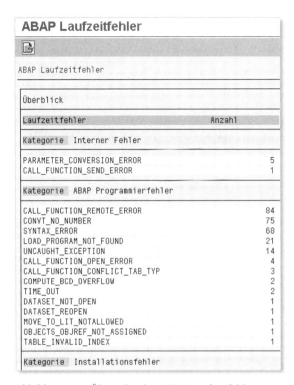

Abbildung 7.15 Übersicht über ABAP-Laufzeitfehler

Beachten Sie auch, dass die Dumps für eine vereinfachte Analyse nach Kategorien gruppiert sind. Systemfehler (zum Beispiel ein Signal des Betriebssystems, das den Laufzeitfehler SYSTEM_CORE_DUMPED zur Folge hat) gehören natürlich einer anderen Kategorie an als ABAP-Programmierfehler oder Ressourcenfehler (zum Beispiel ein Speicherengpass). Die Kurzdumpanzeige zeigt die Kategorie eines Laufzeitfehlers in ihrer ersten Zeile. Tabelle 7.4 listet die wichtigsten Kategorien auf.

Kategorie	Bedeutung
ABAP-Programmierfehler	Fehler im ABAP-Programm, wie zum Beispiel eine Division durch null oder eine nicht abgefangene, abfangbare Ausnahme
Interner Fehler	Fehler in der Laufzeitumgebung. Ein solcher Fehler muss über eine Fehlermeldung an SAP gemeldet werden. Manchmal kann auch eingeschränkt werden, in welchem Teil der Laufzeitumgebung (ABAP, Dynpro oder Datenbankschnittstelle) der Fehler auftrat.

Tabelle 7.4 Kategorien von Laufzeitfehlern

Kategorie	Bedeutung
Ressourcenengpass	Meistens ein Speicherengpass, eventuell aufgrund von falschen Systemeinstellungen. Ein typisches Beispiel ist SYSTEM_NO_ROLL, die Anwendung hat nicht mehr genügend Speicher zur Verfügung.
Kein Fehler	Das Programm wurde nicht durch einen Fehler abgebrochen, sondern aufgrund von bewusst durchgeführten Aktionen. Wenn beispielsweise ein Administrator eine laufende Transaktion anhält, wird der Laufzeitfehler SYSTEM_CANCELED geworfen. In einem solchen Fall ist keine Fehlerbehebung nötig.
Installationsfehler	Hierzu zählen zum Beispiel Inkonsistenzen zwischen Kernel und Datenbank. Ein typischer Installationsfehler ist der Fehler START_CALL_SICK.
Externer Fehler	Der Fehler wurde durch einen Aufruf von außerhalb des Systems verursacht. Beispielsweise bei einem fehlerhaften Anmeldeversuch über die RFC-Schnittstelle.

Tabelle 7.4 Kategorien von Laufzeitfehlern (Forts.)

Detailsicht auf die Dumps: Navigation durch einen Kurzdump

Wenn Sie einen Kurzdump mit der ABAP-Dumpanalyse anzeigen, entspricht die Datenübersicht in etwa der in Abbildung 7.16 gezeigten Darstellung. Im rechten Bildschirmbildbereich befindet sich der Text des Kurzdumps, der eine bis mehrere Seiten umfassen kann. Der Text ist in verschiedene Abschnitte unterteilt, die durch hervorgehobene Überschriften (zum Beispiel *Was ist passiert?*) eingeleitet werden.

Auf der linken Seite von Abbildung 7.16 sehen Sie eine Navigationsstruktur, über die Sie direkt in die einzelnen Abschnitte des Dumps gelangen. Für eine vereinfachte Navigation ist die Navigationsstruktur in bestimmte Sichten (wie zum Beispiel SYSTEMUMGEBUNG, ANWENDERSICHT etc.) gruppiert, die wiederum weitere Abschnitte beinhalten:

- Die wichtigsten Abschnitte für die Problembehandlung in ABAP-Programmen befinden sich im Abschnitt ABAP-ENTWICKLERSICHT. Diese Sicht enthält alle Fehlerinformationen auf ABAP-Ebene.

- Der Abschnitt BASIS-ENTWICKLERSICHT enthält SAP-interne Daten zum Kernel, C-Stack etc. In den meisten Fällen sind diese internen Informationen des ABAP-Interpreters für einen ABAP-Entwickler nicht relevant.

Einsatz von Analysewerkzeugen | **7.2**

Abbildung 7.16 Kurzdump für TABLE_INVALID_INDEX

Um zu veranschaulichen, wie Sie die Informationen aus dem Abschnitt ABAP-ENTWICKLERSICHT verwenden, wird nun mit dem Beispielszenario fortgefahren und der abgebrochene Hintergrundjob untersucht. Die Hauptabschnitte des in Abbildung 7.16 gezeigten Kurzdumps werden analysiert, um auf Quelltextebene zu ermitteln, weshalb der Fehler TABLE_INVALID_INDEX aufgetreten ist.

7.2.5 Analyse eines beendeten Hintergrundjobs mit der ABAP-Dumpanalyse

Nun wird jeder Abschnitt des Dumps im Detail untersucht, um so viele Informationen wie möglich zu dem Fehler zu erhalten.

Schritt 1: Ermitteln der Fehlerursache

Die Analyse beginnt mit dem Abschnitt FEHLERANALYSE des Kurzdumptextes (siehe Abbildung 7.17), in dem Sie die ersten Hinweise auf die Fehlerursache erhalten. Der Abschnitt weist darauf hin, dass versucht wurde, eine interne Tabellenoperation im Programm ZTSTECHED02_ST22 für Tabelle ITAB2 mit dem Index Null auszuführen. Diese Operation ist nicht zulässig, da der Index immer größer oder gleich eins sein muss.

```
Fehleranalyse
    Beim Ändern bzw. Löschen einer oder mehrerer Zeilen der internen Tabelle
    "\PROGRAM=ZTSTECHED02_ST22\DATA=ITAB2" oder beim Einfügen in die Tabelle
    "\PROGRAM=ZTSTECHED02_ST22\DATA=ITAB2" wurde 0 als
    Zeilenindex verwendet. Ein Index kleiner oder gleich Null ist nicht
    erlaubt.
```

Abbildung 7.17 Abschnitt »Fehleranalyse«

Schritt 2: Ermitteln der Fehlerstelle
Anschließend wird mit dem Abschnitt INFORMATIONEN ZUR ABBRUCHSTELLE fortgefahren (siehe Abbildung 7.18). Dieser Abschnitt liefert detaillierte Informationen zum Programm und der spezifischen Quelltextzeile, in der der Fehler aufgetreten ist. Aufgrund der großen Anzahl von Namen von eigenständigen Programmen und von Include-Programmen kann es eventuell schwierig sein, diesen Abschnitt zu verstehen. Die folgenden Hinweise sind für die Interpretation der Inhalte in diesem Abschnitt hilfreich:

- Der Hintergrundjob wurde im ABAP-Programm "<Programmname>" in "<Name von Ereignis/Funktion/Routine/Methode>" beendet.

- Das Hauptprogramm war "<Name des Programms>". Ein Hauptprogramm ist das erste Programm einer Programmgruppe. Eine Programmgruppe wiederum ist eine Organisationseinheit von Programmen im internen Modus. Um Einzelheiten zu Programmgruppen zu erfahren, führen Sie in der ABAP-Schlüsselwortdokumentation einfach eine Suche nach diesem Begriff durch.

- Der Hintergrundjob wurde in Zeile <Zeile in Include/Programm> des Quelltextes von (Include-)Programm "<Name des Include/Programms>" des Quelltextes von Programm "<Programmname>" beendet.

```
Informationen zur Abbruchstelle
    Der Abbruch trat im ABAP-Programm "ZTSTECHED02_ST22" auf, und zwar in
    "START-OF-SELECTION". Das Hauptprogramm war "ZTSTECHED02_ST22 ".

    Im Quelltext befindet sich die Abbruchstelle in Zeile 28
    des (Include-)Programms "ZTSTECHED02_ST22".
```

Abbildung 7.18 Abschnitt »Informationen zur Abbruchstelle«

Schritt 3: Überprüfen des entsprechenden Quelltextes
Direkt unterhalb dieser Informationen zum Programm/Include befindet sich der Abschnitt AUSSCHNITT QUELLTEXT (siehe Abbildung 7.19). Dieser Abschnitt enthält einen Auszug des entsprechenden Quelltextes und zeigt die Codezeile

an, in oder vor der der Fehler aufgetreten ist. Die betroffene Quelltextzeile kann sich vor der angezeigten Zeile befinden, wenn der Fehler erst aufgetreten ist, nachdem der Programmzeilenzeiger bereits inkrementiert wurde.

In unserem Beispiel erfahren Sie an dieser Stelle, dass der Fehler in Zeile 28 aufgetreten ist und der Kurzdump erzeugt wurde, als versucht wurde, über eine INSERT-Anweisung eine Zeile in eine interne Tabelle einzufügen. In einer vorhergehenden Anweisung (Zeile 24) sehen Sie zudem, dass das Programm einen Eintrag aus der internen Tabelle ITAB liest und anschließend versucht, diese Zeile an derselben Position in der Tabelle ITAB2 einzufügen (Zeile 28). Der für die INSERT-Anweisung verwendete Index ist das Systemfeld sy-tabix. (Nach einem erfolgreichen READ-Vorgang für eine interne Tabelle, die über einen Tabellenindex verfügt,[13] stellt das System die Zeilennummer des Eintrags im Index nach sy-tabix.)

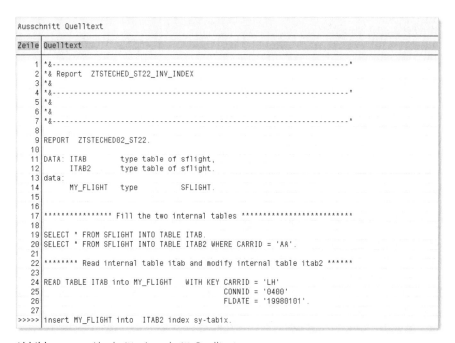

Abbildung 7.19 Abschnitt »Ausschnitt Quelltext«

Schritt 4: Untersuchen der Werte der relevanten Systemfelder

Nun müssen Sie den Wert von sy-tabix ermitteln, den das Programm als Indexangabe für die fehlgeschlagene INSERT-Anweisung verwendet. Die relevanten

---

13 Vor den Releases 7.0, EhP2 und 7.1/7.2 waren dies nur Standardtabellen und sortierte Tabellen. Seit diesem Release können auch Hash-Tabellen einen (sekundären) Tabellenindex haben, wenn ihnen ein sortierter Sekundärschlüssel zugeordnet wird.

Informationen finden Sie in Abschnitt INHALT DER SYSTEMFELDER (siehe Abbildung 7.20). Dieser Abschnitt enthält die Werte der meist verwendeten Systemfelder, die Komponenten der Systemstruktur sy sind.[14] Wie Sie sehen, hat das Programm die INSERT-Anwendung mit einem Wert 0 für sy-tabix ausgeführt. Und genau dies hat den Fehler verursacht. (Der angegebene Index muss bei einer INSERT-Operation für eine interne Tabelle immer größer oder gleich null sein.)

```
Inhalt der Systemfelder

Name       Wert
SY-SUBRC   4
SY-INDEX   0
SY-TABIX   0
SY-DBCNT   28
SY-FDPOS   0
SY-LSIND   0
SY-PAGNO   0
SY-LINNO   1
SY-COLNO   1
SY-PFKEY
SY-UCOMM
SY-TITLE   Programm ZTSTECHED02_ST22
```

Abbildung 7.20 Abschnitt »Inhalt der Systemfelder«

Zudem erfahren Sie, dass der Rückgabewert sy-subrc der vorangegangenen READ-Anweisung den Wert 4 hat und damit anzeigt, dass diese Anweisung fehlgeschlagen ist (sy-subrc wird auf 4 gesetzt, wenn eine READ-Operation für eine interne Tabelle nicht erfolgreich ausgeführt werden kann). Dies würde auch den Initialwert von sy-tabix erklären, da das System den Wert von sy-tabix auf 0 setzt, wenn READ fehlschlägt. Doch Sie können nicht sicher sein. Möglicherweise wurde sy-subrc auch aufgrund des Fehlers während der INSERT-Operation auf 4 gesetzt. Daher müssen Sie untersuchen, ob die READ-Anweisung (Zeile 24) vor der INSERT-Anweisung (Zeile 28) fehlgeschlagen ist. Wenn itab leer ist oder keine Einträge enthält, die mit den angegebenen Schlüsselwerten übereinstimmen, schlägt die READ-Anweisung fehl, sodass auch der Arbeitsbereich my_flight nicht gefüllt wird. Im Beispiel lauten diese Schlüsselwerte wie folgt:

```
carrid = 'LH'
connid = '0400'
fldate = '19980101'.
```

Um zu belegen, dass READ fehlgeschlagen ist, müssen Sie daher prüfen, ob itab leer ist und/oder ob my_flight noch initial ist.

---

14 Weitere Informationen erhalten Sie, wenn Sie in der ABAP-Schlüsselwortdokumentation nach *ABAP-Systemfelder* suchen.

Schritt 5: Überprüfen des Inhalts von Feldern in der Nähe der Fehlerstelle

Der nächste Abschnitt des Kurzdumps, AUSGEWÄHLTE VARIABLEN, zeigt die Inhalte der Felder an, die sich im Quelltext in der Nähe der Position befinden, an der der Fehler aufgetreten ist. Ab SAP Web AS 6.10 werden hier nicht nur Variablen auf der obersten Stack-Ebene, sondern auf allen Ebenen des ABAP-Stacks angezeigt.

Es wird mit der obersten Stack-Ebene 1 begonnen:

```
1 EVENT     START-OF-SELECTION
```

Diese Stack-Ebene enthält die READ-Anweisung, die analysiert werden soll:

```
READ TABLE itab INTO my_flight WITH KEY carrid = 'LH'
                                        connid = '0400'
                                        fldate = '19980101'.
```

Auf Stack-Ebene 1 sehen Sie als Erstes die interne Tabelle itab (siehe Abbildung 7.21). Sie erfahren, dass itab (der interne Name ist IT_7) über 163 Zeilen verfügt und die Zeilenbreite 80 Bytes beträgt. (Beachten Sie, dass der hexadezimale Code unterhalb des Textes TABLE IT_7[163x80] den Tabellen-Header,[15] nicht den Inhalt der internen Tabelle itab darstellt). Es kann daher mit Sicherheit gesagt werden, dass die interne Tabelle itab nicht leer ist.

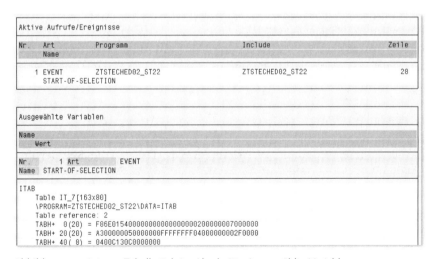

Abbildung 7.21 Interne Tabelle itab im Abschnitt »Ausgewählte Variablen«

---

15 Der Header eines dynamischen Datenobjektes (String oder interne Tabelle) enthält die Adresse der eigentlichen Daten sowie zusätzliche Verwaltungsinformationen. Er ist Teil der dynamischen Daten und wird selbst von einer internen Referenz adressiert.

Als Nächstes wird im selben Abschnitt nach `my_flight` gesucht, um zu überprüfen, ob die `READ`-Anweisung diese Struktur gefüllt hat (siehe Abbildung 7.22).

```
ITAB2
    Table IT_8[28x80]
    \PROGRAM=ZTSTECHED02_ST22\DATA=ITAB2
    Table reference: 5
    TABH+   0(20) = E01FFB530000000000000005000000008000000
    TABH+  20(20) = 1C000000500000000FFFFFFFF04000000002F0000
    TABH+  40( 8) = 0400C130C0000000
    store         = 0xE01FFB53
    ext1          = 0x00000000


MY_FLIGHT
           000000000000########                 ########################################
           22222233333333333000000002222222222222000000000000000000000000000000000000
           000000000000000000000000C000000000000000000000C000000000000000000000
```

Abbildung 7.22 Arbeitsbereich my_flight im Abschnitt »Ausgewählte Variablen«

Der Dump zeigt den Inhalt der Struktur in Segmenten mit 40 Zeichen an. (Das zweite Segment beginnt bei Offset 40.) Jedes Segment umfasst die Zeichendarstellung des angezeigten Strukturteils. Darunter sehen Sie die hexadezimale Darstellung, die für die Anzeige von Feldern wichtig ist, die keine Zeichen enthalten, wobei die Zeichen für die beiden Halbbytes jeweils vertikal unter der Zeichendarstellung eines Bytes angeordnet sind. Die ersten 40 Bytes der Struktur `my_flight` werden also wie folgt dargestellt:

```
        000000000000########
   222222333333333330000000022222222222222
   00000000000000000000000C000000000000000000
```

Die Struktur `my_flight` ist im Programm `ZTSTECHED02_ST22` wie folgt deklariert:

DATA my_flight **TYPE** sflight.

Die Felder in dieser Struktur lassen sich im ABAP Dictionary (zum Beispiel über Transaktion SE11) ermitteln:

- Das erste Feld der Struktur `my_flight` ist `MANDT` vom Typ `CHAR` der Länge 3. Dieses Feld ist leer und umfasst drei Leerzeichen (hexadezimal 20).
- In der Mitte sehen Sie ein Feld mit der Zeichendarstellung ######## und dem hexadezimalen Wert 00...0C. Dies ist die Komponente `PRICE` vom numerischen Typ `p` einer gepackten Zahl. Die Komponente ist initial (der Wert ist 0 und C steht für das Vorzeichen +). Da die Byteinhalte nicht als Zeichen dargestellt werden können, sehen Sie hier nur die #-Symbole.

Wenn Sie so die gesamte Struktur überprüfen, lässt sich problemlos erkennen, dass jede Komponente initial ist.

Dies lässt jetzt endlich folgenden Rückschluss zu: Da der Rückgabewert der READ-Anweisung sy-subrc gleich 4 und der Arbeitsbereich my_flight leer ist, war die READ-Anweisung in Zeile 24 nicht erfolgreich. Aus diesem Grund ist der Wert von sy-tabix 0, was wiederum zu einem Laufzeitfehler führt, wenn dieser Wert als Index für die nachfolgende INSERT-Anweisung in Zeile 28 verwendet wird.

Schritt 6: Ausarbeiten einer Lösung
Die Ursache für diesen Laufzeitfehler ist ein Fehler, der sehr häufig auftritt: Der Entwickler hat vergessen, sy-subrc nach der READ-Anweisung zu überprüfen. Eine Korrektur könnte wie folgt aussehen:

```
READ TABLE itab INTO my_flight
  WITH KEY carrid = 'LH'
           connid = '0400'
           fldate = '19980101'.
IF sy-subrc = 0.
  INSERT my_flight INTO itab2
    INDEX sy-tabix.
ELSE.
  ... "Error handling
ENDIF
```

Ohne jedes Debuggen und nur durch Analyse des Systemprotokolls und des Kurzdumps konnte der Fehler auf Quelltextebene ermittelt und eine Lösung ausgearbeitet werden.

Inkonsistenzen feststellen

Einige Laufzeitfehler werden durch Inkonsistenzen zwischen Repository-Objekten hervorgerufen. In solchen Fällen müssen Sie wissen, welche Entwicklungsobjekte, wie zum Beispiel Programmteile (Include-Programme) oder Datentypen aus dem ABAP Dictionary (meistens Strukturen), in der letzten Zeit geändert wurden. Anhand dieser Informationen lassen sich Inkonsistenzen zwischen Programmen oder zwischen einem Programm und einer Dictionary-Struktur ermitteln, oder Sie können herausfinden, was an einem Programm verändert wurde, das nach jahrelangem problemlosen Produktivbetrieb plötzlich mit Laufzeitfehlern beendet wird.

Hierfür ist das ausführbare Programm RSDEPEND nützlich, das direkt über die Transaktion SA38 gestartet werden kann und eine Liste aller Programmkomponenten, darunter Include-Programme, Dynpros und verwendete Datentypen aus dem ABAP Dictionary, umfasst. Am Anfang der ausgegebenen Liste wird der Zeitstempel der letzten Änderung angezeigt, die an einem der Programmelemente vorgenommen wurde. Darunter zeigt die Ausgabe für jede Komponente das Datum und die Uhrzeit der letzten Änderung. In Abbildung 7.23 sehen Sie eine solche Ausgabe für das Beispielprogramm SAPMSJOB.

Abhängigkeiten von Programm SAPMSJOB

Programm   SAPMSJOB
Gesamtzeitstempel   30.04.2008 06:45:11
Letzte Änderung   08.05.2008 14:44:06
Letzte Änderer   WKIRCH

Auf der Datenbank vorhandene ABAP Loads

Hardware ID	Zeitstempel der ABAP Load	Zeitstempel der ABAP Source
0x00000183(387)	11.08.2008 13:58:26	30.04.2008 06:45:11

Abhängigkeiten von Includes

Name	Zeitstempel
<SYSINI>	29.01.2002 02:59:45
MSJOBF01	24.01.2005 03:33:07
MSJOBI01	15.11.2006 07:23:56
MSJOB001	03.07.1998 13:50:03
MSJOBTOP	15.11.2006 07:23:56
SAPMSJOB==========================D	00.00.0000 00:00:00

Abhängigkeiten von Typen des Dictionarys

Name	Letzte Änderung	ABAP Zeitstempel	Dynpro Zeitstempel
ARC_PARAMS	05.04.2006 05:48:30	08.08.1997 14:45:20	30.11.2000 21:06:05
BTCH0000	05.04.2006 05:53:29	11.10.1995 09:01:42	11.10.1995 09:01:42
DYNPREAD	30.04.2008 05:51:35	30.04.2008 06:20:40	30.04.2008 06:20:40
PRI_PARAMS	30.04.2008 05:53:20	30.04.2008 06:31:42	30.04.2008 06:31:42
RALDB	30.04.2008 05:39:25	30.04.2008 06:31:54	30.04.2008 06:31:54
RSJOBINFO	05.04.2006 05:50:59	09.02.1995 13:25:17	15.12.2000 11:40:05

Abbildung 7.23 Report für das Beispielprogramm SAPMSJOB

Für Datentypen des ABAP Dictionarys wird sowohl die letzte direkte Änderung als auch die letzte ABAP-Aktualisierung dargestellt: Wenn Sie eine Spalte zu einer Dictionary-Struktur hinzufügen und die Struktur aktivieren, ermittelt das System ABAP-Programme, die diese Struktur verwenden. Der allgemeine Zeitstempel dieser Programme wird aktualisiert. Durch diese Aktualisierung des allgemeinen Zeitstempels wird das Programm bei der nächsten Verwendung automatisch neu generiert (siehe Spalte ABAP ZEITSTEMPEL). Über diesen Synchronisierungsprozess wird sichergestellt, dass der Bytecode dieses ABAP-Programms immer aktuell ist und alle Änderungen im ABAP Dictionary widerspiegelt.

Einige Änderungen im Dictionary (zum Beispiel die Änderung einer Tabellendokumentation) sind für die abhängigen ABAP-Programme nicht relevant. In diesen Fällen wird der Zeitstempel für die letzte Änderung aktualisiert, diese Aktualisierung wird jedoch nicht an die abhängigen ABAP-Programme weitergegeben, sodass der Zeitstempel der ABAP-Aktualisierung unverändert bleibt.

Nun geht es um ABAP-Traces, um zu zeigen, wie einfach Sie einen Trace verwenden können, um die Struktur eines ABAP-Programms zu analysieren.

7.2.6 Analyse der Programmstrukturen mit der ABAP-Trace-Funktionalität

Die ABAP-Laufzeitanalyse (Transaktion SE30[16]) wurde ursprünglich entwickelt, um die Performance von ABAP-Anwendungen zu analysieren. Sie enthält aber auch eine ebenso nützliche ABAP-Trace-Funktion, mit der viele Entwickler nicht vertraut sind. Zur Vereinfachung wird ab sofort einfach der Begriff *ABAP-Trace* verwendet, wenn es sich um den Bezug zur ABAP-Trace-Funktionalität der ABAP-Laufzeitanalyse handelt.

Um die ABAP-Trace-Funktionen zu erläutern, wird ein neues Szenario verwendet. In diesem Szenario wird versucht, den Programmablauf einer Anwendung zu analysieren bzw. eine bestimmte Anweisung in einer großen Anwendung zu ermitteln.

In diesem Beispiel wird der ABAP Editor selbst analysiert, um die Quellcodezeile zu ermitteln, in der eine bestimmte Nachricht ausgelöst wird. Zum direkten Starten des ABAP Editors geben Sie Transaktionscode SE38 ein, oder Sie wählen in SAP Easy Access den Menüpfad WERKZEUGE • ABAP WORKBENCH • ENTWICKLUNG • ABAP EDITOR und versuchen anschließend, das Programm ABC anzuzeigen.

Der Versuch, das Programm anzuzeigen, führt zur Nachricht *Das Programm ABC ist nicht vorhanden* in der Statusleiste (siehe Abbildung 7.24). Wenn Sie in der Statusleiste auf diese Nachricht klicken, werden der Langtext der Nachricht und auch deren Klasse und Nummer angezeigt, die Sie zur späteren Analyse

---

[16] Ab den Releases 7.0, EhP2 und 7.1/7.2 wird Transaktion SE30 durch die Transaktion SAT (ABAP-Trace) abgelöst, die insbesondere im Hinblick auf die Möglichkeiten zur Auswertung der Ergebnisse erheblich gegenüber der Transaktion SE30 verbessert wurde.

benötigen. In diesem Fall ist die Ausgabe DS017, das heißt, die Nachrichtenklasse ist DS und die Nachrichtennummer ist 017.

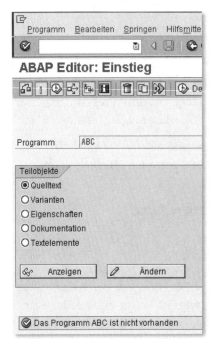

Abbildung 7.24 Meldung über nicht vorhandenes Programm

Um zu verstehen, weshalb eine solche Nachricht angezeigt wird, müssen Sie herausfinden, welche Quellzeile die Nachricht auslöst und welche Prüfungen vor diesem Ereignis ausgeführt werden. Hierzu wird das Verhalten mit einem ABAP-Trace analysiert.

ABAP-Traces effektiv verwenden

Die ABAP-Trace-Funktionalität der ABAP-Laufzeitanalyse ist die einzige Möglichkeit, eine ABAP-Applikation auf Anweisungsebene zu tracen. Typischerweise führen Sie einen ABAP-Trace aus, um die Struktur eines Programms zu verstehen oder die Position zu ermitteln, an der eine bestimmte Funktion oder Anweisung ausgeführt wird.

Sie können alle potenziell zeitaufwendigen Anweisungen in Ihren ABAP-Programmen nachverfolgen. Allerdings werden Sie nicht alle MOVE- oder IF-Anweisungen in der resultierenden ABAP-Trace-Liste finden. Anderenfalls würde die ABAP-Trace-Datei zu groß und auch der Zeitaufwand für das Schreiben des Trace während der Programmausführung zu hoch. Tabelle 7.5 zeigt die ABAP-Anweisungen, die in der Trace-Liste enthalten sind.

Themengebiet	Anweisung/Anweisungsgruppen
Datenbankzugriffe	OPEN SQL, EXEC SQL
Aufrufe	CALL FUNCTION, CALL METHOD, CALL SCREEN, SUBMIT etc.
Zugriffe auf interne Tabellen	APPEND, READ, INSERT etc.
Dateizugriffe	TRANSFER, OPEN DATASET etc.
andere potenziell zeitaufwendige Anweisungen	EXPORT, IMPORT, MESSAGE, ASSIGN, COMMIT, ROLLBACK etc.

Tabelle 7.5 ABAP-Anweisungen, die sich für das Tracing eignen

Der Profilparameter `abap/atrapath` legt fest, in welchem Ordner die Datei mit den ABAP-Traces gespeichert wird. Profilparameter werden bekannterweise über Transaktion RZ11 (Pflege der Profilparameter) angezeigt und gepflegt. Über den Profilparameter `abap/atrasizequota` kann der Systemadministrator die maximale Größe aller ABAP-Trace-Dateien in diesem Ordner festlegen. Die Standardgröße ist 30.000 KB. Wird in Warnmeldungen angezeigt, dass das Dateikontingent überschritten ist, löschen Sie einige ältere Dateien in diesem Verzeichnis des aktuellen Applikationsservers.

Doch weshalb sollten Sie überhaupt ein derartiges Tracing für ABAP-Code in Betracht ziehen, der während einer Anwendung ausgeführt wird? Im Folgenden finden Sie mögliche Gründe:

- zum Analysieren des Programmablaufs einer Anwendung, um deren Struktur zu verstehen
- zum Auffinden einer bestimmten Anweisung wie in unserem Beispielszenario
- für einen Vergleich des Programmablaufs in verschiedenen Mandanten oder Systemen, um die Unterschiede zu ermitteln
- Zum Auffinden bestimmter Erweiterungen: Wenn Sie vermuten, dass das seltsame Verhalten einer Anwendung durch spätere Erweiterungen ausgelöst wird, dann suchen Sie nach den entsprechenden Programmkonstrukten.
- Zum Nachverfolgen des Speicherverbrauchs einer Anwendung: Ein ABAP-Trace kann auch für jeden Trace-Eintrag den gerade allokierten Speicher zeigen. Sie können diese Liste problemlos aus dem Trace in eine Tabellenkal-

kulation herunterladen und ein Diagramm erstellen, um die Komponenten mit dem höchsten Speicherverbrauch zu ermitteln.[17]

ABAP-Traces werden über die ABAP-Laufzeitanalyse aktiviert und untersucht (siehe Abbildung 7.25). Im folgendem Abschnitt wird das beschriebene Szenario verwendet, um zu zeigen, wie Sie einen ABAP-Trace für die Suche nach einer bestimmten MESSAGE-Anweisung einsetzen.

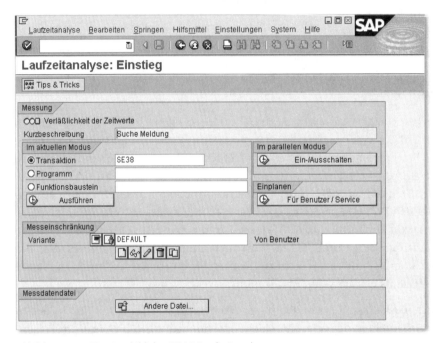

Abbildung 7.25 Einstiegsbild der ABAP-Laufzeitanalyse

Finden einer bestimmten ABAP-Anweisung mithilfe von ABAP-Traces

Wie gesagt, soll die ABAP-Trace-Funktion der ABAP-Laufzeitanalyse genutzt werden, um im ABAP Editor-Quelltext die MESSAGE-Anweisung zu suchen, die für die Ausgabe einer bestimmten Meldung verantwortlich ist. Geben Sie Transaktionscode SE30 ein, oder wählen Sie in SAP Easy Access den Menüpfad WERKZEUGE • ABAP WORKBENCH • TEST • LAUFZEITANALYSE, um die ABAP-Laufzeitanalyse zu starten. Geben Sie im Einstiegsbild (siehe Abbildung 7.25) die Transaktion an, die Sie nachverfolgen möchten – in diesem Beispiel SE38 (der ABAP Editor).

---

17 Bezüglich der Feststellung des Speicherverbrauchs siehe Kapitel 11, »Speicherverbrauchsanalyse mit dem ABAP Memory Inspector«.

Um die ABAP-Laufzeitanalyse für das Tracing von ABAP-Programmen zu verwenden, erstellen Sie eine Trace-Variante, um den Trace ohne Aggregation auszuführen (siehe Abbildung 7.26). Diese Einstellung verhindert, dass die Ablaufhierarchie der ABAP-Anwendung durch Aggregation verloren geht. Wenn Sie das Ankreuzfeld MIT SPEICHERVERBRAUCH aktivieren, wird zusätzlich der aktuelle Speicherverbrauch für jede ABAP-Trace-Zeile angezeigt. Dies ist nützlich, um Programmelemente mit dem höchsten Speicherverbrauch zu ermitteln.

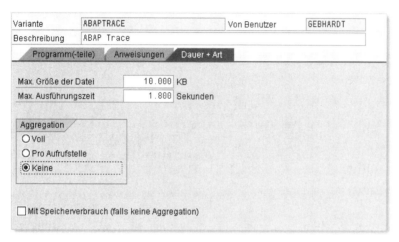

Abbildung 7.26 Erstellen einer Trace-Variante

Danach kehren Sie zum Einstiegsbild der ABAP-Laufzeitanalyse zurück (siehe Abbildung 7.25). Wählen Sie die Funktion AUSFÜHREN, um Transaktion SE38 mit der neuen Trace-Variante auszuführen und um die Nachricht *Programm ABC ist nicht vorhanden* zu reproduzieren. Wechseln Sie anschließend erneut in das Einstiegsbild der Laufzeitanalyse, in dem im unteren Bildschirmbildbereich der Abschnitt MESSDATENDATEI angezeigt werden sollte (siehe Abbildung 7.27). Wenn Ihre Trace-Datei nicht angezeigt wird, wählen Sie ANDERE DATEI, um alle verfügbaren Trace-Dateien auf diesem Server einzublenden.

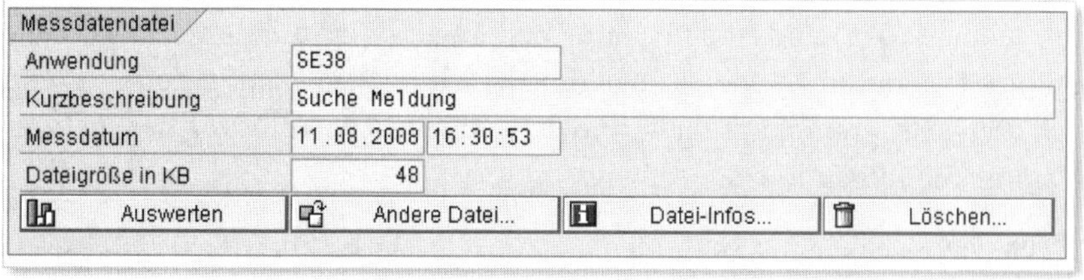

Abbildung 7.27 Abschnitt »Messdatendatei«

Starten Sie die Analyse der ABAP-Trace-Datei über Auswahl von AUSWERTEN. Drücken Sie im nächsten Bildschirmbild LZ-ANALYSE AUSWERTUNG: ÜBERSICHT auf die Hierarchiedrucktaste (🖳), oder drücken Sie [F8], um die Ergebnisse des ABAP-Trace anzuzeigen. Wie Sie in Abbildung 7.28 sehen, zeigt der ABAP-Trace (auch als *Aufrufhierarchie* bezeichnet) für die Anweisung eine lange Liste mit Trace-Einträgen.

LZ-Analyse Auswertung: Aufrufhierarchie

Brutto	Netto	Eb	Aufruf-Hierarchie
58.051	68	0	Runtime analysis
57.983	3.619	1	Call Transaction SE38
54.364	5.874	2	Program RSABAPPROGRAM
	113	3	Load Report RSABAPPROGRAM
	1	3	Perform not found BEFORE_EVENT
	81	3	Load Report CL_WB_PGEDITOR_INITIAL_SCREEN=CP
716	73	3	Call M. CL_WB_PGEDITOR_INITIAL_SCREEN=>CREATE_REQUES
	49	4	Load Report CL_WB_REQUEST==================CP
594	74	4	Call M. CL_WB_REQUEST=>CONSTRUCTOR
	45	5	Load Report CL_PAK_DOMAINS===============CP

Abbildung 7.28 ABAP-Trace-Ergebnisse

Die wichtigsten Spalten, um nach der relevanten MESSAGE-Anweisung zu suchen und diese zu analysieren, sind die Aufrufebene (EB), der eigentliche Trace-Satz und im rechten Bildschirmbildbereich das Programm, in dem sich die Trace-Zeile befindet (hier nicht gezeigt). Haben Sie die Ermittlung des Speicherverbrauchs in Ihrer Trace-Variante aktiviert, wird rechts zudem auch der allokierte Speicher in Byte (SPBEDARF) eingeblendet (hier ebenfalls nicht gezeigt).

Um die MESSAGE-Anweisung zu ermitteln, durchsuchen Sie die Liste einfach mit der Standardsuchfunktion ([Strg] + [F]) nach MESSAGE. Das Ergebnis ist der Eintrag Message S017 in der Aufrufhierarchie (siehe Abbildung 7.29). Suchen Sie nach der Nachrichtennummer 017 der Nachrichtenklasse DS – die Nachricht, die in der Aufrufhierarchie gefunden wurde (S017), weist dieselbe Nachrichtennummer auf (017) und ist eine Statusmeldung (S). Das mit dieser Trace-Zeile verknüpfte Programm ist SAPLWBABAP (in Abbildung 7.29 nicht gezeigt). Wenn Sie sich dieses Programm ansehen, finden Sie dort nach Auflösung der Include-Programme die folgende erste Anweisung:

FUNCTION-POOL wbabap **MESSAGE-ID** ds.

Die Anweisung MESSAGE-ID ds gibt an, dass die Standardnachrichtenklasse dieser Funktionsgruppe DS lautet. Damit ist gezeigt, dass diese MESSAGE-Anweisung die Nachricht sendet, nach der gesucht wird.

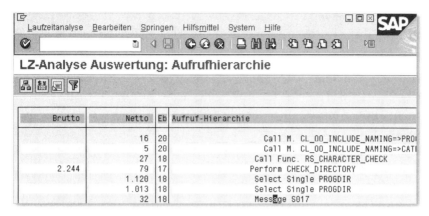

Abbildung 7.29 Suchergebnis für MESSAGE

Über die Funktion QUELLTEXT ANZEIGEN in der Anzeige der Aufrufhierarchie der Laufzeitanalyse können Sie direkt an die entsprechende Quelltextzeile für diese Message-Trace-Zeile springen. Doch vorher wird der Trace noch analysiert. Listing 7.2 zeigt den relevanten Auszug aus den Trace-Ergebnissen mit den Inhalten der Spalten EB (Aufrufebene) und AUFRUF-HIERARCHIE (Trace-Zeilen).

```
Call level      Trace line
0               Runtime Analysis
1               Call transaction se38
2      ...
24                         PERFORM CHECK_DIRECTORY
25                           SELECT SINGLE PROGDIR
25                           SELECT SINGLE PROGDIR
25                           MESSAGE S017
```

Listing 7.2 Auszug aus den Trace-Ergebnissen

Aufrufebene 0 ist immer die *Laufzeitanalyse*, da dies der Ausgangspunkt des Trace ist. Die Laufzeitanalyse ruft dann Transaktion SE38 auf, also die Transaktion, für die das Tracing durchgeführt wird. Innerhalb von Transaktion SE38 wird die Aufrufebene erhöht, wenn Programme und Prozeduren aufgerufen werden. Die Aufrufebene wird verringert, wenn aus einem Aufruf zurückgekehrt wird.

Die MESSAGE-Anweisung befindet sich auf Aufrufebene 25. Da der vorhergehende Eintrag auf Aufrufebene 24 PERFORM CHECK_DIRECTORY lautet, liegt der Schluss nahe, dass sich die Nachricht im Unterprogramm CHECK_DIRECTORY befindet. Ferner sehen Sie zwei SELECT-Anweisungen für die Datenbanktabelle PROGDIR auf derselben Aufrufebene (25) wie die Nachricht. Die Transaktion führt im Unterprogramm CHECK_DIRECTORY demnach zwei SELECT-Anweisungen für die Tabelle PROGDIR aus und sendet im Fehlerfall die Nachricht DS017.

Wenn Sie jetzt in den Quelltext für die MESSAGE-Anweisung verzweigen, wird dieser, wie in Abbildung 7.30 gezeigt, angezeigt. In dieser Anzeige können Sie verifizieren, dass sich die MESSAGE-Anweisung in der CHECK_DIRECTORY-Routine befindet. Darüber hinaus sehen Sie, dass keine Nachrichtenklasse angegeben ist, sodass die Transaktion tatsächlich die Standardnachrichtenklasse DS der Funktionsgruppe verwendet. Eine weitere Analyse des Codes würde zeigen, dass das Programm zunächst versucht, die inaktive Version des angeforderten Programms aus der Datenbanktabelle PROGDIR abzurufen. Schlägt dieser Versuch fehl, versucht das Programm als Nächstes, die aktive Version des angeforderten Programms abzurufen. Wenn auch dieser Versuch fehlschlägt (mit anderen Worten, wenn das Programm nicht vorhanden ist), zeigt die Transaktion die Nachricht an, nach der gesucht wird: DS017.

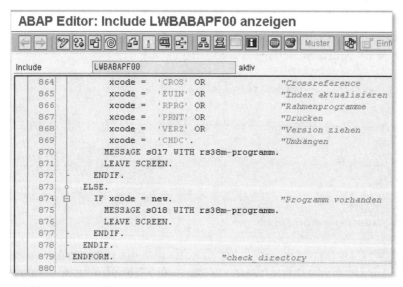

Abbildung 7.30 Quelltext für die MESSAGE-Anweisung

Tipps für die Verwendung von ABAP-Traces

Beachten Sie die folgenden potenziellen Probleme, wenn Sie einen ABAP-Trace verwenden:

▶ ABAP-Traces umfassen keinen ABAP-Code, der während RFCs oder asynchronen Updates ausgeführt wird. Wenn Sie einen Trace für eine Anwendung erstellen, die RFC- oder Verbuchungsfunktionen aufruft, fehlt diese Funktionalität im ABAP-Trace. Sie können allerdings in der Messvariante das Ankreuzfeld RFC, VERBUCHUNG auswählen, dann wird für die aufgerufenen RFCs und Verbuchungen jeweils eine weitere Trace-Datei auf dem Zielserver erzeugt. (Bedingung ist allerdings, dass das System mit dem Profilparameter `rstr/accept_remote_trace = true` gestartet wurde).

- Traces werden lokal auf dem Applikationsserver gespeichert. Bedenken Sie, dass der ABAP-Trace auf demselben Server analysiert werden muss, auf dem Sie den Trace durchgeführt haben, da anderenfalls keine ABAP-Trace-Datei vorhanden ist.[18]

- Können Sie bestimmte Anweisungen nicht in einem ABAP-Trace ermitteln, prüfen Sie zunächst im Bildschirmbild zur Pflege von Trace-Varianten, ob die Trace-Variante auf bestimmte Anweisungen oder Programme beschränkt ist. Ist dies nicht der Fall, aktivieren Sie alle Anzeigefilteroptionen (siehe Abbildung 7.31). Wählen Sie dazu die Funktion ANZEIGEFILTER ( ) in der Anzeige der Aufrufhierarchie der Laufzeitanalyse, um das Dialogfenster ANZEIGEFILTER zu öffnen. Per Voreinstellung werden einige Programme (zum Beispiel Systemprogramme) nicht angezeigt. Angenommen, Sie suchen nach einer Nachricht, die aus einem Systemprogramm wie SAPMSSY0 heraus gestartet wird. Wählen Sie dann die Option SYSTEMPROGRAMM im Dialogfenster ANZEIGEFILTER nicht aus, können Sie die Nachricht auch nicht in Ihrem ABAP-Trace finden.

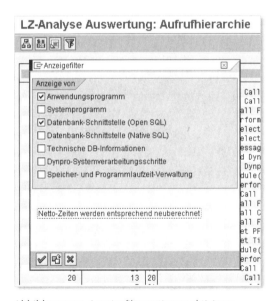

Abbildung 7.31 Anzeigefilteroptionen aktivieren

---

18 Ab den Releases 7.0, EhP2 und 7.1/7.2 kann die Trace-Datei auch in der zentralen Datenbank abgelegt und deshalb von jedem Applikationsserver aus analysiert werden.

Verwenden der ABAP-Laufzeitanalyse, um laufende Prozesse zu vermessen

Sie können einen ABAP-Trace auch für Anwendungen anlegen, die in einem parallelen Modus zum Laufzeitanalysemodus ausgeführt werden. Dies ist sehr nützlich, da Sie einen ABAP-Trace dadurch auch für ein gerade aktives Programm einschalten können, wie zum Beispiel einen Hintergrundjob, der bereits gestartet wurde.

Angenommen, Sie finden einen Job in Transaktion SM50 (Prozessübersicht), der seit Tagen ausgeführt wird. Sie möchten natürlich wissen, welche Aktionen dieser Job ausführt. Läuft er noch normal, oder befindet er sich in einer Endlosschleife? Um diese Frage zu beantworten, aktivieren Sie einen ABAP-Trace für diesen Hintergrundjob, und analysieren Sie den ABAP-Code, der diesen Prozess gegenwärtig ausführt. Normalerweise füllen Sie im Einstiegsbild der ABAP-Laufzeitanalyse das Feld TRANSAKTION oder PROGRAMM im Abschnitt IM AKTUELLEN MODUS. Wählen Sie stattdessen im Abschnitt IM PARALLELEN MODUS die Funktion EIN-/AUSSCHALTEN (siehe Abbildung 7.32).

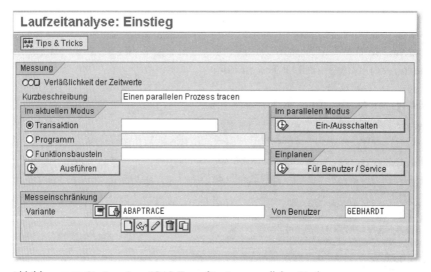

Abbildung 7.32 Starten eines ABAP-Trace für einen parallelen Modus

Als Nächstes wird das in Abbildung 7.33 dargestellte Bildschirmbild angezeigt, in dem Sie eine Übersicht über die aktuellen Workprozesse finden. Hier können Sie den ABAP-Trace für einen einzelnen Workprozess ein- oder ausschalten. In diesem Beispiel wird ein Job in Workprozess 17 ausgeführt. Um den Trace einzuschalten, markieren Sie den Workprozess, und wählen Sie die Funktion EINSCHALTEN DER MESSUNG ( ). Führen Sie den Trace nicht für einen langen Zeitraum aus, ein paar Minuten sollten ausreichen. Anderenfalls kann die Trace-Datei sehr schnell sehr groß werden (insbesondere, wenn ohne Aggregation vermessen wird).

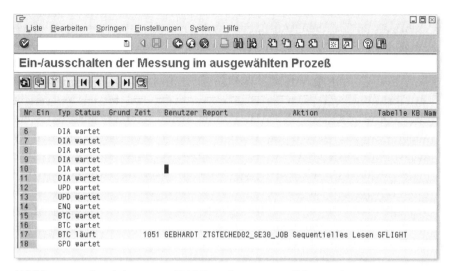

Abbildung 7.33 Einschalten eines ABAP-Trace für einen parallelen Workprozess

Um den Trace auszuschalten, markieren Sie wieder den Workprozess in der Prozessübersicht, und wählen Sie die Funktion AUSSCHALTEN DER MESSUNG ( ). Wechseln Sie anschließend erneut in das Einstiegsbild der ABAP-Laufzeitanalyse, in dem Sie die Trace-Datei analysieren und die Aufrufhierarchie überprüfen können, um den ABAP-Code zu ermitteln, der während der Messzeit ausgeführt wurde.

Beachten Sie die folgenden Punkte, wenn Sie einen ABAP-Trace für einen parallelen Modus verwenden:

▶ Wenn Sie den SAP Basis 4.6D-Kernel mit Patch-Level 1413 oder höher (oder den SAP Web AS 6.10-Kernel mit Patch-Level 427 oder höher) verwenden, können Sie einen ABAP-Trace nicht nur für Prozesse einschalten, die gerade ABAP-Code ausführen, sondern auch für solche, die sich im Leerlauf befinden (siehe SAP-Hinweis 586940). So können Sie einen ABAP-Trace beispielsweise für einen Hintergrundprozess einschalten, bevor der Job tatsächlich gestartet wird. Diese Option ist besonders für Jobs nützlich, die schnell abgeschlossen werden, sodass es unmöglich wäre, einen ABAP-Trace einzuschalten, während der Job ausgeführt wird. Schalten Sie einfach einen Trace für den ersten Hintergrundprozess ein, und planen Sie den Job für diesen Server ein. Werden zwischenzeitlich keine anderen Jobs gestartet, wird der Job in dem Hintergrundprozess ausgeführt, für den Sie den Trace eingeschaltet haben. (Das System verwendet stets den ersten verfügbaren Hintergrundprozess, um einen Hintergrundjob zu starten.)

- Die verwendeten Workprozesse können sich während einer Transaktion mehrmals ändern. Beim Ausführen einer Transaktion (zum Beispiel durch Eingabe von /nse38 im Befehlsfeld) verschiebt der Dispatcher Ihren Benutzerkontext in einen verfügbaren Dialogprozess, der diese Aufgabe ausführt, bis das erste Bildschirmbild eingeblendet wird. Die Transaktion erfordert nun Ihre Eingabe. Da sich der Workprozess in der Zwischenzeit im Leerlauf befinden würde, lagert das System Ihren Benutzerkontext aus, sodass ein anderer Benutzer den Workprozess verwenden kann. Wenn Sie im angezeigten Bildschirmbild eine Aktion ausführen (zum Beispiel eine Drucktaste verwenden), sucht der Dispatcher nach dem nächsten verfügbaren Workprozess und lagert Ihren Benutzerkontext erneut ein (diesmal in den neuen Workprozess). Beim Tracing eines parallelen Modus schalten Sie den ABAP-Trace für eine bestimmte Workprozess-Nummer ein. Um herauszufinden, welcher Workprozess den ABAP-Trace aktiviert hat, klicken Sie im Workprozess-Übersichtsfenster auf den Button AKTUALISIEREN. Wurde der Benutzerkontext aus- und erneut eingelagert, weist der Workprozess mit dem aktivierten Trace in der Spalte NR der Prozessübersicht die Workprozess-Nummer –1 auf.

- Die Trace-Variante zur Angabe, welche Programmteile vermessen werden sollen oder ob die Aggregation verwendet werden soll, gilt bei ABAP-Traces für parallele Modi genauso wie für normale ABAP-Traces. Verwenden Sie die für Traces üblichen Varianten ohne Aggregation, auch um einen ABAP-Trace für einen parallelen Modus auszuführen.

Im Folgenden wird die Aufrufhierarchie für den ABAP-Trace des Hintergrundprozesses untersucht, der soeben ausgeführt wurde (siehe Abbildung 7.34). Es kann festgestellt werden, weshalb dieser Hintergrundjob seit Tagen ausgeführt wird. Das Programm scheint sich in einer Endlosschleife zu befinden, da die folgenden Anweisungen ständig wiederholt werden:

```
PEFORM a
  PERFORM b
    OPEN CURSOR sflight
    FETCH sflight
    CLOSE CURSOR sflight
```

LZ-Analyse Auswertung: Aufrufhierarchie

Brutto	Netto	Eb	Aufruf-Hierarchie
	829	3	Fetch SFLIGHT
	1	3	Close Cursor SFLIGHT
2.539	6	1	Perform A
2.533	30	2	Perform B
	1.665	3	Open Cursor SFLIGHT
	837	3	Fetch SFLIGHT
	1	3	Close Cursor SFLIGHT
2.630	6	1	Perform A
2.624	32	2	Perform B
	1.760	3	Open Cursor SFLIGHT
	831	3	Fetch SFLIGHT
	1	3	Close Cursor SFLIGHT
2.591	6	1	Perform A
2.585	40	2	Perform B
	1.755	3	Open Cursor SFLIGHT
	789	3	Fetch SFLIGHT
	1	3	Close Cursor SFLIGHT
2.639	7	1	Perform A

Abbildung 7.34 Aufrufhierarchie für das Tracing eines Hintergrundprozesses

Um die Situation weiter zu untersuchen, wird von der sich wiederholenden Trace-Zeile PEFORM a in den ABAP Editor navigiert (siehe Abbildung 7.35). Hier wird festgestellt, dass dieses Programm *niemals* abgeschlossen wird. Die Variable i, die in der WHILE-Bedingung verwendet wird, entspricht zu keinem Zeitpunkt 1. Diese Variable wird mit 0 initialisiert, und eine weitere Quelltextanalyse würde schnell ergeben, dass dieser Wert innerhalb des Programms tatsächlich nie geändert wird.

```
Report        ZTSTECHED02_SE30_JOB        aktiv

 6  * Version: 1.0
 7  * Author: Boris Gebhardt
 8  * Date: 04.09.2002
 9  * Topic: TECHED 2002 - WR2D2W2 - SE30 / endless loop
10  *************************************************
11
12  REPORT  ztsteched05_se30_job.
13
14  DATA i TYPE i.
15
16  WHILE i <> 1.
17
18    PERFORM a.
19
20  ENDWHILE.
```

Abbildung 7.35 Analysierter Quelltext

Der ABAP-Trace lässt den Schluss zu, dass dieser Hintergrundjob sicher beendet werden kann (und sollte!), da die Schleife anderenfalls endlos weiter ausgeführt wird.

Tracing für Programmabschnitte

In manchen Fällen möchten Sie das Tracing eventuell nur für einen bestimmten Teil eines Programms ausführen. Gehen Sie beispielsweise davon aus, dass Sie eine komplexe Transaktion mit einer Vielzahl von (klassischen) Dynpros analysieren möchten. Allerdings interessieren Sie sich nur für eine Nachricht, die nach dem Dynpro mit der Nummer »0021« erscheint. Es wäre nicht sinnvoll, den gesamten ABAP-Code zu tracen, der vor dieser Stelle ausgeführt wird. Stattdessen sollten Sie den Trace einschalten, sobald die Ausführung Dynpro »0021« erreicht, und den Trace ausschalten, nachdem die gesuchte Nachricht angezeigt wurde.

Hierfür können Sie einen Trace mithilfe einer entsprechenden Trace-Variante einschränken, die Sie im Einstiegsbild der ABAP-Laufzeitanalyse angeben. Sie können dort ein bestimmtes Programm oder eine bestimmte Prozedur angeben, für das/die der Trace aktiv sein soll. Darüber hinaus können Sie den Trace in einem gerade ausgeführten Programm explizit einschalten. Das ist exakt das vorliegende Szenario: Sie sollen den Trace explizit vor dem Dynpro »0021« einschalten. Für diesen Zweck aktivieren Sie das Ankreuzfeld BESTIMMTE EINHEITEN im Bildschirmbild für die Pflege von Trace-Varianten (siehe Abbildung 7.36).

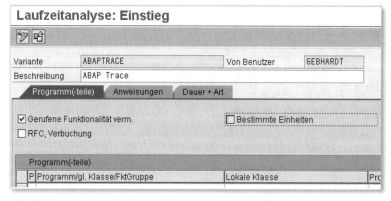

Abbildung 7.36 Einschränkung »Bestimmte Einheiten« für Trace-Varianten

Wenn Sie diese Trace-Variante zum Ausführen Ihres ABAP-Trace verwenden, beginnt der Trace nicht automatisch am Anfang des Programms. Sie müssen den Trace explizit einschalten, indem Sie im Befehlsfeld der Systemfunktionsleiste `/ron` eingeben oder den Menüpfad SYSTEM • HILFSMITTEL • LAUFZEITANALYSE • EINSCHALTEN wählen. Haben Sie das fragliche Verhalten durchgespielt, schalten Sie den Trace über den Befehl `/roff` oder über den Menüpfad SYSTEM • HILFSMITTEL • LAUFZEITANALYSE • AUSSCHALTEN aus.

Durch Kombination dieser Funktion mit dem Debugger können Sie exakt angeben, für welchen Teil einer Anwendung der Trace ausgeführt werden soll. Setzen Sie einen Breakpoint an der Position im ABAP-Quelltext, an der der Trace gestartet werden soll, und einen zweiten Breakpoint an der Stelle, an der der Trace beendet werden soll. Führen Sie dann einen ABAP-Trace mit aktivierter Einschränkung BESTIMMTE EINHEITEN aus. Schalten Sie den Trace ein, wenn der erste Breakpoint erreicht wird. Bei Erreichen des zweiten Breakpoints schalten Sie den Trace aus.

Sie können auch die folgenden ABAP-Anweisungen verwenden, um den ABAP-Trace ein- bzw. auszuschalten:

```
SET RUN TIME ANALYZER ON.
SET RUN TIME ANALYZER OFF.
```

Fügen Sie diese Anweisungen im Quelltext eines Programms ein, in dem Sie den Trace nicht selbst einschalten können (zum Beispiel in einem Hintergrundjob). Ist die Einschränkung BESTIMMTE EINHEITEN aktiv, misst die Laufzeitanalyse nur die Laufzeit von Code, der zwischen den beiden Anweisungen steht.

7.2.7 Wann Sie den ABAP Debugger brauchen

Sie haben erfahren, wie Sie verschiedene Werkzeuge zur Behandlung von komplexen ABAP-Fehlern kombinieren können, ohne den ABAP Debugger einzusetzen. Zu diesen zählen das Systemprotokoll, die ABAP-Dumpanalyse sowie die ABAP-Trace-Funktionalität der ABAP-Laufzeitanalyse.

Das Hauptproblem beim Debuggen ist die Tatsache, dass Sie Fehler auf Quelltextebene behandeln (teilweise für Anwendungen, mit denen Sie nicht vertraut sind) und innerhalb von Minuten den Überblick verlieren können. Sie könnten problemlos Stunden mit dem Debugging einer Anwendung verbringen, ohne eine einzige relevante Information zu ermitteln. Daher sollten Sie – sofern es sich nicht um wirklich einfache Probleme in Ihrem eigenen ABAP-Code handelt – stets andere Werkzeuge zur Fehlerbehebung nutzen, bevor Sie den Debugger einsetzen.

Angenommen, Sie erhalten einen Laufzeitfehler in einer Anwendung und analysieren gemäß den hier beschriebenen Empfehlungen als Erstes den Kurzdump im Detail. Sie erhalten vom Kurzdump einen umfassenden Überblick über die Fehlersituation. Um das Problem zu beheben, müssen Sie jedoch auch den Wert einer bestimmten Variablen in dem Programm kennen, das mit einem Laufzeitfehler abgebrochen wurde. Und diese Informationen können nicht immer anhand des Kurzdumps ermittelt werden.

Genau in einem solchen Szenario *kann* der Debugger effektiv eingesetzt werden. Setzen Sie einen Breakpoint an der Quellzeile, die Sie über den Kurzdump ermittelt haben. Halten Sie mit dem Debugger an dieser Zeile an, und ermitteln Sie den benötigten Variablenwert. Dieses Beispiel zeigt, dass die Verwendung des Debuggers erst sinnvoll ist, wenn Sie genau wissen, wonach Sie suchen (in diesem Fall nach dem Wert einer bestimmten Variablen). Beispiele:

- Wie lautet der Wert von Variable XYZ, wenn das Programm die Funktion Z erreicht?
- Wann wird die Variable ABC von Programm X erstmalig geändert?
- Welcher Zweig einer bestimmten IF-Kontrollstruktur wird erreicht?

Eine Übersicht über den Debugger gibt Ihnen Kapitel 8, »Effizientes ABAP Debugging«.

7.3 Fazit

Sie wissen nun, wie Sie SAP-Werkzeuge für statische Tests und Laufzeitprüfungen in den verschiedenen Phasen des Entwicklungs- und Testprozesses kombinieren können. Die erweiterte Programmprüfung und ABAP Unit sind ausgezeichnet geeignet, um Ihre tägliche Entwicklungsarbeit zu überprüfen, der Code Inspector und eCATT hingegen sind Tools, mit denen Qualitäts- und Testmanager Massentests ausführen und vollständige Geschäftsszenarien verifizieren können. Dank der Flexibilität des Code Inspectors können auch Entwickler dieses Werkzeug einsetzen, um schnell einzelne Objekte zu testen. Schließlich unterstützt Sie der Coverage Analyzer dabei sicherzustellen, dass alle wichtigen Teile Ihrer Programme getestet wurden.

In diesem Kapitel haben Sie außerdem erfahren, wie Sie mit dem Systemprotokoll beginnen, um sich einen groben (chronologischen) Überblick über ein Problem zu verschaffen. Anschließend wurde gezeigt, wie Sie die Ursache des Problems analysieren, indem Sie sich so viele Informationen wie möglich aus dem Kurzdump zunutze machen. Zuletzt haben Sie die leistungsfähige ABAP-Trace-

Funktionalität kennengelernt, eine zu Unrecht kaum genutzte Funktion[19] der ABAP-Laufzeitanalyse, mit deren Hilfe Sie bestimmte Nachrichten oder Funktionsbausteine in einer komplexen Anwendung ermitteln oder sich einen Überblick über die Struktur einer Anwendung verschaffen können.

Wir verwenden diese Werkzeuge und Techniken für unsere täglichen Aufgaben im ABAP-Entwicklungssupport. Mithilfe dieser Tools konnten wir den Zeit- und Arbeitsaufwand für die Fehlerbehandlung drastisch reduzieren und viele Male vermeiden, den falschen Ansatz zu verfolgen. Wir hoffen, dass Sie gleichermaßen von diesen bewährten Techniken profitieren werden.

---

19 Ab den Releases 7.0, EhP2 und 7.1/7.2 weist bereits der neue Name SAT (ABAP-Trace) explizit auf diese wichtige Funktionalität hin.

Neben dem ABAP Editor ist der ABAP Debugger wahrscheinlich das meistgenutzte Werkzeug in der ABAP-Entwicklung. Jeder ABAP-Entwickler kennt »/h«, um den Debugger zu aktivieren, und jeder kann sich Variablen im Debugger anzeigen lassen. Aber welcher ABAP-Entwickler weiß, wie er einen (abgebrochenen) Hintergrundjob debuggt oder Watchpoints auf interne Tabellen setzt? Es sind aber genau diese Expertenfunktionen, die Ihnen sehr viel Zeit bei der Problemanalyse ersparen können und die auch von den Autoren selbst im Support der ABAP-Entwicklung viele Jahre lang nutzbringend eingesetzt wurden. Neben solchen Tricks zum effektiven Debuggen stellt ein großer Teil dieses Kapitels eine Einführung in den neuen ABAP Debugger dar.

Boris Gebhardt und Christoph Stöck

8 Effizientes ABAP Debugging

Die in Kapitel 7, »Einsatz der ABAP-Test- und -Analysewerkzeuge in allen Phasen des Entwicklungsprozesses«, präsentierten Inhalte stellen möglichst praxisnahe Strategien zur Fehlervermeidung sowie zur Problemanalyse in ABAP-Programmen dar. Dort werden ABAP-Analysewerkzeuge wie die ABAP-Dumpanalyse oder die ABAP-Laufzeitanalyse vorgestellt. Durch geschickte Kombination dieser Tools kann ein Problem oft schon gelöst werden, ohne mit dem ABAP Debugger eine aufwendige Tiefenanalyse zu starten.

Manche Programmierer sollen der Meinung sein, dass schon allein die Verwendung eines Debuggers ein Beleg für schlecht entwickelte Programme ist. Dabei geht es beim Entwickeln von Software heute um mehr als nur um das Schreiben von eigenständigen Programmen mit bekannten und bewährten Algorithmen. Es wird immer mehr Zeit darauf verwendet, eigenen Code in vorhandenen Code zu integrieren, wie zum Beispiel in servicebasierten Frameworks. Dann muss nicht nur die Interaktion zwischen benutzerdefinierten Plug-ins und dem Framework zuverlässig und fehlerfrei funktionieren, sondern auch zwischen den eigenen und allen anderen involvierten Plug-ins. Wenn in solch komplexen Szenarien ein Fehler durch Debuggen gefunden werden soll, laufen Entwickler tatsächlich Gefahr, den Großteil ihrer Zeit mit der Vorbereitung der Debugging-Sitzung zu verbringen.

Die gute Nachricht für ABAP-Entwickler hierzu ist: Im Gegensatz zu anderen Plattformen müssen sich ABAP-Entwickler nicht mit Fragen auseinandersetzen, wie zum Beispiel: »Wo finde ich den entsprechenden Quelltext?«, »Ist das ausführbare Programm, das ich analysieren möchte, momentan in seiner Debug-Version geladen?« oder »Warum ist das Remote-Debugging so kompliziert?« In der ABAP-Entwicklungsumgebung müssen Sie sich lediglich am System anmelden, um auf den ABAP Debugger zugreifen zu können. Einmal im System, sind alle ABAP-Quelltexte verfügbar, und die virtuelle ABAP-Maschine kann den Debugger umgehend ausführen. Schließlich ist das Remote-Debugging in der ABAP-Entwicklungsumgebung nichts Außergewöhnliches. Alles was benötigt wird, ist das SAP GUI, das den Zugriff auf die ABAP Workbench und den ABAP Debugger ermöglicht, und – natürlich – eine entsprechende Berechtigung.

Und die Erfahrung zeigt auch, dass es letztendlich dann doch noch recht häufig vorkommt, wenn es nicht sogar der Regelfall ist, dass die in Kapitel 7, »Einsatz der ABAP-Test- und -Analysewerkzeuge in allen Phasen des Entwicklungsprozesses«, beschriebenen Analysewerkzeuge nicht ausreichend sind und der ABAP Debugger verwendet werden muss. Es sollte aber nie blind mit dem Debuggen begonnen werden. Wann immer möglich und sinnvoll, sollten Sie die Dumpanalyse oder die Laufzeitanalyse oder eines der anderen angesprochenen Werkzeuge nutzen, um zuerst ein klares Bild von der Fehlersituation zu bekommen. Diese Basisinformation für den Start einer Debugging-Sitzung beinhaltet meistens die Quellcodeeinheit, in der der Fehler auftritt, und welche Variablen beteiligt sind.

Aber selbst mit guter Vorbereitung und vorhergehender Ermittlung aller Basisinformationen können Sie beim Debuggen leicht sehr viel Zeit verlieren. In diesem Kapitel wird Ihnen deshalb anhand praxisnaher Szenarien gezeigt, wie Sie den ABAP Debugger möglichst effizient einsetzen. Das Kapitel ist mit vielen Tipps und Tricks angereichert, die sich während der Tätigkeit im ABAP-Support als nützlich erwiesen haben.

Um auch Kunden mit niedrigeren Releases als SAP Web AS 6.40 zu bedienen und auch um einen leichten Übergang vom klassischen zum neuen ABAP Debugger zu ermöglichen, wird in Abschnitt 8.1, »Starten des ABAP Debuggers«, erst einmal der klassische ABAP Debugger für die dortigen Szenarien verwendet. Nichtsdestoweniger sind die meisten Techniken und Tricks auch für den neuen ABAP Debugger anwendbar. Abschnitt 8.3, »Neuer ABAP Debugger«, konzentriert sich dann aber voll auf den neuen ABAP Debugger (Zwei-Prozess-Debugger), der mit SAP Web AS 6.40 eingeführt wurde und ab SAP NetWeaver AS ABAP, Release 7.0 alle Funktionen des klassischen ABAP Debuggers umfasst.

Neuentwicklungen, die ab den Releases 7.0, EhP2 und 7.1/7.2 zur Verfügung stehen werden, wie zum Beispiel Layer-aware Debugging oder Debugger Scripts, werden dann nur noch vom neuen ABAP Debugger unterstützt.

8.1 Starten des ABAP Debuggers

All die versprochenen Debugger-Tricks nützen nichts, wenn Sie zum Beispiel für einen Hintergrundjob erst gar nicht in den Debugger kommen. Deshalb wird mit den verschiedenen Arten, den ABAP Debugger zu starten, begonnen.

8.1.1 Starten des Debuggers zu Beginn der Programmausführung

Manchmal muss ein Programm von Anfang an im Debugging-Modus gestartet werden. Nehmen Sie an, Sie möchten den Programmablauf analysieren, sobald die Anwendung ausgeführt wird, oder Änderungen in einer bestimmten Variablen während eines Programmlaufs überwachen. Gehen Sie von einem Szenario aus, in dem ein Feld im ersten Bildschirmbild einer Anwendung einen falschen Wert enthält. Um dieses Problem zu analysieren und zu lösen, müssen Sie wissen, an welcher Stelle und wie dieses Feld mit Daten gefüllt wird. Wenn Sie mit dem Debugging erst beginnen (durch Eingabe von /h im Befehlsfeld der Systemfunktionsleiste), nachdem das erste Bildschirmbild angezeigt wird, ist es bereits zu spät, denn das Feld wurde bereits gefüllt. Stattdessen müssen Sie das Programm oder die Transaktion direkt im Debugging-Modus starten.

Am bekanntesten dürfte der Start eines ausführbaren Programms im Debugging-Modus aus dem ABAP Editor heraus sein: Wenn Sie den ABAP Editor direkt über Transaktion SE38 aufrufen, können Sie den Debugger für ein ausführbares Programm einfach über die Drucktaste DEBUGGING in der Anwendungsfunktionsleiste starten. Im Repository Browser des Object Navigators geht es ähnlich einfach über das Kontextmenü AUSFÜHREN • DEBUGGING eines Programms. Das Starten von Transaktionen im Debugging-Modus ist eventuell nicht ganz so einfach. Im ersten Szenario wird eine mögliche Vorgehensweise anhand von Transaktion SE09, dem Transport Organizer, veranschaulicht.

Szenario 1: Analysieren der Quelle eines vorbelegten Feldes

In diesem Szenario wird untersucht, wie ein bestimmtes Feld gefüllt wird – in diesem Fall das Feld BENUTZER im Transport Organizer (siehe Abbildung 8.1). Die Techniken, die in diesem Szenario für Problembehandlung und Debugging verwendet werden, sind immer dann nützlich, wenn Sie die Ursache für einen unerwarteten Feldwert in einem Dynpro untersuchen müssen. Beispielsweise kann der automatisch gefüllte Name für einen Benutzer falsch sein, und Sie müssen die Ursache ermitteln.

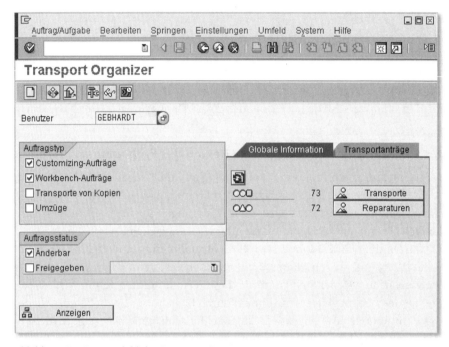

Abbildung 8.1 Einstiegsbild des Transport Organizers

Die erste Herausforderung besteht darin, die relevante Variable und das entsprechende Programm zu ermitteln, um über einen Ausgangspunkt für das Debugging dieser Transaktion zu verfügen. Anschließend können Sie mit dem ABAP Debugger herausfinden, an welcher Position innerhalb des Programms die Variable geändert wird.

Ermitteln der Quellvariablen

Abbildung 8.1 zeigt das Einstiegsbild des Transport Organizers, der über Transaktion SE09 aufgerufen wird. Sie sehen, dass das Feld BENUTZER bereits mit einem Benutzernamen »GEBHARDT« gefüllt ist. Sie sollen ermitteln, an welcher Stelle von Transaktion SE09 diese Vorbelegung erfolgt.

Welche Strategie bietet sich an? Ein ABAP-Trace (siehe Kapitel 7, »Einsatz der ABAP-Test- und -Analysewerkzeuge in allen Phasen des Entwicklungsprozesses«) würde zwar den Ablauf der Anwendung zeigen, jedoch keine Variableninhalte liefern. Da Sie wissen möchten, wann eine bestimmte Variable gefüllt wird, ist in diesem Fall der ABAP Debugger das geeignete Tool. Doch bevor Sie mit dem Debugging beginnen, müssen Sie zwei Fragen beantworten:

- In welcher Variablen und in welchem Programm wird der Benutzername gespeichert?
- An welcher Stelle sollten Sie mit dem Debugging beginnen, um zu untersuchen, wie diese Variable gefüllt wird?

Um die erste Frage zu beantworten, platzieren Sie den Cursor im Feld BENUTZER und wählen die F1-Hilfe, um den sogenannten Performanceassistenten zu öffnen (siehe Abbildung 8.2). Der Performanceassistent zeigt die Online-Hilfe, die den Zweck des aktuellen Feldes beschreibt. Um die technischen Details zum Feld BENUTZER anzuzeigen, wählen Sie in der Werkzeugleiste die Funktion TECHNISCHE INFORMATIONEN ( ). Im folgenden Dialogfenster (siehe Abbildung 8.3) findet sich im Bereich FELDBEZEICHNUNG FÜR BATCH-INPUT die Antwort auf die erste der gestellten Fragen. Der angezeigte Benutzername ist in der Variablen `trdyse01cm-username` im Programm `RDDM0001` gespeichert. In diesem Bereich erfahren Sie außerdem, in welchem Dynpro sich das Feld befindet – hier im Dynpro 0100. Beachten Sie jedoch, dass sich das Feld tatsächlich in Dynpro 0220 befindet (siehe Abschnitt DYNPRO-DATEN in Abbildung 8.3), bei dem es sich damit um einen Subscreen von Dynpro 0100 handelt.

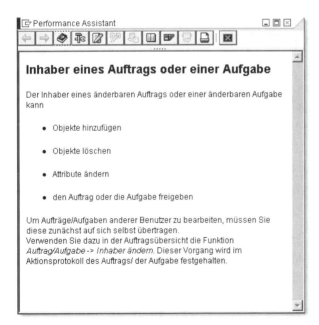

Abbildung 8.2 Performanceassistent

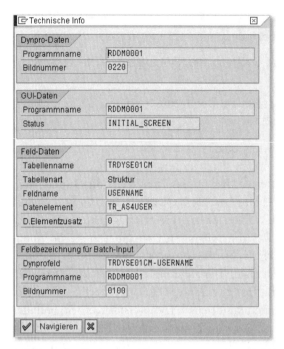

Abbildung 8.3 Technische Informationen zu einem Feld

Mit diesen Informationen lässt sich auch die zweite Frage problemlos beantworten. Sie müssen mit dem Debugging beginnen, bevor die Variable TRDYSE01CM-USERNAME gefüllt wird. Wenn Sie den Debugger starten, nachdem das erste Bildschirmbild angezeigt wird, ist dies eindeutig zu spät, da das Feld bereits den Namen »GEBHARDT« enthält. Daher müssen Sie die Transaktion von Anfang an im Debugging-Modus starten, das heißt bei der ersten ABAP-Anweisung von Transaktion SE09.

Doch wie ermitteln Sie die erste ABAP-Anweisung der Transaktion, und wie beginnen Sie von Anfang an mit dem Debugging? Sie könnten mithilfe des ABAP Editors die Struktur von Transaktion SE09 analysieren, oder Sie könnten einen ABAP-Trace verwenden, um den Programmablauf der Transaktion zu untersuchen. Anschließend könnten Sie anhand der Details zu Struktur oder Programmablauf das erste Bildschirmbild von Transaktion SE09, das erste Dialogmodul dieses Bildschirmbildes etc. ermitteln. So würden Sie schließlich die erste Anweisung der Transaktion finden und könnten an dieser Stelle einen Breakpoint setzen.

Obwohl eine Analyse von Struktur oder Programmablauf eine mögliche Vorgehensweise darstellt, ist das folgende Vorgehen effektiver: Führen Sie Transaktion SE93 (Transaktionspflege) aus, und geben Sie im Einstiegsbild im Feld

TRANSAKTIONSCODE den Code der Transaktion ein, für die Sie das Debugging durchführen möchten (in diesem Fall SE09) (siehe Abbildung 8.4).

Abbildung 8.4 Einstiegsbild der Transaktionspflege

Wählen Sie im Menü der Transaktionspflege den Pfad TRANSAKTIONSCODE • TESTEN • DEBUGGING. Die Transaktion wird im Debugger gestartet (siehe Abbildung 8.5), ohne dass Sie die erste Anweisung der Transaktion finden müssen.[1]

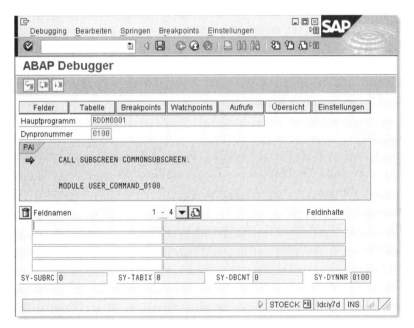

Abbildung 8.5 Transaktionsausführung im Debugging-Modus

---

[1] Das Ausführen einer Transaktion ist wie für ein ausführbares Programm auch im Object Navigator über AUSFÜHREN • DEBUGGING möglich. Dafür müssen Sie die Transaktion aber dort erst einmal zur Anzeige bringen, was nicht so einfach ist wie für Programme, da es für Transaktionen keine eigene Objektliste gibt.

8 | Effizientes ABAP Debugging

In der in Abbildung 8.5 gezeigten Phase der Dynpro-Verarbeitung befinden Sie sich in einem Systemmodul des ersten Dynpros (Dynpro 100 von Programm RDDM0001). Dieses Systemmodul ist in der angezeigten Ablauflogik nicht sichtbar. Wählen Sie [F5] (Einzelschritt), um das Systemmodul zu verlassen. Nun wird der Zeiger direkt vor dem ersten Modulaufruf für INIT_SCREEN_0100 angezeigt (siehe Abbildung 8.6).

Abbildung 8.6 Fortschreiten zum ersten Modul im Debugger

In Abschnitt 8.2.2, »Watchpoints«, werden Sie herausfinden, wann die Variable trdyse01cm-username im Programm RDDM0001 tatsächlich gefüllt wird. Doch zunächst wird Ihnen gezeigt, wie Sie den Debugger nicht am Anfang, sondern an einer bestimmten Stelle in der Transaktion starten. Darüber hinaus erfahren Sie, wie der Debugger für einen Hintergrundjob gestartet wird.

8.1.2 Starten des Debuggers während einer Dialogtransaktion

Sie wissen nun, wie Sie den Debugger von Anfang an für ein ausführbares Programm oder eine Transaktion starten. In den meisten Fällen müssen Sie aber nicht am Anfang, sondern an einer bestimmten Stelle in einer Transaktion mit dem Debugging beginnen. Sie möchten zum Beispiel wissen, weshalb eine bestimmte Nachricht nach Dynpro »0021« angezeigt wird. Sie könnten einen ABAP-Trace ausführen. Sie könnten aber auch das Debugging direkt nach diesem Dynpro beginnen, indem Sie im Befehlsfeld der Systemfunktionsleiste den Befehl /h eingeben.[2] Bei der nächsten Benutzeraktion (zum Beispiel bei Betätigung der Eingabetaste) wechseln Sie in den Debugger.

Manchmal kann jedoch nicht auf das Befehlsfeld der Systemfunktionsleiste zugegriffen werden. Wenn Sie sich zum Beispiel in einem modalen Dialogfenster oder einem Nachrichtenfenster befinden, können Sie nicht auf das Befehlsfeld des darunterliegenden Bildschirmbildes zugreifen. Angenommen, Sie möchten den Debugger unmittelbar nach dem in Abbildung 8.7 gezeigten Dia-

---

[2] Der Debugger kann nicht nur über den Befehl /h, sondern alternativ auch über die folgenden Befehle gestartet werden: /hs – dieser Befehl startet das System-Debugging, /ha – dieser Befehl überspringt die Dynpro-Verarbeitung und springt direkt zur ersten ABAP-Anweisung.

logfenster Programmeigenschaften starten, das die Attribute des Programms ZTSTECHED02_SE30_JOB im ABAP Editor zeigt. Da das darunterliegende Bildschirmbild inaktiv und nicht für eine Benutzerinteraktion verfügbar ist, können Sie nicht auf das Befehlsfeld der Systemfunktionsleiste zugreifen.

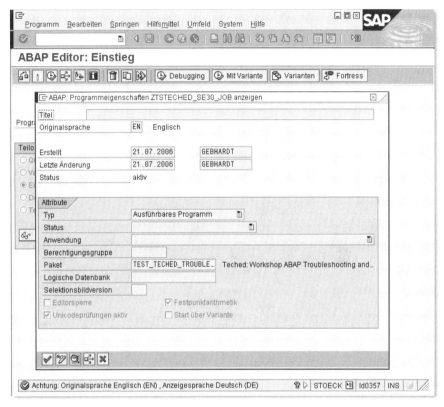

Abbildung 8.7 Programmeigenschaften im ABAP Editor

In solchen Situationen können Sie eine GUI-Verknüpfung verwenden, um den Debugger zu starten. Erstellen Sie einfach über das Programm *SAPshortcut* eine GUI-Verknüpfung auf Ihrem Desktop, in der der entsprechende Befehl gespeichert ist.[3] Um eine solche Verknüpfung zu erstellen, wählen Sie in der Systemfunktionsleiste eines beliebigen Fensters des SAP-Fensters die Funktion Verknüpfung (siehe Abbildung 8.8). Anschließend ziehen Sie die Verknüpfung in das aktive Dynpro, anstatt den Befehl direkt in das Befehlsfeld einzugeben. Das System führt den Befehl wie bei direkter Eingabe in das Befehlsfeld aus.

---

3 Weitere Informationen zu diesem Programm finden Sie in SAP-Hinweis 99054.

8 | Effizientes ABAP Debugging

Abbildung 8.8 Erstellen einer GUI-Verknüpfung

GUI-Verknüpfungen können unabhängig davon, an welchem SAP-System Sie angemeldet sind, für alle SAP-Systeme in Ihrer Systemlandschaft verwendet werden, indem Sie sie per Drag & Drop in ein aktives SAP GUI-Fenster ziehen. Wenn Sie auf eine solche Verknüpfung doppelklicken, wird eine Anmeldung an dem in der Verknüpfung angegebenen System durchgeführt, und der Verknüpfungsbefehl wird auf diesem System ausgeführt.

Beim Erstellen einer Verknüpfung geben Sie die Eigenschaften der Verknüpfung im Dialogfenster NEUE SAP-VERKNÜPFUNG ANLEGEN an (siehe Abbildung 8.9).

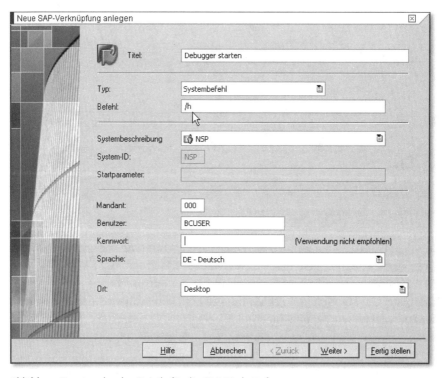

Abbildung 8.9 Angabe der Details für die GUI-Verknüpfung

Für die Debugger-Verknüpfung ist lediglich der Abschnitt mit den Feldern TYP und BEFEHL relevant. Die Systemdaten sind nur von Bedeutung, wenn Sie die

Verknüpfung per Doppelklick auf einem bestimmten System ausführen möchten, anstatt sie in ein aktives SAP GUI-Fenster zu ziehen. Geben Sie den Befehlstyp (Systembefehl, Transaktion oder Report), den Befehl selbst und einen Titel für die Verknüpfung ein. Um eine Verknüpfung zum Einschalten des Debuggers zu erstellen, wählen Sie als Typ »Systembefehl«, und geben Sie als Befehl /h (oder /hs zum Starten des System-Debuggings) ein. Wenn Sie bestätigen, erscheint eine Verknüpfung mit dem angegebenen Namen auf Ihrem Desktop (siehe Symbol rechts in Abbildung 8.10).

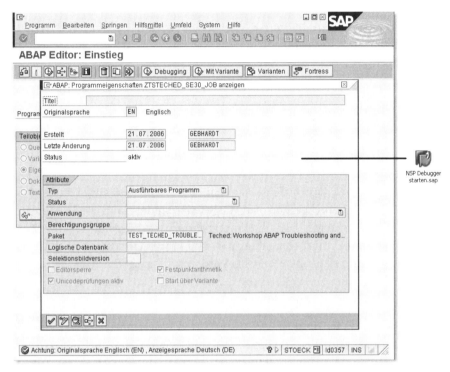

Abbildung 8.10 Einschalten des Debuggers über die GUI-Verknüpfung

Ziehen Sie die Debugger-Verknüpfung in das Dialogfenster, wird das Debugging aktiviert. Der Befehl /h der GUI-Verknüpfung wird wie bei der Eingabe im Befehlsfeld einer Systemfunktionsleiste ausgeführt. Bei der nächsten Benutzeraktion (zum Beispiel bei Auswahl der Eingabetaste zum Schließen des Dialogfensters) wird der Debugger gestartet.

8.1.3 Starten des Debuggers für einen Hintergrundjob

In Kapitel 7 wurde ein Szenario beschrieben, in dem die Ursachen für das unerwartete Beenden eines Hintergrundjobs untersucht werden. Dort wurde anhand des Job-Logs (siehe Abbildung 8.11) ermittelt, dass der Job aufgrund einer Abbruchmeldung beendet wurde.

Datum	Uhrzeit	Nachrichtentext	N-Klasse	N-Nummer	N-Typ
11.08.2008	13:58:28	Job wurde gestartet	00	516	S
11.08.2008	13:58:28	Step 001 gestartet (Programm ZTSTECHED02_SUBMIT_JOB, Variante , Benutzername GEBHARDT)	00	550	S
11.08.2008	13:58:31	Error	00	208	A
11.08.2008	13:58:31	Job wurde abgebrochen	00	518	A

Abbildung 8.11 Beendeter Job im Job-Log

Nach einer Analyse des entsprechenden Abschnitts im Systemprotokoll (der markierte Bereich in Abbildung 8.12) und einer ABAP-Dumpanalyse lag der Schluss nahe, dass der Laufzeitfehler TABLE_INVALID_INDEX zum Beenden des Jobs geführt hat.

Zeit	Typ	Nr	Mdt	Benutzer	TCode	Prio.	Geb	N	Text
00:00:24	DIA	003	000	SAPSYS				EE	A BETRIEBSARTEN: Umschaltung in Betriebsart DAY ausgelöst.
13:58:30	DIA	001	000	GEBHARDT				AB	0 Laufzeitfehler "TABLE_INVALID_INDEX" aufgetreten.
13:58:30	DIA	001	000	GEBHARDT				AB	1 > Kurzdump "080811 135830 1d0357_M OD_08 " erstellt.
13:58:30	DIA	001	000	GEBHARDT				D0	1 Transaktions-Abbruch SY 002 (Fehler in ABAP-Anweisung beim Bearbeiten einer internen Tabell)
13:58:30	BTC	017	000	GEBHARDT				D0	1 Transaktions-Abbruch 00 208 (Error)

Abbildung 8.12 Details zur Fehlerursache im Systemprotokoll

Es wurde vermutet, dass ein in einem Hintergrundprozess ausgeführtes Programm einen RFC durchgeführt hat, was wiederum den Laufzeitfehler TABLE_INVALID_INDEX erzeugte. Das im Hintergrundprozess ausgeführte Programm löste daraufhin die Abbruchmeldung aus. Das Programm löste die Fehlermeldung aber nicht aus, als es direkt im Vordergrund ausgeführt wurde. Daher muss das Programm zur Validierung der Vermutung analysiert werden, während es im Hintergrund ausgeführt wird.

Die Analyse eines im Hintergrund ausgeführten Programms ist etwas komplizierter als in der normalen Dialogverarbeitung. Wenn Sie in einem Programm, das im Hintergrundmodus ausgeführt wird, Breakpoints setzen, wird die Ausführung nicht an diesen Breakpoints angehalten. Der Debugger kann nicht angezeigt werden, da ein Hintergrundprozess keine Verbindung zum SAP GUI hat. Stattdessen ignoriert das Programm die Breakpoints und setzt die Ausführung fort. Selbst wenn Sie eine BREAK-POINT-Anweisung in das Programm einfügen, wird der Debugger nicht gestartet, sondern es wird lediglich ein Eintrag *Breakpoint erreicht* in das Systemprotokoll geschrieben.

Mithilfe der folgenden Techniken ist es jedoch möglich, ein Debugging für einen Hintergrundjob durchzuführen:

▶ Starten des Debuggers für einen laufenden Hintergrundprozess über die Prozessübersicht (Transaktion SM50)

▶ Starten eines beendeten oder abgebrochenen Hintergrundjobs im sogenannten Debugging-Modus

Debuggen eines Hintergrundjobs aus der Prozessübersicht

Starten Sie zunächst die Prozessübersicht (Transaktion SM50) auf dem Server, auf dem der Hintergrundjob ausgeführt wird. Ermitteln Sie dann den Hintergrundprozess, in dem das Programm ausgeführt wird (siehe Prozessnummer 17 in Abbildung 8.13). Wenn Sie nicht wissen, auf welchem Server und in welchem Prozess Ihr Hintergrundjob ausgeführt wird, führen Sie zuerst die Jobübersicht (Transaktion SM37) aus, und lassen Sie sich die Details zu Ihrem Job anzeigen.

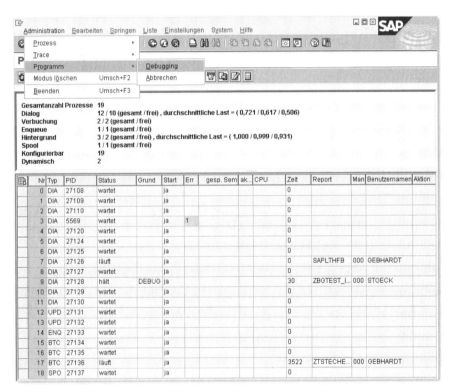

Abbildung 8.13 Debuggen eines Hintergrundjobs aus der Prozessübersicht

Markieren Sie den Prozess, und wählen Sie ADMINISTRATION • PROGRAMM • DEBUGGING, wie in Abbildung 8.13 gezeigt. Daraufhin wird der Debugger in einem neuen Fenster angezeigt, und Sie können die standardmäßigen Debugging-Funktionen wie Breakpoints, Watchpoints etc. verwenden. Setzen Sie den Programmablauf im Debugger durch Auswahl von [F8] fort, wird das Debugger-Fenster geschlossen und der Hintergrundjob weiter ausgeführt.

Leider hat diese Technik einen erheblichen Nachteil: Wenn Sie einen Hintergrundjob analysieren, der aktuell ausgeführt wird, können Sie nicht steuern, an welcher Stelle das Debugging beginnt. Der Debugger springt an der Stelle in die Anwendung, an der sich diese gerade befindet. Somit hat diese Technik etwas Zufälliges und ist ungenau. Die Situation ist noch ungünstiger, wenn ein Hintergrundjob sehr schnell abstürzt, sodass nicht genügend Zeit bleibt, um vor dem Ende des Hintergrundjobs in den Debugger zu wechseln. Sind Sie darauf angewiesen, im Hintergrundjob an einer genau spezifizierten Quellcodezeile anzuhalten, dann können Sie unter Umständen folgenden kleinen Trick anwenden.

Fügen Sie direkt vor dem relevanten Code eine temporäre Endlosschleife in das Programm ein:

```
DATA i TYPE i.
WHILE i <> 1.
ENDWHILE.
*** Start of the relevant code
```

Starten Sie nun den Hintergrundjob, und warten Sie eine gewisse Zeit, bis sich die Anwendung in der neu eingeführten Endlosschleife befindet. Jetzt können Sie den Debugger, wie beschrieben, starten und landen direkt in der Endlosschleife. Um diese zu verlassen, ändern Sie entweder den Wert der Variablen i oder markieren Sie die erste Anweisung des relevanten Codes, und wählen Sie STEUERUNG • ZUR ANWEISUNG SPRINGEN. Nun können Sie Ihre Analyse dort starten, wo Sie das Problem vermutet hatten.

Wird das Programm auch von anderen Benutzern verwendet, denken Sie daran, die Endlosschleife auf Ihren Benutzernamen zu beschränken. Anderenfalls werden sich die anderen Benutzer des Programms sicher beschweren. Hierfür verwenden Sie folgende Kontrollstruktur:

```
IF sy-uname = '...'.
   ... "endless loop
ENDIF.
```

Dieser Trick funktioniert natürlich nur, wenn Sie eine Änderungsberechtigung für Programmobjekte haben. Das wird in einem Entwicklungssystem der Fall sein, aber sicher nicht in einem Produktivsystem. Wie können Sie also einen Hintergrundjob in einem Produktivsystem debuggen, der nach sehr kurzer Zeit abbricht? Die Antwort ist, dass Sie den Hintergrundjob im Debugging-Modus neu starten können.

Hintergrundjob im Debugging-Modus neu starten

In der Jobübersicht (Transaktion SM37) gibt es einen »versteckten« Befehl, mit dem Sie inaktive Jobs im Debugging-Modus neu starten können. Mit dieser Technik können Sie einen Hintergrundjob in einer fast realen Hintergrundumgebung unter Ausführung aller Jobschritte analysieren. Diese Methode ist insbesondere bei kurz laufenden Jobs die einzige Möglichkeit, um Probleme zu untersuchen. Der Hintergrundjob und all seine Einzelschritte werden hierfür in einem Dialogprozess ausgeführt, sodass ein Debugging möglich ist. Die Ausführung erfolgt jedoch in einer Laufzeitumgebung, die das Ausführen im Hintergrund fast vollständig simuliert. Nur einige komplexe technische Besonderheiten können dabei nicht simuliert werden. Dazu zählt unter anderem die Speicherzuordnungsreihenfolge in Hintergrundjobs oder die Tatsache, dass ein Hintergrundprozess keinen Zugriff auf das SAP GUI hat. Sie können aber die Zugriffe auf das SAP-Spool-System oder die Auswertung von Varianten wie im tatsächlichen Hintergrund untersuchen. Darüber hinaus hat das Systemfeld sy-batch, das anzeigt, ob ein Programm im Hintergrund ausgeführt wird, tatsächlich den Wert X, was die Programmausführung gegenüber der Laufzeitumgebung als Hintergrundjob kennzeichnet. Dabei müssen Sie aber auch bedenken, dass die Programmausführung selbst natürlich keine Simulation ist. Das System führt alle Verbuchungen, Löschvorgänge und andere Datenmodifizierungen auch im Debugging-Modus aus.

Um zu zeigen, wie ein Hintergrundjob erneut im Debugging-Modus ausgeführt wird, betrachten Sie noch einmal das Beispiel des abgebrochenen Hintergrundjobs. Damit können Sie auch die Analyse des Fehlers noch einmal belegen. Um den Hintergrundjob erneut im Debugging-Modus zu starten, führen Sie die Jobübersicht (Transaktion SM37) aus, markieren den beendeten Job und geben im Befehlsfeld der Systemfunktionsleiste den erwähnten »versteckten Befehl« jdbg ein (siehe Abbildung 8.14).

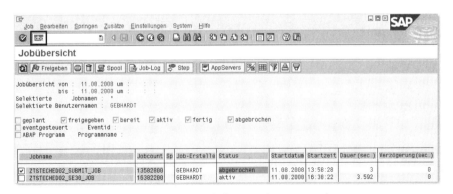

Abbildung 8.14 Neustart eines Hintergrundjobs im Debugging-Modus

Nach der Ausführung des Befehls jdbg führt das System den markierten Job im Debugging-Modus aus. Für jeden Hintergrundjob wird automatisch als Erstes die Verbindung zum SAP-Spool-System aufgebaut (Programm SAPLSPOO). Diese Spool-Behandlung soll natürlich übersprungen werden. Wählen Sie daher mehrfach RETURN (Taste F7), um zum ersten Schritt des Hintergrundjobs zu gelangen. Alternativ setzen Sie vor dem Start des Debugging-Modus im ABAP Editor an der ersten Zeile des Programms einen Breakpoint und wählen im Debugger WEITER (Taste F8), um den Breakpoint zu erreichen. Ab den Releases 7.0, EhP2 und 7.1/7.2 steht für ein solches Überspringen von uninteressantem Coding das sogenannte Layer-aware Debugging zur Verfügung, das es erheblich vereinfacht, nur das gewünschte Coding zu debuggen.

Abbildung 8.15 zeigt den Debugger an der Stelle, an der der eigentliche Hintergrundjob neu gestartet wurde. Wie schon ausgeführt, befinden Sie sich im ABAP-Sinne in einer Hintergrundumgebung, und somit enthält sy-batch wie bei der Ausführung eines echten Hintergrundjobs den Wert »X«. Folglich ist die gezeigte IF-Bedingung erfüllt, und das Programm führt einen RFC für den Funktionsbaustein Z_TECHED02_RFC_SUBMIT mit der Destination »NONE« aus (mehr dazu in Kapitel 5, »RFC und RFM – Leitfaden zu ABAP Remote Communications«).

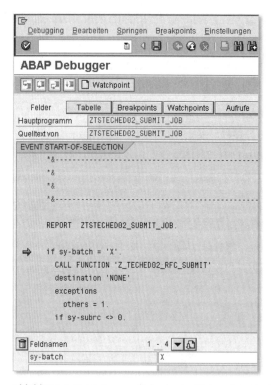

Abbildung 8.15 Hintergrundjob, der im Debugging-Modus neu gestartet wurde

Dies bestätigt die Analyse des Systemprotokolls, nach der der Hintergrundjob durch den Aufruf eines remotefähigen Funktionsbausteins (RFM) einen parallelen Dialogprozess gestartet hat, in dem ein Laufzeitfehler aufgetreten ist, bevor der Hintergrundjob beendet wurde. Beim Debuggen des Programms im Dialogmodus wäre sy-batch initial, und der RFC würde nicht ausgeführt und der Fehler nicht reproduziert. Die hier gezeigte Auswertung von sy-batch ist eine gängige Programmiertechnik, um das Verhalten eines Programms in der Hintergrundausführung anders zu gestalten als im Dialog.[4] Viele Programme verhalten sich deshalb wie das Beispielprogramm im Hintergrundmodus anders als bei direkter Ausführung. Wenn Sie das Debugging fortsetzen, sehen Sie als Nächstes, dass innerhalb des RFM über SUBMIT das ausführbare Programm ZTSTECHED02_ST22 aufgerufen wird (siehe Abbildung 8.16).

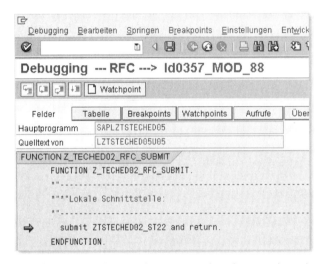

Abbildung 8.16 Debuggen des remote aufgerufenen Funktionsbausteins

Sie kennen das Programm bereits aus der ABAP-Dumpanalyse, die in Kapitel 7 durchgeführt wurde (siehe Abbildung 8.17). Diese Analyse hat ergeben, dass in diesem Programm der Laufzeitfehler TABLE_INVALID_INDEX auftritt, zu dem es folgerichtig auch kommt, wenn Sie im Debugger jetzt AUSFÜHREN (Taste F6) wählen, um die SUBMIT-Anweisung vollständig auszuführen (siehe Abbildung 8.18).

---

4 Eine ähnliche Rolle spielt das Systemfeld sy-binpt, das anzeigt, ob ein Programm im Batch-Input-Modus ausgeführt wird. Darüber hinaus kann auch über eine Funktion abgefragt werden, ob eine Verbindung zum SAP GUI besteht.

8 | Effizientes ABAP Debugging

```
Informationen zur Abbruchstelle
    Der Abbruch trat im ABAP-Programm "ZTSTECHED02_ST22" auf, und zwar in
    "START-OF-SELECTION". Das Hauptprogramm war "ZTSTECHED02_ST22 ".

    Im Quelltext befindet sich die Abbruchstelle in Zeile 28
    des (Include-)Programms "ZTSTECHED02_ST22".
```

Abbildung 8.17 ABAP-Dump zur Angabe des beendeten Programms

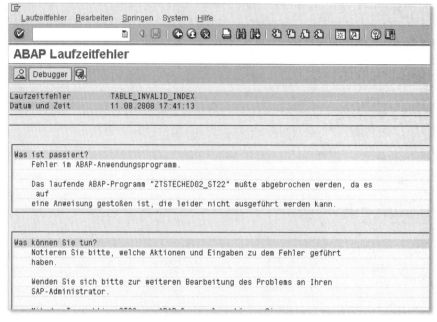

Abbildung 8.18 Reproduzieren des ABAP-Dumps im Debugger

Mit der Funktion ZURÜCK (Taste F3) gelangen Sie von der Anzeige des Kurzdumps erneut in den Debugger. Dies ist in diesem Beispiel möglich, da der Laufzeitfehler während der Ausführung eines remote aufgerufenen Funktionsbausteins ausgelöst wurde. Dies führt im aufrufenden System zu einer behandelbaren Ausnahme (siehe Kapitel 5, »RFC und RFM – Leitfaden zu ABAP Remote Communications«). Da bei Ausführung des RFC alle möglichen Ausnahmen mit

```
CALL FUNCTION ... DESTINATION ...
    EXCEPTIONS OTHERS = 1.
```

behandelt werden, kommt es im Aufrufer nicht zu einem Laufzeitfehler, sondern es wird sy-subrc auf 1 gesetzt, wie im Debugger auch im Abschnitt FELDNAMEN zu sehen ist (siehe Abbildung 8.19).

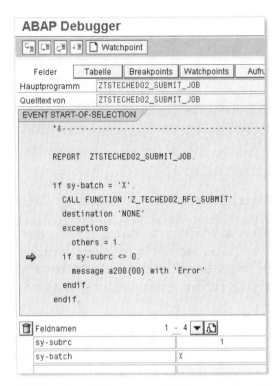

Abbildung 8.19 Debugger nach Rückkehr aus dem RFC

Durch schrittweise Weiterführung des Programms erreichen Sie schließlich die Fehlerbehandlung hinter der Abfrage `sy-subrc <> 0`, wo letztlich die Nachricht 208 der Nachrichtenklasse 00 mit dem Nachrichtentyp »A« als Abbruchmeldung gesendet wird (siehe Abbildung 8.20). Dies stimmt mit der Nachricht überein, die Sie bereits im Job-Log gesehen haben (siehe Abbildung 8.21).

Abbildung 8.20 Reproduktion der Fehlermeldung im Debugger

Datum	Uhrzeit	Nachrichtentext	N-Klasse	N-Nummer	N-Typ
11.08.2008	13:58:28	Job wurde gestartet	00	516	S
11.08.2008	13:58:28	Step 001 gestartet (Programm ZTSTECHED02_SUBMIT_JOB, Variante , Benutzername GEBHARDT)	00	550	S
11.08.2008	13:58:31	Error	00	208	A
11.08.2008	13:58:31	Job wurde abgebrochen	00	518	A

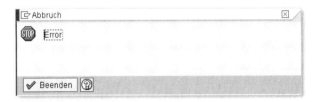

Abbildung 8.21 Job-Log mit der Fehlermeldung für den beendeten Job

Durch das Debugging des Hintergrundjobs konnte verifiziert werden, dass die Analyse der Fehlersituation in Kapitel 7 richtig war. Das im Hintergrund ausgeführte Programm ruft über RFC einen Funktionsbaustein auf, der mit dem Laufzeitfehler `TABLE_INVALID_INDEX` beendet wird. Die daraufhin ausgelöste Ausnahme der RFC-Schnittstelle wird abgefangen, und das Programm löst eine Abbruchmeldung aus. Damit wäre dieser Fall geschlossen. In SAP-Hinweis 573128 finden Sie weitere Einzelheiten zur Verfügbarkeit sowie Einschränkungen dieser Debugging-Technik.

8.2 Breakpoints und Watchpoints

Nachdem Sie nun die verschiedenen Methoden zum Starten des Debuggers kennengelernt haben, erfahren Sie im Folgenden, wie Sie im Debugger effektiv mit Breakpoints und Watchpoints umgehen. Mithilfe dieser Techniken wird ermittelt, an welcher Stelle die Variable aus dem ersten Szenario gefüllt wird.

8.2.1 Breakpoints

Das Debugging soll oft an einer bestimmten Quelltextzeile eines Programms beginnen. Angenommen, Ihre Anwendung wurde mit einem Laufzeitfehler beendet und Sie müssen die Werte einiger Variablen oder den Inhalt einer internen Tabelle ermitteln. Als Erstes bestimmen Sie anhand des Kurzdumps die genaue Quelltextposition (Programm/Include/Zeile), an der der Fehler aufgetreten ist. Im nächsten Schritt öffnen Sie den Quelltext im ABAP Editor und setzen einen Breakpoint an der Quelltextzeile, die Sie im Dump ermittelt haben. Hilfe zum Setzen von Breakpoints im ABAP Editor oder Debugger finden Sie in der umfangreichen Online-Hilfe zu diesen Werkzeugen. Nach dem Neustart der Anwendung, die mit dem Laufzeitfehler beendet wurde, hält die Programmausführung an dem Breakpoint an, und Sie können die Werte der relevanten Variablen abrufen.

ABAP-Entwickler beschweren sich häufig über den Debugger, weil sie Breakpoints über den ABAP Editor oder den Debugger setzen, der Debugger jedoch nicht anhält. Meistens sind diese Probleme jedoch auf ein mangelndes Verständnis der verschiedenen Breakpoint-Typen zurückzuführen. ABAP unterstützt die folgenden Typen von Breakpoints, deren Gültigkeitsbereich sich deutlich unterscheidet:

- **ABAP-Anweisung BREAK-POINT**
  Ein solcher Breakpoint ist ein im Programmquelltext enthaltener *Checkpoint* und funktioniert für alle Dialogmodi und Anmeldungen. Sie können das Standardmakro[5] BREAK user_name verwenden, um diesen Breakpoint auf Ihren Benutzernamen zu beschränken. Mit dem Zusatz ID der Anweisung BREAK-POINT kann der Breakpoint ab Release 6.20, SP19 mit einer Checkpoint-Gruppe verknüpft werden, über die er von außerhalb des Programms aktiviert und deaktiviert werden kann.

- **Session-Breakpoints**
  Session-Breakpoints werden im ABAP Editor gesetzt und sind mit gespeicherten Debugger-Breakpoints identisch. Session-Breakpoints sind nur für Ihre aktuelle Anmeldung, hier aber für alle externen Modi (Hauptmodi) gültig. Wenn Sie sich erneut mit Ihrem Benutzer anmelden oder für einen anderen Benutzer, sind die Breakpoints nicht gültig. Beachten Sie, dass Session-Breakpoints auch bei impliziten Anmeldungen, wie zum Beispiel beim Wechsel des Servers über die Transaktion SM51 (SAP-Server), nicht mehr zur Verfügung stehen. Ab SAP Web Application Server 6.10 können Sie Session-Breakpoints jedoch als Debugging-Sitzung in der Datenbank speichern. Wählen Sie dazu im Debugger-Menü DEBUGGING • SITZUNGEN, um den zugehörigen Dialog anzuzeigen (siehe Abbildung 8.22). Um die solcherart gespeicherten Breakpoints erneut zu verwenden, laden Sie die gewünschte Debugging-Sitzung über dasselbe Dialogfenster.

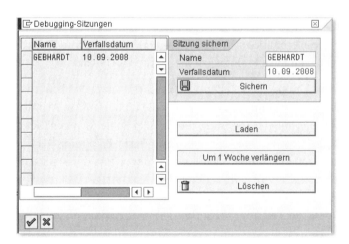

Abbildung 8.22 Speichern von Session-Breakpoints in Debugging-Sitzungen

---

5 BREAK ist keine ABAP-Anweisung, sondern ein Makro, das in der Systemtabelle TRMAC ausgeliefert wird.

▶ **Debugger-Breakpoints**
Breakpoints, die im Debugger gesetzt werden, waren vor Release 7.0 nur im aktuellen internen Modus verfügbar. Wenn Ihr Programm eine Anweisung enthält, die einen neuen internen Modus öffnet wie SUBMIT oder CALL TRANSACTION, dann haben Ihre Debugger-Breakpoints vor Release 7.0 in diesem neuen internen Modus keine Wirkung. Nur Session-Breakpoints waren in allen internen Modi verfügbar. Um sicherzustellen, dass die im Debugger gesetzten Breakpoints für alle internen und externen Modi (Hauptmodi) gültig sind, mussten Sie Ihre Debugger-Breakpoints über die Auswahl von BREAKPOINTS SICHERN im Debugger sichern. Diese Aktion transformiert all Ihre Debugger-Breakpoints in Session-Breakpoints, und sie sind auch entsprechend im ABAP Editor sichtbar. Ab Release 7.0 wurde das Verhalten von Debugger-Breakpoints im klassischen Debugger an das Verhalten im neuen Debugger angepasst und ihre Gültigkeit auf die gesamte aktuelle Debugging-Sitzung ausgedehnt (siehe Abschnitt 8.3.5, »Debugger-Werkzeuge«).

Der vierte Breakpoint-Typ, ein *externer Breakpoint* für das HTTP- und RFC-Debugging, wird im zweiten Teil des Kapitels, das sich mit dem neuen Debugger beschäftigt, in Abschnitt 8.3.5, »Debugger-Werkzeuge«, im Detail besprochen.

Zeilen-Breakpoints

Bei Debugger- und Session-Breakpoints kann es sich entweder um Zeilen- oder um dynamische Breakpoints handeln. Um einen Zeilen-Breakpoint im Debugger zu setzen, doppelklicken Sie am einfachsten auf eine Quelltextzeile.

Angenommen, Sie setzen nun einen Zeilen-Breakpoint in einer Schleife, die 10.000 Mal ausgeführt wird. Wenn Sie sich nur für die eintausendste Ausführung interessieren, wäre es äußerst mühsam, die in jeder Schleife angehaltene Ausführung mit WEITER (Taste F8) fortzusetzen. Für Zeilen-Breakpoints kann hierfür ein Zähler angegeben werden. Wählen Sie hierzu mit der Funktion BREAKPOINTS die Übersicht über die vorhandenen Breakpoints, und setzen Sie, wie in Abbildung 8.23 gezeigt, in der Spalte ZÄHLER einen Wert (im Beispiel 1.000 für die Programmzeile 318 des Programms RSFPAR), der angibt, wie oft der Breakpoint übersprungen werden soll, bis das Programm tatsächlich angehalten wird. Diese Funktion bietet den Vorteil, dass Sie die gewünschte Position schnell erreichen können, ohne durch das Ausführen von sich wiederholenden Strukturen (Schleifen) Zeit zu verlieren.

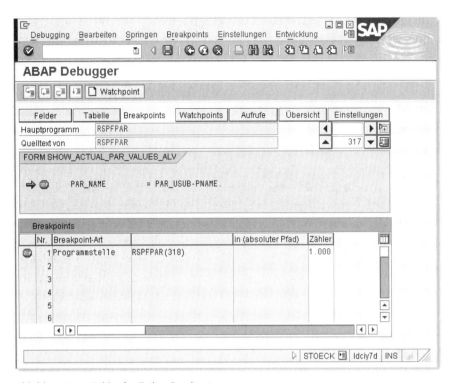

Abbildung 8.23 Zähler für Zeilen-Breakpoints

Dynamische Breakpoints

Dynamische Breakpoints bieten eine größere Flexibilität. Um dynamische Breakpoints zu setzen, wählen Sie im Debugger BREAKPOINTS • BREAKPOINT BEI und eine der folgenden Optionen:

▸ **Anweisung**
Damit können Sie an einer bestimmten Anweisung anhalten. Sie können zum Beispiel einen Breakpoint bei jeder MESSAGE-Anweisung setzen, um herauszufinden, an welcher Stelle eine Nachricht ausgelöst wird. Sie können auch einen Breakpoint bei jeder WRITE-Anweisung zur Suche nach der Position setzen, an der die klassische Listenausgabe einer Anwendung beginnt. Sie können auch einen Breakpoint bei einem RFC setzen (CALL FUNCTION DESTINATION), um die Ausführung anzuhalten, wenn ein beliebiger RFC durchgeführt wird. Genauso können Sie ähnliche Befehle voneinander separieren: INSERT dbtab vs. INSERT itab, DELETE dbtab vs. DELETE itab etc.

- **Methode, Funktionsbaustein, Unterprogramm**
  Damit können Sie an der ersten Zeile der angegebenen Prozedur anhalten. Anders, als wenn Sie einen Zeilen-Breakpoint in der ersten Zeile einer Prozedur setzen, wirkt ein solcher dynamischer Breakpoint sofort in derselben Debugging-Sitzung. Beispielsweise haben Sie den Debugger in der Prozessübersicht an irgendeiner Stelle eingeschaltet und möchten direkt in eine verdächtige Methode springen.

- **Ausnahme**
  Damit können Sie an Zeilen anhalten, an denen eine Ausnahme ausgelöst wird. Und zwar können Breakpoints auf klassische wie auf klassenbasierte Ausnahmen gesetzt werden. Für klassische Ausnahmen geben Sie den Namen der in einer Parameterschnittstelle eines Funktionsbausteins oder einer Methode definierten Ausnahme, für klassenbasierte Ausnahmen die Ausnahmeklasse an. Wird die Ausnahme abgefangen, hält der Debugger hinter der entsprechenden Anweisung RAISE bzw. RAISE EXCEPTION. Wenn die Ausnahme nicht abgefangen wird, kommt es zu einem Laufzeitfehler, und der Debugger kann nicht anhalten. In diesem Fall muss ein dynamischer Breakpoint für die Anweisung RAISE gesetzt werden. Für abgefangene Ausnahmen funktioniert der dynamische Ausnahme-Breakpoint auch für die vordefinierten klassenbasierten Ausnahmen, die von ABAP-Anweisungen ausgelöst werden, wie zum Beispiel CX_SY_ZERODIVIDE bei einer Division durch null. In diesem Fall hält der Debugger hinter der Anweisung, in der die Ausnahme aufgetreten ist. Darüber hinaus kann bei klassenbasierten Ausnahmen durch die Angabe einer Oberklasse ein Breakpoint für all ihre Unterklassen gesetzt werden (siehe Abbildung 8.24). Wird zum Beispiel ein dynamischer Breakpoint für CX_ROOT gesetzt, hält der Debugger an jeder Stelle, an der eine klassenbasierte Ausnahme ausgelöst wird – wie gesagt, falls sie auch abgefangen wird.

- **System-Exception**
  Damit können Sie an Zeilen anhalten, an denen ein abfangbarer Laufzeitfehler ausgelöst und dieser auch mit CATCH SYSTEM-EXCEPTIONS abgefangen wird. Diese Option ist obsolet, da jedem abfangbaren Laufzeitfehler eine Ausnahmeklasse zugeordnet ist und diese stattdessen unter AUSNAHME angegeben werden kann.

Breakpoints und Watchpoints | **8.2**

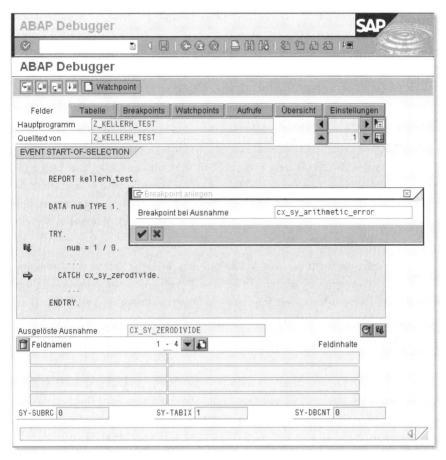

Abbildung 8.24 Breakpoint bei durch Oberklasse angegebener Ausnahme

8.2.2 Watchpoints

In einigen Situationen sind jedoch selbst dynamische Breakpoints nicht dynamisch genug, zum Beispiel, wenn Sie ermitteln möchten, wann eine Variable, wie zum Beispiel eine Strukturkomponente, einen bestimmten Wert aufweist. Dazu benötigen Sie Watchpoints.

Mit einem Watchpoint können Sie den Wert einer Variablen während der Programmausführung überwachen und das Anhalten des Debuggers erzwingen, wenn eine bestimmte Bedingung (zum Beispiel die Änderung des Wertes) erfüllt wird. Auf diese Weise lässt sich der Datenfluss des Programms einfacher analysieren. Darüber hinaus können Sie direkt ermitteln, an welchen Positionen sich eine bestimmte Variable geändert hat.

Damit geht es jetzt zur Durchführung des Debuggings für das Szenario 1 aus Abschnitt 8.1.1, »Starten des Debuggers zu Beginn der Programmausführung«, in dem analysiert wird, wie ein bestimmtes Feld im Transport Organizer (Transaktion SE09) gefüllt wird. Aus der ersten Analyse wissen Sie schon, dass das Feld BENUTZER im Einstiegsbild des Transport Organizers mit der Variablen trdyse01cm-username im Programm RDDM0001 vorbelegt wird. Darüber hinaus wurde die Transaktionspflege (Transaktion SE93) verwendet, um den Transport Organizer im Debugging-Modus zu starten.

An dieser Stelle fahren wir jetzt fort und befinden uns im Debugger, bevor die erste Anweisung von Transaktion SE09 ausgeführt wird (siehe Abbildung 8.6). Um einen Watchpoint für die Variable trdyse01cm-username zu setzen, um herauszufinden, wann und wie diese Variable gefüllt wird, wählen Sie die Funktion WATCHPOINT ANLEGEN.

Steht die Funktion nicht zur Verfügung, stellen Sie sicher, dass der Debugger für das ABAP-Programm und nicht in der Dynpro-Verarbeitung ausgeführt wird. In der Dynpro-Verarbeitung wird die Dynpro-Ablauflogik (mit den Dynpro-Schlüsselwörtern PROCESS, MODULE etc. angezeigt) in der Debugger-Quelltextanzeige dargestellt. Die Funktion zum Anlegen von Watchpoints gibt es aber nur, wenn der Debugger für das ABAP-Programm ausgeführt wird.

Im Dialogfenster WATCHPOINT ANLEGEN/ÄNDERN (siehe Abbildung 8.25) enthält das Feld PROGRAMM bereits das Programm, das analysiert wird (in diesem Beispiel RDDM0001). Geben Sie im Feld FELDNAME die Variable ein, die Sie beobachten möchten (in diesem Fall »TRDYSE01CM-USERNAME«). Da die Ausführung bei einer *beliebigen* Änderung dieser Variablen anhalten soll, wird kein Vergleichsoperator (=, <, > etc.) und kein Vergleichswert verwendet.

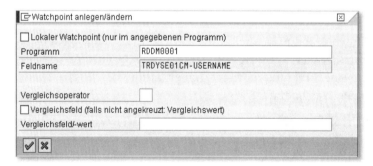

Abbildung 8.25 Anlegen eines Watchpoints

Um die Ausführung anzuhalten, wenn die Variable mit einem bestimmten Benutzernamen übereinstimmt, geben Sie den VERGLEICHSOPERATOR = und im

Feld VERGLEICHSFELD/-WERT den Benutzernamen ein. Wählen Sie das Ankreuzfeld VERGLEICHSFELD, um Watchpoint-Bedingungen, wie zum Beispiel »anhalten wenn `sy-tabix > sy-index`«, anzulegen. Solche Bedingungen vergleichen den Wert des Watchpoint-Feldes nicht mit einem konstanten Wert, sondern mit dem Wert einer anderen Variablen.

Übernehmen Sie die Eingaben mit ENTER, um erneut in das Hauptbildschirmbild des Debuggers zu wechseln. Wählen Sie WEITER (Taste F8), um fortzufahren. Der Debugger erreicht den Watchpoint (wie durch die Statusmeldung im unteren Bereich von Abbildung 8.26 gezeigt) und hält an der Zeile `MOVE-CORRESPONDING ls_settings TO trdyse01cm` an.

Abbildung 8.26 Am Watchpoint angehaltener Debugger

Der Debugger wurde angehalten, weil das System eine Änderung der Strukturkomponente `trdyse01cm-username` ermittelt hat. Also führt die Anweisung `MOVE-CORRESPONDING ls_settings TO trdyse01cm` dazu, dass die vorher initiale Komponente `trdyse01cm-username` mit dem Wert »GEBHARDT« gefüllt wird.

Da Sie wissen wollen, wo das System den Benutzernamen abruft, müssen Sie im nächsten Schritt ermitteln, an welcher Stelle die Komponente username der Struktur ls_settings gefüllt wird, die offensichtlich in der Anweisung MOVE-CORRESPONDING der gleichnamigen Komponente der Struktur trdyse01cm zugewiesen wird. Unmittelbar vor der Anweisung MOVE-CORRESPONDING sehen Sie aber bereits, dass die Struktur ls_settings mit dem Ergebnis es_settings des Funktionsbausteins TRINT_READ_USER_CUSTOMIZING gefüllt wird.

```
CALL FUNCTION 'TRINT_READ_USER_CUSTOMIZING'
  IMPORTING
    es_settings = ls_settings.
```

Daher setzen Sie an dieser Zeile einen Breakpoint, speichern ihn und starten die Anwendung über den Pfad DEBUGGING • NEUSTART direkt aus dem Debugger heraus neu. Sobald der Debugger am Breakpoint anhält, wählen Sie EINZELSCHRITT (Taste F5), um in die Funktion TRINT_READ_USER_CUSTOMIZING zu gelangen. Dann setzen Sie einen weiteren Watchpoint für die Komponente username der Struktur es_settings des Ausgabeparameters des Funktionsbausteins, der ls_settings füllt (siehe Abbildung 8.27).

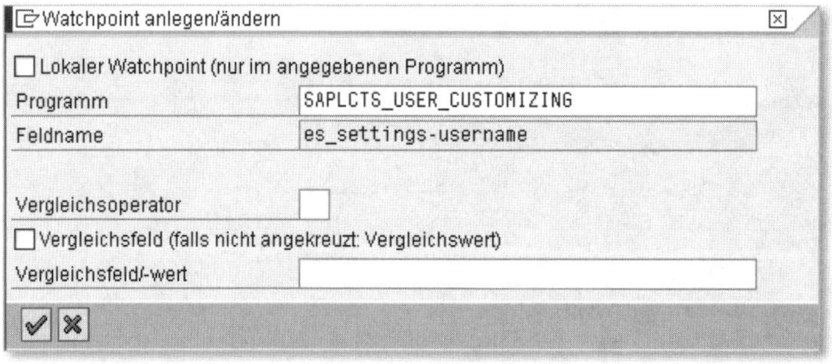

Abbildung 8.27 Anlegen eines weiteren Watchpoints

Nachdem Sie den Watchpoint angelegt und WEITER (Taste F8) gewählt haben, hält der Debugger erneut an (siehe Abbildung 8.28) – diesmal direkt nach der Zeile es_settings-username = sy-uname. Diese Anweisung füllt die Komponente es_settings-username mit dem Systemfeld, das den Namen des aktuellen Benutzers enthält.

Der Quellcode um die Zeile, an der angehalten wurde, zeigt, dass Sie am Ziel angekommen sind.

Breakpoints und Watchpoints | 8.2

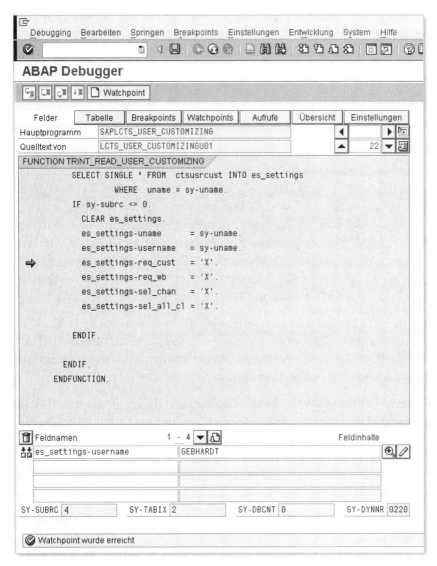

Abbildung 8.28 Am weiteren Watchpoint angehaltener Debugger

Zunächst prüft die Anwendung die Datenbanktabelle CTSUSRCUST (die standardmäßige Customizing-Tabelle des Transport Organizers) auf einen alternativen Namen für den aktuellen Benutzer:

```
SELECT SINGLE * FROM ctsusrcust INTO es_settings
  WHERE uname = sy-uname.
```

Wenn die `SELECT`-Anweisung fehlschlägt, ist der Wert von `sy-subrc` 4, und der Wert von `sy-dbcnt` (die Systemvariable, die die Anzahl an Zeilen angibt, die von der `SELECT`-Anweisung in die Ergebnismenge gestellt wurde) ist 0. Wie in Abbildung 8.28 dargestellt, werden diese Werte im unteren Abschnitt des Debuggers für die Systemfelder genau so angezeigt. Da in der Tabelle `CTSUSRCUST` kein Eintrag für den Benutzernamen vorhanden ist, wird der Kontrollblock hinter `IF sy-subrc <> 0` erreicht, wo die Komponente `es_settings-username` mit `sy-uname` gefüllt wird.

Die Ergebnisse zusammengefasst: Wird (wie in diesem Fall) kein Eintrag für den Benutzer in der Customizing-Tabelle `CTSUSRCUST` gefunden, verwendet das System die Variable `sy-uname` als Standardwert, um die Komponente `es_settings-username` zu füllen. Dieser Parameter versorgt eine weitere Komponente, `ls_settings-username`. Die Anweisung `MOVE-CORRESPONDING` verwendet diese Struktur, um die Komponente zu füllen, nach der gesucht wird, `trdyse01cm-username`. Schließlich erscheint dieser Wert im Einstiegsbild des Transport Organizers (Transaktion SE09) im Feld BENUTZER.

Durch die verschiedenen Debug-Techniken, die in diesem Szenario beschrieben wurden, können Sie nun innerhalb sehr kurzer Zeit Probleme der Art »Warum steht im Feld xyz ein falscher Wert« analysieren und lösen – unabhängig von der Komplexität des unterliegenden Quellcodes.

Sie können den letzten Wert Ihrer Watchpoint-Variablen (in diesem Fall die Komponente `trdyse01cm-username`) auch in der Watchpoint-Sicht des Debuggers anzeigen (siehe Abbildung 8.29). In dieser Sicht können Sie Watchpoints zudem pflegen (das heißt ändern oder löschen). Um in die Watchpoint-Sicht zu gelangen, wählen Sie im Debugger die Funktion WATCHPOINTS.

Abbildung 8.29 Watchpoint-Sicht des Debuggers

Obwohl sich Watchpoints sehr gut eignen, um den Inhalt von Variablen zu überwachen, müssen die folgenden Einschränkungen beachtet werden:

- Im Gegensatz zu Breakpoints können Watchpoints nicht gesichert werden. Wird der aktuelle interne Modus im Debugger beendet, gehen sie verloren. Für jeden neuen internen Modus müssen neue Watchpoints gesetzt werden. Wenn eine Anwendung Schnittstellen-Arbeitsbereiche wie TABLES-Arbeitsbereiche oder COMMON-Bereiche verwendet, die von mehreren Programmen gemeinsam genutzt werden, sollten Sie den Watchpoint auf ein Programm beschränken, um herauszufinden, wann dieses Programm (und nicht ein anderes Programm) die Variable ändert. Hierfür wählen Sie im Dialogfenster WATCHPOINT ANLEGEN/ÄNDERN das Ankreuzfeld LOKALER WATCHPOINT.

- Aufgrund technischer Einschränkungen können Sie im klassischen Debugger Watchpoints nicht direkt für interne Tabellen oder Instanzen von Klassen setzen. In Szenario 2 erfahren Sie, wie Sie zumindest einige Merkmale von internen Tabellen überwachen können (zum Beispiel die Zeilenanzahl einer internen Tabelle). Bei Instanzen von Klassen können Sie zwar keine Watchpoints für das Objekt selbst, jedoch für Attribute des Objektes setzen (zum Beispiel für ref->a, wobei ref eine Objektreferenz ist).

Die Einschränkung bezüglich interner Tabellen ist recht nachteilig. Oft ist es wünschenswert, den Debugger aufgrund einer Änderung (durch Anweisungen wie APPEND, INSERT, DELETE oder CLEAR) an einer internen Tabelle anzuhalten. Im nächsten Szenario zur Problembehandlung erfahren Sie, wie dieses Problem im klassischen Debugger umgangen werden kann.

Szenario 2: Aktualisierung einer internen Tabelle untersuchen

Gehen Sie davon aus, dass Sie nach längerer Analyse herausfinden, dass Ihre Probleme dadurch verursacht werden, dass eine interne Tabelle itab an irgendeiner Stelle des Anwendungsprogramms gelöscht wird. Doch leider umfasst die Anwendung Millionen von Codezeilen. Es wäre unvorstellbar, den Quelltext zu lesen oder manuell im Debugger zu überprüfen, um diese Stelle zu finden.

Die beste Strategie ist, einen Watchpoint für die interne Tabelle itab zu setzen, sodass der Debugger angehalten wird, sobald sich die Zeilenanzahl in der Tabelle ändert. Doch leider können Sie im klassischen Debugger keinen solchen Watchpoint für interne Tabellen setzen. Es gibt jedoch auch dort eine weniger bekannte Funktion, mit der Sie wenigstens einige Merkmale einer internen Tabelle überwachen können, wie beispielsweise die Zeilenanzahl oder den Schleifenzähler. Diese ist aber nur noch von Belang, wenn Sie nicht gleich in den neuen Debugger wechseln wollen oder können, denn in diesem können problemlos Watchpoints für interne Tabellen gesetzt werden (siehe Abschnitt »Setzen von Breakpoints und Watchpoints« in Kapitel 8.3.5, »Debugger-Werkzeuge«).

Interne Tabellen sind bekannterweise tiefe Datenobjekte, bei denen interne Referenzen auf dynamische Arbeitsdaten in einem anderen Speicherbereich zeigen. Die dynamischen Arbeitsdaten setzen sich aus einem Tabellen-Header und dem eigentlichen Tabellenkörper zusammen. Der Tabellen-Header enthält die Adresse der eigentlichen Daten (Tabellen-Id) und zusätzliche Verwaltungsinformationen wie den Schleifenzähler und – äußerst wichtig – die Zeilenanzahl. Tabelle 8.1 zeigt, wie Sie den Tabellen-Header einer internen Tabelle itab im Bereich FELDNAMEN des Debuggers in unterschiedlichen Kernel-Releases anzeigen können:

Kernel-Release	Notation zur Anzeige des Tabellen-Headers
vor 4.0B	itab-*sys*
4.0B	itab[]
4.5A, 4.5B	itab[]+0(128)
4.6A und höher	*itab[] Der Header ist nur gefüllt, wenn die Tabelle nicht initial ist.

Tabelle 8.1 Angabe des Tabellen-Headers im Debugger

Sie können zwar keine Watchpoints für die interne Tabelle selbst setzen, aber einen Watchpoint für den Tabellen-Header! Abbildung 8.30 zeigt die erforderlichen Eingaben.

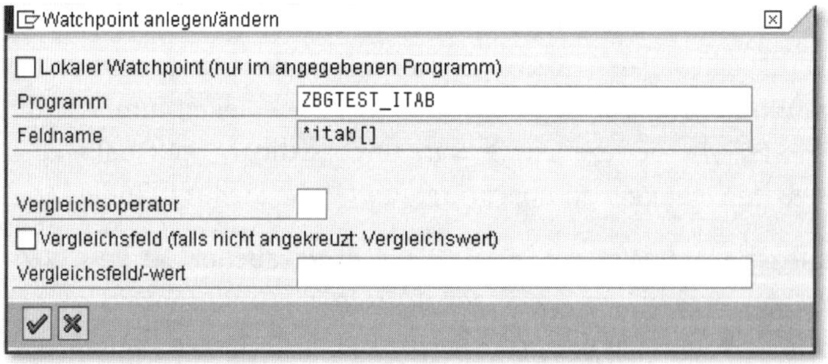

Abbildung 8.30 Watchpoint für Tabellen-Header

Der Debugger wird angehalten, sobald sich der Tabellen-Header ändert, weil die Tabelle zum Beispiel gelöscht oder um eine Zeile erweitert wird. Beachten Sie die folgenden Aspekte, wenn Sie Watchpoints für Tabellen-Header setzen:

- Der Tabellen-Header wird geändert, wenn Sie eine Anweisung `LOOP AT itab` ausführen, da der im Tabellen-Header gespeicherte Schleifenzähler inkrementiert wird.
- Der Tabellen-Header ist nur verfügbar, wenn die interne Tabelle bereits mindestens eine Zeile enthält. Wenn Sie versuchen, einen Watchpoint für den Tabellen-Header einer initialen Tabelle zu setzen, zeigt der Debugger eine Fehlermeldung an, dass diese Variable nicht vorhanden ist und kein Watchpoint angelegt werden kann.

Mit dieser Technik können Sie – auch in komplexen Anwendungen – innerhalb von Sekunden (oder wenigstens Minuten) die genaue Quellcodeposition der fraglichen Anweisung `DELETE` oder `CLEAR` ermitteln.

Nachdem Sie jetzt einen Überblick über die grundlegenden Aufgaben und Funktionen des Debuggings anhand des klassischen ABAP Debuggers kennengelernt haben, haben Sie eine solide Grundlage, um sich dem neuen ABAP Debugger zuzuwenden, der die gesamte Funktionalität des klassischen Debuggers umfasst und dazu noch einiges mehr zu bieten hat.

8.3 Neuer ABAP Debugger

In diesem Abschnitt wird die Architektur des neuen ABAP Debuggers erläutert, die von Grund auf neu entwickelt wurde, um eine flexiblere und intuitivere Benutzeroberfläche bereitzustellen. Anschließend werden Sie durch die neue Welt des ABAP Debuggings in SAP NetWeaver 7.0 geführt.[6] Darüber hinaus erhalten Sie auch noch einige weitere hilfreiche Hinweise zum klassischen ABAP Debugger.

Das Framework zur Bereitstellung des Debuggers ist die eine Sache, die Debugging-Werkzeuge an sich sind eine andere. Der *klassische ABAP Debugger* wird seit über zehn Jahren verwendet und macht seine Sache weiterhin gut. Er ist jedoch mit einigen Einschränkungen verbunden, so gibt es zum Beispiel einige Arten von ABAP-Programmen, für die kein Debugging möglich ist. Darüber hinaus ist die Benutzeroberfläche nicht wirklich ausgereift. Um diese Einschränkungen zu beheben, führte SAP mit dem Web AS 6.40 in SAP NetWeaver 04 den *neuen ABAP Debugger* ein. Dieses Werkzeug weist eine neue Archi-

---

[6] Der neue ABAP Debugger wurde bereits mit SAP Web AS 6.40 eingeführt und enthält dort bereits fast alle hier beschriebenen Funktionen. Der volle hier beschriebene Umfang steht aber erst ab SAP NetWeaver AS 7.0 zur Verfügung. Erhebliche Erweiterungen wie Layer-aware Debugging und Debugger Scripts werden mit den Releases 7.0, EhP2 und 7.1/7.2 eingeführt und sind hier noch nicht beschrieben.

tektur auf, die die Analyse aller ABAP-Programme ermöglicht und eine moderne Benutzeroberfläche nach aktuellen Standards bietet. Ab SAP NetWeaver 7.0 wird der neue ABAP Frontend Editor für die Anzeige des Quelltextes verwendet. Neben der gewohnten Syntaxmarkierung bietet er im Debugger auch zu jedem Datenobjekt eine Quick-Info, die Informationen zum Zustand des Feldes anzeigt. Ein sogenanntes Difftool erlaubt es, Unterschiede zum Beispiel zwischen zwei geschachtelten Strukturen oder internen Tabellen zu ermitteln. Ein Data Explorer veranschaulicht selbst komplexe Objektgrafiken auf einen Blick.

Bevor aber auf die neue Funktionalität eingegangen wird, werden zunächst die Gründe betrachtet, aufgrund deren sich SAP für die Entwicklung eines neuen Debuggers entschieden hat.

8.3.1 Gründe für einen neuen Debugger

Um die Hintergründe für die Entwicklung des neuen ABAP Debuggers besser zu verstehen, wird zuerst die Architektur des klassischen ABAP Debuggers betrachtet. Beim klassischen ABAP Debugger handelt es sich um einen *Ein-Prozess-Debugger*, das heißt, der Debugger und der Debuggee[7] werden im selben Kontext (im selben internen Modus) ausgeführt. Aus technischer Sicht bedeutet dies, dass der Debugger und die Anwendung, für die das Debugging durchgeführt wird, einen gemeinsamen Kontext verwenden. Aus Sicht des Benutzers heißt das, dass der Debugger im selben Fenster des SAP GUI angezeigt wird wie die zu analysierende Anwendung.

Diese Ein-Prozess-Architektur des klassischen ABAP Debuggers weist einige entscheidende Nachteile auf:

▶ **Kein Debugging für jeden ABAP-Code**
Konvertierungs-Exits[8] und Feld-Exits[9] können nicht mit dem klassischen ABAP Debugger debuggt werden. Beispielsweise sind in Konvertierungs-Exits alle Anweisungen verboten, durch die der Programmablauf unterbro-

---

7 Debuggee: Modus oder Prozess, der mit Debugging-Mitteln analysiert wird.
8 Ein Konvertierungs-Exit wird durch zwei Funktionsbausteine repräsentiert und kann Domänen im ABAP Dictionary oder Dynpro-Feldern zugeordnet werden. Wenn ein Dynpro-Feld mit einem Konvertierungs-Exit verknüpft ist, wird bei jeder Ein- und Ausgabe der jeweilige Funktionsbaustein ausgeführt. Auch bei der Aufbereitung eines Datenobjektes mit WRITE [TO] wird ein zugeordneter Konvertierungs-Exit ausgeführt.
9 Obsoleter Customer-Exit, der in Kundensystemen mit Datenelementen des ABAP Dictionarys verknüpft sein kann. Beim Datentransport von einem Dynpro an das ABAP-Programm wird beim Ereignis PAI ein Funktionsbaustein namens FIELD_EXIT_dtel für jedes Dynpro-Feld aufgerufen, das mit einem solchen Datenelement verknüpft ist.

chen wird, die aber für die Ausführung und Darstellung des Debuggers im selben Prozess benötigt werden.

- **Keine moderne Benutzeroberfläche**
Da sich der Kontext des klassischen Debuggers im selben internen Modus befindet wie der Kontext des Debuggees, kann sich grundsätzlich jede für den Debugger ausgeführte Funktion auf den Kontext des Debuggees auswirken. Um dieses Risiko zu vermeiden, ist der klassische ABAP Debugger größtenteils nicht in ABAP, sondern im Kernel selbst implementiert. Aufgrund dieser Einschränkung können aber keine Technologien für eine ansprechende Benutzeroberfläche des Debuggers verwendet werden, die ABAP erfordern, wie zum Beispiel das SAP Control Framework (CFW).

Diese Nachteile, insbesondere die Beschwerden über die antiquierte Benutzeroberfläche des klassischen ABAP Debuggers, haben dazu geführt, dass ein völlig neuer Debugger entwickelt wurde, der auf einer gänzlich anderen Architektur basiert. Der alte Debugger bleibt erhalten, wird aber nicht weiterentwickelt. Während einer Debugging-Sitzung kann aus dem alten Debugger in den neuen gewechselt werden und, wenn noch möglich, auch umgekehrt. In der Regel wird aber empfohlen, nur noch den neuen Debugger zu verwenden.

8.3.2 Einstellen des Debuggers

Die Einstellung, welchen Debugger Sie standardmäßig verwenden, nehmen Sie im Object Navigator (Transaktion SE80) oder im ABAP Editor (Transaktion SE38) über die Funktion HILFSMITTEL • EINSTELLUNGEN vor. Wählen Sie im Dialogfenster BENUTZERSPEZIFISCHE EINSTELLUNGEN auf der Registerkarte DEBUGGING entweder die Option NEUER DEBUGGER oder KLASSISCHER DEBUGGER (siehe Abbildung 8.31). Ab Release 7.0 ist der neue Debugger bereits voreingestellt.

Wenn Sie den klassischen Debugger kennen und zum neuen ABAP Debugger wechseln, werden – neben einer völlig neuen Benutzeroberfläche – zwei weitere Merkmale sichtbar, die die unterschiedlichen Architekturen der beiden Werkzeuge widerspiegeln:

- Der neue ABAP Debugger wird in einem separaten Fenster des SAP GUI geöffnet.
- Der Debuggee-Kontext – der Kontext der zu analysierenden Anwendung – spielt gegenüber dem Debugger die Rolle eines externen Modus, der vom Debugger gesteuert wird.

Im Folgenden wird diese *Zwei-Prozess-Architektur* des neuen ABAP Debuggers erläutert.

8 | Effizientes ABAP Debugging

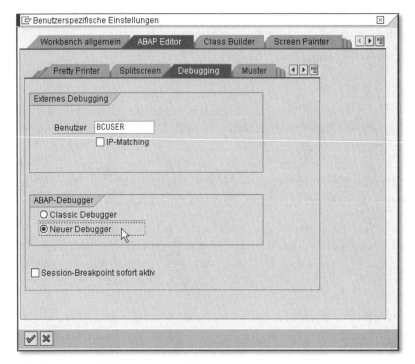

Abbildung 8.31 ABAP Debugger einstellen

8.3.3 Zwei-Prozess-Architektur

Die grundlegenden Abläufe der Zwei-Prozess-Architektur des neuen ABAP Debuggers sind in Abbildung 8.32 dargestellt.

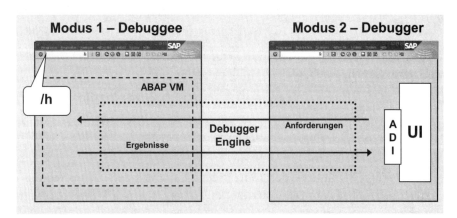

Abbildung 8.32 Zwei-Prozess-Architektur

Diese Architektur basiert auf zwei Hauptmodi bzw. externen Modi, von denen jeder in einem eigenen Fenster des SAP GUI angezeigt wird: ein Modus für den Debuggee und ein Modus für den Debugger. Der Debuggee wird vom Debugger über die Debugger Engine gesteuert, die auf Systemebene der virtuellen ABAP-Maschine ausgeführt wird. Alle Anforderungen der Debugger-Benutzeroberfläche müssen die Schnittstelle des ABAP Debuggers (*ABAP Debugger Interface, ADI*) durchlaufen, wobei sie über die Debugger Engine an den Debuggee-Modus weitergeleitet werden. Die Debugger Engine verarbeitet die Anforderungen, indem sie mithilfe der virtuellen Maschine des Debuggees dessen Kontext analysiert und die Ergebnisse zum ADI des Debuggers zurücksendet. Diese Architektur trennt die Debugger-Benutzeroberfläche vom Debuggee und macht sie vollkommen eigenständig.

Während einer Debugging-Sitzung ist immer eines der zwei Fenster des SAP GUI aktiv, und der GUI-Fokus befindet sich automatisch im aktiven Fenster. Wenn Sie beispielsweise im Befehlsfeld einer Anwendung /h eingeben, wird das Debugger-Fenster nach der nächsten Benutzeraktion im Vordergrund geöffnet und erhält den Fokus. Wählen Sie nun im Debugger-Fenster WEITER (Taste F8), wird das Debugger-Fenster deaktiviert (sofern die Anwendung nicht zuvor an einem Breakpoint anhält), und das Debuggee-Fenster tritt in den Vordergrund und wird fokussiert.

Um wieder die Kontrolle im Debugger zu bekommen (ohne auf einen Breakpoint zu warten), können Sie im Befehlsfeld des Debuggee-Fensters wieder /h eingeben. Um die Verbindung zwischen Debugger und Debuggee zu trennen und das Debugger-Fenster zu schließen, geben Sie im Befehlsfeld des Debuggee-Fensters /hx ein. Sie haben auch die Möglichkeit, das Standardverhalten des neuen ABAP Debuggers nach Auswahl von WEITER (Taste F8) einzustellen. Hierfür markieren Sie im Debugger unter EINSTELLUNGEN • DEBUGGER EINSTELLUNGEN die Einstellung SCHLIESSE DEBUGGER NACH 'WEITER' F8 UND ROLLBEREICHSENDE. Dann bleibt das Debugger-Fenster nach Auswahl von WEITER (Taste F8) nicht stehen, sondern der Debugger wird automatisch beendet. Dieses Verhalten entspricht dem des klassischen Debuggers.

Es gibt weitere Änderungen, die mit dem neuen ABAP Debugger eingeführt wurden: Im klassischen ABAP Debugger wird beim Durchlaufen bestimmter Anweisungen wie SUBMIT oder CALL TRANSACTION, die einen neuen internen Modus öffnen, auch eine neue Debugger-Instanz geöffnet. Dies hat zur Folge, dass die aktuelle Debugger-Instanz verloren geht. Folglich gehen auch alle Debugger-Einstellungen und alle Anordnungen und Einstellungen der Debugger-Werkzeuge verloren (wenn Sie zum Beispiel eine interne Tabelle mit einer benutzerdefinierten Zeilenanordnung in der Tabellensicht anzeigen, gehen die

Informationen zu dieser internen Tabelle und die dazugehörigen Tabellenzeilenspezifikationen verloren). Vor Release 7.0 gingen auch die Debugger-Breakpoints verloren. Seit Release 7.0 bleiben diese auch im klassischen Debugger erhalten. Da der neue Debugger den Debuggee von einem externen Modus aus steuert, führen Anweisungen wie SUBMIT oder CALL TRANSACTION nicht zum Verlust der aktuellen Debugger-Instanz – die aktuellen Breakpoints, Einstellungen sowie Anordnungen und Belegungen der Debugger-Werkzeuge gehen somit nicht verloren.

8.3.4 Benutzeroberfläche

Der neue ABAP Debugger bietet im Vergleich zum klassischen Debugger eine stark verbesserte Benutzeroberfläche, die Sie an Ihre individuellen Anforderungen anpassen können. Sie trägt dazu bei, die Produktivität von ABAP-Support und -Entwicklung beim Debugging zu verbessern. Im Folgenden werden dazu diese grundlegenden Fragen beantwortet:

- Welche Hauptkomponenten umfasst die Benutzeroberfläche des neuen ABAP Debuggers?
- Wie kann die Benutzeroberfläche an individuelle Bedürfnisse angepasst werden?
- Welche Debugger-Werkzeuge sind über die Benutzeroberfläche verfügbar, und wie verwenden Sie diese?

Anschließend werden Ihnen einige Debugging-Funktionen des neuen ABAP Debuggers vorgestellt:

- Zunächst wird das neue Werkzeug zur Quelltextanzeige erläutert, das den neuen ABAP Frontend Editor nutzt. Dieses Werkzeug ermöglicht die Anzeige der Werte von Datenobjekten in einer Quick-Info, sobald mit dem Mauszeiger auf das Symbol des Datenobjektes im Quelltext gezeigt wird.
- Anschließend wird die Aufmerksamkeit auf die Variablenübersicht (*Schnellanzeige der Variablen*) gerichtet, die einen Überblick über sämtliche globalen und lokalen Variablen bietet (einschließlich sämtlicher Parameter).
- Zudem wird ausführlich beschrieben, wie Sie ABAP-Datenstrukturen im neuen ABAP Debugger mithilfe von spezialisierten Detailsichten untersuchen können, zum Beispiel eine Tabellensicht für interne Tabellen, eine Objektsicht für Instanzen von Klassen etc., und wie Sie den Data Explorer einsetzen, um komplexe und geschachtelte Datentypen in einer baumähnlichen Struktur anzuzeigen.

Für ein besseres Verständnis der erweiterten Funktionen des neuen Debuggers, wie zum Beispiel das neue Difftool, mit dem sich beliebige Datenobjekte (zum Beispiel zwei umfangreiche interne Tabellen) vergleichen lassen, wird Ihnen ein Debugging-Szenario aus der Praxis vorgestellt. Anhand dieses Beispiels wird veranschaulicht, wie sich eine Vielzahl dieser neuen Funktionen auf die tägliche Arbeit eines ABAP-Entwicklers auswirkt.

Zunächst werden, wie gesagt, die Hauptkomponenten der Benutzeroberfläche des neuen ABAP Debuggers beschrieben.

Hauptkomponenten der Benutzeroberfläche

Die Benutzeroberfläche des neuen ABAP Debuggers besteht aus fünf Hauptkomponenten (siehe Abbildung 8.33):

- Prozessinformationen
- Kontrollbereich
- Quelltextinformationen und Systemfelder
- Desktops
- Werkzeuge

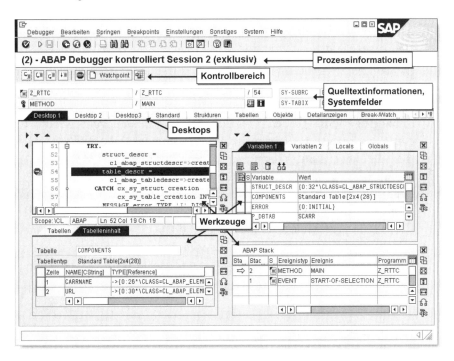

Abbildung 8.33 Hauptkomponenten der Benutzeroberfläche

Betrachten wir diese Komponenten näher:

Prozessinformationen
Im Prozessinformations- oder Titelbereich der Benutzeroberfläche werden Informationen zum Status des Debuggers bzw. Debuggees angezeigt. Zu diesen Informationen gehören:

- **Modusnummer**
  Da Sie mehrere Anwendungen gleichzeitig debuggen können, müssen Sie die Modusnummer des aktuellen Debuggees kennen (im Bild als »Session« gekennzeichnet).[10]

- **Debugging-Einstellung/Modustyp**
  Des Weiteren finden Sie in den Prozessinformationen Informationen zum Modustyp oder -status von Debugger bzw. Debuggee:
  - (/HS) zeigt an, dass das System-Debugging aktiv ist.
  - HTTP zeigt das Debugging eines HTTP-Requests an.
  - RFC->DESTINATION zeigt das Debugging eines RFC-Moduls der angegebenen Destination an.
  - UPDATE zeigt das Debugging einer asynchronen Verbuchung einer SAP-LUW an.
  - ATTACHED zeigt an, dass der Debugger über Transaktion SM50 an einen Prozess angehängt wurde.
  - EXKLUSIV/NICHT EXKLUSIV zeigt an, ob der Debugger im *exklusiven* oder *nicht exklusiven* Modus ausgeführt wird. Im exklusiven Debugging-Modus ist der Workprozess exklusiv für den gegenwärtig ausgeführten Debugging-Modus gesperrt; im nicht exklusiven Debugging-Modus ist der Workprozess hingegen nicht gesperrt, und der Debuggee wird nach jeder Debugger-Aktion herausgerollt, damit ein anderer Modus diesen Workprozess benutzen kann. Jeder Roll-in/Roll-out löst allerdings einen impliziten Datenbank-Commit im Debuggee-Kontext aus. Exklusive und nicht exklusive Debugging-Modi werden im neuen und im klassischen ABAP Debugger nahezu identisch gehandhabt. Weitere Informationen zu exklusiven und nicht exklusiven Modi finden Sie im Anhang zu diesem Kapitel (Abschnitt 8.5, »Exklusiver und nicht exklusiver Debugging-Modus«).

---

10 Wenn Sie das Kontextmenü des SAP Logon-Symbols in der Microsoft Windows-Taskleiste aufrufen, sehen Sie alle aktuellen Modi mit ihren Modusnummern und können dort auch zu einem Modus wechseln.

Kontrollbereich

Die Standardfunktionen für die Ablaufsteuerung (EINZELSCHRITT, AUSFÜHREN, RETURN und WEITER) im neuen ABAP Debugger entsprechen im Wesentlichen denen des klassischen ABAP Debuggers. Der neue Debugger bietet darüber hinaus direkt Funktionen an, um Breakpoints und Watchpoints zu erstellen. Die einzelnen Funktionen werden später in diesem Kapitel erläutert (siehe Abschnitt 8.3.5, »Debugger-Werkzeuge«).

Quelltextinformationen und Systemfelder

Der neue ABAP Debugger zeigt die vollständigen Informationen zur aktuellen Quelltextposition an. Die angezeigten Informationen hängen von der aktuellen Programmiersprache ab: in einem ABAP-Programm werden Informationen zu Hauptprogramm, aktuellem Include-Programm und der Programmzeile angezeigt; in einer Dynpro-Ablauflogik werden Informationen zu Hauptprogramm, Dynpro-Nummer und Programmzeile angezeigt; in einem Quelltext für eine Anwendung von Business Server Pages (BSP) werden sämtliche Informationen zur aktuellen BSP-Seite und die Programmzeile angezeigt.[11] Wie im klassischen Debugger werden auch die aktuellen Inhalte wichtiger Systemfelder immer prominent angezeigt.

Desktops und Werkzeuge

Schließlich der wichtigste Bereich der Benutzeroberfläche des neuen Debuggers – die Desktops und Werkzeuge. Die Desktops sind Arbeitsbereiche, auf denen Sie alle verfügbaren Werkzeuge anordnen können. Sie haben die Möglichkeit, vordefinierte Desktops zu verwenden oder Desktops an Ihre Bedürfnisse anzupassen, um spezielle Debugging-Aufgaben auszuführen (zum Beispiel, um zwei Variablen zu vergleichen oder eine interne Tabelle im Detail zu analysieren). Abbildung 8.34 zeigt die Darstellung von internen Tabellen auf dem vordefinierten Tabellendesktop.

Wie in Abbildung 8.34 gezeigt, gibt es drei benutzerspezifische Desktops (DESKTOP 1, DESKTOP 2 und DESKTOP 3) sowie sieben Standarddesktops (STANDARD, STRUKTUREN, TABELLEN, OBJEKTE etc.). Sie können festlegen, welche Werkzeuge auf den verschiedenen Desktops angezeigt werden (maximal vier Werkzeuge pro Desktop), und die Position und Größe dieser Werkzeuge anpassen. Es kann jedoch lediglich die Konfiguration der drei benutzerspezifischen Desktops permanent in einer Debugger-Variante gespeichert werden.

---

11 Ab den Releases 7.0, EhP2 und 7.1/7.2 kommen zu dieser Auflistung auch die Simple Transformations hinzu.

8 | Effizientes ABAP Debugging

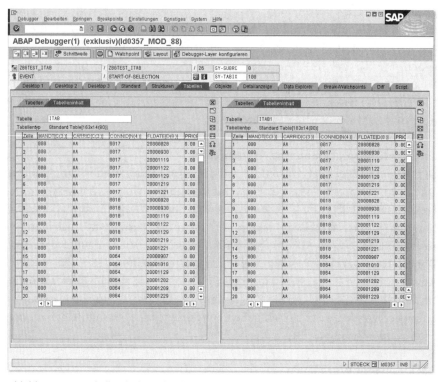

Abbildung 8.34 Tabellendesktop für den Vergleich von internen Tabellen

Die sieben Standarddesktops sind bereits vorkonfiguriert, um alle wichtigen Debugging-Szenarien abzudecken. Eine permanente Anpassung dieser Desktops ist daher nicht erforderlich.

Im Folgenden erfahren Sie, wie Sie das Aussehen der Debugger-Benutzeroberfläche an Ihre Bedürfnisse anpassen und so effizienter arbeiten können.

Anpassen der Benutzeroberfläche

Abbildung 8.35 zeigt ein Debugger-Werkzeug (das Werkzeug für die Quelltextanzeige) auf einem Desktop. Auf der linken Seite werden automatisch Pfeilsymbole angezeigt, über die Sie den Bereich des Werkzeugs auf dem Desktop vergrößern oder verkleinern können.[12] Auf der rechten Seite befindet sich eine Symbolleiste für den Zugriff auf folgende Funktionen:

---

12 Ab den Releases 7.0, EhP2 und 7.1/7.2 werden die Werkzeuge in sogenannten Splitter-Controls dargestellt, die das stufenlose Verstellen von Subscreen-Bereichen ermöglichen.

- Werkzeug schließen (und entfernen, falls noch mindestens ein weiteres Werkzeug geöffnet ist)
- neues Werkzeug auswählen und zum aktuellen Desktop hinzufügen
- Werkzeug durch ein anderes Werkzeug ersetzen
- Größe des Werkzeugs auf den gesamten Desktop ausdehnen (alle anderen Werkzeuge werden entfernt)
- Größe des Werkzeugs horizontal/vertikal maximieren (die anderen Werkzeuge werden entsprechend neu angeordnet)
- Position eines Werkzeugs mit der eines anderen Werkzeugs austauschen
- werkzeugspezifisches Service-Dialogfenster aufrufen

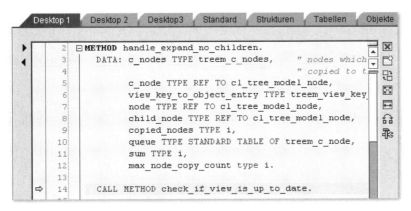

Abbildung 8.35 Anpassen des Werkzeuglayouts auf einem Desktop

Wenn Sie die letzte Funktion wählen, wird ein Service-Dialogfenster für das gegenwärtig verwendete Werkzeug geöffnet. Beispielsweise wird das in Abbildung 8.36 gezeigte Fenster für das Tabellenwerkzeug aufgerufen. Das Service-Dialogfenster besteht aus zwei Bereichen:

- **Standard**
  Die Standard-Services sind für nahezu alle Werkzeuge verfügbar. Sie erlauben es, den aktuellen Inhalt des Werkzeugs herunterzuladen – beispielsweise den Inhalt einer internen Tabelle in eine lokale Datei, um diesen zu analysieren, indem Sie die Daten in Microsoft Excel sortieren. Darüber hinaus haben Sie die Möglichkeit, den angezeigten Inhalt des Werkzeugs zu durchsuchen (auch erreichbar über die Tastenkombinationen [Strg] + [F], um die Suche zu starten, und [Strg] + [G], um die Suche fortzusetzen). So können Sie zum Beispiel nach einem speziellen Attribut eines Objektes in der Objektsicht suchen.

8 | Effizientes ABAP Debugging

▶ **Werkzeugspezifisch**
Dieser Bereich des Dialogfensters zeigt alle spezifischen Funktionen des ausgewählten Werkzeugs. Wie in dem tabellenspezifischen Service-Dialogfenster in Abbildung 8.36 gezeigt, gibt es Werkzeuge zum Anpassen der Spalten und zum Bearbeiten des Inhalts einer internen Tabelle (zum Beispiel zum Ändern, Einfügen oder Löschen von Zeilen). Sie haben sogar die Möglichkeit, die gesamte Tabelle mit FREE zu initialisieren.

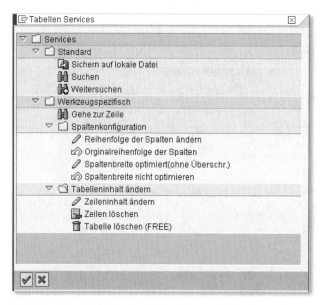

Abbildung 8.36 Tabellenspezifisches Service-Dialogfenster

Nun wissen Sie, wie einfach Sie die Debugger-Desktops anpassen können, indem Sie Werkzeuge hinzufügen (oder entfernen), und wie problemlos sich die Werkzeuge auf dem Desktop anordnen lassen. Sie können bis zu vier (sogar identische) Werkzeuge auf einem Desktop positionieren. Beispielsweise haben Sie die Möglichkeit, vier interne Tabellen gleichzeitig auf einem Desktop anzuzeigen, indem Sie vier Instanzen der Tabellensicht verwenden.

Darüber hinaus werden sämtliche Änderungen bei der Anpassung aufgezeichnet, sodass Sie diese, falls nötig, rückgängig machen können. Angenommen, Sie haben vier Tabellensichten geöffnet, um vier interne Tabellen zu vergleichen. Nun möchten Sie die Details für eine dieser internen Tabellen anzeigen. Hierzu wechseln Sie für eine Tabellensicht in den Vollbildmodus, sodass die anderen drei Sichten automatisch geschlossen werden. Es wäre äußerst umständlich, wenn Sie diese drei Werkzeuge erneut erstellen müssten, um zur Anzeige mit vier Tabellensichten zurückzukehren, nachdem Sie Ihre Detailanalyse beendet haben. Über die Standardfunktion ZURÜCK (Taste [F3]) können Sie die letzten zehn Desktopkonfigurationen des Debuggers wiederherstellen, inklusive sämtlicher Werkzeugeigenschaften, wie zum Beispiel den vier zuvor angezeigten internen Tabellen.

Debugger-Varianten

Gehen Sie von folgendem Beispielszenario aus: Sie verwenden den neuen ABAP Debugger, um ein ABAP-Problem zu lösen. Nach einiger Zeit finden Sie heraus, dass ein bestimmter Funktionsbaustein einen falschen Wert zurückgegeben hat. Dieses Problem möchten Sie mit einem Kollegen besprechen, der über Expertenwissen zu diesem Funktionsbaustein verfügt.

Um sicherzustellen, dass Ihr Kollege das Problem reproduzieren kann, müssen Sie zunächst eine sehr genaue Beschreibung verfassen, die unter anderem die Quelltextzeilen, an denen Breakpoints gesetzt werden sollen, die Debugging-Einstellungen, die aktiv sein müssen, sowie weitere Informationen enthält. Dies kann einige Zeit in Anspruch nehmen, und es könnte sein, dass Sie eine entscheidende Information vergessen.

Eine bequemere und effektivere Möglichkeit, um die benötigten Einzelheiten zu dieser Situation zu übermitteln, besteht darin, die aktuellen Debugger-Einstellungen und -Breakpoints in einer Debugger-Variante zu speichern. Anschließend kann Ihr Kollege die gespeicherte Variante nach dem Starten seiner Debugging-Sitzung laden, und alle Einstellungen und Breakpoints sind umgehend aktiv.

Eine Debugger-Variante kann folgende Elemente umfassen:

- Optionen wie die Voreinstellungen zu den verschiedenen Detailsichten und die speziellen Optionen für die verschiedenen Werkzeuge sowie die Debugger-Einstellungen, zum Beispiel die Aktivierung des System-Debuggings
- Debugger-Breakpoints
- die Anpassungen der Benutzeroberfläche, die festlegen, welche Werkzeuge auf den verschiedenen Desktops angezeigt werden

Debugger-Varianten werden standardmäßig in der Datenbank gespeichert. Um darauf zuzugreifen, benötigen Sie den Namen des Benutzers, der die Varianten erstellt hat, sowie den Variantennamen. Sie können eine Debugger-Variante aber auch in eine lokale Datei Ihres Frontend-Rechners herunterladen.

Um eine Debugger-Variante zu sichern, wählen Sie im Debugger die Funktion DEBUGGER • DEBUGGER SITZUNG • SICHERN. Im folgenden Dialogfenster SICHERN

DER AKTUELLEN DEBUG SITZUNG (siehe Abbildung 8.37) können Sie die Elemente (Layout, Breakpoints, Einstellungen und Optionen) festlegen, die in der Variante gespeichert werden sollen. Wie bereits erwähnt, können Sie die Variante als lokale Datei speichern und anschließend per E-Mail an Ihren Kollegen senden. Alternativ haben Sie die Möglichkeit, die Variante in Ihrem Standardverzeichnis in der Datenbank zu belassen, sodass Ihr Kollege sie von dort laden kann.

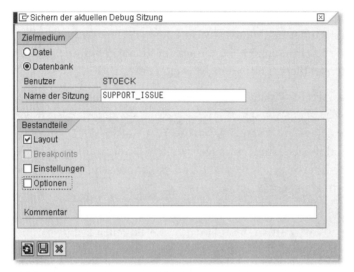

Abbildung 8.37 Sichern einer Debugger-Variante

Zum Laden einer Debugger-Variante verwendet der Kollege einfach den neuen ABAP Debugger für die gewünschte Anwendung und ruft über DEBUGGER • DEBUGGER SITZUNG • LADEN das Dialogfenster LADEN EINER DEBUG SITZUNG auf. Dort kann er die Elemente der Variante angeben, die in die Debugging-Sitzung geladen werden sollen. Somit kann er umgehend mit der Fehleranalyse beginnen, nachdem er die passenden Breakpoints und Einstellungen in den Debugger geladen hat.

Es gibt eine vordefinierte Debugger-Variante namens START_UP, die beim Starten des neuen ABAP Debuggers immer geladen wird. Sie können Ihre standardmäßige Debugging-Umgebung anpassen, indem Sie diese Variante ändern. Wenn Sie Ihre Benutzerdesktops für sich festgelegt haben und Ihre Änderungen anschließend über die Funktion DEBUGGER • DEBUGGER SITZUNG • LAYOUT SICHERN speichern, werden diese als Variante START_UP für Ihren Benutzer abgelegt und künftig immer geladen, wenn Sie den Debugger starten. Alle anderen Debugger-Varianten müssen explizit geladen werden.

Sie sehen, welche Erweiterung die neuen Debugger-Varianten gegenüber dem Sichern einer Debugging-Sitzung im klassischen Debugger (siehe Abbildung 8.22) darstellen, wo nur die Debugger-Breakpoints und einige wenige Debugger-Einstellungen, wie zum Beispiel die Aktivierung des System-Debuggings, gespeichert werden konnten.

8.3.5 Debugger-Werkzeuge

Im Folgenden wird im Detail auf die Werkzeuge eingegangen, die im neuen ABAP Debugger zur Verfügung stehen.

Die Werkzeuge des neuen ABAP Debuggers sind darauf hin optimiert, in verschiedenen Debugging-Szenarien arbeiten zu können. Einige dieser Werkzeuge kennen Sie bereits aus dem klassischen ABAP Debugger, andere sind neu.

Wenn Sie ein neues Werkzeug zum aktuellen Desktop hinzufügen, wird das Dialogfenster NEUES WERKZEUG (siehe Abbildung 8.38) angezeigt, in dem Sie das entsprechende Werkzeug auswählen können. Die Werkzeuge werden in drei Kategorien eingeteilt:

- **Standardwerkzeuge**
  - **Quelltext oder Quelltext (Edit Ctrl)**
    Zeigt den aktuellen Quelltextauszug wie im ABAP Editor. Es gibt zwei Quelltextwerkzeuge. Das erste Werkzeug verwendet den alten ABAP Backend Editor (das heißt ein veraltetes, graues Design etc.), wohingegen das zweite Werkzeug das neue ABAP Edit Control verwendet. Letzteres ist standardmäßig auf den vordefinierten Desktops eingestellt.
  - **Aufrufstack**
    Aktuellen ABAP- und Dynpro-Stack anzeigen.
  - **Schnellanzeige der Variablen**
    Ermöglicht es, Wert und Typ von mehreren Datenobjekten auf einmal anzuzeigen.
  - **Breakpoints**
    Ermöglicht die Anzeige und Pflege der aktuellen Breakpoints, Watchpoints und Checkpoints (aktivierbare Breakpoints).
- **Datenobjekte**
  Spezialwerkzeuge (auch als *Detailsichten* bezeichnet) für die Analyse von Datenobjekten eines bestimmten ABAP-Datentyps:

- **Objekt**
  Von Referenzvariablen referenzierte Objekte (anonyme Datenobjekte und Instanzen von Klassen) und deren Attribute anzeigen und ändern.
- **Tabelle**
  Interne Tabellen anzeigen und ändern.
- **Struktur**
  Strukturen anzeigen oder ändern.
- **Einzelfeld**
  Beliebige Datenobjekte im Detail anzeigen oder ändern. Besonders geeignet für elementare Datentypen.
- **Data Explorer**
  Komplexe Datenobjekte in einer baumähnlichen Struktur anzeigen und ändern.

Wenn Sie ein Datenobjekt in der Schnellanzeige oder auch eine Untereinheit in der Detailsicht auswählen (Doppelklick, Taste [F2]), wird automatisch die Detailsicht für den entsprechenden Datentyp geöffnet, das heißt eine Objekt-, Tabellen oder Struktursicht.

▶ **Spezielle Werkzeuge**
  - **Geladene Programme (Globale Daten)**
    Alle aktuell geladenen Programme und ihre globalen Datenobjekte anzeigen.
  - **Speicheranalyse**
    Integrierten *Memory Inspector* anzeigen. Das Werkzeug Speicheranalyse deckt nahezu alle Funktionen des eigenständigen Memory Inspectors (Transaktion S_MEMORY_INSPECTOR, siehe Kapitel 11, »Speicherverbrauchsanalyse mit dem ABAP Memory Inspector«) ab.
  - **Dynproanalyse**
    Bildschirmattribute und Subscreen-Struktur des aktuellen Dynpros anzeigen.
  - **Difftool**
    Datenobjekte vergleichen.
  - **Systembereiche (intern)**
    Interne Informationen zum ABAP Interpreter anzeigen. Diese Bereiche werden in der Regel nur von der ABAP Language-Gruppe selbst zu Analysezwecken genutzt.

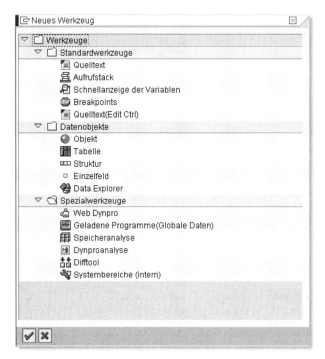

Abbildung 8.38 Werkzeuge des neues ABAP Debuggers

Im Folgenden werden die häufigsten Debugging-Aktivitäten erläutert: Sie erfahren, wie Sie den Aufrufstack anzeigen, Datenobjekte analysieren und Breakpoints oder Watchpoints setzen. Weitere Informationen zu den Werkzeugen, die an dieser Stelle nicht aufgeführt sind, entnehmen Sie der Online-Dokumentation zum neuen ABAP Debugger.

Anzeigen von Quelltext und Aufrufstack

Durch die Verwendung des neuen ABAP Frontend Edit Controls stehen auch im ABAP Debugger dessen aus dem ABAP Editor gewohnte Funktionen zur Verfügung (siehe Abbildung 8.39):

▶ ABAP-Code lässt sich aufgrund der farblichen Syntaxhervorhebung leichter lesen.

▶ Da das Edit Control den gesamten Quellcode lädt, können Sie sowohl vertikal als auch horizontal frei scrollen.

▶ Anfang und Ende von Kontroll- und Verarbeitungsblöcken (das heißt `IF/ENDIF`, `LOOP/ENDLOOP`, `METHOD/ENDMETHOD` etc.) werden bei Auswahl hervorgehoben.

- Breakpoints lassen sich einfach durch einen Mausklick in der Breakpoint-Spalte auf der linken Seite der Source-Anzeige setzen.
- Die ABAP-Schlüsselwortdokumentation (F1-Hilfe) kann für angezeigte Anweisungen aufgerufen werden (ab den Releases 7.0, EhP2 und 7.1/7.2).

Zusätzlich werden im ABAP Debugger die Werte von Datenobjekten und ihre Typen als Quick-Info angezeigt.

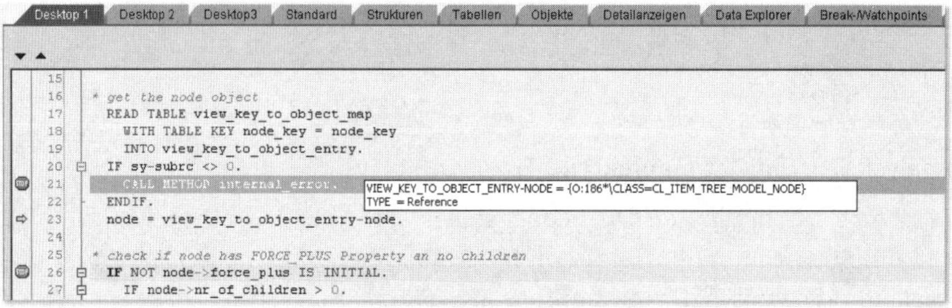

Abbildung 8.39 Quelltextanzeige mit dem ABAP Frontend Edit Control

Über das Werkzeug *Aufrufstack* wird der ABAP-Aufrufstack angezeigt. Mit diesem Werkzeug können Sie zum Kontext der einzelnen Stack-Ebenen wechseln und zum zugehörigen Quelltext navigieren, um den Code in einem separaten Fenster zu analysieren. Eine Funktion, die mit SAP NetWeaver 7.0 eingeführt wurde, ist die Möglichkeit, auch den Aufrufstack der Dynpro-Ablauflogik (Dynpro-Stack) anzuzeigen. Noch wichtiger ist jedoch, dass Sie eine Kombination aus ABAP- und Dynpro-Stack anzeigen können. So können Sie ermitteln, auf welcher ABAP-Ebene welches Dynpro aufgerufen wurde und welches Dynpro welches ABAP-Dialogmodul aufgerufen hat (siehe Abbildung 8.40). Die zugehörige Einstellung finden Sie in den Services des Stack-Werkzeugs.

ABAP und Dynpro Stack

Sta	Stac	S	Ereignistyp	Ereignis	Programm	Nav	Include	Zeile
⇨	14		METHOD	PROCESS_WB_REQUEST	CL_WB_MANAGER==========		CL_WB_MANAGER=====	12
	13		METHOD	PROCESS_REQUEST_QUEUE	CL_WB_MANAGER==========		CL_WB_MANAGER=====	32
	12		METHOD	IF_WB_MANAGER~SET_WORKS	CL_WB_MANAGER==========		CL_WB_MANAGER=====	31
	11		METHOD	START_INTERNAL	CL_WB_STARTUP==========		CL_WB_STARTUP======	41
	10		MODULE (PAI)	MANAGER_START	SAPLWB_MANAGER		LWB_MANAGERU03	28
	9		MODULE (PAI)	MANAGER_START				5
	8		SCREEN (PAI)	0200	SAPLWB_MANAGER			5
	7		FUNCTION	WB_MANAGER_START	SAPLWB_MANAGER		LWB_MANAGERU03	14
	6		METHOD	START	CL_WB_STARTUP==========		CL_WB_STARTUP======	23
	5		FUNCTION	WB_NEW_WORKBENCH_START	SAPLWB_MANAGER		LWB_MANAGERU04	66
	4		EVENT	START-OF-SELECTION	SAPMSEU0		SAPMSEU0	71
	3		MODULE (PAI)	SYST-ABRUN				6
	2		SCREEN (PAI)	1000	SAPMSSY0			6
	1		TRANSACTION	SEU_INT(SE80)				0

Abbildung 8.40 Kombinierten ABAP- und Dynpro-Stack anzeigen

Folgende Hinweise sind für die Anzeige von Quelltext und Aufrufstack nützlich:

- Sie können den Ausführungszeiger direkt in der Quelltextanzeige mit dem ABAP Frontend Edit Control verschieben, indem Sie ihn mit der Maus auf die gewünschte Quelltextzeile positionieren und im Kontextmenü die Option SPRINGE ZUR ANWEISUNG wählen.
- Sie können von jeder Stack-Ebene im Aufrufstack aus zur entsprechenden Quelltextzeile im Editor wechseln, indem Sie das Symbol in der Spalte mit der Stack-Art auswählen.

Analysieren von Datenobjekten

Zusätzlich zur modernen Quellcodeanzeige wurde beim neuen ABAP Debugger auf eine bequeme Anzeige von Datenobjekten und eine einfache Navigationsmethode zwischen verknüpften Objekten Wert gelegt. Das Werkzeug Schnellanzeige der Variablen, mit dem Sie grundlegende Informationen zu einem Datenobjekt (zum Beispiel Datentyp, Wert, Hexadezimalwert etc.) anzeigen können, stellt dahingehend eine erhebliche Erweiterung gegenüber der Variablenanzeige des klassischen Debuggers dar. Wählen Sie das Werkzeug aus, und geben Sie den Namen eines Datenobjektes ein, oder wählen Sie ein solches im Quelltext aus, um es in der Schnellanzeige der Variablen zur Anzeige zu bringen. Noch einfacher lassen sich alle globalen Variablen des aktuellen Programms oder alle lokalen Variablen und Schnittstellenparameter der aktuell ausgeführten Prozedur (Methode, Funktionsbaustein oder Unterprogramm) über die Auswahl einer Registerkarte anzeigen (siehe Abbildung 8.41).

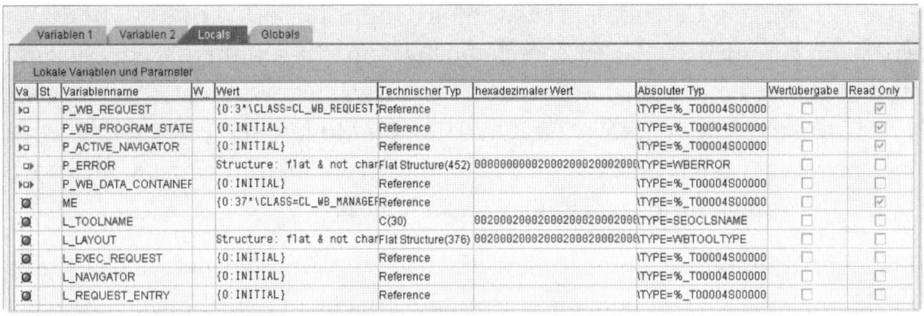

Va	St	Variablenname	W	Wert	Technischer Typ	hexadezimaler Wert	Absoluter Typ	Wertübergabe	Read Only
		P_WB_REQUEST		{0:3*\CLASS=CL_WB_REQUEST}	Reference		\TYPE=%_T00004S00000	☐	☑
		P_WB_PROGRAM_STATE		{0:INITIAL}	Reference		\TYPE=%_T00004S00000	☐	☑
		P_ACTIVE_NAVIGATOR		{0:INITIAL}	Reference		\TYPE=%_T00004S00000	☐	☑
		P_ERROR		Structure: flat & not char	Flat Structure(452)	000000000020002000200020000	\TYPE=WBERROR	☐	☐
		P_WB_DATA_CONTAINEF		{0:INITIAL}	Reference		\TYPE=%_T00004S00000	☐	☐
		ME		{0:37*\CLASS=CL_WB_MANAGEF	Reference		\TYPE=%_T00004S00000	☐	☑
		L_TOOLNAME			C(30)	002000200020002000200020000	\TYPE=SEOCLSNAME	☐	☐
		L_LAYOUT		Structure: flat & not char	Flat Structure(376)	002000200020002000200020000	\TYPE=WBTOOLTYPE	☐	☐
		L_EXEC_REQUEST		{0:INITIAL}	Reference		\TYPE=%_T00004S00000	☐	☐
		L_NAVIGATOR		{0:INITIAL}	Reference		\TYPE=%_T00004S00000	☐	☐
		L_REQUEST_ENTRY		{0:INITIAL}	Reference		\TYPE=%_T00004S00000	☐	☐

Abbildung 8.41 Alle lokalen Variablen anzeigen

Wenn Sie an einer bestimmten globalen Variable eines anderen aktuell geladenen Programms interessiert sind, verwenden Sie das Werkzeug *Geladene Programme (Globale Daten)*. Mit diesem Werkzeug können Sie sämtliche globalen

Variablen aller geladenen Programme anschauen und sind damit nicht nur auf das aktuelle Programm beschränkt (siehe Abbildung 8.42). Auf diese Weise lässt sich auch überprüfen, welche Programme gerade im aktuellen internen Modus geladen sind. Sie finden hier auch Informationen darüber, aus welchen Programmen welche Programmgruppen zusammengesetzt sind. Einzelheiten zum Laden von Programmen und zu Programmgruppen finden Sie in der ABAP-Schlüsselwortdokumentation unter dem Schlagwort »Programmgruppe«.

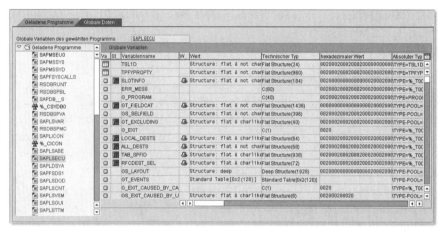

Abbildung 8.42 Globale Variablen aller geladenen Programme anzeigen

Einer der entscheidenden Vorteile des neuen ABAP Debuggers ist die Möglichkeit, maßgeschneiderte Detailsichten für alle ABAP-Datentypen bereitzustellen. Diese Detailsichten sind Teil eines leistungsfähigen Navigationssystems. Unabhängig davon, welches Werkzeug aktiv ist, können Sie zu einer Detailsicht wechseln, indem Sie in einem beliebigen Werkzeug (mit Ausnahme des Quelltextwerkzeugs) ein Datenobjekt auswählen (Doppelklick, Taste F2). Für dieses wird dann automatisch die entsprechende Detailsicht geöffnet. Wenn Sie zum Beispiel Zeile 2 einer internen Tabelle itab auswählen, wird die Zeile itab[2] in der Struktursicht angezeigt. Wählen Sie eine Komponente itab[2]-ref in einer internen Tabelle aus, die eine Daten- oder Objektreferenz enthält, wird das referenzierte Objekt in der Objektsicht angezeigt.

Für äußerst komplexe Datenstrukturen, wie zum Beispiel tief geschachtelte Objektgraphen, ist es oft günstig, eine Analyse in einer baumähnlichen Anzeige durchzuführen, da Sie auf diese Weise in die Tiefe navigieren können, ohne dabei die Informationen zu den übergeordneten Ebenen zu verlieren. Diese Funktionalität bietet der Data Explorer (siehe Abbildung 8.43).

Neuer ABAP Debugger | **8.3**

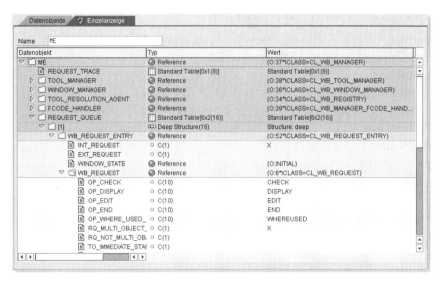

Abbildung 8.43 Komplexe Datenobjekte im Data Explorer

Folgende Hinweise sind für die Anzeige von Variablen und die Analyse ihres Inhalts nützlich:

▶ Es ist sehr zeitaufwendig, den Inhalt einer Variablen zu analysieren, die beispielsweise 2.000 Bytes Hexadezimalcode enthält. Daher ist es über die Detailsicht für Einzelfelder möglich, Byteketten, die einen Text repräsentieren, mithilfe der Angabe einer Codepage in lesbaren Text umzuwandeln (Eingabe von »Textübersetzung« in das Feld SICHT). Für binäre XML-Daten steht ein XML-Viewer zur Verfügung (Eingabe von »XML Browser« in das Feld SICHT).

▶ Angenommen, Sie möchten einen Test für einen Funktionsbaustein mithilfe des Test-Frameworks des Function Builders (Transaktion SE80 oder SE37) durchführen. Zunächst benötigen Sie einige Eingabedaten, bevor Sie den Funktionsbaustein ausführen können. Die Aktualparameter eines Funktionsbausteins lassen sich über den neuen ABAP Debugger als Testdaten für das Test-Framework des Function Builders speichern. Insbesondere bei umfangreichen internen Tabellen spart diese Methode im Vergleich zum manuellen Einfügen der Testdaten viel Zeit. Wenn der Debugger in einem Funktionsbaustein anhält, können Sie diese Funktionalität in der Schnellanzeige der Variablen aufrufen, indem Sie SICHERN DER PARAMETER ALS TESTDATEN (SE37) in den SERVICES DES WERKZEUGS wählen.

▶ Über die Funktion REFERENZEN ANZEIGEN der Objektsicht lassen sich alle Referenzen bestimmen, die auf das angegebene Objekt verweisen. Auf diese Weise kann zur Laufzeit problemlos ermittelt werden, an welcher Stelle das Objekt verwendet wird und welche Referenzen gelöscht werden müssen, bevor der Garbage Collector das Objekt freigeben kann.

Setzen von Breakpoints und Watchpoints

Obwohl sich Breakpoints im klassischen und im neuen ABAP Debugger nicht wesentlich voneinander unterscheiden, gibt es im neuen Debugger doch einige Erweiterungen, auf die in diesem Abschnitt näher eingegangen wird. Bei Watchpoints handelt es sich im neuen ABAP Debugger sogar um eine gänzlich unterschiedliche Implementierung im Vergleich zum klassischen Debugger.

Breakpoints

Neben den durch die Anweisung BREAK-POINT gesetzten Breakpoints (siehe Kapitel 9, »Höhere Softwarequalität durch ABAP-Checkpoints«) gibt es im neuen ABAP Debugger die drei folgenden Arten von Breakpoints (siehe auch Abschnitt 8.2.1, »Breakpoints«):

- *Debugger-Breakpoints* werden innerhalb des Debuggers gesetzt. Sie existieren nur, solange der Debugger aktiv ist. Sobald der Debugger geschlossen wird, gehen sämtliche Debugger-Breakpoints verloren.

- *Session-Breakpoints* werden in der Regel im ABAP Editor gesetzt. Sie beziehen sich immer auf die aktuelle Anmeldung. Das bedeutet, dass Ihre Session-Breakpoints in allen externen Modi der aktuellen Anmeldung gültig sind. Wenn Sie im klassischen ABAP Debugger die Funktion SICHERN wählen, werden alle aktuellen Debugger-Breakpoints automatisch in Session-Breakpoints umgewandelt. Im neuen ABAP Debugger können Sie die gleiche Umwandlung für einzelne oder alle Debugger-Breakpoints im Werkzeug für Breakpoints vornehmen. Darüber hinaus können Sie Breakpoints im neuen Debugger gleich als externe Breakpoints anlegen.

- *Externe Breakpoints* werden automatisch gesetzt, wenn Sie in der ABAP Workbench im Quelltext für ein Web Dynpro oder eine BSP-Anwendung einen Breakpoint setzen. Externe Breakpoints werden in der SAP-Datenbank gespeichert und gelten für die aktuelle und alle zukünftigen Anmeldungen des aktuellen Benutzers auf dem aktuellen Applikationsserver. Im neuen ABAP Debugger können Sie Breakpoints direkt als externe Breakpoints anlegen. Im klassischen ABAP Debugger können externe Breakpoints gesetzt werden, indem Debugger-Breakpoints in einem *externen Debugging-Modus* gesichert werden (zum Beispiel während des Debuggens von Web-Dynpro- oder BSP-Anwendungen).

Da externe Breakpoints vor den Releases 7.0, EhP2 und 7.1/7.2 strikt benutzergebunden sind, kann es erforderlich sein, einen Breakpoint für einen anderen Benutzer als sich selbst zu setzen. Wenn beispielsweise eine Web-Dynpro-, BSP- oder RFC-Anwendung, für die Sie das Debugging durchführen, sich über einen anderen Benutzer anmeldet und dieser Ihnen bekannt ist, können Sie ihn im Dialogfenster aus Abbildung 8.31 im Bereich EXTERNES DEBUGGING eingeben. Externe Breakpoints wirken dann für diesen Benutzer. Natürlich stellt dies ein gewisses Problem dar, wenn es sich um einen allgemeinen Internetbenutzer in einem Produktivsystem handelt, über den sich eventuell sehr viele externe Anwendungen gleichzeitig anmelden. Ab den Releases 7.0, EhP2 und 7.1/7.2 stehen deshalb neue requestbasierte Breakpoints zur Verfügung. Das sind externe Breakpoints, die unabhängig vom Benutzer, aber abhängig vom verwendeten Terminal sind.

In Releases vor SAP NetWeaver 7.0 wurde im Debugger ein einziges Breakpoint-Symbol (das heutige Debugger-Breakpoint-Symbol) angezeigt, um alle drei Breakpoint-Typen zu kennzeichnen. Ab SAP NetWeaver 7.0 werden sowohl im neuen ABAP Debugger als auch im ABAP Editor drei unterschiedliche Breakpoint-Symbole angezeigt (nicht aber im klassischen Debugger).

Abbildung 8.44 zeigt die Breakpoint-Symbole und den Geltungsbereich der verschiedenen Breakpoint-Typen. Externe Breakpoints gelten für alle Hauptmodi und Benutzersitzungen des Benutzers, der den Breakpoint gesetzt hat. Session-Breakpoints gelten innerhalb aller Hauptmodi einer einzelnen Benutzersitzung, und Debugger-Breakpoints sind lediglich innerhalb einer Debugging-Sitzung vorhanden.

Abbildung 8.44 Geltungsbereiche der drei Arten von Breakpoints

Zusätzlich zu den neuen Symbolen gibt es zwei Hauptunterschiede in Bezug auf das Verhalten von Breakpoints zwischen SAP NetWeaver 7.0 und älteren Releases:

- **Debugger-Breakpoints**
  Vor Release 7.0 war die Gültigkeit von Debugger-Breakpoints im klassischen Debugger auf den aktuell debuggten internen Modus beschränkt (siehe Abschnitt 8.2.1, »Breakpoints«). Im neuen Debugger wird die Gültigkeit durch die Dauer der Debugging-Sitzung definiert. Die Gültigkeit der Debugger-Breakpoints sollte für beide Debugger aber selbstverständlich gleich definiert sein. Beispielsweise können Sie innerhalb einer Debugging-Sitzung zwischen den beiden Debuggern wechseln und erwarten dann kein unterschiedliches Verhalten. Deshalb wurde zu Release 7.0 die Gültigkeit von Debugger-Breakpoints im klassischen Debugger an das Verhalten im neuen Debugger angepasst. Sie sind auch im klassischen Debugger unabhängig vom internen Modus und in der gesamten Debugging-Sitzung gültig, in der sie gesetzt wurden.

- **Externe Breakpoints**
  Vor SAP NetWeaver 7.0 konnten *externe Breakpoints* ausschließlich in einem *externen Debugging-Szenario* aktiv sein. Dieses liegt dann vor, wenn Sie zum Beispiel eine Web-Dynpro- oder BSP-Anwendung debuggen, die nicht über das SAP GUI innerhalb der aktuellen Dialogsitzung gestartet wird, sondern über einen Browser. Dabei öffnet sich eine neue Sitzung, in der Breakpoints nicht interaktiv gesetzt werden können. In SAP GUI-Dialogsitzungen waren externe Breakpoints nicht gültig. Ab SAP NetWeaver 7.0 sind die von einem Benutzer gesetzten externen Breakpoints für jede neue Anmeldung des Benutzers gültig, egal, ob die Anmeldung über Web Dynpro, BSP, SAP GUI oder RFC erfolgt.

Das Setzen von Breakpoints im neuen ABAP Debugger unterscheidet sich nur geringfügig von der Vorgehensweise im klassischen ABAP Debugger. Es gibt jedoch einige kleinere Erweiterungen, die der Erleichterung von Debugging-Aufgaben dienen:

- Wenn Sie die Funktion BREAKPOINT ANLEGEN im neuen ABAP Debuggers auswählen, wird das entsprechende Dialogfenster angezeigt. In diesem Dialogfenster können Sie über Registerkarten wählen, ob der Breakpoint bei ABAP-Befehlen, Methoden, Funktionsbausteinen oder Unterprogrammen oder abgefangenen Ausnahmen angelegt werden soll. Zudem haben Sie die Möglichkeit, einen Breakpoint an einer *beliebigen* Stelle im Quelltext eines Programms zu setzen – selbst in noch nicht geladenen Programmen. Letzteres ist im klassischen ABAP Debugger nicht möglich. Dort können Sie nur über Auswahl einer Zeile des gegenwärtig angezeigten Quelltextes einen Breakpoint in diesem setzen.

▶ Über eine Wertehilfe (Taste F4) können Sie Auswahllisten beim Setzen von Breakpoints bei einer Prozedur oder in einem Quelltext aufrufen. Beispielsweise werden auf der Registerkarte METHODE alle Methoden einer angegebenen Klasse angezeigt (siehe Abbildung 8.45). Im klassischen ABAP Debugger steht eine solche Hilfe nicht zur Verfügung.

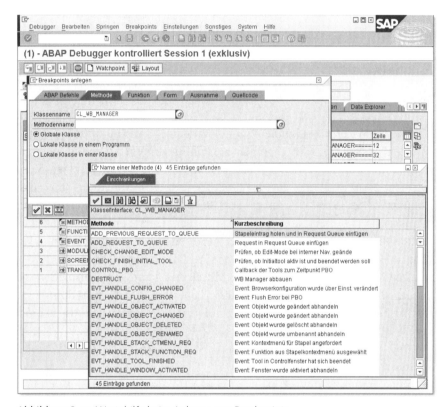

Abbildung 8.45 Wertehilfe beim Anlegen von Breakpoints

▶ Mit dem neuen Breakpoint-Werkzeug, das sich auf dem vordefinierten Desktop für Breakpoints und Watchpoints befindet oder das Sie auf Ihrem Desktop platzieren können, können Sie alle Breakpoints verwalten, die gegenwärtig gesetzt sind. Sie können Breakpoints erstellen, löschen, aktivieren oder deaktivieren. Außerdem können Sie einzelne existierende Breakpoints umwandeln, beispielsweise Debugger-Breakpoints in Session-Breakpoints oder in externe Breakpoints. Im klassischen ABAP Debugger haben Sie nur die Möglichkeit, über die Funktion SICHERN alle Debugger-Breakpoints auf einmal in Session-Breakpoints (in Dialogsitzungen) oder in externe Breakpoints (in externen Debugging-Sitzungen) umzuwandeln. Im neuen ABAP Debugger lassen sich die Breakpoints einzeln behandeln und beliebig umsetzen (siehe Abbildung 8.46).

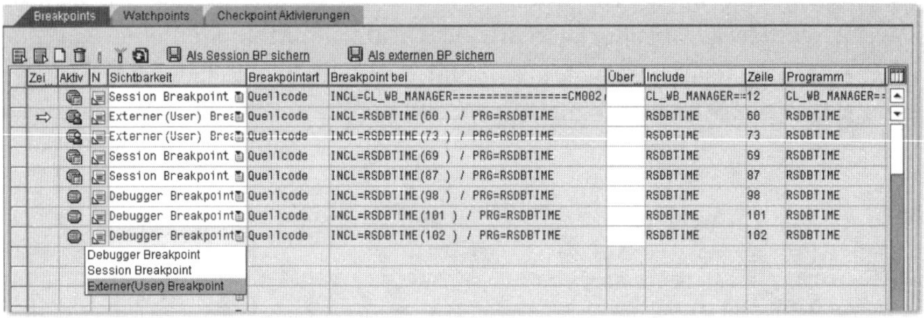

Abbildung 8.46 Breakpoint-Typ ändern

▶ Ab SAP NetWeaver 7.0 können Sie ein laufendes Programm im Debugger anhalten, indem Sie einfach einen Session-Breakpoint in einem zweiten ABAP Editor-Fenster an der gewünschten Stelle des Quelltextes setzen. Voraussetzung ist nur, dass Sie im Dialogfenster aus Abbildung 8.31 das Ankreuzfeld SESSION-BREAKPOINTS SOFORT AKTIV markieren. Dadurch übernehmen alle externen Modi der aktuellen Benutzersitzung umgehend alle Session-Breakpoints, die in einem der externen Modi gesetzt werden. Dies ist unabhängig davon, ob eine Verarbeitung läuft oder ein Modus im Wartezustand ist. Da dies ein probates Mittel sein kann, um beispielsweise unbeabsichtigte Endlosschleifen abzubrechen, ohne gleich den ganzen Prozess zu beenden, ist es ratsam, das Ankreuzfeld in Entwicklungssystemen immer zu markieren.

Watchpoints
Wie im klassischen Debugger kann im neuen Debugger für jede lokale oder globale Variable ein Watchpoint gesetzt werden, um die Ausführung des Programms zu unterbrechen, sobald sich der Inhalt der Variablen ändert. Um einen Watchpoint im neuen Debugger zu erstellen, wählen Sie im Kontrollbereich die Funktion WATCHPOINT ANLEGEN. Es wird ein Dialogfenster geöffnet, in dem Sie die Variable angeben können, für die Sie den Watchpoint setzen möchten. Zudem können Sie in diesem Fenster den Geltungsbereich für einen Watchpoint festlegen, der für eine lokale Variable gesetzt wird, und eine Bedingung bestimmen.

Über den Geltungsbereich eines Watchpoints für eine lokale Variable können Sie den Watchpoint nur für die aktuelle Instanz der betroffenen Prozedur im Aufrufstack setzen oder für alle Instanzen der Prozedur, die zukünftig auf dem

Aufrufstack erzeugt werden. Möchten Sie beispielsweise die Ausführung anhalten, wenn ein Parameter einer bestimmten Methode einen bestimmten Wert aufweist, wählen Sie die zweite Möglichkeit.

Die Verknüpfung einer Bedingung mit dem Watchpoint stellt eine praktische Möglichkeit dar, um gemäß Ihren individuellen Anforderungen eine Einschränkung zu formulieren, wann der Debugger bei diesem Watchpoint anhält. Müssen Sie beispielsweise ermitteln, wann für die interne Tabelle ITAB eine Zeilenanzahl von mehr als 100 Zeilen erreicht wurde, können Sie die Bedingung

```
lines( itab ) > 100
```

für den Watchpoint bei itab angeben (siehe Abbildung 8.47).

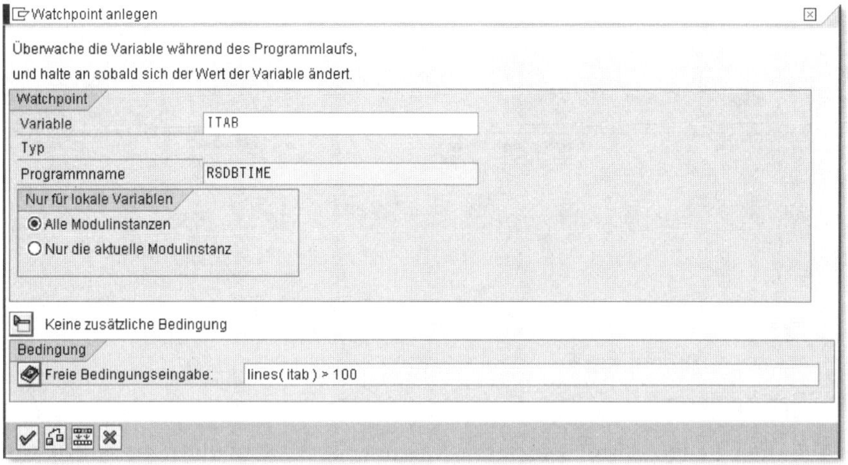

Abbildung 8.47 Dialogfenster »Watchpoint anlegen«

Vergleichen Sie jetzt die freie Eingabe der Bedingung in Abbildung 8.47 mit den recht starren Möglichkeiten des klassischen Debuggers in Abbildung 8.25. Weiterhin ist es im klassischen ABAP Debugger im Gegensatz zum neuen ABAP Debugger nicht möglich, Watchpoints für interne Tabellen zu setzen. Stattdessen musste als Workaround der Tabellen-Header, wie in Tabelle 8.1 gezeigt, angegeben werden. Das funktioniert zwar in den meisten Fällen, ist jedoch keine Ideallösung. Beispielsweise werden beim Setzen eines Watchpoints im Tabellen-Header keine Änderungen ermittelt, die sich nicht auf die Anzahl der Zeilen auswirken (zum Beispiel Änderungsoperationen in Zeilen).

Alle aktuell gesetzten Watchpoints werden auf der Registerkarte WATCHPOINTS des Breakpoint-Werkzeugs aufgelistet. Auf dieser Registerkarte können Sie Watchpoints erstellen, bearbeiten, löschen, aktivieren oder deaktivieren. Zusätzlich zu Informationen wie Variablenname, Geltungsbereich und Bedingung wird in der Watchpoint-Liste in der Spalte ALTER WERT auch der vorhergehende Wert und in der Spalte ALTE VARIABLE ein symbolischer Name für sämtliche Watchpoints angezeigt. Der symbolische Name verweist auf eine Kopie (Klon) der Variablen, die beim Anlegen des Watchpoints erstellt und vor jeder Wertänderung mit dem alten Wert versorgt wird. Der symbolische Name kann wie der richtige Name verwendet werden, um den alten mit dem neuen Wert zu vergleichen.

Wenn Sie beispielsweise einen Watchpoint bei einer Variablen l_time setzen und der Watchpoint während der Programmausführung erreicht wird, weil der Wert von l_time von 11:15:00 in 11:30:00 geändert wird, können Sie über den symbolischen Namen (hier {A:7*\KERNEL_WATCHPOINT_CLONE}) auf den alten Wert 11:15:00 zugreifen (siehe Abbildung 8.48).

W	St	Va	Variable	Watchpointart	Bedingung	alte Variable
			L_DATE	Lokal in einer Prozedur (alle Instanzen)		{A:11*\KERNEL_WATCHPOINT_CLONE}
			L_TIME	Lokal in einer Prozedur (alle Instanzen)		{A:13*\KERNEL_WATCHPOINT_CLONE}
			SY-SUBRC	Global		{A:5*\KERNEL_WATCHPOINT_CLONE}
⇨			ITAB	Global in einem Programm	LINES(ITAB) > 100	{A:9*\KERNEL_WATCHPOINT_CLONE}

Abbildung 8.48 Registerkarte »Watchpoints« des Werkzeugs »Breakpoints«

Nützliche Hinweise zum Setzen von Watchpoints
Im Folgenden finden Sie eine Reihe nützlicher Tipps und Tricks zum Setzen von Watchpoints:

▶ Mit dem neuen ABAP Debugger können Sie Watchpoints nun auch für interne Tabellen setzen.
▶ Sie können freie Bedingungen für Ihre Watchpoints angeben. Dabei handelt es sich um frei formulierbare Bedingungen, für die Sie zwei beliebige Operanden (dabei können Sie die überwachte Variable selbst verwenden, müssen es aber nicht) und einen Operator wählen können. Sie geben die Bedingung in derselben Syntax an, wie Sie es in einem ABAP-Programm tun würden (siehe zugehörige Dokumentation im Dialogfenster von Abbildung 8.47).
▶ Sie können in der Watchpoint-Bedingung bestimmte eingebaute Funktionen als Operanden verwenden, wie zum Beispiel: lines(itab) und strlen(str) (die Zeilenanzahl der internen Tabelle itab bzw. die Länge der Zeichenkette str).

8.3.6 Debugging in der Praxis

Nachdem Sie nun die wichtigsten Neuerungen des neuen ABAP Debuggers kennengelernt haben, wird Ihnen im Folgenden anhand eines abschließenden

Debugging-Szenarios gezeigt, wie Sie die Werkzeuge des neuen ABAP Debuggers in der Praxis verwenden können.

Das hier gezeigte Debugging-Szenario veranschaulicht, wie einfach es ist, mit dem neuen ABAP Debugger zu den Ursachen von Problemen vorzustoßen. Nehmen Sie an, Sie führen eine Transaktion aus, über die Sie Flugdaten in einer Liste mit Flugverbindungen für verschiedene Fluglinien ändern können. Nachdem Sie auf verschiedene Positionen in der Flugliste geklickt haben, wählen Sie die Funktion SICHERN. Obwohl Sie keine Änderung vorgenommen haben, wird folgende Statusmeldung angezeigt: *Saved changes successfully*.

Um diesen Fehler zu analysieren, müssen Sie ihn zunächst reproduzieren. Führen Sie die Transaktion erneut aus, setzen Sie jedoch dieses Mal gleichzeitig einen SQL Trace (Transaktion ST05) ein. Dieser Trace zeigt, dass die Daten tatsächlich aktualisiert wurden, was im schlimmsten Fall zu einem Datenschiefstand geführt hat. Untersuchen Sie diesen Fall etwas näher. Zunächst führt eine Suche der Verwendungsstellen der relevanten Nachricht zu dem Code, der in Abbildung 8.49 abgebildet ist (in die dazugehörige Vorgehensweise wurde in Kapitel 7, »Einsatz der ABAP-Test- und -Analysewerkzeuge in allen Phasen des Entwicklungsprozesses«, detailliert eingeführt).

```
Report         ZB6TEST_SPJ              aktiv
   37        <l_wa>-price = <l_wa>-price * ( 1 - me->get_vat( <l_wa> ) )
   38        l_seats_free = ( <l_wa>-seatsmax - <l_wa>-seatsocc ) / <l_
   39        if <l_wa>-price < 10 and l_seats_free < '0.1'. " no disco
   40           raise exception type zcx_inconsistent_data.
   41        endif.
   42      endloop.
   43    endmethod.
   44    method store_flights.
   45  *** any change ???
   46      if P_FLIGHTS = flights.
   47  *** no change nothing to do
   48        message s208(00) with 'No change - No update necessary'.
   49      else.
   50        flights = p_flights.
   51        me->save_data( ).
   52        message s208(00) with 'Saved changes successfully'.
   53      endif.
   54    endmethod.
```

Abbildung 8.49 Code für das Senden der Nachricht

Die Nachricht 'Saved changes successfully' (Zeile 52) wird in der Methode store_flights einer lokalen Klasse ausgegeben. Da keine Änderungen vorgenommen wurden, wurde an dieser Stelle die Meldung 'No change - No update necessary' (Zeile 48) erwartet. Offensichtlich wurde der unerwünschte Zweig erreicht, da beim Vergleich der internen Tabellen p_flights und flights in der IF-Anweisung in Zeile 46 Unterschiede ermittelt wurden. Daher wird an dieser Stelle mit dem Debugging begonnen. Als ersten Schritt setzen Sie in Zeile 46 auf der IF-Anweisung einen Session-Breakpoint und reproduzieren den Fehler.

Nachdem der Breakpoint erreicht und der Debugger gestartet wurde, sehen Sie im Abschnitt LOKALE VARIABLEN UND PARAMETER (siehe Abbildung 8.50), dass p_flights ein Eingabeparameter der Methode store_flights ist und 163 Zeilen enthält. Wenn Sie den Cursor über der Variablen flights in Zeile 27 des Quelltextes positionieren, wird eine Quick-Info angezeigt, die bestätigt, dass diese Tabelle ebenfalls 163 Zeilen umfasst. Doch welche Rolle spielt die interne Tabelle flights?

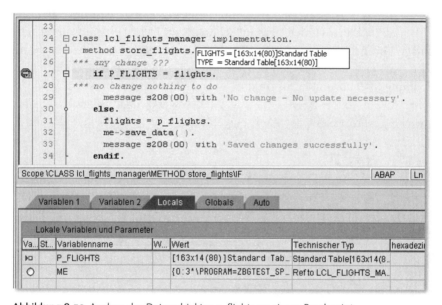

Abbildung 8.50 Analyse des Datenobjektes p_flights an einem Breakpoint

Wenn Sie die Variable me eingeben und auswählen (das heißt die vordefinierte Referenzvariable mit der Referenz auf das Objekt, in dem der aktuelle Vorgang ausgeführt wird), gelangen Sie direkt zur entsprechenden Detailanzeige – der Objektsicht (siehe Abbildung 8.51). Hier können Sie sehen, dass die interne Tabelle flights ein geschütztes Instanzattribut der lokalen Klasse lcl_flights ist, bei der es sich um die Oberklasse der lokalen Klasse lcl_flights_manager handelt, dem dynamischen Typ der lokalen Variablen me.

Es soll auch kurz noch überprüft werden, welche Vererbungsbeziehung die lokale Klasse lcl_flights_manager aufweist, die ebenfalls in der Objektsicht zu sehen ist.

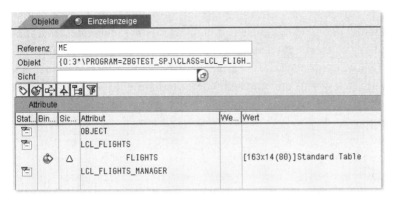

Abbildung 8.51 Einzelanzeige der Referenzvariablen me in der Objektsicht

Über die Funktion VERERBUNGSHIERARCHIE ANZEIGEN lernen Sie, wie in Abbildung 8.52 gezeigt, dass die Klasse lcl_flights_manager von lcl_flights erbt und die Schnittstelle if_print_flights zum Ausdrucken der Flugtabelle implementiert.

Abbildung 8.52 Vererbungshierarchie der Klasse eines Objektes

Bisher lassen sich also die folgenden Aussagen treffen:

▶ Die Flüge, die in der Datenbank gespeichert werden sollen, werden in der internen Tabelle p_flights gespeichert.

▶ Die interne Tabelle p_flights ist ein Eingabeparameter der öffentlichen Instanzmethode store_flights.

▶ Bevor der Inhalt des Eingabeparameters in der Datenbank gespeichert wird, vergleicht die Methode store_flights die interne Tabelle p_flights mit den ursprünglichen Daten in ihrem geschützten Instanzattribut, der internen Tabelle flights.

▶ Bei diesem Vergleich werden Unterschiede ermittelt.

Als nächsten Schritt in der Debugging-Sitzung müssen Sie nun diese Unterschiede zwischen den beiden Tabellen finden. Auf dem Tabellendesktop können Sie problemlos zwei Tabellensichten erstellen, um diese beiden Tabellen direkt nebeneinander zu vergleichen. Bei umfangreichen internen Tabellen wird es jedoch schwierig, die Unterschiede innerhalb eines überschaubaren Zeitraums rein durch Hinsehen zu ermitteln. Aus diesem Grund bietet der neue ABAP Debugger zu diesem Zweck das Werkzeug *Difftool*. Mit diesem Werkzeug können Sie nach den Unterschieden zwischen zwei beliebigen ABAP-Datenobjekten suchen. Sie können interne Tabellen, Strukturen, Zeichenketten oder sogar Instanzen von Klassen vergleichen und so die Unterschiede im Hinblick auf die Werte, aber auch auf den Typ (zum Beispiel, wenn es sich bei einem Objekt um eine sortierte Tabelle und bei dem anderen Objekt um eine Hash-Tabelle handelt) ermitteln.

Um das Difftool für die internen Tabellen `p_flights` und `flights` zu starten, tragen Sie die beiden Variablennamen in dieses ein und bestätigen und wählen dann VERGLEICH STARTEN, um eine Liste mit sämtlichen Unterschieden zwischen den beiden Tabellen anzuzeigen (siehe Abbildung 8.53). Das Ergebnis zeigt an, dass sich die Preise in den meisten Tabellenzeilen unterscheiden. Diese Tatsache ist verwunderlich, da der Preis in der Transaktion nicht geändert wurde.

Abbildung 8.53 Verwendung des Difftools für interne Tabellen

Daher müssen Sie nun herausfinden, an welchen Stellen die Tabelle `flights` gefüllt, und an welchen Stellen sie anschließend geändert wird. Dies ist die ideale Aufgabe für die Verwendung eines Watchpoints. Starten Sie den Debugger erneut, wie beschrieben, bei Beginn der Transaktion. Im Instanzkonstruktor der lokalen Klasse `lcl_flights_manager` setzen Sie einen Watchpoint für die interne Tabelle `flights`. So können Sie alle Änderungen an Werten nachverfolgen, die in der Tabelle `flights` vorgenommen werden. Dann fahren Sie mit der Anwendung fort, bis die Ausführung angehalten wird, da der Watchpoint für `flights` erreicht wurde (Zeile 89), wie in Abbildung 8.54 gezeigt.

```
85     endmethod.                            "get_vat
86
87   method load_flights.
88     select * from sflight into table flights.
⇒ 89    p_flights = flights.
90     me->check_consistency( ).
91   endmethod.                              "load_flights
```

Abbildung 8.54 Debugger am Watchpoint

An dieser Stelle wird die interne Tabelle flights über eine SELECT-Anweisung mit den ursprünglichen Daten aus der Datenbanktabelle sflights gefüllt. Nachdem Sie mit WEITER (Taste F8) fortgefahren haben, wird die Ausführung erneut angehalten. Dieses Mal wechseln Sie zum Desktop BREAK-/WATCH-POINTS und wählen die Registerkarte WATCHPOINTS, auf der der erreichte Watchpoint gekennzeichnet ist (siehe oberen Teil der Abbildung 8.55). Wie Sie sehen, hat der neue ABAP Debugger eine Kopie (Klon) der überwachten Variablen erzeugt, die es erlaubt, den alten mit dem aktuellen Wert zu vergleichen.

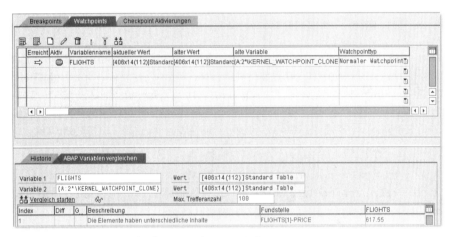

Abbildung 8.55 Wertevergleich im Watchpoint-Werkzeug

Für komplexe Datenobjekte wie die internen Tabellen in diesem Beispiel lohnt es sich auch, das Difftool einzusetzen, um den aktuellen Inhalt einer Tabelle mit ihrem vorherigen Wert in der Kopie zu vergleichen. Deshalb fügen Sie über NEUES WERKZEUG auch das Difftool temporär auf dem vordefinierten Desktop ein. Der untere Teil von Abbildung 8.55 zeigt die Difftool-Ausgabe für die aktuelle interne Tabelle und ihren Klon: Die Komponente price hat sich bereits in der ersten Zeile der internen Tabelle flights geändert. Um zu sehen, warum die Tabelle geändert wurde, wechseln Sie erneut zum Werkzeug für die Quelltextanzeige auf dem Standarddesktop (siehe Abbildung 8.56).

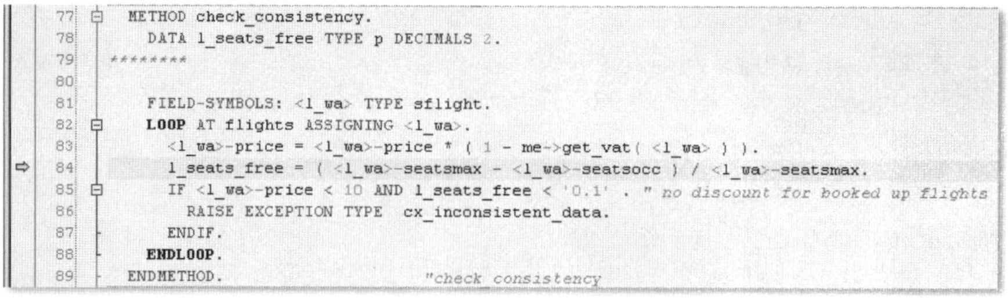

```
 77     METHOD check_consistency.
 78       DATA l_seats_free TYPE p DECIMALS 2.
 79     ********
 80
 81       FIELD-SYMBOLS: <l_wa> TYPE sflight.
 82       LOOP AT flights ASSIGNING <l_wa>.
 83         <l_wa>-price = <l_wa>-price * ( 1 - me->get_vat( <l_wa> ) ).
 84         l_seats_free = ( <l_wa>-seatsmax - <l_wa>-seatsocc ) / <l_wa>-seatsmax.
 85         IF <l_wa>-price < 10 AND l_seats_free < '0.1' . " no discount for booked up flights
 86           RAISE EXCEPTION TYPE cx_inconsistent_data.
 87         ENDIF.
 88       ENDLOOP.
 89     ENDMETHOD.                    "check_consistency
```

Abbildung 8.56 Änderung des Tabelleninhalts im Coding

Sie sehen, dass in der Methode check_consistency angehalten wurde. Diese Methode führt eine Konsistenzprüfung durch, um Einträge mit Rabattpreisen (Bruttopreise minus Mehrwertsteuer) mit einem Betrag kleiner zehn in der Währungseinheit für Flüge mit weniger als 10% freien Plätzen zu vermeiden (siehe Kommentar "no discount for booked up flights). Unbeabsichtigt ändert dieser Code jedoch die ursprüngliche interne Tabelle flights. Dies geschieht in Zeile 83:

```
<l_wa>-price = <l_wa>-price * ( 1 - me->get_vat( <l_wa> ) ).
```

Hier wird die Komponente price des Feldsymbols <l_wa> verwendet, um das Ergebnis der Berechnung »Bruttopreis minus Mehrwertsteuer« für die spätere IF-Anweisung zu speichern. Dieses Feldsymbol zeigt wegen des ASSIGNING-Zusatzes der LOOP-Anweisung jedoch direkt in die interne Tabelle flights hinein. Folglich wird auch der ursprüngliche Wert von price in der Tabelle flights geändert, wenn <l_wa>-price ein neuer Wert zugewiesen wird.

Also werden während der LOOP-Schleife die Werte für die Komponente price für alle Zeilen der internen Tabelle flights unbeabsichtigt geändert. Mit diesem Wissen können Sie nun das Coding korrigieren: Dazu können Sie beispielsweise einfach eine lokale Variable einführen und alle Schreibzugriffe auf <l_wa>-price eliminieren.

8.4 Fazit

Damit ist diese Einführung in das Debugging von ABAP-Programmen am Ende angelangt, und hoffentlich hat sich die Lektüre für Sie gelohnt und Sie konnten viel Interessantes über das Debugging im Allgemeinen und über den neuen ABAP Debugger im Besonderen erfahren.

Sie verfügen nun über einen umfassenden Leitfaden, um während der Entwicklungs- und Testphasen sowie in Produktivumgebungen Problemen in Ihren

ABAP-Programmen auf den Grund zu gehen. In Kapitel 7 wurde erläutert, welche Werkzeuge sich in verschiedenen Situationen eignen und weshalb Sie nicht immer sofort mit dem Debuggen beginnen sollten. Doch Sie werden nach wie vor immer wieder an einen Punkt gelangen, an dem der Debugger dann doch das einzige Werkzeug ist, um die letzten kritischen Details des Problems zu finden. Verwenden Sie ihn dann mit dem erforderlichen Expertenwissen, um Ihren Zeit- und Arbeitsaufwand auf ein Minimum zu reduzieren:

- Starten Sie den Debugger schnell und problemlos für die jeweilige Situation (unter anderem für Transaktionen, Dialogfenster und Hintergrundjobs).
- Nutzen Sie die unterschiedlichen Breakpoint-Typen aus.
- Nutzen Sie Watchpoints, um zu ermitteln, an welcher Stelle eine bestimmte Variable geändert oder gefüllt wird.
- Setzen Sie weniger bekannte Funktionen wie das Debugging eines Hintergrundjobs über den Befehl `jdbg` oder – falls Sie noch auf den klassischen Debugger angewiesen sind – das Setzen von Watchpoints für Tabellen-Header zur Beobachtung von internen Tabellen ein.

Wie Sie im zweiten Teil dieses Kapitels erfahren haben, bietet der neue ABAP Debugger den vollständigen Funktionsumfang des klassischen ABAP Debuggers und darüber hinaus eine moderne und äußerst flexible Benutzeroberfläche sowie zahlreiche neue Funktionen, wie zum Beispiel die Objektsicht, in der Sie problemlos auf die Vererbungshierarchie zugreifen und diese analysieren können. In der neuen Schnellanzeige der Variablen sind zusätzliche Informationen zu allen globalen und lokalen Datenobjekten sowie den Schnittstellenparametern von Prozeduren verfügbar. Der Quelltext wird mit dem gleichen Edit Control angezeigt wie im ABAP Editor, das neben den bekannten Eigenschaften wie Einfärbung der Syntax hier auch eine Quick-Info anbietet, die die Werte und Typen von Datenobjekten anzeigt.

Schließlich und endlich profitieren Sie von Debugging-Funktionen, die nicht in allen Debuggern für andere Sprachen bereitgestellt werden. Beispielsweise können Sie mit der leistungsstarken Vorwärtsnavigation in Variablen in einfacher Weise zu den Detailsichten für die unterschiedlichen Datentypen gelangen oder Watchpoints verwenden, die einen Vergleich von alten und neuen Werten ermöglichen. Zudem können Sie ein Difftool nutzen, mit dessen Hilfe Sie sehr schnell und einfach die Unterschiede selbst von umfangreichen und komplexen Datentypen wie Strukturen, internen Tabellen oder sogar tief geschachtelten Objektgraphen ermitteln können. Bei richtiger Anwendung kann der neue ABAP Debugger zu erheblicher Zeitersparnis bei der Fehleranalyse beitragen.

8 | Effizientes ABAP Debugging

8.5 Exklusiver und nicht exklusiver Debugging-Modus

In diesem Anhang zum Debugger-Kapitel soll noch auf ein Phänomen eingegangen werden, das Ihnen bei Verwendung des klassischen ABAP Debuggers in Form der Statusmeldung *COMMIT WORK wurde vom System ausgeführt* nach jedem Debugging-Schritt begegnen kann. Oder noch schlimmer: Beim Debuggen einer SELECT/ENDSELECT-Schleife bricht die Anwendung mit einem Laufzeitfehler DBIF_RSQL_INVALID_CURSOR ab, weil der Datenbank-Cursor verloren gegangen ist.

Dies sind nur zwei Beispiele für Probleme, die auftreten können, wenn Sie den Debugger in einem sogenannten *nicht exklusiven Debugging-Modus* ausführen. Um das zu verstehen, müssen Sie sich kurz mit Roll-out, Roll-in und Datenbank-Commits befassen:

Beim Ausführen eines Programms im Dialogmodus wird der Programmkontext dann aus einem Workprozess herausgerollt (Roll-out), wenn ein Fenster des SAP GUI aufgerufen wird und danach eingabebereit ist. Nach einer Benutzeraktion wird der Programmkontext wieder in den nächsten freien Workprozess geladen (Roll-in). Da die Datenbankverbindung mit dem Workprozess verknüpft ist und nicht mit dem Programmkontext, muss die aktuelle Datenbank-LUW bei jedem Roll-out mit einem Datenbank-Commit beendet werden.[13]

Was hat das mit dem Debugging zu tun? Beim Debuggen kann es für den Debuggee zu Roll-outs kommen, die bei der normalen Programmausführung nicht stattfinden. Im Falle eines nicht exklusiven Debugging-Modus wird der Debuggee immer dann herausgerollt, wenn der Debugger die Kontrolle hat, wobei ein Datenbank-Commit ausgeführt wird. Im klassischen ABAP Debugger sehen Sie dann auch die bereits erwähnte Statusmeldung aus Abbildung 8.57.

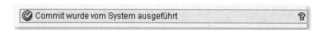

Abbildung 8.57 Statusmeldung im nicht exklusiven Debugging-Modus

Beim Debuggen einer SELECT/ENDSELECT-Schleife schließt der vom Debugger ausgelöste Datenbank-Commit den Datenbank-Cursor, und beim nächsten Abruf von Daten aus der Datenbank über den gleichen Cursor wird zwangsläufig der Laufzeitfehler DBIF_RSQL_INVALID_CURSOR ausgelöst. Insbesondere beim Debuggen von Verbuchungsfunktionsbausteinen einer Transaktion (SAP LUW) können diese Datenbank-Commits zu inkonsistenten Anwendungsdaten

---

13 Außer beim Ende eines Dialogschrittes gibt es noch einige weitere Situationen, die zum Wechsel des Workprozesses und damit zu einem Roll-out mit Datenbank-Commit führen.

führen, da die Datenbankänderungen, die durch den Debugger ausgelöst wurden, nicht durch ein anschließendes Rollback rückgängig gemacht werden können.

Aus diesen Gründen muss eine bessere und sicherere Möglichkeit zumindest für das Debuggen von Produktivcode gefunden werden. Dies ist der *exklusive Debugging-Modus*. Wenn Sie den exklusiven Debugging-Modus ausführen, ist der Workprozess für Ihre Debugging-Sitzung *gesperrt*. Das bedeutet, dass kein anderes Programm diesen Workprozess verwenden kann und folglich keine Notwendigkeit besteht, einen Datenbank-Commit beim Roll-out durch den Debugger auszulösen. Im exklusiven Debugging-Modus ist ein sicheres Debugging für Verbuchungen und `SELECT/ENDSELECT`-Schleifen möglich.

Wenn der exklusive Debugging-Modus besser und sicherer ist, warum kommen nicht exklusive Debugging-Sitzungen dann überhaupt vor? Angenommen, Sie arbeiten auf einem Applikationsserver mit zehn Dialog-Workprozessen und es sind zehn exklusive Debugging-Modi aktiv. Diese Situation führt dazu, dass alle Dialog-Workprozesse gesperrt sind. Da keine freien Dialog-Workprozesse verfügbar sind, können sich keine weiteren Benutzer anmelden. Um dieses Problem zu umgehen, muss über den Profilparameter `rdisp/wpdbug_max_no` eine maximale Anzahl an exklusiven Debugging-Sitzungen festgelegt werden. Empfohlen wird hierfür, nur die Hälfte der verfügbaren Dialog-Workprozesse anzugeben. Wird diese Anzahl überschritten, gibt es zwei Möglichkeiten:

- In einem Produktivsystem sind ausschließlich exklusive Debugging-Modi zulässig, um zu vermeiden, dass durch unbeabsichtigt ausgelöste Datenbank-Commits inkonsistente Daten entstehen. Ist kein exklusiver Debugging-Modus verfügbar, wird der Laufzeitfehler `DEBUGGING_IMPOSSIBLE` ausgegeben.
- In einem Entwicklungs- oder Testsystem wird eine neu gestartete Debugging-Sitzung automatisch im nicht exklusiven Modus ausgeführt.

Im zweiten Fall ermöglicht es Ihnen der neue ABAP Debugger, während des Debuggings zu versuchen, explizit von einem nicht exklusiven in einen exklusiven Modus zu wechseln, indem Sie DEBUGGER • EXKLUSIVER DEBUG MODUS AN wählen. Dieser Menüpunkt ist im exklusiven Modus inaktiv. Um zu überprüfen, ob der klassische ABAP Debugger in einem exklusiven Debugging-Modus ausgeführt wird, können Sie sich in Transaktion SM50 (Prozessübersicht) den zugehörigen Prozess ansehen: Für einen exklusiven Debugging-Modus wird als Prozessstatus HÄLT und als Grund `DEBUG` angegeben (siehe Abbildung 8.58).

	Nr	Typ	PID	Status	Grund	Start	Err	Se	CPU	Zeit	Report	Man	Benutzernamen	Aktion	Tabelle
	0	DIA	14399	wartet		ja									
	1	DIA	28647	hält	DEBUG	ja				115	SAPMSEU0	000	STOECK		
	2	DIA	27341	läuft		ja					SAPLTHFB	000	STOECK		
	3	DIA	18354	wartet		ja									
	4	DIA	5985	wartet		ja									
	5	DIA	5987	wartet		ja									

Abbildung 8.58 Debugging-Modus in der Prozessübersicht

Beachten Sie beim Ausführen eines exklusiven Debugging-Modus, dass der Debugger dann zwar keine impliziten Datenbank-Commits auslöst und dass das Debugging dadurch sicherer wird, dass dann aber auch das Risiko besteht, dass Sie oder andere Benutzer auf eine Sperre warten müssen. Gehen Sie dazu von folgendem Beispielszenario aus: Ein sehr beliebtes Programm wird geändert, wie zum Beispiel SAPMV45A, das in Transaktion VA01 zum Anlegen eines Auftrags verwendet wird. Unmittelbar nach dieser Änderung beginnen Sie mit dem Debugging von Transaktion VA01. Das System generiert das Programm SAPMV45A und lädt es in Ihren Hauptmodus und setzt für die relevante Zeile in der Datenbanktabelle (D010SINF) eine Datenbanksperre. Nun gehen Sie in die Mittagspause. Der Debugger ist noch immer geöffnet, und die Datenbanksperre bleibt bestehen, bis der Debugger automatisch geschlossen wird. Dadurch werden Benutzer, die VA01 ausführen, von dieser Sperre blockiert und können SAPMV45A nicht generieren. Diese durch die Sperre verursachte Wartesituation wird aufgehoben, wenn Sie den Debugging-Vorgang abgeschlossen haben oder das System Ihre Debugging-Sitzung automatisch beendet. Beide ABAP Debugger bieten darüber hinaus Funktionen an, um explizite Datenbank-Commits und -Rollbacks an den Debuggee zu senden, um solche Datenbanksperren aufzuheben, ohne den Debugger zu beenden. Wählen Sie hierzu BEARBEITEN • DATENBANK • COMMIT/ROLLBACK im neuen und DEBUGGING • DATENBANK • COMMIT/ROLLBACK im klassischen Debugger.

Die Wahrscheinlichkeit, dass dieses Problem auftritt, ist geringer, wenn Sie in einem System mit einer Kernel-Version 6.10 oder höher arbeiten. Ab dann ist eine Remote-Generierung von Programmen möglich. Die Remote-Generierung führt die Generierung in einem parallelen Workprozess aus, und dort findet auch der Datenbank-Commit statt. Dies führt dazu, dass die Generierung inklusive Datenbank-Commit schon abgeschlossen ist, wenn der Debugger anhält.

Der Einsatz der Checkpoint-Anweisungen ASSERT, BREAK-POINT und LOG-POINT hilft dabei, korrektes Programmverhalten sicherzustellen und kann die Wartbarkeit Ihrer Programme erhöhen. Die Aufwände für Fehleranalyse und Weiterentwicklung lassen sich so verringern.
Gerd Kluger und Wolf Hagen Thümmel

9 Höhere Softwarequalität durch ABAP-Checkpoints

Entwickler machen in der Regel Annahmen über den Zustand eines Programms während seiner Ausführung. Zum Beispiel gehen sie davon aus, dass die Werte bestimmter Variablen innerhalb bestimmter Bereiche bleiben. Gute Entwickler dokumentieren diese Annahmen mithilfe von *Kommentaren*, um einerseits selbst – vielleicht noch nach Jahren – ihren Quelltext zu verstehen und andererseits anderen Beteiligten während des gesamten Software-Lebenszyklus die Arbeit mit dem Quelltext zu erleichtern.

Obwohl diese Kommentare für alle Beteiligten eine wichtige Rolle spielen, haben sie nur indirekte Auswirkungen auf die Qualität der Software. Sobald die Software geändert wird, gibt es keine Garantie, dass die vorherigen Annahmen weiterhin richtig sind; mit anderen Worten, es kann nicht sichergestellt werden, dass das Programm noch immer korrekt ist. Doch wie lässt sich diese Situation verbessern? Können Wartung und Weiterentwicklung dadurch vereinfacht werden, dass mithilfe solcher Informationen die korrekte Funktion des Programms fortwährend sichergestellt wird? Hier bieten ABAP-Checkpoints eine Lösung. Sie sind ein Anweisungstyp, der in SAP Web Application Server (SAP Web AS) 6.20 mit Support Package 29 eingeführt wurde und ausschließlich dazu dient, die Korrektheit und Wartbarkeit von Programmen zu gewährleisten. Dieser Anweisungstyp umfasst drei verschiedene Anweisungen. Die wichtigste lautet ASSERT und erlaubt es, Annahmen über den Programmzustand explizit auszudrücken und von der Laufzeitumgebung überprüfen zu lassen. Mit den anderen beiden Anweisungen lässt sich das Programmverhalten bei Problemen entweder interaktiv (BREAK-POINT) oder im Nachhinein (LOG-POINT) untersuchen. Alle drei Checkpoint-Anweisungen können so gesteuert werden, dass sie sich nicht merklich auf die Geschwindigkeit der ausgeführten Anwendungen auswirken.

Anhand von ausführlichen Erklärungen wird in diesem Kapitel das Konzept der ABAP-Checkpoints erläutert und gezeigt, wie Sie diese Anweisungen effizient einsetzen können. Die Ausführungen beginnen mit einer Beschreibung von *Assertions*. Nach einer grundlegenden Einführung fahren sie mit den *aktivierbaren* Assertions fort. Die Möglichkeit, eine Anweisung bei Bedarf aktivieren zu können, ist eines der Hauptmerkmale von ABAP-Checkpoints (bei der Programmausführung werden nur aktive Checkpoint-Anweisungen berücksichtigt). Daher ist ein großer Teil dieses Kapitels diesem wichtigen Aspekt gewidmet. Schließlich wird die Darstellung mit der Vorstellung der Checkpoint-Typen, die in spezielleren Situationen eingesetzt werden (*Breakpoints* und *Logpoints*), sowie den weiterführenden Funktionen von Assertions beendet.

9.1 ABAP-Checkpoints

ABAP-Anweisungen dienen dazu, Datentypen oder Datenobjekte (in der Regel Programmvariablen) zu deklarieren (*deklarative Anweisungen*) oder den Programmablauf zu implementieren (*operative Anweisungen*). Während operative Anweisungen eine bestimmte Position innerhalb eines Programms innehaben und in einer bestimmten Reihenfolge zur Ausführung kommen, werden deklarative Anweisungen während der Programmausführung nie erreicht. Sie definieren Komponenten des Programms, die der aktuellen Ausführungsposition übergeordnet sind.

In diesen Punkten unterscheiden sich ABAP-Checkpoints von den übrigen ABAP-Anweisungen. Aus technischer Sicht handelt es sich um operative Anweisungen. Sie werden ausgeführt, wenn sie während des Programmablaufs erreicht werden. Im Gegensatz zu normalen operativen Anweisungen sind sie jedoch nicht Teil der Programmlogik. Sie können in den Quelltext eingefügt werden, um die Gültigkeit von Annahmen zu prüfen (ASSERT), um aufzuzeichnen, dass eine bestimmte Programmstelle erreicht wurde und um aktuelle Variablenwerte festzuhalten (LOG-POINT) oder um in den Debugger zu verzweigen (BREAK-POINT). Während durch ASSERT-Anweisungen die Korrektheit des Programms garantiert werden kann, tragen Letztere im Wesentlichen zu einer vereinfachten Programmwartung bei. Im Folgenden konzentrieren wir uns zunächst auf die Sicherstellung eines korrekten Programmverhaltens mithilfe von Assertions. Anschließend wird auf Breakpoints und Logpoints eingegangen.

9.2 Assertions

Es gibt eine Reihe von Zuständen, die während der Ausführung eines Programms als gültig erachtet werden (siehe Abbildung 9.1). Wenn in einem Programm Fehler auftreten, führt dies früher oder später zu unzulässigen Zuständen und damit wiederum zu unerwartetem Verhalten. Nehmen Sie zum Beispiel eine Bankanwendung. Bei einer Überweisung zwischen zwei Konten muss offensichtlich die Summe beider Konten vor und nach der Transaktion gleich sein. Ist dies nicht der Fall, so sollte diese Fehlersituation so schnell wie möglich erkannt und die Programmausführung abgebrochen werden, um den Schaden zu begrenzen, der durch das Programm verursacht werden kann (beispielsweise wenn sich der Fehler auf weitere Konten ausbreitet). Das Risiko, dass ein Fehler Folgefehler nach sich zieht, ist immer hoch.

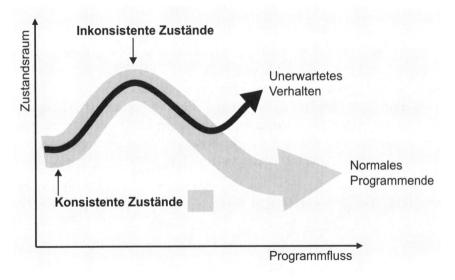

Abbildung 9.1 Durch Fehler verursachtes unerwartetes Programmverhalten

Bei einer Assertion handelt es sich um eine Anweisung, die an einer bestimmten Position innerhalb des Programms platziert wird und bestimmte Annahmen beschreibt, die nach Meinung des Programmierers an dieser Stelle erfüllt sind. Abbildung 9.2 zeigt, wie Assertions eingesetzt werden.

Durch Überprüfung der mittels Assertions ausgedrückten Annahmen während der Programmausführung kann die Ausführung angehalten werden, sobald ein inkorrekter Zustand ermittelt wird.

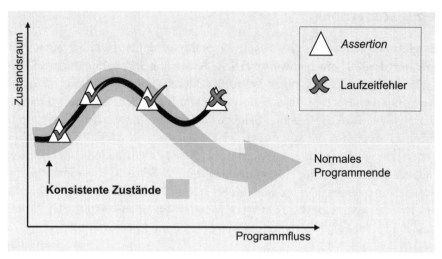

Abbildung 9.2 Mit Assertions Fehler ermitteln

Assertions spielen auch eine wichtige Rolle, wenn Software geändert wird – zum Beispiel im Rahmen der Wartung oder wenn die Software um zusätzliche Funktionalität erweitert wird. Durch Assertions wird das erwartete Systemverhalten klar beschrieben, sodass der Entwickler den vorhandenen Quelltext besser versteht. Darüber hinaus werden die Annahmen bei der Programmausführung automatisch überprüft. So tragen Assertions wesentlich dazu bei, die Wartbarkeit von Programmen zu verbessern.

Im Folgenden wird betrachtet, wie Assertions in ABAP ausgedrückt werden. Begonnen wird mit der einfachsten Form einer ASSERT-Anweisung:

```
ASSERT log_exp.
```

In dieser einfachen Form besteht eine ASSERT-Anweisung aus einem logischen Ausdruck log_exp, der zur Laufzeit ausgewertet wird. Ist der Ausdruck wahr, so wird die Verarbeitung bei der nächsten Anweisung fortgesetzt. Ist der Ausdruck hingegen falsch, wird die Programmausführung mit dem Laufzeitfehler ASSERTION_FAILED abgebrochen.

Assertions werden in vielen Programmiersprachen verwendet. Es gibt jedoch einen großen Unterschied zwischen Assertions in ABAP und Assertions in anderen Sprachen, wie beispielsweise Java oder C/C++. In anderen Sprachen werden Assertions üblicherweise erst ausgeführt, wenn die Laufzeitumgebung mit einer speziellen Option gestartet oder ein ausführbares Programm mit einer speziellen Debugger-Option kompiliert wurde. In ABAP ist die einfache Form der ASSERT-Anweisung *immer aktiv* – sie wird in jedem Fall ausgeführt.

Folglich entspricht die Anweisung

```
ASSERT log_exp.
```

funktional dem folgenden Quelltextausschnitt, den Sie in der Vergangenheit möglicherweise bereits verwendet haben:

```
IF NOT log_exp.
  MESSAGE 'Error occurred' TYPE 'X'.
ENDIF.
```

In beiden Fällen wird die Programmausführung abgebrochen und ein Kurzdump erzeugt, wenn der logische Ausdruck nicht wahr ist.

Selbstverständlich kann sich diese Überprüfung von Assertions nachteilig auf die Ausführungsgeschwindigkeit des Programms auswirken. Es wäre daher sinnvoll, die Prüfung flexibel aktivieren bzw. deaktivieren zu können, ohne das System dazu anhalten zu müssen. Hier kommen die *aktivierbaren Assertions* ins Spiel.

9.3 Aktivierbare Assertions

Bei einer *aktivierbaren Assertion* handelt es sich wie bei einer einfachen Assertion um einen bedingten Checkpoint. Das heißt, dass die in der Assertion angegebene Bedingung zur Laufzeit geprüft wird und, wenn die Bedingung nicht erfüllt ist, zu einem Laufzeitfehler führt. Im Gegensatz zu den einfachen Assertions, die immer aktiv sind, lässt sich jedoch von außen kontrollieren, ob die angegebene Bedingung überhaupt überprüft werden soll. Die Prüfung kann problemlos ein- oder ausgeschaltet und darüber hinaus auch ihr Verhalten gesteuert werden. Das Einschalten der Überprüfung einer Assertion-Bedingung wird als *Aktivieren* des Checkpoints bezeichnet. Dabei ist es durchaus beachtenswert, dass im Gegensatz zu anderen Programmiersprachen in ABAP kein erneutes Kompilieren und kein Neustart der Laufzeitumgebung in einer bestimmten Betriebsart erforderlich ist, um solche Assertions zu aktiveren.

Die Überprüfung von Assertions wird typischerweise während der Entwicklung, des Tests und der Wartung eines Programms aktiviert. Für den Produktivbetrieb können diese Prüfungen jedoch zu ressourcenintensiv sein. In Produktivsystemen können Sie daher die Prüfungen genau dann einschalten, wenn komplexe Probleme untersucht werden sollen, und anschließend wieder ausschalten. Da die Problemanalyse üblicherweise jedoch nicht die produktive

Arbeit in einem System beeinflussen sollte, wäre es sinnvoll, die Aktivierung von Assertions auf den Kontext von explizit angegebenen Benutzern oder Applikationsservern einzuschränken. Da eine Anwendung darüber hinaus eine große Anzahl an Programmen, Funktionsgruppen und Klassen umfasst, wäre eine Möglichkeit sinnvoll, einen Satz von Assertions zu definieren und zu aktivieren, die über eine Menge solcher Kompilationseinheiten[1] verstreut sind. Schließlich wäre es noch hilfreich, wenn sich bestimmte Assertions gruppieren ließen, die semantisch eng miteinander verknüpft sind. Die Lösung für all diese Gruppierungsanforderungen bietet die ABAP-Laufzeitumgebung durch die sogenannten *Checkpoint-Gruppen*, die im Folgenden beschrieben werden.

9.3.1 Checkpoint-Gruppen

Bei einer *Checkpoint-Gruppe* handelt es sich um eine neue Art von ABAP-Repository-Objekt. Der Aktivierungszustand von aktivierbaren Checkpoints wird über die Checkpoint-Gruppe gesteuert. Zu diesem Zweck werden alle aktivierbaren Checkpoint-Anweisungen einer Checkpoint-Gruppe zugeordnet. Dies wird durch den Zusatz ID zur Checkpoint-Anweisung ausgedrückt, auf den der Name einer Checkpoint-Gruppe folgt:

```
ASSERT ID checkpoint_group CONDITION log_exp.
```

Mit angegebenem Zusatz ID ist die ASSERT-Anweisung aktivierbar. Anderenfalls ist die Anweisung immer aktiv. Wie im Beispiel gezeigt, muss der logische Ausdruck durch den Zusatz CONDITION eingeleitet werden, sobald Zusätze wie ID angegeben sind.

Mit den soeben beschriebenen Eigenschaften von Checkpoint-Gruppen ist bereits ein Großteil der zuvor definierten Anforderungen an aktivierbare Assertions erfüllt:

- Da alle aktivierbaren Checkpoints einer Checkpoint-Gruppe zugeordnet werden, die die Aktivierung steuert, können gleichzeitig mehrere Checkpoints aktiviert werden, die sich in verschiedenen Kompilationseinheiten befinden.

- Da die Checkpoint-Gruppe als Repository-Objekt in der ABAP Workbench in den Verwendungsnachweis und die Vorwärtsnavigation eingebunden ist, lassen sich sämtliche Checkpoint-Anweisungen, die einer bestimmten Checkpoint-Gruppe zugeordnet sind, problemlos ermitteln.

---

1 Als Kompilationseinheit wird ein eigenständig kompilierbares ABAP-Programm bezeichnet. Im Gegensatz dazu sind Include-Programme keine Kompilationseinheiten.

Jetzt fehlt nur noch eine Möglichkeit, die Aktivierung auf einzelne Benutzer oder Server einzuschränken. Dies wird zum Konzept der *Aktivierungseinstellungen* führen. Doch zunächst soll eine Checkpoint-Gruppe angelegt werden.

Checkpoint-Gruppen werden über die Transaktion SAAB angelegt. Geben Sie im Einstiegsbild (siehe Abbildung 9.3) im Bereich CHECKPOINT-GRUPPE einen Namen für Ihre Checkpoint-Gruppe ein, und klicken Sie auf den Button ANLEGEN. Der Gruppenname ist, wie zum Beispiel von Programmnamen bekannt, auf 30 Zeichen beschränkt. Geben Sie im folgenden Popup-Fenster eine Beschreibung ein, und klicken Sie auf WEITER. Nachdem Sie ein Paket zugewiesen haben, sind Sie auch schon fertig. Die Checkpoint-Gruppe kann bereits verwendet werden.

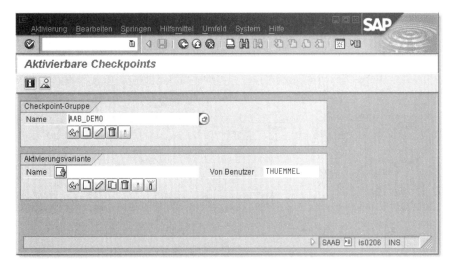

Abbildung 9.3 Einstiegsbild der Transaktion SAAB

Erstellen Sie nun ein einfaches Testprogramm mit einer aktivierbaren Assertion, die Ihrer neuen Checkpoint-Gruppe zugeordnet ist. Hier ein Beispiel für ein solches Testprogramm:

```
DATA i TYPE i.
ASSERT ID aab_demo CONDITION i IS NOT INITIAL.
WRITE i.
```

Ohne weitere Eingaben in Transaktion SAAB wird bei der Ausführung dieses Programms der Wert Null (der Initialwert für Variablen vom Typ i) angezeigt, ohne dass es zum Programmabbruch kommt. Die ASSERT-Anweisung wird ignoriert, da aktivierbare Checkpoints standardmäßig immer inaktiv sind.

Um die Assertion zu aktivieren, klicken Sie auf dem Einstiegsbild der Transaktion SAAB auf den Button AKTIVIEREN. Auf der Registerkarte AKTIVIERUNG im anschließend angezeigten Hauptbild CHECKPOINT-GRUPPE AKTIVIEREN (siehe Abbildung 9.4) sehen Sie einen Abschnitt PERSÖNLICHE AKTIVIERUNG, der wiederum einen Unterabschnitt ASSERTIONS enthält. Auf dieser Registerkarte können Sie die Aktivierung der aktuellen Checkpoint-Gruppe festlegen. Ändern Sie die Auswahl von INAKTIV auf ABBRECHEN, und wählen Sie SICHERN. Führen Sie dann das Testprogramm erneut aus.

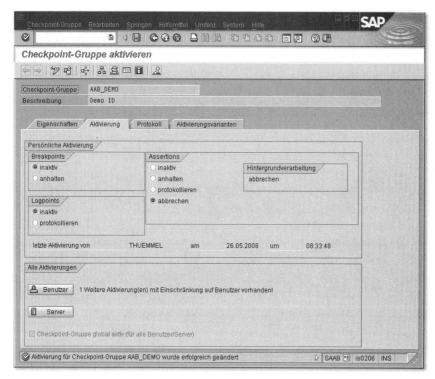

Abbildung 9.4 Hauptbild »Checkpoint-Gruppe aktivieren«

Die Programmausführung wird jetzt mit dem Laufzeitfehler ASSERTION_FAILED abgebrochen, und der Kurzdump zeigt die ASSERT-Anweisung als Abbruchposition. Wenn Sie andere Benutzer bitten, das Testprogramm auszuführen, findet bei diesen kein Programmabbruch statt, da Sie die Assertion (über die Einstellungen unter PERSÖNLICHE AKTIVIERUNG) exklusiv für sich selbst aktiviert haben. Die persönlichen Einstellungen haben demnach keine Auswirkung auf andere Benutzer. Doch was läuft bei der Aktivierung einer Checkpoint-Gruppe intern ab? Es wird eine *Aktivierungseinstellung* angelegt, die bei jedem Programmstart analysiert wird. Diese Einstellungen werden im folgenden Abschnitt behandelt.

9.3.2 Aktivierungseinstellungen

Bei der Aktivierung einer Checkpoint-Gruppe wird aus technischer Sicht eine Aktivierungseinstellung angelegt. Wenn eine aktivierbare Checkpoint-Anweisung erreicht wird, sucht die ABAP-Laufzeitumgebung nach einer passenden Aktivierungseinstellung, das heißt nach einer Aktivierungseinstellung, deren Attribute zur aktuellen Checkpoint-Anweisung und dem aktuellen Ausführungskontext passen. Wird eine solche Einstellung gefunden, so wird der Checkpoint als aktiv betrachtet und die Anweisung ausgeführt. Wird keine passende Einstellung gefunden, so ist der Checkpoint inaktiv und die Anweisung wird übersprungen.

Im Folgenden wird diese Aktivierungseinstellungen etwas näher betrachtet, um zu erläutern, wann eine solche Einstellung passt (und damit einen Checkpoint aktiviert) und wann nicht. Aktivierungseinstellungen werden automatisch erzeugt, geändert oder gelöscht, wenn der Aktivierungszustand einer Checkpoint-Gruppe über Transaktion SAAB geändert wird. Obwohl der Benutzer nicht direkt mit diesen Einstellungen arbeitet, ist ein umfassendes Verständnis der Struktur von Aktivierungseinstellungen hilfreich, um die Optionen beim Aktivieren einer Checkpoint-Gruppe besser zu begreifen.

Eine Aktivierungseinstellung umfasst drei Bereiche: *Gültigkeitsbereich*, *Kontextangabe* und *Betriebsart*. Dabei unterscheidet nur der Bereich Betriebsart zwischen den verschiedenen Arten von Checkpoint-Anweisungen (Assertions, Breakpoints oder Logpoints).

Gültigkeitsbereich

Der Gültigkeitsbereich bestimmt, ob eine Aktivierungseinstellung für eine bestimmte Checkpoint-Anweisung gilt. Er enthält den Namen einer Checkpoint-Gruppe oder den Namen einer Kompilationseinheit. Eine mit dem Namen einer Checkpoint-Gruppe verknüpfte Aktivierung wird als *gruppenspezifische Aktivierung* bezeichnet. Eine mit einer Kompilationseinheit verknüpfte Aktivierung ist eine *programmspezifische Aktivierung* (auf diesen Aktivierungstyp wird später noch näher eingegangen).

Wenn eine aktivierbare Checkpoint-Anweisung erreicht wird, prüft die Laufzeitumgebung zunächst, ob eine Aktivierungseinstellung mit passendem Gültigkeitsbereich vorhanden ist – entweder für die im Zusatz ID angegebene

Checkpoint-Gruppe oder für die Kompilationseinheit, in der sich die Anweisung befindet. Wird keine solche Aktivierungseinstellung gefunden, so wird der Checkpoint als inaktiv betrachtet und die Anweisung übersprungen. Wenn eine oder mehrere Aktivierungseinstellungen gefunden werden, wird mit der Kontextüberprüfung fortgefahren.

Kontext

Die Kontextangabe bestimmt, ob die Aktivierungseinstellung für den aktuellen Ausführungskontext gilt. Als Ausführungskontext wird in diesem Zusammenhang bezeichnet, unter welchem Benutzernamen und auf welchem Server ein Programm ausgeführt wird. Die Aktivierungseinstellung kann den gültigen Kontext durch Angabe eines Benutzernamens auf diesen Benutzer einschränken. Ist hingegen kein Benutzer angegeben, so ist die Aktivierungseinstellung für alle Benutzer gültig. Analoges gilt für die Serverangabe.

Insgesamt lassen sich im Hinblick auf den Kontext drei Arten von Aktivierungseinstellungen unterscheiden:

▶ **Globale Aktivierung**
Die Einstellung gilt ab Release 7.0 für alle Benutzer auf allen Applikationsservern, solange der Mandant[2] übereinstimmt.

▶ **Benutzerspezifische Aktivierung**
Die Einstellung gilt nur für den angegebenen Benutzer, unabhängig vom Applikationsserver, auf dem dieser gerade arbeitet.

▶ **Serverspezifische Aktivierung**
Die Einstellung gilt für alle Benutzer, die an dem angegebenen Applikationsserver im angegebenen Mandanten angemeldet sind.

Wenn keine der gefundenen Aktivierungseinstellungen zum aktuellen Ausführungskontext passt, ist die Checkpoint-Anweisung inaktiv und wird übersprungen. Anderenfalls wird mit der Überprüfung der Betriebsarten fortgefahren.

Betriebsarten

Die Betriebsarten legen fest, welche Art von Checkpoint-Anweisung aktiv ist und welche Aktion ausgeführt werden soll, wenn eine zugehörige Bedingung verletzt wird. Bisher wurde nur eine Art der Checkpoint-Anweisung behandelt, nämlich ASSERT. Doch wie bereits erwähnt, gibt es zwei weitere Anweisungen

---

[2] Der Ausführungskontext war in SAP Web AS 6.20 und 6.40 bezüglich der Aktivierungseinstellungen mandantenunabhängig.

BREAK-POINT und LOG-POINT für weitere Arten von Checkpoints. Eine Checkpoint-Gruppe kann für alle drei Arten von Checkpoint-Anweisungen verwendet werden. Das Verhalten von ASSERT, BREAK-POINT und LOG-POINT lässt sich über die Betriebsarten einzeln steuern. Ist die Betriebsart für den jeweiligen Checkpoint-Typ aktiv, so wird die aktivierbare Anweisung ausgeführt; andernfalls wird sie übersprungen.

Sie kennen nun die unterschiedlichen Optionen für die Aktivierung einer Checkpoint-Gruppe: Die Aktivierung kann auf einzelne Benutzer oder Server sowie auf bestimmte Typen von Checkpoint-Anweisungen beschränkt werden. Im Folgenden erfahren Sie anhand von Beispielen, wie Sie diese Möglichkeiten über Transaktion SAAB nutzen können.

Nachdem Sie die Bedeutung von Aktivierungseinstellungen kennengelernt haben, betrachten Sie als Erstes im Detail, was im ersten Beispiel geschehen ist, als die Checkpoint-Gruppe angelegt und in einem Testprogramm verwendet wurde. Da beim Erstellen einer Checkpoint-Gruppe nicht automatisch eine entsprechende Aktivierungseinstellung angelegt wird, war die ASSERT-Anweisung im Testprogramm inaktiv und wurde während der Ausführung übersprungen. Es ist wichtig zu verstehen, dass der logische Ausdruck einer Checkpoint-Anweisung nicht ausgewertet wird, wenn diese übersprungen wird. Das heißt, unabhängig davon, wie zeitaufwendig Ihre Assertion-Bedingungen bei ihrer Ausführung sind, wird die Ausführungsgeschwindigkeit nicht beeinträchtigt, solange diese nicht aktiviert werden.

Im nächsten Schritt des Beispiels wurde die Checkpoint-Gruppe über Transaktion SAAB aktiviert, wobei implizit eine Aktivierungseinstellung angelegt wurde. Dabei wurde die Option PERSÖNLICHE AKTIVIERUNG verwendet, bei der es sich um einen Spezialfall der benutzerspezifischen Aktivierung handelt: Die Aktivierung erfolgt ausschließlich für den aktuellen Benutzer. Das Ergebnis war eine Aktivierungseinstellung mit der neuen Checkpoint-Gruppe als Gültigkeitsbereich, Ihrem Benutzernamen in der Kontextangabe und einer aktiven Betriebsart für Assertions. Als Sie das Programm ein zweites Mal ausgeführt haben, wurde diese passende Aktivierungseinstellung gefunden und die ASSERT-Anweisung daher ausgeführt. Die Bedingung wurde überprüft und als *falsch* bewertet. Folglich wurde die über die Betriebsart für Assertions festgelegte Aktion ausgeführt (in diesem Fall ein Programmabbruch). Als andere Benutzer das Programm ausführten, passte die Kontextangabe nicht, da diese auf Ihren Benutzernamen eingeschränkt ist. Daher wurde die ASSERT-Anweisung ignoriert, bis diese Benutzer die entsprechende Checkpoint-Gruppe für sich selbst aktivierten.

Während Checkpoint-Gruppen Repository-Objekte sind, die zwischen Systemen transportiert werden können, handelt es sich bei den entsprechenden Aktivierungseinstellungen lediglich um lokale Daten. Die Einstellungen werden zu keinem Zeitpunkt transportiert, weder gemeinsam mit einer Checkpoint-Gruppe noch allein. Wenn Sie eine Checkpoint-Gruppe anlegen, wird diese nicht automatisch aktiviert. Mit anderen Worten, Checkpoint-Gruppen sind standardmäßig inaktiv. Sie müssen manuell aktiviert werden, damit eine aktivierbare Checkpoint-Anweisung ausgeführt wird.

9.3.3 Mehrere Aktivierungseinstellungen und Kontextpriorität

Gültigkeitsbereich und Kontextangabe einer Aktivierungseinstellung enthalten für sämtliche Attribute der Einstellung (das heißt Benutzer, Server, Kompilationseinheit, Checkpoint-Gruppe) nur Einzelwerte. Es ist auch möglich, dass kein spezifischer Wert enthalten ist, wie im Fall der globalen Aktivierungen (die nicht auf einen Benutzer oder Server beschränkt sind). Wenn der Aktivierungszustand, der hergestellt werden soll, mehr als einen Wert für ein Attribut umfassen soll, muss anstelle einer einzelnen Aktivierungseinstellung ein Satz an Aktivierungseinstellungen erstellt werden.

Gehen Sie von folgendem Beispiel aus: Sie haben einen Satz von Checkpoint-Gruppen angelegt und Ihren Quelltext mit aktivierbaren Checkpoints versehen, die jeweils einer der Checkpoint-Gruppen zugeordnet sind. Wenn Sie all diese Checkpoints aktivieren möchten, müssen Sie jede Checkpoint-Gruppe einzeln über Transaktion SAAB aktivieren (in Abschnitt 9.3.6, »Aktivierungsvarianten«, wird gezeigt, wie mehrere Checkpoint-Gruppen gleichzeitig aktiviert werden können). Dabei erhalten Sie einen Satz an Aktivierungseinstellungen, nämlich jeweils eine pro Checkpoint-Gruppe. Wenn das Programm ausgeführt und eine der Checkpoint-Anweisungen erreicht wird, wird die Aktivierungseinstellung für die angegebene Checkpoint-Gruppe verwendet. Dieser Fall ist also recht unkompliziert.

Neben mehreren Aktivierungseinstellungen mit unterschiedlichen Gültigkeitsbereichen sind aber auch mehrere Aktivierungseinstellungen mit unterschiedlichen Kontextangaben möglich. Angenommen, es existiert eine Aktivierungseinstellung für eine Checkpoint-Gruppe mit Ihrem Benutzernamen. Gehen Sie ferner davon aus, dass eine zweite Aktivierungseinstellung dieselbe Checkpoint-Gruppe und einen Server »S« als Kontext angibt und eine dritte Einstellung für dieselbe Checkpoint-Gruppe vorhanden ist, jedoch einen globalen Kontext angibt (also keine Einschränkung auf Benutzer oder Server enthält). Wenn Sie Ihr Programm nun auf Server »S« ausführen, findet die Laufzeitumgebung drei passende Aktivierungseinstellungen. Welche davon wird berücksichtigt? Diese Frage ist entscheidend, da die Betriebsart aller drei Aktivierungseinstellungen unterschiedlich sein kann.

Um das Verhalten in solchen Situationen klar zu definieren, wurde eine Prioritätsregel festgelegt: Benutzerspezifische Aktivierungseinstellungen haben Vorrang vor serverspezifischen Einstellungen, und benutzer- oder serverspezifische Aktivierungseinstellungen haben Vorrang vor globalen Aktivierungseinstellungen. In diesem Beispiel würde daher die persönliche Aktivierungseinstellung berücksichtigt.

9.3.4 Globale Aktivierung und Aktivierung für andere Benutzer

Sie haben bereits erfahren, wie persönliche Aktivierungseinstellungen erzeugt werden. Im Folgenden wird untersucht, wie Sie weitere Arten von Aktivierungseinstellungen anlegen können.

Schauen Sie sich die in Abbildung 9.4 gezeigte Registerkarte AKTIVIERUNG auf dem Hauptbild von Transaktion SAAB an: Unterhalb des Abschnitts PERSÖNLICHE AKTIVIERUNG sehen Sie einen weiteren Abschnitt ALLE AKTIVIERUNGEN mit zwei Buttons: BENUTZER und SERVER. Klicken Sie auf BENUTZER. Es wird das in Abbildung 9.5 gezeigte Popup-Fenster mit einem Eintrag für die globalen Einstellungen und einer Liste von Einträgen für individuelle Einstellungen (sofern vorhanden) angezeigt. Für die Betriebsarten der verschiedenen Typen von Checkpoint-Anweisungen werden ab Release 7.0 drei Spalten angezeigt (bei SAP Web AS 6.20/6.40 sind es Ankreuzfelder).

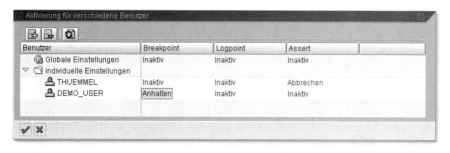

Abbildung 9.5 Benutzerdialog zur benutzerspezifischen oder globalen Aktivierung

Wird für die globalen Einstellungen in allen drei Spalten INAKTIV angezeigt, weist dies darauf hin, dass keine globalen Einstellungen für die Checkpoint-Gruppe vorhanden sind. Wie Sie bereits wissen, wird eine globale Aktivierung durch eine Aktivierungseinstellung erreicht, in der die Kontextbeschreibung keinen Benutzer- oder Servernamen enthält. Die Betriebsart kann für den entsprechenden Typ von Checkpoint-Anweisung geändert werden, indem Sie mit der rechten Maustaste auf eine der drei Spalten klicken. (Beachten Sie, dass Sie auf das Hauptbild der Transaktion SAAB zurückkehren und auf den Button SICHERN klicken müssen, um diese Änderungen an den Einstellungen zu speichern.) Um eine Checkpoint-Gruppe für einen anderen Benutzer zu aktivieren, klicken Sie im Popup-Fenster auf BENUTZER HINZUFÜGEN ( ). Vergessen Sie nicht, vor dem Speichern die Betriebsart für mindestens einen Typ von Checkpoint-Anweisung auf einen von INAKTIV verschiedenen Wert zu ändern; andernfalls wird der Eintrag wieder aus der Liste entfernt.

Wenn Sie im Abschnitt ALLE AKTIVIERUNGEN auf den Button SERVER klicken, wird ein ähnliches Popup-Fenster angezeigt, in dem Sie serverspezifische Aktivierungen hinzufügen können. Die globalen Einstellungen sind in beiden Fenstern (für Benutzer und Server) identisch. Anhand der Informationen zur Kontextangabe wissen Sie bereits, dass sich beide Einträge aus technischer Sicht auf dieselbe Aktivierungseinstellung beziehen.

Hinweis: Wenn keine persönliche Aktivierungseinstellung für einen Checkpoint vorhanden ist, jedoch eine globale oder serverspezifische Einstellung existiert, sind die Optionsfelder im Abschnitt PERSÖNLICHE AKTIVIERUNG auf INAKTIV gesetzt, und das Ankreuzfeld CHECKPOINT-GRUPPE GLOBAL AKTIV im Abschnitt ALLE AKTIVIERUNGEN ist markiert, um anzuzeigen, dass nicht persönliche Einstellungen vorhanden sind, die sich auf die Programmausführung auswirken können.

9.3.5 Programmspezifische Aktivierung und Priorität von Gültigkeitsbereichen

Neben den Checkpoint-Gruppen gibt es eine weitere Möglichkeit, den Gültigkeitsbereich von Aktivierungseinstellungen zu definieren. Eine Aktivierungseinstellung kann sich alternativ auch auf den Namen einer Kompilationseinheit (das heißt ein Programm, eine Funktionsgruppe, einen Class-Pool etc.) beziehen. In diesem Fall steuert die Einstellung alle aktivierbaren Checkpoints innerhalb dieser Kompilationseinheit, unabhängig von der Checkpoint-Gruppe, der der einzelne Checkpoint zugeordnet ist. Dieser Vorgang wird als *programmspezifische Aktivierung* bezeichnet.

Da gleichzeitig sowohl gruppenspezifische als auch programmspezifische Aktivierungseinstellungen vorhanden sein können, legt wieder eine Prioritätsregel fest, was bei widersprüchlichen Einstellungen geschieht: Programmspezifische Aktivierungseinstellungen haben Vorrang vor gruppenspezifischen Einstellungen für ein bestimmtes Programm. Beachten Sie, dass gruppenspezifische Einstellungen im Hinblick auf andere Programme nicht beeinflusst werden, solange für diese selbst keine programmspezifischen Einstellungen vorhanden sind. Mit anderen Worten, bei jedem Aufruf eines Programms sucht die Laufzeitumgebung zunächst nach einer passenden programmspezifischen Einstellung. Wird eine passende Einstellung gefunden, so wird die entsprechende Betriebsart für alle aktivierbaren Checkpoints innerhalb dieses Programms verwendet. Anderenfalls werden die passenden gruppenspezifischen Aktivierungen verwendet (sofern vorhanden). Eine programmspezifische Aktivierung kann nur mithilfe einer Aktivierungsvariante erreicht werden, die im nächsten Abschnitt beschrieben wird.

9.3.6 Aktivierungsvarianten

Um mehrere Checkpoint-Gruppen gleichzeitig zu aktivieren, kann eine *Aktivierungsvariante* angelegt werden. Bei einer Aktivierungsvariante handelt es sich um eine Ansammlung von Checkpoint-Gruppen und/oder Kompilationseinheiten mit jeweils einer Angabe der Betriebsart (welche Typen von Checkpoint-Anweisungen aktiv sein sollen). Die Kontextangabe (benutzerspezifisch, serverspezifisch oder global wie bei der Aktivierung einer einzelnen Checkpoint-Gruppe) ist nicht Bestandteil der Aktivierungsvariante, sondern muss bei der *Aktivierung der Variante* angegeben werden. Bezieht sich der Gültigkeitsbereich eines Elements der Variante auf eine Kompilationseinheit, so wird bei Aktivierung der Variante eine entsprechende programmspezifische Aktivierung durchgeführt. Folglich kann eine Variante zum Anlegen von gruppenspezifischen, programmspezifischen oder beiden Arten von Aktivierungen verwendet werden.

Aus technischer Sicht kann eine Aktivierungsvariante als Vorlage für einen Satz an Aktivierungseinstellungen betrachtet werden. Eine Aktivierungsvariante unterscheidet sich von einem tatsächlichen Satz an Aktivierungseinstellungen durch die fehlende Kontextangabe. Der Kontext wird erst bei der Aktivierung der Variante angegeben.

Es gibt zwei Arten von Aktivierungsvarianten: *globale* und *lokale*. Globale Varianten sind Repository-Objekte, die in andere Systeme transportiert werden können. Lokale Varianten hingegen können nicht transportiert werden. Sie sind zur persönlichen, systemlokalen Verwendung gedacht, können jedoch auch von anderen Benutzern verwendet werden.

Beachten Sie, dass Aktivierungsvarianten lediglich Vorlagen sind, um einen Satz von Aktivierungseinstellungen anzulegen – sie stellen selbst noch keine Aktivierungseinstellungen dar. Das heißt, dass noch keine Checkpoints aktiviert werden, nur weil eine globale Aktivierungsvariante erstellt oder in ein SAP-System transportiert wurde. Die Aktivierung muss immer explizit erfolgen.

Aktivierungsvarianten pflegen

Das Einstiegsbild von Transaktion SAAB (siehe Abbildung 9.3) umfasst einen Abschnitt AKTIVIERUNGSVARIANTE. Klicken Sie auf den Button vor dem Eingabefeld für den Variantennamen, um zwischen lokalen und globalen (transportierbaren) Varianten umzuschalten. Geben Sie einen Variantennamen ein, und klicken Sie auf den Button ANLEGEN. Im nachfolgend angezeigten Fenster (siehe Abbildung 9.6) wird der Inhalt der Variante in einer Tabelle dargestellt. In der Spalte OBJEKTTYP können Sie zwischen CHECKPOINT-GRUPPE für eine gruppenspezifische Aktivierung und PROGRAMM, KLASSE oder FUNKTIONSGRUPPE für programmspezifische Aktivierungen wählen. Der entsprechende Objektname wird in der Spalte OBJEKTNAME angegeben. Die zugehörige Betriebsart wird in den übrigen Spalten festgelegt.

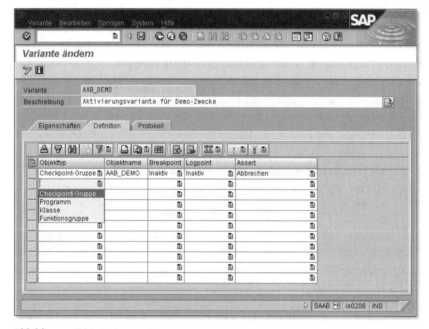

Abbildung 9.6 Variantenanzeige

Die Variante wird aktiviert, indem Sie auf dem Einstiegsbild oder in der Variantenanzeige auf den Button AKTIVIEREN klicken. Bei der Aktivierung einer Variante muss die fehlende Kontextangabe nachgereicht werden. Auch hier können Sie zwischen einer persönlichen, benutzerspezifischen und serverspezifischen Aktivierung wählen. Bei der Aktivierung wird für jedes Element der Variante eine Aktivierungseinstellung erzeugt. Hierbei wird die in der Variante jeweils angegebene Betriebsart berücksichtigt sowie für alle Elemente die bei der Aktivierung spezifizierte Kontextangabe verwendet.

Varianten deaktivieren

Wenn eine Variante zur Aktivierung von Checkpoint-Gruppen verwendet wird, werden aus ihr einzelne Aktivierungseinstellungen erzeugt. Aus technischer Sicht macht es keinen Unterschied, ob die Elemente einer Variante einzeln oder aber über die Variante aktiviert werden. Gleiches gilt, wenn diese Einstellungen zu einem späteren Zeitpunkt wieder aufgehoben werden sollen. In einer Aktivierungseinstellung ist nicht gespeichert, ob sie über eine Variante erstellt wurde. Folglich können Sie die einzelnen Checkpoint-Gruppen entweder einzeln deaktivieren oder zu diesem Zweck die Aktivierungsvariante einsetzen. Wenn Sie sich für die zweite Vorgehensweise entscheiden, müssen Sie für diese Operation denselben Kontext angeben wie zum Zeitpunkt der Aktivierung der Variante. Beachten Sie dabei, dass programmspezifische Einstellungen nur über eine Aktivierungsvariante gepflegt werden können (sowohl für die Aktivierung als auch für die Deaktivierung).

Darüber hinaus gibt es eine dritte Möglichkeit der Deaktivierung: Sie können den Menüeintrag AKTIVIERUNG/LÖSCHEN auf dem Einstiegsbild der Transaktion SAAB auswählen. Das ist insbesondere dann hilfreich, wenn die zur Aktivierung verwendete Variante unbekannt oder nicht mehr verfügbar ist.

9.3.7 Übersicht über alle Aktivierungseinstellungen anzeigen

Bei all diesen Möglichkeiten von Aktivierungseinstellungen (globale und persönliche), die gruppen- oder programmspezifisch und bei der Aktivierung einer Checkpoint-Gruppe oder einer Variante entstanden sein können, benötigen Sie natürlich auch eine Übersicht über alle aktuellen Aktivierungseinstellungen in Ihrem System. Rufen Sie Transaktion SAAB auf, und wählen Sie im Menü AKTIVIERUNG den Eintrag ANZEIGEN.

Abbildung 9.7 zeigt eine Beispielübersicht. Sie können alle Einstellungen, die potenziell für Sie gelten (Ihre persönlichen und globalen Einstellungen), oder alle Einstellungen des Systems anzeigen (in beiden Fällen werden nur die Einstellungen für den aktuellen Mandanten dargestellt). In der Spalte ganz rechts sehen Sie, wer die verschiedenen Aktivierungseinstellungen angelegt hat, sowie das Erstellungsdatum.

Nachdem sich die Darstellung bisher ausschließlich mit Assertions befasst hat, wendet sie sich im Folgenden den anderen Checkpoint-Anweisungen zu: `BREAK-POINT` und `LOG-POINT`. Zunächst werden die Breakpoints betrachtet.

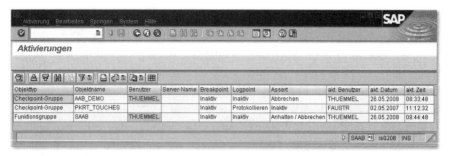

Abbildung 9.7 Übersicht über aktuelle Aktivierungseinstellungen

9.4 Breakpoints

Die einfachste und bestimmt wohlbekannte Form zum Anlegen eines *Breakpoints* besteht lediglich aus dem Schlüsselwort selbst:

BREAK-POINT.

Wird diese Anweisung bei der Dialogverarbeitung erreicht, wird die Programmausführung unterbrochen, und das System wechselt in den ABAP Debugger (siehe Kapitel 8, »Effizientes ABAP Debugging«). Bei der Hintergrundverarbeitung oder innerhalb der Verbuchung wird die Ausführung des Programms nicht unterbrochen. Stattdessen wird die Verarbeitung mit der nachfolgenden Anweisung fortgesetzt.

Während der Programmentwicklung ist die Anweisung BREAK-POINT für den Entwickler recht nützlich. Im Produktivbetrieb jedoch rechnet ein Anwender bestimmt nicht damit, dass plötzlich der ABAP Debugger erscheint, während er seine täglichen Aufgaben erledigt. Aus diesem Grund sollten früher, vor der Einführung von Checkpoint-Gruppen, alle BREAK-POINT-Anweisungen (die standardmäßig immer aktiv waren) entfernt werden, bevor das Programm in ein Produktivsystem transportiert wird.

Wenn Sie jedoch sämtliche Breakpoints eliminieren, sobald der Quelltext fertiggestellt ist, gehen unter Umständen wertvolle Informationen verloren. Möglicherweise haben Sie als Entwickler einen Satz an Breakpoints definiert, der geeignet ist, den Status der Anwendung eingehend zu analysieren und das Programmverhalten zu untersuchen. Solche Breakpoints werden gegebenenfalls im Rahmen der Wartung oder bei der Fehlersuche in einem Produktivsystem erneut benötigt. Hier bietet die beschriebene Infrastruktur der aktivierbaren Checkpoints eine Lösung, nämlich die *aktivierbaren Breakpoints*.

9.5 Aktivierbare Breakpoints

Ein *aktivierbarer Breakpoint* ist wie die einfache BREAK-POINT-Anweisung ein fest vorgegebener Breakpoint innerhalb des Programmcodes (im Gegensatz zu flüchtigen Breakpoints, wie sie im ABAP Editor oder Debugger dynamisch gesetzt werden können). Wie andere aktivierbare Checkpoints ist auch ein aktivierbarer Breakpoint standardmäßig inaktiv. Dadurch wird verhindert, dass die Arbeit der Benutzer (insbesondere in Produktivsystemen) unerwartet unterbrochen wird. Wenn Sie ein Problem untersuchen müssen, können Sie einen solchen Breakpoint wie eine aktivierbare Assertion ganz einfach aktivieren.

Um einen Breakpoint extern steuern zu können, muss er einer Checkpoint-Gruppe zugeordnet werden. Hierzu wird wie bei einer aktivierbaren Assertion der Zusatz ID verwendet, hinter dem Sie den Namen der Checkpoint-Gruppe angeben:

```
BREAK-POINT ID checkpoint_group.
```

Das Verhalten eines aktivierbaren Breakpoints, der über die gruppen- oder programmspezifische Aktivierung aktiviert wurde, stimmt fast exakt mit dem Verhalten von Breakpoints überein, die immer aktiv sind. Der einzige Unterschied betrifft die Hintergrundverarbeitung (Verarbeitung von Hintergrundjobs oder nicht lokale Verbuchung). Die Programmausführung wird in keinem dieser Fälle unterbrochen. Im Gegensatz zu immer aktiven Breakpoints, bei denen der Eintrag »Breakpoint erreicht« in das Systemprotokoll geschrieben wird, sobald der Breakpoint während der Hintergrundverarbeitung erreicht wird, erfolgt bei aktiven aktivierbaren Breakpoints jedoch keine solche Protokollierung. Der Grund dafür ist, dass normale Breakpoints nicht in produktivem Quelltext enthalten sein sollten, sodass das Erreichen eines solchen Breakpoints bei der Hintergrundverarbeitung als ein unerwartetes Verhalten betrachtet werden muss, das zu protokollieren ist. Da die Verwendung von aktivierbaren Breakpoints jedoch stets zulässig ist, ist ein entsprechender Eintrag im Systemprotokoll nicht erforderlich – aktivierbare Breakpoints, die während der Hintergrundverarbeitung ausgeführt werden, werden schlichtweg ignoriert.

Bei der Dialogverarbeitung gelten für aktivierbare Breakpoints dieselben Einschränkungen wie für normale Breakpoints.

- Sie müssen das Verbuchungs-Debugging explizit einschalten, um Verbuchungsaufgaben zu debuggen.
- Breakpoints in Systemprogrammen werden nur dann wirksam, wenn das System-Debugging eingeschaltet ist.

▶ Um in ABAP programmierte HTTP-Services[3] zu debuggen, muss das externe Debugging eingeschaltet sein (weitere Informationen zum Debugging in diesen Situationen finden Sie in der ABAP-Schlüsselwortdokumentation zur Anweisung `BREAK-POINT`).

Keine dieser Einstellungen erfolgt automatisch, wenn Sie eine Checkpoint-Gruppe über Transaktion SAAB aktivieren.

9.6 Logpoints

Während der Programmausführung können Situationen eintreten, die aufgezeichnet werden müssen. Dabei kann es sich um fehlerhafte Zustände, kritische Umstände oder andere Informationen handeln, mit deren Hilfe das Systemverhalten ermittelt oder analysiert werden kann. Diese Informationen sollten zur späteren Verwendung in einem Protokoll erfasst und gespeichert werden. Das ist nichts Neues, und in der ABAP-Laufzeitumgebung sind bereits bewährte Protokollmechanismen verfügbar. Dazu zählen zum Beispiel das *Systemprotokoll* für systemspezifische Informationen und das *Application Log* für anwendungsspezifische Informationen. Weitere Informationen zum Systemprotokoll finden Sie in Kapitel 7, »Einsatz der ABAP-Test- und -Analysewerkzeuge in allen Phasen des Entwicklungsprozesses«.

Der *Logpoint* ist ein zusätzliches Konzept, um Lücken in diesem Bereich zu schließen – insbesondere die Protokollierung von programmspezifischen Informationen auf der untersten, technischen Ebene. Im Gegensatz zur Protokollierung von Meldungen auf höheren Ebenen, die für den Systemadministrator oder den Anwendungsbenutzer von Belang sind, werden Logpoints eingesetzt, um Variablenwerte zur Analyse durch den Programmentwickler zu protokollieren. Der Logpoint ist das jüngste Mitglied in der Familie der ABAP-Checkpoints und erst seit SAP NetWeaver 7.0 verfügbar.

9.6.1 Logpoints sind aktivierbar

Im Gegensatz zu Assertions und Breakpoints ist der Logpoint *ausschließlich* als aktivierbarer Checkpoint verfügbar – es gibt keine immer aktive Version der `LOG-POINT`-Anweisung. Daher ist der Zusatz `ID` in der `LOG-POINT`-Anweisung zwingend erforderlich. Der Grund dafür ist, dass umfangreiche Protokollierungsdaten nie gespeichert werden sollten, wenn sie nicht auch tatsächlich

---

[3] ABAP-Programm, das als HTTP-Server des Internet Communication Frameworks (ICF) ausgeführt wird.

analysiert werden (bzw. wenn niemandem bewusst ist, dass die Daten überhaupt protokolliert werden). Folglich müssen Sie erst die entsprechenden Checkpoint-Gruppen für die `LOG-POINT`-Anweisung aktivieren, um diese Art der Protokollierung zu verwenden. Allerdings gibt es auch einen Aspekt, den Logpoints und Breakpoints gemeinsam haben: In beiden Fällen handelt es sich um *unbedingte* Checkpoints.[4] Daher dürfte Sie die Syntax der `LOG-POINT`-Anweisung nicht überraschen:

```
LOG-POINT ID checkpoint_group.
```

Wenn keine passende Aktivierungseinstellung vorhanden ist, wird die Anweisung übersprungen. Anderenfalls wird die Information, dass dieser Logpoint erreicht wurde, in einem speziellen Protokoll gespeichert. Dieses Protokoll unterscheidet sich grundlegend vom Anwendungs- oder Systemprotokoll:

- Um Speicherplatz zu sparen, werden alle Einträge auf Ebene der Checkpoint-Anweisungen zusammengefasst, durch die sie generiert wurden. Dies bedeutet, dass für jede Checkpoint-Anweisung in Ihrem Quelltext zunächst maximal ein Eintrag geschrieben wird. Ansonsten bestünde die Gefahr, dass Logpoints innerhalb von Programmschleifen große Mengen an Protokollspeicher verbrauchen.

- Wird ein Logpoint mehrfach erreicht, zeigt ein Zähler an, wie oft dies geschehen ist.

- Da diese technischen, für den Entwickler bestimmten Protokolleinträge eng mit dem Quelltext verknüpft sind, gelten die Einträge bei einer Änderung an dem zugehörigen Programm als veraltet. Solche veralteten Einträge werden regelmäßig gelöscht.

- Protokolleinträge werden über Transaktion SAAB angezeigt. Die Protokollanzeige unterstützt die Navigation zum Quelltext.

Betrachten Sie im Folgenden ein Beispiel. Fügen Sie eine `LOG-POINT`-Anweisung in Ihr Testprogramm ein, und verwenden Sie Transaktion SAAB, um die entsprechende Checkpoint-Gruppe in der Betriebsart Logpoint zu aktivieren. Führen Sie Ihr Programm aus, und wechseln Sie anschließend auf die Registerkarte PROTOKOLL auf dem SAAB-Hauptbild. Es wird eine hierarchische Sicht aller Protokolleinträge für die aktuelle Checkpoint-Gruppe angezeigt (siehe Abbildung 9.8). Auf unterster Ebene können Sie detaillierte Informationen anzeigen oder

---

[4] Wie bald zu sehen sein wird, kann für aktivierbare Assertions neben ABBRECHEN auch eine Betriebsart PROTOKOLLIEREN oder ANHALTEN eingestellt werden. Dann verhält sich eine `ASSERT`-Anweisung wie ein bedingter Log- oder Breakpoint.

zur Checkpoint-Anweisung navigieren, die diesen Protokolleintrag erzeugt hat (entweder über die Drucktastenleiste des Baumes oder über das Kontextmenü).

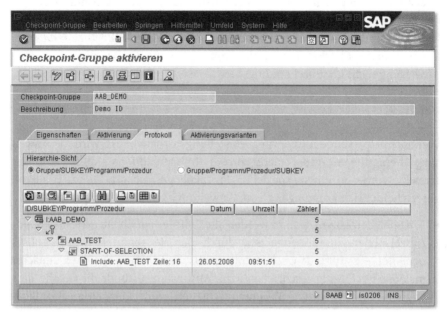

Abbildung 9.8 SAAB-Protokollanzeige

Die Informationen zur Häufigkeit, mit der der Logpoint erreicht wurde, sowie der Zeitpunkt des letzten Auftretens können Ihnen helfen, das Verhalten des Programms zu analysieren. Allerdings ist es oft notwendig, zusätzliche Informationen im Protokoll zu speichern. Im folgenden Abschnitt wird auf diesen Aspekt näher eingegangen.

9.6.2 Speichern von Daten mithilfe des FIELDS-Zusatzes

Die LOG-POINT-Anweisung bietet den Zusatz FIELDS, über den Sie beim Schreiben eines Protokolleintrags zusätzliche Informationen abspeichern können:

```
LOG-POINT ID checkpoint_group FIELDS field1 ... fieldn .
```

Bei field1 ... fieldn handelt es sich um die Namen von Variablen aus Ihrem Programm. Diese können einen beliebigen Typ haben, mit Ausnahme von Referenztypen oder Typen, die Referenzen enthalten. Es können bis zu 32 Variablen angegeben werden. Die Namen und Werte dieser Variablen werden im Protokoll gespeichert. In der Protokollanzeige können die Werte der angegebenen Felder in der Detailanzeige dargestellt werden (siehe Abbildung 9.9).

Beachten Sie, dass die Details jeweils nur für den zuletzt geschriebenen Protokolleintrag angezeigt werden können, da die vorherigen beim Speichern eines neuen Eintrags überschrieben werden.

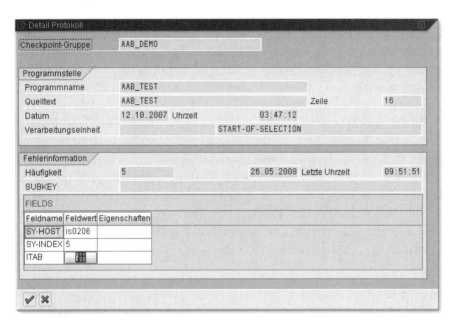

Abbildung 9.9 SAAB-Protokolldetailanzeige

Der Inhalt protokollierter Variablen kann eine erhebliche Datenmenge darstellen, insbesondere wenn es sich bei den Variablen um interne Tabellen oder Strings handelt. Daher gibt es pro Protokolleintrag eine obere Grenze für das Datenvolumen. Wird diese Grenze überschritten, werden die Datenwerte abgeschnitten. Abgeschnittene Werte sind in der FIELDS-Anzeige in der Spalte ATTRIBUTE gekennzeichnet. Die obere Grenze liegt standardmäßig bei 1.024 Bytes; sollte dies für Ihre Zwecke nicht ausreichend sein, können Sie diesen Wert über den SAP-Profilparameter abap/aab_log_field_size_limit ändern. Der Parameterwert wird in Byte angegeben.

Wenn Sie planen, umfangreiche interne Tabellen oder Strings zu protokollieren, sollten Sie daran denken, dass diese Daten ausschließlich über die Protokollanzeige der Transaktion SAAB analysiert werden können. Dies ist aber bei größeren Datenmengen kaum sinnvoll möglich.

Die LOG-POINT-Anweisung mit dem Zusatz FIELDS sollte demnach nicht als Möglichkeit zum Speichern beliebiger Daten missverstanden werden. Es handelt sich vielmehr um einen Mechanismus zum Protokollieren von technischen Informationen für den Programmierer, die dazu dienen, Probleme zu analysieren.

9.6.3 Steuern der Aggregation mit dem Zusatz SUBKEY

Wie gesagt, führt nicht jede Ausführung einer LOG-POINT-Anweisung zu einem separaten Protokolleintrag. Stattdessen werden Protokolleinträge aggregiert, um zu verhindern, dass große Datenvolumina erzeugt werden. Dies könnte beispielsweise geschehen, wenn sich die LOG-POINT-Anweisung in einer Schleife befindet. Über einen zusammengesetzten Schlüssel wird festgelegt, wie die Aggregation durchgeführt werden soll. Zu allen LOG-POINT-Anweisungen mit demselben Schlüsselwert kann es nur einen Protokolleintrag geben. Dabei wird nur das letzte Auftreten gespeichert, ein Zähler gibt jedoch an, wie häufig der Logpoint erreicht wurde. Der Schlüssel umfasst das Änderungsdatum des jeweiligen Programms sowie die Position der Checkpoint-Anweisung innerhalb dieses Programms. In einigen Situationen kann es aber auch sinnvoll sein, mehrere Protokolleinträge für eine Checkpoint-Anweisung zu speichern. Zu diesem Zweck kann der Schlüssel um einen Unterschlüssel erweitert werden. In diesem Fall werden Einträge nur dann aggregiert, wenn die Unterschlüsselwerte übereinstimmen. Durch die Angabe von unterschiedlichen Werten für den Unterschlüssel können Sie so die standardmäßige Aggregation umgehen.

Unterschlüsselwerte werden über den Zusatz SUBKEY der LOG-POINT-Anweisung angegeben. Für die entsprechende Variable wird ein zeichenartiger Typ erwartet. Es können bis zu 200 Zeichen angegeben werden. In Kombination mit dem Zusatz FIELDS sieht eine vollständige LOG-POINT-Anweisung wie folgt aus (der Zusatz SUBKEY kann natürlich auch ohne den FIELDS-Zusatz verwendet werden):

```
LOG-POINT ID checkpoint_group
          SUBKEY sub_key
          FIELDS field1 ... fieldn .
```

Um die Funktionsweise der Aggregation besser zu verstehen, betrachten Sie die zwei Logpoints, die in den Schleifen in Listing 9.1 enthalten sind.

```
DATA n TYPE n.
DO 50 TIMES.
  LOG-POINT ID aab_demo
            FIELDS sy-index.
ENDDO.
DO 50 TIMES.
  n = sy-index MOD 10.
  LOG-POINT ID aab_demo
            SUBKEY n
```

```
        FIELDS sy-index.
ENDDO.
```
Listing 9.1 Zwei Logpoints in Schleifen

Die `LOG-POINT`-Anweisung in der ersten Schleife erzeugt genau einen Protokolleintrag, da die Position der Anweisung die einzige Schlüsselkomponente ist. Der Zähler in der Protokollanzeige zeigt jedoch, dass die Anweisung 50-mal erreicht wurde. Der im Protokolleintrag gespeicherte Feldwert ist 50, da nur der letzte Eintrag beibehalten wird. In der zweiten Schleife sehen Sie ein anderes Verhalten. Hier werden zehn verschiedene Einträge erzeugt, wobei die Werte der Unterschlüssel von 0 bis 9 reichen. Die gespeicherten Feldwerte sind 41 bis 50.

Doch wann werden die Einstellungen zur Aktivierung von Assertions, Breakpoints und Logpoints wirksam? Und was geschieht, wenn Sie diese Einstellungen ändern, während das Programm ausgeführt wird? Diese Aspekte werden im nächsten Abschnitt behandelt.

9.7 Wann werden Änderungen an den Aktivierungseinstellungen wirksam?

Bei der Aktivierung über die Transaktion SAAB werden Aktivierungseinstellungen auf der Datenbank angelegt. Beim Laden eines Programms in einen internen Modus (Programmausführung) werden die Einstellungen von der Datenbank geladen und ebenfalls innerhalb des internen Modus gespeichert. Ein interner Modus ist der Ausführungskontext, der beim Starten eines Programms erstellt wird. Der wichtigste Teil des internen Modus ist der Rollbereich, in dem alle programmbezogenen Daten gespeichert werden. Zur Erhaltung einer guten Laufzeitperformance werden die Aktivierungseinstellungen für die gesamte Lebensdauer des internen Modus beibehalten. Daher werden Änderungen an den Aktivierungseinstellungen für interne Modi, die bereits ausgeführt werden, nicht wirksam.

Stellen Sie sich jetzt aber einen aktivierten Breakpoint innerhalb einer Schleife vor. Irgendwann möchten Sie die Verarbeitung fortsetzen, ohne bei jeder Iteration anzuhalten. Wenn Sie ausschließlich die Transaktion SAAB verwenden, besteht die einzige Möglichkeit darin, die entsprechende Checkpoint-Gruppe zu deaktivieren und das Programm erneut zu starten. Das ist nicht sehr komfortabel. Daher bietet das Breakpoint-Werkzeug im neuen ABAP Debugger (siehe Abbildung 9.10) die Möglichkeit, die geladenen Aktivierungseinstellungen für das aktuelle Programm zu ändern.[5] Auf der Registerkarte CHECKPOINT

AKTIVIERUNGEN wird eine Liste aller zum aktuellen Zeitpunkt geladenen Aktivierungseinstellungen angezeigt.

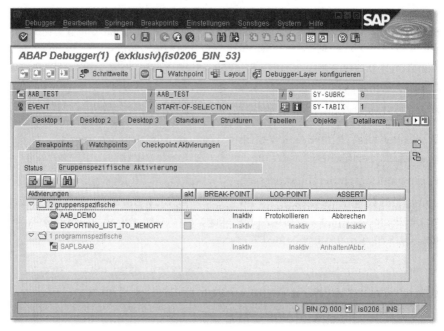

Abbildung 9.10 Registerkarte »Checkpoint Aktivierungen«

Jedes Element in der Liste verfügt über ein Ankreuzfeld, das anzeigt, ob diese Einstellung für das aktuelle Programm gilt (das heißt ob Checkpoint-Anweisungen innerhalb des aktuellen Programms dieser Checkpoint-Gruppe zugeordnet sind). Um die Aktivierungseinstellungen für eine einzelne Checkpoint-Gruppe zu ändern, klicken Sie mit der rechten Maustaste auf den Namen dieser Gruppe.

Das Laden einer bestimmten Aktivierungseinstellung wird im Allgemeinen bis zum Laden des ersten Programms verzögert, das diese Einstellung tatsächlich verwendet. Daher kann die Liste wachsen, während Sie Ihre Anwendung durchlaufen. Es kann also sein, dass die Einstellung, die Sie bearbeiten möchten, noch nicht geladen wurde. In diesem Fall können Sie die Aktivierungseinstellung manuell über den Button AKTIVIERUNG HINZUFÜGEN ( ) anlegen. Geänderte Aktivierungseinstellungen werden so lange beibehalten, wie das

---

5 Im klassischen ABAP Debugger ist diese Funktionalität nicht verfügbar. Daher steht diese Option auch nicht in SAP Web AS 6.20 zur Verfügung, da der neue ABAP Debugger hier noch nicht enthalten ist.

Programm unter Kontrolle des neuen ABAP Debuggers ausgeführt wird; wird der Debugger geschlossen, gehen Ihre geänderten Einstellungen verloren.

Auch wenn Sie keine Aktivierungseinstellungen ändern möchten, bietet das Breakpoint-Werkzeug nützliche Informationen zum Checkpoint-Verhalten innerhalb des aktuellen Programms. In der Statuszeile wird eine Beschreibung der aktuellen Hauptbetriebsart angezeigt. Folgende Ausgaben sind möglich:

- keine aktivierbaren Checkpoints enthalten
- Checkpoint-Gruppen nicht aktiv
- programmspezifische Aktivierung
- gruppenspezifische Aktivierung
- gruppenübergreifende Aktivierung

Wenn mehrere Aktivierungseinstellungen für das aktuelle Programm gelten und Sie die Prioritätsregel vergessen haben sollten, helfen Ihnen diese Informationen, das Systemverhalten zu verstehen.

Nachdem Sie nun über ein solides Verständnis von Assertions, Breakpoints und Logpoints verfügen und wissen, wie Sie diese Anweisungen in Ihren ABAP-Programmen verwenden und gegebenenfalls aktivieren, wendet sich die Darstellung den weitergehenden Funktionen der ASSERT-Anweisung zu.

9.8 Weitergehende Funktionalität der ASSERT-Anweisung

Im Folgenden wird weitergehende Funktionalität der ASSERT-Anweisung beschrieben. Dazu zählen die unterschiedlichen Betriebsarten, Anweisungszusätze für die Protokollierung sowie Systemvarianten für die gruppenübergreifende Aktivierung.

9.8.1 Betriebsarten

Die Betriebsart ist Teil einer Aktivierungseinstellung. Sie beschreibt, was geschieht, wenn ein entsprechender Checkpoint erreicht wurde.

Bei Breakpoints und Logpoints sind die Wahlmöglichkeiten recht begrenzt: Die Anweisungen BREAK-POINT oder LOG-POINT werden entweder ignoriert oder nicht. Im letzteren Fall wird einfach die eigentliche Funktion der Anweisung ausgeführt:

- Breakpoints unterbrechen die Programmausführung und verzweigen in den ABAP Debugger.
- Logpoints protokollieren die Information, dass diese Anweisung während der Programmausführung durchlaufen wurde, und speichern gegebenenfalls die über die Zusätze `FIELDS` und `SUBKEY` angegebenen Daten.

Weitere sinnvolle Verhaltensarten sind für diese beiden Checkpoint-Typen kaum denkbar. Bei Assertions hingegen ist dies anders: Es gibt unterschiedliche Betriebsarten für »aktive« Assertions – sobald eine Assertion-Bedingung verletzt wurde, kann das System, abhängig von der gewählten Betriebsart, auf unterschiedliche Weise reagieren:

- ABBRECHEN
  Die Programmausführung wird mit dem Laufzeitfehler ASSERTION_FAILED abgebrochen.
- ANHALTEN
  Die Programmausführung wird unterbrochen, und der ABAP Debugger wird aufgerufen.
- PROTOKOLLIEREN
  Es wird ein Protokolleintrag erzeugt und die Programmausführung mit der nächsten Anweisung fortgesetzt.

Wie Sie sehen, vereinigt die aktivierbare Assertion die Funktionen aller verfügbaren Checkpoint-Anweisungen. Sie kann wie ein aktivierbarer Breakpoint verwendet werden, um bedingt in den Debugging-Modus zu wechseln, oder sie kann verwendet werden, um wie mit einem Logpoint Informationen zur späteren Analyse zu speichern. Wie eine immer aktive Assertion kann sie eingesetzt werden, um die Ausführung mit dem Laufzeitfehler `ASSERTION_FAILED` abzubrechen.

Die zusätzlichen Betriebsarten ANHALTEN und PROTOKOLLIEREN gibt es nicht in anderen Programmiersprachen. In ABAP dienen sie dazu, Assertions »schonend« zu aktivieren. In der Betriebsart ANHALTEN kann die Programmausführung im Debugger fortgesetzt werden. Dies ist hilfreich, wenn die Auswirkungen einer fehlgeschlagenen Assertion nur dann analysiert werden können, wenn der weitere Programmablauf untersucht wird. Oder Sie möchten den Aufrufer innerhalb des Programms identifizieren, der für den inkonsistenten Zustand verantwortlich ist. In der Betriebsart PROTOKOLLIEREN bemerken die Anwender vielleicht nicht einmal, dass Assertions aktiviert wurden (abgesehen von möglichen Geschwindigkeitseinbußen, falls die Assertion-Bedingungen zeitaufwendige Prüfungen enthalten). Die Anwender können ihrer Arbeit mit dem System normal nachgehen, während das Assertion-Protokoll problematisches Systemverhalten zur späteren Analyse festhält.

Unabhängig davon, für welchen Verwendungszweck Sie sich entscheiden, erhalten Sie in den Betriebsarten ANHALTEN und PROTOKOLLIEREN zusätzliche Informationen zum Laufzeitstatus, die im Kurzdump `ASSERTION_FAILED` nicht enthalten sind oder sich daraus nicht leicht extrahieren lassen.

Wird ein aktivierbarer Breakpoint während der Hintergrundverarbeitung erreicht, wird er schlichtweg ignoriert. Bei einer aktivierbaren Assertion, die im ANHALTEN-Modus aktiviert wird, trifft dies nicht zu. Unabhängig davon, ob Sie eine Anweisung im Hintergrund- oder im Dialogmodus ausführen, ist das Fehlschlagen einer Assertion immer ein Ereignis, das beachtet werden sollte. Daher muss eine zweite Betriebsart für die Hintergrundverarbeitung angegeben werden, sobald die Betriebsart ANHALTEN ausgewählt wird. Für die beiden anderen Betriebsarten PROTOKOLLIEREN und ABBRECHEN ist diese Unterscheidung zwischen Dialog- und Hintergrundverarbeitung weder notwendig noch unterstützt. Im Ganzen gibt es also folgende Betriebsarten für die `ASSERT`-Anweisung:

- INAKTIV
- ABBRECHEN
  (sowohl bei der Dialog- als auch bei der Hintergrundverarbeitung)
- PROTOKOLLIEREN
  (sowohl bei der Dialog- als auch bei der Hintergrundverarbeitung)
- ANHALTEN/ABBRECHEN
  (bei der Dialogverarbeitung in den ABAP Debugger wechseln, bei der Hintergrundverarbeitung mit einem Laufzeitfehler abbrechen)
- ANHALTEN/PROTOKOLLIEREN
  (bei der Dialogverarbeitung in den ABAP Debugger wechseln, bei der Hintergrundverarbeitung einen Protokolleintrag schreiben)

Die Transaktion SAAB bietet Ihnen genau diese fünf Auswahlmöglichkeiten bei der Wahl der Betriebsart für die `ASSERT`-Anweisung an.

9.8.2 Anweisungszusätze für die Protokollierung

Die aktivierbare `ASSERT`-Anweisung bietet die Zusätze `SUBKEY` und `FIELDS`, die bereits in Abschnitt 9.6, »Logpoints«, zu den `LOG-POINT`-Anweisungen beschrieben wurden. Obwohl die Anweisung `LOG-POINT` erst mit SAP NetWeaver 7.0 eingeführt wurde, sind die Betriebsart PROTOKOLLIEREN für Assertions und die entsprechenden Zusätze für die `ASSERT`-Anweisung bereits seit SAP Web AS 6.20 verfügbar. SAP Web AS 6.20 bietet jedoch noch keine Unterstützung zur Protokollierung tiefer Datenobjekte. Das heißt, dass keine internen Tabellen oder

Strings (bzw. Strukturen mit internen Tabellen oder Strings) als Protokollierungsfelder angegeben werden können. Folglich ist auch der Profilparameter `abap/aab_log_field_size_limit` hier nicht verfügbar, und es gibt keine entsprechende Beschränkung für das Datenvolumen eines Protokolleintrags.

Während der Zusatz SUBKEY ausschließlich für die Betriebsart PROTOKOLLIEREN anwendbar und damit nur für aktivierbare Assertions zulässig ist, kann der Zusatz FIELDS auch bei immer aktiven Assertions angegeben werden. In diesem Fall ist der Inhalt der ersten acht Felder im Text des Kurzdumps enthalten, wobei jedoch nur die Werte von flachen Variablen angezeigt werden. Gleiches gilt für aktivierbare Assertions in der Betriebsart ABBRECHEN. Beachten Sie, dass dann der logische Ausdruck auch für immer aktive Assertions über das Schlüsselwort CONDITION von der Feldliste getrennt werden muss, wie im folgenden Quelltextbeispiel gezeigt.

```
ASSERT ID checkpoint_group
       SUBKEY Sub-Key
       FIELDS field1 ... fieldn
       CONDITION log_exp.
ASSERT FIELDS field1 ... fieldn
       CONDITION log_exp.
```

9.8.3 Systemvarianten für die gruppenübergreifende Aktivierung

Es wäre wenig hilfreich, alle aktivierbaren Breakpoints oder Logpoints in einem System (unabhängig von den Checkpoint-Gruppen, zu denen sie gehören) gleichzeitig zu aktivieren. Bei Assertions hingegen ist die Situation eine andere. Assertions sind immer mit einem logischen Ausdruck verknüpft, und das Systemverhalten ändert sich nur, wenn eine Assertion fehlschlägt. Daher kann es sinnvoll sein, alle Assertions in einem System zu aktivieren, um zu überprüfen, ob einige von ihnen fehlschlagen. Transaktion SAAB bietet für diesen Zweck einen Satz vordefinierter globaler Aktivierungsvarianten:

- ALL_ABORT_ABORT
- ALL_LOG_LOG
- ALL_BREAK_LOG
- ALL_BREAK_ABORT

Die Variantennamen bestehen aus dem Präfix ALL_ sowie zwei Betriebsarten, die durch Unterstrich voneinander getrennt sind. Die erste Betriebsart bezieht sich auf die Dialogverarbeitung, die zweite auf die Ausführung im Hintergrund. Wenn Sie eine dieser Systemvarianten aktivieren, wird ein spezieller Typ von Aktivierungseinstellung erstellt. Diese Aktivierungseinstellung gilt für alle Checkpoint-Gruppen – auch für Gruppen, die erst zu einem späteren Zeitpunkt angelegt werden. Daher wird sie als *gruppenübergreifende Einstellung* bezeichnet.

Neben den bereits erläuterten gruppen- und programmspezifischen Einstellungen gibt es demnach eine dritte Art von Aktivierungseinstellung. Dazu gibt es natürlich auch eine dritte Prioritätsregel und die besagt:

- Gruppenübergreifende Einstellungen haben Vorrang vor gruppenspezifischen Einstellungen.
- Programmspezifische Einstellungen haben Vorrang vor gruppenübergreifenden und gruppenspezifischen Einstellungen.

Die Systemvarianten werden wie »normale« Varianten verwendet, es stehen dieselben Kontextoptionen zur Verfügung. Die entsprechende Einstellung wird auch in der Aktivierungsübersicht angezeigt. Der einzige Unterschied zu anderen Varianten besteht darin, dass Systemvarianten nicht modifiziert werden können. Wenn Sie eine Systemvariante in eine normale Variante kopieren, wird sie in eine Liste aller derzeit im System vorhandenen Checkpoint-Gruppen umgewandelt.

Existiert eine gruppenübergreifende Aktivierungseinstellung mit passender Kontextbeschreibung, so werden alle gruppenspezifischen Einstellungen unwirksam. Transaktion SAAB zeigt eine Warnung an, wenn gruppenübergreifende Einstellungen vorhanden sind (siehe Abbildung 9.11).

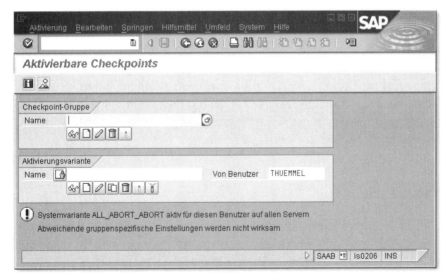

Abbildung 9.11 Warnung, dass eine gruppenübergreifende Aktivierungseinstellung vorhanden ist

Jetzt verfügen Sie über das nötige Wissen, um Assertions, Breakpoints und Logpoints effektiv zur Verbesserung der Qualität Ihrer Software einzusetzen. Darüber hinaus gibt es noch ein paar wichtige Aspekte, die Sie bei der Verwendung von Assertions stets beachten sollten.

9.9 Hinweise zur Verwendung von Assertions

Wie in diesem Kapitel erläutert, werden Checkpoints in ABAP zur Analyse des Programmverhaltens eingesetzt. Sie sollten jedoch keinerlei Auswirkungen auf die Programmlogik haben, unabhängig von den gewählten Checkpoint-Aktivierungseinstellungen.

Während dies für aktivierbare Break- und Logpoints offensichtlich zutrifft, muss bei bedingten Checkpoints, das heißt Assertions mit Angabe einer Bedingung, mit mehr Bedacht vorgegangen werden. Eine Assertion-Bedingung kann nämlich beispielsweise den Aufruf einer funktionalen Methode enthalten. Wenn diese Methode weitere Nebenwirkungen hat, kann das Programmverhalten durchaus davon abhängen, ob die Prüfung dieser Assertion aktiviert ist oder nicht. Analoges gilt auch, wenn hinter dem Zusatz FIELDS bei Logpoints oder Assertions funktionale Methodenaufrufe angegeben sind, was seit den SAP NetWeaver Releases 7.0, EhP2 und 7.1/7.2 möglich ist.

Verlassen Sie sich also niemals darauf, dass eine aktivierbare Assertion ausgeführt wird. Und verlassen Sie sich umgekehrt auch nicht darauf, dass eine solche aktivierbare Assertion *nicht* ausgeführt wird. Darüber hinaus sollten Sie sich nicht auf eine bestimmte Betriebsart verlassen. Es ist nicht möglich, die verfügbaren Betriebsarten auf eine bestimmte Untermenge zu beschränken. Dieselben Regeln gelten sogar für Assertions, die immer aktiv sind. Denn möglicherweise wird eine solche Assertion durch einen anderen Entwickler in eine aktivierbare Assertion umgewandelt. Falls das Programm von den Nebenwirkungen abhängig ist, die der Test der Assertion-Bedingung nach sich zieht, werden früher oder später Probleme auftreten.

9.10 Fazit

In diesem Kapitel haben Sie erfahren, wie Ihnen Checkpoint-Anweisungen dabei helfen können, korrekte und wartbare ABAP-Programme zu schreiben. Mithilfe der Anweisung ASSERT können Sie Ihre Annahmen während der Programmausführung überprüfen lassen. Die Anweisungen BREAK-POINT und LOG-POINT vereinfachen die Analyse des Programmverhaltens. Alle drei Checkpoint-Anweisungen können in ihrer aktivierbaren Version auch als Querverweise innerhalb des Programmcodes angesehen werden: Durch Einsatz des Verwendungsnachweises für die unterschiedlichen Checkpoint-Gruppen kann nämlich nach zusammengehörigen Quelltextfragmenten innerhalb einer Anwendung gesucht werden.

Das Testen ist ein wichtiger Bestandteil der Softwareentwicklung. Egal, ob im Debugger oder mit einem automatisierten Skript, erst sorgfältiges Testen spürt viele der kleinen und großen Fehler auf. Gerade die automatisierten Testskripts sind als Basis für Regressionstest besonders wichtig, da sie dauerhaft die Korrektheit einer Funktionalität überprüfen können.

Jürgen Staader und Klaus Ziegler

10 Testen mit ABAP Unit

Bis Release 6.40 waren die Entwicklung von Funktionalität und von Testskripts zwei verschiedene Tätigkeiten mit jeweils eigenen Werkzeugen.[1] Mit ABAP Unit gibt es ab Release 6.40 jetzt die Möglichkeit, Tests bereits während oder sogar vor der Entwicklung zu schreiben und auszuführen. Die ABAP Unit-Tests sind ABAP-Quelltext und in die zu testenden Programme integriert. Das bietet folgende Vorteile:

- Das Schreiben von Tests und eigentlicher Funktionalität bildet eine Einheit. Durch Einbindung von ABAP Unit in Sprache und Entwicklungsumgebung besteht keine Notwendigkeit, ein separates Werkzeug zu verwenden.
- Das Starten der ABAP Unit-Tests aus dem Editor heraus liefert bei Änderungen sofort eine Rückmeldung, ob ein Fehler vorliegt.
- Jeder kann ABAP Unit-Tests ausführen. Da ABAP Unit-Tests keine Parameter haben, ist für ihre Ausführung kein Expertenwissen erforderlich.

10.1 Prinzipien und Vorteile von Modultests

ABAP Unit basiert auf der *xUnit-Architektur*. Dabei handelt es sich um ein sprachunabhängiges Test-Framework, das auf Kent Beck zurückgeht und seinen Ursprung in einem Testwerkzeug für SmallTalk hat. Dieses Testkonzept

---

[1] Für das Entwickeln von Testskripts diente das Werkzeug extended Computer Aided Test Tool (eCATT), das auch nach der Einführung von ABAP Unit eine große Bedeutung für Integrationstests vollständiger Anwendungen hat (siehe Abschnitt 7.1.3, »Werkzeuge für Unit- und Integrationstests«).

und seine Test-Framework-Architektur wurden mit der Java-Implementierung JUnit von Erich Gamma und Kent Beck sehr beliebt. ABAP Unit folgt dieser Tradition.

Modultesten lässt sich als Testen einzelner Softwarekomponenten definieren. Eine Komponente (Unit) ist ein nicht triviales Codefragment, in dem eine bestimmte Eingabe einen verifizierbaren Effekt hat. In ABAP ist eine solche Komponente typischerweise eine einzelne Prozedur, das heißt eine Methode, ein Funktionsbaustein oder ein Unterprogramm. Im Idealfall ist eine Komponente isoliert zu testen, das heißt so, dass sie nicht vom Verhalten anderer Komponenten abhängt.

Diese Definition ist der Schlüssel, um von den Vorteilen des Modultestens zu profitieren. Ein Test, der nur von einer Komponente abhängt, kann bereits zu einem frühen Zeitpunkt durchgeführt werden. Die Ausführung des Tests ist schnell und die Eingrenzung der Fehlerursache trivial. In der Praxis ist es aber oft schwierig, zum Beispiel nur eine einzige Methode auszuführen. Es gibt oft Abhängigkeiten von anderen Methoden der gleichen oder anderer Klassen, sodass real existierende Tests oft mehr als eine Methode ausführen. Wichtig ist dabei, dass die Ausführung des Tests schnell ist und die Fehlerlokalisierung erhalten bleibt. Ein Test ist kein Modultest, wenn

- im Fehlerfall die Ursache unklar bleibt,
- die Ausführung des Tests bestimmte Daten in der Persistenzschicht benötigt,
- bei der Ausführung Benutzerinteraktion erforderlich ist,
- die Ausführungsdauer fünf Sekunden übersteigt.

10.1.1 Modultests vs. Abnahmetests

Die Testphase für Softwareprojekte beginnt traditionell erst, nachdem die Entwicklung weitestgehend abgeschlossen ist. Es werden demnach Abnahmetests für fertige Produkte ausgeführt. Auf den ersten Blick scheint diese Abfolge logisch; denn wie sollte etwas getestet werden, das noch gar nicht vorhanden ist? Wenn sich das Testen jedoch auf isolierte Komponenten beschränkt – das heißt wenn die Anwendung in kleine, unabhängige Abschnitte unterteilt ist –, muss nicht bis zum Abschluss des Projektes gewartet werden, um sicherzustellen, dass alle Abhängigkeiten erfüllt sind. Stattdessen ist es möglich, entwicklungsbegleitend Modultests zu schreiben und zu nutzen.

Ein Problem bei einer dedizierten Testphase im Anschluss an die Implementierungsphase besteht darin, dass Fehler erst sehr spät im Verlauf eines Projektes ermittelt werden. Bis dahin findet die Entwicklung ohne ein Sicherheitsnetz von automatisierten Tests statt. Fehler erfordern manuelle Analysen, kostbare Zeit geht verloren. Das System wird im Verlauf der Implementierungsphase immer komplexer, sodass es immer schwerer wird, Fehler zu ermitteln und zu behandeln. Das Modultesten hingegen ermöglicht es, Fehler bereits früh in der Implementierungsphase zu erkennen.

Ein weiteres Problem bei Abnahmetests tritt im Hinblick auf die Projektzeitpläne auf, die oft weit im Voraus festgelegt sind. Falls ein unvorhergesehenes Ereignis den Projektfortschritt verzögert, wird versucht, den Liefertermin trotzdem einzuhalten, indem die Testphase verkürzt wird. Diese Maßnahme geht eindeutig auf Kosten der Qualität. Im Gegensatz dazu verteilt sich der Ausbau von Modultests auf die gesamte Implementierungsphase, sodass die Funktionsfähigkeit der Anwendung ständig abgesichert ist.

10.1.2 Modultests sind Entwicklertests

Bei einer näheren Betrachtung des Entwicklungsprozesses zeigt es sich, dass Entwickler während der Implementierung bereits ohnehin eine Reihe von Tests durchführen. Ein häufiger Ansatz ist es, eine neue Prozedur aus einem temporären Testprogramm aufzurufen und das Verhalten im Debugger zu analysieren.

Der anfängliche Aufwand für diese rudimentären Entwicklertests ist gering. Die Nachteile sind aber offensichtlich. Entsteht die Notwendigkeit, die betreffende Funktionalität erneut zu testen, ist erneut eine zeitintensive Analyse im Debugger erforderlich. Eventuell wurde auch das temporäre Testprogramm zwischenzeitlich verworfen und muss neu geschrieben werden. Die Entscheidung, ob ein Fehler vorliegt, erfordert zudem eine umfassende Kenntnis des Soll-Verhaltens.

Erweitern Sie die rudimentären Entwicklertests um eine programmatische Analyse, erhalten Sie Modultests. Der Initialaufwand ist höher, doch Sie erhalten die Möglichkeit, die Tests ohne Aufwand beliebig oft wiederholen zu können. Dadurch helfen die Modultests, fehlerhafte Modifikationen vorher funktionierender Software zu vermeiden.

10.2 Grundlagen von ABAP Unit

Einer der großen Pluspunkte von ABAP Unit ist, dass Entwickler davon profitieren, dass sie ihre Tests in der Sprache ABAP und in der gewohnten Umgebung, der ABAP Workbench, schreiben können. Aus Entwicklersicht besteht ABAP Unit aus folgenden Teilen:

- Sprachelementen zum Modellieren eines Modultests in designierten Testklassen und -methoden
- der Möglichkeit, Modultests aus der ABAP Workbench zu starten
- einer Ergebnisanzeige zur Analyse von Fehlern
- Integration in den ABAP Code Inspector (Transaktion SCI) zum Ausführen von Massentests

Wie sieht ein tatsächlicher ABAP Unit-Test nun aus? Die Testlogik ist in Testmethoden innerhalb von Testklassen organisiert. Der Zusatz FOR TESTING bei der Definition kennzeichnet eine Klasse als Testklasse bzw. eine Methode als Testmethode. Eine Testklasse kann auch ganz gewöhnliche Methoden beinhalten, für diese gibt es keine besondere Behandlung oder Einschränkung. Das folgende Beispiel zeigt den Quelltext zum Definieren einer Testklasse lcl_aunit_math, die über eine einzige Testmethode multiply_int verfügt (siehe Listing 10.1).

```
CLASS lcl_aunit_math DEFINITION FOR TESTING.
  PRIVATE SECTION.
    METHODS
      multiply_int FOR TESTING.
ENDCLASS.
```

Listing 10.1 Deklarationsteil einer Testklasse

Auf eine Testklasse kann nicht aus Produktivcode zugegriffen werden. Dadurch ist eine klare Separierung zwischen eigentlicher Funktionalität und Tests sichergestellt. Testmethoden sind parameterlose Instanzmethoden einer Testklasse. Bei der Ausführung über ABAP Unit definiert jede Testmethode einen Einstiegspunkt für einen einzelnen Test.

Für die Implementierung der Testmethoden gibt es keine speziellen Erweiterungen der Syntax. Sie sind mit gewöhnlichem ABAP implementiert. Im einfachsten Fall enthalten sie den Aufruf der zu testenden Komponente und die Überprüfung der Erwartung. Für die Überprüfung bzw. Rückmeldung von Fehlern sind als einzige Besonderheit Methoden der Systemklasse cl_aunit_assert zu rufen. Die Implementierung einer Testmethode könnte wie in Listing 10.2 aussehen:

```
CLASS lcl_aunit_math IMPLEMENTATION.
  METHOD multiply_int.
    DATA product TYPE i.
    product = zcl_my_integer=>multiply(
      factor_1 = 10 factor_2 = 2 ).
```

```
    IF ( 20 <> factor ).
      cl_aunit_assert=>fail( ).
    ENDIF.
  ENDMETHOD.
ENDCLASS.
```

Listing 10.2 Implementierungsteil einer Testklasse

In den Editoren der Workbench gibt es einen Menüpunkt AUSFÜHREN • MODULTESTS, mit dem die Modultests eines Programms einfach gestartet werden können. Es ist daher empfehlenswert, die Modultests als lokale Klassen im zu testenden Rahmenprogramm zu hinterlegen. Das vereinfacht die Ausführung der passenden Tests erheblich.

Falls eine Testannahme verletzt wird, das heißt falls wie im Beispiel das Ergebnis der Multiplikation nicht 20 ist, gibt ABAP Unit diesen Fehler in einem Dialog aus.

10.3 Überprüfen von Testannahmen

Die Hilfsklasse cl_aunit_assert bietet verschiedene statische Methoden, um Testergebnisse zu verifizieren.

10.3.1 Assert-Methoden

Tabelle 10.1 listet die Assert-Methoden der Systemklasse cl_aunit_assert auf. Bei einer Verletzung der Testannahme lösen diese eine Fehlermeldung aus, die in der Ergebnisanzeige als Prüffehler angezeigt wird.

Methode	Zweck	Erforderliche Parameter	Optionale Parameter
abort	Abbrechen des Tests wegen fehlender Voraussetzungen		quit TYPE aunit_flowctrl
assert_bound	Gültigkeit einer Referenz für eine Referenzvariable sicherstellen	act TYPE any	msg TYPE csequence level TYPE aunit_Level quit TYPE aunit_flowctrl

Tabelle 10.1 Assert-Methoden der Klasse cl_aunit_assert

Methode	Zweck	Erforderliche Parameter	Optionale Parameter
assert_differs	Unterschied zwischen zwei einfachen Datenobjekten sicherstellen	act TYPE simple exp TYPE simple	msg TYPE csequence level TYPE aunit_Level tol TYPE f quit TYPE aunit_flowctrl
assert_equals	Gleichheit von zwei Datenobjekten sicherstellen	act TYPE any exp TYPE any	msg TYPE csequence level TYPE aunit_Level tol TYPE f quit TYPE aunit_flowctrl
assert_initial	Sicherstellen, dass ein Datenobjekt seinen Initialwert enthält	act TYPE any	msg TYPE csequence level TYPE aunit_Level quit TYPE aunit_flowctrl
assert_not_bound	Ungültigkeit einer Referenz für eine Referenzvariable sicherstellen	act TYPE any	msg TYPE csequence level TYPE aunit_Level quit TYPE aunit_flowctrl
assert_not_initial	Sicherstellen, dass ein Objekt nicht seinen Initialwert enthält	act TYPE any	msg TYPE csequence level TYPE aunit_Level quit TYPE aunit_flowctrl
assert_that	Überprüfen einer selbst programmierten Bedingung (ab Release 7.01/7.11)	act TYPE any exp TYPE ref to if_constraint	msg TYPE csequence level TYPE aunit_Level quit TYPE aunit_flowctrl
assert_subrc	bestimmten Wert für einen Returncode, wie zum Beispiel sy-subrc, sicherstellen	act TYPE sysubrc exp TYPE sysubrc	msg TYPE csequence level TYPE aunit_Level quit TYPE aunit_flowctrl
fail	Test mit einem Fehler beenden	keine	msg TYPE csequence level TYPE aunit_Level quit TYPE aunit_flowctrl

Tabelle 10.1 Assert-Methoden der Klasse cl_aunit_assert (Forts.)

10.3.2 Parameter für Assert-Methoden

Die folgenden optionalen Parameter kommen mit gleicher Bedeutung in verschiedenen Assert-Methoden vor:

- `msg` bietet die Möglichkeit, einen erläuternden Text zur Fehlerursache zu übergeben, der dann in der Ergebnisanzeige angezeigt wird. Das kann hilfreich sein, falls zum Beispiel eine Testmethode mehrmals dieselbe Assert-Methode ruft.

- `level` definiert die Priorität des Fehlers und kann einen der Werte `if_aunit_constants=>tolerable`, `critical` oder `fatal` annehmen. Der Standardwert ist `critical`. Beim Auftreten eines Fehlers spiegelt sich die Priorität in der Ergebnisanzeige wider. Das kann insbesondere bei Massentests nützlich sein, um die Bedeutung eines Fehlers zu beurteilen und für die Notwendigkeit, Folgeaktionen ableiten zu können.

- `quit` wirkt sich auf den Kontrollfluss der Testausführung aus und kann einen der Werte `if_aunit_constants=>no`, `method`, `class` oder `program` annehmen, der Standardwert ist `method`.

    - `no` bedeutet, dass der Test bei einem Fehler nicht unterbrochen, sondern mit der nachfolgenden Anweisung fortgesetzt wird. Das ermöglicht der Testmethode, mehrere Fehler zu melden.
    - `method` legt fest, dass die Ausführung der Testmethode beendet wird, wenn ein Fehler auftritt.
    - `class` bedeutet, dass ein Fehler die Ausführung aller Methoden der Testklasse abbricht.
    - `program` gibt an, dass eine weitere Ausführung von Tests des Programms nicht sinnvoll ist.

Einige Assert-Methoden unterstützen zudem einen oder mehrere der folgenden Parameter:

- `act` ist der zu überprüfende Ist-Wert.
- `exp` ist der erwartete Wert für den Vergleich mit dem Ist-Wert.
- `tol` ist die Toleranz für Vergleiche von Gleitpunktzahlen (bei den Assert-Methoden `assert_differs` und `assert_equals`).

10.3.3 Assert-Methode fail

`fail` ist die einfachste und allgemeinste Assert-Methode. Ein Aufruf von `fail` löst immer einen Fehler aus (siehe Beispiel in Abschnitt 10.2, »Grundlagen von ABAP Unit«). Dieses Verhalten unterscheidet sich von den `assert_...`-Methoden, die einen Zustand überprüfen und nur bei Nichteintreten der Testannahme einen Fehler auslösen.

10.3.4 Assert-Methode abort

`abort` ermöglicht, den Testvorgang ohne Fehlermeldung abzubrechen, wenn beispielsweise eine erforderliche Voraussetzung nicht gegeben ist.

10.3.5 Spezialisierte Assert-Methoden assert_...

Assert-Methoden, die für einen speziellen Zweck konzipiert sind, beginnen mit dem Präfix `assert_`. Jede Methode drückt eine spezifische Testannahme aus, die über die integrierte Fehleranalyse verifiziert werden soll.

Trifft die Testannahme nicht zu, lösen die Methoden `assert_...` einen Fehler aus. Die Fehlermeldungen enthalten eine spezifische Aussage, warum die Testannahme nicht erfüllt wurde. Der folgende Abschnitt beschreibt als Beispiel die Assert-Methode `assert_equals`.

10.3.6 Assert-Methode assert_equals

Die wichtigste Assert-Methode ist `assert_equals`. Diese Methode überprüft die Übereinstimmung von Ist- und Soll-Wert.

Vergleich von Werten

Im Beispiel in Listing 10.3 wird das Ergebnis einer gedachten Methode zur Multiplikation überprüft. Falls das Ergebnis von 2 * 10 nicht 20 ist, wird eine Fehlermeldung erzeugt. Dabei fügt `assert_equals` der Fehlermeldung eine Analyse zur Abweichung zwischen dem Ist- und Soll-Wert hinzu. Bei einfachen Daten ist das nicht sehr spektakulär. Interessant wird es aber bei langen Zeichenketten, Strukturen und internen Tabellen, dort weist ABAP Unit die Stelle der Abweichung aus.

```abap
METHOD multiply_int.
  DATA product TYPE i.
  product = zcl_my_integer=>multiply(
    factor_1 = 10 factor_2 = 2 ).
  cl_aunit_assert=>assert_equals(
    exp = 20 act = product ).
ENDMETHOD.
```

Listing 10.3 Zusicherung der Gleichheit von numerischen Werten

Vergleich von Zeichenketten

Listing 10.4 enthält ein weiteres einfaches Beispiel:

```
cl_aunit_assert=>assert_equals(
  exp = 'This string is not very long but just an example'
  act = 'This string is not so long but just an example' ).
```
Listing 10.4 Zusicherung der Gleichheit von zeichenartigen Werten

Die Analyse in der Ergebnisanzeige würde die folgende Erläuterung enthalten:

Character String Different as of Position 19
Expected [*very*] Actual [*so*]

Die Fehleranalyse bietet einen noch größeren Nutzen, wenn Sie umfangreiche oder geschachtelte Tabellen mit strukturierten Tabellenzeilen vergleichen. Die Ergebnisanzeige stellt die genauen Unterschiede dar – ob eine einzelne Zeile gelöscht wurde, ob die Zeilen eine unterschiedliche Reihenfolge aufweisen oder ob eine einzelne Strukturkomponente abweicht.

Vergleich von internen Tabellen

Die Ausgabe in Abbildung 10.1 ist ein Beispiel für eine Detaildarstellung der Fehleranalyse.

```
▽ verschiedene Werte:
        erwartet   [S-Table[17x572] of \TYPE=SCARR].
        tatsächlich [S-Table[18x572] of \TYPE=SCARR].
        verschiedene Tabellenwerte an Index [5]:
        erwartet    [[000|AZ  |Alitalia              |EUR  |http://www.alitalia.it
    ▽   tatsächlich [[000|AZ  |Alitalia              |EUR  |http://www.alitalia.IT
          ▽    Komponente [URL] verschieden:
                  erwartet    [http://www.alitalia.it
                  tatsächlich [http://www.alitalia.IT
    ▷   Tabellenwert Index [13] der tatsächlichen Tabelle nicht in erwarteter Ta
    ▷   gleicher Wert an verschiedenen Indizes: erwartet [13], tatsächlich [14]
    ▷   gleicher Wert an verschiedenen Indizes: erwartet [14], tatsächlich [15]
    ▷   gleicher Wert an verschiedenen Indizes: erwartet [15], tatsächlich [16]
    ▷   gleicher Wert an verschiedenen Indizes: erwartet [16], tatsächlich [17]
    ▷   gleicher Wert an verschiedenen Indizes: erwartet [17], tatsächlich [18]
```
Abbildung 10.1 Detaildarstellung für einen Tabellenvergleich

Die Abbildung zeigt den Vergleich von zwei internen Tabellen vom Typ scarr. Die beiden ersten Zeilen unter dem Titel zeigen die Größe und den Typ der internen Tabellen:

```
Expected [S-Table[17x572] of  \ TYPE=SCARR]
Acutal   [S-Table[18x572] of  \ TYPE=SCARR]
```

Zeilen, die in einer der beiden Tabellen nicht enthalten ist, werden wie folgt dargestellt:

```
Table Value Index [13] of Actual Table Not in Expected Table
```

Erweitern Sie die Zweige, werden zusätzliche Details angezeigt (sofern vorhanden). Wenn sich eine Tabellenzeile unterscheidet, werden die Unterschiede bis zur Ebene der relevanten Komponente angezeigt:

```
Different Table Values:
     Component [URL] Different
          Expected [http://www.alitalia.it]
          Actual   [http://www.alitalia.IT]
```

Ist das gleiche Element in beiden Tabellen vorhanden, aber an unterschiedlicher Position, erfolgt eine Ausgabe der Indizes:

```
Same Value at Different Table Indexes: Expected [17], Actual [18]
```

Vergleich von Gleitkommazahlen

Ein exakter Vergleich von Gleitpunktzahlen verhält sich selten wie erwartet. Dezimale Werte können in Gleitpunktzahlen nicht exakt dargestellt werden, da eine Darstellung einer unbegrenzten Anzahl von reellen Zahlen in einer begrenzten Anzahl von Bits nicht möglich ist (oder genauer gesagt, in der begrenzten Anzahl von 64 Bits, die in ABAP für Gleitpunktzahlen reserviert ist). Gleitpunktzahlen werden intern gemäß IEEE-754-Standard mit 16 Dezimalstellen dargestellt (doppelte Genauigkeit).[2]

Aus diesem Grund gibt es den optionalen Parameter tol, um eine Toleranz festzulegen, innerhalb deren zwei Zahlen als gleich gelten sollen. Diese Toleranz ist der maximale absolute Unterschied zwischen den zwei Gleitpunktzahlen. Der Parameter tol wirkt sich nur auf direkt übergebene Werte aus. Gleitkommazahlen in Strukturkomponenten oder internen Tabellen werden auf exakte Übereinstimmung hin überprüft.

---

[2] Bei den hier besprochenen Gleitpunktzahlen handelt es sich um binäre Gleitpunktzahlen vom Typ f. Ab den Releases 7.0, EhP2 und 7.1/7.2 kommen auch noch die dezimalen Gleitpunktzahlen hinzu.

Vergleich von Datenreferenzen

Für Datenreferenzen, die an `act` bzw. `exp` direkt übergeben wurden, findet ein Vergleich der referierten Daten statt. Sind die Datenreferenzvariablen dagegen in einer Struktur oder internen Tabelle enthalten, erfolgt ein Vergleich auf Identität hin.

Vergleich von Objektreferenzen

Objektreferenzen werden auf Identität hin überprüft. Das heißt, nur falls sie auf die gleiche Instanz verweisen, sind sie gleich, eine Übereinstimmung der Eigenschaften ist nicht ausreichend. Ist ein solcher Vergleich erforderlich, besteht die Möglichkeit, durch Implementieren des Interface `if_aunit_object` diesen selbst auszuprogrammieren. Der Vergleich über `if_aunit_object` findet nur für direkt an `exp` übergebene Referenzvariablen statt.

10.3.7 Assert-Methoden assert_bound und assert_not_bound

Diese Methoden entsprechen den logischen Ausdrücken IS BOUND bzw. IS NOT BOUND. Sie verifizieren, dass eine Referenzvariable eine gültige Referenz enthält bzw. eine ungültige Referenz enthält.

10.3.8 Assert-Methode assert_differs

Die Methode `assert_differs` stellt sicher, dass zwei elementare Datenobjekte nicht den gleichen Wert aufweisen. Komplexe Datentypen sind nicht unterstützt, da es nicht leicht möglich wäre, den erwarteten Unterschied genau zu spezifizieren.

10.3.9 Assert-Methoden assert_initial und assert_not_initial

Diese Methoden entsprechen den logischen Ausdrücken IS INITIAL bzw. IS NOT INITIAL. Sie verifizieren, dass der Parameter `act` seinen typgerechten Initialwert enthält bzw. nicht enthält.

10.3.10 Assert-Methode assert_subrc

Mit dieser Methode kann speziell das Systemfeld `sy-subrc` auf einen bestimmten Wert hin verglichen werden. Theoretisch könnte auch die Methode `assert_equals` verwendet werden. Da aber deren Formalparameter per Referenz übergeben werden, sind sie nicht für die Übergabe von Systemfeldern geeignet. Die Übergabe des Erwartungswertes exp ist optional, und der Standardwert ist 0. Der Aufruf wird in der Regel wie folgt aussehen:

```
cl_aunit_assert=>assert_subrc( act = sy-subrc ).
```

10.3.11 Assert-Methode assert_that

Mit dieser Methode kann eine selbst ausprogrammierte Bedingung vom Typ if_constraint spezifiziert werden. Diese Methode ist erst ab EhP1 der Releases 7.0 und 7.1 verfügbar.

10.4 Ausnahmebehandlung in Testmethoden

Ein Behandeln von nicht erwarteten klassenbasierten Ausnahmen mittels einer TRY-Kontrollstruktur ist nicht erforderlich. Die ABAP-Laufzeitumgebung fängt alle Ausnahmen ab und stellt sie in der Ergebnisanzeige mit Beschreibung dar. Nur falls die zu testende Komponente Ausnahmen vom Typ cx_static_check (erwartete Ausnahmen) auslösen kann, sind diese in der Raising-Klausel der Methodendefinition aufzuführen:

```
METHODS
  divide_by_zero FOR TESTING
    RAISING cx_static_check.
```

Anderenfalls ist nur für Tests, die das korrekte Auftreten einer Ausnahme überprüfen, die Verwendung einer TRY-Kontrollstruktur erforderlich. Dazu ist einfach nach dem erwarteten Auftreten der Ausnahme die fail-Methode zu rufen (siehe Listing 10.5).

```
METHOD divide_by_zero.
  TRY.
    zcl_my_integer=>divide( dividend = 10 divisor = 0 ).
    cl_aunit_assert=>fail( ).
  CATCH zcx_zero_divide.
    " all fine
  ENDTRY.
ENDMETHOD.
```

Listing 10.5 Zusicherung einer Ausnahmebehandlung

10.5 Beispiel für Modultests einer globalen Klasse

Zur Veranschaulichung von Modultests ist zunächst eine zu *testende Komponente* (*Component under Test*) oder kurz *CUT* erforderlich. Als Beispiel ist eine globale Klasse für das allseits bekannte Flugdatenmodell gut geeignet.

10.5.1 Globale Beispielklasse

Die in Abbildung 10.2 gezeigte globale Beispielklasse zcl_airline_list dient dem Verwalten von Fluggesellschaften.

Abbildung 10.2 Beispielklasse zcl_airline_list

Fall Sie das Beispiel selbst durchführen wollen, müssen Sie die Klasse zcl_airline_list mit ihren beiden Methoden im Class Builder anlegen (Transaktion SE24 oder Einstieg über Object Navigator). Die Methode add hat als Eingabeparameter die Fluglinie, die Methode `get_count` hat als Rückgabewert die Anzahl der existierenden Fluglinien (siehe Listing 10.6).

```
METHOD add IMPORTING airline TYPE scarr
           RAISING   cx_sy_duplicate_key.
METHOD get_count RETURNING VALUE(result) TYPE i.
```

Listing 10.6 Methoden der Beispielanwendung

Die Implementierung der Methoden ist zunächst nicht wichtig. Es spielt erst einmal keine Rolle, ob und welcher Quelltext im Methodenkörper steht. Für das Schreiben und Ausführen von Modultests ist die Signatur völlig ausreichend. Die Konsequenz fehlender Implementierungen ist ein Scheitern der Tests.

In der *testgetriebenen Entwicklung (Test-Driven Development)* oder kurz *TDD* ist dieses Vorgehen sogar Konzept. Als Erstes entstehen die Modultests, die das erwartete Verhalten testen und damit festlegen. Erst dann erfolgt die Implementierung der eigentlichen Funktionalität, die bei Erreichen von null Fehlern abgeschlossen ist.

10.5.2 Lokale Testklasse

Als nächster Schritt ist die Definition einer lokalen Testklasse `lcl_aunit_airline_list` anzulegen. Über den Menüpunkt SPRINGEN • KLASSENLOKALE TYPEN • LOKALE KLASSENIMPLEMENTIERUNGEN[3] des Class Builders gelangen Sie in das zugehörige Include-Programm und können die Testklasse definieren (siehe Listing 10.7).

```
CLASS lcl_aunit_airline_list DEFINITION FOR TESTING.
  PRIVATE SECTION.
    METHODS
      add_and_get_count FOR TESTING.
ENDCLASS.
```

Listing 10.7 Lokale Testklasse eines Class-Pools

Die Methode `add_and_get_count` soll testen, ob das Hinzufügen einer Fluglinie sich in der Anzahl der Fluglinien korrekt widerspiegelt. Da bei einem Fehler der Name der Testmethode mit ausgegeben wird, erübrigt sich bei einem sprechenden Methodennamen die Notwendigkeit, den Parameter `msg` an die Assert-Methode zu übergeben (siehe Listing 10.8).

---

[3] Menüpfad, Stand Release 7.0. Ab den Releases 7.0, EhP2 und 7.1/7.2 gibt es einen eigenen Eintrag für lokale Testklassen.

```abap
CLASS lcl_aunit_airline_list IMPLEMENTATION.
  METHOD add_and_get_count.
    DATA:
      airlines    TYPE REF TO zcl_airline_list,
      carrier     TYPE scarr,
      counter     TYPE i.
    " setup
    CREATE OBJECT airlines.
    " execute
    carrier-carrid  =  'SF'. carrier-carrname = 'Sicher Fliegen'.
    airlines->add( carrier ).
    counter = airlines->get_count( ).
    " examine state
    cl_aunit_assert=>assert_equals( act = counter exp = 1 ).
  ENDMETHOD.
ENDCLASS.
```

Listing 10.8 Implementierung des Modultests in einem Class-Pool

Das Beispiel ist nun vollständig und die globale Klasse kann aktiviert werden. Über KLASSE • MODULTEST kann der Test im Class Builder gestartet werden. Da die Implementierung der zu testenden Methode noch fehlt, meldet ABAP Unit einen Fehler. Dies ist ein guter Zeitpunkt, dies nachzuholen.

Nach der Implementierung und einem erfolgreichen Test soll als nächster Schritt überprüft werden, ob die Methode add beim Hinzufügen eines Duplikates eine Ausnahme cx_sy_duplicate_key auslöst. Dazu ist die Testklasse um eine weitere Testmethode add_duplicate_fails zu erweitern (siehe Listing 10.9).

```abap
  METHOD add_duplicate_fails.
    DATA:
      airlines    TYPE REF TO zcl_airline_list,
      carrier     TYPE scarr,
      counter     TYPE i.
    " setup
    CREATE OBJECT airlines.
    " execute
    carrier-carrid  =  'SF'. carrier-carrname = 'Sicher Fliegen'.
    airlines->add( carrier ).
    TRY.
        airlines->add( carrier ).
        " ensure behaviour
        cl_aunit_assert=>fail( ).
      CATCH cx_sy_duplicate_key.
```

10 | Testen mit ABAP Unit

```
    " as expected
  ENDTRY.
ENDMETHOD.
```

Listing 10.9 Weitere Testmethode im Class-Pool

Jetzt kann die Klasse wieder aktiviert, der Test ausgeführt und die getestete Funktionalität so lange nachgebessert werden, bis der Test erfolgreich ist.

10.6 Ergebnisanzeige

Führt die Ausführung eines Modultests in der Workbench zu einem Fehler, erscheint automatisch die Ergebnisanzeige (siehe Abbildung 10.3). Die Anzeige ist in drei Bereiche aufgeteilt. Der linke Bereich enthält eine Hierarchie aller getesteten Programme und ausgeführten Testklassen und Testmethoden, rechts oben steht eine Liste der aufgetretenen Fehler, und der rechte untere Bereich zeigt die Details zu einem Fehler an.

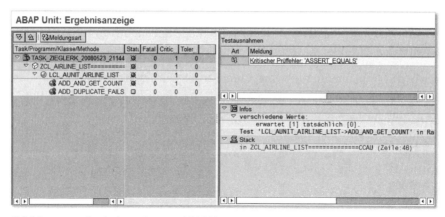

Abbildung 10.3 Ergebnisanzeige von ABAP Unit

10.6.1 Hierarchiedarstellung

Die Anzeige der Testhierarchie spiegelt die Testaufgabe wider. Wie zum Beispiel in Abbildung 10.3 dargestellt, wurde in der Testaufgabe die globale Klasse `zcl_airline_list` mit allen enthaltenen Testklassen und dazugehörigen Testmethoden überprüft. Hinter den einzelnen Elementen erscheinen eine Ikone, die den Status darstellt, sowie die Summe der jeweils aufgetretenen Fehler. Die Ikone hat dabei folgende Bedeutung:

- Ein grünes Quadrat (■) zeigt an, dass der Test ohne Fehler ausgeführt wurde.

- Ein gelbes Dreieck (△) bedeutet, dass der Test ausschließlich tolerierbare Meldungen ausgelöst hat.
- Ein roter Kreis (●) weist darauf hin, dass mindestens ein nicht tolerierbarer Fehler während des Tests aufgetreten ist.

Mit der Funktion MELDUNGSART kann die Darstellung der Summen auf die Fehlerart umgestellt werden. Die Auswahl einer Summe aktualisiert die Fehlerliste entsprechend, das heißt alle betreffenden Fehlermeldungen erscheinen in der Liste.

10.6.2 Fehlerliste

Die Fehlerliste besteht aus zwei Spalten. In der ersten Spalte signalisiert eine Ikone, um welche Fehlerart es sich handelt. In der zweiten Spalte findet sich ein Text, der den Namen der auslösenden Assert-Methode und gegebenenfalls den Inhalt des übergebenen `msg`-Parameters ausgibt. Es gibt vier verschiedene Fehlerarten:

- **Prüffehler**
  Ein gelber Blitz (⚡) steht für einen Prüffehler. Das bedeutet, dass eine der Assert-Methoden eine Verletzung der Testannahme festgestellt hat.

- **Ausnahmefehler**
  Ausnahmefehler sind durch das Stoppsignal (🛑) dargestellt. Beim Auftreten einer klassenbasierten Ausnahme fängt ABAP Unit diese automatisch ab. Es ist empfehlenswert, diese nicht im Test zu fangen und danach mit einem eigenen Aufruf einer Assert-Methode zu melden, da dabei die Stack-Information verloren geht.

- **Laufzeitfehler**
  Der rote Blitz (⚡) ist die Folge eines Laufzeitfehlers. Ein Programm kann aus verschiedenen Gründen, wie zum Beispiel durch einen Programmierfehler oder explizit mit dem Befehl ASSERT durch einen Laufzeitfehler, abgebrochen werden. Die Ursache kann dem dazu abgespeicherten Kurzdump entnommen werden, der über die ABAP-Dumpanalyse (Transaktion ST22) angezeigt werden kann (mehr dazu in Kapitel 7, »Einsatz der ABAP-Test- und -Analysewerkzeuge in allen Phasen des Entwicklungsprozesses«).

- **Warnungen**
  Warnungen (❗) deuten nicht auf Fehler im getesteten Programm, sondern im Modultest hin. So darf eine Testklasse zum Beispiel keinen Instanzkonstruktor mit nicht optionalen Parametern haben. Falls doch, kann ABAP Unit die Testklasse nicht instanzieren, und es gibt die entsprechende Warnung.

Die Auswahl eines Eintrags in der Fehlerliste führt zur Darstellung dieses Fehlers in der Detailanzeige.

10.6.3 Detailsicht

Die Detailanzeige zeigt für einen Fehler Informationen zu seiner Ursache und gibt die zugehörigen Programmstellen aus. Die Ausgabe enthält eine Erläuterung der Fehlermeldung und gibt den Grund für die Meldung an. Für Prüffehler wird in dieser Analyse beschrieben, weshalb die Assert-Methode fehlgeschlagen ist. Wenn Sie zum Beispiel zwei Strings mithilfe der Methode assert_equals vergleichen, zeigt die Fehleranalyse, an welcher Position sich die Strings wie unterscheiden (siehe Beispiel aus Abschnitt 10.3.6, »Assert-Methode assert_equals«). Bei Ausnahmen wird der Text der ausgelösten Ausnahme angezeigt. Im Fall von Warnungen liefert dieser Abschnitt gegebenenfalls weitere Informationen. Unterhalb des Knotens STACK finden sich die für den Test relevanten Stack-Informationen, das heißt eine Liste mit (Include-)Programmen und Zeilennummer. Die Auswahl eines Stack-Eintrags führt direkt zur Anzeige des entsprechenden Quelltextes.

10.7 Bereitstellen des Umfeldes

Nur in wenigen Fällen ist es möglich, die zu testende Komponente (CUT) ohne Vorbereitung aufzurufen. Meistens ist eine Vorbereitung des Umfeldes bzw. das Bereitstellen einer sogenannten Fixture erforderlich, bevor die CUT ausgeführt werden kann. Nach der Überprüfung erfolgt dann gegebenenfalls ein Abbau des Umfeldes (siehe Abbildung 10.4).

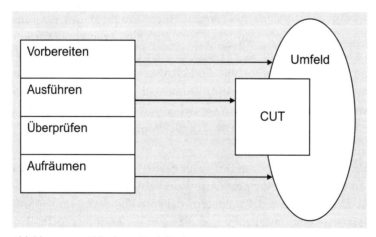

Abbildung 10.4 Ablauf von Modultests

In der Praxis ist gerade die Vorbereitung des Kontextes sehr aufwendig. Schon aus Gründen der Lesbarkeit ist es daher sinnvoll, die Aufbereitung des Kontextes von der eigentlichen Testlogik zu trennen. Separate Methoden für den Kontext erleichtern zudem die Wiederverwendung.

10.7.1 Implizite Methoden

Haben alle Testmethoden identische Anforderungen an das Umfeld, bietet sich die Verwendung der Spezialmethoden setup und teardown an. Sind Methoden dieser Namen in der PRIVATE SECTION der Testklasse definiert, führt die ABAP-Laufzeitumgebung sie automatisch vor bzw. nach Aufruf jeder einzelnen Testmethode aus, es ist kein expliziter Aufruf erforderlich. ABAP Unit startet zunächst setup, dann eine Testmethode und schließlich teardown. Sie gleichen also einer Art Konstruktor und Destruktor für Testmethoden.

Im Beispiel aus Abschnitt 10.5, »Beispiel für Modultests einer globalen Klasse«, benötigen beide Testmethoden eine frische Instanz der zu testenden Klasse. Durch Nutzung von setup kann die Testklasse, wie in Listing 10.10 gezeigt, vereinfacht werden.

```abap
CLASS lcl_aunit_airline_list DEFINITION FOR TESTING.
  PRIVATE SECTION.
    METHODS:
      setup,
      add_and_get_count         FOR TESTING,
      add_duplicate_fails       FOR TESTING.
    DATA:
      f_airlines                TYPE REF TO zcl_airline_list.
ENDCLASS.
CLASS lcl_aunit_airline_list IMPLEMENTATION.
  METHOD setup.
    CREATE OBJECT f_airlines.
  ENDMETHOD.
  METHOD add_and_get_count.
    DATA:
      carrier    TYPE scarr,
      counter    TYPE i.
    " execute
    carrier-carrid  = 'SF'. carrier-carrname = 'Sicher Fliegen'.
    f_airlines->add( carrier ).
    counter = f_airlines->get_count( ).
    " examine state
    cl_aunit_assert=>assert_equals( act = counter exp = 1 ).
  ENDMETHOD.
```

```abap
METHOD add_duplicate_fails.
  DATA:
    carrier      TYPE scarr,
    counter      TYPE i.
  " execute
  carrier-carrid = 'SF'. carrier-carrname = 'Sicher Fliegen'.
  f_airlines->add( carrier ).
  TRY
  .
      f_airlines->add( carrier ).
      " ensure behaviour
      cl_aunit_assert=>fail( ).
    CATCH cx_sy_duplicate_key.
      " as expected
  ENDTRY.
  ENDMETHOD.
ENDCLASS.
```

Listing 10.10 Verwendung der setup-Methode

Ist die Erzeugung des Umfeldes teuer, kann es sinnvoll sein, dieses nur einmal für die Testklasse aufzubauen. Mit den statischen Methoden class_setup bzw. class_teardown ist es möglich, einen übergreifenden Kontext für alle Testmethoden zur Verfügung zu stellen. Dabei sollten die Testmethoden auf gemeinsam genutzte Daten nur lesend zugreifen, da sonst Abhängigkeiten zwischen den Testmethoden entstehen, die oft ein instabiles Verhalten der Tests zur Folge haben.

Neben einer verbesserten Lesbarkeit und Wiederverwendung erleichtern die impliziten Umfeldmethoden auch die Fehlerbehandlung. Tritt in der setup-Methode ein Fehler auf, dann führt die ABAP-Laufzeitumgebung zwar nicht die Tests, aber teardown aus. Dadurch ist in setup keine eigene Fehlerbehandlung erforderlich, Entsprechendes gilt für class_setup bzw. class_teardown.

10.7.2 Delegation

Unterscheiden sich Teile des Umfeldes für individuelle Testmethoden, sind die impliziten Methoden nicht geeignet. Für die bessere Lesbarkeit empfiehlt sich aber dennoch die Auslagerung in eine separate Methode, die dann explizit aus der Testmethode gerufen wird (siehe Listing 10.11).

```abap
METHOD add_and_get_count.
  DATA counter TYPE i.
  " execute
  add_sicher_fliegen( ).
```

```abap
    counter = f_airlines->get_count( ).
    " examine state
    cl_aunit_assert=>assert_equals( act = counter exp = 1 ).
  ENDMETHOD.
  METHOD add_sicher_fliegen.
    " helper to add carrier 'sicher fliegen'
    DATA: carrier       TYPE scarr.
    carrier-carrid  =  'SF'. carrier-carrname = 'Sicher Fliegen'.
    f_airlines->add( carrier ).
  ENDMETHOD.
```

Listing 10.11 Hilfsmethode einer Testklasse

10.8 Testisolation

Im Idealfall sollten Testmethoden nicht miteinander interagieren. Bestehen Abhängigkeiten zwischen Tests, ist es nur ein kleiner Schritt, dass sie sich auch gegenseitig beeinflussen. Das führt wiederum dazu, dass die Tests instabiler werden und die Lokalisierung der Fehlerursache schwerer fällt.

Novizen des Modultestens neigen dazu, viele Prüfungen in einer Testmethode zu platzieren oder den Testkontext wiederzuverwenden und von einem Test zum nächsten weiterzureichen. Doch der Wunsch, hier Arbeit zu sparen, geht meist nicht in Erfüllung. Was sie glauben, anfänglich bei der Entwicklung des Tests einzusparen, verursacht nicht selten später immensen Aufwand bei der Analyse. Bei komplexen Tests bleiben oft auch die Lesbarkeit und somit der Nutzen als Dokumentation auf der Strecke.

Die ABAP-Laufzeitumgebung unterstützt durch ihr Ausführungsmodell für Modultests die Isolation der Testmethoden. Wie bereits in Abschnitt 10.7.1, »Implizite Methoden«, beschrieben, gibt es mit impliziten Fixture-Methoden eine komfortable Möglichkeit, das Umfeld pro Testmethode oder Testklasse zur Verfügung zu stellen. ABAP Unit erzeugt zudem für jede Testmethode eine Instanz der Testklasse und für jede Testklasse einen neuen internen Modus der ABAP-Laufzeit. Durch dieses automatische Initialisieren entfällt oft die Notwendigkeit eines expliziten Abbaus des Kontextes. Das Nassi-Schneider-Diagramm in Abbildung 10.5 stellt den Kontrollfluss der Ausführung einer Testklasse dar.

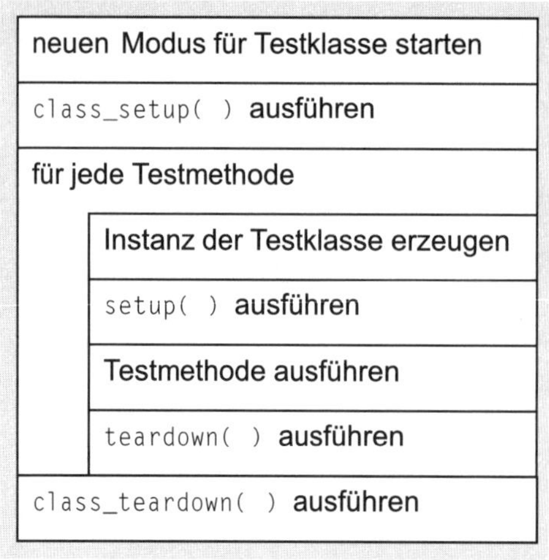

```
┌─────────────────────────────────────────────┐
│ neuen Modus für Testklasse starten          │
├─────────────────────────────────────────────┤
│ class_setup( ) ausführen                    │
├─────────────────────────────────────────────┤
│ für jede Testmethode                        │
│     ┌───────────────────────────────────┐   │
│     │ Instanz der Testklasse erzeugen   │   │
│     ├───────────────────────────────────┤   │
│     │ setup( ) ausführen                │   │
│     ├───────────────────────────────────┤   │
│     │ Testmethode ausführen             │   │
│     ├───────────────────────────────────┤   │
│     │ teardown( ) ausführen             │   │
│     └───────────────────────────────────┘   │
├─────────────────────────────────────────────┤
│ class_teardown( ) ausführen                 │
└─────────────────────────────────────────────┘
```

Abbildung 10.5 Ablaufdiagramm eines Modultests

Die Fixture-Methoden werden nur dann ausgeführt, wenn sie auch existieren. Dabei ist anzumerken, dass bei einer Vererbung von Testklassen auch die Fixture-Methoden der Oberklasse zur Ausführung kommen. Bei setup ist die Reihenfolge: zuerst die Methode der Oberklasse, dann die der erbenden Klasse. Bei teardown ist dies genau umgekehrt, das heißt, ABAP Unit führt erst die Methode der Unterklasse und dann die der Oberklasse aus.

10.9 Wiederverwenden von Tests

Für den Zweck der Wiederverwendung ist es ab Release 7.0 möglich, auch globale Testklassen anzulegen. Dazu ist beim Anlegen der Klasse im Class Builder die KLASSENART »Testklasse« zu wählen. Es ist nicht möglich, die Art einer Klasse später zu ändern. Die Testmethoden globaler Testklassen sind in den Eigenschaften der Methoden ebenfalls als solche gekennzeichnet (siehe Abbildung 10.6 und Abbildung 10.7).

Globale Testklassen sollten ausschließlich für die Wiederverwendung von Testlogik in lokalen Testklassen eingesetzt werden. Im Gegensatz zu lokalen Testklassen wäre bei globalen Testklassen der Bezug zwischen Test und getesteter Funktionalität nicht einfach erkennbar.

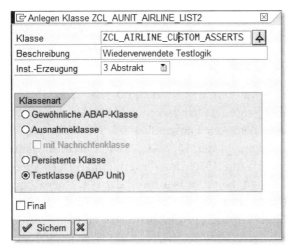

Abbildung 10.6 Eigenschaften einer globalen Testklasse

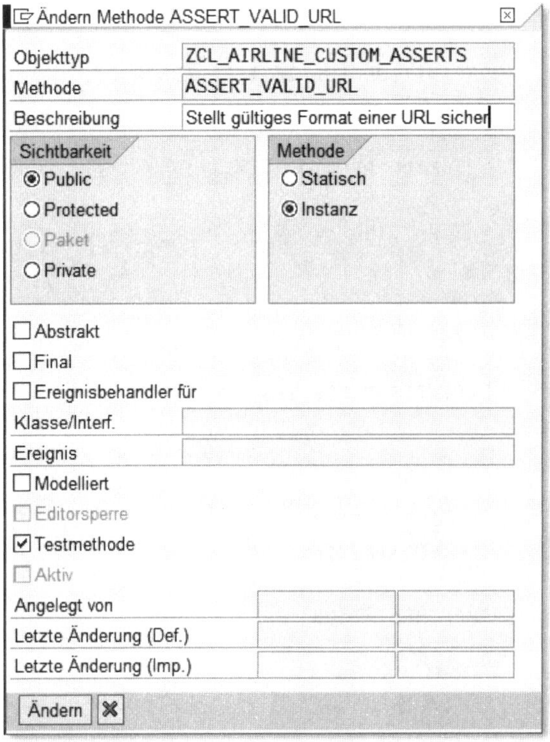

Abbildung 10.7 Eigenschaften einer globalen Testmethode

Oft enthalten globale Testklassen nur Hilfsroutinen, die per Delegation aus Testmethoden lokaler Testklassen aufgerufen werden. Dabei ist zu beachten, dass der Class Builder standardmäßig alle Instanzmethoden einer globalen Testklasse mit FOR TESTING als Testmethoden markiert. Dies ist für Hilfsmethoden nicht erwünscht und kann in den Eigenschaften einer Methode entsprechend angepasst werden (siehe Abbildung 10.7).

Die Wiederverwendung durch Vererbung von Testmethoden an lokale Unterklassen ist seltener. Testmethoden mit der Sichtbarkeit PUBLIC oder PROTECTED werden auch in den abgeleiteten Testklassen ausgeführt. Die Spezialmethoden setup und teardown müssen immer in der PRIVATE SECTION definiert sein. Während der Ausführung der Tests ruft ABAP Unit diese automatisch entsprechend der Vererbungshierarchie auf: beim Aufbau zuerst das setup der Oberklasse und dann die Methoden der Unterklasse, beim Aufräumen die Methoden teardown in der umgekehrten Reihenfolge. Ein realistisches Beispiel würde den Rahmen des Kapitels sprengen, aber angewendet auf das Beispiel aus Abschnitt 10.5, »Beispiel für Modultests einer globalen Klasse«, könnte etwas künstlich konstruiert das Bereitstellen des Kontextes in einer Oberklasse und die Testmethoden in einer Unterklasse wie in Listing 10.12 organisiert werden.

```abap
CLASS lcl_aunit_airline_base DEFINITION FOR TESTING ABSTRACT.
  PROTECTED SECTION.
    DATA
      f_airlines                TYPE REF TO zcl_airline_list.
    METHODS
      add_sicher_fliegen        RAISING cx_sy_duplicate_key.
  PRIVATE SECTION.
    METHODS
      setup.
ENDCLASS.
CLASS lcl_aunit_airline_list DEFINITION FOR TESTING
  INHERITING FROM lcl_aunit_airline_base.
  PRIVATE SECTION.
    METHODS:
      add_and_get_count         FOR TESTING,
      add_duplicate_fails       FOR TESTING.
ENDCLASS.
CLASS lcl_aunit_airline_base IMPLEMENTATION.
  METHOD setup.
    CREATE OBJECT f_airlines.
  ENDMETHOD.
  METHOD add_sicher_fliegen.
    " helper to add carrier 'sicher fliegen'
    DATA carrier TYPE scarr.
    carrier-carrid = 'SF'. carrier-carrname = 'Sicher Fliegen'.
    f_airlines->add( carrier ).
```

```abap
    ENDMETHOD.
ENDCLASS.
CLASS lcl_aunit_airline_list IMPLEMENTATION.
  METHOD add_and_get_count.
    DATA counter TYPE i.
    " execute
    add_sicher_fliegen( ).
    counter = f_airlines->get_count( ).
    " examine state
    cl_aunit_assert=>assert_equals( act = counter exp = 1 ).
  ENDMETHOD.
  METHOD add_duplicate_fails.
    " execute
    add_sicher_fliegen( ).
    TRY.
        add_sicher_fliegen( ).
        " ensure behaviour
        cl_aunit_assert=>fail( ).
      CATCH cx_sy_duplicate_key.
        " as expected
    ENDTRY.
  ENDMETHOD.
ENDCLASS.
```

Listing 10.12 Vererbung von Testklassen

10.10 Massentests mit ABAP Unit

Bisher lag der Schwerpunkt dieses Kapitels auf der Ausführung von Tests für einzelne Programme direkt aus der ABAP Workbench heraus. Dieser Ansatz ist für Regressionstests oder zur Qualitätssicherung sicher nicht ausreichend. Für die Ausführung von Massentests sind zusätzliche Funktionen erforderlich:

- eine Möglichkeit, um gleichzeitig eine Vielzahl von Programmen in einer einzigen Testaufgabe zu testen
- flexible Definition einer Objektmenge, um die Programme auswählen zu können, die wiederholt zu testen sind (zum Beispiel alle Programme in bestimmten Paketen)
- Es muss möglich sein, die Testkonfiguration zu speichern, um den Test mehrere Male mit der exakt gleichen Konfiguration zu wiederholen.
- Aufbewahrung der Ergebnisse für die spätere Auswertung

Die Integration von ABAP Unit in den ABAP Code Inspector (Transaktion SCI) erfüllt all diese Anforderungen. Vor der Einführung von ABAP Unit konnten mit dem Code Inspector nur statische Tests durchgeführt werden – mit anderen Worten, eine Quelltextanalyse. Durch die Integration von ABAP Unit können nun auch dynamische Tests ausgeführt werden, die echte Laufzeitprüfungen umfassen. Der ABAP Code Inspector bietet alle aufgeführten Möglichkeiten und ist damit ideal für effiziente Massentests geeignet.

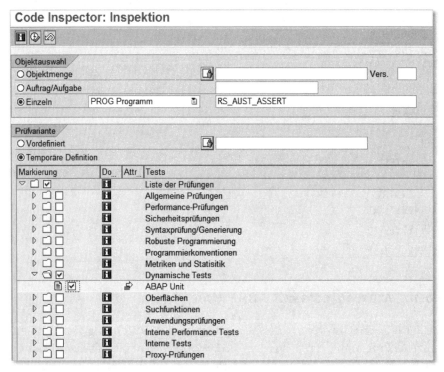

Abbildung 10.8 Ausführung von ABAP Unit im Code Inspector

Mit der Einführung des ABAP Test Cockpits (ATC) zu den Releases 7.0, EhP2 und 7.1/7.2 kommt eine in die ABAP Workbench integrierte Möglichkeit hinzu, Massentests durchzuführen.

Darüber hinaus gibt es ab diesen Releases einen ebenfalls in den Object Navigator der ABAP Workbench integrierten ABAP Unit Browser. Dieser erlaubt es:

- eine strukturierte Übersicht über vorhandene Unit-Tests anzuzeigen
- mehrere Testläufe auf einmal zu starten
- Unit-Tests in Favoriten zu organisieren

Für Letztere kann die Test-Coverage direkt mit dem im ABAP Unit Browser integrierten Coverage Analyzer gemessen und angezeigt werden.

10.11 Fazit

In diesem Kapitel wurde Ihnen alles Notwendige gezeigt, damit Sie sofort anfangen können, Modultests für Ihre sicherlich auch entsprechend gut modularisierten ABAP-Programme zu schreiben. Insbesondere bei Neuentwicklungen sollten Sie eine möglichst hohe Testabdeckung durch Modultests gleich in Ihre Entwicklungsplanung mit aufnehmen. Sie sollen auch nicht länger aufgehalten werden, damit Sie sofort loslegen können. Abschließend soll nur noch erwähnt werden, dass der Einfachheit halber nicht auf die optionale Klassifizierung von Testklassen betreffs Ausführungsdauer und Risikostufe eingegangen wurde. Die zugehörigen Informationen finden Sie in der ABAP-Dokumentation.

Der ABAP Memory Inspector dient zur Analyse des Speicherverbrauchs, der durch dynamisch verwaltete Speicherobjekte verursacht wird und mitunter zu Speicherengpässen führt. Der ABAP Memory Inspector setzt sich aus verschiedenen Speicherverbrauchsanzeigen im ABAP Debugger, der Möglichkeit, den Speicherverbrauch zu einem bestimmten Zeitpunkt mittels eines sogenannten Speicherabzugs festzuhalten und einer Transaktion, mit der solche Speicherabzüge ausgewertet werden können, zusammen.

Christian Stork und Wolf Hagen Thümmel

11 Speicherverbrauchsanalyse mit dem ABAP Memory Inspector

Die Diagnose von Speicherproblemen in einer Anwendung kann aufgrund ihrer dynamischen Natur mühsam und zeitaufwendig sein: Die Speichermenge, die ein ABAP-Programm verbraucht, hängt von der verarbeiteten Datenmenge ab. Diese Daten werden normalerweise in Speicherstrukturen (zum Beispiel internen Tabellen) abgelegt, deren Größe dynamisch an die zu speichernden Daten angepasst wird. Wird hierbei die Größe des verfügbaren Speicherbereichs überschritten, kommt es zum Abbruch des Programms (zum Beispiel mit einem Laufzeitfehler `SYSTEM_NO_ROLL` oder `TSV_TNEW_PAGE_ALLOC_FAILED`).

Die Ursache für den Programmabbruch ist in diesen Fällen häufig nicht offensichtlich. Der Laufzeitfehler `TSV_TNEW_PAGE_ALLOC_FAILED` tritt beispielsweise dann auf, wenn das System eine interne Tabelle nicht weiter vergrößern kann, da nicht mehr ausreichend freier Speicher verfügbar ist. Diese interne Tabelle ist jedoch nicht unbedingt selbst der Grund dafür, dass der Speicher erschöpft ist. In dieser Situation benötigen Sie ein Werkzeug, mit dem Sie die wirkliche Ursache ermitteln können.

In der Vergangenheit war eine solche Analyse nur auf der Basis von Experteninformationen in den Systembereichsanzeigen des ABAP Debuggers möglich. Dazu zählten zum Beispiel die Liste der geladenen Programme, die Liste der geladenen Klassen, die Liste der Objekte (Instanzen von Klassen) oder die Rangliste der internen Tabellen. Seit SAP Web Application Server 6.20 (Support Package 29) gibt es für diese Aufgabe den ABAP Memory Inspector, der einen Überblick über dynamisch verwaltete Speicherstrukturen bietet. Die Informationen zum Speicherverbrauch zu einem bestimmten Zeitpunkt können in einer Datei abgespeichert und anschließend mit einer speziellen Transaktion ausgewertet werden.

In diesem Kapitel erhalten Sie zunächst eine Einführung in die Grundlagen der Speicherverwaltung der ABAP-Laufzeitumgebung. Da diese für den Anwendungsentwickler unsichtbar abläuft, brauchen Sie die Funktionsweise und Abläufe nicht im Detail zu verstehen. Das hier vermittelte Wissen wird Ihnen jedoch helfen, häufige Fehler in ABAP-Programmen zu identifizieren und in Zukunft zu vermeiden. Sie können selbst dann von diesen Informationen profitieren, wenn der ABAP Memory Inspector noch nicht bei Ihnen verfügbar sein sollte. Die im folgenden Abschnitt, »Grundlagen der Speicherverwaltung«, beschriebenen Prinzipien der Speicherverwaltung gelten nicht nur für ABAP, sondern auch für viele andere Sprachen mit dynamischer Objekterzeugung (zum Beispiel Java).

Anschließend werden typische Fehler betrachtet, die häufig zu einem erhöhten Speicherverbrauch führen. Dabei konzentrieren wir uns auf sogenannte Speicherlecks. Diese sind dadurch gekennzeichnet, dass ein Programm zunächst ordnungsgemäß funktioniert, nach einer Weile aber plötzlich abbricht, weil nicht mehr ausreichend freier Speicher verfügbar ist. Dieses Verhalten tritt dann auf, wenn ein Programm ständig neuen Speicher anfordert, diesen jedoch nicht wieder freigibt, sobald er nicht mehr verwendet wird. Bei lang laufenden Programmen kann bereits ein kleines Speicherleck zu einer erheblichen Menge an verbrauchtem, jedoch nicht mehr genutztem Speicher führen. Solche Fehler lassen sich oft nur schwer finden, da sie erst nach einer gewissen Zeit sichtbar werden.

Abschließend wird gezeigt, wie Sie mithilfe des ABAP Memory Inspectors dynamisch verwaltete Speicherobjekte anzeigen – zum Beispiel in Form einer Rangliste bezüglich ihres Speicherverbrauchs. Mit diesen Informationen können Sie den Speicherverbrauch eines ABAP-Programms analysieren und mögliche Speicherlecks identifizieren.

11.1 Grundlagen der Speicherverwaltung

Speicherengpässe können in jeder Programmiersprache entstehen, die eine dynamische Objekterzeugung unterstützt. Folglich gelten die hier beschriebenen Grundlagen der Speicherverwaltung sowohl für ABAP als auch für viele andere Sprachen, wie zum Beispiel Java.

Zur Programmausführung fordert die Laufzeitumgebung eines Programms Speicher an. Bei Beendigung des Programms wird dieser Speicher wieder freigegeben. Der angeforderte Speicher untergliedert sich in zwei Teile – von der Laufzeitumgebung verwendeter Speicher und von der Anwendung verwendeter Speicher. Den Speicherverbrauch der Laufzeitumgebung können Sie nicht direkt beeinflussen, der Speicherverbrauch der Anwendung aber liegt in Ihrer Verantwortung.

Alle Programmiersprachen bieten in der Regel die Möglichkeit, statische Variablen in einem Programm zu definieren, um Daten mit fester, zur Designzeit bekannter Größe zu verarbeiten. Für statische Variablen ist der Speicherverbrauch konstant, da die Datengröße statisch definiert ist. Der Speicherverbrauch ändert sich nur, wenn Sie das Programm ändern. Solche Variablen werden allgemein als *statische Speicherobjekte* bezeichnet.

In den meisten Fällen ist es jedoch nicht ausreichend, statische Variablen zu definieren, denn zur Designzeit ist häufig nicht bekannt, welche Datenmenge die Anwendung verarbeiten muss. Daher bieten fast alle Programmiersprachen außerdem eine Möglichkeit, Speicherstrukturen zur Laufzeit dynamisch zu erzeugen oder zu vergrößern. Diese dynamischen Strukturen werden allgemein als *dynamische Speicherobjekte* bezeichnet.

Durch die dynamische Erzeugung oder Vergrößerung von Speicherobjekten erhöht sich jedoch der Speicherverbrauch eines Programms. Der Speicherverbrauch von Programmen mit dynamischen Speicherobjekten ist demnach variabel und hängt von der verarbeiteten Datenmenge ab. Da der Speicher eine beschränkte Ressource ist, müssen Sie Speicher, der nicht mehr verwendet wird, wieder freigeben. Speicher kann auf zwei Arten freigegeben werden:

- Fügen Sie eine Löschanweisung (gemäß Definition in der verwendeten Programmiersprache) in das Programm ein, um das Speicherobjekt explizit zu zerstören und damit den von ihm belegten Speicher freizugeben.

- Überlassen Sie das Freigeben des Speichers dem *Garbage Collector*, einem Mechanismus in der Laufzeitumgebung objektorientierter Programmiersprachen. Durch den Garbage Collector werden Speicherobjekte, die nicht mehr verwendet werden, automatisch erkannt und freigegeben. Sie müssen keine speziellen Anweisungen in das Programm einfügen, um ein dynamisch erstelltes Speicherobjekt explizit zu löschen. Stattdessen müssen Sie alle *Referenzen* auf das Speicherobjekt löschen, sodass der Garbage Collector das Objekt als nicht mehr benötigt erkennt und freigibt.

ABAP ist eine hybride Programmiersprache, die Merkmale einer objektorientierten mit den Merkmalen einer prozeduralen Programmiersprache kombiniert. Dies umfasst auch die beiden genannten Arten des Löschens von Speicherobjekten.

Wenn Sie nicht mehr benötigte Speicherobjekte nicht explizit freigeben oder Referenzen auf diese Objekte nicht löschen, führt dies zu einem Speicherleck. Dies hat eine kontinuierliche Steigerung des Speicherverbrauchs zur Folge und führt im ungünstigsten Fall zum Programmabbruch wegen Speichermangels.

11.1.1 Dynamische Speicherobjekte in ABAP

Um zu verstehen, wie in einem ABAP-Programm Speicherlecks auftreten können und wie der ABAP Memory Inspector in diesen Situationen helfen kann, müssen Sie zunächst wissen, welche Arten von dynamisch verwalteten Speicherobjekten es gibt. ABAP unterstützt vier Arten von dynamischen Speicherobjekten:

- Tabellenkörper einer internen Tabelle (Liste von Zeilen mit derselben Struktur)
- String (Folge von Zeichen oder Bytes variabler Länge)
- Objekt (Instanz einer Klasse, die über die ABAP-Anweisung CREATE OBJECT erzeugt wird)
- anonymes Datenobjekt (Instanz eines Datentyps, die über die ABAP-Anweisung CREATE DATA erzeugt wird)

Im Programm erfolgt der Zugriff auf ein dynamisches Speicherobjekt über Referenzen. Folglich unterstützt ABAP vier entsprechende Arten von Referenzen:

- Tabellenreferenzen für Tabellenkörper
- String-Referenzen für Strings
- Objektreferenzen für Objekte
- Datenreferenzen für Datenobjekte

Referenzen weisen entweder eine *Wertesemantik* oder eine *Referenzsemantik* auf. Da diese Begriffe wichtig sind, um die Speicherverwaltung zu verstehen, werden beide Konzepte im Folgenden näher erläutert.

Zunächst wird die Wertesemantik betrachtet. Angenommen, es gibt zwei Referenzen, A und B, und Referenz A zeigt auf ein Speicherobjekt. Mit der Wertesemantik löst die Zuweisung B = A eine Kopieroperation aus, die eine Kopie des

Speicherobjektes erzeugt. Im Anschluss daran zeigt die Referenz B auf die Objektkopie, während Referenz A weiterhin auf das ursprüngliche Speicherobjekt zeigt. Änderungen, die über Referenz B durchgeführt werden, wirken sich lediglich auf die Objektkopie aus, das von Referenz A referenzierte Objekt bleibt unverändert. In ABAP gilt Wertesemantik für Tabellen- und String-Referenzen. Diese Referenzen werden nicht in speziellen Referenzvariablen abgelegt, sondern das Programm arbeitet sozusagen direkt mit den internen Tabellen bzw. Strings.

Liegt jedoch Referenzsemantik vor, so zeigen bei der Zuweisung B = A beide Referenzen A und B auf dasselbe Speicherobjekt. Da nur ein Speicherobjekt vorhanden ist, sind Änderungen, die über Referenz B durchgeführt werden, auch über Referenz A sichtbar und umgekehrt. In ABAP gilt Referenzsemantik für Objekt- und Datenreferenzen. Diese Referenzen werden in speziellen Referenzvariablen abgelegt, die mit `TYPE REF TO` deklariert werden und die einen expliziten Umgang mit Referenzen erlauben.

Da interne Tabellen und Strings sehr umfangreich werden können, kann die Kopieroperation, die bei der Zuweisung zwischen Referenzen mit Wertesemantik durchgeführt wird, zeitaufwendig sein. Andererseits ist die Kopieroperation nur dann wirklich erforderlich, wenn im Folgenden über eine der Referenzen eine Änderung vorgenommen wird – und dies ist nicht immer der Fall. Aus diesem Grund verzögert die ABAP-Laufzeitumgebung die Kopieroperation, bis tatsächlich eine Änderung vorgenommen wird. Diese Verzögerung ist möglich, da mehrere Tabellen- oder String-Referenzen auf denselben Tabellenkörper bzw. String zeigen können. Diese Objekttypen zählen die Anzahl der Referenzen mit, die auf sie verweisen. Die eigentliche Kopieroperation erfolgt, wenn das Programm über eine der Referenzen eine Änderungsoperation auf dem Speicherobjekt durchführt (Copy-on-Write). Anschließend zeigt jede Referenz auf einen eigenen individuellen Tabellenkörper oder String. Dies wird als *Sharing* und Aufheben des *Sharings* bezeichnet.

Diese verzögerte Kopieroperation bei Referenzen mit Wertesemantik ist für den Anwendungsentwickler unsichtbar. Daher wird eine Tabellenreferenz in der Regel einfach als *interne Tabelle* und eine String-Referenz einfach als *String* bezeichnet und vom Programmierer auch so behandelt. Um den Speicherverbrauch Ihrer Programme zu verstehen, müssen Sie jedoch diesen technischen Aspekt von Referenzen mit Wertesemantik verinnerlichen und den Unterschied zwischen den Tabellenkörpern und Strings als dynamische Speicherobjekte und den Referenzen, die auf sie zeigen, erkennen können.

Abbildung 11.1 zeigt das unterschiedliche Verhalten von Wertesemantik mit verzögerter Kopieroperation (Sharing) und Referenzsemantik.

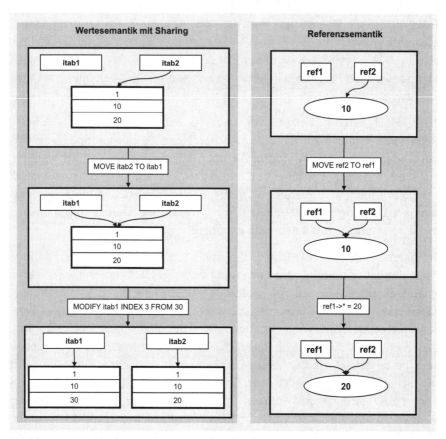

Abbildung 11.1 Vergleich von Wertesemantik und Referenzsemantik

Auf der linken Seite sehen Sie zwei Tabellenreferenzen, itab1 und itab2, wobei itab1 initial ist und itab2 auf einen Tabellenkörper zeigt. Nach der Anweisung MOVE zeigen die beiden Tabellenreferenzen itab1 und itab2 auf dasselbe Speicherobjekt (dessen Referenzzähler nun den Wert 2 aufweist). Die Kopieroperation wird zunächst nicht durchgeführt, aber solange der Tabellenkörper über keine der beiden Referenzen geändert wird, macht dies keinen Unterschied. Bei Ausführung der Anweisung MODIFY für die Tabellenreferenz itab1 wird automatisch zunächst das zuvor gemeinsam genutzte Speicherobjekt kopiert. Erst danach erfolgt die Änderungsoperation. Am Ende zeigt jede Referenz auf ein eigenes Speicherobjekt, und die Referenzzähler beider Tabellenkörper stehen auf 1 (wie für Referenztypen mit Wertesemantik zu erwarten).

Auf der rechten Seite sehen Sie zwei Datenreferenzen, ref1 und ref2, wobei ref1 initial ist und ref2 auf ein anonymes Datenobjekt zeigt. Im Anschluss an die Anweisung MOVE zeigen ref1 und ref2 auf dasselbe Speicherobjekt, da für diesen Referenztyp die Referenzsemantik gilt. Änderungen über eine Referenz sind auch über die andere Referenz sichtbar.

11.1.2 Löschen von dynamischen Speicherobjekten

Zum Löschen der referenzierten Speicherobjekte gibt es im Fall von Tabellen- oder String-Referenzen die ABAP-Anweisung CLEAR. Wenn Sie die CLEAR-Anweisung auf eine Referenzvariable anwenden, die auf einen String oder Tabellenkörper zeigt, der zusätzlich von anderen Referenzvariablen referenziert wird (mit anderen Worten, ein Speicherobjekt, das von mehreren Referenzen gemeinsam verwendet wird), bleibt das Speicherobjekt erhalten, sein Referenzzähler wird jedoch um eins verringert und die Referenzvariable auf den typspezifischen Initialwert gesetzt. Speicher wird erst freigegeben, wenn der Tabellenkörper oder String bei der Löschoperation nicht mehr gemeinsam von anderen Referenzen verwendet wird (wenn der Referenzzähler vor dem Löschen auf 1 steht). Wenn Sie daran denken, alle Referenzen für interne Tabellen oder Strings zu löschen, sobald diese nicht mehr benötigt werden, können hier keine Speicherlecks entstehen.

Bei Anwendung der Anweisung CLEAR auf interne Tabellen wird davon ausgegangen, dass die Tabelle im Folgenden weiterverwendet (das heißt wieder gefüllt) wird. Daher bleibt hier ein Teil des Speichers belegt. Um den Tabellenkörper vollständig zu löschen, gibt es die spezielle Anweisung FREE. Die Anweisung FREE kann für alle Datenobjekte verwendet werden, hat aber nur bei internen Tabellen diese spezielle Wirkung und wirkt ansonsten wie CLEAR.[1]

Instanzen von Klassen oder anonyme Datenobjekte können hingegen nicht explizit gelöscht werden. Wenn eine Instanz einer Klasse oder ein anonymes Datenobjekt nicht mehr benötigt wird, löschen Sie erst alle Referenzen auf dieses Objekt mithilfe der ABAP-Anweisung CLEAR. Anschließend kann das Objekt durch den ABAP Garbage Collector automatisch gelöscht werden.

---

[1] Darüber hinaus gibt es auch noch eine Anweisung REFRESH, die nur für interne Tabellen verwendet werden darf, sich in der Regel aber wie CLEAR verhält und deshalb nicht mehr benötigt wird. Einen Unterschied zwischen CLEAR und REFRESH gibt es nur für die obsoleten internen Tabellen mit Kopfzeile. REFRESH wirkt immer auf den Tabellenkörper, während CLEAR die eventuelle Kopfzeile löscht. Letzteres kann aber über die Angabe von [ ] hinter dem Tabellennamen umgangen werden.

11.1.3 Funktionsweise des ABAP Garbage Collectors

Tabellenkörper, Instanzen von Klassen und anonyme Datenobjekte können selbst Referenzen auf andere Speicherobjekte enthalten. Demnach ist es vorstellbar, Ketten aus Speicherobjekten in einem Programm zu erzeugen, wie in Abbildung 11.2 gezeigt. Hier stellen Ellipsen dynamische Speicherobjekte dar und das Rechteck steht für eine Referenzvariable.

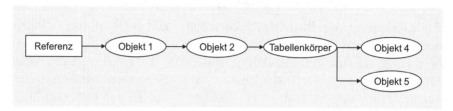

Abbildung 11.2 Kette aus Speicherobjekten

Wie wird eine solche Kette gelöscht? Müssen sämtliche Referenzen in der Kette gelöscht werden? Die Antwort lautet Nein: Sie müssen lediglich die Wurzelreferenz löschen. Alle anderen Objekte werden durch den Garbage Collector der ABAP-Laufzeitumgebung gelöscht. Sie müssen also keine komplizierten und zeitaufwendigen Algorithmen schreiben, um nicht benötigte Ketten von Speicherobjekten zu löschen.

Um dieses Konzept zu vertiefen, folgt zunächst ein Einblick in die Welt der diskreten Mathematik und Graphentheorie. *Kette* ist eigentlich nicht der korrekte Begriff, um einen Satz von verbundenen Speicherobjekten zu beschreiben, der korrekte Begriff wäre *Graph*. Da Referenzen eine Richtung aufweisen (mit anderen Worten, eine Referenz zeigt auf ein bestimmtes Objekt), wird dieser Graph als *gerichteter Graph* bezeichnet. Die Referenzen sind die Kanten, und die Speicherobjekte bilden gemeinsam mit der Wurzelmenge der globalen Referenzen des Programms die Knoten. Die Wurzelmenge an globalen Referenzen umfasst globale Referenzvariablen, lokale Referenzvariablen auf dem ABAP-Aufrufstack und auch die Einträge, die beim Registrieren von Ereignisbehandlern entstehen.[2]

Der Garbage Collector beginnt mit der Wurzelmenge und verfolgt sämtliche Referenzen. Sobald er eine Instanz einer Klasse oder ein anonymes Datenobjekt findet, fügt der Garbage Collector dieses zu einer Liste von derzeit verwendeten Objekten hinzu. Nachdem der Garbage Collector alle Referenzen verfolgt

---

[2] Jede Registrierung eines Ereignisbehandlers mit SET HANDLER bedeutet eine Zeile in einer dem Auslöser des Ereignisses zugeordneten Systemtabelle, in der eine Referenz auf den Behandler abgelegt ist.

hat, vergleicht er die Liste der verwendeten Objekte mit der Liste aller erzeugten Objekte. Anschließend löscht er alle Instanzen von Klassen und anonymen Datenobjekten, die nicht in der Liste der verwendeten Objekte enthalten sind. Wenn ein gelöschtes Objekt Referenzen auf Tabellenkörper oder Strings enthält, die nicht von anderer Stelle referenziert werden, löscht der Garbage Collector auch diese Tabellenkörper und Strings. Ansonsten müssen Tabellenkörper und Strings nicht vom Garbage Collector behandelt werden. Durch den eingebauten Referenzzähler können diese Objekte automatisch freigegeben werden, sobald die letzte auf sie zeigende Referenz gelöscht wurde.

Abbildung 11.3 zeigt ein Beispiel eines gerichteten Graphen, um den Garbage-Collection-Prozess zu veranschaulichen. Nach dem Löschen der als gestrichelten Linien dargestellten Referenzen würde der Garbage Collector die weißen Objekte löschen.

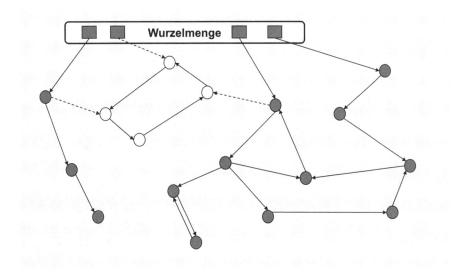

Abbildung 11.3 Gerichteter Graph aus Speicherobjekten

Der Garbage Collector ist Teil der ABAP-Laufzeitumgebung. Aus Performancegründen führt er seine Aktionen schrittweise aus. Er wird gestartet, wenn die Laufzeitumgebung Anweisungen verarbeitet, für deren Ausführung möglicherweise zusätzlicher Speicher benötigt wird. Dazu zählen beispielsweise Anweisungen, die Speicherobjekte erzeugen oder Zeilen in internen Tabellen einfügen. Der Garbage Collector versucht nicht, alle nicht benötigten Objekte in einem Schritt zu erfassen. Stattdessen führt er nur einen Teil der Aufgabe aus, damit die Anwendungsverarbeitung möglichst schnell fortgesetzt werden kann, bevor der Garbage Collector erneut ausgelöst wird. Mithilfe einer Heuristik wird bestimmt, ob der Garbage Collector überhaupt startet, um die beiden folgenden konkurrierenden Anforderungen zu erfüllen:

- Minimieren der Garbage-Collector-Laufzeit
- Minimieren des Speicherverbrauchs durch nicht mehr benötigte Speicherobjekte

Als Ergebnis des Kompromisses zwischen diesen Anforderungen bleiben im Speicher durchaus auch immer einige der nicht mehr benutzten Speicherobjekte bestehen.

11.1.4 Berechnung des Speicherverbrauchs

Wie wird nun der Speicherverbrauch für ein bestimmtes Speicherobjekt berechnet, das in einen gerichteten Graphen aus Speicherobjekten eingebettet ist? Begonnen wird mit der Größe des Speicherobjektes selbst, das heißt mit der Speichermenge, die bei der Erzeugung angefordert wird. Wird das Speicherobjekt gelöscht (entweder explizit durch das Programm oder implizit durch den Garbage Collector), wird diese Speichermenge freigegeben.

Berechnung des Speicherverbrauchs in den Releases 6.20 und 6.40

Die hier vorgestellte Berechnung wird noch auf den SAP Web Application Servern 6.20 und 6.40 ausgeführt. Eine Verbesserung, die für den nachfolgenden SAP NetWeaver Application Server ABAP 7.0 eingeführt wurde, wird danach vorgestellt.

Wenn Sie zur Größe eines Speicherobjektes die Größe aller untergeordneten (direkt und mittelbar referenzierten) Speicherobjekte addieren, erhalten Sie einen als *referenzierten Speicher* bezeichneten Wert. Selbstverständlich können auch andere Speicherobjekte ein beliebiges untergeordnetes Speicherobjekt referenzieren. Solange mindestens eine Referenz auf dieses untergeordnete Speicherobjekt zeigt, kann es nicht gelöscht werden. Daher ist die Speichermenge, die beim Löschen eines Speicherobjektes freigegeben wird, immer kleiner oder gleich dem referenzierten Speicher des Objektes.

Da die Referenzen für interne Tabellen und Strings eine Wertesemantik aufweisen, könnte ein Tabellenkörper oder String als Teil des übergeordneten Speicherobjektes betrachtet werden. Diese Sichtweise ist jedoch nur dann richtig, wenn der Referenzzähler (das heißt die Anzahl von Referenzen auf den Tabellenkörper oder String) den Wert 1 hat. Daher wird der Begriff des *gebundenen Speichers* eingeführt. Der gebundene Speicher eines Speicherobjektes ist die Summe aus der Größe des Speicherobjektes selbst und des gebundenen

Speichers aller direkten untergeordneten Speicherobjekte, bei denen es sich um Tabellenkörper oder Strings mit einem Referenzzählerstand von 1 handelt.

Ein Speicherobjekt kann nur dann explizit oder implizit gelöscht werden, wenn der gerichtete Graph keine Pfade mehr von der Wurzelmenge zum Speicherobjekt enthält. Wenn ein Speicherobjekt gelöscht wird, ist der gebundene Speicher die Mindestspeichermenge, die freigegeben wird. Der referenzierte Speicher entspricht der maximalen Speichermenge, die freigegeben werden kann. Daher liegt die tatsächlich freigegebene Speichermenge irgendwo zwischen diesen beiden Werten.

Die Speicherausnutzung kann für verschiedene Anwendungen deutlich variieren. Für Tabellenkörper und Strings verwendet die Laufzeitumgebung einen Mechanismus zur Voraballokation, bei dem automatisch zusätzlicher Speicher reserviert wird, damit das erzeugte Speicherobjekt im Folgenden weiter wachsen kann. Da diese Typen von Speicherobjekten fortlaufende Speicherblöcke benötigen, wird aufgrund dieser Technik eine Vielzahl von Allokations- und Freigabeoperationen verhindert. Anderenfalls müsste die Laufzeitumgebung jedes Mal, wenn das Speicherobjekt wächst (zum Beispiel, wenn zusätzliche Zeilen zu einer internen Tabelle hinzugefügt werden), neuen Speicher allokieren, das Speicherobjekt an den neuen Speicherort kopieren und schließlich den zuvor benutzten Speicher freigeben.

Aus diesem Grund gibt es für Tabellenkörper und Strings zusätzlich die Werte *allokierter Speicher* und *benutzter Speicher*. Der allokierte Speicher entspricht der Speichermenge, die für das Speicherobjekt reserviert wurde. Der benutzte Speicher ist die aktuelle Größe des Speicherobjektes, das von der Anwendung verwendet wird. Wird ein neues Speicherobjekt erzeugt, so umfasst der allokierte Speicher den benutzten sowie zusätzlichen Speicher, um ein mögliches späteres Wachstum zu ermöglichen. Bei Instanzen von Klassen und anonymen Datenobjekten sind benutzter Speicher und allokierter Speicher identisch. Aufgrund ihrer festen Größe ist kein zusätzlicher Speicherplatz für mögliches Wachstum erforderlich.

Diese zwei Wertepaare (gebundener und referenzierter Speicher plus benutzter und allokierter Speicher) sind orthogonal. Daher gibt es für Speicherobjekte insgesamt vier Größenwerte:

- gebundener, benutzter Speicher
- gebundener, allokierter Speicher
- referenzierter, benutzter Speicher
- referenzierter, allokierter Speicher

Die Berechnung der Gesamtgröße eines Speicherobjektes ist ein rekursiver Prozess. Zur Veranschaulichung des Konzeptes wird betrachtet, wie die Größe eines bestimmten Speicherobjektes berechnet wird, das andere Speicherobjekte referenziert. Abbildung 11.4 zeigt die Formeln zur Berechnung der unterschiedlichen Größenwerte für die eingekreisten Speicherobjekte obj1, obj3 und obj4. Das Speicherobjekt obj2 ist entweder eine Instanz einer Klasse oder ein anonymes Datenobjekt, str1 und str2 sind entweder Strings oder Tabellenkörper, und bei obj5 handelt es sich um einen beliebigen Typ von Speicherobjekt, das Referenzen auf andere Speicherobjekte enthalten kann (das heißt ein Tabellenkörper, eine Instanz einer Klasse oder ein anonymes Datenobjekt). Der referenzierte Speicher wird als Summe der Speicherobjektgröße und der Größe aller referenzierten Objekte berechnet. Für den gebundenen Speicher kann nur die Größe der referenzierten Objekte addiert werden, die exklusiv durch das untersuchte Speicherobjekt referenziert werden.

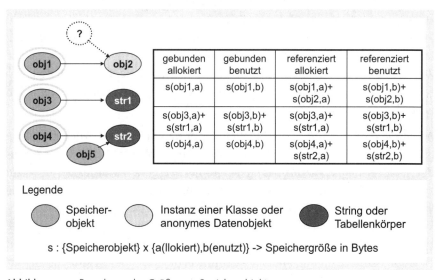

Abbildung 11.4 Berechnen der Größe von Speicherobjekten

Bei der Berechnung des gebundenen Speichers von obj1 ist nicht bekannt, ob das untergeordnete obj2 noch durch ein anderes Speicherobjekt referenziert wird, da obj2 keinen Referenzzähler unterstützt (dies wird durch das Fragezeichen und die gestrichelte Linie dargestellt). Daher kann die Größe von obj2 nicht berücksichtigt werden, wenn der gebundene Speicher von obj1 berechnet wird. Für obj3 hingegen kann die Größe von str1 addiert werden, wenn der gebundene Speicher berechnet wird (wie in der Tabelle in Abbildung 11.4 gezeigt), da der Referenzzähler von str1 auf 1 steht und es daher als sicher angesehen werden kann, dass str1 ausschließlich von obj3 referenziert wird.

Andererseits ist bekannt, dass der Referenzzähler von str2 den Wert 2 hat (dieses Objekt wird von obj4 und obj5 referenziert), sodass die Größe von str2 bei der Berechnung des gebundenen Speichers von obj4 nicht zu berücksichtigen ist.

Es ist wichtig, den Unterschied zwischen

- der Definition des gebundenen Speichers von Speicherobjekten mit Referenzen auf andere Objekte (Instanzen von Klassen oder anonyme Datenobjekte) und
- der Definition des gebundenen Speichers von Speicherobjekten, die ausschließlich Tabellenkörper oder Strings referenzieren,

zu verstehen. Im ersten Fall lässt sich schlichtweg nicht ermitteln, ob das untergeordnete Objekt ausschließlich vom übergeordneten Objekt referenziert wird. Daher wird die Größe des untergeordneten Objektes nicht bei der Berechnung des gebundenen Speichers des übergeordneten Objektes berücksichtigt. Im zweiten Fall hingegen lässt sich über die Referenzzähler der untergeordneten Objekte feststellen, ob sie exklusiv durch das Speicherobjekt referenziert werden, dessen gebundener Speicher berechnet werden soll.

In der Tabelle von Abbildung 11.4 ist *s* eine Funktion zur Berechnung der allokierten oder benutzten Speichergröße (gekennzeichnet durch den Parameter *a* für allokiert bzw. *b* für benutzt) eines Speicherobjektes in Byte. Da nur bei Tabellenkörpern und Strings Voraballokation stattfindet, kann die allokierte und benutzte Speichergröße sich nur bei diesen Arten von Speicherobjekten unterscheiden. Bei Instanzen von Klassen oder anonymen Datenobjekten sind diese beiden Werte identisch.

Berechnung des Speicherverbrauchs ab Release 7.0

Für den SAP NetWeaver Application Server ABAP 7.0 wurde die Speicherberechnung dahingehend überarbeitet, dass nun für alle dynamischen Speicherobjekte, das heißt Instanzen von Klassen, Tabellenkörper, Strings und anonyme Datenobjekte, der *gebundene* Speicher wirklich der Menge an Bytes entspricht, die beim Löschen freigegeben würde. Da damit nun die eigentlich interessierende Größe direkt zur Verfügung steht, brauchen Sie sich um den referenzierten Speicher nicht mehr zu kümmern. Ab SAP NetWeaver, Releases 7.0, EhP2 und 7.1/7.2 wird er auch nicht mehr angezeigt.

11.2 Speicherlecks

Vor dem SAP Web AS 6.10/6.20 stellten Speicherlecks in ABAP-Programmen eine weniger ernst zu nehmende Falle dar. ABAP bot nur eingeschränkte Unterstützung für die Verarbeitung von dynamischen Daten, und die meisten Transaktionen wiesen eine kurze Lebensdauer auf. Am Ende einer Transaktion wurde der gesamte interne Modus verworfen, und alle Ressourcen wurden freigegeben. So waren Speicherlecks kaum ein Problem.

Inzwischen hat sich das Programmiermodell jedoch erheblich verändert. ABAP Objects unterstützt vielfältige Mechanismen für die Verarbeitung von dynamischen Daten (interne Tabellen, Strings, Instanzen von Klassen und anonyme Datenobjekte). Darüber hinaus bleiben neue Typen von Transaktionen mit langer Lebensdauer für einen ganzen Arbeitstag oder länger geöffnet. In einer solchen Umgebung können Speicherlecks nicht länger ignoriert werden.

11.2.1 Häufige Ursachen für Speicherlecks oder Speicherverschwendung

Die Erfahrung hat gezeigt, dass einige gängige Programmiermuster zu einer nicht optimalen Speichernutzung führen. Ob dies schwerwiegende Probleme (bis hin zum Abbruch einer Anwendung) nach sich zieht, hängt weitgehend von Faktoren wie der Lebensdauer des internen Modus, der Anzahl an gleichzeitigen Benutzern und der Menge an verfügbarem Speicher auf dem Applikationsserver ab. Um Programme vor Speicherlecks zu schützen, achten Sie auf diese häufig übersehenen Problemquellen:

- **Nicht freigegebene Referenzen**
  Denken Sie immer daran, dass dynamisch erzeugte Speicherobjekte so lange am Leben bleiben, wie sie referenziert werden. Ein typischer Problemfall ist hier die Verwaltung von dynamisch erzeugten Speicherobjekten über ein Verzeichnis (zum Beispiel das Speichern von Referenzen auf diese Objekte in einer internen Tabelle). Vergessen Sie nicht, Referenzen aus diesem Verzeichnis zu entfernen, sobald die Objekte nicht mehr benötigt werden. Anderenfalls sorgen schon allein die in der internen Tabelle gespeicherten Referenzen dafür, dass die referenzierten Objekte am Leben bleiben. Sollen beispielsweise aus Performancegründen Objektreferenzen zur Wiederverwendung in einem Cache gespeichert werden, verwenden Sie hierzu am besten *schwache* Referenzen, die ein Objekt nicht am Leben erhalten. Weitere Informationen hierzu finden Sie in der Dokumentation zur Klasse CL_ABAP_WEAK_REFERENCE.

- **Geringes Verhältnis von benutztem zu allokiertem Speicher**
  Über den Parameter INITIAL SIZE kann dem System bei der Deklaration interner Tabellen ein Hinweis auf die Größe des ersten Blocks im Speicher gegeben werden, den das System für interne Tabellen dieser Tabellentyps allokiert. Wird dieser Parameter nicht mit Bedacht eingesetzt, kann dies zu einer schlechten Speicherausnutzung führen, wenn die Anwendung die allokierte Größe zu keinem Zeitpunkt tatsächlich benötigt. Beachten Sie zudem, dass die ABAP-Laufzeitumgebung den allokierten Speicher für interne Tabellen beim Einfügen zusätzlicher Zeilen bei Bedarf automatisch erhöht, der allokierte Speicher jedoch nie wieder verringert wird, solange nicht der gesamte Inhalt gelöscht wird. Daher stellen interne Tabellen, die kurzzeitig eine große Anzahl an Zeilen enthalten, von denen im weiteren Verlauf nur ein kleiner Teil übrig bleibt, eine potenzielle Ursache für Speicherverschwendung dar. In diesem Fall kann der allokierte Speicher erst dann anderweitig wiederverwendet werden, nachdem der gesamte Tabellenkörper mit der Anweisung FREE gelöscht wurde.

Wenn bei einer Anwendung Speicherprobleme auftreten, kann eines oder beide der genannten Probleme die Ursache sein. Um die Situation zu analysieren, sollten Sie sich zunächst die folgenden Fragen stellen:

- Weshalb ist der Speicherverbrauch nicht konstant, sondern steigt an?
- Weshalb ist der Speicherverbrauch der Anwendung überhaupt so hoch?

In der Vergangenheit konnten Sie diese Fragen ohne Expertenwissen zur ABAP-Laufzeitumgebung kaum beantworten, doch inzwischen liefert der ABAP Memory Inspector hilfreiche Hinweise.

11.2.2 Speicherverbrauchsanalyse mit dem ABAP Memory Inspector

Der ABAP Memory Inspector erleichtert die Diagnose von Speicherproblemen. Zur Beantwortung der gestellten Fragen – weshalb der Speicherverbrauch steigt und weshalb er so hoch ist – sind zwei verschiedene Herangehensweisen nötig.

Zur Analyse des ersten Problems (steigender Speicherverbrauch) sind separate Listen aller Speicherobjekte erforderlich, die zu zwei unterschiedlichen Zeitpunkten im Speicher vorhanden sind. Durch Vergleich dieser beiden Listen können die Speicherobjekte ermittelt werden, die neu hinzugekommen sind und so den Speicherverbrauch des Programms erhöhen. In Abschnitt 11.3.2, »Erzeugen von Speicherabzügen«, und Abschnitt 11.3.3, »Analysieren und Vergleichen von Speicherabzügen«, wird gezeigt, wie mit dem ABAP Memory Inspector Speicherabzüge erstellt und verglichen werden können.

Um das zweite Problem zu analysieren (hoher Speicherverbrauch), benötigen Sie eine Liste der größten Speicherverbraucher. Wie in Abbildung 11.5 gezeigt, kann der ABAP Memory Inspector eine solche Liste ausgeben. Die Speicherobjekte werden in absteigender Reihenfolge ihres Speicherverbrauchs ausgegeben, der in der Spalte GEBUNDENER SPEICHER angezeigt wird. Durch Aufklappen eines Speicherobjektknotens werden die Referenzen sichtbar, die auf dieses Objekt zeigen. Die Spalte BELEGUNGSGRAD GEBUNDENER SPEICHER gibt das Verhältnis von benutztem zu allokiertem Speicher an. In Abbildung 11.5 handelt es sich bei den größten Speicherobjekten um interne Tabellen.

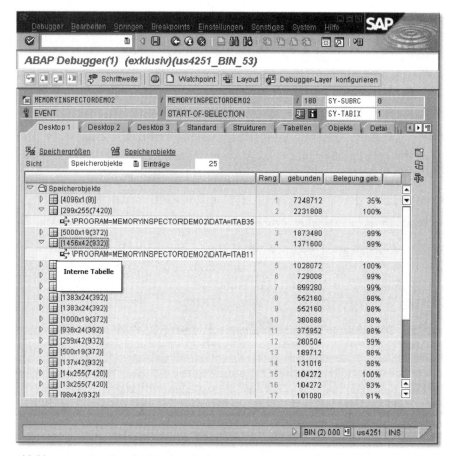

Abbildung 11.5 Rangliste für Speicherobjekte im ABAP Memory Inspector

Aus dem in Abbildung 11.5 gezeigten Beispiel könnte geschlossen werden, dass es sich bei den größten Speicherverbrauchern eines Programms im Allgemeinen um Tabellenkörper (interne Tabellen) handelt. Es ist jedoch auch möglich, dass eine Vielzahl von eher kleinen Speicherobjekten einen großen Teil des Speichers verbraucht. Diese Situation kann mit Instanzen von Klassen und anonymen Datenobjekten eintreten. Da diese Speicherobjekte dynamisch über die ABAP-Anweisungen `CREATE OBJECT` bzw. `CREATE DATA` erzeugt werden, ist ihre Anzahl nicht durch statische Deklarationen beschränkt. Daher muss es auch eine Möglichkeit geben, die aggregierte Größe von Instanzen von Klassen und anonymen Datenobjekten eines bestimmten Typs zu ermitteln. Auch dies ist mit dem ABAP Memory Inspector möglich, wie in Abbildung 11.6 gezeigt. Obwohl die Rangliste hier ähnlich aussieht wie in Abbildung 11.5, zeigt Abbildung 11.6 einen aggregierten Eintrag für alle Instanzen einer Klasse (hier `LCL_SOME_CLASS`).

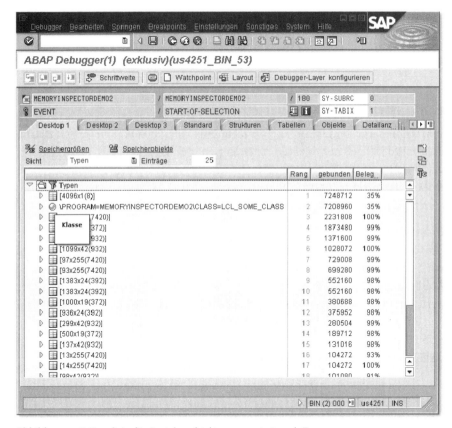

Abbildung 11.6 Rangliste für Speicherobjekte, aggregiert nach Typ

Durch Aufklappen des Klassenknotens in der Liste werden alle Instanzen der Klasse aufgelistet. Im hier gezeigten Beispiel wäre zu sehen, dass es sich um 4.096 Instanzen mit jeweils einer Größe von 1.760 Bytes handelt. Da dieser Wert eher gering ist, erscheinen die einzelnen Objekte nicht in der Liste der größten Speicherverbraucher. Dieses Beispiel zeigt jedoch, dass es eine unerwünscht hohe Anzahl von Instanzen einer einzigen Klasse geben kann, die gemeinsam eine große Menge an Speicher verbrauchen. Wenn Sie Speicherprobleme untersuchen, kann es hilfreich sein, Untermengen aus Speicherobjekten desselben Typs zu betrachten und die aggregierten Größen dieser Untermengen zu bewerten. Abbildung 11.6 zeigt ein Beispiel für Speicherobjekte, die entsprechend ihrem Klassentyp in Untermengen gruppiert sind.

Wie in den Beispielen gezeigt, kann der Speicherverbrauch sowohl auf der Basis einzelner Speicherobjekte als auch für Untermengen von Speicherobjekten betrachtet werden. Bevor darauf eingegangen wird, wie die gezeigten Ranglisten im ABAP Memory Inspector abgerufen werden können, geht es im Folgenden nochmals um die Prinzipien der Graphentheorie, um einen weiteren nützlichen Begriff für das Gruppieren und Analysieren von Untermengen von Speicherobjekten zu verstehen, nämlich die starken Zusammenhangskomponenten eines gerichteten Graphen.

11.2.3 Starke Zusammenhangskomponenten

Wie schon dargestellt, bildet die Wurzelmenge der globalen Referenzen zusammen mit den Speicherobjekten einen gerichteten Graphen. Als Teil der Informatik definiert die Graphentheorie verschiedene Eigenschaften von Graphen, wobei die *starken Zusammenhangskomponenten* (SZK) eine Eigenschaft eines gerichteten Graphen darstellen.

Um zu verstehen, was eine starke Zusammenhangskomponente ist, werden zunächst die Pfade in einem gerichteten Graphen betrachtet. Ausgegangen wird von einem gerichteten Graphen, der zwei Knoten A und B enthält (siehe Abbildung 11.7). Ein Pfad von A nach B besteht aus den Kanten, die unter Berücksichtigung ihrer jeweiligen Richtung durchlaufen werden müssen, um von A nach B zu gelangen. Die mit kurzen Strichen dargestellten Kanten in Abbildung 11.7 zeigen den Pfad von A nach B, die Kanten aus langen Strichen stellen den Pfad in die entgegengesetzte Richtung von B nach A dar.

Als *Zusammenhangskomponente* eines gerichteten Graphen (im Folgenden P genannt) wird der Teil des Graphen mit der Eigenschaft bezeichnet, dass es für alle Knoten A und B von P, für die ein Pfad von A nach B existiert, es auch einen Pfad in die entgegengesetzte Richtung von B nach A gibt. In Abbildung 11.8 bilden die weißen Objekte eine Zusammenhangskomponente, und die Pfade zwischen ihnen sind als gestrichelte Linien dargestellt.

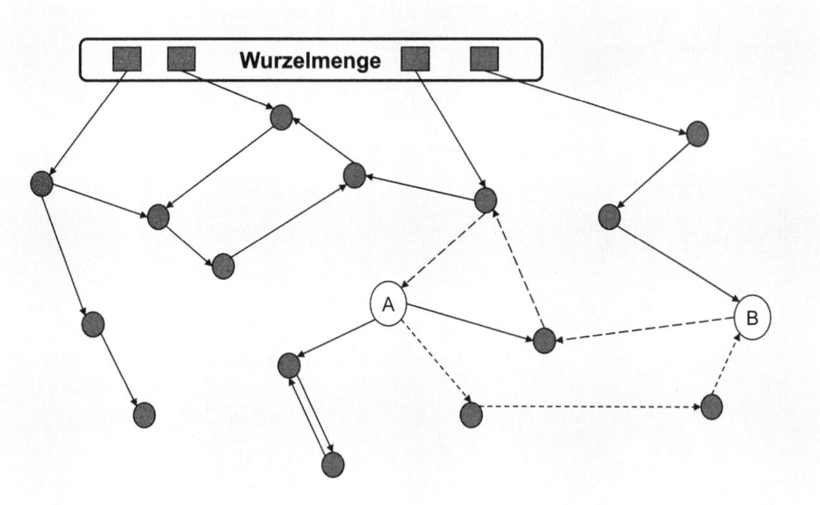

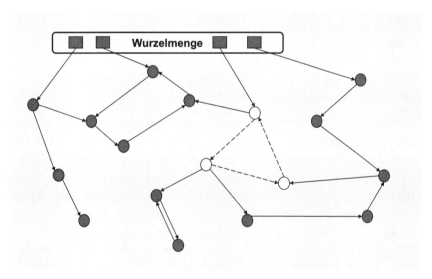

Abbildung 11.7 Pfade in einem gerichteten Graphen

Abbildung 11.8 Zusammenhangskomponente in einem gerichteten Graphen

Eine Zusammenhangskomponente P wird als *starke Zusammenhangskomponente* bezeichnet, wenn sie kein Bestandteil einer anderen Zusammenhangskomponente ist. Es handelt sich hierbei demnach um eine sogenannte Maximal-Eigenschaft; sie bedeutet, dass zwei SZKs stets entweder identisch oder disjunkt sein müssen. Die drei gestrichelten Mengen in Abbildung 11.9 zeigen die SZKs in diesem Graphen.

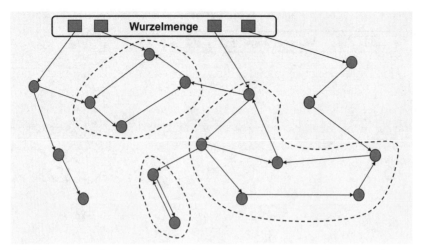

Abbildung 11.9 Starke Zusammenhangskomponenten in einem gerichteten Graphen

Im Hinblick auf die Speicherverbrauchsproblematik lässt sich festhalten, dass eine Menge von Speicherobjekten, die in diesem Sinne gemeinsam eine SZK bilden, nur dann vom ABAP Garbage Collector gelöscht werden kann, wenn keine Referenz mehr von Objekten außerhalb der SZK auf Objekte innerhalb der SZK verweist. Starke Zusammenhangskomponenten im Graphen der Speicherobjekte müssen daher als zusammengesetzte Objekte betrachtet werden, die sich nur im Ganzen löschen lassen.

In diesem Kontext können starke Zusammenhangskomponenten eine weitere Ursache für Probleme mit dem Speicherverbrauch darstellen. Daraus sollte jedoch nicht geschlossen werden, dass das Auftreten von starken Zusammenhangskomponenten im Objektgraphen per se unerwünscht ist und auf eine Designschwäche des untersuchten Programms hinweist. Vielmehr stellen bestimmte elementare Datenstrukturen (zum Beispiel eine doppelt verkettete Liste) bereits eine SZK dar. Was Sie jedoch in Erinnerung behalten sollten, ist die Tatsache, dass sich die Speicherobjekte innerhalb einer starken Zusammenhangskomponente nur gemeinsam löschen lassen, und zwar genau dadurch, dass alle Referenzen von außen auf Objekte der SZK gekappt werden. Durch das Löschen von Referenzen innerhalb der SZK lässt sich der Speicherverbrauch nicht verringern, es sei denn, die SZK wird dadurch in kleinere SZKs aufgebrochen.

11.3 Verwendung des ABAP Memory Inspectors

Wenn Sie den Speicherverbrauch einer Anwendung analysieren möchten, dann meistens aus einem der beiden folgenden Gründe:

- Sie möchten den aktuellen Speicherverbrauch eines ausgeführten Programms ermitteln, um zu prüfen, ob dieser unerwartet hoch ist.
- Sie möchten den Speicherverbrauch eines Programms zu unterschiedlichen Zeitpunkten vergleichen, um herauszufinden, ob dieser stärker als erwartet steigt, und um die Speicherobjekte zu ermitteln, die für diesen Anstieg verantwortlich sind. Dieses Verfahren ist besser geeignet, um Speicherlecks im Code zu finden, denn diese zeigen sich häufig in der steigenden Größe oder Anzahl bestimmter Speicherobjekte, jedoch nicht unbedingt als unverhältnismäßig große Speicherobjekte.

Der ABAP Memory Inspector unterstützt beide Verfahren:

- Zur Analyse des aktuellen Speicherverbrauchs eines ausgeführten Programms dient die in den ABAP Debugger eingebaute Memory Inspector-Funktionalität.
- Um den Speicherverbrauch zu verschiedenen Zeitpunkten zu vergleichen, können Speicherabzüge erzeugt werden, die umfassende Informationen zum aktuellen Zustand des ABAP-Laufzeitspeichers enthalten. Anschließend lassen sich diese Abzüge über die Transaktion S_MEMORY_INSPECTOR miteinander vergleichen.

11.3.1 Analyse des Speicherverbrauchs eines laufenden Programms

Zur Anzeige aktueller Speicherverbrauchsinformationen gelangen Sie im ABAP Debugger durch das Öffnen des Werkzeugs SPEICHERANALYSE im Zweig SPEZIALWERKZEUGE.[3] Abbildung 11.10 zeigt ein Beispiel der resultierenden Anzeige.

- Die Informationen im Rahmen SPEICHERGRÖSSEN zeigen den Speicherverbrauch der aktuellen Sitzung. Für Anwendungsentwickler sind nur die Werte ALLOKIERT und BENUTZT im Rahmen INTERNER MODUS interessant. ALLOKIERT gibt die Speichermenge an, die gegenwärtig von der Speicherverwaltung für den internen Modus reserviert ist. BENUTZT ist der Teil dieser reservierten Menge, der tatsächlich von der Anwendung und der darunterliegenden Laufzeitumgebung verwendet wird. Der Rahmen SPEZIELLE SPEICHERBEREICHE umfasst Experteninformationen, die für die vorliegenden Zwecke nicht relevant sind.

---

[3] In SAP Web Application Server 6.40 und 6.20 ist das Speicheranalysewerkzeug im neuen ABAP Debugger bzw. der neue ABAP Debugger selbst nicht verfügbar. Hier erhalten Sie gleichwertige Speicherverbrauchsinformationen über den Menüpunkt SPRINGEN • ZUSTANDSANZEIGEN • SPEICHERVERBRAUCH im klassischen ABAP Debugger.

11 | Speicherverbrauchsanalyse mit dem ABAP Memory Inspector

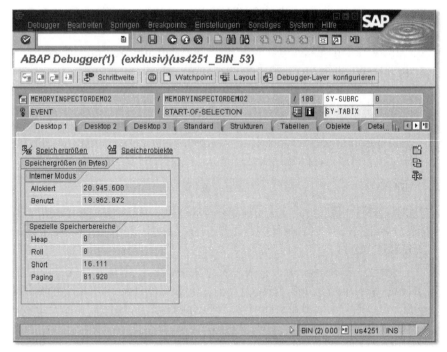

Abbildung 11.10 Anzeige des Speicherverbrauchs im ABAP Debugger

Durch Klicken auf den Link SPEICHEROBJEKTE werden die einzelnen Speicherobjekte in absteigender Reihenfolge, nach Größe sortiert, aufgeführt. Verwenden Sie diese Liste, um die größten Speicherverbraucher in Ihrer Anwendung zu ermitteln und zu bewerten, ob diese die erwartete Größe aufweisen. Abbildung 11.5 und Abbildung 11.6 zeigen Beispiele für solche Ranglisten. Diese beiden Anzeigen unterscheiden sich lediglich in der ausgewählten Sicht, die über das zugehörige Dropdown-Menü ausgewählt wird. Die Sicht SPEICHEROBJEKTE zeigt eine Rangliste der einzelnen Speicherobjekte (Instanzen von Klassen, anonyme Datenobjekte, Tabellenkörper und Strings). Die Sicht TYPEN fasst Instanzen von Klassen und anonyme Datenobjekte gleichen Typs zu einem einzelnen Eintrag zusammen, Tabellenkörper und Strings werden wie in der Sicht SPEICHEROBJEKTE ausgegeben. Diese Aggregation unterstützt Sie bei der Ermittlung von Speicherlecks, bei der eine große Anzahl von kleinen Speicherobjekten vorhanden ist, die gemeinsam eine erhebliche Größe ausmachen. Jedes Speicherobjekt für sich genommen ist möglicherweise so klein, dass es niemals in der Liste der größten Speicherverbraucher erscheinen würde.

▶ Die dritte Sicht, AGGREGATE, entspricht der Sicht SPEICHEROBJEKTE, mit dem Unterschied, dass hier auch starke Zusammenhangskomponenten ausgegeben werden. Speicherobjekte, die Teil eines solchen zusammengesetzten

Objektes sind, erscheinen in dieser Rangliste nicht mehr als eigenständige Speicherobjekte.[4] Abbildung 11.11 zeigt ein Beispiel mit zwei starken Zusammenhangskomponenten. Durch Aufklappen des zugehörigen Speicherobjektknotens können sowohl die Referenzen angezeigt werden, die von außen auf die Objekte innerhalb der SZK zeigen, als auch die einzelnen Speicherobjekte, aus denen sich die SZK zusammensetzt.

▶ Über die Werkzeug-Services (Standardfunktionalität des Debuggers am rechten oberen Rand eines jeden Debugger-Werkzeuges) lassen sich zusätzliche Einstellungen vornehmen. Hier können einzelne Arten von Speicherobjekten von den Ranglisten ausgenommen werden.

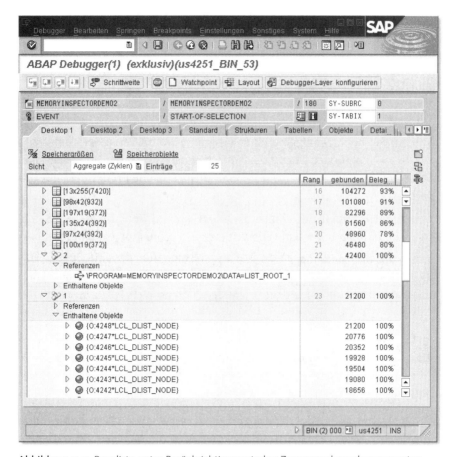

Abbildung 11.11 Rangliste unter Berücksichtigung starker Zusammenhangskomponenten

---

4 Im klassischen Debugger werden starke Zusammenhangskomponenten in der Speicherverbrauchsanzeige auf der Registerkarte SPEICHERVERBRAUCH – SZK angezeigt. Hier gibt es keine gemeinsame Rangliste, die SZKs in einen Zusammenhang mit den übrigen Speicherobjekten setzt.

Sämtliche Ranglisten zeigen lediglich solche Speicherobjekte, die noch vom Programm verwendet werden. Wenn der ABAP Garbage Collector ausgeführt würde, würden diese Speicherobjekte nicht gelöscht werden. Um die Auswirkungen auf das Laufzeitverhalten zu minimieren, wird die Garbage Collection jedoch nicht dadurch gestartet, dass diese Ranglisten im Debugger angezeigt werden.

11.3.2 Erzeugen von Speicherabzügen

Um den Speicherverbrauch außerhalb des ABAP Debuggers zu analysieren, benötigen Sie eine Möglichkeit, den aktuellen Zustand in Bezug auf den Speicherverbrauch zu speichern. Erstellen Sie zu diesem Zweck über den ABAP Memory Inspector einen sogenannten Speicherabzug, der als Datei auf dem Applikationsserver geschrieben wird. Dieser Abzug enthält administrative Informationen zu allen derzeit benutzten Speicherobjekten (jedoch kein Abbild des Laufzeitspeichers selbst).

Ein Speicherabzug kann auf verschiedene Arten erstellt werden:

- Wählen Sie beim Debugging eines Programms die Option SPEICHERABZUG ERZEUGEN im Service-Menü des Speicheranalysewerkzeuges. Nach dem Schreiben des Speicherabzugs wird eine entsprechende Erfolgsmeldung ausgegeben.[5]
- Geben Sie in einem beliebigen SAP GUI-Bild im Befehlsfeld den Befehl /hmusa ein. Auch in diesem Fall wird eine Erfolgsmeldung ausgegeben.
- Rufen Sie die Methode WRITE_MEMORY_CONSUMPTION_FILE der Klasse CL_ABAP_MEMORY_UTILITIES in Ihrem Code auf. Verwenden Sie diese Option mit Bedacht, damit Ihnen dabei nicht der Plattenspeicherplatz ausgeht.

Wenn Sie Probleme mit dem Speicherverbrauch analysieren wollen, ziehen Sie zunächst die beiden ersten interaktiven Optionen in Betracht. Die dritte Option, für die Sie Ihren Code ändern müssen, eignet sich eher für spezielle Fälle, wie zum Beispiel den Anwendungsstart oder andere Phasen Ihrer Anwendung, in denen interaktiver Zugriff nicht einfach möglich ist.

Für die Dateinamen der Speicherabzüge wird die Namenskonvention *abDbgMemory_XXX_YYYY* verwendet, wobei *XXX* die Nummer des aktuellen Workprozesses und *YYYY* ein Zähler ist. Sie können das Präfix *abDbgMemory* über den Profilparameter abap/memory_inspector_file ändern. Der Datei-

---

[5] Im klassischen ABAP Debugger geschieht dies über den Menüpunkt ENTWICKLUNG • SPEICHERANALYSE • SPEICHERABZUG ERZEUGEN.

name, der automatisch vergeben wird, ist so lange eindeutig, wie der Workprozess nicht neu gestartet wird. Nach dem Durchstarten eines Workprozesses werden daher durch das Erzeugen neuer Speicherabzüge möglicherweise bereits bestehende Abzüge überschrieben. Sämtliche Abzüge werden in das Verzeichnis geschrieben, das über den Profilparameter DIR_MEMORY_INSPECTOR festgelegt ist. Über die Transaktion S_MEMORY_INSPECTOR zur Analyse von Speicherabzügen werden ausschließlich die Speicherabzugsdateien angezeigt, die sich im *DIR_MEMORY_INSPECTOR*-Verzeichnis befinden und das Präfix aufweisen, das über den Profilparameter abap/memory_inspector_file definiert ist.

Die Größe eines Speicherabzugs ist abhängig von der Anzahl an Speicherobjekten und der Anzahl an Referenzen auf diese Objekte, nicht jedoch von der tatsächlichen Gesamtmenge an genutztem physischen Speicher. Beachten Sie, dass der ABAP Garbage Collector beim Erzeugen eines Speicherabzugs implizit ausgelöst wird. Folglich sind in einem Speicherabzug nur die zum Zeitpunkt seiner Erzeugung tatsächlich benutzten Speicherobjekte enthalten. In seltenen Fällen kann die Erzeugung eines Speicherabzugs einen ressourcenbezogenen Laufzeitfehler aufgrund der erzwungenen Garbage Collection sogar verzögern. Wenn Sie hingegen im Debugger die Liste der größten Speicherverbraucher anzeigen, wird die Garbage Collection nicht implizit ausgelöst.

11.3.3 Analysieren und Vergleichen von Speicherabzügen

Der ABAP Memory Inspector bietet eine Transaktion, um den Inhalt abgespeicherter Speicherabzüge anzuzeigen. Sie starten diese Transaktion entweder direkt über den Transaktionscode S_MEMORY_INSPECTOR oder im ABAP Debugger über die Option SPEICHERABZÜGE VERGLEICHEN im Service-Menü des Speicheranalysewerkzeuges.[6]

Wenn Sie die Transaktion im Debugger starten, wird sie in einem neuen Fenster geöffnet. Das Hauptbildschirmbild umfasst zwei Bereiche (siehe Abbildung 11.12): Im oberen Bereich wird eine Liste aller Speicherabzüge angezeigt, die sich auf diesem Applikationsserver befinden. Speicherabzüge können auf den lokalen Computer heruntergeladen und zu einem späteren Zeitpunkt wieder zurückgespielt werden. Dies ist hilfreich bei der Archivierung von Speicherabzügen, denn auf dem Applikationsserver werden sie nach vier Wochen automatisch gelöscht.

---

6 Im klassischen ABAP Debugger lautet der entsprechende Menüpunkt ENTWICKLUNG • SPEICHERANALYSE • SPEICHERABZÜGE VERGLEICHEN.

11 | Speicherverbrauchsanalyse mit dem ABAP Memory Inspector

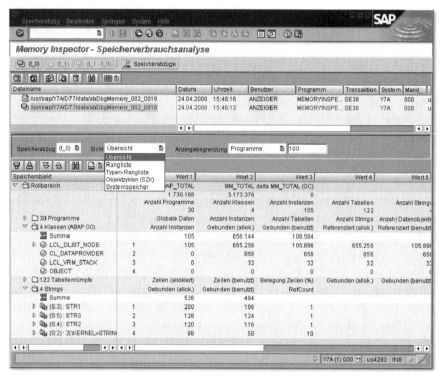

Abbildung 11.12 Transaktion zur Analyse von Speicherabzügen

Doppelklicken Sie auf einen Listeneintrag, um einen Speicherabzug zu öffnen und seine Inhalte im unteren Bildschirmbildbereich anzuzeigen. Es können maximal zwei Speicherabzüge gleichzeitig geöffnet sein. Der ältere der geöffneten Speicherabzüge wird *(t_0)* genannt, der jüngere *(t_1)*. Um einen geöffneten Abzug für die Anzeige auszuwählen, verwenden Sie die Buttons *(t_0)* und *(t_1)* in der Anwendungssymbolleiste oder die Dropdown-Liste SPEICHERABZUG in der Kopfzeile des unteren Bildschirmbildbereichs.

Über die Dropdown-Liste SICHT kann zwischen verschiedenen Anzeigearten gewählt werden:[7]

- ÜBERSICHT (die Standardsicht) zeigt die Objekte im Speicher, getrennt nach ihrer Art, an (Klassen, Tabellenkörper etc.).

---

[7] Ab SAP NetWeaver, Releases 7.0, EhP2 und 7.1/7.2 ist die untere Bildschirmhälfte zweigeteilt. Auf der linken Seite werden hier die unterschiedlichen Sichten in einer Baumanzeige zur Auswahl angeboten, die auch Übersichtsinformationen enthält und die Rolle der ÜBERSICHT übernimmt. Auf der rechten Seite wird die jeweils ausgewählte Ranglistensicht wie gewohnt angezeigt.

- Rangliste, Typen-Rangliste und Objektzyklen (SZK) sind mit den Listen vergleichbar, die auch im Debugger angezeigt werden.
- Systemspeicher zeigt Informationen zum Speicher, der von der Laufzeitumgebung verbraucht wird. Diese Daten sind für Anwendungsentwickler von geringerem Interesse, da sie den Speicherverbrauch der Laufzeitumgebung nicht unter direkter Kontrolle haben.

Der im Kopfbereich der Übersicht angezeigte Wert ABAP_TOTAL gibt den Speicher an, der zum Zeitpunkt der Speicherabzugserzeugung von ABAP-Speicherobjekten belegt wurde. Das entspricht dem Anteil am Speicherverbrauch, auf den der ABAP-Entwickler direkten Einfluss hat. Der Wert MM_TOTAL gibt den Gesamtspeicherverbrauch des internen Modus an. Er umfasst ABAP_TOTAL und enthält zusätzlich den Speicherbedarf der ABAP-Laufzeitumgebung. Wie bereits erwähnt, wird beim Erzeugen eines Speicherabzugs zunächst der Garbage Collector gestartet, um nur noch tatsächlich verwendete Speicherobjekte zu berücksichtigen. Der Wert Delta MM_TOTAL (GC) gibt die Menge an Speicher an, die bei dieser Gelegenheit vom Garbage Collector freigegeben wurde.

Objekte werden standardmäßig in absteigender Reihenfolge nach den Werten in den ersten vier Spalten sortiert, die als die wichtigsten Werte zur Erstellung einer Rangliste betrachtet werden. Ihre Inhalte können für die verschiedenen Sichten und Speicherobjektarten variieren. Um die Sortierreihenfolge zu ändern, wählen Sie mindestens eine Spalte aus und klicken auf die Sortier-Buttons ( ).

Wie in Abbildung 11.13 gezeigt, können Sie zwei geöffnete Speicherabzüge vergleichen, die während derselben Sitzung erzeugt wurden (sofern Sie die Transaktion zwischen der Erstellung der beiden Speicherabzüge nicht neu gestartet haben). Um den Vergleich zu starten, wählen Sie in der Anwendungssymbolleiste oder in der Dropdown-Liste Speicherabzug die Option *(t_1 − t_0)*. Obwohl die Darstellung mit der Anzeige eines einzelnen Abzugs vergleichbar ist (siehe Abbildung 11.12), unterscheidet sich die Anzeige für zwei Speicherabzüge in den folgenden Aspekten:

- Speicherobjekte werden angezeigt, wenn sie entweder neu hinzugekommen sind (im zweiten, jedoch nicht im ersten Speicherabzug vorhanden sind), gelöscht wurden (im ersten, jedoch nicht im zweiten Speicherabzug vorhanden sind) oder sich in einem ihrer Speicherwerte verändert haben (zum Beispiel eine interne Tabelle, deren Zeilenanzahl gewachsen ist). Neu hinzukommene Speicherobjekte werden durch ein Pluszeichen (+) vor dem Objektnamen gekennzeichnet, gelöschte Speicherobjekte durch ein Minuszeichen (-) vor dem Objektnamen.

11 | Speicherverbrauchsanalyse mit dem ABAP Memory Inspector

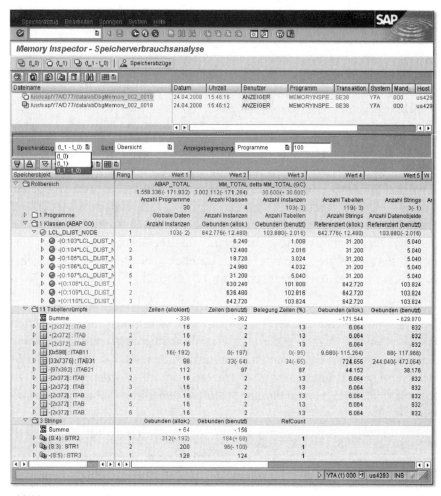

Abbildung 11.13 Vergleich von Speicherabzügen

Wenn Sie die Anzeige in Abbildung 11.13 von oben nach unten und von links nach rechts betrachten, erfahren Sie über das verwendete Beispielprogramm und seinen Speicherverbrauch Folgendes:

▶ Die Anzahl an Instanzen von Klassen im Speicher hat sich seit der Erstellung von Speicherabzug t_0 um 2 verringert. Zum Zeitpunkt t_1 existieren noch 103 Instanzen von Klassen im Speicher (siehe Angabe ANZAHL INSTANZEN in Spalte WERT 3 im Kopfbereich der ÜBERSICHT). Im Bereich KLASSEN (ABAP OO) wird angezeigt, dass sich diese Änderung aus dem Verschwinden von fünf Instanzen von Klassen und dem Hinzukommen von drei Instanzen von Klassen zusammensetzt. Darüber hinaus ist erkennbar, dass es sich hier um Instanzen der Klasse LCL_DLIST_NODE handelt. Für diese Klasse ist damit zum

Zeitpunkt *t_1* ein Gesamtspeicher von 642.776 Bytes allokiert. Durch die Abnahme der Anzahl an Instanzen zwischen den Zeitpunkten *t_0* und *t_1* hat sich der allokierte Gesamtspeicher dieser Klasse um 12.480 Bytes verringert.

▶ Die Anzahl an Tabellenkörpern im Speicher beträgt 119 zum Zeitpunkt *t_1*. Zu *t_0* war sie um drei höher (siehe Angabe ANZAHL TABELLEN in Spalte WERT 4 im Kopfbereich der ÜBERSICHT). Im Abschnitt TABELLENKÖRPER ist zu erkennen, dass sechs Tabellenkörper verschwunden und drei neu hinzugekommen sind (fast ausschließlich Tabellen mit Namen ITAB). Es handelt sich bei diesen internen Tabellen um Instanzattribute einer Klasse. Das Verschwinden einer Instanz einer Klasse führt in diesem Fall zum vollständigen Verschwinden der zugehörigen internen Tabelle. Die aufgeführten Tabellen ITAB11, ITAB21 und ITAB31 hingegen liegen in der Wurzelmenge des Beispielprogramms. ITAB11 wurde zwischen den Zeitpunkten *t_0* und *t_1* mittels der Anweisung CLEAR gelöscht. Die Anzahl an benutzten Zeilen ist auf null zurückgegangen, nicht jedoch die Anzahl allokierter Zeilen. Dies ist Ausdruck der bereits in Abschnitt 11.2.1, »Häufige Ursachen für Speicherlecks oder Speicherverschwendung«, erwähnten Tatsache, dass beim Löschen einer internen Tabelle mit CLEAR ein Teil des Speichers allokiert bleibt. ITAB21 wurde mittels der Anweisung FREE gelöscht. Dadurch ist der Tabellenkörper vollständig verschwunden und belegt keinen Speicher mehr. Aus ITAB31 wurden nacheinander einzelne Zeilen gelöscht. Sie belegt weiterhin genau so viel Speicher wie zum Zeitpunkt ihres höchsten Füllstandes.

▶ Der String STR2 ist angewachsen. Daher haben sich sowohl allokierter als auch benutzter Speicher erhöht. String STR1 wurde verkürzt. Er benutzt jetzt weniger Speicher. Die allokierte Größe hat sich jedoch nicht verändert. String STR3 wurde gelöscht. Er ist damit vollständig verschwunden.

Sie können diese Informationen natürlich nur dann richtig bewerten, wenn Sie die Anwendung verstehen, die Sie untersuchen. Da jede Anwendung und jedes Speicherproblem einzigartig ist, erfordert es jeweils einen individuellen Ansatz. In der Praxis müssen Sie zunächst die Informationen sichten, die Sie über den ABAP Memory Inspector erhalten. Anschließend müssen Sie eine Reihe von Fragen formulieren, anhand derer Sie diese Informationen im Kontext Ihrer Anwendung bewerten können. Haben Sie zum Beispiel erwartet, dass eine Tabelle oder ein Objekt so groß ist? Entspricht die Wachstumsrate einer Tabelle Ihren Erwartungen? Haben Sie erwartet, dass eine Klasse eine solche Anzahl von Instanzen aufweisen würde? Die Beantwortung dieser Fragen hilft dann dabei, das Speicherproblem einzugrenzen.

11.4 Fazit

Kommt es wegen Speichermangels zu einem Programmabbruch, so kann eine mögliche Ursache ein Teil des Programms sein, der unnötigerweise kontinuierlich immer mehr Speicher verbraucht. Diese Situation wird als Speicherleck bezeichnet und ist das Ergebnis von Fehlern innerhalb des Codes – in den meisten Fällen wird versäumt, nicht mehr länger benötigten Speicher sofort freizugeben.

Diese Art von Fehlern kann dadurch identifiziert werden, dass nach dynamisch erzeugten Speicherobjekten gesucht wird, die entweder immer größer werden oder in unerwartet hoher Zahl erzeugt werden. Da die Verwaltung von dynamischen Speicherobjekten in der ABAP-Laufzeitumgebung für den Benutzer unsichtbar ist, haben Sie ohne ein geeignetes Werkzeug praktisch keine Möglichkeit, diese Art von Analyse durchzuführen.

Erschwerend kommt hinzu, dass die möglichen Speicherprobleme und ihre Ursachen sehr stark vom individuellen Anwendungsprogramm abhängig sind und so zu ihrer Analyse stets auch eine individuelle Vorgehensweise erforderlich ist. Der ABAP Memory Inspector wurde speziell dazu entwickelt, Sie bei dieser schwierigen Aufgabe zu unterstützen. Mit diesem Werkzeug können Sie Speicherlecks und andere speicherbezogene Probleme im Zusammenhang mit ABAP-Programmen analysieren.

Mit der Technologie des Enhancement und Switch Frameworks kann SAP alle Branchenlösungen im selben Core System von SAP ERP 6.0 entwickeln und ausliefern. Alle Anpassungen der Branchenlösungen, sei es an Code, Dynpro oder Datenbanktabellen etc., werden über Schalter in Business-Funktionen gekapselt, die der Kunde mit der Industrielösung einschalten kann, für die er sich entscheidet. Vor der Aktivierung ist all diese gekapselte Funktionalität inaktiv. Für den Kunden bedeutet dies: Er kann alle SAP-Branchenlösungen auf dem neuesten Release von SAP ERP bekommen und zum Teil Funktionalität anderer Branchenlösungen mit nutzen.

Karl Kessler und Thomas Weiss

12 Switch und Enhancement Framework – der einfache Weg zu konsolidierten Erweiterungen

Einige der nützlichsten SAP-Funktionen wurden über Branchenlösungen bereitgestellt. Dies hatte jedoch den Nachteil, dass einige SAP-Kunden nicht von allen technologischen Innovationen von SAP profitieren konnten. So haben Kunden möglicherweise aufgrund der Abhängigkeit von Branchenlösungen gezögert, ein Upgrade für ihre SAP-Systeme durchzuführen. In der Vergangenheit wurden das SAP Core System und Branchenlösungen separat gepflegt und verwaltet, sodass Upgrades auf Branchenlösungen im Vergleich mit dem Core System einen vollen Release-Zyklus im Rückstand waren. Daher mussten Kunden mit einem Upgrade des Standardsystems warten, bis das entsprechende Upgrade für die Branchenlösung bereitgestellt wurde. Mit der Einführung von SAP ERP 6.0 (basierend auf SAP NetWeaver 7.0) sind alle SAP-Branchenlösungen direkt in das Core System integriert – Sie als Kunde aktivieren ganz einfach die Lösungen, die Sie verwenden möchten. Mit jedem Upgrade von SAP ERP werden auch die Branchenlösungen aktualisiert.

Ein weiteres, problematischeres Hindernis war, dass für jede Branchenlösung eine eigene SAP-Instanz benötigt wurde. Wenn ein Unternehmen sowohl in der Luftfahrt als auch in der Chemiebranche tätig war, benötigte es eine individuelle Branchenlösung und damit ein eigenes SAP-System für jeden dieser

Bereiche. Dank der neuen Technologie Switch und Enhancement Framework in SAP ERP 6.0 sind die wichtigsten Funktionen aus verschiedenen Branchenlösungen in das SAP ERP-System integriert. So können Kunden auf diese Funktionen zugreifen, ohne separate Systeme für unterschiedliche Branchenlösungen pflegen zu müssen. (In einem Produktivsystem ist weiterhin nur eine einzige aktive Branchenlösungsinstanz vorhanden, manche Funktionalität kann jedoch wiederverwendet werden.)

Mit dem Switch und Enhancement Framework lassen sich Erweiterungen einfach und effizient implementieren – so einfach, als würden Sie einen Schalter (Switch) umlegen.[1] Darüber hinaus ist das Switch und Enhancement Framework nahtlos in die Werkzeuge der ABAP Workbench integriert, sodass Sie sich nicht mit völlig neuen Tools vertraut machen müssen. Im Screen Painter finden Sie beispielsweise ein zusätzliches Feldattribut, das den mit einem Bildschirmelement verknüpften Schalter angibt, wenn dieses Teil einer Branchenlösung ist. Im ABAP Editor sehen Sie den Code, der eingefügt oder ersetzt wurde, um eine bestimmte Branchenlösung zu erweitern.

Durch die höhere Effizienz bei der Verwendung von Branchenlösungen, die das Switch und Enhancement Framework bietet, können Organisationen schneller auf die sich ändernden Anforderungen ihres jeweiligen Geschäftsfeldes reagieren. Da Core System und Branchenlösungen integriert sind, besteht keine Gefahr mehr, dass Upgrades oder Service-Pakete für das Core System Modifikationen an einer Branchenlösung überschreiben – Kunden können ihre Systeme also individuell anpassen, ohne zu befürchten, dass ihre Anpassungen verloren gehen.[2]

Zu den weiteren Vorteilen zählen:

- **Reduzierte Gesamtbetriebskosten**
  Da alle Branchenlösungen in einer einzigen Systemlandschaft konsolidiert sind, ist der Pflegeaufwand erheblich reduziert. Außerdem ist ein ressourcenintensiver Zusammenführungsprozess bei der Anpassung von Branchenlösungen an ein neues Release des SAP Core Systems nun nicht mehr erforderlich, da die Branchenlösungen Teil des Core Systems sind.

---

[1] Beachten Sie, dass die Aktivierung eines Schalters nicht rückgängig gemacht werden kann. Wenn eine Business Function (die Einheit, die geschaltet werden kann) in einem System einmal eingeschaltet ist, kann sie nicht mehr ausgeschaltet werden.

[2] In der Vergangenheit haben Branchenlösungen *Conflict Resolution Transports (CRT)* bereitgestellt, um sicherzustellen, dass Änderungen an der Kernfunktionalität ordnungsgemäß in Branchenlösungen übernommen wurden.

- **Zeitnahe Reaktion auf sich ändernde rechtliche Bestimmungen**
  Durch die Verkürzung der Pflege- und Update-Prozesse insgesamt wird auch die Anpassung an neue oder geänderte rechtliche Bestimmungen beschleunigt.
- **Synchronisierung von Release-Zyklus und Planung**
  Core System und Branchenlösungen werden gleichzeitig bereitgestellt, sodass Upgrades und Implementierungen vereinfacht werden.
- **Schnellerer Einsatz von SAP NetWeaver**
  Wichtige Innovationen wie SAP NetWeaver Portal, SAP NetWeaver Process Integration (PI) und SAP NetWeaver Business Intelligence (BI) sind nun früher verfügbar.

In diesem Kapitel erhalten Sie eine Einführung in die neue Technologie Switch und Enhancement Framework, und Sie erfahren, wie Sie damit Branchenlösungen einfacher und effizienter verwalten. Nach einer Beschreibung der Evolution der vorhergehenden SAP-Technologien zur Verwaltung von Änderungen und Erweiterungen in SAP-Systemen erhalten Sie eine Übersicht über das neue Switch und Enhancement Framework. Darüber hinaus wird anhand eines Beispiels erläutert, wie Sie dieses Framework verwenden können, um ein standardmäßiges SAP ERP 6.0-Dynpro für eine Branchenlösung zu modifizieren.

Vor der Beschäftigung mit den Einzelheiten von Änderungen und Erweiterungen werden im Folgenden zunächst einige Grundlagen zu SAP-Branchenlösungen betrachtet. Zudem erfahren Sie, warum diese eine sichere und effektive Verwaltung von Änderungen erforderlich machen.

12.1 Kurzer Überblick über SAP-Branchenlösungen

Viele Kunden waren früher der Meinung, dass das generelle SAP-System nicht all ihre Anforderungen an ein ERP-System erfüllte. Diese Unzufriedenheit bezog sich insbesondere auf Funktionalität, die für ihre Branche (zum Beispiel Automobilindustrie, Gesundheitswesen und Einzelhandel) einzigartig war. Es wurden die Dienste von Beratern in Anspruch genommen oder eigene Mitarbeiter ausgebildet, um das SAP-System so anzupassen, dass die erforderliche Funktionalität bereitgestellt wurde. SAP reagierte auf diesen Trend und erstellte Erweiterungen für das SAP Core System, um diese Anforderungen zu erfüllen. Diese sogenannten *Branchenlösungen* wurden speziell für die wichtigsten vertikalen Branchen konzipiert, in denen viele SAP-Kunden tätig sind.

SAP-Branchenlösungen erfüllen die spezifischen Anforderungen, die auf den Geschäftsprozessen innerhalb der speziellen Branche (zum Beispiel Bankwesen, Hightech- und Elektronikindustrie, Pharma- oder Versorgungsunternehmen) basieren. Diese Branchenlösungen modifizieren und erweitern das SAP-System wie folgt:

- Hinzufügen von branchenspezifischen Feldern zu Tabellen oder Strukturen des ABAP Dictionarys
- Hinzufügen von neuen, branchenspezifischen Tabellen
- Erweitern der Kernfunktionsgruppen um branchenspezifische Funktionsbausteine und zusätzliche Parameter für jeden Funktionsbaustein
- Erweitern der wichtigsten ABAP-Klassen um branchenspezifische Methoden und zusätzliche Parameter
- Erweitern und Modifizieren von vorhandenen Dynpros, indem branchenspezifische Felder, branchenspezifische Subscreens sowie die zugehörige Ablauf- und Verarbeitungslogik hinzugefügt werden
- Hinzufügen von branchenspezifischen Dynpros zu Programmen des Core Systems
- Erweitern von Pflege-Views um branchenspezifische Felder
- Ändern von ABAP-Programmen an branchenspezifischen Codesegmenten
- Hinzufügen von branchenspezifischen Datendeklarationen zu ABAP-Programmen

1992 entwickelte SAP die erste Branchenlösung – *Realtime Information and Billing System (RIVA)* –, um der Anfrage einer Gruppe von Energieversorgungsunternehmen nachzukommen, die ihre vorhandenen Anwendungen zur Abrechnung des Jahresverbrauchs durch ein modernes, integriertes System für Kundeninformationen und Abrechnung ersetzen wollte, das auf dem SAP R/2-System basiert. RIVA wurde mit mehr als 50 Installationen in Deutschland, Österreich, in der Schweiz und in den Niederlanden erfolgreich von über 100 Versorgungsunternehmen, städtischen Einrichtungen und Transportdienstleistern eingesetzt und stellte sich als hervorragende Grundlage für die nächste Generation der Lösung für das SAP R/3-System heraus: die Branchenlösung *Utilities/Customer Care & Service (IS-U/CCS)*.

Mitte der 1990er-Jahre bot SAP Erweiterungen für über 20 verschiedene Branchen an. In einigen Branchen entwickelten sich Branchenlösungen zu einem wichtigen Verkaufsargument, das die Akzeptanz der SAP-Software verbesserte – so war zum Beispiel für EXXON die IS-OIL-Erweiterung ein wichtiger Grund, sich für eine SAP-Lösung zu entscheiden, während das reine SAP ERP-System die Anforderungen dieses Unternehmens kaum erfüllt hätte.

Es gibt Branchenportfolios für:

- Luft-, Raumfahrt- und Verteidigungsindustrie
- Automobilindustrie
- Bankwesen
- Chemieindustrie
- Konsumgüterindustrie
- Innere und äußere Sicherheit
- Bauwirtschaft, Anlagen- und Schiffbau
- Finanzdienstleister
- Gesundheitswesen
- Hochschulen und Forschungseinrichtungen
- High-Tech- und Elektroindustrie
- Maschinen-, Geräte- und Komponentenbau
- Versicherungen
- Medienbranche
- Metall-, Holz- und Papierindustrie
- Bergbau
- Öl- und Gasindustrie
- Pharmaindustrie
- Dienstleistungsbranche
- Öffentliche Verwaltung
- Einzelhandel
- Logistikdienstleister (zuzüglich Gastgewerbe, Logistik, Postorganisationen, Eisenbahngesellschaften und technische Dienstleister)
- Telekommunikation
- Versorgungsdienstleister

Die SAP-Branchenlösungen fassen die bekannten Best Practices einer bestimmten Branche zusammen. Da sich Branchenanforderungen jedoch laufend ändern, bestehen ein ständiger Innovationsbedarf und die Notwendigkeit, die Geschäftslandschaft wieder neu und auf andere Weise zu betrachten. Das bedingt oft schnelle Änderungen in den entsprechenden Branchenlösungen. Durch die Reintegration der Branchenlösungen in das ERP Core System ist es wesentlich leichter geworden, mit einer so hohen Anforderungsdynamik Schritt zu halten.

12.2 Entwicklung von SAP-Modifikationen und -Erweiterungen

Branchenlösungen konnten die Lücke zwischen den spezifischen Anforderungen einer Branche an spezielle Funktionalität und dem allgemeinen SAP-System weitgehend schließen, aber viele SAP-Kunden benötigten zusätzliche Funktionen, die nur durch weiteres Customizing und Personalisierung einer SAP-Branchenlösung bereitgestellt werden konnten. Zu diesem Zweck hat SAP zunächst *User Exits* (Aufruf eines Unterprogramms) zur Verfügung gestellt, die die Funktionsanforderungen der Kunden jedoch nicht erfüllen konnten. Anschließend wurden *Customer-Exits* (Aufruf von Funktionsbausteinen) mit einer definierten Schnittstelle eingeführt. Beide stellten vordefinierte »Haken« (Hooks) in das SAP R/3-System dar, an denen Kunden eine spezifische Funktionalität bereitstellen konnten.

Customer-Exits sind jedoch problematisch, da Entwickler sich an strenge Konventionen halten müssen. Zudem können Kunden nur dort die von ihnen benötigte Funktionalität implementieren, wo SAP die entsprechenden Exits bereitgestellt hat. Damit bieten die Customer-Exits keine ausreichende Flexibilität, um zukünftige Anforderungen in Bezug auf Zusatzfunktionalität zu erfüllen. Kunden müssten unter Umständen warten, bis das nächste Upgrade verfügbar ist (oder sogar länger) oder bis SAP an den Stellen Customer-Exits einfügt, an denen sie die gewünschte zusätzliche Funktionalität einfügen wollen. Und es ist nicht einmal sicher, dass SAP überhaupt an allen Stellen Customer-Exits einfügt, an denen der Kunde sie braucht.

Zudem war die Anzahl von Customer-Exits eingeschränkt. SAP-Kunden benötigten jedoch eine größere Anzahl von Möglichkeiten und vor allem bessere Werkzeuge, um ihre SAP-Systeme zu modifizieren. Für die Kunden, für deren Anforderungen Customer-Exits nicht ausreichend waren, entwickelte SAP die sogenannten *Business Add-ins (BAdI)*, eine leistungsfähige Erweiterungstechnologie, die mithilfe von Filtertypen mehrere parallele Implementierungen eines Interface[3] ermöglichte. Mit der Einführung von SAP R/3 Enterprise im Jahr 2000 wurde die Anzahl an BAdIs drastisch erhöht. Aufgrund der schnellen Akzeptanz dieser Technologie basieren alle nachfolgenden SAP R/3 Enterprise-Erweiterungssätze weitgehend auf dem BAdI-Konzept.

---

[3] BAdIs basieren auf den Interfaces von ABAP Objects, die sozusagen Klassen ohne eigene Implementierung darstellen. Die Methoden eines Interface können in mehreren konkreten Klassen implementiert werden.

Doch auch die BAdI-Technologie funktioniert nur, wenn alle Schnittstellen, die von den unterschiedlichen Branchenlösungen benötigt werden, im Core System verwaltet bzw. vorgedacht werden – und eine Branchenlösung könnte problemlos Dutzende von Schnittstellen erfordern. In Situationen, in denen weder Customer-Exits noch BAdIs eine Lösung darstellen – zum Beispiel, wenn eine Abfolge von Dynpros völlig neu angeordnet werden muss –, bietet SAP Werkzeuge, um echte Modifikationen[4] nicht nur für die Branchenlösung, sondern auch für das ERP Core System selbst zu ermöglichen.

SAP bietet einen Modifikationsassistenten, der sämtliche Modifikationen aufzeichnet. Eingefügte Elemente oder Codeänderungen sind durch spezielle Kommentare gekennzeichnet, um leichter ermittelt und (falls erforderlich) rückgängig gemacht werden zu können. Nachdem der neue Code auf einem Entwicklungssystem getestet wurde, wird er in das Produktivsystem übertragen. Diese Modifikationen können allerdings zu Problemen führen, wenn ein neues Support Package oder ein Upgrade für SAP R/3 bzw. das SAP ERP-System bereitgestellt wird. Beim Implementieren der zusätzlichen Funktionalität wird die modifizierte Instanz des SAP-Systems vollständig überschrieben, sodass die Modifikationen verloren gehen.

Aus diesem Grund schreibt der Modifikationsassistent sämtliche Modifikationen in eine Protokolltabelle. Der Modifikationsassistent wendet die Codeänderungen dann automatisch erneut auf das SAP-System an, das korrigiert oder aktualisiert wurde. Dieser Prozess erfolgt jedoch nicht nahtlos. Wenn wesentliche oder umfangreiche Änderungen am ursprünglichen Code durchgeführt wurden, ist es unwahrscheinlich, dass die Modifikation automatisch erneut eingefügt werden kann.

Dieser Vorgang wurde zusätzlich dadurch erschwert, dass SAP die Patches und Upgrades für Branchenlösungen erst einen Release-Zyklus nach der Veröffentlichung der vergleichbaren Patches und Upgrades für das SAP Core System bereitstellte. Der Grund dafür war, dass die Branchenlösung und das SAP Core System nicht parallel verwaltet wurden. Zudem entwickelte SAP die Branchenlösungen unabhängig voneinander, sodass derselbe Code des SAP Core Systems durch zwei verschiedene Branchenlösungen auf unterschiedliche Weise modifiziert werden konnte. Aufgrund dieser Komplexität kann ein Unternehmen nicht zwei Branchenlösungen in einem SAP-System zusammenführen.

---

4 Eine Modifikation stellt im Gegensatz zu einer Erweiterung eine tatsächliche Änderung an von SAP ausgelieferten Repository-Objekten dar.

12.3 Einführung in das Switch und Enhancement Framework

Das Switch und Enhancement Framework fasst unterschiedliche Erweiterungstechnologien wie Quelltexterweiterungen, ein neues kernelbasiertes BAdI, Funktionsbausteinerweiterungen, Klassenerweiterungen und Erweiterungen für Web Dynpro ABAP in einem Framework zusammen. Die Anwendung dieses Frameworks reduziert den Abgleichaufwand immens, der für Kunden bei einem Upgrade anfällt, wenn sie SAP-Programme verändert haben, da viele Erweiterungen, für die früher echte Modifikationen notwendig waren, inzwischen ohne Änderung der ausgelieferten Originalobjekte möglich sind. In Tabelle 12.1 wird die Verwaltung von Modifikationen und klassischen Erweiterungen mit der Verwaltung von Änderungen und Erweiterungen auf der Basis des neuen Switch und Enhancement Frameworks verglichen.

Vor der Einführung des Switch und Enhancement Frameworks	Nach der Einführung des Switch und Enhancement Frameworks
Es existierten mehrere Technologien, deren Zusammenspiel schwer zu verstehen war.	Alle Erweiterungstechnologien des Enhancement Frameworks sind durch Zuordnung zu einem Paket nun unter einem Dach zusammengefasst.
Erweiterungen waren nur möglich, wenn das generelle SAP Core System an bestimmten Stellen dafür vorgesehen wurde.	Erweiterungen können unter Verwendung des Switch Frameworks über die Paketzuordnung eingeschaltet werden.
Einige Kunden waren gezwungen, das SAP Core System zu modifizieren, um die benötigten Erweiterungen zu erhalten.	SAP bietet implizite Erweiterungspunkte für Funktionsbausteine, Klassen und Quelltext, sodass weniger Modifikationen am Core System erforderlich sind.
Klassische BAdIs sind langsam, da ABAP-Code generiert wird, der eine Vielzahl von Datenbankaufrufen auslöst.	Die Implementierung neuer BAdIs ist deutlich schneller, da die Verwaltung innerhalb des Kernels implementiert ist. Datenbankaufrufe zur Suche der richtigen Implementierung werden bei der Verwendung, nicht zur Laufzeit ausgewertet. Zudem wird zur Laufzeit die BAdI-Implementierung direkt aufgerufen, ohne dass, wie beim klassischen BAdI, ein Proxy dazwischengeschaltet ist.

Tabelle 12.1 Modifikationen und klassische Erweiterungstechnologien, verglichen mit Erweiterungen auf der Basis des Switch und Enhancement Frameworks

Vor der Einführung des Switch und Enhancement Frameworks	Nach der Einführung des Switch und Enhancement Frameworks
BadIs und andere Customizing-Werkzeuge führten zu Ergebnissen, die nur einmal verwendet werden konnten. Die Wiederverwendung von Code war nur eingeschränkt möglich.	Die Klassen, die die neuen BAdIs implementieren, können durch normale objektorientierte Technologien, wie zum Beispiel Vererbung, wiederverwendet werden.

Tabelle 12.1 Modifikationen und klassische Erweiterungstechnologien, verglichen mit Erweiterungen auf der Basis des Switch und Enhancement Frameworks (Forts.)

Mit dem Switch und Enhancement Framework stellt SAP für die eigene Entwicklung sicher, dass sowohl Core System als auch Branchenlösungen in derselben Systemlandschaft entwickelt werden. Wenn ein Kunde Funktionalität einer Branchenlösung zu Standardcode hinzufügen möchte, wird der Code der Branchenlösung einfach »eingeschaltet« – es werden keine Modifikationen durchgeführt. Sie fragen sich nun wahrscheinlich, wie Sie selbst modifikationsfreie Änderungen an branchenspezifischem Code vornehmen können.

Auch im Switch und Enhancement Framework werden hierfür BAdIs eingesetzt. Das SAP Core System und die Branchenlösungen können durch ein BAdI verknüpft werden, wobei das Core System das Interface anbietet und die verschiedenen Branchenlösungen eine bestimmte Implementierung liefern. Da jedoch nicht sämtliche Modifikationen von Branchenlösungen mithilfe von BAdIs behandelt werden können, hat SAP Erweiterungen über sogenannte *Quelltext-Plug-ins* ermöglicht. Dabei handelt es sich um vordefinierte Stellen (implizite und explizite) im SAP Core System, über die eine Branchenlösung eigenen Quelltext hinzufügen kann. Um Konflikte zwischen den Erweiterungen aus mehreren Branchenlösungen zu vermeiden, wird jede Lösung mit einem Schalter (Switch) verknüpft, der festlegt, welche Erweiterung verwendet werden sollte (Schalter werden in Abschnitt 12.3.2, »Switch Framework«, detailliert beschrieben).

BAdIs (und auch die inzwischen obsoleten Customer-Exits) haben eine Schnittstelle, während Quelltexterweiterungen auf alle globalen Variablen des Programms zugreifen können, das sie erweitern. Unter architektonischen Gesichtspunkten ist eine saubere Kapselung mit Schnittstellen sicher vorzuziehen, allerdings lassen sich auf diese Art nicht alle Änderungen realisieren, wie sie die Branchenlösungen brauchen, wenn sie die Funktionalität des Core Systems erweitern. Mit Quelltext-Plug-ins wird zusätzlicher Code aus einer Branchenlösung direkt in originalen ABAP-Programmen eingearbeitet. Core System und Branchenlösung teilen sich nun die Verantwortung für das ursprüngliche Entwicklungsobjekt. Auf diese Weise werden die Änderungen der Branchenlösungen stärker mit den Core-Objekten verwoben, weil die zusätzliche Funktionalität nicht nur über Erweiterungen an klar definierten Schnittstellen bereitgestellt wird. Wenn es technisch möglich und diese gemeinsame Zuständigkeit nicht gewünscht ist, muss daher eher eine saubere Schnittstelle für ein BAdI gepflegt und vom Entwickler des Core Systems durch einen BAdI-Aufruf unterstützt werden.

In beiden Fällen, ob mit oder ohne vorgedachte Schnittstelle, muss der Entwickler der Branchenlösung sicherstellen, dass seine Erweiterungen das Core System nicht beschädigen, also beispielsweise nicht eine Integritätsprüfung von Daten überspringen, die ohne Erweiterung korrekt ausgeführt würde. Zwar haben die Erweiterungen keine Auswirkungen, bevor die entsprechende Branchenlösung aktiviert wird, aber es muss selbstverständlich auch danach noch garantiert sein, dass die notwendige Core-Funktionalität ausgeführt wird. Diese Überlegungen gelten zunächst nur für SAP-Entwickler, aber das Verständnis dieser Konzepte hilft dabei, das Framework insgesamt besser zu verstehen.

Im Folgenden werden das *Enhancement Framework* und das *Switch Framework* detaillierter beschrieben.

12.3.1 Enhancement Framework

Da nun Funktionalität aus mehreren Branchenlösungen in einem einzigen System genutzt werden kann, muss branchenspezifischer Code mit besonderer Sorgfalt behandelt werden. Das *Enhancement Framework* soll alle zur Verfügung stehenden Erweiterungstechnologien vereinheitlichen, die im Laufe der Zeit für das klassische SAP R/3-System und seine Nachfolger entwickelt wurden. Tabelle 12.2 zeigt einen Vergleich von Customer-Exits und Erweiterungen des Enhancement Frameworks. Wie Sie sehen, ergeben sich aus der Nutzung des Enhancement Frameworks deutliche Verbesserungen.

Customer-Exit	Erweiterung des Enhancement Frameworks
Aufruf von Kundenfunktionen aus dem SAP ERP-Code	Aufruf von BAdI-Implementierungen, die mit stabiler Schnittstelle definiert sind
1:1-Zuordnung zwischen SAP ERP und Kundenfunktionalität	mehrere Implementierungen unterschiedlicher Branchen oder Länderversionen unterstützt

Tabelle 12.2 Vergleich von Customer-Exits und Erweiterungen

Customer-Exit	Erweiterung des Enhancement Frameworks
Pflege im Kundennamensraum	jede Ebene (Branche, Land, Kunde) verfügt über einen eigenen Namensraum
separate Pflegetransaktionen	Pflege in die Werkzeuge der ABAP Workbench integriert, nahtlose Navigation
problematisches Testen	integriertes Testen, da die Schaltereinstellung für einen Mandanten aktiv ist

Tabelle 12.2 Vergleich von Customer-Exits und Erweiterungen (Forts.)

Im Enhancement Framework kann branchenspezifischer Code über Quelltext-Plug-ins eingefügt werden. Dabei handelt es sich um speziell definierte Stellen (implizit und explizit), an denen der hinzugefügte Code mit dem Code des Core Systems interagieren kann. Die neuen ABAP-Anweisungen ENHANCEMENT-POINT und ENHANCEMENT-SECTION kennzeichnen das Einfügen von branchenspezifischem Code oder das Ersetzen von Core-Quelltext. Die Syntax ist wie folgt:

```
ENHANCEMENT-POINT <Name des Enhancement Points>
                SPOTS <spot-name1> <spot-name2>.
ENHANCEMENT-SECTION <Name der Enhancement Section>
   SPOTS <spot-name1> <spot-name2>.
   ...
END-ENHANCEMENT-SECTION.
```

Um Abschnitte von branchenspezifischem Code besser verwalten zu können, organisiert der ABAP Editor diese Codeabschnitte innerhalb des Object Navigators und verweist dabei auf die verschiedenen Positionen, an denen eine Branchenlösung das Core System geändert hat. Die Syntax der BAdIs wurde ebenfalls überarbeitet, um sie in das Enhancement Framework einzugliedern und die Trennung zwischen BAdI-Instanzierung und dem Aufruf von BAdI-Methoden syntaktisch transparenter zu machen.

Im Enhancement Framework werden Erweiterungen von einer *Erweiterungsimplementierung* verwaltet. BAdIs und im Code definierte Enhancement Points und Sections werden von sogenannten *Enhancement Spots* verwaltet. Wie Sie in Abbildung 12.1 sehen, werden zur Implementierung von Erweiterungen ein oder mehrere Erweiterungsimplementierungselemente (wie hier zum Beispiel BAdI-Implementierungen), die semantisch zusammengehören, in einer Erweiterungsimplementierung gruppiert, und einer oder mehreren entsprechenden Erweiterungsspot-Elementdefinitionen bzw. Erweiterungsoptionen zugeordnet, wobei eine Erweiterungsimplementierung für BAdIs genau einem Enhancement Spot und eine BAdI-Implementierung genau einem BAdI zugeordnet ist. Semantisch zusammengehörige Erweiterungsspots und Erweiterungsimplementierungen können auch in einem *zusammengesetzten Erweiterungsspot* bzw. in einer *zusammengesetzten Erweiterungsimplementierung* gruppiert werden.

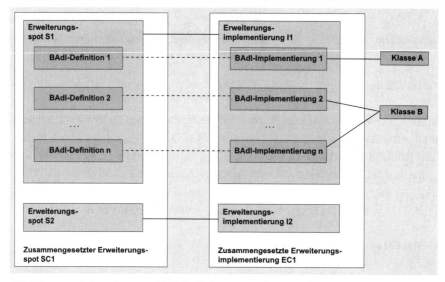

Abbildung 12.1 Integration von BAdIs im Enhancement Framework

Während das Enhancement Framework die Implementierung von Best-Practice-Lösungen ermöglicht, die sich innerhalb einer spezifischen Branche etablieren konnten, steuert das Switch Framework, welche Erweiterungsimplementierungen ausgeführt werden sollen. Darüber hinaus ermöglicht es, über BAdIs zusätzliche Erweiterungen zu den vom Enhancement Framework bereitgestellten hinzuzufügen.

12.3.2 Switch Framework

Das *Switch Framework* ist ein technisches Framework innerhalb des SAP NetWeaver AS ABAP, das mit SAP NetWeaver 7.0 eingeführt wurde. Das Switch Framework steuert über Schaltereinstellungen, welche Entwicklungsobjekte in einem System aktiv sind. Jedes Paket kann einem Schalter zugewiesen werden. Pakete, die keinem Schalter zugewiesen sind, werden als SAP ERP-Standardpakete betrachtet. Pakete, die einem Schalter zugewiesen wurden, stellen in einem System unterschiedliche Branchenlösungen dar. Darüber hinaus können auch die einzelnen Elemente eines Standardentwicklungsobjektes an einem Schalter hängen. So kann eine Branchenlösung ein branchenspezifisches Feld zu einem Standard-Dynpro oder zu einer standardmäßigen SAP ERP-Tabelle hinzufügen und diese Felder mit einem Schalter verknüpfen.

Das Enhancement Framework arbeitet Hand in Hand mit dem Switch Framework, aber das Switch Framework ist umfassender: Für eine schaltbare Erweiterung durch das Enhancement Framework sind Erweiterungsoptionen im Core System erforderlich. Mit dem Switch Framework können Branchenlösungen dem SAP ERP Core System auch dann Funktionalität hinzufügen, wenn dafür keine geeigneten Erweiterungsoptionen existieren. Oder anders ausgedrückt: Alle Erweiterungen des Enhancement Frameworks sind mit dem Switch Framework schaltbar. Das Switch Framework kann allerdings, wie Sie im Weiteren sehen werden, auch Elemente schalten, die nicht zum Enhancement Framework gehören, wie beispielsweise die sogenannten Appends des ABAP Dictionarys und Dynpro-Felder.

Abbildung 12.2 zeigt die grundlegende Architektur des Switch Frameworks. Auf der linken Seite sehen Sie die *Business Function Sets*, zu denen je mehrere Business Functions gehören. Auf der rechten Seite befinden sich die schaltbaren Objekte (sowohl für das Core System als auch für die Branchenlösungen), die sich innerhalb des Repositorys befinden. Manche schaltbaren Objekte, wie beispielsweise alle Erweiterungen des Enhancement Frameworks, werden über ihre Paketzugehörigkeit geschaltet, andere, wie IMG-Knoten und Dynpro-Elemente, sind direkt einem Schalter zugeordnet.

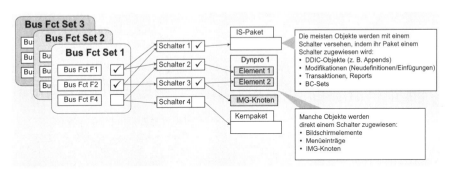

Abbildung 12.2 Architektur des Switch Frameworks

Zwischen den Business Functions und den schaltbaren Objekten befinden sich die technischen Schalter. Ein Schalter verwaltet bzw. schaltet eine Menge von Entwicklungsobjekten. Wird ein Entwicklungsobjekt eingeschaltet, ist es im Core System aktiv vorhanden. Wenn ein Paket eingeschaltet wird, werden alle schaltbaren Entwicklungsobjekte, die zu diesem Paket gehören, innerhalb des Systems aktiv. Das Aktivieren eines Schalters ist typischerweise eine Customizing-Aktivität während der Implementierungsphase eines Systems. Sie geschieht in der Transaktion SFW5 (Business Functions einschalten).

Eine Erweiterung über Schalter hat praktisch keine Auswirkungen auf die Performance, da die Schaltereinstellungen mit einer bedingten Kompilierung vergleichbar sind. Der Compiler fügt das zusätzliche Feld oder Coding für die Branchenlösung nur dann ein, wenn ein Schalter aktiviert wird. Die mit Schaltern verknüpften Pakete erhöhen die Repository-Größe bis zu einem gewissen Grad, da alle Branchenlösungen nun bei der Installation des Systems bereitgestellt werden. Code lässt sich jedoch für die unterschiedlichen Branchenlösungen wiederverwenden.

Tabelle 12.3 zeigt, welchen Typen von Entwicklungsobjekten über das Switch Framework ein Schalter zugewiesen werden kann.

Entwicklungsobjekt	Beschreibung
ABAP-Coding – Einfügungen und Ersetzungen	▸ Alle Erweiterungen des Enhancement Frameworks sind schaltbar: Bei den Quelltexterweiterungen können das sowohl Datendeklarationen als auch neue Anweisungen sein. ▸ Je nach Art der Erweiterung werden die neuen Anweisungen zusätzlich ausgeführt oder ersetzen Code des Core Systems. Der Compiler führt je nach Schalterstellung die erforderlichen Einfüge- und/oder Ersetzungsvorgänge aus. ▸ Das branchenspezifische Coding (Einfügungen/Ersetzungen) gehört zu Branchenpaketen.
Elemente des ABAP Dictionarys (schalterabhängig über Paketzuweisung)	▸ Appends, Branchenlösungen und Customizing-Includes (durch die der Kunde branchenspezifische Spalten anfügen kann) ▸ Domänen-Appends, um Festwerte hinzuzufügen ▸ Indizes, die für eine Branchenlösung spezifisch sind
Dynpro-Elemente (direkte Zuweisung zu einem Schalter)	▸ Bildschirmelemente wie Felder, Drucktasten und Subscreens ▸ Anweisungen (wie `MODULE`) der Ablauflogik können über den Zusatz `SWITCH` mit einem Schalter verknüpft werden.
Menüelemente (direkte Zuweisung zu einem Schalter)	▸ Menüeinträge ▸ Funktionen

Tabelle 12.3 Entwicklungsobjekte, die einem Schalter zugewiesen werden können

Entwicklungsobjekt	Beschreibung
BAdIs (schalterabhängig über Paketzuweisung)	▸ BAdI-Implementierungen
Customizing-Anpassungen	▸ schalterabhängiger Import von Tabelleninhalten über BC-Sets ▸ schalterabhängige IMG-Knoten ▸ View-Cluster und View-Felder: 　▸ Branchenfelder müssen in das Core System verschoben werden. (Dies führt nicht zu Performanceproblemen!) 　▸ Branchen-Views müssen in das Core System verschoben werden. 　▸ Branchenspezifische Dynpro-Felder und Views können einem Schalter zugewiesen werden.

Tabelle 12.3 Entwicklungsobjekte, die einem Schalter zugewiesen werden können (Forts.)

Über die Verwendung dieser Entwicklungsobjekte hinaus ermöglicht das Switch Framework die Wiederverwendung von branchenspezifischer Funktionalität. In der Vergangenheit wurde branchenspezifische Funktionalität über Add-ons für das SAP R/3 Core System bereitgestellt. Dies führte zu einer großen Anzahl an Komponenten sowie individuellen Bereitstellungsverfahren und Release-Plänen für jede Branche. Dadurch war die Bereitstellung einer Lösung für eine Branche sowohl zeitaufwendig als auch kostenintensiv. Da für jede Branchenlösung zudem eine eigene SAP-Instanz benötigt wurde, war es nicht möglich, mehrere branchenspezifische Komponenten als Add-ons für dasselbe Release eines Core Systems bereitzustellen. Wenn ein Kunde nicht eindeutig einer Branchenkategorie zugeordnet werden konnte, bot das SAP-Branchenportfolio nur einen eingeschränkten Nutzen – der Kunde musste entweder in mehrere Systeme investieren oder ohne die leistungsfähigen Funktionen auskommen. Mit SAP ERP werden verschiedene branchenspezifische Funktionen als Teil des SAP Core Systems bereitgestellt, die nach Bedarf eingeschaltet werden können, ohne sich negativ auf das System auszuwirken.

Obwohl die verschiedenen Branchenlösungen überarbeitet und in einer einzigen Codebasis integriert wurden und in einem Entwicklungssystem entwickelt werden (jede Branchenlösung wird in einem separaten Mandanten entwickelt), kann in der Produktivumgebung des Kunden jeweils nur eine einzige Branchenlösung aktiv sein. Dies bedeutet, dass die verschiedenen Branchen-Add-ons als ein System bereitgestellt werden, jedoch nur eine Branchenlösung aktiviert wird. Die anderen Branchenlösungen sind innerhalb des Systems passiv.

Im Folgenden wird untersucht, wie Sie das Switch und Enhancement Framework nutzen können, um Modifikationen zu verwalten. Im nächsten Abschnitt wird dazu ein standardmäßiges SAP ERP 6.0-Bildschirmbild betrachtet, das für eine Branchenlösung modifiziert wurde.

12.4 Switch und Enhancement Framework in der Praxis

Im Folgenden wird ein Beispielszenario erläutert, in dem mit dem Switch und Enhancement Framework ein standardmäßiges SAP ERP 6.0-Bildschirmbild zur Auftragserstellung modifiziert wird, um die spezifischen Anforderungen einer Branchenlösung zu erfüllen – in diesem Fall der Öl- und Gasindustrie. Die Branchenlösung für die Öl- und Gasindustrie (IS-OIL) erfordert zusätzliche Funktionen, um Massenguttransporte und die Planung an Terminals zu behandeln. Das Beispiel zeigt, wie branchenspezifische Erweiterungen eingeschaltet werden und wie diese Schalter und Erweiterungen an verschiedenen Stellen innerhalb des Systems realisiert werden können.

Abbildung 12.3 zeigt das Standardbildschirmbild für die Auftragserstellung aus Transaktion VA01 (Terminauftrag anlegen) in SAP ERP 6.0 für einen imaginären Auftraggeber (ac-01) und eine imaginäre Bestellnummer (12583). Die erweiterten IS-OIL-Funktionen für Massenguttransporte und Planung (TAS, Ext.Dtls., TSW Dtls) werden im Bildbereich unten rechts angezeigt. Diese Funktionen würden in einem standardmäßigen SAP ERP-Bildschirmbild zur Auftragserstellung nicht angezeigt. Sie sind an die Branchenlösung für die Öl- und Gasindustrie gebunden und wurden als Erweiterungen zu diesem Bildschirmbild hinzugefügt. Um eine andere Sicht dieser Funktionen anzuzeigen, wählen Sie die Registerkarte POSITIONSDETAIL und dort die Registerkarte VERSAND (siehe Abbildung 12.4). Wie Sie auf diesem Bildschirmbild sehen, werden die IS-OIL-Funktionen rechts neben den VERSAND-Feldern angezeigt.

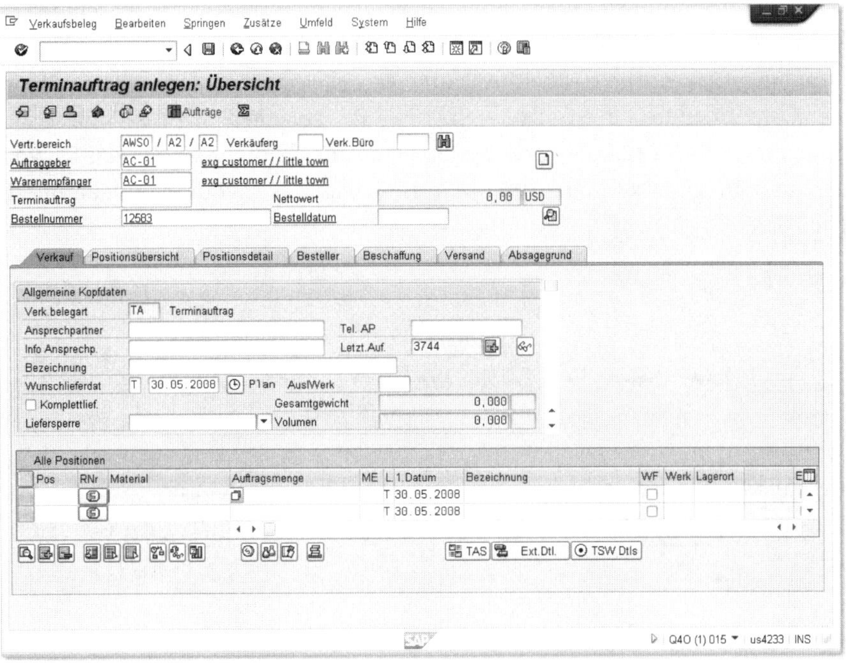

Switch und Enhancement Framework in der Praxis | **12.4**

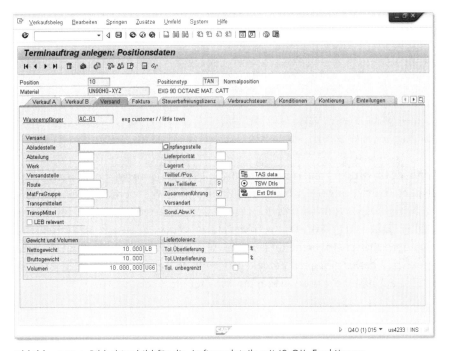

Abbildung 12.3 Bildschirmbild zur Auftragserstellung (Transaktion VA01) mit IS-OIL-Funktionen

Abbildung 12.4 Bildschirmbild für die Auftragsdetails mit IS-OIL-Funktionen

12 | Switch und Enhancement Framework – der einfache Weg zu konsolidierten Erweiterungen

Um den in Abbildung 12.4 gezeigten Subscreen zu bearbeiten, wechseln Sie in den Screen Painter der ABAP Workbench. Markieren Sie dazu ein Feld (in Abbildung 12.4 wurde das Feld ABLADESTELLE ausgewählt), und wählen Sie in der Systemmenüleiste SYSTEM • STATUS. Sie gelangen in das Subscreen-Programm MV45A mit der verknüpften Dynpro-Nummer 4452, in das Sie von hier aus navigieren können. Abbildung 12.5 zeigt das Layout im alphanumerischen Screen Painter.

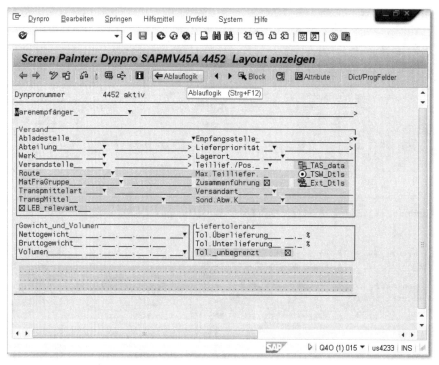

Abbildung 12.5 Bildschirmbild für die Auftragsdetails im Screen Painter

Wenn Sie im Screen Painter die Drucktaste TSW_DTLS auswählen, werden Ihre Elementattribute angezeigt (siehe Abbildung 12.6). Sie werden zwei neue Felder bemerken: SCHALTER und REAKTION. Die Namenskonvention für diesen Schalter lautet OIJ_TSW. Das rechte Feld REAKTION zeigt an, was geschieht, wenn der Schalter eingeschaltet ist. In diesem Fall wird das betroffene Element angezeigt. Aber es gibt auch umgekehrte Fälle, in denen es gewünscht ist, dass ein Feld ausgeblendet wird, wenn ein Schalter eingeschaltet ist.

Abbildung 12.6 Feldattribute, die die Funktion als für IS-OIL eingeschaltet kennzeichnen

Schließen Sie das Fenster mit den Elementattributen, und kehren Sie in den Layout Editor des Screen Painters zurück. Bevor Sie in den ABAP Editor wechseln, um den zugrunde liegenden Code des Bildschirmbildes zu untersuchen, betrachten Sie zunächst die Ablauflogik des Dynpros. Wählen Sie in der Systemfunktionsleiste die Drucktaste ABLAUFLOGIK, um den in Abbildung 12.7 gezeigten Editor zu öffnen. Wie Sie sehen, ruft ein Teil der Ablauflogik des standardmäßigen SAP ERP-Bildschirmbildes zur Auftragserstellung Subscreens, die nur aktiv sind, wenn IS-OIL eingeschaltet ist. Sie sehen, dass der Subscreen OIISOC aufgerufen wird, gefolgt von einem Aufruf des Subscreens OIKSTATI (diese Subscreens befolgen die IS-OIL-Namenskonvention).

12 | Switch und Enhancement Framework – der einfache Weg zu konsolidierten Erweiterungen

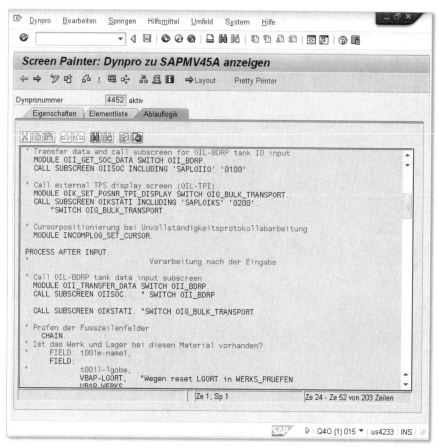

Abbildung 12.7 Ablauflogik für das Bildschirmbild mit den Auftragsdetails

Betrachten Sie das Bildschirmbild mit den Auftragsdetails nun im ABAP Editor. Wählen Sie in der Systemfunktionsleiste die Objektliste (), um über den Repository Browser in den ABAP Editor zu navigieren (siehe Abbildung 12.8). Anhand dieses Programms sehen Sie, wie der Code durch Erweiterungen ergänzt wird.

Die erste Anweisung in Abbildung 12.8 ist ein Erweiterungspunkt. Unterhalb dieser Anweisung sehen Sie sämtliche Erweiterungen aus verschiedenen Branchenlösungen, die gleichzeitig an einem Erweiterungspunkt eingefügt werden können. Dadurch ist eine Wiederverwendung von verschiedenen Business Functions innerhalb von unterschiedlichen Branchenlösungen möglich. Die Erweiterung 18 in Abbildung 12.8 stammt zum Beispiel aus der Hightech-Branchenlösung. Erweiterung 88 ist Teil der Branchenlösung für die Metall-, Holz- und Papierindustrie.

Abbildung 12.8 Rahmenprogramm für ein Bildschirmbild mit den Auftragsdetails (4452)

Die zulässigen Business Functions für eine Branchenlösung sind in den Transaktionen SFW1 (Schalter anlegen und verwalten), SFW2 (Business Functions anlegen und verwalten), SFW3 (Business Function Sets anlegen und verwalten) und SFW5 (Business Functions und Business Function Sets einschalten) aufgelistet. Die Liste der Funktionen für eine bestimmte Branchenlösung kann Business Functions aus einer anderen Branchenlösung umfassen. Dies ist für den Administrator, der das System konfiguriert, jedoch nicht unmittelbar erkennbar. Er muss sich allerdings auch nicht damit beschäftigen, denn die SAP-Entwickler haben sichergestellt, dass die Funktionen in diesen Fällen ordnungsgemäß miteinander funktionieren.

In Abbildung 12.9 wurde von der in Abbildung 12.8 gezeigten Position weitergeblättert, um eine Erweiterung zu zeigen, die für IS-OIL hinzugefügt wurde: Erweiterung 232.

12 | Switch und Enhancement Framework – der einfache Weg zu konsolidierten Erweiterungen

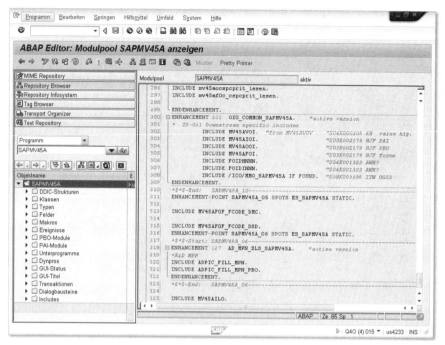

Abbildung 12.9 IS-OIL-Erweiterung (Erweiterung 232)

Wenn Sie diese Erweiterung auswählen, gelangen Sie in eine Anzeige aller verfügbaren Erweiterungen, die mit diesem Erweiterungspunkt verknüpft sind (siehe Abbildung 12.10).

Zur Veranschaulichung wurde eine der Erweiterungen markiert und ausgewählt, sodass diese Erweiterung im Function Builder angezeigt wird (siehe Abbildung 12.11). Diese Abbildung zeigt, wie Funktionsbausteinparameter erweitert und umfassender verwendet werden können. In diesem Beispiel wurde RV_SALES_DOCUMENT_ADD ausgewählt, ein Subscreen des Standardbildschirmbildes zur Auftragserstellung. Wie Sie sehen, wurden die letzten Parameter für IS-OIL aktiviert (dies wird durch die Einträge in der Spalte ERWEITERUNGS-IMPLEMENTIERUNG angezeigt). Im Function Builder können Sie zum Beispiel die Parameter eines Funktionsbausteins so erweitern, dass diese die Anforderungen der Öl- und Gasindustrie erfüllen. Da neue Programme nicht nur als Ganzes hinzugefügt, sondern auch bestehende Klassen, Programme, Funktionsbausteine und Dynpros etc. im Detail erweitert werden können, lassen sich Standardprodukte so in einer viel feineren Granularität anpassen.

Switch und Enhancement Framework in der Praxis | **12.4**

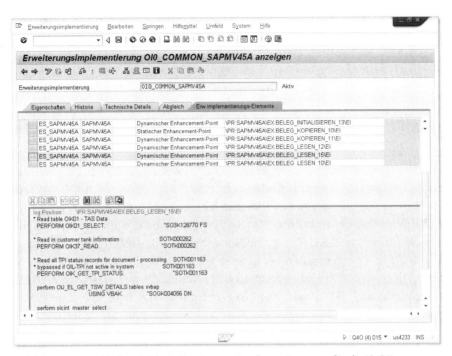

Abbildung 12.10 Bildschirmbild mit Erweiterungsimplementierungen für die IS-OIL-Erweiterung (Erweiterung 232)

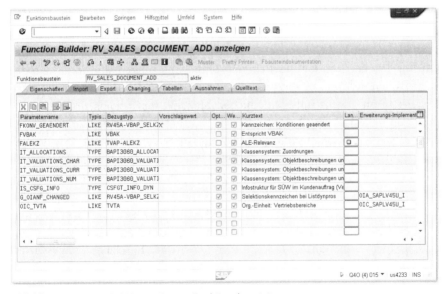

Abbildung 12.11 Für IS-OIL erweiterter Funktionsbaustein

12.5 Fazit

SAP hat mit großem Engagement daran gearbeitet, die Branchenlösungen mit dem SAP ERP Core System zu konsolidieren. Durch die Überarbeitung und Integration von Branchenlösungen in das SAP Core System wird die Produkteinführungszeit verkürzt und damit der Einsatz von innovativen Technologien wie SAP NetWeaver beschleunigt.

Die technische Grundlage dieser Reintegration der Branchenlösungen bildet das Switch und Enhancement Framework. Sowohl das Switch als auch das Enhancement Framework befinden sich im SAP NetWeaver AS ABAP von SAP NetWeaver 7.0 und werden nahtlos durch die entsprechenden Werkzeuge der ABAP Workbench unterstützt. In der Vergangenheit mussten Kunden die Erweiterungen von SAP-Branchenlösungen über Modifikationen verwalten. Die SAP-Entwickler mussten bei diesem Vorgehen zwei unterschiedliche Systeme pflegen (das ERP Core System und das Add-on-System, das heißt die SAP-Industrielösung). Das zweite modifizierte System, das heißt die Industrielösung, funktionierte erst, wenn das ERP Core System vollständig fertiggestellt war.

Mit dem Switch und Enhancement Framework werden SAP-Standardsystem und Branchenlösung in einem System entwickelt und ausgeliefert. Allerdings werden die verschiedenen Branchenlösungen zwar im ERP Core System gepflegt, aber alle Entwicklungsobjekte der Branchenlösung werden technischen Schaltern zugewiesen, über die ein Kunde die gewünschte Branchenlösung aktivieren kann, wenn er die entsprechenden Business Functions einschaltet. Die anderen (ausgeschalteten) Branchenlösungen sind innerhalb des Systems inaktiv. Das Enhancement Framework ermöglicht es, an einer Erweiterungsoption jeweils unterschiedlichen branchenspezifischen Code einzufügen. Dadurch, dass die Codeerweiterungen unterschiedlicher Branchen an je unterschiedlichen Schaltern hängen, können diese verschiedenen Erweiterungen unabhängig voneinander geschaltet werden. So sind alle branchenspezifischen Erweiterungen durch Schalter gekapselt, die den Business Functions der entsprechenden Branchenlösung zugeordnet sind. Auf diese Weise können alle Branchenlösungen in einem System entwickelt und ausgeliefert werden, und es ist doch sichergestellt, dass eine Branchenlösung erst dann aktiv wird, wenn ihre Business Functions und die ihnen zugeordneten Schalter eingeschaltet werden.

Herausgeber und Autoren

Andreas Blumenthal studierte Linguistik, Mathematik, Philosophie und Judaistik an der Universität Heidelberg, wo er 1985 seinen Magisterabschluss machte. Nach zwei Jahren Forschungsarbeit im Bereich der Computerlinguistik kam er 1987 zur SAP AG. Seit Beginn des R/3-Projektes war er im Bereich der R/3-Technologieentwicklung tätig und hat maßgeblich dazu beigetragen, dass ABAP zu der modernen, objektorientierten Programmiersprache wurde, die sie heute ist. 1996 wurde Andreas Blumenthal Development Manager der ABAP-Language-Gruppe. Derzeit ist er als Vice President verantwortlich für den Bereich »NetWeaver Core AS&DM ABAP«.

Horst Keller studierte an der Technischen Universität Darmstadt, promovierte dort in der Fachrichtung Physik und kam 1995 zur SAP. Er ist Mitglied der Gruppe »NetWeaver Core AS&DM ABAP« und dort als Knowledge Architect hauptsächlich für Dokumentation und Roll-out von ABAP und ABAP Objects verantwortlich, wobei er auch die Programme zur Aufbereitung und Darstellung der ABAP-Dokumentation inklusive der zugehörigen Suchalgorithmen betreut. Er ist Autor und Herausgeber mehrerer ABAP-Bücher bei SAP PRESS und zahlreicher weiterer Veröffentlichungen und Workshops zu diesem Thema.

Omar-Alexander Al-Hujaj hat an der Universität Heidelberg in theoretischer Physik promoviert. Seit 2004 arbeitet er bei SAP innerhalb der Gruppe »ABAP Connectivity«, die die ABAP-Kommunikationsinfrastruktur betreut. Omar-Alexander ist dort seit Beginn des bgRFC-Projektes an Spezifikation, Design und Implementierung des bgRFC-Frameworks beteiligt. Der Schwerpunkt liegt auf den Monitoring- und Konfigurationswerkzeugen.

Kai Baumgarten erhielt sein Diplom in Informatik an der Martin-Luther-Universität Halle-Wittenberg. Im Jahr 2002 wurde er Mitglied des heutigen Bereichs »NetWeaver Core AS&DM ABAP« der SAP in Walldorf. Seither arbeitet er an ABAP Shared Objects, ABAP Boxed Components und verschiedenen anderen Komponenten der ABAP-Laufzeitumgebung.

Wolfgang Baur ist seit 1998 Mitarbeiter der SAP AG. Seit Juli 2000 arbeitet er in der Gruppe »ABAP Connectivity«, wo er unter anderem für die transaktionale Kommunikation (tRFC und qRFC) verantwortlich ist. In der 2004 gegründeten Projektgruppe zur Verbesserung der asynchronen Kommunikation war er an Design und Neuimplementierung des Nachfolgeproduktes bgRFC (Background Remote Function Call) maßgeblich beteiligt.

Ralph Benzinger ist seit 2003 für die SAP tätig. Gegenwärtig ist er Entwickler des Bereichs »NetWeaver Core AS&DM ABAP« und arbeitet dort am ABAP Compiler und an der Laufzeitumgebung. Er promovierte in Theoretischer Informatik an der Cornell University in den USA. Vor SAP war er als Management Consultant im Business Technology Office von McKinsey & Company tätig.

Karsten Bohlmann studierte Informatik an der RWTH Aachen und promovierte in Informatik an der TU Berlin. Im Jahr 1998 begann er seine Tätigkeit für ein damaliges Tochterunternehmen der SAP; seit 2003 ist er Mitglied des heutigen Bereichs »NetWeaver Core AS&DM ABAP« der SAP in Walldorf. Seine Aufgabengebiete umfassen XSLT, Simple Transformations und verschiedene Teilgebiete von ABAP.

Boris Gebhardt studierte Physik an der Universität Erlangen-Nürnberg. Er ist seit 1998 bei der SAP AG beschäftigt und war zehn Jahre Mitarbeiter im Bereich ABAP QM. Dort war er für den Kunden-Support und die SAP-interne Beratung zur ABAP-Programmiersprache und die zugehörigen Werkzeuge verantwortlich. Darüber hinaus ist er an der Entwicklung von ABAP-Werkzeugen (unter anderem dem neuen ABAP Debugger) beteiligt und engagierte sich für ein Entwicklungsprojekt für den öffentlichen Bereich. Inzwischen ist er Development Manager im Bereich »NetWeaver Core AS&DM ABAP«.

Rolf Hammer schloss sein Studium der Mathematik an der Universität Karlsruhe (TH) mit einem Doktortitel ab. Im Jahr 1995 wurde er Mitglied des heutigen Bereichs »NetWeaver Core AS&DM ABAP« in Walldorf. Seither arbeitet er an verschiedenen Komponenten der virtuellen ABAP-Maschine. Zu seinen Hauptaufgaben zählen interne ABAP-Tabellen, ABAP-spezifische Unicode-Unterstützung und ABAP Shared Objects.

Masoud Aghadavoodi Jolfaei schloss sein Studium der Informatik mit einem Doktortitel im Bereich Satellitenkommunikation an der Rheinisch-Westfälischen Technischen Hochschule Aachen ab. Er ist seit 1994 Mitarbeiter der SAP AG und Mitglied der Gruppe »ABAP Connectivity«, in der er als Entwicklungsarchitekt an Design, Werkzeugen und Roll-out der ABAP-Kommunikationsinfrastruktur arbeitet. Darüber hinaus ist er für die Integration von Internetprotokollen (HTTP, HTTPS und SMTP) in die ABAP-Laufzeit verantwortlich.

Karl Kessler kam als Diplom-Informatiker 1992 zur SAP AG. Nach ersten Erfahrungen mit der Modellierung der Basistechnologie wechselte er ins Produktmanagement der ABAP Workbench und war für den Roll-out der SAP-Technologie auf zahlreichen Konferenzen zuständig. 2003 übernahm er die Verantwortung für das Produktmanagement der SAP NetWeaver Technology

Infrastructure mit dem Schwerpunkt SAP NetWeaver Application Server Java und ABAP. Sein fachlicher Schwerpunkt ist gegenwärtig SAP NetWeaver als Foundation und Integrationsplattform für die SAP Business Suite.

Gerd Kluger studierte Informatik an der Technischen Universität Kaiserslautern. Nach seinem Abschluss arbeitete er für ein Unternehmen, das sich primär auf die Entwicklung von Programmiersprachen für Geschäftsanwendungen konzentriert. Gerd Kluger war für die Entwicklung der Compiler- und Programmierumgebung für die objektorientierte Programmiersprache Eiffel verantwortlich. Im Jahr 1998 begann er seine Tätigkeit für die SAP. Seither ist er im heutigen Bereich »NetWeaver Core AS&DM ABAP« tätig. Zu seinen Hauptaufgabengebieten zählen ABAP Objects, das neue klassenbasierte Ausnahmekonzept, sowie die Weiterentwicklung von Systemschnittstellen, insbesondere im Hinblick auf das Dateisystem.

Björn Mielenhausen ist seit 1998 Mitarbeiter der SAP. Er erhielt seinen Abschluss in Informatik an der Carl von Ossietzky Universität Oldenburg. Er arbeitet seit mehreren Jahren am ABAP Compiler und an der ABAP-Laufzeitumgebung. Seit 2003 ist er Development Manager im Bereich »NetWeaver Core AS&DM ABAP«.

Eduard Neuwirt ist seit 1999 Mitarbeiter der SAP AG und war sehr lange Mitglied der Gruppe »ABAP Connectivity«, in der er an Design, Werkzeugen und Roll-out der ABAP-Kommunikationsinfrastruktur arbeitete. Darüber hinaus war er für die Entwicklung der RFC-Werkzeuge (Remote Function Call) auf externer Seite verantwortlich, einschließlich der RFC-Bibliothek und des JRFC. Als Mitglied der SAP-Abteilung Defense Forces and Public Security war er mehrere Jahre für die Schnittstellen zu externen Nicht-SAP-Militärsystemen verantwortlich. Seit 2008 ist er ein Mitglied der SAP NetWeaver-Architekturgruppe.

Wolfgang Röder ist seit 1990 Mitarbeiter bei der SAP und arbeitete zuvor bereits für SAP-Kunden. Gegenwärtig ist er als Development Architect im Development Support für die Bereiche ABAP und XML tätig. Während seiner langjährigen Beschäftigung mit SAP-Lösungen hat er an ABAP-Testwerkzeugen, Customizing-Werkzeugen, Datenarchivierung (ADK), UML-Tools und Enterprise Application Integration zwischen SAP-Anwendungen und Standardanwendungen anderer Anbieter gearbeitet. Darüber hinaus war er als SAP-Berater, SAP-Systemadministrator, Softwareentwickler und Development Manager tätig.

Erik Sodtke studierte Physik an der Justus-Liebig-Universität in Gießen und erhielt seinen Doktortitel am Forschungszentrum Jülich. Er ist seit 1998 Mitarbeiter der SAP AG und gegenwärtig als Development Architect im Development Support für die Bereiche ABAP und XML tätig. Darüber hinaus arbeitet er an Werkzeugen für die Sprache ABAP in den Bereichen Debugging, Tracing und Fehleranalyse.

Jürgen Staader studierte Maschinenbau an der Universität Stuttgart mit der Vertiefungsrichtung angewandte Informatik und Thermodynamik. Er ist seit 2000 bei der SAP AG tätig. Dort beschäftigte er sich mit Design und Entwicklung verschiedener Testwerkzeuge für ABAP, C/C++ und Java, darunter auch ABAP Unit. Im Jahr 2004 übernahm er die Leitung des Projektes »Java Developer Test Tools«, das die Entwicklung statischer Codeanalysewerkzeuge, Unit-Test-Tools und Code-Coverage-Messwerkzeuge umfasste. In seiner aktuellen Position ist er als Projektleiter für die Plattform des SAP NetWeaver Developer Studios verantwortlich.

Christoph Stöck studierte Chemie an der Georg-August-Universität Göttingen und promovierte in physikalischer Chemie am Max-Planck-Institut für Strömungsforschung (heute: Max-Planck-Institut für Dynamik und Selbstorganisation) in Göttingen. Er ist seit 1996 bei der SAP beschäftigt und Mitglied des Bereichs »NetWeaver Core AS&DM ABAP«. Als Entwicklungsarchitekt ist er für die Arithmetik und die Konvertierungsfunktionalität der ABAP-Sprache, den Zeit-Service des SAP-Applikationsservers, die Handhabung von Zeitzonen und Zeitstempeln in der ABAP-Sprache sowie für zahlreiche weitere Bereiche der ABAP VM verantwortlich. Momentan arbeitet er an VM-nahen Analysewerkzeugen, insbesondere dem neuen ABAP Debugger.

Christian Stork studierte Mathematik und Informatik an der Westfälischen Wilhelms-Universität in Münster. Im Jahr 1995 wurde er für die SAP tätig und arbeitete zwei Jahre als Schulungsleiter. Anschließend kehrte er an die Westfälische Wilhelms-Universität zurück, um seine Doktorarbeit zu verfassen. Dabei spezialisierte er sich auf die algebraische Geometrie. Im Jahr 2000 wurde er erneut Mitarbeiter der SAP und Mitglied des heutigen Bereichs »NetWeaver Core AS&DM ABAP«, in der er als Kernel-Entwickler tätig ist. Er ist für die Implementierung und Pflege der Object Services, der Simple Transformations, des Memory Inspectors und von Open SQL for ABAP verantwortlich.

Wolf Hagen Thümmel studierte Physik an der Universität Karlsruhe, promovierte dort auf dem Gebiet der experimentellen Teilchenphysik und kam 2001 zur SAP. Er ist Mitglied des Bereichs »NetWeaver Core AS&DM ABAP« und arbeitet an Werkzeugen für die ABAP-Sprache in den Bereichen Debugging, Tracing und Speicheranalyse.

Thomas Weiss promovierte in analytischer Philosophie und arbeitete in der Zeitungs-, Bank- und Werbebranche, bevor er 2001 im SAP NetWeaver-Produktmanagement anfing. Dort war er unter anderem für die E-Learning-Strategie im Bereich ABAP zuständig. Nachdem er mehr und mehr Informations- und Trainingsmaterial zu ABAP erstellt hat, ist dies inzwischen der Schwerpunkt seiner Tätigkeit im SAP NetWeaver-Produktmanagement Application Server ABAP. Eines seiner Hauptgebiete in den letzten Jahren ist das Enhancement und Switch Framework, zu dem er viele Artikel und Weblogs geschrieben hat.

Klaus Ziegler studierte Informatik an der Hochschule Mannheim. Er ist Mitglied des Bereichs »NetWeaver Core AS&DM ABAP«, wo er die Programme der Testinfrastruktur und dabei insbesondere das Framework für ABAP Unit entwickelt und Kollegen beim Einsatz dieser Technologien berät.

Index

.NET Connector 204

A

ABAP
  Debugging 373
  Programmierfehler 345
  Remote Communication 199
  Serialization XML 120
  Webservice 125
  XML-Mapping 113, 125
ABAP Debugger 177, 178, 179, 307, 335, 336, 337, 338, 343, 369, 374, 377, 392, 406, 460, 467, 470, 525
  Fehlermeldung 391
  Interface → ADI
  Nachteil 406
  Neuer ABAP Debugger → Neuer ABAP Debugger
  Starten 375, 380, 383
ABAP Dictionary 352, 353, 354, 538
  Datentyp 354
  Element 548
ABAP Editor 334
  Programmeigenschaft 381
ABAP Serialization XML → asXML
ABAP Shared Objects 157, 158, 169
  Administration 164
  erweiterte Programmiertechnik 179
  Programmiermodell 160
  Shared Objects Monitor 164, 167, 168, 169
  Zugriffsmodell 163
ABAP Test Cockpit → ATC
ABAP Unit 309, 311, 323, 325, 477, 479, 500
  Browser 326
  Delegation 496
  Detailsicht 494
  Ergebnisanzeige 492
  Hierarchiedarstellung 492
  Massentest 501
  Testisolation 497
  Vorgehen 324
ABAP-Checkpoint 443

ABAP-Code 548
ABAP-Dump 390
ABAP-Dumpanalyse 337, 340, 342, 344, 347
ABAP-Laufzeitanalyse 336, 337, 355, 358, 365
  Verwenden 364
ABAP-Laufzeitfehler 264, 345
ABAP-Modultest 308
ABAP-Programm 316
  Testen 308
ABAP-Trace 355, 356, 358, 368, 376, 380
  Ergebnis 360
  paralleler Modus 365
  Starten 364
  Tipp 362
  Variante 363, 368
ABAP-Verbindung 238, 242, 303
Abdeckungsdaten 332
abgebrochener Job 338
Ablauflogik 553
Abnahmetest 479
ABORT 470
ACCEPTING CASE 74
Add-on 549
ADI 409
aktivierbare Assertion 447
aktivierbarer Breakpoint 461
Aktivierung
  benutzerspezifische 452
  Einstellung 451, 459, 467
  globale 452
  globale Variante 472
  gruppenspezifische 451
  programmspezifische 451, 456
  serverspezifische 452
  Variante 457
Aktualparameter 425
ALE 199
ALL OCCURRENCES 48
ALL OCCURRENCES OF 73
ALL_ABORT_ABORT 472
ALL_BREAK_ABORT 472
ALL_BREAK_LOG 472

ALL_LOG_LOG 472
Alternative 62
Analyse
   Post-Mortem-Analyse 338
Analysewerkzeug 307
Änderungssperre 193
Anker 70
Anmeldebild 244
Anmeldeinformation 205
anonymes Datenobjekt 508
Ansatz
   Inside-Out 119
   Outside-In 118
Anweisung 395
   deklarative 444
   operative 444
Anwendungsprotokoll 261, 299
Anzeigefilter 363
Append 547
Application Link Enabling → ALE
Application Log 261, 299, 462
ArchiveLink 199
AS ABAP 201, 224
ASSERT 444, 446
ASSERT CONDITION 448
ASSERT FIELDS 472
ASSERT ID 448
ASSERT SUBKEY 472
Assertion 445, 470, 474
   aktivierbare 447
   Bedingung 447, 453, 470, 474
   Protokoll 470
ASSERTION_FAILED 446, 450, 470
Assert-Methode 325, 481, 494
   abort 484
   assert_... 484
   assert_bound 487
   assert_differs 487
   assert_equals 484
   assert_initial 487
   assert_not_bound 487
   assert_not_initial 487
   assert_subrc 487
   assert_that 488
   fail 483
   Parameter 483
   spezialisierte 484
asXML 120, 127, 235
asynchroner RFC → RFC

ATC 322, 502
Atomic 267
Aufruf 357
   zustandsloser 210
Aufrufebene 360, 361
Aufrufhierarchie 360, 367
Aufrufstack 419, 422
Ausführungskontext 452
Ausführungszeitpunkt 226
Ausgabeparameter 226, 227
Ausnahme 396
   vordefinierte 261
Ausnahmebehandlung
   Zusichern 488
Ausnahmefehler 493
Automaten-Cache 107
automatischer Gebietsaufbau 185

B

Background RFC → bgRFC
Backslash-Operator 62
Backtracking 103, 110
BAdI 540, 542, 543, 546, 549
basXML 234, 235, 236, 238, 246, 250, 259, 292
bedingter Checkpoint 447
Befehlstyp 383
Begrenzung 99
Begrenzungsoperator 71
Begrenzungszeichen 97
Benutzer 245
Benutzergruppe 243
Benutzerkontext 366
Benutzersitzung 202
benutzerspezifische Aktivierung 452
Benutzerstammsatz 21
Benutzerwechsel 226, 227
Berechtigungsobjekt 211
Berechtigungsprüfung 237
Berechtigungstest 245
Bereichsoperator 63
bestimmte Einheit 368
Betriebsart 452, 469
bgRFC 265, 291
   ACID 267
   API 280
   Destination 268, 272
   Destination konfigurieren 292

bgRFC (Forts.)
  Framework 266, 292
  Inbound 271, 281
  Outbound 270, 281
  Out-Inbound 273, 281, 290
  Programmieren 282
  Scheduler 270, 273, 283, 289
  Scheduler konfigurieren 300
  Szenario 269
  Unit 266, 274, 278, 279, 283, 284, 300
  Unit überwachen 295
  Verarbeiten 299
  Verbuchen 288
Big Endian 250
Binärdaten 19
  Typ 25
Binärmodus 25
Boyer-Moore-Algorithmus 50
Branchenerweiterung 538
Branchenlösung 535, 537, 539, 549
branchenspezifische Funktionalität 549
BREAK 470
BREAK-POINT 393, 426, 444, 460
Breakpoint 370, 384, 392, 400, 419, 422, 434, 460, 470
  aktivierbarer 461
  Anlegen 428
  Debugger-Breakpoint 393, 394, 426, 428
  dynamischer 395
  Externer Breakpoint 394, 426, 428
  flüchtiger 461
  Session-Breakpoint 426
  Setzen 426
  Symbol 427
  Typ 427
  Typ ändern 430
  Werkzeug 467
  Wertehilfe 429
  Zeilen-Breakpoint 394
BREAK-POINT ID 461
Breakpoints
  Session-Breakpoint 393
Broker-Klasse 194
Buffer
  Exclusive Buffer 160
Business Add-in → BAdI
Business Function 554

Business Function Set 547
BYTE MODE 25, 50
BYTE-CA 53
BYTE-CN 53
BYTE-CO 53
Bytecode 355
BYTE-CS 53
Bytefolge 19
BYTE-NA 53
Bytereihenfolge 250

C

CA 52
CALL FUNCTION 208
CALL TRANSFORMATION 121, 123, 125, 146, 152, 153
Callback 212
  Destination 248
  Mechanismus 227
Casting
  implizites 30
CATT 329
CFW 204
Checkpoint 393, 443
  bedingter 447
  Gruppe 448
cl_abap_char_utilities 22, 46
cl_abap_conv_in_ce 46
cl_abap_conv_out_ce 46
cl_abap_conv_x2x_ce 46
cl_abap_matcher 70, 74, 86, 108
cl_abap_memory_utilities 528
cl_abap_regex 74, 108
cl_abap_string_utilities 46
cl_abap_weak_reference 518
cl_aunit_assert 481
cl_sxml_string_reader 153
Class Builder 491, 500
Class-Pool 491
  Testmethode 492
CLEAR 511
clike 36
CN 52
CO 52
Code Inspector 80, 308, 309, 315, 321, 334, 480, 502
Codepage 21, 63, 251, 253
  Umgebungs-Codepage 252, 258

Codepage (Forts.)
  verwendete 255
COMMIT WORK 218, 440
Component under Test → CUT
CONCATENATE 40
CONDENSE 45
Consistency 267
contains 52, 78, 79
Control 204
Copy-on-Detach 195
Copy-on-Write 35, 195, 509
Coverage Analyzer 309, 310, 330, 332, 334
  Anzeige 334
CP 54, 78
CREATE DATA 521
CREATE OBJECT 521
CS 53, 78
csequence 36
Customer-Exit 540, 544
Customizing 540
Customizing-Anpassung 549
CUT 489, 494
cx_st_error 154
cx_sy_range_out_of_bounds 39
cx_transformation_error 154
cx_xslt_exception 154

D

Data Explorer 406, 420, 425
Data-Dictionary-Objekt 308
Dateizugriff 357
Datenbank
  Commit 219
Datenbankzugriff 357
Datenobjekt 423
  Analysieren 423
  anonymes 508
Datenreferenz 508
  Vergleich 487
Datentyp
  generischer 36
Datumsfeld 28
Debuggee 409
Debugger Engine 409
Debugger-Breakpoint 393, 394, 426, 428

Debugger-Variante 417
  Sichern 418
Debugging 226, 295, 375, 432
  Einstellung 412
  Gebietsinstanz 170, 177
  Hintergrundjob 385
  Layer-aware Debugging 388
  Szenario 433
Debugging-Modus 375, 378, 379, 387
  exklusiver 441
  nicht exklusiver 440
Definition
  globale 321
  lokale 321
deklarative Anweisung 444
Delegation 496
DEMO_REGEX_TOY 79
Deserialisierung 118, 126, 249
Desktop 413
DESTINATION 208
Destination 210, 238, 268, 285, 295, 297
  Destinationskennung 249
  dynamische 205
  Sperren 298
  Supervisor-Destination 303
  vordefinierte 247
Dezimalzahl
  gültige 67
Dialoginteraktion 226, 227, 228, 229
Dialogtransaktion 380
Dialogverarbeitung 384
Dialog-Workprozess 202
Difftool 406, 411, 420, 436, 437
Dispatcher 201
Dispatcher-Queue 291
Document Object Model → DOM
Document Type Declaration → DTD
DOM 113, 116, 124
DTD 153
Dumpanalyse 374, 384
Dumpkontext 344
Durable 267
dynamische Destination 205
dynamischer Breakpoint 395
dynamisches Speicherobjekt 507, 508
Dynpro 228, 538
Dynproanalyse 420
Dynpro-Element 547, 548

Index

E

eCATT 309, 310, 323, 328
   Vorteile 329
Edit Control 421
Einheit
   bestimmte 368
Einsatz von Analysewerkzeugen 335
Einzelanzeige 435
Einzelfeld 420
Einzelschritt 400
Endlosschleife
   temporäre 386
Enhancement Framework 544, 545, 547
Enhancement Spot 545
ENHANCEMENT-POINT 545
ENHANCEMENT-SECTION 545
Enqueue-Workprozess 202
Entwicklertest 479
Entwicklungsobjekt 546
   Typ 548
Ergebnis
   falsch negatives 65
   falsch positives 65
Ergebnisanzeige 492
erste längste Übereinstimmung 68
erweiterte Programmprüfung 308, 309, 312
Erweiterung 554
   Implementierung 545
   konsolidierte 535
   verfügbare 556
Erweiterungspunkt 554, 556
Erweiterungstechnologie
   klassische 542
Exactly Once 216, 226
Exactly Once In Order 216, 226
Exchange Infrastructure → SAP NetWeaver Process Integration
Exclusive Buffer 160
extended Computer Aided Test Tool → eCATT
Extensible Markup Language → XML
Extensible Stylesheet Language Transformations → XSLT
Externer Breakpoint 394, 426, 428
externer Fehler 346
Extreme Programming 328

F

Factory-Klasse 273
Factory-Methode 271, 273, 286
falsch negatives Ergebnis 65
falsch positives Ergebnis 65
falsche Kommunikationsart 254
Fehler
   externer 346
   interner 345
Fehleranalyse 348, 485
Fehlerliste 493
Fehlermeldung 212
   ABAP Debugger 391
Fehlerursache
   Ermitteln 347, 348
Feld 352
   Inhalt überprüfen 351
   vorbelegtes 375
Feldattribut 553
Feldsymbol 36
feste Länge 20
FIFO 275
   Pipe 275, 276
FIND 46, 47, 72, 85, 107
find 79
First In, First Out → FIFO
Fixture 494, 497
flüchtiger Breakpoint 461
Fluchtsymbol 53, 99
Fluchtsymbol 53, 99
Formalparameter 36
Formatierung 43
   Regel 44
Framework 373
FREE 511, 519
Function Builder 204, 425, 556
funktionale Methode 474
funktionaler Methodenaufruf 474
Funktionalität
   branchenspezifische 549
Funktionsbaustein 199, 228, 288, 396
   Aufrufen 207, 217
   remotefähiger → RFM 233
Funktionsgruppe 236

G

Garbage Collector 425, 507, 512
Gateway 201

Gebiet
  mandantenabhängiges 189
Gebietsaufbau
  automatischer 185
Gebietshandle 174, 193
Gebietsinstanz 160, 163, 179
  Aktualisieren 170, 174
  Aktualisierungszeit 188
  Debugging 170, 177
  Erzeugen 170, 171
  Fehler behandeln 170, 176
  Lebensdauer 188
  Leerlaufzeit 188
  Objekt lokaler Klasse 175
  Speichern von Daten 170
  Sperren 161
  transaktionale 191
  Verfallszeit 188
  Versionierung 180
  Wurzelobjekt 161
  Zugreifen 170, 173
Gebietsklasse 164
Gebietskonstruktor 186
  Implementieren 187
generischer Datentyp 36
genügsame Übereinstimmung 97
gierige Übereinstimmung 69, 96
Gierigkeit 87
Gleitkommazahl
  Vergleich 486
globale Aktivierung 452
globale Definition 321
globale Testklasse 498
globale Testmethode 499
globale Variable 424
Graph 512
  gerichteter 512
Gruppe
  Logon-Gruppe 240
  RFC-Servergruppe 240
GUI-Verknüpfung 382
  Erstellen 382
gültige Dezimalzahl 67
gültige Kreditkartennummer 66
Gültigkeitsbereich 451, 456

H

Hash-Tabelle 436
Hauptmodus 232
Haupt-Template 147
Header 34
heterogene Kommunikation 253, 254, 256, 257
Hexadezimalwert 25
Hierarchiedarstellung 492
Hilfsmethode
  Testklasse 497
Hintergrundjob 383, 388
  Debuggen 385
  im Debugging-Modus starten 387
Hintergrundprozess 367
Hintergrundverarbeitung 460, 461
Hintergrund-Workprozess 202
hmusa 528
homogene Kommunikation 253, 254, 256
Hook 540
HTML
  Tag 99
HTTP-Service 462

I

ICM 201
IDoc 199
id-Transformation 121
IGNORING CASE 50, 74, 111
implizite Methode 495
IN TABLE 48
Inbound-Destination 293, 294
Inbound-Scheduler 221, 290
Inbound-Szenario 272, 281
Inbound-Unit
  Erstellen 282
  Typ Q 285
  Typ T 283
Include-Programm 316, 348
INITIAL SIZE 519
Initialisierungsfehler 325
Inkonsistenz
  Feststellen 353
Inside-Out-Ansatz 119
Inspektion 316
  Anlegen 320

Inspektion (Forts.)
  Ausführen 320
  Starten 320
Inspektionslauf 321
Installationsfehler 346
Instanzattribut 434
Instanzkonstruktor 436
Instanzmethode 500
  parameterlose 480
Integrationstest 328
Intermediate Document → IDoc
interne Tabelle 236, 357, 403, 414
  Vergleich 485
interne Verbindung 248
interner Fehler 345
interner Modus 237, 467, 518
Internet Communication Manager →
  ICM
INTO TABLE 41
Isolation 267
iXML
  Bibliothek 116
  Parser 152

J

Java Connector 204
Job
  abgebrochener 338
Job-Log 384
Jobübersicht 339, 387

K

kanonische XML-Darstellung 119
Kante 512
Knoten 512
Kommentar 443
Kommunikation
  heterogene 253, 254, 256, 257
  homogene 253, 254, 256
Kommunikationsart 246, 254
  falsche 254
Kommunikationsfehler 216, 260
kontextbasierte Suche 71
Kontextknoten 129
Kontrollbereich 413
Kontrollblock 402

Konvertierung 29
  Exit 44
  Regel 29
Kreditkartennummer
  gültige 66
Kurzdump 263, 342, 370, 390
  Entsperren 343
  Navigation 346
  Sperren 343
Kurzdumpanzeige
  Kategorie 345
Kurzdumptext 347

L

Länge
  feste 20
  variable 20
Lastausgleich 269, 302
Lastverteilung 239, 241
Laufzeitanalyse 361
Laufzeitfehler 342, 353, 384, 493
Laufzeitprüfung 309, 310, 311
Layer-aware Debugging 388
Leerzeichen
  schließendes 23, 33, 38
Leftmost-longest-Regel 69
Legacy-Framework 292
LENGTH 23, 26, 48
Lesehandle 174
Lesesperre 184
Literaloperator 22, 95, 99
Little Endian 250
Loader-Klasse 194
LOG 470
Logical Unit of Work → LUW
logische Verbindung 302
logisches System 203
Logon-Gruppe 240, 241
LOG-POINT 444, 463
  FIELDS 464
  ID 463
  SUBKEY 466
Logpoint 462, 470
lokale Definition 321
lokale Testklasse 490
Loopback-Destination 248

Lösung
    Ausarbeiten 353
LUW 203, 215, 219, 267, 283, 288, 440

M

mandantenabhängiges Gebiet 189
Mapping-Liste 134
Massentest 316, 480
match 79
MATCH COUNT 73
MATCH LENGTH 47, 72
MATCH LINE 72
MATCH OFFSET 47, 72
MATCH_RESULT_TAB 49, 73
Matcher-Klasse 75
Matcher-Objekt 75
matches 52, 78, 79
Matching-Operation 104
MDMP 252
    System 21, 252, 255, 258
Mehrfachverwendung 34
Meldungsart 493
Memory Inspector 420, 506, 519, 525
Mengenausdruck 62
Menüelement 548
MESSAGE 262
Message-Server 241
Metazeichen 53, 61
Methode 396
    Assert-Methode 325
    funktionale 474
    implizite 495
    statische 496
Methodenaufruf
    funktionaler 474
Methodendefinition 488
Modifikation 542
Modifikationsassistent 541
Modultest 311, 323, 326, 328, 477, 478,
    479, 481, 489, 497
    Ablauf 494
    Ablaufdiagramm 498
    globale Klasse 489
    Implementieren 491
Modus
    interner 237, 467, 518
Modusnummer 412
Modustyp 412

MOVE 29, 510
Multibyte-Codepage 21, 25
Multi-Display, Multi-Processing-System
    → MDMP
Muster 53

N

NA 52
Nachricht
    Senden 433
    Typ 263
Negationsoperator 62
negativer Vorausschauoperator 93
Neuer ABAP Debugger 405
    Benutzeroberfläche 410, 414
    Detailsicht 419, 424
    Einstellen 408
    Prozessinformation 412
    Variante 417
    Werkzeug 419
    Zwei-Prozess-Architektur 408
nicht vorhandenes Programm 356
Nicht-Unicode-System 252, 255
numerischer Text 27

O

Oberklasse 397
Object Navigator 545
Objekt 420, 508
    Referenz 508
Objektliste 554
Objektmenge 316, 334
    Definieren 317
Objektreferenz 283, 284, 286, 403
    Vergleich 487
Objektsicht 435
OFFSET 48
Offset-/Längenzugriff 38
operative Anweisung 444
Outbound-Destination 271, 292
Outbound-Queue 286
Outbound-Scheduler 221, 273, 290
Outbound-Szenario 271, 281
Outbound-Unit
    Erstellen 285, 287
    Sperre aufheben 286
    Typ Q 287

Index

Typ T 285
Out-Inbound-Szenario 281, 290, 291
Out-Inbound-Unit 287
 queued 287
Outside-In-Ansatz 118

P

Paket 546
Paketzuordnung 542
paralleler RFC → RFC
Parallelisierung 222, 225, 275
Parameter
 tiefer 236
parameterlose Instanzmethode 480
Passwort 245
Performanceassistent 377
Perl 103, 106
Personalisierung 540
Pipe-Operator 62
Plausibilitätsprüfung 65
Plusoperator 99
Positionsdetail 550
POSIX 103
 Standard 69, 106
Post-Mortem-Analyse 338
Produktivbetrieb 460
Produktivsystem 460, 536
Profilparameter 328, 357
Program Execution Area → PXA
Programm
 nicht vorhandenes 356
Programmablauf
 Analysieren 375
Programmprüfung
 erweiterte 308, 309, 312
Programmzustand 445
Protokoll
 Eintrag 463, 470
 Speicher 463
Prozessübersicht 385, 442
Prüffehler 493
Prüfung
 statische 309, 312
Prüfvariante 316
 Definieren 319
Pseudokommentar 315
Punktoperator 61
PXA 161

Q

QoS 266, 270, 273
 Typ 270
QoS BE 271, 272
QoS EO 270, 271, 272, 274, 282
QoS EOIO 270, 271, 274, 275, 278, 281
qRFC-Scheduler 220
Quality of Service Best Effort → QoS BE
Quality of Service Exactly Once In Order
 → QoS EOIO
Quality of Service Exactly Once → QoS
 EO
Quality of Service → QoS
Quelltext 419
 Überprüfen 348
Quelltextanzeige 314, 422, 437
Quelltextebene 309
Quelltexterweiterung 543
Quelltextinformation 413
Quelltext-Plug-in 543, 545
Quelltextposition 392
Queue
 Präfix 294
 Sperre löschen 298
 Statusanzeige 297
 virtuelle 280
queued RFC → RFC

R

Rangliste 520
Realtime Information and Billing System
 → RIVA
RECEIVE RESULTS 213
Referenz
 Anzeigen 425
 schwache 518
 Semantik 508
 Zähler 513
Referenzvariable 435
REFRESH 511
REGEX 72
Regex 57, 61
 Erstellung 107
 Klasse 74
 Muster 101
 Objekt 74
 Performance 107

573

Regex (Forts.)
    Regex Toy 79
    Ressource 101
Regressionstest 308, 501
regulärer Ausdruck → Regex
Reliable Messaging 272, 274
Remote Function Call → RFC
Remote-enabled Function Module → RFM
remotefähiger Funktionsbaustein → RFM
Remote-Generierung 442
Remote-System 295
REPLACE 46, 51, 72, 90, 107
replace 79
REPLACEMENT COUNT 74
REPLACEMENT LENGTH 51, 74
REPLACEMENT LINE 74
REPLACEMENT OFFSET 51, 74
Representational State Transfer → REST
    Paradigma
RESPECTING CASE 50
Ressourcenengpass 346
Ressourcenmanagement 289
REST
    Paradigma 114
RESULTS 49
RFC 199, 265
    Aktion im Workprozess 206
    asynchroner RFC (aRFC) 210, 212, 223, 228, 231
    asynchroner RFC (aRFC) mit Antwort 212
    asynchroner RFC (aRFC) ohne Antwort 210
    Ausnahmebehandlung 249, 260
    Auswahl 225
    Basistyp 215
    Benutzer 202
    Bibliothek 209
    binäres Protokoll 249
    Client 203
    Datenübertragung 249
    Destination 238, 253
    Eigenschaft 226
    Einschränkung 265
    Fehlerprotokoll 263
    Grundlagen 200
    Kommunikation 241, 256, 257
    Kommunikationsfehler 260

RFC (Forts.)
    Kommunikationsprozess 204
    Nachricht 262
    paralleler RFC (pRFC) 222, 223, 224, 229
    Protokoll 235
    Prozess 205
    qRFC-Scheduler 220
    queued RFC (qRFC) 215, 220, 229, 248
    Schnittstellendaten 206
    Server 203
    Servergruppe 240, 294
    Sitzung 206
    synchroner RFC (sRFC) 208, 212, 228
    Systemfehler 261
    Trace 246
    transaktionaler RFC (tRFC) 215, 218, 229, 248
    Variante 207
    Workprozess-Ablauf 207
RFM 200, 204, 231, 232, 233
    Anlegen 233
    asynchroner RFM 212
    Ausführen 211
    Debugging 389
    Performance 235
    Robustheit 237
    Sicherheit 236
RIGHT-JUSTIFIED 44
RIVA 538
ROLLBACK WORK 218
Rollbereich 467
Rollbereichsende 409
Roll-In 203
Roll-Out 203
Round-Robin-Verfahren 276
Rückgabewert 212, 350
Rückwärtsreferenzoperator 91

S

S_MEMORY_INSPECTOR 529
SAP Control Framework → CFW
SAP Core System 535
SAP ERP 6.0 535
SAP LUW → LUW
SAP NetWeaver 535, 537
SAP NetWeaver Application Server ABAP → AS ABAP

SAP NetWeaver Process Integration 114, 125
SAP Simple Transformations → ST
SAP-Server 393
SAPshortcut 381
SAP-Spool-System 387
Schalter 543, 546, 552
Scheduler
  Benutzer 300, 304
Schleifenzähler 405
schließendes Leerzeichen 23, 33, 38
Schnittoperator 106
schwache Referenz 518
Screen Painter 536, 552
SEARCH 46
Secure Network Communications → SNC
SEPARATED BY 40
Serialisierung 113, 118, 126, 249
  Standardserialisierung 139
Servergruppe 272
  Pflegen 294
serverspezifische Aktivierung 452
Servicebenutzer 300
Session-Breakpoint 393, 426
SET COUNTRY 43
Shared Buffer 159
Shared Memory 157, 160, 332
  Aufbau 160
  Überwachung 164
  Verwaltung 164
  Werkzeug 164
Shared Objects Monitor 164, 167, 168, 169
Sharing 34, 37, 509
SHIFT 42
Simple Transformations → ST
Single Sign-on 243
Single-Byte-Codepage 25
SNC 244
Software-Lebenszyklus 311
Softwarequalität 443
Sortierung
  topologische 277, 279
space 24
Speicher
  Abzug 528, 529
  allokierter 515
  Analyse 525
  benutzter 515

Speicher (Forts.)
  gebundener 514
  Problem 505
  referenzierter 514
  Speicherleck 506, 518
  Verbrauch 507, 514
  Verwalten 506
Speicheranalyse 420
Speichergrenze 192
Speicherobjekt
  dynamisches 507, 508
  statisches 507
Speicherverbrauch 359
Sperre 179
Sperren
  mit Versionierung 182
  ohne Versionierung 181
SPLIT 41
Spool-Workprozess 202
Sprache 244
SQL Trace 337, 433
ST 125
  Anweisung 129
  Programm 128, 150
  Wurzel 129
stabile Struktur 237
Standardnotation 279
Standardprüfvariante 321
starke Zusammenhangskomponente 522, 523
statische Methode 496
statische Prüfung 309, 312
statischer Test 311
statisches Speicherobjekt 507
Statusanzeige
  Queue 297
Steueroperation 104
Steuerzeichen 22
String 32, 195, 237, 508
  Literal 32
  Referenz 508
Struktur 30, 420
  Komponente 30
  stabile 237
  tiefe 36
Strukturkomponente 397, 399
Strukturkomponenten-Selektor 30
SUBMATCHES 85
SUBSTRING 47

Suche 68
    kontextbasierte 71
Suchergebnis 361
Supervisor-Destination 303
Support Package 541
Switch Framework 546, 547
    Architektur 547
Switch → Schalter
Switch und Enhancement Framework
    535, 536, 558
    Einführung 542
    Einsatz 550
    Funktionsweise 543
    Integration 536
    Vorteile 536
symmetrische Transformation 126
synchroner RFC → RFC
Synchronisation 289
Syntaxprüfung 312
System
    Debugging 461
    logisches 203
    Programm 461
    Protokoll 461, 462
SYSTEM_NO_ROLL 505
Systembefehl 383
Systembereich 420
Systembereichsanzeige 505
System-Exception 396
Systemfehler 261
Systemfeld 349, 402, 413
Systemmodul 380
Systemprotokoll 337, 339, 340, 384
    Ausgeben 340
    Dateigröße 341
    Spalte 341

T

T005X 43
Tabelle 420, 538
    Hash-Tabelle 436
    Header 404
    interne 195, 236, 357, 403, 414
Tabellenkörper 508
Tabellenreferenz 508
Tabellenvergleich 485
Taskhandler 289
TDD 490

Template 129
    Haupt-Template 147
    Unter-Template 148
temporäre Endlosschleife 386
temporäres Testprogramm 479
Test 477
    einrichten 310
    statischer 311
    Wiederverwenden 498
Testannahme
    Überprüfen 481
Test-Driven Development → TDD
Test-Fixture 326
testgetriebene Entwicklung → TDD
Testgruppe 331
Testhierarchie 492
Testisolation 497
Testklasse 480, 492
    globale 498
    Hilfsmethode 497
    lokale 490
    Vererben 501
Testlauf 316
Testlogik 480
Testmethode 326, 480, 492, 496, 500
    Ausnahmebehandlung 488
    globale 499
Testperformance 310
Testprogramm
    temporäres 479
Teststrategie 311
Testwerkzeug 307
    Software-Lebenszyklus 311
    Überblick 309
    Verwenden 334
Text
    extrahieren 59
    Muster 61
    numerischer 27
    transformieren 59
    validieren 58
    verarbeiten 57
Textfeldliteral 22
Textsprache 258, 260
Textübersetzung 425
Textumgebung 21
Thread 277
tiefe Struktur 36
Tiefenanalyse 373

tiefer Parameter 236
topologische Sortierung 277, 279
Trace 246
Trace-Ergebnis 361
Trace-Variante 359
Tracing 357, 368
Transaktion
  PFCG 300
  RZ11 207
  RZ12 224, 321
  SAAB 449, 463
  SBGRFCCONF 282, 293, 305
  SBGRFCMON 295
  SCI 308, 315, 480, 502
  SCOV 309, 331
  SE09 375, 398, 402
  SE24 325
  SE30 336, 355, 358
  SE37 425
  SE93 378, 398
  SECATT 309
  SFW5 548
  SHMA 164, 188
  SHMM 164, 167
  SLG1 299
  SLIN 308, 313
  SM21 339
  SM37 338, 387
  SM50 385
  SM51 393
  SM58 216, 219, 255
  SM59 205, 239, 292
  SMLG 241, 294
  SMQ2 227
  SMQS 222
  SMT2 242
  ST05 433
  ST11 263
  ST22 340, 342
  VA01 442
Transaktion SM37 339
transaktionaler RFC → RFC
Transaktionskennung 216
Transaktionspflege 378, 398
Transformation 125
  id-Transformation 121
  symmetrische 126
  Transformationsrichtung 118
  umkehrbare 126

TRANSLATE 45
Transport Organizer 375, 398, 402
Trusted System 242
TSV_TNEW_PAGE_ALLOC_FAILED 505
tt:apply 148
tt:assign 144
tt:attribute 132
tt:call 149
tt:clear 144
tt:cond 138
tt:context 148
tt:copy 135
tt:deserialize 137
tt:group 142
tt:include 149
tt:lax 143
tt:loop 136
tt:parameter 146
tt:read 145
tt:ref 129
tt:root 129
tt:serialize 137
tt:skip 137
tt:switch 138
tt:switch-var 146
tt:template 129
tt:text 132
tt:transform 128
tt:value 130, 132
tt:value-ref 130
tt:variable 146
tt:with-parameter 149
tt:with-root 148
tt:write 145
TYPE REF TO 509

U

Übereinstimmung
  erste längste 68
  genügsame 97
  gierige 69, 96
  unerwünschte 98
Übertragungsprotokoll 235, 246, 292
Überwachung 226, 227
Umfeldmethode 496
Umgebungs-Codepage 252, 258
umkehrbare Transformation 126
unerwünschte Übereinstimmung 98

ungültiger Wert 26
Unicode 21
Unicode-System 251, 252, 254, 255
Uniform Resource Locator → URL
Unit 278, 289, 478
  Detail 298
  ID 298
  Objekt 273
  Referenz 284, 285
  Typ 295
Unit Browser 502
Unterausdruck 85
  ohne Registrierung 108
Untergruppe 84
Unterprogramm 396
Unter-Template 148
Update-Prozess 537
URL 88
User Exit 540

V

Variable
  Anzeigen 423
  globale 424
variable Länge 20
Variante
  Aktivieren 457
  Deaktivieren 459
  Pflege 458
Verarbeitungsart 226
Verbindung
  interne 248
  logische 302
Verbindungsparameter 205
Verbuchung 460
  Debugging 461
Verbuchungs-Task 271, 288
Verbuchungs-Workprozess 202
Verdrängbarkeit 192
Vererbung 543
Vererbungshierarchie
  Anzeigen 435
verfügbare Erweiterung 556
Vergleich
  interne Tabelle 485
Verkettungsoperator 64
Versionierung
  Gebietsinstanz 180

Versionierung (Forts.)
  lange Sperrzeit 185
Verwendungsnachweis 475
Verzweigungspunkt 105
virtuelle Queue 280
Voraballokation 517
Vorausschauoperator 93
  negativer 93
vorbelegtes Feld 375
vordefinierte Ausnahme 261
vordefinierte Destination 247

W

W3C 122
Warnung 493
Wartung 446
Watchpoint 397, 399, 402, 430, 437
  Anlegen 398, 400, 430
  für interne Tabelle 431
  Tabellen-Header 404
  Tipp 432
  Variable 402
  Wertevergleich 437
Webservice 114
  ABAP 125
Werkzeug 413
Wert
  ungültiger 26, 29
  Untersuchen 349
  Vergleich 484
Wertehilfe
  Breakpoint 429
Wertesemantik 508
Wertevergleich 437
Workprozess 201, 268, 291, 304, 365, 366, 441
  Dialog-Workprozess 202
  Enqueue-Workprozess 202
  Hintergrund-Workprozess 202
  Spool-Workprozess 202
  Verbuchungs-Workprozess 202
World Wide Web Consortium → W3C
Wortgrenze 71
WRITE TO 43
WRITE_MEMORY_CONSUMPTION_FILE 528
Wurzelmenge 512
Wurzelobjekt 161

X

XHTML 127
XI → SAP NetWeaver Process Integration
XML 113, 115, 235
  Infoset 115
  kanonische Darstellung 119
  Kommunikation 117
  Parser 116
  Schema 117
  Stream-Reader 126, 152
  Tag 115
XML Browser 425
XPath 124
xRFC 249
xsequence 36
XSLT 122
  Programm 123
xstring 33

Z

Zeichendarstellung 251
Zeichendatentyp 21
Zeichenfolge 19
Zeichenkette
  Vergleich 485
Zeichenketten-Template 43
Zeichenklasse 63
Zeichenkonvertierung 247
Zeichenliteral 22
Zeichenmodus 25
Zeilen-Breakpoint 394
Zeitfeld 28
Zusammenhangskomponente 522
  starke 522, 523
zustandsloser Aufruf 210
Zuweisung 29
Zwei-Phasen-Commit 219

www.sap-press.de

Verständliche Darstellung der wichtigsten ABAP-Befehle

Einführung in die Konzepte der Objektorientierung

Schritt für Schritt zur ersten funktionsfähigen ABAP-Anwendung

Richtig programmieren nach SAP-Standards – 4., durchgesehene und aktualisierte Auflage zu ABAP 7.0

Günther Färber, Julia Kirchner

ABAP-Grundkurs

Aktuell zu ABAP 7.0: Ein- und Umsteiger, die eine verständliche und strukturierte Einführung in die SAP-Programmierung suchen, finden auch in der 4. Auflage dieses Buches einen idealen Begleiter. Anhand eines Praxisszenarios lernen Sie alle großen Bereiche der ABAP-Entwicklung kennen. Zahlreiche Anleitungen, Screenshots und Lösungstipps runden diesen Grundkurs ab.

520 S., 4. Auflage 2008, 49,90 Euro, 83,90 CHF
ISBN 978-3-8362-1148-2

>> www.sap-press.de/1687

www.sap-press.de

Planung und Entwicklung neuer, eigenständiger SAP-Anwendungen

Entwurf flexibler Anwendungsarchitekturen mit dem SAP NetWeaver Application Server ABAP

Inkl. durchgängiger Beispielanwendung aus der Projektpraxis

Thorsten Franz, Tobias Trapp

Anwendungsentwicklung mit ABAP Objects

Die Entwicklung komplett neuer ABAP-Anwendungen – losgelöst vom SAP-Standard – stellt selbst erfahrene Entwickler vor Herausforderungen. Um sie zu meistern, bietet Ihnen dieser umfassende Programmierleitfaden für ABAP Objects einen Überblick über den Gesamtprozess der Softwareentwicklung: Wie eine Anwendung von Grund auf konzipiert und in ABAP Objects umgesetzt wird, und dabei jederzeit für Kundenprozesse erweiterbar und genügend flexibel für die Weiterentwicklung bleibt. Dazu werden alle Prozessschritte, die bei der Programmierung „auf der grünen Wiese" durchlaufen werden, beschrieben und mit zahlreichen Codebeispielen und Screenshots illustriert.

517 S., 2008, 69,90 Euro, 115,– CHF
ISBN 978-3-8362-1063-8

>> www.sap-press.de/1533

www.sap-press.de

Standardwerk zu SAP-Transaktionen, BSPs und Web Dynpro

Umsetzung von Anzeige, Fehlertoleranz und Eingabehilfe,

Änderungs- und Sperrlogik

2., erweiterte Auflage, inklusive Web Dynpro ABAP

Rainer Kelch

Modellierung und Entwicklung von SAP-Dialoganwendungen

Mit diesem umfassenden Praxisbuch zur SAP-UI-Modellierung und -Entwicklung lernen Sie alle Möglichkeiten kennen, für SAP-Systeme Oberflächen zu entwickeln. Ob klassische SAP-GUI-Transaktionen, Controls, BSPs oder Web Dynpro ABAP und Java - alle Technologien werden Ihnen anhand eines durchgehenden Praxisbeispiels vorgestellt. Getreu dem Motto „Erst modellieren – dann programmieren!" verfolgen Sie Funktion für Funktion die Planung und dann deren Umsetzung.

1019 S., 2. Auflage 2008, mit Poster, 79,90 Euro, 129,90 CHF
ISBN 978-3-8362-1177-2

>> www.sap-press.de/1759

www.sap-press.de

Tools zur Performanceanalyse: Code Inspector, Laufzeitanalyse, Performance-Trace u.v.m.

Performanceaspekte in der Entwicklung: SQL-Abfragen, interne Tabellen, Puffer, Datenübergabe

Parallelisierung: Methoden und Umsetzungstipps

Hermann Gahm

ABAP Performance Tuning

Endlich ein Buch, das sich ausschließlich mit der Performance von ABAP-Programmen befasst! Dieses Kompendium zum ABAP-Tuning erläutert Ihnen alles, was Sie zur Analyse und zur Optimierung Ihrer Eigenentwicklungen brauchen: Sie lernen die Hintergründe der SQL-Verarbeitung, der Datenpufferung, der internen Tabellen sowie der Datenübergabe kennen. Besprochen werden außerdem ABAP- und Performance-Trace, Code Inspector und Memory Inspector.

ca. 290 S., 59,90 Euro, 99,90 CHF
ISBN 978-3-8362-1211-3, Februar 2009

>> www.sap-press.de/1821

www.sap-press.de

Die offiziellen SAP-Regeln zur ABAP-Entwicklung

Ausführlich kommentierte Beispiele zu gutem und schlechtem Programmierstil

Mit zahlreichen Empfehlungen für die Programmierpraxis

Horst Keller, Wolf Hagen Thümmel

ABAP-Programmierrichtlinien

Sie wissen, wie man korrektes ABAP schreibt – aber wie schreibt man eigentlich stilistisch gutes ABAP? Die Antwort finden Sie in unseren offiziellen SAP-Programmierrichtlinien. Nach Programmieraufgaben geordnet erfahren Sie, wie robustes und gutes ABAP aussehen muss. Die Autoren stellen Regeln vor und geben Ihnen konkrete Empfehlungen, die anhand von ausführlich kommentierten Codebeispielen für guten und schlechten Programmierstil illustriert werden.

ca. 310 S., 69,90 Euro, 115,– CHF
ISBN 978-3-8362-1286-1, März 2009

>> www.sap-press.de/1922

www.sap-press.de

Architektur, Grundlagen und Praxislösungen

Schritt für Schritt zur ersten funktionsfähigen Web-Dynpro-Anwendung

UI-Elemente, Standardkomponenten, dynamische Applikationen

Dominik Ofenloch, Roland Schwaiger

Einstieg in Web Dynpro ABAP

Dieses Buch vermittelt ABAP-Entwicklern die Grundlagen und die Anwendung von SAPs neuer Oberflächentechnologie. Sie lernen das MVC-Pattern und Views, Controller, Actions sowie Contexte kennen und erhalten dann eine Rundum-Einführung in die Entwicklung vollständiger Anwendungen. Ob Standardkomponenten, dynamische Parameterübergabe, Personalisierung oder sogar neueste Features wie Flash-Integration und Java-Applets: Nach der Lektüre dieses Buches werden Sie UIs auf dem neuesten Stand entwickeln können. Zahlreiche Praxistipps aus der Erfahrung der Autoren runden das Buch ab.

ca. 380 S., 59,90 Euro, 99,90 CHF
ISBN 978-3-8362-1315-8, April 2009

>> www.sap-press.de/1960

www.sap-press.de

Grundlagen der Objektorientierung am Beispiel von ABAP Objects

Zentrale Konzepte, Qualitätssicherung und Erweiterungstechniken bis ABAP 7.0

Inklusive der Einführung in UML mit praxisnahen Tutorials

James Wood

Objektorientierte Programmierung mit ABAP Objects

Dieses Buch ist Ihr perfekter Einstieg in die objektorientierte Programmierung! Nach einer kurzen Einführung in die Grundlagen von OOP und die Abhängigkeiten von Objekten in ABAP folgt eine Beschreibung aller relevanten Konzepte mit praxisnahen Beispielen. Der Schwerpunkt liegt dabei nicht auf grundlegenden Syntaxregeln, sondern auf der objektorientierten Entwicklung bzw. der Anwendung dieser Regeln mithilfe der mit ABAP 7.0 mitgelieferten Werkzeuge. Zahlreiche Fallbeispiele, Screenshots und Listings helfen Ihnen dabei, grundlegende und erweiterte Techniken zu erlernen. Als Bonus wird am Ende jedes Kapitels ein Fallbeispiel besprochen, in dem die im Kapitel beschriebene Technik noch einmal aus Modellierungssicht erläutert wird. Hierzu wird jeweils ein entsprechendes UML-Szenario aufgebaut – und Sie lernen so „ganz nebenbei" die Anwendung der Unified Modeling Language kennen.

ca. 400 S., 69,90 Euro, 115,– CHF
ISBN 978-3-8362-1398-1, April 2009

>> www.sap-press.de/2099

www.sap-press.de

2., aktualisierte und erweiterte Auflage zum SAP NetWeaver Application Server Java (Release 7.1)

Neue Themen: Java EE 5, EJB 3.0, SAP NetWeaver Composition Environment u. v. m.

Mit Beispielanwendungen zu Web Dynpro, Visual Composer, CAF und Developer Studio

Inklusive Gutschein für die SAP NetWeaver CE 7.1 Trial Version

Karl Kessler et al.

Java-Programmierung mit SAP NetWeaver

Der SAP NetWeaver Application Server Java hat sich weiterentwickelt: Lernen Sie mit der 2., aktualisierten und erweiterten Auflage unseres Standardwerkes alle Neuerungen kennen. Wie die erfolgreiche Vorauflage versetzt Sie auch dieses Buch in die Lage, den AS Java richtig in Ihre Entwicklungslandschaft einzubinden, ihn zu konfigurieren und die mitgelieferten Tools produktiv zu nutzen. Sie erhalten dabei tiefe Einblicke in sämtliche Themengebiete rund um die Programmierung von Java-Anwendungen auf dem Applikationsserver von SAP: Business-Logik, Persistenz, Skalierbarkeit, Wartbarkeit und User-Interface-Design.

719 S., 2. Auflage 2008, mit DVD-Gutschein, 69,90 Euro, 115,– CHF
ISBN 978-3-8362-1042-3

>> www.sap-press.de/1480

www.sap-press.de

Technische Grundlagen der neuen CRM-Benutzeroberfläche

Anpassung von WebClient-UI, Business-Rollen und Navigationsleisten

Ausführliche ABAP-Workshops zu Komponentenentwicklung, Berech-tigungen und Third-Party-Integration

Michael Füchsle, Matthias Zierke

SAP CRM - WebClient-Customizing und -Entwicklung

Dieses Buch erläutert alles, was Sie über die brandneue Oberfläche von SAP CRM 2007 wissen müssen: Es erklärt die Architektur des UI-Frameworks, erläutert Ihnen die Anpassungsmöglichkeiten im Customizing (Rollen, Navigation, Factsheets u. v. m.) und alle Optionen, die Sie zu kundenspezifischer Erweiterung mittels Programmierung haben. Zwei umfangreiche Praxisbeispiele zeigen Ihnen schließlich, wie Sie das Gelernte zur Anwendung bringen und z.B. eigene Komponenten entwickeln oder das Autorisierungskonzept erweitern.

ca. 350 S., 69,90 Euro, 115,– CHF
ISBN 978-3-8362-1287-8, März 2009

\>> www.sap-press.de/1923

www.sap-press.de

Praxisnaher ABAP-Workshop für den schnellen Lernerfolg

Aufgabenorientierte Darstellungsweise der wichtigsten Befehle

Kleine Übungseinheiten mit vielen Codebeispielen und Screenshots

Karl-Heinz Kühnhauser

Discover ABAP

Dieses Einsteigerbuch behandelt alle relevanten ABAP-Sprachelemente in kompakten und übersichtlichen Lerneinheiten. Anhand eines durchgängigen Praxisbeispiels bauen Sie ab der ersten Seite Ihre eigenen Programmierlösungen und feiern bald erste Erfolge mit selbst geschriebenem Quellcode – Vorkenntnisse sind nicht erforderlich. Zahlreiche Tipps, Tricks und Beispiele ermöglichen Ihnen schnelle Fortschritte und die Umsetzung des Gelernten in die Praxis.

590 S., 2. Auflage 2008, 39,90 Euro, 67,90 CHF
ISBN 978-3-8362-1218-2

>> www.sap-press.de/1830

MITMACHEN & GEWINNEN!

Sagen Sie uns Ihre Meinung und gewinnen Sie einen von 5 SAP PRESS-Buchgutscheinen, die wir jeden Monat unter allen Einsendern verlosen. Zusätzlich haben Sie mit dieser Karte die Möglichkeit, unseren aktuellen Katalog und/oder Newsletter zu bestellen. Einfach ausfüllen und abschicken. Die Gewinner der Buchgutscheine werden persönlich von uns benachrichtigt. Viel Glück!

▶ **Wie lautet der Titel des Buches, das Sie bewerten möchten?**

▶ **Wegen welcher Inhalte haben Sie das Buch gekauft?**

▶ **Haben Sie in diesem Buch die Informationen gefunden, die Sie gesucht haben? Wenn nein, was haben Sie vermisst?**
☐ Ja, ich habe die gewünschten Informationen gefunden.
☐ Teilweise, ich habe nicht alle Informationen gefunden.
☐ Nein, ich habe die gewünschten Informationen nicht gefunden.
Vermisst habe ich:

▶ **Welche Aussagen treffen am ehesten zu?** (Mehrfachantworten möglich)
☐ Ich habe das Buch von vorne nach hinten gelesen.
☐ Ich habe nur einzelne Abschnitte gelesen.
☐ Ich verwende das Buch als Nachschlagewerk.
☐ Ich lese immer mal wieder in dem Buch.

▶ **Wie suchen Sie Informationen in diesem Buch?** (Mehrfachantworten möglich)
☐ Inhaltsverzeichnis
☐ Marginalien (Stichwörter am Seitenrand)
☐ Index/Stichwortverzeichnis
☐ Buchscanner (Volltextsuche auf der Galileo-Website)
☐ Durchblättern

▶ **Wie beurteilen Sie die Qualität der Fachinformationen nach Schulnoten von 1 (sehr gut) bis 6 (ungenügend)?**
☐ 1 ☐ 2 ☐ 3 ☐ 4 ☐ 5 ☐ 6

▶ **Was hat Ihnen an diesem Buch gefallen?**

▶ **Was hat Ihnen nicht gefallen?**

▶ **Würden Sie das Buch weiterempfehlen?**
☐ Ja ☐ Nein
Falls nein, warum nicht?

▶ **Was ist Ihre Haupttätigkeit im Unternehmen?**
(z.B. Management, Berater, Entwickler, Key-User etc.)

▶ **Welche Berufsbezeichnung steht auf Ihrer Visitenkarte?**

▶ **Haben Sie dieses Buch selbst gekauft?**
☐ Ich habe das Buch selbst gekauft.
☐ Das Unternehmen hat das Buch gekauft.

Hat Ihnen dieses Buch gefallen?
Hat das Buch einen hohen Nutzwert?

Wir informieren Sie gern über alle
Neuerscheinungen von SAP PRESS.
Abonnieren Sie doch einfach unseren
monatlichen Newsletter:

www.sap-press.de